भारत के शास्त्रीय नृत्य

राजा और राधा रेड्डी (तोर ट्रांग)

भारत के शास्त्रीय नृत्य

नवजागरण और उसके बाद

लीला वेंकटरमन

अनुवाद
प्रयाग शुक्ल

An imprint of Niyogi Books

प्रकाशक

नियोगी बुक्स

ब्लॉक-डी, बिल्डिंग नं. 77
ओखला औद्योगिक क्षेत्र, फेज़-1
नई दिल्ली-110020, भारत
दूरभाष: 91-11-26816301, 26818960
ईमेल: niyogibooks@gmail.com
www.niyogibooksindia.com

संपादकः वंदना गुप्ता
डिज़ाइनः शशि भूषण प्रसाद

ISBN: 978-93-86906-85-4
प्रकाशन वर्षः 2019

मुद्रकः नियोगी ऑफसेट प्राइवेट लिमिटेड, नई दिल्ली, भारत

अनुक्रमणिका

आभार

इस पुस्तक के लिए बहुत सी जानकारी एकत्र करना कठिन होता, अगर बहुत से लोगों ने उदारतापूर्वक मेरा सहयोग न किया होता। मैं विशेष रूप से उन विभिन्न संस्थाओं की कृतज्ञ हूँ जिन्होंने इस पुस्तक के लिए छायाचित्र उपलब्ध कराए हैं। श्रुति पत्रिका, जिससे मैं वर्षों से जुड़ी रही हूँ, उसके अभिलेखागार से मैंने जब भी जो चाहा है, मुझे सुलभ हुआ है; इसके लिए मैं श्रुति के प्रबंधकों के प्रति जितना भी आभार व्यक्त करूँ, कम होगा। मैं, कुचिपुड़ी अध्याय के छायाचित्रों के लिए नर्तनम की ऋणी हूँ, और इसमें माधवी पुरनम ने मेरी सहायता विशेष रूप से की है। संगीत नाटक अकादमी और उसकी तत्कालीन सचिव हेलेन आचार्य को आंतरिक धन्यवाद, जिन्होंने बड़ी सहजता से अकादमी के संग्रह से, बहुत से छायाचित्र इस पुस्तक के लिए उपलब्ध कराए हैं, विशेष रूप से कथक, सत्रिय और मणिपुरी अध्यायों के लिए।

मैं कृतज्ञ हूँ, के.के. गोपालकृष्णन की, जिन्होंने अपने निजी संग्रह से कथकली वाले अध्याय के लिए चित्र दिए हैं। मैं ओडिसा की संगीत नाटक अकादमी की सहायक सचिव अरुणा मोहंती की भी कृतज्ञ हूँ, जिन्होंने ओडिसी वाले अध्याय के लिए छायाचित्र संकलित करने में मेरी मदद की है। आर. श्रीनिवासन ने अपनी ओर से, आगे बढ़कर, अपने निजी संग्रह से, इस पुस्तक के लिए छायाचित्र देने की सौजन्यता दिखाई है।

अविनाश पसरीचा देश के नृत्य-छायाकारों में निस्संदेह अग्रणी हैं, और उन्होंने मेरे आग्रह पर, खुले मन से, इस पुस्तक के लिए छायाचित्र दिए हैं, मैं उनकी भी बहुत आभारी हूँ।

ऐसी पुस्तक स्वयं नृत्य समुदाय के सहयोग और प्रोत्साहन के बिना भला कैसे फलीभूत होती, और इसीलिए नृत्य जगत की मैं बहुत आभारी हूँ।

इस पुस्तक को आकार देने में मेरे पति डॉ. वी. वेंकटरमन का सहयोग, समर्थन और धीरज, मेरा संबल बना है; और उनकी सहायता हर चरण में मूल्यवान साबित हुई है।

सामने का पृष्ठ: सुरूपा सेन (नृत्यग्राम, सुरेश पारेख)

अनुवादक की ओर से

कुछ कठिन श्रम ऐसे भी होते हैं जो आप को बहुत आनंद देते हैं। इस पुस्तक के अनुवाद में जो श्रम और समय लगा है, वह सचमुच आनंददायक ही रहा है। यह प्रयत्न कि हिंदी अनुवाद के मुहावरे पर खरा उतरे, और वह अनुवाद न लगकर मूल जैसा लगे। यह एक महत्वपूर्ण पुस्तक है, इसमें हर नृत्य-रूप के जन्म, उत्सव, बनने-सँवरने, पनपने और फलने-फूलने की कथा है। वह अपने आप में रोमांचक है। यह उनके नामों से स्वाभाविक रूप से भरी हुई है, जिन्होंने नृत्य-रूपों को बनाने-सँवारने में कठिन संघर्ष किया है। इसमें बड़ी संख्या में कलाकारों और विद्वानों का उल्लेख है, स्वयं उनकी जीवन कथाओं के साथ बहुत प्रेरक भी हैं। सच्चाई यह भी है कि उन प्रेरक कथाओं ने मेरे लिए एक संबल का काम किया है, और उनका अनुवाद करते हुए यही भावना मन में रही है कि इन्होंने जितना बड़ा काम किया है, उसका सम्मान करते हुए अनुवाद में कोई चूक नहीं रहने देनी है। पुस्तक का आकार-प्रकार, उसकी पृष्ठ संख्या, यह भान करा देने के लिए काफ़ी है कि इसका अनुवाद एक चुनौतीपूर्ण काम था। इसके लिए मुझे अत्यंत सावधानी बरतनी थी। नृत्य-संगीत विशेषज्ञों, कलाकारों और कला-प्रेमियों से समय-समय पर कुछ परामर्श भी किया है। फिर भी इसकी संभावना है कि कहीं कोई चूक रह गई हो। उसके लिए मैं पहले से ही क्षमा प्रार्थी हूँ।

इस पुस्तक का अनुवाद करते हुए मेरा आनंद कुछ इस संयोग से बढ़ा है कि सभी शास्त्रीय नृत्य-रूपों के प्रमुख केंद्रों में जाने का अवसर मुझे कभी न कभी मिला है। फिर चाहे वह चेन्नई के 'कलाक्षेत्र' में जाना हो, या इंफ़ाल की मणिपुरी नृत्य-सरणियों को इंफ़ाल में देखना हो। अनुवाद करते समय वे कई क्षण याद आए हैं जब मैंने कई कलाकारों के साथ बातचीत करते हुए, उन्हें करीब से देखा-समझा है। इसमें राष्ट्रीय नाट्य विद्यालय की पत्रिका 'रंग प्रसंग' का संपादन करते हुए जो यात्राएँ मैंने की हैं, वे सहायक हुई हैं, वे वर्ष भी जब संगीत नाटक अकादमी की पत्रिका 'संगना' के संपादक के नाते मैंने फिर नृत्य-जगत को कुछ निकट से जाना है। नृत्य पर लिखने वाले समीक्षकों से प्रसंगवश नृत्य-रूपों पर चर्चा की है।

श्रीमती लीला वेंकटरमन के महती कार्य को हिंदी में प्रकट करने का जो सुयोग मुझे 'नियोगी बुक्स' के निदेशक साहित्य-कला प्रेमी, लेखक, टिप्पणीकार निर्मलकांति भट्टाचार्य और 'नियोगी बुक्स' के संचालक बिकास नियोगी ने दिया है, उसके लिए मैं उनका आभार प्रकट करता हूँ।

यह पुस्तक हिंदी में आनी ही चाहिए थी, इसे पूरा भी कर सका, इसका कुछ संतोष भी है।

प्रयाग शुक्ल

भूमिका

भारत में शास्त्रीय नृत्य के जिस पुनर्जागरण को नृत्य के इतिहासकारों ने रेखांकित किया है, उसे हम स्वतंत्रता आंदोलन से भी जोड़कर देख सकते हैं। उस वक़्त देश अपनी एक सच्ची भारतीय पहचान के लिए व्याकुल हो उठा था और इसी व्याकुलता ने मानो समाज के विभिन्न वर्गों को शास्त्रीय नृत्य रूपों के प्रति नए सिरे से सचेत किया। आलम यह था कि इन नृत्य-रूपों की धरोहर को सँभालने वाले पेशेवर परिवार कहीं पीछे धकेल दिए गए थे और गुमनामी का जीवन जीने को बाध्य थे। ऐसी स्थिति में यह ज़रूरी था कि शास्त्रीय नृत्य-रूपों का पुनराविष्कार हो, उन्हें सँभाला जाए, पुनर्नवा किया जाए। इस काम को संपन्न करने के लिए समाज के अलग-अलग वर्गों से लोग आगे आए, और देश के विभिन्न प्रदेशों और अंचलों के विविध शास्त्रीय रूप, एक नई स्फूर्ति, नई ऊर्जा और नई संभावना से संपन्न होकर फिर से फलने-फूलने की ओर अग्रसर हुए। यह ऐतिहासिक क्षण था जिसमें कई तरह के परिवर्तन घटित हो रहे थे। नृत्य-रूपों का अपना इतिहास था, पर अब कलाकार और कला को प्रस्तुत करने के स्थल, और दर्शक सभी बदल गए थे। ऐसे में शास्त्रीय नृत्य-रूपों को भी बदलना ही था। उनमें अभूतपूर्व रूपांतरण घटित हो रहा था। इस रूपांतरण को विदुषी/प्रयोगकर्ता डॉ. कपिला वात्स्यायन ने ठीक ही 'नव्य शास्त्रीय' (निओ क्लासिकल) की संज्ञा दी है।

रंगपीठ (प्रोसीनियम) पर प्रस्तुत करने के लिए नृत्य-रूपों की जो नई संरचना हुई थी, उसने कंसर्ट का-सा रूप ले लिया जो लगभग आधी शताब्दी तक जारी रहा। लेकिन इसके बाद वैश्विक स्तर पर जो सांस्कृतिक आदान-प्रदान शुरू हुआ, और जिसमें प्रदर्शनकारी तत्वों की सक्रियता बढ़ती गई, उसने भारत में नृत्य को बरतने, देखने-परखने और सराहने की दिशा बदल दी है, हालाँकि कुल मिलाकर उद्देश्य हर नृत्य-रूप की मौलिक पहचान को संरक्षित करने का ही रहा है।

स्वतंत्रता प्राप्ति के सत्तर वर्ष पूरे हो चुके हैं और इस अवधि को ध्यान में रखकर जब हम आज शास्त्रीय नृत्य की स्थिति को परखते हैं, तो इसे कुछ बेहतर ढंग से समझ पाते हैं कि वास्तव में नृत्य और नृत्यकार की दुनिया में क्या घटित हो रहा है। समकालीन और आधुनिक नृत्य-रूपों की दुनिया में भी गतिविधियाँ लगातार बढ़ रही हैं, पर, मैंने उन्हें इस पुस्तक का विषय बनाना ठीक नहीं समझा है, क्योंकि उसके लिए तो एक अलग ही पुस्तक की दरकार होगी। शास्त्रीय नृत्य के सत्तर वर्षों का कैनवास, अपने आप में एक बड़ा

सामने का पृष्ठ: तालपात्र, आनंदा शंकर जयंत द्वारा एकल नृत्य (जी. मुरलीधर)

ऊपर: नवरस की समूह प्रस्तुति (त्रिनध राकेश)

कैनवास है, और इसीलिए इसकी चर्चा में, चीज़ों का एक चयन ज़रूरी है। संभव है कि इसी वजह से पाठकों को इसमें कई प्रकार के विवरण न मिलें। मैंने इसमें उन्हीं पहलुओं को ध्यान में रखा है, जिनको मैंने प्रथमतया एक शौकिया नृत्यकार, और नृत्य-प्रेमी के रूप में, और फिर पिछले कोई पैंतीस-छत्तीस वर्षों से नृत्य विधा पर लिखते हुए, जाना-पहचाना है, अनुभव किया है, और जो यों भी महत्वपूर्ण और प्रासंगिक हैं। मैंने नृत्य विधा पर प्रामाणिक रूप से लिखने वालों के विचारों का भी इसमें उपयोग किया है (यथास्थान पुस्तक में उनका उल्लेख कर दिया गया है) और व्यक्तिगत रूप से कलाकारों से भी बातचीत की है। हाँ, गतिविधियों को, घटनाओं-प्रसंगों और प्रस्तुतियों को, तथा कलाकारों के कामकाज को जिस परिप्रेक्ष्य में जाँचा-परखा गया है, वह तो मेरा अपना ही है।

मैंने हर नृत्य-रूप को अलग से जाँचना-परखना ही ठीक समझा है, क्योंकि हर नृत्य परंपरा का अपना इतिहास है, उसकी अपनी चुनौतियाँ (रही) हैं, और उन्हें एक-दूसरे में गूँथ देना ठीक नहीं होगा। लेकिन मैंने दूसरे भाग में, नृत्य-रूपों से जुड़े हुए कई प्रश्नों, और स्थितियों को, सभी नृत्य-रूपों में एक साथ घटित करके देखा-जाना है। मसलन, प्रशिक्षक/प्रशिक्षित को, प्रशिक्षण विधियों को, चीजों को प्रायोजित करने के प्रकारों को, नृत्य की आर्थिकी को, और नए-पुराने के सतत संघर्ष को। आरंभिक अध्याय में वर्णित चीजें प्रायः सबकी जानी-पहचानी ही हैं। मैंने उन्हें एक भूमिका की तरह रखा है, जिससे कई बातों को समझने-बताने में सबको सुविधा हो–यही सब समझने-परखने में कि किन सामाजिक परिवर्तनों ने किस प्रकार से, इन नृत्य-रूपों की नवसर्जना और चिंतना को गति दी है। अगर यह अध्याय भरतनाट्यम और तमिलनाडु की

चर्चा की और अधिक झुका हुआ है तो इसीलिए कि इस नृत्य-रूप ने देवदासी प्रथा के खिलाफ़ जो एक रूप लिया था, उसको लेकर सबसे अधिक चर्चा और बहसें दक्षिण में ही हुई थीं, और यह आंदोलन भी वहीं जन्मा था। इसकी चर्चा, और बहसों के नतीजों की अनुगूँजें शेष भारत में भी सुनाई पड़ी थीं, और वह भी तब जब स्त्री-नृत्यकारों के प्रति एक पूर्वाग्रह समूचे भारत में फैला हुआ था। सभी अध्याय 'निओ क्लासिकल' के बारे में ही हैं, केवल मणिपुरी वाले अध्याय में मैंने उल्लेख किया है कि यह नृत्य परंपरा मठों में अभी भी जारी है, हालाँकि सभागारों में होने वाली प्रस्तुतियाँ अब अधिक लोकप्रिय हो रही हैं।

प्रतिभाशाली एम. के. सरोजा, गुरु मुत्तुकुमार पिल्लई की एक आरंभिक शिष्या (अविनाश पसरीचा।)

पारंपरिक गुरुओं के न रहने के बाद शास्त्रीय नृत्य की दुनिया में एक खालीपन महसूस किया जा रहा है। ये गुरु इस बात के लिए कृतसंकल्प थे कि नृत्यों की पहचान एक सीमा तक ही बदलनी चाहिए। अब जबकि वे मौजूद नहीं हैं, भविष्य कुछ अनिश्चित-सा हो गया है। आज ऐसे लोग तो बहुतेरे हैं जो सिर्फ़ 'प्रदर्शन' पर बल देते हैं, पर, यह 'प्रदर्शनप्रियता' या सिर्फ़ प्रस्तुतियों में दर्शकों को आकर्षित करने की क्षमता कम हो गई है। एक युग बीत चुका है। अब इसमें संदेह है कि बालासरस्वती, गुरु केलुचरण महापात्र और शंभु महाराज की टक्कर के लोगों को हम पा सकेंगे। भाग्यवश बिरजू महाराज जैसे नृत्य-पुरुष ज़रूर हमारे बीच में हैं, पर, उनके द्वारा एक बड़ी संख्या में प्रशिक्षित अत्यंत प्रतिभाशाली नृत्यकारों में भी कोई ऐसा नहीं दिखाई पड़ रहा जो उनका स्थान ले सके।

हाँ, कुछ लगनशील, परिश्रमी, प्रतिभाशाली ऐसे युवा दृश्य में हैं, जो इन गुरुओं से प्रशिक्षित होने के लिए आतुर और तत्पर हैं, जो स्वयं कला को, बिना किसी मिलावट के, आगे ले जाने के आग्रही हैं। नृत्य का भविष्य इन्हीं सीखने और सिखाने वालों पर टिका है।

लीला वेंकटरमन

प्रस्तावना

नृत्य के एक नए युग से पहले का झंझावात

1930 से 1970 के बीच की अवधि का उल्लेख प्रायः भारत में नृत्य के पुनर्जागरण की अवधि के रूप में किया जाता है। यही वह समय था जब ब्रितानी शासनकाल में मंद पड़ गई नृत्य-गति ने एक नई करवट ली, और उसमें नए प्राण फूँकने की जोरदार शुरुआत हुई, प्रोसीनियम में प्रस्तुत की जा सकने वाली नृत्य संरचना की नींव पड़ी, और मंदिरों तथा दरबारों में ही सीमित नृत्य को एक नई दिशा मिली। लेकिन इस परिवर्धन/विकास से पहले, उन पारंपरिक नृत्यशील परिवारों को बड़ा झटका लगा जो वर्षों से नृत्य की दुनिया में थे। इस ऐतिहासिक अवधि के बारे में जब एक पत्रिका ने पुनर्जागरण पर एक लेख प्रकाशित किया तो ठीक ही लेख को 'फेटफुल एंड फ्रूटफुल'[1] (निर्णायक और फलदायक) शीर्षक से अभिहित किया। भारतीय नृत्य परिदृश्य में विषयवस्तु, कथ्य और प्रस्तुति के स्तर पर, तथा इन्हें सराहने वाले दर्शकों के दृष्टिकोण में, जो परिवर्तन स्वतंत्रता प्राप्ति के बाद घटित हुए हैं, उससे पहले उस अवधि पर एक नजर डाल लेना अच्छा होगा जब निओ क्लासिकल दौर की शुरुआत नहीं हुई थी। जिन्हें नृत्य के इतिहास का पता है वे तो कई और विवरणों को जानते ही हैं, फिर भी उन्हें एक बार और दुहरा लेने में हर्ज नहीं है। नृत्य करके 'मनोरंजन' प्रदान करने वाली स्त्रियों को लेकर जिस सामाजिक भर्त्सना का भाव समाज में व्याप्त था, उसकी अनुगूँजें देश के सभी भागों में महसूस की जा रही थीं। पर, इस संघर्ष में देवदासियों (नृत्य करने वाली वे स्त्रियाँ जो मंदिर या दरबार से संबद्ध होती थीं) के पक्ष और विपक्ष में जो आंदोलन सबसे आगे था वह 'सादिर' ही था (बाद में जिसे भरतनाट्यम के रूप में जाना गया)। इस आंदोलन को लेकर मद्रास (अब चेन्नई) में लोगों के बीच जो बहस और चर्चाएँ हो रही थीं, वे दर्ज भी की जा रही थीं।

देवदासी प्रथा

मंदिरों में नृत्य करने वाली 'देवदासी' देश-विदेश में 'भारत की नाचने वाली लड़की' के रूप में जानी जाती थी और एक विदेशी बैले, *La Bayadère (मंदिर की नर्तकी)* में तो उसे बड़े रोमांटिक ढंग से प्रस्तुत भी किया गया है। देवदासी की यह प्रथा सामाजिक-सांस्कृतिक स्तर पर स्वीकृति पाकर सदियों तक जारी रही थी।

सामने के पृष्ठ पर: ई. कृष्ण आय्यर (श्रुति)

राजदरबारों और मंदिरों में पलने वाली देवदासी की सेवाएँ आनुष्ठानिक भी रही हैं, और उसका उपयोग मनोरंजनार्थ भी होता रहा था। वह क्रमशः मंदिर की प्रतिमा और रियासती दरबारों को समर्पित की जाती थी। लेकिन उन्नीसवीं सदी में ब्रितानी शासन में मंदिर और राजदरबार दोनों कमजोर हुए तो इस प्रथा की मुश्किलें भी बढ़ने लगीं। और बीसवीं सदी में तो स्वतंत्रता आंदोलन के जोर पकड़ने के साथ इसे एक खराब प्रथा के रूप में देखा जाने लगा। 1947 में जब भारत को स्वतंत्रता मिली तो जो थोड़ा-बहुत संघर्ष यह प्रथा अपने को अस्तित्व में बनाए रखने के लिए कर रही थी, वह अपने में ही सिमट गया। और इस प्रथा को बाकायदा एक कानून बनाकर मंदिरों से विच्छिन्न कर दिया गया। इसके अंतर्गत लड़कियों को मंदिरों में नृत्य करने के लिए जिस प्रकार पाला-पोसा और तैयार किया जाता था, उसकी समाप्ति हुई।

एक सदी की राजनीतिक अस्थिरता के बाद, ब्रितानी शासन के सुदृढ़ कानूनी ढाँचे से लाभान्वित होकर भूस्वामियों की संपन्नता बढ़ गई थी। यह वर्ग बड़े पैमाने पर विवाहोत्सव और मेले आयोजित करता था जिसमें मनोरंजन के लिए देवदासियों की माँग रहती थी, और इसी वर्ग से देवदासियों को व्यक्तिगत रूप से तब भी संरक्षण मिलता रहा जब मंदिरों और राजदरबारों से उन्हें संरक्षण मिलना बंद हो गया।

देवदासियों का कोई जाति-वर्ग नहीं था। वे बस देवदासियाँ कहलाती थीं। और इसी रूप में जानी जाती थीं, खासकर दक्षिण में। हाँ, उनके संरक्षक अवश्य ही चेट्टियार, मुदलियार, पिल्लई और ब्राह्मण जैसी उच्चवर्गीय जातियों के हुआ करते थे।

ब्रितानी शासकों ने हम पर जिस पश्चिमी रंग-ढंग को थोपने की कोशिश की थी, उसमें मानो भारतीयता की मूल पहचान खो-सी गई थी। जैसे-जैसे स्वतंत्रता आंदोलन आगे बढ़ रहा था, वैसे-वैसे इस पहचान को फिर से पाने की, और अपने राष्ट्र-रूप को स्वतंत्र कराने की उत्कंठा बढ़ रही थी। बंगाल जैसे प्रदेश में पढ़े-लिखे ब्राह्मणों, कायस्थों और मुदलियारों ने उदारवादी पश्चिमी मूल्यों को अपनाकर और उसमें हिंदुत्व के सुधारवादी तत्वों को मिलाकर, इस पहचान को एक रूप देने का यत्न किया था। लेकिन दक्षिण में इसने एक दूसरी दिशा पकड़ी–वहाँ अतीत में गहरे झाँककर एक सचेत शहरी वर्ग ने, नई सुधारवादी प्रवृत्तियों/इच्छाओं को पारंपरिक मूल्यों से जोड़ने की चेष्टा की। और इस पहचान को समकालीन सामाजिक/राजनीतिक माहौल के अनुरूप ढालने की भी कोशिश की।

ऐसा माना जाता है कि जब मंदिर और दरबार जैसी सुदृढ़ संस्थाएँ देवदासियों को संरक्षण देने की स्थिति में नहीं रह गईं तो जमींदारों की मनमौजी माँगों के कारण देवदासियों को अपनी कला के सौंदर्य और गरिमा के साथ कई तरह के समझौते करने पड़े। जिन देवदासियों को समाज पहले ऊँची निगाह से देखता था, अब उन्हीं को नीची निगाह से देखा जाने लगा। और माना जाने लगा कि वे समाज को भ्रष्ट करने का काम कर रही हैं। मंदिरों से निष्कासित होकर देवदासियों ने शहरों की ओर रुख शुरू किया और नए सिरे से अपनी रोजी-रोटी के कठिन संघर्ष में जुट गए। नागलपुरम या नागमम्बापुरम के मंदिर से जुड़ी हुई भारती अम्मा नाम कीं एक देवदासी से, नट्टुवान्नरों और देवदासियों के प्रामाणिक जानकार वी.एम. सुंदरम ने जो भेंटवार्ता की थी, उससे इस प्रसंग के कई दिलचस्प पहलू और तथ्य सामने आए।[2] आंध्रप्रदेश की सीमा में आने वाला यह मंदिर पहले तमिलनाडु में था। विजयनगर के महाराजा कृष्णदेवराय के काल में निर्मित इस मंदिर का नाम वेदारण्य पेरुमल मंदिर था, जिसे बदलकर बाद में राजमाता नागमम्बा के नाम से पुकारा जाने लगा। चंद्रगिरि के राजा के द्वारा जारी किए गए एक फरमान के बचे-खुचे हिस्से भारती अम्मा के पास से प्राप्त हुए थे। इसके अनुसार भारती अम्मा की दादी नरीमणि को, जो गंगाईकोडा मंडपम में प्रस्तुत किए जाने वाले अपनी नृत्य-कला के लिए प्रसिद्ध थी, 400 सैनिकों

की एक सैन्य टुकड़ी रखने का अधिकार दिया गया था, इस शर्त के साथ कि ज़रूरत पड़ने पर वह टुकड़ी राजा की मदद भी करेगी। पर, इसे दिनों का फेर ही तो कहेंगे कि नरीमणि को अब अपनी जीविका चलाने के लिए धान और गोबर के उपले बेचने का काम करना पड़ रहा था।[3]

देवदासी प्रथा के पक्ष और विपक्ष की ताकतें तथा देवदासी नृत्य-कला

रियासतों की बदहाली के बावजूद तब 'सादिर' के नाम से जाना जाने वाला यह नृत्य, 1930-40 की अवधि तक किसी प्रकार अपने को खींचता रहा, और कई प्रकार की आलोचना झेलता रहा। पर, जब एक नारीवादी डॉ. मुत्तुलक्ष्मी रेड्डी ने, जो स्वयं एक देवदासी माँ के पेट से जन्मी थी, इसे समाप्त करने का बीड़ा उठा लिया तो इन स्त्रियों के बचाव के सारे रास्ते बंद हो गए।[4] उनकी गाड़ी रुक गई। देवदासी माँ की संतान होने के नाते मुत्तुलक्ष्मी को स्कूलों में दाखिला पाने पर बड़ी कठिनाई हुई थी और इससे ज़रूर ही गहरी चोट पहुँची थी जिसे वह कभी भुला नहीं पाई। 1927 में जब दिल्ली की विधान सभा में देवदासी प्रथा की बुराइयों पर चर्चा के लिए एक प्रस्ताव रखा गया तो सदस्यों की ओर से यही कहा गया कि इंडियन पेनल कोड में जो प्रावधान उपलब्ध हैं उनसे ही इसकी कुरीतियों से निपटा जा सकता है, और इसके लिए कोई नया कानून बनाने की आवश्यकता नहीं है। नवंबर 1972 में मद्रास लेजिस्लेटिव काउंसिल ने, जिसकी डॉ. रेड्डी एक सदस्य थी, यह प्रस्ताव पारित किया कि मद्रास सरकार को कानून बनाकर देवदासियों को प्रतिबंधित करना चाहिए। 1929 के अंत में जाकर मद्रास काउंसिल ने 'हिंदू रिलीजिअस एंड चैरिटेबल एनडॉवमेंट्स एक्ट' में यह संशोधन किया कि मंदिर के प्रबंधक भ्रष्ट देवदासियों को मंदिर से विलग करें और कानूनी कार्रवाई करके उन्हें उस ज़मीन से बेदखल करें जो हर देवदासी को दी जाती थी और जिसकी उपज से वह अपने परिवार का भरण-पोषण करती थी। 1930 में मुत्तुलक्ष्मी रेड्डी ने मद्रास काउंसिल में एक बिल पेश किया और उसके अंतर्गत यह माँग की कि देवदासी को मंदिरों को समर्पित किए जाने की प्रथा के अंतर्गत जो अनुष्ठान होते हैं, उन पर रोक लगे।

इन घटनाओं के साथ ही मद्रास शहर में कुछ और भी गतिविधियाँ ज़ारी थीं। इसी वक़्त मद्रास शहर में ई. कृष्ण आय्यर नाम के एक वकील सबका ध्यान आकर्षित कर रहे थे। वे कलाप्रेमी थे, स्वतंत्रता सेनानी थे, स्वयं कलाकार भी थे और सामाजिक/सांस्कृतिक स्तर पर कई रूपों में सक्रिय थे। कुल मिलाकर उनकी उपस्थिति प्रभावकारी थी। उनकी पृष्ठभूमि के कुछ दिलचस्प पहलू जानने लायक हैं, क्योंकि वे उन अन्य कई सचेत नागरिकों में से थे, जो अपने क्षेत्र और पेशे में महत्वपूर्ण थे, और कला-जगत में भी जिनकी गहरी रुचि थी। इन्हीं लोगों ने अंततः इस नृत्य-कला को सदा के लिए ओझल हो जाने से बचाया था। कृष्ण आय्यर की युवा अवस्था कल्लीदाईकुरुच्चि में बीती थी, 1916 से पहले के वर्षों में, जब उसे 'ब्राह्मण चेट्टिनाड' के रूप में जाना जाता था। इन वर्षों में कृष्ण आय्यर के मानस पर नृत्य-संगीत का गहरा प्रभाव पड़ा था। और इसके प्रति एक सच्चा अनुराग उनमें पनपा था। इसके बाद वह मद्रास चले आए, जहाँ 1918 में क्रिश्चियन कालेज से उन्होंने स्नातक की डिग्री प्राप्त की और फिर तिरुवनंतपुरम और मद्रास में अध्ययन के लिए गए और 1927 में बी.एल. (बैरिस्टर ऑफ लॉ) बने। उन्होंने होमरूल लीग की सदस्यता स्वीकार की, एनी बेसेंट इसकी नेता थीं। इसमें सक्रियता से अपनी भूमिका निभाते हुए, कृष्ण आय्यर, इंडियन नेशनल कांग्रेस में शामिल हुए और विद्यार्थी संगठन के संयुक्त सचिव का पद ग्रहण किया। एस. श्रीनिवास अय्यंगार और एस. सत्यमूर्ति के प्रभाव से वह स्वराज्य पार्टी की ओर आकर्षित हुए और अपनी पत्नी पार्वती के साथ देशभक्तिपूर्ण भरतियार गीतों को गाते हुए समूचे दक्षिण की यात्रा की। उन्होंने हिंदुस्तानी सेवादल में अपनी महत्वपूर्ण भूमिका निभाई–पहले, उपाध्यक्ष के रूप में और फिर 1936 तक अध्यक्ष के रूप

में 1929 में साइमन कमीशन के बहिष्कार के लिए जो आंदोलन चला, कृष्ण आय्यर की उसमें भी सहभागिता रही। देशभक्ति के इन कामों के साथ ही सादिर से उन्हें गहरा लगाव और प्रेम था। सत्याग्रह आंदोलन से जुड़ने के साथ ही उनकी गिरफ्तारी हुई और ब्रितानी सरकार ने छह महीनों के लिए उन्हें जेल में डाल दिया। इस उद्यमी ने जेल का उपयोग अपने पक्ष में इस तरह किया कि उसने सत्यमूर्ति, ई. एम. एस. नम्बूदिरीपाद, सी. सुब्रह्मण्यम जैसे नेताओं को सादिर की कला के उत्कृष्ट तत्वों से परिचित कराया। स्वयं कृष्ण आय्यर का कला जगत से गहरा अनुराग उस वक़्त हुआ था जब 1923 में उन्होंने कला-रुझान के अपने आरंभिक वर्षों में ही समबंदा मुदालियार के नाटक *सारंगधारा* में रत्नांगी (एक स्त्री भूमिका) से जुड़े। *मालविकाग्निमित्र* में मालविका की भूमिका को ठीक से अभिनीत करने के लिए 1925 में उन्होंने मद्रास में रहने वाली एक अनुभवी देवदासी मधुरांतकम जगदम्बाल से नृत्य सीखने का निर्णय किया। उनके अभिनय ने उन लोगों को भी अत्यंत प्रभावित किया जो देवदासियों और उनके नृत्य के खिलाफ खड़े हुए थे। माना तो यह भी जाता है कि उनके अभिनय ने इन सबका नृत्य के प्रति दृष्टिकोण ही बदल दिया! *मालविकाग्निमित्र* की उस प्रस्तुति के दौरान देवदासी अंडालम्मा की बेटी पद्मासिनी बाई, और भगवतमेला परंपरा के मेलात्तुर नाटेश आय्यर भी मौजूद थे, और मालविका के रूप में कृष्ण आय्यर की भूमिका से वे भी चमत्कृत हुए थे। जब नाटेश आय्यर ने उन्हें नृत्य में संपूर्ण दीक्षा के लिए प्रेरित किया तो आरंभ में कृष्ण आय्यर इसके लिए उत्साहित नहीं हुए, पर बार-बार नाटेश आय्यर के जोर देने के कारण अंततः वह राजी हुए। नृत्य सीखकर कृष्ण आय्यर उसमें इतना पारंगत हो गए कि स्त्रियों की ही वेशभूषा में वे सादिर को एकल-नृत्य के रूप में प्रस्तुत करने लगे। इसमें संगतकार के रूप में दोराईस्वामी नट्टुवान्नर और मृदंगम वादक के रूप में मानगुड़ी दोराईराजा भगवतार उनके सहयोगी बने।

वह अपने 'प्लेट एंड पॉट डांस' (तश्तरी और पात्र) नृत्य के लिए जाने गए। स्वयं उन्होंने इस नृत्य को '*कास्मिक डांस*' (ब्रह्मांडीय नृत्य) की संज्ञा दी क्योंकि इसमें मनुस्मृति से उद्धरण थे और तश्तरी को समुद्र के प्रतीक के रूप में रखा गया था। मिट्टी के पात्र पर सूर्य और चंद्र अंकित थे, जो शेष ब्रह्मांड के रूप में संकेतिक थे। जब 1927 में इंडियन नेशनल कांग्रेस ने अपना अधिवेशन मद्रास में आयोजित करने का निर्णय किया तो प्रदर्शनकारी कलाओं के लिए भी यह एक ऐतिहासिक अवसर साबित हुआ। समिति के सदस्यों ने, जिसके संयुक्त सचिव और एक सदस्य कृष्ण आय्यर भी थे, सर्वसम्मति से यह फैसला किया कि अधिवेशन के समय एक संगीत समारोह भी आयोजित किया जाए। इस घटना ने मद्रास म्यूजिक एकेडेमी की नींव रखी–और 1928 में सी.पी. रामास्वामी आय्यर ने इसका उद्घाटन किया। वैसे तो एकेडेमी का रुझान संगीत की ओर ही अधिक था, लेकिन शीघ्र ही एकेडेमी ने तय किया कि वह देवदासी नृत्य को समर्थन/सहयोग देगी, भले ही उसी दौरान मद्रास काउंसिल एक बिल लेकर आई थी जिसमें मंदिरों के उन अनुष्ठानों को प्रतिबंधित करने की बात कही गई थी जो देवदासी को मंदिर को समर्पित किए जाने के लिए आयोजित होते थे। सी.पी. रामास्वामी आय्यर, टी.आर. वेंकटरमन शास्त्री और वी.एस. श्रीनिवास शास्त्री जैसे विशिष्ट और कद्दावर सदस्यों के भारी सादिर-विरोध के बावजूद, म्यूजिक एकेडेमी ने मार्च 1931 में कल्याणी बहनों का नृत्य प्रस्तुत किया।

1932 में सादिर समर्थक डॉ. कृष्ण आय्यर ने तय किया कि वह डॉ. मुत्तुस्वामी आय्यर को मुँहतोड़ जवाब देंगे, जो सादिर के विरोधी थे और मानते थे कि इसके जरिए लड़कियों को मंदिरों में पहुँचाकर उनका शोषण किया जाता है, उन्हें समाज की मुख्यधारा से काट दिया जाता है, यहाँ तक कि अकसर उनको व्यभिचारी जीवन जीने के लिए मजबूर किया जाता है।

नृत्य के पक्षधरों और विरोधियों के बीच जो संग्राम छिड़ा हुआ था, उसको ध्यान में रखते हुए, उसी वर्ष *मद्रास मेल* ने अपने उद्यमी सहायक संपादक जी.ए. जॉनसन की पहल पर एकेडेमी के वार्षिक सम्मेलन के दौरान देवदासी और नृत्य को लेकर एक जनसभा बुलाने की ठानी। इस सभा में सादिर के पक्ष और विपक्ष में जो विचार प्रकट किए गए, जो निष्कर्ष निकले और उनके प्रसंग से जो गतिविधियाँ शुरू हुईं–उन सबके ब्यौरे *मद्रास मेल* ने प्रकाशित किए।[5]

रिपन बिल्डिंग्स के सामने तब के पीपुल्स पार्क में सभा के लिए बहुत बड़ा पंडाल लगाया गया था। इसमें करीब 2000 लोग इकट्ठा हुए। इस पर एक सहमति बनी कि जो छोटी महफिलें नृत्य के लिए आयोजित होती हैं, उन्हीं से देवदासी नृत्य का स्तर गिर रहा है। संगीतज्ञ टाइगर वरदाचरियार ने जी.ए.जॉनसन का एक पत्र पढ़कर सुनाया, जिसमें उन्होंने एक 'बाहरी' व्यक्ति के तटस्थ नजरिए से यह प्रतिपादित किया था कि देवदासियों के लिए अन्य पेशेवर विकल्प ढूँढ़े जाने चाहिए।

कल्याणी बहनें (श्रुति)

सभा में समाज के जो गणमाण्य व्यक्ति उपस्थित थे उन्हीं में से एक थे–ई. कृष्णस्वामी आय्यर। उनका मानना था कि संगीत और नाट्य का परस्पर गहरा संबंध है और इनमें से किसी एक को छोड़कर चलना दूसरे को बर्बाद करने के बराबर है। उन्होंने कहा कि ज़रूरत इस बात की है कि एक निश्चित संख्या में–अच्छी खासी संख्या में–कुछ लोग इस नृत्य के प्रति अपने को पूर्णता समर्पित करें। सभी लोग उनकी इस बात से सहमत नहीं थे। दीवान बहादुर एन. पट्टाभिरामा राव पंतुलु का कहना था कि अगर घी खराब होने लगे तो उसके बर्तन को बदल देना ही ठीक होता है। वाद-विवाद में मिश्रित प्रतिक्रियाएँ सामने आईं। ज्यादातर समर्थक नृत्य-रूप को देवदासियों से अलग करने के पक्ष में ही थे।

1933 में म्यूजिक एकेडेमी ने पंद्रह वर्षीया बालासरस्वती का नृत्य प्रस्तुत किया। दर्शकों में उदयशंकर भी थे। बाला का नृत्य देखने के बाद सादिर के दो विरोधी–टी.के. चिदंबरा *मुदलियार*–और कल्कि–भी उसके पक्षधर हो गए। मद्रास म्यूजिक एकेडेमी ने नृत्य की ग़हरी विवेचना और चर्चा के लिए अपनी पत्रिका में *अभिनय सार सम्पुट* नाम से एक लेखमाला प्रकाशित की, जो भरतनाट्यम पर एक महत्वपूर्ण और उपयोगी सामग्री साबित हुई। 1933 में, म्यूजिक एकेडेमी के छठे अधिवेशन ने इस नृत्य के लिए संजीवनी का काम किया। ग्यारह दिन के अधिवेशन की अध्यक्षता विद्वान के. पुन्नैय्या पिल्लई कर रहे थे जो अन्नामलाई यूनिवर्सिटी में संगीत के प्रोफेसर थे और तंजावुर की चातुर्वाद्य मंडली के तीसरे वाले भाई शिवनंदम के वंशज थे। अधिवेशन के तीसरे दिन अपने समय के विलक्षण गुरु

पंडानल्लूर मीनाक्षी सुंदरम पिल्लई और भरतम नल्लूर नारायणास्वामी आय्यर ने नृत्य पर अपने व्याख्यान दिए। नृत्य विद्यालय खोलने संबंधी एक प्रस्ताव भी लाया गया। श्रीमती स्टैन हार्डिंग ने जोरदार सिफारिश की कि पुरानी वेशभूषा फिर से अपनाई जाए और किसी भी हालत में आनुष्ठानिक नृत्यों का प्रत्यारोपण न हो। वी. राघवन का कहना था कि *तेवरम*, *वैष्णव प्रबंधम*, *भरतनाट्यम* और *नागस्वरम* को मंदिर-अर्चना की दैनिक चर्या में शामिल कर लेना चाहिए। इसी बीच एकेडेमी ने निर्विवाद रूप से, 1932 से, सादिर की जगह भरतनाट्यम शब्द का इस्तेमाल करना आरंभ कर दिया क्योंकि सादिर की काफ़ी बदनामी हो चुकी थी, और वह विवादों में घिर चुका था। यहाँ यह उल्लेख करना प्रासंगिक होगा कि भरतनाट्यम शब्द की उत्पत्ति तमिल के *भारतम* शब्द से हुई है, जिसका अर्थ नृत्य है (जैसे भारतम नाटेश आय्यर)। यह मानना सही नहीं है कि यह नामकरण भरत के *नाट्यशास्त्र* से उद्धृत है। यह स्पष्टीकरण इसलिए भी ज़रूरी है कि बाद के कुछ विद्वानों ने भरतनाट्यम शब्द का संबंध भरत के *नाट्यशास्त्र* से जोड़ा था।[6]

एकेडेमी ने गौरी अम्माल और अन्य देवदासियों का नृत्य भी प्रस्तुत किया। कृष्ण आय्यर जोरदार तरीके से इस नृत्य-रूप के लिए समर्थन जुटाने में लगे हुए थे। और लगता यही है कि वह अपनी शक्ति देवदासी को बचाने में ही अधिक लगा रहे थे। अपने समय की नृत्य और संगीत विधाओं के प्रमुख कलाकारों के साथ उनके संबंध बहुत अच्छे थे। अब तक देवदासी का विरोध उग्र रूप ले चुका था और आलोचना का सामना करना बहुत कठिन हो चला था। संभावना इसी बात की है कि कृष्ण आय्यर को लगा होगा कि अगर देवदासी को बचाना कठिनतर या असंभव-सा हो गया है तो कम से कम नृत्य को तो बचा लिया जाए। आगे चलकर उनकी इस बात की आलोचना भी हुई कि उन्होंने उच्च जाति की स्त्रियों को इस नृत्य शैली को अपनाने के लिए प्रेरित किया, फलतः पारंपरिक रूप से इसे प्रस्तुत करने वाली स्त्रियाँ मजबूरन इससे दूर और ओझल होती गईं।

सादिर को लेकर बदलता हुआ दृष्टिकोण

1 जनवरी, 1935 को एक नए अध्याय का प्रारंभ होता दिखाई पड़ा, जब समाज के लिए एक अत्यंत परिचित चेहरे, रुक्मिणी देवी का मद्रास के नृत्य-जगत में भी उदय हुआ। उस समय वे तीस वर्ष की थीं। थियोसोफिकल सोसायटी की ऐसी सदस्य थीं, जिन्होंने मैलापुर के कर्मकांडी ब्राह्मण समाज की अनसुनी करके सोलह वर्ष की आयु में अपने से उम्र में काफी बड़े उम्र के अंग्रेज डॉ. जॉर्ज अरुंडेल से विवाह कर लिया था। शौकिया रंगमंच से अच्छी तरह अवगत, काफ़ी यात्राएँ कर चुकीं, रुक्मिणी का नृत्य के प्रति दृष्टिकोण 'खुला' हुआ था, और अन्ना पावलोवा के साथ बढ़ती हुई मित्रता से, यह नृत्य रुझान और प्रबल हुआ था। पावलोवा से संयोगवश हुई भेंट में उन्होंने बैले सीखने की इच्छा प्रकट की थी। और पावलोवा ने क्लिओनोर्डी का नाम इस सिलसिले में सुझाया था जो पावलोवा के अंतर्गत नृत्य करने वाली प्रमुख कलाकार थीं। रुक्मिणी देवी ने कुछ दिनों तक उनसे नृत्य की दीक्षा ली थी। वे सादिर विवाद से असंलग्न थीं, हालाँकि पुडुक्कोट्टई रियासत के एक ब्राह्मण परिवार में बड़ी हुई थीं और नट्टुवान्नरों की *ततुकाझी* (लकड़ी की डंडी जिससे गुरु लोग लय पर थाप देते थे) शुरू से उनके कानों में पड़ती रही थी। मंदिरों के देवदासी नृत्य ने उन पर कोई प्रभाव नहीं छोड़ा था। पर, जब 1932 में उन्होंने पंडानल्लूर बहनों के नाम से जानी जाने वाली जीवारत्नम और राजलक्ष्मी का नृत्य देखा तो वह भरतनाट्यम के गुरु की खोज की ओर प्रवृत्त हुई। 1935 में रुक्मिणी देवी को फिर मीनाक्षी सुंदरम पिल्लई के दो शिष्यों–सभारंजितम और नागरत्नम–का नृत्य देखने का अवसर मिला। गुरु उस समय 65 वर्ष के थे, गाते थे, और बीच-बीच में वायलिन भी बजाते थे। पंडानल्लूर बहनों के नृत्य ने रुक्मिणी देवी के हृदय

के तार छेड़ दिए थे और उन्होंने तय किया कि वह इस विस्मयकारी नृत्य को सीखेंगी। उनके भाई यज्ञनेश्वर शास्त्री कई देवदासियों के यहाँ गए, और अंत में अड्यार लाइब्रेरी के डायरेक्टर डॉ. कुंजन राजा के सुझाव पर रुक्मिणी को नृत्य सिखाने के लिए गौरी अम्माल को चुना गया। 1932 में कृष्ण आय्यर ने ही उन्हें कार्यक्रम देखने के लिए प्रेरित किया था। और इस बात से वह बहुत प्रसन्न हुए थे कि रुक्मिणी देवी जैसी प्रतिभा नृत्य के क्षेत्र में बाकायदा आना चाह रही थीं। इससे सादिर की दुरावस्था में सुधार की संभावनाएँ उन्हें दिखाई पड़ीं। रुक्मिणी देवी ने अपनी दीक्षा की शुरुआत गौरी अम्माल के अंतर्गत की, जो मद्रास के कपालिश्वरर मंदिर की सेवा में थीं। उन्होंने भानुमती, वरलक्ष्मी, ताराबाई, वीणाभाषिणी, अम्माल, कराइक्कल बहनों और अंडाल जैसी देवदासियों की प्रस्तुतियाँ भी देखीं। और मीनाक्षी सुंदरम पिल्लई से नृत्य सीखने की इच्छा प्रकट की। वे, उन जैसे गुरु से नृत्य सीख चुकीं देवदासियों की नृत्य गति और भाव-मुद्राओं से प्रभावित हुई थीं। रुक्मिणी देवी ने कृष्ण आय्यर से अपनी यह इच्छा प्रकट की। कृष्ण आय्यर को इससे प्रफुल्लित होना ही था, वह मीनाक्षी सुंदरम पिल्लई को मनाने में जुट गए। और अंततः सफल हुए। गुरु अपने गाँव पंडानल्लूर से मद्रास आकर एक ब्राह्मण स्त्री को नृत्य सिखाने के लिए राजी हो गए। गुरु-शिष्य, दोनों, मानो दो ध्रुवांतों से थे, सीखने-सिखाने की राह कैसे बनेगी, इसको लेकर दोनों ओर से कुछ अनिश्चय भी था ही, और दोनों के लिए एक नया अनुभव भी था ही। लेकिन गुरु को यह पहचानने में देर नहीं लगी कि रुक्मिणी देवी की बुद्धि प्रखर थी, और नृत्य सीखने की लगन भी आयु के बावजूद भरपूर थी। लेकिन जब दिसंबर 1935 में इंडियन थियोसोफिकल सोसायटी की हीरक जयंती के अवसर पर, रुक्मिणी देवी ने दो वर्षों की दीक्षा के उपरांत अड्यार थिएटर में नृत्य-प्रस्तुति दी, तो उसमें गुरु मीनाक्षी सुंदरम पिल्लई उपस्थित नहीं हुए। शायद ऐसा उन्होंने इस कारण किया

गौरी अम्माल (श्रुति)

कि उनके मुताबिक रुक्मिणी देवी की दीक्षा पूरी नहीं हुई थी या उन्हें पर्याप्त गुरु दक्षिणा नहीं मिली थी या इसलिए कि वे इसको लेकर दुविधा में थे कि पारंपरिक रूप से नृत्य करने वाले परिवार, भरतनाट्यम कुल के बाहर की एक स्त्री के नृत्य-नतीजों को, (जिसे उन्होंने दीक्षित किया था) पता नहीं किस तरह ग्रहण करेंगे। अपनी जगह उन्होंने गुरु चोक्कालिंगम पिल्लई के बेटे सुब्बारयार को प्रस्तुति के संचालन के लिए और नारायणस्वामी को मृदंगम वादन के लिए भेजा। समाज के शीर्ष नेताओं–सी.पी. रामास्वामी आय्यर, टी.आर. वेंकटरमन शास्त्री, सदाशिव आय्यर और श्रीनिवास शास्त्री ने विरोधस्वरूप रुक्मिणी देवी की नृत्य-प्रस्तुति

भानुमती और वरलक्ष्मी (श्रुति)

का बहिष्कार किया। बहुत बाद में, 1952 में एक कवि जेम्स कज़िंस ने *हिंदुस्तान टाइम्स* में इस घटना के बारे में लिखते हुए यह दर्ज किया, "नृत्यांगना के अत्यंत आदर्शवादी अंग्रेज पति को इस घटना में अपनी पत्नी की भूमिका एक ऐसे कलाकार के रूप में दिखाई पड़ी, जिसे स्वयं कला ने अपने माध्यम से एक सशक्त और नई आध्यात्मिक ऊँचाई के लिए चुना था।" इसी तरह जून 1936 के अंक में द *थियोसोफिस्ट* ने लिखा, "लयात्मक गति के सौंदर्य से एक बड़ी संख्या में अंतरराष्ट्रीय दर्शक वर्ग चमत्कृत हुआ और देशी समीक्षकों के एक वर्ग को लगा कि एक नए सांस्कृतिक अध्याय की शुरुआत हो रही है, नई संभावनाओं की भी, जिससे कई पुरानी हदबदियाँ टूट जाएँगी। थियोसोफिस्ट बारबरा सेलोन की राय थी कि प्रस्तुति का समूचा सौंदर्य एक आध्यात्मिक धरातल पर टिका था और व्यक्त हो रहा था, कुछ इस तरह जैसे उसका सहज ही आविर्भाव हुआ हो।" और इसीलिए जब लोग किसी सुंदर और प्रखर गति-मुद्रा पर तालियाँ बजाते थे तो अच्छा नहीं मालूम देता था। लगता था जैसे एक पवित्र मौन को भंग किया जा रहा हो, भला कोई किसी पादरी की प्रार्थना-सभा में ताली बजाता है!" ऐसी अत्यधिक, उत्साहभरी प्रशंसा कुछ लोगों की नज़र में एक ऐसे वर्ग की ओर से आ रही थी, जो इस नए प्रकार के नृत्य के पक्ष में एक बौद्धिक उमंग पैदा करने का यत्न कर रहा था। पर, इसमें कभी भी संदेह नहीं था कि रुक्मिणी देवी की सौंदर्य-चेतना अपूर्व थी और वह जो कुछ भी करती थी, उसमें एक सौंदर्य-आभा होती ही थी। उन्होंने कलाओं के लिए एक अंतरराष्ट्रीय एकेडेमी की स्थापना की, "जिसका एकमात्र उद्देश्य था आधुनिक भारत में देश की पारंपरिक कला-धरोहर को पुनर्जीवित करना" और युवा लोगों तक कला के उस सच्चे रूप को पहुँचाना, जिसमें कोई अश्लीलता और व्यावसायिकता न हो।"[7]

उनकी इंटरनेशनल आर्ट एकेडेमी अनंतर तिरुवनमियूर (मद्रास का एक उपनगर) में स्थानांतरित हो गई, और वह 'कलाक्षेत्र' के रूप में जानी जाने लगी। यह उसका नया नामकरण था। इसमें विभिन्न प्रकार की पृष्ठभूमि से आने वाले शिक्षार्थियों को प्रशिक्षित करने के लिए पारंपरिक गुरुओं की सेवाएँ ली गईं, जिनमें मुत्तुकुमार पिल्लई, मीनाक्षी सुंदरम पिल्लई, चोक्कालिंगम पिल्लई, दंडायुधपाणि पिल्लई, अम्बु पणिक्कर, चंदू पणिक्कर, कराइक्कल सारदम्बल और गौरी अम्माल जैसे गुरु शामिल थे।

कृष्ण आय्यर की यह मान्यता बिल्कुल ठीक थी कि रुक्मिणी देवी के नृत्य-परिदृश्य में आने के कारण (देवदासी) नृत्य को नई प्राणशक्ति मिलेगी। लेकिन इससे लाचार देवदासियों की स्थिति में कोई फ़र्क नहीं पड़ा। उलटे उनकी स्थिति और खराब हो गई, हालाँकि न

तो कृष्ण आय्यर का, न ही रुक्मिणी देवी का ऐसा कोई उद्देश्य रहा होगा। या अन्य उन लोगों का, जो इस नृत्य-रूप को नई तरह से प्रकट होने के लिए प्रोत्साहित कर रहे थे। 1935 में ब्राह्मण परिवारों की कई लड़कियों ने, जैसे कि प्रतिभाशाली कलानिधि नारायण ने, गौरी अम्माल और काँचीपुरम कन्नप्पा पिल्लई से नृत्य की दीक्षा लेनी शुरू की थी। भाव-प्रवण नृत्य के लिए वह चिन्नैया नायडू से भी प्रशिक्षित हुई थीं। 1943 में उन्होंने एक सराहनीय नृत्य-प्रस्तुति दी, पर, विवाह के बाद, नृत्य का परित्याग कर दिया। बहुत बाद में 1960 के दशक में वाई.जी. दोराईस्वामी जैसे लोगों के आग्रह पर वह फिर नृत्य-परिदृश्य में आईं, और उसके बाद अभिनय सिखाने वाली एक बेजोड़ गुरु के रूप में उन्हें ख्याति प्राप्त हुई।

मुंबई के 'राजराजेश्वरी भरत नाट्य कला मंदिर' से संबद्ध गुरु स्वर्गीय महालिंगम पिल्लई का हमेशा से यह मानना था कि ऊँची जातियों से नृत्य सीखने के लिए लड़कियाँ पहले भी आती रही थीं और यह कोई अनहोनी नहीं थी। नायर, अय्यंगार तथा तेलुगु ब्राह्मण लड़कियाँ उनके पिता कुप्पैय्या पिल्लई से नृत्य सीखने के लिए आती रही थीं, जो तंजावुर से 1917 में तिरुविदाईमरुदुर चले आए थे। उनके शिष्यों में से एक त्यागराज के परम्परानिष्ठ कुटुम्ब की वंशधर भी थी–उन त्यागराज की, जिन्हें कर्नाटक संगीत की 'पवित्र त्रयी' में से एक माना जाता है।

उदयशंकर भारतीय नृत्य को विदेशों में ले गए

देवदासी/सादिर विवाद के समानांतर एक घटना और घटित हो रही थी। उदयशंकर पश्चिमी देशों में लोगों को भारतीय नृत्य से परिचित करा रहे थे और इससे उन्हें मुग्ध कर रहे थे। उनकी इस पहल ने एक आंदोलन का रूप ले लिया था। जब उन्होंने 1923 में अन्ना पावलोवा के लिए *राधा कृष्ण* की नृत्य संरचना की और उनके साथी कलाकार के रूप में इसमें नृत्य भी किया, तो यह भारतीय नृत्य की परिकल्पना को लेकर पहला वास्तविक प्रयास था। इससे पहले 'रुथ सेंट डेनिस' ने ही भारतीय नृत्य के कुछ रूपाकार परिकल्पित किए थे। उनके अपने विवरणों के अनुसार उन्होंने एक बौद्ध विषयवस्तु पर नृत्य परिकल्पित किया था, जिसमें एक हिंदू देवी जैन साज-सज्जा में नृत्य करती है। 1925 में उन्होंने भारत का भ्रमण किया, और 'नाच' के अपने परिकल्पित रूप को दर्शकों के समक्ष रखा।[8] स्पैनिश नृत्यांगना कैरोला गोया ने अपने पति मैत्तिओ वित्तुई के साथ, भारतीय नृत्य सीखने के लिए भारत की यात्रा की। क्रिस्तीना बोरीक्रांस को भी इस प्रसंग में याद कर सकते हैं जो कुचिपुड़ी सीख रही थीं।

1958 में समाज सुधारक और ब्रह्म समाज के नेता केशवचंद्र सेन की पोती साधना बोस को मणिपुरी, कथक और कथकली को एक-दूसरे में गूँथकर एक 'नवशास्त्रीय नृत्य' की रचना के लिए प्रेरित किया गया, जिससे कि भारतीय नृत्य का एक समेकित रूप प्रस्तुत किया जा सके। यह तथ्य कि साधना बोस ने यह साधना बंगाल में की–जहाँ 'नाच' करने वाली लड़कियाँ अंग्रेज अधिकारियों के आगे लट्टू की तरह नाचतीं और थिरकती थीं, और जिनके नाच के कारण, नाचने मात्र को नीची निगाह से देखा जाता था–अपने आप में एक साहसिकता की माँग करती थी। उनकी यह साहस भरी कोशिश इस ओर भी संकेत करती है कि नृत्य की दुनिया में ऐसे लोग हमेशा आते रहे हैं, जिनका नृत्य के प्रति गहरा अनुराग, सामाजिक लाँछना के आगे हार नहीं मानता रहा। कालका बिंदादीन की शिष्याओं–ननुआ, बचुआ, बहनों और कांतिमती और गौरी नाम की देवदासियों का बड़ौदा में नृत्य देख कर, मैडम मेनका ने कथक नृत्य सीखना शुरू किया, और फिर 1935 से 1938 तक वे विदेश यात्रा पर गईं, जहाँ नृत्य-प्रस्तुतियों के लिए वे अत्यधिक सराही गईं।

1939 में स्थापित उदयशंकर का महत्वाकांक्षी अल्मोड़ा सेंटर जहाँ शास्त्रीय कला-रूपों को सिखाने वाले कई पारंपरिक गुरु एकत्र हुए थे, 1944 में आर्थिक तंगी की वजह से बंद हो गया।

कर्नाटक का परिदृश्य

बीसवीं सदी के आरंभिक वर्षों में कर्नाटक में वोक्कालिगा, लिंगायत और तेलुगू भाषी नायडू परिवारों की देवदासियों में से, जिन्हें *नायकासनी* और *सूले* (वेश्या) कहकर पुकारा जाता था, कई ऐसी थीं जो अपने नृत्य के लिए जानी जाती थीं। एक बेंगलोर कमला थीं जो मैजेस्टिक सिनेमा के सामने *आनंदनिलयम* नाम के महल में रहती थीं। शृंगेरी शारदापीठ की एक समिति ने उनसे कुछ प्रश्न पूछे थे और उन प्रश्नों का जवाब उन्होंने बखूबी दिया था। इस पर उन्हें *उत्तरा यज्ञोपवीत* की उपाधि दी गई थी। एक अन्य देवदासी विदुषी वेंकटसुंदरसनी थी, जिनका परिवार उलसूर बेंगलोर के सोमेश्वर मंदिर से संबद्ध था और जिसने *सारसंग्रह भारत* का प्रकाशन किया था। मैसूर, मोगूर, नीलमंगला, कोलार, बैंगलोर, शिमोगा और मुलबागल ऐसे अंचल थे, जहाँ नृत्य लोकप्रिय था। कुछ नृत्यकार, जो प्रसिद्धि की ऊँचाइयों तक पहुँचे, वे विभिन्न वर्गों व जातियों के थे, और ऐसे जिनके परिवारों का पहले नृत्य से कोई संबंध नहीं था। पहलवान दासप्पा चेट्टी की बेटी जेत्ती तायम्मा मैसूर के एक भरतनाट्यम स्कूल की संस्थापक बनीं। वे हिंदुस्तानी ठुमरियों को अपने नृत्य में अभिनीत करती थीं और इसी के लिए जानी जाती थीं। उनकी सबसे अच्छी शिष्या वेंकटलक्ष्म्मा थी और वह लंबानी के भूस्वामियों के परिवार से थी। 22 वर्ष की आयु में 1928 में वह राजमहल की नर्तकी बनी, और पच्चीस वर्षों तक इसी भूमिका में रही।

इन अंचलों में भाव-प्रवण अभिनय पर बल दिया जाता था, जबकि नन्जनगुड और कोलेगल क्षेत्रों पर विशेष ध्यान लयगति पर रहता था। नृत्य-विशेषज्ञों के अनुसार मोगूर जेजम्मा *नाट्यशास्त्र* के कारणों पर आधारित नृत्य करती थीं। यह वही पहलू है जिस पर बाद में चेन्नई की सुपरिचित नृत्यांगना पद्मा सुब्रह्मण्यम ने शोध कार्य किया था, और अपने नृत्य को समृद्ध भी। मोगूर शैली की नर्तकी पुट्टा देवम्मा 80 वर्ष की आयु में बड़ी शान से यह कहती थीं कि वह सारी रात अपने आभूषणों और वेशभूषा के साथ, उनके भारीपन के बावजूद, हस्त-मुद्राओं का संचालन कर सकती हैं। और पूछती थीं कि, "कितनी आधुनिक नर्तकियाँ ऐसा घंटे भर के लिए भी कर सकती हैं?" इससे उनका आशय यही होता था कि देवदासी नृत्य प्रशिक्षण का ही तो कमाल है यह कि वे ऐसा कहने-करने का साहस कर पाती हैं![9]

तमिलनाडु की कुछ महत्वपूर्ण देवदासियाँ

आइए, हम फिर तमिलनाडु की ओर चलते हैं, जहाँ देवदासियों के खिलाफ़ मोर्चा काफी जोरों पर था और जहाँ इस मोर्चे में शामिल लोगों का जमावड़ा सबसे अधिक था। कई देवदासियों ने मद्रास में शरण ली, क्योंकि दूर-दराज के इलाकों के मंदिरों से वे बहिष्कृत हो चुकी थीं। इन देवदासियों के अलावा, शहर में ऐसी देवदासियाँ भी थीं जो अपने कला-गुणों के कारण कुछ अलग मानी जाती थीं और माना जाता था कि वे जिन मंदिरों से संबद्ध थीं, वहाँ का कला-स्तर अधिक ऊँचा था। कुछ तो अपने क्षेत्र में अत्यधिक सम्माननीय और प्रसिद्ध कलाकार थीं। लेकिन उनकी मिली-जुली शक्ति भी देवदासी प्रथा को विलुप्त हो जाने से नहीं बचा सकी।

पापनासम वादिवेलु की एक शिष्या कुंबकोनम भानुमती एक ऐसी नृत्यांगना थीं, जिन्होंने 1930-40 के बीच गुण-ग्राहकों और संरक्षकों के लिए नृत्य किया था, यहाँ तक कि अखिल भारतीय कांग्रेस पार्टी के 1936 में दिल्ली अधिवेशन के दौरान अपनी कला का प्रदर्शन किया था और अग्रगण्य सामाजिक नेताओं जैसे–ई. कृष्ण आय्यर, जी. के. शेषाद्रि, के.वी. रामचंद्रन, राजाजी और सत्यमूर्ति की प्रशंसा बटोरी थी। एक किंवदंती तो यह भी है कि जब महाराजा त्रावणकोर के महल में वह नृत्य कर रही थी और नृत्य के दौरान उनकी घुँघरुओं वाली पायल खुल गई तो स्वयं त्रावणकोर (तिरुवनंतपुरम) के महाराजा उसे बाँध देने के लिए भागे थे। उन्हें संगीत की भी बड़ी समझ थी और उन्होंने कर्नाटक संगीत के

बालासरस्वती (श्रुति)

श्रेष्ठ गुरुओं से संगीत की दीक्षा ली थी, जैसे सेम्मनगुड़ी नारायणस्वामी आय्यर से, जो सेम्मनगुड़ी श्रीनिवास आय्यर के चचेरे भाई थे। 1931 में म्यूजिक एकेडेमी ने उनका कार्यक्रम प्रस्तुत किया था। 1934 में उन्होंने वरलक्ष्मी के साथ नृत्य किया था और दोनों की जोड़ी खूब जमती थी। दुर्भाग्यवश उनकी सहकर्मी की 18 वर्ष की अल्पायु में मृत्यु हो गई।[10]

कपालिश्वरर मंदिर में नृत्य करने वाली जो अंतिम नर्तकियाँ थीं, उन्हीं में से थीं माईलापुर की देवदासी गौरी अम्माल, जो आँखों की रोशनी कम हो जाने के बावजूद, इतने कलात्मक रूप से नृत्य करती थीं कि पारखियों की आँखों में आँसू आ जाते थे। उनकी आर्थिक स्थिति बिगड़ती गई, और लोगों की सहानुभूति ही जब उनकी पूँजी रह गई तो रुक्मिणी देवी ने उन्हें भी कलाक्षेत्र में नृत्य सिखाने के लिए आमंत्रित कर लिया। उनकी माँ भी कपालिश्वरर मंदिर से संबद्ध थीं। वह अपने नृत्य गुणों के लिए तो जानी ही जाती थीं, पर, ब्रह्मोत्सव के नवें दिन प्रस्तुत किए जाने वाले *भिक्षातनर* नृत्य के लिए विशेष रूप से ख्यात थीं। सफ़ेद वस्त्रों में, माथे पर राख मले हुए, वह शोभायात्रा में जब नृत्य करती थीं तो भक्तों के लिए वह अविस्मरणीय अनुभव बन जाता था, जिनमें से बहुतेरे साल-दर-साल इस अवसर की प्रतीक्षा किया करते थे। कहते हैं जब डोराइकान्नु का निधन हो गया तो उनके जीवन-साथी महीपति राव ने अपनी खराब होती आँखों का इलाज करवाने से इसलिए मना कर दिया कि जब डोराइकान्नु ही नहीं रहीं, और जब उनका भिक्षातनर नृत्य ही देखने को नहीं मिलेगा तो फिर आँखों की रोशनी बचाकर क्या होगा।[11]

पंडानल्लूर जयलक्ष्मी आह्लादकारी नृत्य प्रस्तुत करती थीं। उनका विवाह रामनद के राजा से हुआ था। श्रुति के संपादक एन. पट्टाभिरामन ने लिखा है कि जब एक बार वह उनसे मिलने के लिए गए तो उन्हें अपनी नृत्य की वेशभूषा और आभूषण दिखाते हुए वे रो पड़ीं। इससे यही पता चलता है कि एक समय जो चीजें उनके जीवन का अभिन्न अंग थीं, उनसे विलग होने की पीड़ा कितनी बड़ी थी।[12]

कर्नाटक संगीत के सौंदर्य में जो भी श्रेष्ठ तत्व हैं, उनका प्रतिनिधित्व करने वाली थीं अनुभवी और प्रतिष्ठित नृत्यांगना वीणा धनाम्माल। मद्रास के संगीत जगत की तो वे मानो एक महारानी ही थीं। वे एक ऐसे परिवार से थीं, जिसमें संगीत और नृत्य की कई विभूतियाँ जन्मी थीं, और वे सब पप्पाम्मल के समय से तंजौर के 18वीं सदी के मराठा राजदरबार से जुड़ी हुई थीं। वीणा धनाम्माल का जन्म जार्ज टाउन, मद्रास में हुआ था, जहाँ उनकी दादी तंजावुर से आकर बस गई थीं। उनकी जन्मजात प्रतिभा के कायल उनके गुरु भी थे, वलाजपेट बलदास नायडू उन्हें *आगी पेटा* कहकर पुकारते थे। आगी पेटा–यानी माचिस की तीली जो

एक बार की रगड़ में ही जल उठती है। हाँ, ऐसी ही तो थी उनकी ग्रहणशीलता। वीणा धनाम्माल संगीत की अपनी समझ की गहराई पर विश्वास करती थीं, और अपना जीवन अपनी शर्तों पर जीना पसंद करती थीं। शुक्रवार को और नवरात्रि पर उनके यहाँ होने वाली संगीत-गोष्ठियों में संगीत जगत की जानी मानी हस्तियाँ शामिल हुआ करती थीं। धर्मपुरी सुब्बारायार की श्रेष्ठ संगीत रचनाओं की प्रेरणास्रोत धनाम्माल ही थीं। उल्लेखनीय है कि धर्मपुरी अपने पदमों के कारण विशेष रूप से जाने जाते रहे हैं, और एक किंवदंती-पुरुष तो वह थे ही। उनकी परज में *स्मरससुंदरनगुनी*, खमाज में *नारीमनी* और झेंझूटी में सखी प्राण उत्कृष्ट भावप्रवण संगीत रचनाएँ थीं, जो नायक/नायिका संबंधों को प्रतिबिंबित करती थीं।[13]

उनकी बेटी जयाम्माल गायिका बनीं, जिनकी अपनी बहुचर्चित बेटी बाला सरस्वती के साथ की जाने वाली संगत, संगीत और नृत्य की दुनिया में बेजोड़ मानी जाती है। इसमें नृत्य-संगीत का अद्भुत मिश्रण हुआ करता था, जो इन दोनों विधाओं की कलात्मक ऊँचाइयों को एक साथ स्पर्श करता था। लक्ष्मीनारायण के पुत्र टी. शंकरन एक अच्छे संगीत इतिहासकार और संस्मरणकार बने, और पुत्री कामाक्षी की छह बेटियों में से वृंदा और मुक्ता भी गायिका के रूप में मद्रास के संगीत-प्रेमी वर्ग को प्रिय थीं। जयाम्माल का बेटा रंगनाथन मृदंगवादक था और एक और बेटा विश्वनाथन बाँसुरी वादक, दोनों वेसलियान यूनिवर्सिटी से जुड़े। संगीत की सभी हस्तियाँ धनम के यहाँ आती थीं, संगीत संबंधी ज्ञान और दीक्षा के लिए–तिरूवरूर राजाई, बन्नी बाई, अरियाक्कुडी रामानुज अय्यंगार, महाराजपुरम विश्वनाथ आय्यर, मुसीरी सुब्रह्मण्यम आय्यर, पापा के. एस. वेंकटरमैय्या आदि। धनाम्माल की वीणा की अन्यतम बारीकियों (श्रीराम वी. श्रुति) के प्रशंसकों की कमी न थी–विजयनगरम के महाराजा, के. रामुन्नी मेनन, त्रावणकोर राजघराने की सेतु पार्वती बाई, टी.टी. कृष्णमाचारी, एस.वाई. कृष्णस्वामी, हरीकेशनल्लूर मुथैय्या भगवतार आदि।

अन्य विशेष प्रशंसक थे–हिंदुस्तानी शास्त्रीय संगीत के उस्ताद अब्दुल करीम खाँ, और कलकत्ता की गौहर जान–दोनों ने कर्नाटिक शैली में कुछ गीत भी उनसे सीखे। वीणा वादन में उनकी अंगुलियाँ अपूर्व सौंदर्य की रचना करती थीं, और वीणा से जो अद्भुत स्वर वे निकालती थीं, उनकी स्मृतियाँ उन लोगों ने सँजोई हुई हैं, जिन्होंने कभी उन्हें सुना था। टाइगर वरदाचरियार शुक्रवार को उनके यहाँ ठीक समय पर पहुँच जाते थे, और लौटने के लिए कोई ठीक-ठाक साधन न मिलने के कारण, सामने के एक घर में रात बिताकर अगली सुबह लौटते थे। ऐसा था उनके संगीत का आकर्षण, और ऐसी थी उनके संगीत की शक्ति! जब 1938 में धनाम्माल का देहांत हुआ तो श्मशान तक उनकी अर्थी को उठाने वालों में मद्रास के कई प्रमुख़ ब्राह्मण शामिल थे।

इसी समय में एक और प्रमुख देवदासी मद्रास शहर में शानोशौकत के साथ रहती थी। वह धनाम्माल की मित्र थी। उसका नाम था बेंगलोर नागरत्नम्मा। वह अद्भुत संगीत-रचनाकार त्यागराज की भक्त थी।[14] कर्नाटिक के एक राजदरबार की नर्तकी रह चुकी, नागरत्नम्मा गायिका के रूप में भी मशहूर थी। पर कर्नाटिक से 1903 में मद्रास चली आई थी। वह संस्कृत की जानकार विदुषी भी थी। देवदासियों के खिलाफ़ जो आंदोलन हो रहा था, उससे भिड़ने वाली वह प्रमुख व्यक्तियों में से एक थीं, और तमिलनाडु की प्रशासन व्यवस्था, और नाच-विरोधी आंदोलन को धत्ता बताते हुए उन्होंने तंजावुर के मराठा राजदरबार की देवदासी-कवयित्री मुद्दुपलानी की प्रतिबंधित काव्यकृति *राधिका सांत्वनम* को फिर से प्रकाशित करवा दिया। इस पुस्तक को पढ़ने के बाद वह इसके सौंदर्य तत्व से बेहद प्रभावित हुई थीं। ब्रिटिश सरकार ने इस काव्यकृति को यह कर प्रतिबंधित किया था कि यह कामोद्दीपक (एरॉटिक) है। पर, नागरत्नम्मा, ज़ाहिर है ऐसा नहीं मानती थीं।

वीणा धनाम्माल (श्रुति)

उन्हें इस प्रतिबंध में अन्याय दिखाई पड़ा। इसलिए जब इसका पुनर्प्रकाशन उन्होंने करवाया तो बिना किसी काट-छाँट के ही। पुस्तक के प्रकाशित होने पर अधिकारियों ने प्रकाशक की दुकान पर छापे मारे–यह एक और उदाहरण है कि उस वक्त का पढ़ा-लिखा भारतीय समाज किस प्रकार 'विक्टोरियाई' प्रवृत्ति का ही था। इस प्रखर देवदासी ने नाच-विरोधी उत्साहियों–जैसे कि वीरासलिंगम पंतुलु और पुरुषों का ही वर्चस्व चाहने वाले सूलामंगलम वैद्यनाथ भगवतार के खिलाफ़ मोर्चा खोला, और इसने बहुत-सी स्त्रियों को प्रेरित किया कि वे भी अपने अधिकारों के लिए और अपने वर्ग की सुरक्षा के लिए उन शक्तियों से लोहा लें, जो उन्हें कुचलना चाहती थीं। उनका सबसे बड़ा योगदान यह था कि उन्होंने त्यागराज की समाधि गृहनगर तिरुवरूर में बनवाई और कावेरी के तट पर नवरात्र कृतियों के गायन के साथ वार्षिक त्यागराज आराधना उत्सव का आयोजन किया। उन्होंने अपने जीवन के आखिरी वर्ष त्यागराज आराधना और सेवा को समर्पित किए– "*संन्यास* और *सम्हारा* में, परस्पर आदान-प्रदान में रत।"[15] यह कैसी बिडम्बना थी कि किंवदंती बन चुके त्यागराज, जिन्होंने देवदासियों को कभी मान्यता नहीं दी थी, उनकी ही समाधि एक देवदासी द्वारा बनवाई गई। धनाम्माल जैसी प्रमुख हस्ती, उनकी बेटियों, गौरी अम्माल और अन्य के साथ मिलकर नागरत्नम्मा ने हजारों की संख्या में पर्चे छपवाकर बाँटे, जिनमें शैव आगमों से शुरू करके देवदासियों की कहानी चिह्नित की गई थी। देवदासियों

बेंगलोर नागरत्नम्मा (श्रुति)

की कला में आईं कुछ खराबियों को उन्होंने नजरअंदाज नहीं किया पर यह बात जोर देकर कही कि उन्हें शिक्षित होने के अवसर मिलने चाहिए जिससे कि गरिमामय ढंग से वे अपनी कला को सँवार सकें और उसकी सेवा कर सकें। बेंगलोर नागरत्नम्मा ने अपनी सारी जायदाद त्यागराज समाधि को दे दी, और यह कहा कि उससे जो भी अर्जन हो, उसे वार्षिक आराधना उत्सव के संचालन व प्रबंधन में लगाया जाए। जब त्यागराज जैसे महान संत के जन्म-स्थान तिरुवरूर में 1952 में नागरत्नम्मा का देहांत हुआ तो उनकी समाधि भी त्यागराज की समाधि के पास ही बनाई गई। उन्होंने सचमुच यह स्थल और सम्मान अपने कार्यों से ही तो प्राप्त किया था।

तिरुविल्लीपुत्तुर कल्याणी अम्मा भी एक कुशल देवदासी थी जिन्होंने रामनद के राजा पंडितुराई द्वारा रचित एक चक्रवकम के *जतिस्वरम* पर त्वरित नृत्य की चुनौती स्वीकार की थी। इसी तरह सभारंजितम नाम की एक और देवदासी थी. जिनके *कितातक ताधिंगिनातोम* के बारे में यह कहा जाता है कि वह कुछ ऐसा था, "मानो एक उस्ताद दर्जी सिल्क की कटाई कर रहा हो।"[16] सुंदरम ने पंडानल्लूर जयलक्ष्मी के खमाज में तिरुविल वरनो के बारे में लिखा है कि जब *एन्नाई सारु तिरुम्बी पारानो* (क्या वह मुड़कर एक बार भी मेरी ओर नहीं देखेगा!) पंक्ति पर मुड़कर देखती थी, तो वह न भूलने वाली एक इमेज बन जाती थी। पुड्डुकोराई अम्मालु, तिरुक-गोकरनम (स्थानीय बोली में तिरुक्कोरनम) चेल्लामाल, तंजावुर वीणाभाषिणी का भी स्मरण सुंदरम करते हैं जो अपनी तकनीकी कुशलता और नृत्य छवि के लिए जानी जाती थी।[17]

तिरुवरूर में शैव मत का त्यागेसा नाम का सुप्रसिद्ध मंदिर है। यह एक ऐतिहासिक स्थान है। कर्नाटक संगीत की त्रिमूर्ति–त्यागराज, मुत्तुस्वामी दीक्षितार, और श्याम शास्त्री का जन्म यहीं हुआ था। मंदिर की देवदासियों से दो सौ वर्षों की संबद्धता रही है, और इस संबद्धता का प्रमुख आधार देवदासियों का कोंडी कुटुम्ब रहा था, जो सादिर के इतिहास के एक प्रमुख अंग–*त्यागेसर कुरवंजी* को कुशलतापूर्वक प्रस्तुत करता था। देवदासियों की प्रथा बहुत बहले ही समाप्त हो जाने के बावजूद, आज भी 'तिरुवायूर थेर' के दौरान, यानी ज़ब पर्व-उत्सवों के समय प्रतिमा की शोभायात्राएँ निकाली जाती हैं तब शोभायात्राओं का रथ कोंडी इमारत के सामने थोड़ी देर के लिए रोका जाता है, जहाँ कोंडी तिलकम रहती है।[18]

देश के अन्य हिस्सों का परिदृश्य

यह अचरज की बात कि इस सारी विशेषताओं के बावजूद, देवदासियों के खिलाफ़ मुहिम बराबर चलती रही थी और उनके विरुद्ध मोर्चा देश के तमाम हिस्सों में खुला हुआ था। जब बड़ौदा की महारानी जमनाबाई के दत्तक पुत्र महाराजा सांयाजी राव गायकवाड़ का विवाह तंजौर की राजकुमारी चिमनबारी से हुआ तो दहेज के

रूप में तंजौर रियासत की नर्तकी कामुम्मा की बेटी गौरी, जो कुंभकोणम के दरबार की नर्तकी भानुमती (जो कुंभकोणम लौट आई थी) और वादिवेलु तथा सभापति (पिता-पुत्र), के साथ दहेज के रूप में बड़ौदा पहुँची थी, राजमहल में कथक नर्तकियाँ गौरबाला चम्मू और शारदा भी थीं, लेकिन सभी नर्तकियों के लिए जिंदगी तब बड़ी कठिन हो उठी थी जब रियासतों की ताकत घटने लगी थी तथा देवदासियों के विरुद्ध आवाज़ें तेजी से उठने लगी थीं।

ओडिसा में भी परंपरागत महारी मंदिर नर्तकी को नीची निगाह से देखा जाने लगा था। 1912 में किसी अज्ञात व्यक्ति द्वारा लिखे गए लेख से पता चलता है कि महारी परंपरा में कई कोटियाँ हुआ करती थीं। पर, 20वीं सदी में केवल दो बची रह गई थीं–भीतर गाओनी और बाहर गाओनी। भीतर गाओनी वह, जो मंदिर परिसर में नृत्य करती थी और बाहर गाओनी वह, जो मंदिर के बाहर नाचती थी।[19] महारी नर्तकियाँ या तो परंपरा से चली आतीं देवदासियों की संतानें होती थीं या फिर उनके परिवारों द्वारा अपना ली गईं लड़कियाँ, जिन्हें नृत्य सिखाया जाता था, वे सब संख्या में कम होती चली गई थीं और मंदिरों के अनुष्ठानों में उनकी भूमिका न्यूनतम रह गई थी। 1954 तक, जब मोहन खोकर[20] ओडिसा गए, महारियों के बारे में जानकारी प्राप्त करने के लिए तो उन्हें कोकिलाप्रवा का नृत्य दिखाया गया। इसे देखकर वे हैरान रह गए क्योंकि वह नर्तकी बमुश्किल नृत्य गतियों को साध पा रही थी। इसे देखकर उन्हें यह भी लगा, और उन्होंने अपने अज्ञान को कोसा, कि जिस महारी नृत्य की खोज में वह आए थे, वह तो मानो बहुत पहले तिरोहित हो चुका था। जो व्यक्ति महारी नृत्य की खोज में आया था, उसकी आवभगत तो एक सरकारी अधिकारी ने सम्मानपूर्वक की, पर स्वयं महारी नर्तकी को बाहर खड़ा रखा–और जब तक मोहन खोकर और अधिकारी की बातचीत चलती रही, उसे बैठने के लिए कोई कुर्सी नहीं दी गई। इस घटना से यह पता चलता है कि महारी नर्तकियों को सामाजिक ढाँचे में, किस रूप में देखा जाने लगा था, और वे किस निचले पायदान पर चली गई थीं। हाल में यह दावा किया गया है कि चंदन जात्रा के अनुष्ठान में, महारी नर्तकी, *छापा* (नाव) में नृत्य करती थी, पर अगर यह सही भी है तो उसका स्थान गोटीपुआ नर्तकी ने ले लिया था, जो अब भी जारी है। ओडिसी पर अपनी किताब में प्रियंवदा मोहंती ने यह निष्कर्ष निकाला है कि 1940 के दशक में ही महारी की भर्ती बंद हो चुकी थी। गोटीपुआ नृत्य, जिसमें किशोर वय के लड़के ही लड़कियों की तरह सजकर नृत्य करते हैं, मेलों-जात्राओं में अधिक लोकप्रिय हो चला था। 1952 के पुरी मंदिर के 'अधिकारों के रिकार्ड' में केवल गाओनियों का उल्लेख है महारियों का नहीं, इससे यही मालूम पड़ता है मात्र गायन के साथ-साथ की कुछ मुद्राओं तक ही नृत्य सीमित रह गया था, और इस समय तक महारियों की नृत्य परंपरा का मानो यही अवशेष बचा था। कुंडामनी, कोकिलाप्रवा, तारामणी, बसंता, पारसमणि, बिनोदिनी, श्रीमती, सुहासिनी के नामों का जिक्र है। 1960 के दशक में थोड़े समय के लिए भीतर गाओनी का अनुष्ठान फिर प्रारंभ किया गया था, संभवतया इसका कारण ओडिसी का उस समय पुनर्जीवित होना था और कोकिलाप्रवा फिर अनुष्ठान से जुड़ गई थी। थोड़ी बहुत उत्सुकता के बावजूद, महारी के प्रति सम्मान विलुप्त हो गया था। सेमिनारों के दौरान कुछ बची-खुची गाओनियों को उपस्थित कर दिया जाता था, जिससे कि ओडिसा के नृत्य-इतिहास का कुछ प्रमाण दिया जा सके, अन्यथा स्वयं नृत्य को उपस्थित करना तो संभव नहीं रह गया था। नृत्य का अस्तित्व शेष नहीं था। वह बस एक कथा-कहानी बनकर रह गया था। बाद में, गुरु पंकज चरण दास द्वारा रचित महारी–जैसे नृत्य में *सारी बंधा* नाम का एक अनुष्ठान जोड़ दिया गया था, जिसके द्वारा महारी जगन्नाथ की पत्नी की भूमिका में आ जाती है। सच तो यह है तीसरे-चौथे दशक में यह युक्ति आम

हो गई थी *"सलजा बाए निर्लज्जा गाए, अति अलाजुका नाचक्कू जाए,'* अर्थात जिनको थोड़ी-बहुत शर्म है वे वाद्ययंत्र बजाती हैं, जिनको कोई शर्म नहीं है, वे गाती हैं, और जिनको शर्म छू भी नहीं गई है, वे नाचती हैं।"

केरल में भी मोहिनीअट्टम, जो देवदासी से जुड़ा था, बदनाम हो गया था। और पालाकाड तथा त्रिशूर के पेरिंगटाकुरुषी, कोरातीकुरा, पझायन्नूर, कुदिल्लासेरी और नेल्लुवाई जैसे कुछ ही परिवारों तक यह नृत्य सिमट कर रह गया था। लेकिन नृत्य को पुनर्नवा करने के आंदोलन की जो लहरें बह रही थीं उन्हीं में महान विद्वान/कवि वल्लतोल उभरे, जो नृत्य की छिछरी गतियों/मुद्राओं में छिपे उसके सौंदर्यात्मिक तत्व को पहचान सके और केरल कलामंडलम की 1936 में स्थापना के कुछ वर्षों बाद, विरोधों के बावजूद ओरिक्केलेडथ कल्याणीअम्मा और नट्टुवन कोराइत्तइकरा कृष्ण पणिक्कर को मोहिनीअट्टम सिखाने के लिए नियुक्त किया गया। इनमें से पहले से कहा गया कि *एंडा मूकुत्ती एंगे,* जैसे नृत्य का परित्याग कर दें, जिसमें एक खोई अंगूठी को खोजते हुए नर्तकी पुरुष दर्शकों की देह में अपने हाथ जहाँ-तहाँ फिराती है। लेकिन मोहिनीअट्टम सीखने के लिए एक भी प्रशिक्षु सामने नहीं आया, जब तक कि केरल कलामंडलम के सहसंस्थापक मुकुंदराजा ने, अपने जमींदारों वाले रुतबे का इस्तेमाल करते हुए, अपनी एक रियाया को, उसकी लड़की तंगामणी को मोहिनीअट्टम सीखने आने देने के लिए राजी नहीं कर लिया। जो भी हो, 1950 में ही थोट्टसेरी छिन्नम्मु अम्मा और उनके पाँच शिक्षार्थियों द्वारा मोहिनीअट्टम को पुनर्जीवित करने की शुरुआत हो सकी।

कथक जैसे नृत्य में, जहाँ गुरु स्वयं नृत्यकार भी होते थे, समस्याएँ कुछ दूसरे प्रकार की थीं। लेकिन यहाँ भी, *तवायफें* और *बाईजी* जो प्रमुखतया दरबारों और महफिलों में नाचने-गाने का काम करती थीं, अब अच्छी निगाह से नहीं देखी जाती थीं, और जो संरक्षण उन्हें पहले उपलब्ध था, वह विलुप्त हो चला था। अवध का दरबार, जो वाजिद अली शाह के जमाने में नर्तकियों और अपने परी खाना के कारण जाना जाता था, अब इतिहास बन चुका था। लखनऊ की वेश्याएँ अपने गाने-नाचने के लिए मशहूर हुआ करती थीं। ठुमरी की महान कलाकार सिद्धेश्वरी देवी और अप्रतिम ग़ज़ल गायिका बेगम अख़्तर की प्रतिभा के प्रति आदर भाव था, और वे सराही जाती थीं–उनके प्रशंसक बहुतेरे थे, लेकिन वे महफ़िलें, और वे शाही मेहरबानियाँ कलाकारों की कुल जमात को जो इज्जत और इनाम दिया करती थीं, वे तो बीते जमाने की बातें हो गई थीं और नाचने-गाने वाली स्त्री जमात अब 'गिरी हुई औरतों' की तरह देखी जाने लगी थीं। कई पेशेवर कलाकारों और गुरुओं/उस्तादों ने दिल्ली जैसे शहरी इलाकों का रुख किया।

जयपुर जैसी रियासत में, जहाँ राजसी घराना प्रवीणों और कला-मर्मज्ञों को राज्य की संपत्ति मानता था, और 'गुंजनखाना' कुशल नृत्यकारों और संगीतकारों को पूरा संरक्षण देता था, वहीं स्त्री-कलाकारों की चर्चा करते वक़्त वह *रंडीखाना* शब्द का इस्तेमाल करने लगा था। जोआन एल.एर्डमान गौहर जान जैसी *तवायफ़* की हालत का जिक्र करता है, जिन्होंने 1913 में गुंजनखाना में एक नौकरी के लिए अर्जी दी थी, और उन्हें वह मिली थी।[21] 1925 में उन्होंने अपनी 'हैसियत' अन्य कलाकारों से ज्यादा बताते हुए यह माँग की थी कि उनकी मौजूदा तनख्वाह 30 रुपए से अधिक कर दी जाए। 1933 में जाकर ही उनकी यह माँग मानी गई थी, और इसी के साथ यह अतिरिक्त जिम्मेवारी सौंपी गई थी कि वह जनानी ड्योढ़ी की बाईजी लोगों को तालीम भी दिया करेंगी। उन्होंने और उनकी बहन कमलजान ने दरख़्वास्त दी कि *तीज* और *गणगौर* के समय उन्हें रोजमर्रा की कुछ सेवाओं से मुक्त किया जाए क्योंकि निजी और दरबारी कामों से उन्हें फुर्सत नहीं मिल पाती। 1937 में जब उन्होंने डाक्टर की सर्टिफिकेट के साथ अपने मामले को

सामने का पृष्ठ: यू.एस. कृष्णा राव और चंद्रभागा, मीनाक्षी सुंदरम पिल्लई के शिष्य और शिष्या (श्रुति)

रखा तो ख़ास दरबारी महफ़िलों के अलावा उन्हें अन्य कामों से मुक्त किया गया।

लेकिन एर्डमान ने न्याय विभाग के पत्रों का उल्लेख किया है, जिनमें यह कहा गया है कि तवायफें भद्र इलाकों में गुपचुप तरीके से ज़मींने खरीद रही हैं, जिसके कारण लोगों में बुरा असर पड़ने की आशंका थी। इससे यही पता चलता है कि स्त्री-कलाकारों को लेकर समाज में एक विरोधी वातावरण था। तवायफ़ राजपूत संरक्षकों के लिए भले ही दरबारी मनोरंजन का साधन रही हों, पर उच्च वर्गों की नज़र में वे गिरी हुई औरतें थीं। वे प्रवीण और कलाकारा थीं या तवायफ़ें, यह इस पर निर्भर करता था कि उन्हें किस निगाह से देखा जा रहा है। ठुमरी की सारी विरासत, जो बाई कही जाने वाली औरतों की देन रही है, उसको इस सबसे बड़ा नुकसान पहुँचा। वे नर्तकियाँ, जिनको गाने-नाचने के साथ ठुमरियों में 'भाव बताने' की तालीम दी जाती थी, अब गुज़रे जमाने की चीज हो चुकी हैं। समर्थन के अभाव में, और समाज में इज्जत न रह जाने पर, इन स्त्री-कलाकारों का ख़ात्मा ही हो गया।

देवदासियों के लिए, और अन्य स्त्री कलाकारों के लिए अपने कार्यक्रम के प्रदर्शन की क्रिया-प्रक्रिया अपने आप में सांस्कृतिक तत्वों की संवाहक होती थी, और निजी तथा भावना भरी यह यात्रा अनुशासित तो होती ही थी। इसमें लाक्षणिक और सांकेतिक तौर पर कई बारीकियाँ भी होती थीं, जो मर्मज्ञों और रसिकों को संबोधित होती थीं कि वे उन्हें पहचानकर उनका आनंद उठाएँ। यह कला की खरीद-बिक्री नहीं थी। पहले संरक्षकों और पारखियों की ओर से जो संरक्षण निजी तौर पर उन्हें मिला करता था, अब वह कहीं दूर से आता मालूम होता था, उसमें निकटता और आत्मीयता नहीं थी, और जो नई एजेंसियाँ अब उन्हें बुलातीं या कार्यक्रम कराती थी, उनमें वह बात कहाँ थी। आनुष्ठानिक कार्यक्रमों में नर्तकियों को, जो स्वीकृति परंपरागत रूप से मिलती आ रही थी, और जिसमें स्वयं नृत्य की कला-परंपरा का योगदान हुआ करता था, वह टिकट बिक्री से आए दर्शकों या पैसा देकर कराए गए कार्यक्रमों से, उन्हें भला कैसे मिलती, और वह तादात्मय भी कैसे मिलता जो कलाकार और रसिकों के बीच प्रचुर मात्रा में पहले उपलब्ध रहा करता था। जब 1947 में कानून बनाकर देवदासी प्रथा पर पाबंदी लगा दी गई तो इससे उनके दुर्दिनों की शुरुआत तो हो ही गई, उनके विलुप्त हो जाने की शुरुआत भी हो गई। केवल बहुत क्षमतावान और बेहद गुणी कलाकार, जैसे कि धनम परिवार के, और बालासरस्वती जैसे ही तमाम संकटों को पार करते हुए, टिके रहने वाली लड़ाई में जीत सके। पर, बिरादरी की ज्यादातर स्त्रियाँ तो संकट और निराशा से कभी उबर ही नहीं पाईं, और समाज द्वारा कलंकित-प्रताड़ित होने से पीड़ित अलग रहीं। कुछ फिल्म-उद्योग में खप गईं, और भाग्य ने जिनका साथ दिया वे विवाह कर सकीं। डा. मुत्तुलक्ष्मी रेड्डी ने उनके पुनर्वास की योजनाएँ बनाईं, जैसे कि देवदासियों को नर्स की ट्रेनिंग देने की। देवदासियों के बच्चों को स्कूल में दाखिला दिलाने के उनकी पहल को भारी विरोध का सामना करना पड़ा। कई संस्थाओं को यह डर था कि अगर उनको दाखिला दिया तो शेष छात्रों के अभिभावकों का विरोध सहना पड़ेगा। कई देवदासियों ने अपने को अज्ञात रखना ही ठीक समझा। देवदासियों के पुनर्वास को, या उनको हुई क्षति की भरपाई करने की कोशिशें कभी जोरदार ढंग से नहीं हुईं, और उनकी बिरादरी को कुचल दिया गया, जबकि वेश्यावृत्ति जारी रही।

देवदासियाँ नृत्य सिखाने में पारंगत नहीं थीं, क्योंकि गुरुओं के पास ही सिखाने के अधिकार थे। नृत्य प्रस्तुतियों को संचालित करने का काम गुरुओं का ही था। सभागारों में नृत्य की प्रस्तुति की माँगें और अपेक्षाएँ दूसरी थीं। इस संदर्भ में जो चीज़ सामने आई वह यही थी कि देवदासियों से इत्तर परिवारों से, या परंपरागत रूप से, नृत्य के काम में लगे परिवारों से हटकर, नृत्य सीखने के लिए लड़कियाँ आईं, और गुरु या *नट्टुवान्नर*, जिनके पास नृत्य की, और उसे सिखाने की कला थी, वे इन

प्रतिभाशाली एम. के. सरोजा, गुरु मुथुकुमार पिल्लई की एक आरंभिक शिष्या (संगीत नाटक अकादमी)

लड़कियों को नृत्य सिखाने के लिए राजी हुए–या कहें राजी कर लिए गए। अगर वे गैर-पारंपरिक प्रशिक्षुओं को नृत्य सिखाने पर राजी न होते तो न तो भरतनाट्यम होता, और न ही कोई अन्य शास्त्रीय नृत्य-रूप। और जहाँ तक नृत्य-रूप और उसकी तकनीक का सवाल है, उनका तो पालन गुरु करते ही रहे, नई सामाजिक-राजनीतिक परिस्थितियों के अनुरूप उन्हें नया आकार भी देते रहे, जिसकी क्षमता उनमें थी। उनकी ओर से एक 'समकालीन' तत्व गति भी नृत्य को मिली। यू.एस. कृष्ण राव और चंद्रभागा अकसर इसकी चर्चा करते थे कि जब वे श्रेष्ठ गुरु पंडानल्लूर मीनाक्षी सुंदरम पिल्लई के गाँव नृत्य सीखने के लिए गए और उनके साथ रहे तो किस प्रकार भैरवी में वरनम *विरीबोनी* की दीक्षा गुरु ने उन्हें दी थी। कोई *रति हस्तस* (प्रेम के दर्शाने के लिए प्रयोग की गई मुद्राएँ) इसमें नहीं था और हमें गीत को उस तरह 'प्रदर्शित' करने के लिए नहीं कहा गया, जिस प्रकार देवदासियाँ किया करती थीं। और गुरु को जहाँ भी ऐसा कुछ दिखाई पड़ता जो उन्हें कामोद्दीपक लगता तो तुरंत वे उसे हटा देने के लिए कहते। पेरिया शारदा भी अकसर इस तथ्य का उल्लेख करती थीं जब वे रुक्मिणी देवी के प्रशिक्षण की चर्चा करती थीं। वे इस ओर भी संकेत करती थीं कि जब रुक्मिणी देवी किसी संगीत-पंक्ति को सांकेतिक मुद्राओं में भावपूर्वक अभिव्यक्त करतीं थीं तो गुरु को उसमें से प्रायः अखरने वाली कोई

बात नहीं लगती थी, और वह उन्हें ठीक ही लगता था। पर, जरा सा भी यह आभास होने पर कि वह जो कुछ कर रही है वह देवदासियों के जैसा है, लेकिन प्रोसीनियम के मंच पर दर्शकों के समक्ष ठीक नहीं लगेगा, तो तुरंत ही उसे बदल कर, उसे नए सिरे से अभिव्यक्त करने के लिए कहते – किसी एक और भाव-मुद्रा में। इसीलिए नृत्य को जो नई भंगिमा मिली, और जिसके लिए नए युग की नृत्यांगनाओं को सराहा जाता है या उनकी आलोचना की जाती है, इसका श्रेय परंपरा-सिद्ध गुरुओं को ही जाता है, जिनमें इतनी दूरदर्शिता थी कि वे नृत्य को नए रूपों में ढाल और सँवार सकें। और उसे नई आभा और गरिमा दे सकें। टोरंटो के एक भरतनाट्यम नृत्यकार हरिकृष्ण, जो अब समकालीन नृत्य की संरचना भी करते हैं, यह मानते हैं कि: "मैं अपने गुरु किट्टप्पा पिल्लई को एक उत्तम समकालीन दृष्टा मानता हूँ।" एक वरनम को अभिनीत/प्रस्तुत करते वक़्त गुरु ने मुझसे कहा कि मैं इसे प्रस्तुत करने की स्त्री-दृष्टि को भूल जाऊँ, और उसे ऐसा रूप दूँ जो तटस्थ हो और वह जितना स्त्री द्वारा प्रस्तुत होता हुआ लगे, उतना ही पुरुष द्वारा भी।"

अग्रणी नृत्यांगना लक्ष्मी विश्वनाथन ने मुझसे एक लंबी बातचीत के अंत में कहा, "उच्च वर्गों के खिलाफ़ यह अभियोग ग़लत है कि उन्होंने देवदासी नृत्य को हड़प या हथिया लिया, क्योंकि हममें किसी ने कभी यह नहीं कहा-किया कि हम जो प्रस्तुत कर रहे हैं, वह देवदासी नृत्य है। जो नृत्य हम कर रहे हैं, वह बिल्कुल भिन्न है, और उसकी तुलना या बराबरी किसी देवदासी के नृत्य से नहीं की जा सकती।" और ये शब्द उसके हैं, जिसके बारे में अकसर यह कहा जाता है कि उसका आंगिक अभिनय देवदासी की तकनीक से प्रभावित है।

पूरा परिदृश्य कुछ इस तरह बदला जिसकी कल्पना किसी ने नहीं की थी। परंपरागत रूप से नृत्य करने वाली नर्तकियाँ पाबंदी का शिकार हुईं। जो कुछ हुआ उसके कारण देवदासी बिरादरी और उसके संरक्षकों में जो आत्मीयता संरक्षक और रक्षक (रक्षिता) के तौर पर हुआ करती थी, उसका लोप हो गया। ज्यादातर देवदासियों के जनक ब्राह्मण हुआ करते थे और प्रेम/तिरस्कार का जैसा संबंध हमेशा से बना हुआ था, दुर्भाग्यवश वह 40 के दशक के बाद एक तरह की दुश्मनी में परिवर्तित हो गया। यहाँ तक कि बालासरस्वती भी कई बार 'ब्राह्मण लड़कियों के नृत्य के क्षेत्र में आ जाने' का उल्लेख कुछ कड़वाहट के साथ किया करती थीं, यह कहकर कि "सीधी साधी गृहस्थियों की इन लड़कियों को शृंगार का कुछ पता न था, न ही नृत्य के लिए आवश्यक स्फूर्ति उनमें थी।" बाला और रुक्मिणी देवी के नृत्य की तुलना आपस में हमेशा की जाती थी, जबकि इनकी पृष्ठभूमि अलग थी, और दृष्टियाँ भी अलग थीं। इन दोनों के बीच कुछ भी समान नहीं था, न ही इनके बीच कोई प्रतियोगिता थी, न किसी प्रतियोगिता की इच्छा ही। लेकिन कुछ समीक्षक, खासतौर पर वे जो विदेशों में रहते थे, इन दोनों के बीच वैमनस्य फैलाने का काम किया करते थे, यह उल्लेख करके कि उच्चवर्गीय लोग देवदासी नृत्य को 'हथियाने' या अपना बनाने की कवायद कर रहे हैं। जब नृत्य को एक वर्ग के कलाकारों से अलग करके, उसे सार्वजनीन बना दिया गया–तो नृत्य-रूप और उनके प्रदर्शन, दोनों ही, सुधारवादियों द्वारा पुनर्मूल्यांकित किए जाने लगे, और बीसवीं सदी में वे सरकारी तंत्र का हिस्सा बनकर, लोगों के मन बहलाव का एक साधन भी हो गए। नृत्य का यह एक नए रूप में प्रकटीकरण था।

पाद टिप्पणियाँ

1. 'रिसरेक्शन ऑफ ए ट्रेडिशनल डांस' (पारंपरिक नृत्य का पुनर्जीवन) शीर्षक से *श्रुति* ने अंक 27-28 में उन दिनों की घटनाओं का विवरण विस्तार से दिया है। कुछ अन्य पहलुओं का उल्लेख अंक 58 में हुआ है।
2. "नागलापुरम" बी. एम. सुंदरम (*श्रुति* 156)
3. सभी देवदासियों को ऐसा ताकतवर संरक्षण प्राप्त नहीं था। बी.एम. सुंदरम के अनुसार देवदासियों की कोटियाँ, मंदिर में उनकी सेवाओं के अनुसार वर्गीकृत हुई थीं (*श्रुति* 158)।
4. अशोक वाजपेयी ने उल्लेख किया कि भारतीयों के एक वर्ग ने तत्कालीन वायसराय और मद्रास के गवर्नर को लिखा था कि

देवदासी प्रथा को समाप्त कर दिया जाए। दोनों ने ही भारतीय समाज की एक सामाजिक प्रथा में दखल देने से इंकार कर दिया था। वायसराय ने कहा कि उन्होंने नाच देखा है, और वह यूरोप के किसी नाच जितना ही सुंदर है। गवर्नर का कहना था कि उन्होंने देवदासी नृत्य देखा है, और उसमें कुछ भी ऐसा नहीं है, जो अश्लील लगे [*श्रुति* 158]। इस अंक में दिल्ली में आयोजित एक परिसंवाद की समीक्षा की गई थी, जिसका संचालन *श्रुति* के संपादक पट्टाभिरामन ने किया था।

5. "मंदिर, देवदासी और संरक्षक का जो त्रिकोणीय संबंध और संवाद था, उसमें अपनी कला रुचियों को निखारने, सँवारने की भरपूर गुंजाइश थी, और यह गुंजाइश मानो खुले में, और जनोपयोगी तरीके से थी। "यह उद्धरण परिसंवाद से है जिसमें डॉ. रेड्डी एक वक़्ता थे (श्रुति 158)। दरअसल वे भारतीय जिनकी शिक्षा-दीक्षा ब्रितानी तरीके से हुई थी, और चीजों को देखने का जिनका ढंग विक्टोरियाई था, वहीं प्रमुख रूप से देवदासी प्रथा पर आक्रमण कर रहे थे।" देखिए- रिफॉर्म आर कंटीन्यूटी? टेंपल 'प्रास्टीट्यूशन' एंड द कम्यूनिटी इन द मद्रास प्रेसीडेंसी।" और *"स्ट्रक्चर्स ऑफ पैट्रिआर्की: स्टेट, कम्यूनिटी एंड हाउसहोल्ड इन मॉडर्नाइजिंग एशिया।* संपादकः बीना अग्रवाल, दिल्ली: काली फॉर वीमेन, 1988
6. बी.एम. सुंदरम ने ऐसे कई उदाहरण दिए हैं जिनमें भरतनाट्यम शब्द का इस्तेमाल नृत्यांगनाओं, विद्वानों, और यहाँ तक कि देवदासियों द्वारा अपने तरीके से किया गया है, मसलन पुडुकोट्टाई अम्माल् अम्माल ने अपनी वसीयत में हस्ताक्षर इस तरह किए थे: 'भरतनाट्यम पुडुकोट्टाई अम्मलु' (*श्रुति* 322)
7. लीला सैम्सन की पुस्तक *'रुक्मिणी देवी अ लाइफ'* (पेंगुविन बुक्स इंडिया, पृष्ठ 89) में इस संबंध में और भी जानकारी उपलब्ध है।
8. नाच के लिए अंग्रेज़ों ने 'नाच' (Nautch) शब्द बनाया था। इसका प्रयोग हिंदी में नृत्य के लिए होता है। पर तवायफ़ों के नाच के लिए यह Nautch शब्द अंग्रेजों ने गढ़ा।
9. नट्टुवान्नरों और देवदासियों के प्रबल समर्थक बी.एम सुंदरम का यह भी मानना है कि नृत्य के क्षेत्र में ब्राह्मणों के आने से परंपरागत नर्तकियों को इस क्षेत्र से नहीं भागना पड़ा, बल्कि समाज से उनको जो तिरस्कार और अवहेलना मिलने लगी थी, उस कारण से नृत्य-क्षेत्र छोड़ने के लिए मजबूर हुईं। कुछ देवदासियों ने मंदिर में जाकर अपने घुंघरू उतारे, और प्रतिमा के सामने यह प्रतिज्ञा की कि अब वे कभी नृत्य नहीं करेंगी (*श्रुति* अंक 158 में उल्लिखित)।
10. उद्घाटन के ठीक पहले शुभचिंतकों के समक्ष रुक्मिणी देवी का अनौपचारिक कथन। *रुक्मिणी देवी: ए लाइफ,* पृष्ठ 36
11. बी.वी. के शास्त्री ने अकसर इन बिंदुओं पर चर्चा की है, लिखा है, और इस पुस्तक की लेखिका के साथ निजी बातचीत में भी मैसूर शैली के भरतनाट्यम की इन जानकारियों को कुछ जोर देकर ही बार-बार बताया है।
12. देखें: श्रुति अंक 99-100
13. वी. श्रीराम के वीणा धनाम्माल पर, और उनके लेखन और व्याख्यानों पर शोध किया है। चित्रों सहित इस अप्रतिम कलाकार के जीवन और काम की बारीकियों पर रोशनी डाली है। देखेः श्रुति अंक 23
14. वी. श्रीराम की पुस्तक भी देखें: *देवदासी एंड द सेंट: द लाइफ एंड टाइम्स ऑफ बेंगलोर नागरत्नम्मा:* ईस्ट वेस्ट बुक्स प्रा. लि. 2007
15. उपर्युक्त
16. जैसा कि बी. एम. सुंदरम ने बयान किया है। देखेंः श्रुति अंक 99-100
17. उपर्युक्त
18. कोंडी परम्परा के बारे में श्रुति के अंक 255 में दी गई सामग्री भी देखी जा सकती है।
19. देखें, प्रियंवदा मोहंती हेज़मादी और अहल्या हेज़मादी की पुस्तकः *ओडिसी ऐन इंडियन क्लासिकल डांस फॉर्म* आर्यन बुक्स इंटरनेशनल, 2007 लेख पृष्ठ 34 - 36 में संकलित है।
20. 1985 में मोहन खोकर द्वारा लिखित लेख में महारियों की दशा-दुर्दशा वर्णित है। 1950 के दशक में वह शायद एकमात्र गैर-उड़िया व्यक्ति थे जिन्होंने कालीचरण पटनायक के साथ महारी नृत्य देखा था (मंदिर के बाहर)।
21. देखेंः जोआन एल. एर्डमान संपादित *आर्ट्स पैट्रोनेज इन इंडियाः मेथड्स, मोटिव्स एंड मार्केट्स,* मनोहर, 1992

भरतनाट्यम के दिशा-निर्देशक अप्रतिम और चर्चित गुरु

रुक्मिणी देवी अरुंडेल (1904-1986) और कलाक्षेत्र

जब गुरु मीनाक्षी सुंदरम पिल्लई ने कुछ दुविधा के साथ ही रुक्मिणी देवी को नृत्य सिखाने की बात स्वीकार की थी तो कदाचित उन्हें भी यह आभास नहीं रहा होगा कि वे एक युग निर्माता की भूमिका में आ गए हैं। रुक्मिणी देवी बहुत संवेदनशील और प्रखर थीं। उनके परामर्शदाता, शिक्षाविद पति डॉ. अरुंडेल ने उन्हें पश्चिम के उद्यमी कला-जगत से परिचित कराया था, और वे स्वभावतया उसकी पेशेवर कार्यकुशलता की ओर खिंची भी थीं, पर, भारत के पारंपरिक मूल्यों की ओर से उनकी नज़रें हटी नहीं थीं। उनकी एक और परामर्शदात्री थियोसोफिस्ट एनी बेसेंट थीं, जिनसे रुक्मिणी देवी काफ़ी प्रभावित हुई थीं। एनी बेसेंट का मानना था कि भारत की शिक्षा व्यवस्था के केंद्र में उसकी संस्कृति होनी चाहिए। उन्हें यह चिंता भी थी कि अगर ऐसा नहीं हुआ तो पश्चिम की विकृतिवादी प्रवृत्तियाँ, उस पर हावी हो जाएँगी।[1]

1934 में एनी बेसेंट एजुकेशन ट्रस्ट एंड मेमोरियल स्कूल की स्थापना हुई, जिसके प्रिंसिपल बने शंकर मेनन। रुक्मिणी अरुंडेल बाद के वर्षों में शंकर मेनन पर अपने भरोसे के कारण, काफ़ी निर्भर रहती थीं। स्कूल की स्थापना इसी उद्देश्य से की गई थी कि वह युवा पीढ़ी को कला और संस्कृति का पाठ कुछ इस तरह पढ़ाएगा, जिससे वे उनके वास्तविक मूल्यों को अच्छी तरह आत्मसात करके सराह सकें। रुक्मिणी देवी की गहरी इच्छा थी कि शिक्षा में नृत्य को भी सम्मिलित किया जाए। 1936 में इंटरनेशनल एकेडेमी ऑफ आर्ट्स की स्थापना हुई, जिसे बाद में कलाक्षेत्र का रूप और नाम मिला। इसकी स्थापना के पीछे भारत की बहुमूल्य कला परंपराओं को पुनर्नवा करने, उन्हें सँजोने और नई क्षमता से संपन्न करने की इच्छा ही थी। बाद में अरुंडेल मांटेसरी स्कूल और टीचर्स ट्रेनिंग स्कूल भी अस्तित्व में आए। 1939 मे, अरुंडेल दंपत्ति शिक्षाविद मैडम मांटेसरी को भारत में लाने में सफल हुए, जिससे कि इस देश के कई शिक्षकों को प्रशिक्षित होने का अवसर मिला।

रुक्मिणी देवी के लिए नृत्य कहीं से अनायास टपक पड़ने वाली चीज़ नहीं थी। वे चाहती थीं कि मानसिक, शारीरिक, भावात्मक और आध्यात्मिक क्षमताओं से भी व्यक्तित्व को विकसित होना चाहिए। उन्होंने समकालीन आकांक्षाओं के अनुरूप भरतनाट्यम के विधिवत प्रशिक्षण की नींव डाली, साथ ही उसमें गुरु-शिष्य परंपरा को भी

सामने का पृष्ठ: प्रिया वेंकटरमन (अविनाश पसरीचा)

रुक्मिणी देवी (कलाक्षेत्र फाउंडेशन)

समाहित किया। कई अर्थों में 1940 के दशक के बाद के भारतीय नृत्य में नई प्रवृत्तियों की शुरुआत, रुक्मिणी देवी के प्रयत्नों से ही हुई। जीवन और कला के बारे में रुक्मिणी देवी की सोच थियोसोफिकल संबंधों पर टिकी थी, पर, बैलेरिना अन्ना पावलोवा जैसे व्यक्तित्व से उनके संवाद और परिचय ने, नृत्य की एक नई दुनिया से उनका साक्षात्कार कराया। पारंपरिक कला-रूपों के प्रति उनमें गहरा आदर था और जिन देवदासियों का नृत्य उन्होंने देखा था उनमें से कुछ की कला के प्रति उनमें सराहना का भाव भी था, पर एक खोजी और परीक्षण करके कुछ नया रचने की प्रवृत्ति भी उनमें थी, जिसके कारण वे एक अलग रास्ते पर चलीं। अपनी संस्था के लिए उन्होंने मीनाक्षी सुंदरम पिल्लई, मुत्तुकुमार पिल्लई, चोकालिंगम पिल्लई, गौरी अम्माल, शारदाम्बल और अंबु पणिक्कर जैसे श्रेष्ठ गुरुओं की सेवाएँ लीं। रुक्मिणी देवी बैले की शैली से भलीभाँति परिचित थीं, और नृत्य में उन्हें विभिन्न मुद्राओं की निर्मिति के लिए हाथ और पैरों के फैलाव की विधि ही पसंद थी, पर एक शर्त के साथ कि देह का अपना एक 'केंद्र' बना रहे। भरतनाट्यम की विधि विकसित करने में उन्होंने देह की ज्यामिति और स्पेस में बुनी जाने वाली सांकेतिक रेखाओं की महत्ता पर जोर दिया। नृत्य में गतियों के प्रति ऐसी सजगता, और समूह-नृत्य में इन गतियों का समेकित विस्तार, भरतनाट्यम को उनकी अपूर्व देन है।

संगीत, जो कि एक ज़रूरी अंग है नृत्य प्रवेश का, एक द्वार सरीखा साबित हुआ। संगीत में उनकी गहरी

रुचि का, और उसकी बारीकियों से उनके परिचय का, श्रेय संभवतया उनके नाना को जाता है, जिन्होंने संगीत की शिक्षा स्वयं त्यागराज स्वामी से प्राप्त की थी। कह सकते हैं कि रुक्मिणी देवी को संगीत विरासत में मिला था। बालासरस्वती की कला को उनकी जो सराहना मिली, वह बाला की माँ जयम्माल के मुग्धधारी गायन से भी उपजी थी। बालासरस्वती उस परिवार की थीं, जिसके सदस्य तंजौर रियासत से संगीतकार के रूप में संबद्ध रहे थे, पर, उत्तम संगीतकार सामान्य रूप से नृत्य से अपने को नहीं जोड़ते थे। रुक्मिणी देवी ने अपनी नृत्य नाटिकाओं के लिए संगीत रचना का काम कर्नाटक संगीत के श्रेष्ठ संगीतकारों को सौंपा। टाइगर वरदाचरियार से लेकर मैसूर वासुदेवाचार, वीणा कृष्णमाचारी, बुदालूर कृष्णमूर्ति शास्त्री, पापनाशम शिवन, कालिदास नीलकंठ आय्यर, ये सब, जो उच्चकोटि के थे, कलाक्षेत्र से जुड़े हुए थे। हालाँकि संगीत शिक्षा का भार भी भरतनाट्यम के गुरु ही पारंपरिक रूप से उठाया करते थे, रुक्मिणी देवी की खूबी यह थी कि वे संगीतकारों को राजी कर सकीं कि वे उनकी नृत्य-प्रस्तुतियों के लिए विशेष रूप से संगीत की रचना करें। जब कलाक्षेत्र में काम करने के लिए अरियाक्कुडी रामानुजम कलाक्षेत्र में आए तो वे युवा नहीं थे, और मैसूर वासुदेवाचार तो पचासी पार कर चुके थे, जब रुक्मिणी देवी ने उन्हें कलाक्षेत्र से जुड़ने के लिए आमंत्रित किया था, और जब वे नब्बे पार कर चुके थे तो उन्हें कलाक्षेत्र का प्रिंसिपल नियुक्त किया गया था।

1933 में एनी बेसेंट का देहांत हो गया, और जब जॉर्ज अरुंडेल भी 1945 में नहीं रहे, जो थियोसोफिकल सोसायटी के अध्यक्ष थे, तो रुक्मिणी देवी को सोसायटी से मिलने वाला सहयोग-समर्थन क्षीणतर होता गया, और एक दिन वह भी आया जब सोसायटी से नाता ही टूट गया। कलाक्षेत्र को अन्यत्र ले जाने की व्यवस्था करनी पड़ी, और पी. दोराईस्वामी आय्यर जैसे शुभचिंतकों (जिनकी बहन पद्मिनी, जो एक डाक्टर थीं, कलाक्षेत्र की संस्थापक सदस्य बनीं और मृत्युपर्यंत कलाक्षेत्र को अपनी सेवाएँ देती रहीं) को ही यह श्रेय जाता है कि उन्होंने अडयार कोस्ट (चेन्नई का एक उपनगर) से दो मील की दूरी पर एक मछुआरे से ज़मीन ख़रीदी, और कई वर्षों में धीरे-धीरे तिरुवनमियूर का वर्तमान परिसर अस्तित्व में आया। प्रबंधकों, शिक्षार्थियों और अध्यापकों के अथक प्रयत्नों और लगन का ही यह प्रतिफल है कि रेतीली जमीन, एक हरे-भरे उपवन में बदल गई।

रुक्मिणी देवी ने अपनी रचनात्मक प्रतिभा के बल पर कलाक्षेत्र में कई नृत्य-नाटकों की रचना संभव की और यही उनकी भरतनाट्यम को अपूर्व देन है। उन्होंने इसकी शुरुआत 18वीं सदी की साहित्यिक कृति कुरवंजी से की जो कि तमिलनाडु की प्रदर्शनकारी कलाओं की एक अनिवार्य विधा बन गई थी। *सरभोजी भूपाला कुरवंजी*, जो तंजौर के बृहदीश्वर मंदिर परिसर में प्रस्तुत की जाती थी और जो प्रतिमा की स्तुति करने की बजाए राजा की स्तुति करती थी–वह रुक्मिणी देवी को नहीं भाई। उनकी रचनात्मक इच्छाओं को पंख तो तब लगे जब थिरुकुडा राजप्पा कविरायार द्वारा लिखित *तिरुकुत्राला कुरवंजी* उनके हाथ में आई। वीणा कृष्णमाचारी ने इसके चुने हुए काव्यांशों को संगीतबद्ध किया, और रुक्मिणी देवी ने इस नृत्य-नाटक के लिए स्वयं सुरुचिपूर्ण वेशभूषा तैयार की। जब इसकी प्रस्तुति हुई तो इसने कला-जगत को झकझोर कर जगा-सा दिया। 1947 में बेसेंट जन्मशताब्दी समारोह में प्रस्तुत *कुमार संभवम* में टाइगर के पीठिका वरदाचरियार ने इसकी पूर्वपीठिका के लिए जो वैभवपूर्ण संगीत तैयार किया था, उसने कला-जगत की भरपूर सराहना अर्जित की। रुक्मिणी देवी की श्रेष्ठतम प्रस्तुति तो रामायण ही थी जिसे उन्होंने छह खंडों में प्रस्तुत किया। इसमें उनकी रचनात्मक प्रतिभा की ऊँचाइयाँ परिलक्षित हुईं, और इस महाकाव्य को भरतनाट्यम और कथकली के विशुद्ध रूपों में पिरो देने की उनकी क्षमता ने कला-जगत को विस्मित कर दिया। क्या यह जादू वाल्मीकि के काव्य

का था, या यह वासुदेवाचार के संगीत से पैदा हुआ था या इस जादू के पीछे नृत्य-कल्पना की उड़ान थी? एक लंबे अरसे तक कलाक्षेत्र से जुड़े रहे संस्कृत विद्वान के. चंद्रशेखरन ने इसे देखने के पश्चात दर्ज किया था, "मैं रामायण को ध्यान देकर वर्षों से पढ़ता आ रहा था और बराबर यह सोचा करता था कि काव्य के माध्यम से इसमें जो संभव हुआ है, उसकी बराबरी कोई दूसरा माध्यम नहीं कर सकता। लेकिन रुक्मिणी देवी की प्रस्तुति देखने के बाद मेरी राय बदल गई है। वही काव्य जैसा आस्वाद, अपनी नृत्य-रचना से पैदा कर सकती थीं।"[2] पहली कड़ी *सीता स्वयंवरम* के बाद दूसरी कड़ियाँ आईं और जब 1961 में मैसूर वासुदेवाचार का निधन हो गया तो उनसे प्रशिक्षित उनके पौत्र राजाराम ने संगीत की जिम्मेवारी बड़ी सहजता से सँभाल ली। अनंतर वह कलाक्षेत्र के प्रिंसिपल भी बने। वासुदेवाचार ने कथा के कुछ मर्मभरे प्रसंगों के लिए जो अपूर्व संगीत रचना की, वह तो संगीत इतिहास में हमेशा याद की जाएगी। इससे भाव-प्रदर्शन में बड़ी सहायता मिली। भाव अच्छी तरह अभिव्यक्त हो सके, इसीलिए उसमें सहायक बनने के लिए वासुदेवाचार, जिन्होंने स्वतः स्फूर्त संगीत रचनाएँ कीं, वे बाक़ायदा ज्ञात शास्त्रीय रागों में बँधी न होने के बावजूद, इतनी उत्तम थीं कि उनकी मधुरता की वजह से कर्नाटक संगीत-भंडार में उनको शामिल कर लिया गया। इस तरह कैकेयी के व्यवहार से संतप्त दशरथ की मनोदशा चित्रित करने के लिए जो रचना हुई, वह *चित्तभ्रमरी* राग के रूप में जानी गई, और जब राम और सीता गंगा/नदी पार कर रहे थे तो उस अवसर के भाव-प्रदर्शन वाली संगीत रचना *गंगा लहरी* बनी। इसी प्रकार संगीत रचनाकार ने अन्य सांगीतिक रचनाएँ तैयार कीं। वर्षों तक इस नृत्य-नाटक की प्रस्तुति में, रामायण के पात्रों की भूमिका में कलाक्षेत्र के श्रेष्ठ कलाकार उतरते रहे–कुन्हीरमन, जनार्दनन, धनंजयन, बालगोपाल, कृष्ण वेणी लक्ष्मणन, शांता धनंजयन, और अनंतर युवा पीढ़ी के. नरेंद्रन, नरेंद्र और गंगा तथा और भी कई। ये सब जिन मुख्य पात्रों का अभिनय करते थे उनसे अभिन्न रूप से जुड़ गए थे। प्रस्तुति, जिसको तैयार करने में पूरे पंद्रह वर्ष लगे थे। यह वासुदेवाचार और रुक्मिणी देवी की आपसी समझ और आत्मीयता से भरे संबंधों का ही नतीजा था कि रुक्मिणी देवी को अगर किसी प्रसंग में यह लगता था कि जो संगीत-रचना घंटों का श्रम और समय लगाकर निबद्ध हो चुकी है, उसमें किसी फेर-बदल की ज़रूरत है, तो वह वासुदेवाचार से उसमें परिवर्तन करने का आग्रह करती थीं, इसलिए कि उस प्रसंग के बारे में उन्होंने एक भिन्न प्रकार की कल्पना की थी, तो वासुदेवाचार उसे पुनः रचते थे। यह उनकी विनम्रता तो थी ही, उन संबंधों का नतीजा भी थी जो रुक्मिणी देवी श्रेष्ठ संगीतकारों के साथ स्थापित कर सकी थीं। रुक्मिणी देवी स्वयं यह मानती थीं कि भरनाट्यम की एक कलाकार के नाते, और उसकी नृत्य-रचना करने के नाते वे जो भी प्रयत्न कर पाती थीं, उन्हें दूसरों की बनिस्पत दिग्गज संगीतकार अधिक सराहते थे। चाहे वेशभूषा हो या मंच-सज्जा या चरित्रों की भूमिका, या स्वयं नृत्य-रचना, रुक्मिणी देवी के नृत्य-नाटकों की प्रस्तुति में पूरे परिष्कार के साथ आती थीं। *सीता स्वयंवरम, राम वनगमन, पादुका पट्टाभिषेकम, शबरी मोक्षम, चूड़ामणी प्रदानम, महापट्टाभिषेकम*– ये सब प्रस्तुतियाँ थोड़े अंतराल के साथ बारी-बारी से आती रहीं, और अपने से पहले वाली से बेहतर साबित होती रहीं–और यही प्रमाणित करती रहीं कि संवेदनशील काव्य को किस प्रकार वे कल्पनाशील भावप्रवणता के साथ नृत्य में ढाल पातीं थीं।

अन्य प्रस्तुतियों में भी रुक्मिणी देवी की सुचारु रूप से काम करने की क्षमता-दक्षता और शोध के प्रति संलग्नता, परिलक्षित होती रही। इन सब में भी वे अपने समय के प्रखर और रचनात्मक प्रतिभा से संपन्न व्यक्तियों का सहयोग लेती रहीं। तंजावुर जिले के मेलान्तुर और नल्लूर की *भागवतमेला* परम्परा के प्रति आकर्षित होकर, उन्होंने कृष्ण आय्यर के सहयोग से वरिष्ठ गुरु

बालू भगवतार और उनकी बहन कल्याणी अम्माल की सेवाएँ प्राप्त कीं, और उन लोगों ने पारम्परिक नाटकों को नए रूप में सँवारने में रुक्मिणी देवी की सहायता की—इस तरह तेलुगू की मूल कृतियों को भरतनाट्यम के अनुरूप ढाला गया। *रुक्मांगदा चरितम* और *उषा परिणयम* भगवतमेला परम्परा की अन्य कृतियाँ थीं, जिनकी प्रस्तुतियों को काफी सराहना-सफलता मिली, और पुरखों की इस परम्परा को जिस पुनरुज्जीवन की ज़रूरत थी, वह संभव हो सका। लोगों में उसके प्रति फिर से एक नई सजगता आई।

रुक्मिणी देवी की *गीत गोविंदम* की प्रस्तुति, जिसकी संगीत संरचना पापनाशम शिवन ने की थी, उनकी दृष्टि, और कृतियों की बारीक जाँच वाली समझ को, सबके सामने ला सकी। जयदेव की यह कृति अत्यंत कामोद्दीपक मानी जाती है। लेकिन रुक्मिणी देवी के अनुसार यह अमर काव्य, ध्यान की कविता है। कृष्ण के प्रति राधा की चाहना, दरअसल व्यक्ति की अपनी अस्मिता को ब्रह्मांड की अस्मिता में घुल-मिल कर उसके साथ एकाकार हो जाने की ही चाहना है। उसी चाहना का रूपक है राधा-कृष्ण का प्रेम। किसी प्रकार की शारीरिकता या शृंगार की अतिशयता पर जोर दिए बिना, विशुद्ध आत्म का यह प्रतिक्षेपण, उनकी प्रस्तुति में पूरे निखार के साथ सामने आया। वन-प्रांतर के दृश्यों की छविमयता को आलोक-परिकल्पना के संवेदनशील इस्तेमाल से उभार कर एक रहस्यमय आभा की सृष्टि संभव की गई थी और उसी में काव्य कथन को एक नई व्याख्या के साथ सँजोया गया था। यह नई दृष्टि थी—आमतौर पर इस काव्यकृति को लेकर जो धारणा बनी रही है, उससे अलग। नृत्य में देह की भूमिका को एक अलग तरह से देखने की उनकी दृष्टि का भी इससे पता चलता है। स्त्री देह को पुरुष-दृष्टि, एक लंबे अरसे से, वासनामय ढंग से देखने की आदी रही है। रुक्मिणी देवी का यत्न था कि नृत्यांगना को कुशल प्रशिक्षण देकर, इतना क्षमतावान बनाया जाए कि उसकी देह सिर्फ 'शारीरिकता' में बँधी न रह जाए, उससे ऊपर उठे, इतना ऊपर कि नृत्यांगना की देह अपने को कई सूक्ष्म अभिव्यक्तियों का भी माध्यम बना सके। उनकी यह दृढ़ मान्यता थी कि नृत्य को एक उच्चतर धरातल पर ले जाया जाना चाहिए। कालिदास नीलकंठ आय्यर जैसे अनुभवी संगीतकार की सहायता से उन्होंने वरनम को राजाओं और सामंतों को समर्पित/संबोधित करने की जगह, दैवी शक्तियों को समर्पित करना आरंभ किया। नृत्य के समय देह अपनी आंगिकता और यौन-उपस्थिति में बिल्कुल नकारी या नजरअंदाज तो नहीं की जा सकती, पर आध्यात्मिक अनुभव या प्रतीति के लिए यह आवश्यक हो जाता है कि नृत्यांगना अपनी देह को, दैनिक उपस्थिति की सीमाओं के परे ले जाकर, एक ऐसे रूपांतरण की रचना करे, जहाँ दृष्टि में सिर्फ देह ही न रह जाए, बल्कि दृष्टि उस मर्म पर ठहरे, जिसे अभिव्यक्त करने का वह माध्यम बनी है। कुल मिलाकर यह कि वह चेतना के उच्चतर धरातल को छू ले, और प्रेक्षक को भी उस धरातल का अनुभव कराए!

आगे चलकर, ख़ासतौर पर विदेशी समीक्षकों ने, रुक्मिणी देवी की यह कहकर आलोचना की कि वे देवदासी कला से बहुत कुछ ले रही हैं, पर, उसके रति या शृंगारिक पक्षों को छोड़े दे रही हैं। बालासरस्वती अकसर कहा करती थी कि ऐसी कला जो मंदिरों में प्रतिमा के समक्ष प्रार्थना की तरह प्रस्तुत की जा रही हो वह भक्तिरहित हो ही नहीं सकती। सुप्रसिद्ध देवदासी गौरी अम्मा का मानना था कि जिस नृत्य में भक्ति तत्व नहीं है उसके बने रहने का कोई औचित्य नहीं है, और उसे मंच पर प्रस्तुत करना अश्लीलता है। यामिनी कृष्णमूर्ति अकसर कहती हैं कि देवदासी कला बिल्कुल सहज, और स्वाभाविक अवस्था वाली थी। उसमें देह को लेकर कोई अतिरिक्त आत्मसजगता नहीं थी। यह सोचना निरर्थक लगता है कि नृत्यांगना की देह का संबंध/आधार उसकी देह भर है, क्योंकि नृत्यकार की आंतरिक पूँजी तो उसकी ऐंद्रियता है, उसकी आंतरिक

संवेदना है। स्त्री-देह पर तो यह बात विशेष रूप से लागू होती है, जिसे लेकर ही भारतीय नृत्य का इतिहास लिखा गया है। और पुरुष की देह? जो उदाहरण सहसा ही ध्यान में आता है वह गुरु केलुचरण महापात्र का है– उनकी अष्टपदी *कुरु एदुनंदन* की प्रस्तुति का–जिसमें हर गति, और सिर को घुमाकर देखने की हर मुद्रा, दर्शक के भीतर, राधा द्वारा कृष्ण को मोहित किए जाने का एक चित्र उकेर देती है। देवदासियों का नृत्य ऐंद्रियता को उभारने वाला रहा है, क्योंकि पीढ़ियों तक उन्होंने लोगों का मनोरंजन किया था। वे एक खास जीवनशैली में रची-बसी रही हैं। और उन्हें विशेष रूप से पाला पोसा जाता था–लगभग उसी तरह जैसे कि ब्राह्मणों को संस्कृत में विशेषज्ञता प्राप्त कराई जाती थी। नृत्य सदैव आध्यात्मिकता और ऐंद्रियता से जुड़ा होता है, अब यह नृत्यकार की क्षमता पर निर्भर है कि वह उसे कैसी ऊँचाई/गहराई देता/देती है। रुक्मिणी देवी का 'भक्ति में श्रृंगार' उनकी अपनी पृष्ठभूमि से उपजा था, और देवदासी का 'श्रृंगार में भक्ति' तत्व उनकी अपनी जीवनशैली से, जो स्वयं समाज द्वारा उनको प्रदत्त एक प्रकार की 'यौन-स्वच्छंदता' से प्रेरित हुआ करता था।

रुक्मिणी देवी को ऐसे विचारों के लिए दोष दिया गया है, जो दरअसल स्वाभाविक रूप से उपजे थे, और जिनकी अगुवाई स्वयं गुरुओं ने की थी। अचरज है कि इस पहलू को अकसर भुला दिया जाता है। एक सांगीतिक पंक्ति को संप्रेषित करते समय, गुरु मीनाक्षी सुंदरम पिल्लई ने रुक्मिणी देवी से कहा था, कि "इस पंक्ति का संप्रेषण (उसकी व्याख्या) तुमको अपनी तरह से करनी चाहिए, न कि किसी देवदासी की तरह से। तुम्हारा ढंग अलग होना चाहिए।" और उनका (मीनाक्षी सुंदरम पिल्लई का) सिखाने का तरीका उन लोगों के लिए बिल्कुल अलग था जो गैर-पारंपरिक पृष्ठभूमि से आते थे, और देवदासियों को सिखाने का तरीका अलग।[3]

गैर-पारंपरिक पृष्ठभूमि की लड़कियों को सिखाने में अगर गुरुओं ने सहयोग न किया होता तो सादिर का जो रूप परिवर्तन भरतनाट्यम में हुआ, वह संभव ही न होता। मार्गम पद्धति के लिए निर्मित रचनाओं से अलग प्रकार की रचना, जैसी कि *आनंद नंदन प्रकाशन*, मीनाक्षी सुंदरम पिल्लई ने संभव की; वह पुन्नैय्या पिल्लई से अधिक खुले विचारों के थे, क्योंकि पुन्नैय्या पिल्लई तो यह मानते थे कि ऐसी रचनाएँ, परंपरा के लिए खतरा पैदा कर देंगी। रुक्मिणी देवी *जावली* विधा को लेकर अनुत्साहित रहती थीं, आशंकित भी, तो इसका कारण यही था कि ऐसे प्रेम-गीतों को साधारणतया अच्छा नहीं माना जाता था, और वह स्वयं भी सीधे-सीधे काम-भावना को उजागर करने वाले गीतों की प्रस्तुति के बजाए, प्रेम के लाक्षणिक गीतों को प्राथमिकता देती थीं।

हाँ, बाला उन गीतों को जिस तरह प्रस्तुत करती थीं, वह उनकी कायल थी। लेकिन वे व्यक्ति जो नृत्य की दुनिया के लिए नए थे, और जिनको काफी आलोचना सहनी पड़ी थी, उनके लिए 'ध्वनि काव्य'[4] की सूक्ष्मता ही अधिक पसंद वाली थी।

रुक्मिणी देवी ने सौंदर्यमयी वेशभूषा डिज़ाइन की, और देवदासियों के पायजामे, वेलवेट ब्लाउज, तथा आधी साड़ी की जगह, गतियों को उन्मुक्त रखने वाली वेशभूषा ले आईं।

उनका एक और क्रांतिकारी कदम यह था कि उन्होंने कमला रानी जैसी कलाकार को नट्टुवांगम[5] सीखने के लिए प्रेरित किया, जिससे कि वे संगीत-गायन को संचालित कर सकें। नट्टुवान्नर, नट्टुवांगम पर अपना अधिकार मानते थे, और इसे वह देवदासियों को नहीं सिखाते थे। रुक्मिणी देवी का सोचना यह तो था ही कि स्त्रियों के लिए वे क्षेत्र भी खुलने चाहिए जिन पर पुरुषों का ही वर्चस्व रहा था, पर, वे यह भी सोचती थीं कि अगर स्त्रियाँ स्वयं नट्टुवांगम सीख लें तो किसी कार्यक्रम में अचानक नट्टुवान्नरों की ना-नुकुर से भी मुक्ति पाई जा सकेगी। इस क्रांतिकारी कदम के दूरगामी परिणाम हुए। अब गुरु ही हर विभाग को निर्देशित करने वाला नहीं रहा, और इससे हर चीज़ के लिए उसी पर निर्भर रहना कम हुआ।

धनंजयन युगल (सी.पी. सत्यजित)

रुक्मिणी देवी ने एक और नई शुरुआत की : स्त्रियों की प्रमुखतया वाले भरतनाट्यम में पुरुष कलाकार को उसकी अपनी एक जगह दी। मुत्तुकुमार पिल्लई जैसे विलक्षण गुरु, अपनी बहन कनंबा के साथ नृत्य करते थे, और गुरु कुप्पैय्या पिल्लई स्त्री-वेश में अपनी कला का प्रदर्शन करते थे। और ऐसा ई. कृष्ण आय्यर भी करते थे, जिसकी चर्चा भूमिका में हुई है। गुरु मीनाक्षी सुंदरम पिल्लई स्वयं अच्छे नृत्यकार थे, यह उनके शिष्य बताते हैं, और नृत्य करना उन्होंने तभी छोड़ा जब दुर्घटना से उनकी एक आँख जाती रही थी। कलाक्षेत्र में नृत्य-नाटकों पर भी जोर था, और उनमें पुरुष कलाकारों की ज़रूरत पड़ती थी। कलाक्षेत्र में दीक्षित गुरु वी.पी. धनंजयन बताते हैं कि पुरुषों को कथकली का प्रशिक्षण इसलिए दिया जाता था जिससे वे देह सीधी रख सकें, और वह पुरुषोचित भी मालूम पड़ें, अन्यथा भरतनाट्यम गुरु तो पुरुषों को भी उन्हीं चीज़ों का अनुकरण करने को कहते थे, जो स्त्री कलाकारों को सिखाई जाती थी। इससे कुछ पुरुष कलाकारों में एक स्त्रैण भाव आ जाता था और उनकी शैली भी स्त्री-कलाकारों जैसी हो जाती थी। रुक्मिणी देवी कथकली की ऊर्जा और शक्ति की प्रशंसक थीं, और मानती थीं कि नृत्य नाटकों में कथकली और भरतनाट्यम के सहयोग से नई संभावनाएँ अर्जित की जा सकती हैं, इसीलिए उन्होंने अम्बु पणिक्कर और चंदू पणिक्कर और कृष्ण नायर जैसे गुरुओं को कलाक्षेत्र में, लड़कों को प्रशिक्षित करने के लिए आमंत्रित किया। लड़कों का चयन वह स्वयं बड़ी समझ और सावधानी के

साथ करती थीं। गुरु अंबु पणिक्कर और बाद में उनके लड़के जनार्दनन ने कलाक्षेत्र को वर्षों तक अपनी सेवाएँ दीं, और नृत्य-नाटकों के प्रशिक्षण के साथ, उनमें कई तरह से सहयोग किया।[6] सी.वी. चंद्रशेखर (प्रसंगवश, जिन्होंने कथकली कभी नहीं सीखा था, और जो बोटैनी में एम.एससी. थे, उन्होंने पूर्णकालिक रूप से नृत्य को अपना लिया, और नृत्य सिखाने के साथ-साथ स्वयं नृत्य करते रहे; और आज चेन्नई में अग्रणी गुरु/नृत्यकार हैं) के बाद धनंजयन, गुरु अड्यार लक्ष्मणन और बालगोपाल जैसे नृत्यकार कलाक्षेत्र से ही निकले हैं। यह दृष्टव्य है कि भरतनाट्यम को लेकर, बाँहों-पैरों को फैलाने आदि को लेकर जो दृष्टि की गहराई का एक अनुभव करने लगते हैं, और यह अनुभव ही इस कहानी हमारा प्राप्य बन जाता है, जो कहानी के अंत में बहुत 'गहरा' भी हो जाता है।[7]

वी.पी. धनंजयन का मानना है कि बहुत अच्छे प्रशिक्षण के बावजूद, पुरुष नृत्यकारों को एकल प्रदर्शन के मौके बहुत कम मिलते रहे हैं, हालाँकि वे नृत्य नाटकों में प्रमुख भूमिकाओं में उतरते रहे हैं। सी. वी. चंद्रशेखर प्रायः याद करते हैं कि, पुरुष नृत्यकारों को तो लोगों से, और यहाँ तक कि समीक्षकों से भी, कटु टिप्पणियाँ और व्यंग्योक्तियाँ सुनने को मिलती रही हैं। एक बार उनके एक कार्यक्रम की भूरि-भूरि प्रशंसा तो की गई, पर, यह कहकर कि वे इतना सुंदर नृत्य पुरुष होने के बावजूद कर सकें! कलाक्षेत्र से गुरु अड्यार लक्ष्मणन भी बताते हैं कि पुरुष नृत्यकारों को राह चलते कटुक्तियाँ सुनने को मिला करती थीं। जो भी हो, वर्तमान में, दक्षिण में भरतनाट्यम के कुछ श्रेष्ठ गुरु, कलाक्षेत्र की ही देन हैं। कलाक्षेत्र से निकलने के बाद धनंजयन ने पुरुष नृत्यकारों के लिए बहुतेरी संरचनाएँ तैयार की हैं,[8] और अपनी संस्था भारत कलांजलि में बहुत से पुरुष नृत्यकारों को प्रशिक्षित किया है। ऐसा ही किया है, सी.वी. चंद्रशेखर ने भी। कलाक्षेत्र में दीक्षित पुरुष नृत्यकार, आज प्रदर्शन के क्षेत्र में, अपनी क्षमता के बल पर बहुत सक्रिय हैं। चेन्नई और बेंगलुरु का भरतनाट्यम परिदृश्य, पुरुष नृत्यकारों और गुरुओं से विशेष रूप से भरा-पूरा है, और ऐसे 'स्वतंत्र' (फ्रीलांसर) कलाकार भी हैं ही जो किसी संस्था से संबद्ध नहीं हैं, और जिनकी सेवाएँ किसी विशेष प्रस्तुति के लिए ली जा सकती हैं।

चंद्रशेखर एक गुरु की तरह बड़ौदा और उत्तर भारत में लंबे अरसे तक रहे हैं, और उन्होंने हिंदुस्तानी संगीत में निबद्ध भरतनाट्यम की प्रस्तुतियों को प्रेरित किया है, जिनमें *पंचवटी* तथा *मेघदूतम* का नाम उल्लेखनीय है। इसके अलावा मीरा, सूर और तुलसीदास जैसे कवियों की कृतियों पर भी उन्होंने काम किया है। उनकी प्रस्तुति *श्यामा*, रवींद्रनाथ ठाकुर की कृति पर आधारित थी। उन्होंने भरतनाट्यम के लिए गुजराती अपभ्रंश को पाठ की तरह इस्तेमाल किया है। उनकी प्रस्तुति आरोहण सृष्टि विकास को अपना विषय बनाती है, और आदिशेष, वरुण, हनुमान को विभिन्न जीवों के प्रतीक की तरह बरतती है। जब मार्गम पद्धति ही भरतनाट्यम के लिए अपनाई जा रही थी, तभी विभिन्न भाषाओं के गीतों के साथ, बाला संगीत, भरतनाट्यम का अंग बन रहा था। पर, यह कोई बहुत नई प्रकृति नहीं थी, क्योंकि उन दिनों भी भरतनाट्यम (मैसूर शैली का) महाराजा के महल में प्रस्तुत होता था तो देवदासियाँ और राजदासियाँ हिंदुस्तानी गीतों और ठुमरियों पर नृत्य करती थीं। भारत की आजादी के कई वर्ष पहले ही जब बालासरस्वती कलकत्ता गई थीं, तो उन्होंने जन गण मन पर नृत्य किया था।[9]

कलाक्षेत्र में भरतनाट्यम सीखने वालों को जो प्रशिक्षण मिलता था, वह हर प्रकार से भरा पूरा होता था, पर रुक्मिणी देवी, एकल नृत्य को उस तरह प्रोत्साहित नहीं कर सकी थीं, जैसी कि अपेक्षा की जाती थी। यही वह समय था जब *कीर्तनम* जैसी चीज़ें, एकल नृत्य में शामिल की जाने लगी थीं। परम्परा के बाहर से आने वाले नृत्यकारों के लिए नटराज के रूप में शिव विशेष हो उठे

थे–प्रदर्शन वाले भाग में मंच पर एक ओर वेदी बनाकर मंदिर के-से परिवेश/वातावरण की रचना की जाती थी। कुछ लोगों का मानना है कि आनंद कुमारस्वामी की कृति, डांस ऑफ शिवा[10] ने नटराज के प्रति आकर्षण पैदा किया था, क्योंकि उनकी गरिमामय, योगी जैसी भंगिमा, सृष्टि की लयात्मकता को प्रतीकित करती थी, और भरतनाट्यम के मंच को वह एक भव्यता प्रदान करती थी। प्रस्तुति की कुछ और चीज़ों में भी परिवर्तन हुआ, पहले ढोल वादक, नट्टुवांगम नृत्यांगना के पीछे खड़े होते थे, और मंच पर उसकी नृत्यगतियों के साथ-साथ चलते थे। अब वे नृत्यांगना की दाईं तरफ, विंग्स के निकट बैठने लगे थे। मेला प्राप्ति के अंतर्गत पहले नृत्यांगना धीरे-धीरे नृत्य के लिए अपने को तैयार करती थी, अपना एक मूड बनाती थी, पर इसे कंडप्पा पिल्लई जैसे गुरुओं ने संक्षिप्त कर दिया, फिर क्रमशः इसे हटा ही दिया गया। वरनम को संक्षिप्त किया गया। बैगपाइप चले गए, उनका स्थान तम्बूरा ने ले लिया।

बालासरस्वती (1918-1984)

जब रुक्मिणी देवी, भरतनाट्यम को प्रोसीनियम के लिए एक उच्चतर कला का रूप देने में लगी थीं, तभी एकल नृत्य के परिदृश्य में एक अद्भुत नृत्यांगना का उदय हुआ। ये थीं–बालासरस्वती, जो देवदासी परंपरा से थीं, मंदिर से बँधी नहीं थीं। और जब चारों ओर देवदासी परंपरा के लिए परिस्थितियाँ इतनी प्रतिकूल हो उठी थीं कि वह परम्परा ही गहराने लगी थीं, तो वह अपनी नृत्य ऊर्जा और प्रतिभा के बल पर, अलग से दिखाई पड़ीं। वह एकमात्र नृत्यांगना थीं, जिन्हें संगीत कलानिधि से विभूषित किया गया (वीणावादक बालाचंदर ने ऐसी नृत्यांगना को यह उपाधि दिए जाने का प्रतिवाद किया था) 'बाला' ने ऐसी ही संबोधन तो उनके लिए प्रेम और आदर के साथ तय था, इसके जवाब में यही कहा था कि नृत्य को 'शुद्ध/पवित्र' और 'अपवित्र' की कोटियों में बाँटना बेमानी है। शृंगार उनके लिए समावेशी था, और उसी में तो सभी भाव-स्थितियाँ उत्पन्न की जा सकती थीं। वह एक ऐसे घर से थीं, जहाँ धर्मपुरी सुब्बारायार, तिरुवोत्तियूर त्यागिअर, धारवाड़ के हयाग्रीवाचारी, गोविंदस्वामी पिल्लई, अरियाक्कुडी रामानुजा अय्यंगार जैसे संगीतज्ञ प्रायः आते थे और उनकी विलक्षण वीणावादक नानी धनाम्माल का वादन सुनते थे। चेंगाझुनीर ओडाई स्ट्रीट के कांचीपुरम अम्मानाक्षी मंदिर में जब बाल्यावस्था में ही उनका अरंगेत्रम हुआ तो मानो वह इस बात का प्रमाण था कि एक अत्यंत क्षमतावान, कलासाधिका शीघ्र ही अपनी विशिष्ट जगह बनाने वाली है। 1975 में, बहुत बाद में, तमिल संगम के वार्षिक सम्मेलन में बाला ने ये प्रसिद्ध वरनम कहे थे, "भरतनाट्यम में जिस शृंगार का हम अनुभव करते हैं, वह कभी मात्र दैहिक नहीं होता; नहीं, कभी नहीं" और यह कि "नृत्य, संगीत की तरह ही उपस्थित है, वह शारीरिक उल्लास मात्र नहीं है।" देवदासियों के बीच भी, बाला अपनी नृत्य-प्रतिभा के साथ एक अलग प्रकार से पहचानी जाती थी, यह अलग बात है कि प्रसिद्धि उन्हें देर से मिली। संगीत नाटक अकादमी का पुरस्कार उन्हें 1955 में मिला, और 1957 में वह पद्म भूषण से सम्मानित हुईं। जब जापान में आयोजित ईस्ट/वेस्ट सम्मेलन के लिए उनका नाम प्रस्तावित किया गया तो प्रबंधक निकोलस नाबोकोव को यह आशंका हुई कि भला बुज़ुर्ग हो चुकी बालासरस्वती वहाँ क्या कर पाएँगी और उन्हें भेजे जाने के प्रस्ताव में उन्होंने अपना विरोध भी दर्ज किया, लेकिन कपिला वात्स्यायन के अत्यधिक आग्रह पर आखिरकार बाला का जाना संभव हुआ। और जब उनका कार्यक्रम हुआ तो दर्शक उसमें अत्यधिक डूब गए, उनके बीच गहरी शांति छाई रही, कार्यक्रम के समाप्त होते ही तालियों की जो गड़गड़ाहट शुरू हुई, वह बहुत देर बाद ही थम सकी। लॉर्ड हेअरवुड ने उनका नृत्य देखने के बाद कहा था, "मैंने अनुभव किया कि मैं 'महानता' का साक्षात्कार कर रहा हूँ।" उनके गुरु कंडप्पा पिल्लई का जो योगदान उन्हें तकनीक और अन्य

चीज़ें सिखाने में रहा, वह तो अपनी जगह था ही, पर, बाला की जन्मजात प्रतिभा में नृत्य का जो प्रवाही और कलात्मक रूप था, वह असाधारण था, और उनके नृत्य से श्रृंगार की जो भावना उत्पन्न होती थी, वह अपने आप में विशेष थी। उनके नृत्य की लय में शक्ति थी, और वह उन्मुक्त थी। चमक दमक भरे तीरमानमों के लिए जगह नहीं थी, और न ही किसी प्रकट सदाचारिता की। अपनी ही एक सरलता में जैसा जतिस्वरम पूर्वीकल्याणी में संकीर्ण नदाई[11] बाला प्रस्तुत करती थी, वह कोई आसान बात नहीं थी। इसे उनके गुरु ने संयोजित किया था। यह किसी के लिए भी एक चुनौतीपूर्ण काम था। बाला की रग-रग में संगीत था, और चाहे गायन हो या नृत्य, बाला दर्शकों को मंत्रमुग्ध कर लेती थीं। उनके भंडार में वरनमों के साथ शुद्ध अर्थगर्भी[12] रचनाएँ अपने आप में एक बड़ी पूँजी थी। उनके अभिनय में, संगीत का हर तार, सहज ही अनुप्राणित हो उठता था। समकालिक नृत्यांगना चंद्रलेखा मानती थी, "सुब्रमनिआ के लिए तड़पती नायिका के रूप में बाला रुला देती थी। आज की गैर-पारंपरिक नृत्यांगनाएँ उनके श्रृंगार/भक्तिपरक नृत्य को छू भी नहीं सकतीं। बाला सिर को जरा सा तिरछा करतीं, आँखों को किसी ओर घुमाती, चाल को किसी ओर बढ़ाते हुए कोई मुद्रा बनाती अपनी तर्जनी से, तो मानो जादू हो जाता।" यही तो लिखा था वाल्टर टेरी ने जो अब बंद हो चुका है। एलेन ह्यूज ने लिखा कि उनका नृत्य देखने के बाद दर्शक को लगता कि वह अब वह व्यक्ति नहीं रह गया है, जो पहले था। "यह कलाकार (बाला) उनमें यह प्रतीति भर देता कि इसकी कला के आगे हमारी (पश्चिम) की कला कितनी फूहड़ है, बनावटी।" पर, ऐसे पश्चिमी कला समीक्षक भी थे जिन्हें लगता था कि बाला की कला को तो भारतीय दर्शक ही वास्तव में सराह सकते हैं, वह बहुत अलग है, बहुत सूक्ष्म! बाला को गर्व था कि वह एक देवदासी परिवार में पली-बढ़ी है। अंत तक उन्होंने वेशभूषा में कोई परिवर्तन स्वीकार नहीं किया, न निर्दिष्ट मार्गम पद्धति में; उनके अनुसार इस पद्धति की संरचना कुछ इस प्रकार हुई थी जिसमें गोपुरम में अलारिप्पु के जरिए प्रवेश किया जाता है, फिर क्रमशः वरनम में गर्भगृह में जाया जाता है, और अंत में तिल्लाना से अपने को मंदिर प्रतिमा में तिरोहित कर दिया जाता है। संस्कृत काव्य को अर्थग्राही बनाकर उसे संप्रेषित करने को लेकर बाला अपनी मल्हार प्रकट करती थीं और कहती थीं कि जिन भाषाओं का उन्हें ज्ञान ही नहीं है, उनको बरतने में कौन-सी बुद्धिमानी है। वह यही मानती रही कि देवदासियाँ ही नृत्य की वास्तविक संरक्षिका हैं। इस पर बाला को शायद इसलिए भी जोर देना पड़ा कि स्थितियाँ बदल रही थीं, और अपने मंदिर-संबंध को उजागर करने में से उन्हें एक आश्वस्ति मिल रही थी।

बाला भरतनाट्यम के प्रोसीनियम-अवतार के तथाकथित 'परिष्कार' से कभी समझौता नहीं कर पाईं। उनका तो यही मानना था कि जो नृत्य-रूप सदियों की कठिन परीक्षा से गुजर चुका है, उसके लिए किसी नए रूप या प्रमाण की ज़रूरत क्यों हो! उनकी तरह की प्रतिभाएँ, इतनी अपूर्व और अनुपम होती हैं कि अगली पीढ़ी तक उनके प्रतिभा-गुणों को सराहा तो जा सकता है पर, उनकी मौलिकता को सहज ही धारण नहीं किया जा सकता। अचरज नहीं कि उनकी जो कलात्मक क्षमताएँ और सूक्ष्मताएँ थीं, उनको न तो (देवदासी) परंपरा की, न उसके बाहर की ही कोई नृत्यांगना अपने नृत्य में उतार पाई।

आज देश में बाला की शैली की अच्छी तरह और विधिवत शिक्षा देने वाली उनकी शिष्या नंदिनी रमानी का कहना है, कि बाला एक गुरु के रूप में भी बहुत सर्जनात्मक थीं, पर, उनकी शैली के प्रयोगकर्ता बहुत कम हैं। बाला की तरह के कलाकार जन्मजात प्रतिभा के धनी होते हैं, वे बनाए नहीं जा सकते। बावजूद इसके कि उनकी शिष्याएँ कहती रही हैं कि उनके सिखाने का ढंग अनोखा था और बाला अपनी शिष्याओं के साथ एक

आत्मीय संबंध ही बनाकर चलती थीं, स्वर्गीय नारायण मेनन, जो संगीत नाटक अकादमी के अध्यक्ष रह चुके थे, का मानना कुछ अलग था। वे हमेशा यही कहते थे कि बाला सिखाने को लेकर अनिच्छुक-सी रहती थीं, यहाँ तक कि अपनी बेटी लक्ष्मी को भी सिखाने में उनकी ढील बनी रही थी, जिसकी 'औपचारिक' शिक्षा देर से ही शुरू हुई थी। बहरहाल, देवदासी-प्रथा से मोहभंग को दरकिनार करते हुए, भारत में उनके प्रशंसकों की कमी न थी, पर बाला ने नृत्य-शिक्षण का कार्यक्रम अगर सक्रियता से चलाया तो वह तो संयुक्त राष्ट्र अमेरिका में ही। इसकी शुरुआत तब हुई जब न्यूयॉर्क की एशिया सोसायटी ने 1962 में वेसलियान यूनिवर्सिटी में बाला को 'आर्टिस्ट इन रेसिडेंस' के रूप में प्रायोजित किया। उनके भाई, बांसुरीवादक विश्वा ने भी अनंतर वहीं सिखाना शुरू किया और उनके एक और भाई मृदंगवादक रंगनाथन अमेरिका में ही बस गए। 1963 में जब बाला ने 'एडिनबरा फेस्टिवल ऑफ म्यूजिक' में अपना नृत्य प्रस्तुत किया तो बाला की एक अमेरिकी शिष्या, लुईस स्क्रिप्स, ने 'अमेरिकन सोसायटी फॉर ईस्टर्न आर्ट्स' की स्थापना की, और फिर जुलाई 1965 के बाद, कोई एक दशक तक, कई श्रेष्ठ संगीतकार, नृत्यकार और अन्य कलाकार भारत और इंडोनेशिया से विशेष रूप से अमेरिका आते-जाते रहे–अपना कार्यक्रम प्रस्तुत करने के लिए। इसी के प्रसंग से बाला को भी यूनाइटेड स्टेट्स के कई भागों में यात्रा करने का, और अपनी कला को प्रदर्शित करने का अवसर मिला– बे एरिया, वाशिंगटन डी. सी. फिलाडेल्फिया, न्यू मेक्सिको, हवाई समेत वे कई अन्य जगहों में गईं। 1962 में जैकब्स पिलो फेस्टिवल में जब वह अपनी कला के प्रदर्शन के लिए गईं तो उनकी भेंट जॉन हिगिंस से हुई, जो 1969 में बाला के अन्तर्गत कर्नाटक संगीत सीखने के लिए भारत आए। साठ के दशक के आरंभिक वर्षों से लेकर 1981 तक बाला की सांस्कृतिक यात्राएँ, और आवासी कलाकार की भूमिका, उन्हें कई विश्वविद्यालयों में ले गई– वेसलियान विश्वविद्यालय, यूसीएलए, अमेरिकन सोसायटी फॉर ईस्टर्न आर्ट्स, वाशिंगटन विश्वविद्यालय, बर्कले के सेंटर फॉर वर्ल्ड म्यूजिक, कनेक्टीकट कॉलेज और ड्यूक यूनिवर्सिटी के अमेरिकन डांस फेस्टिवल में। 1965 में लुइस का अपना 'अरंगेत्रम' हुआ। अमेरिका में बाला को चाहने वाले हमेशा रहे। बाला की बेटी लक्ष्मी नाईट ने आगे चलकर नृत्य की शिक्षा ग्रहण की थी और आज उनका पोता/नाती अनिरुद्ध, बाला के नृत्यभंडार से चीजें प्रस्तुत करता है। जब अनिरुद्ध नृत्य करता है तो संगीत की क्लासिकी गरिमा मानो प्रत्यक्ष होती है, और उसकी मौलिकता स्व-प्रमाणित लगती है, पर, बालासरस्वती के नृत्य के पुराने दुर्लभ गुण वहाँ परिलक्षित नहीं होते। कलाओं के अद्भुत संरक्षक और प्रोत्साहक जलतरंगम सुरिसेट्टी रामन्या चेट्टियार, बाला की नानी धनाम्माल के कुनबे, और कांचीपुरम धनाकोडी अम्माल, जो देवदासी परंपरा की एक अन्य कलाकार थीं, को हर तरह का संरक्षण प्रदान करने वाले व्यक्ति थे। उनके राम नवमी वाले उत्सव तब मद्रास कहलाने वाले (आज के चेन्नई) में प्रसिद्ध थे। इन उत्सवों में धनाम्माल, और अनंतर बालासरस्वती जैसे कलाकार भाग लेते थे और इन आयोजनों के शीर्ष पर रहते थे रामान्या चेट्टियार। धनाम्माल और बाला को वह संगीत और नृत्य का 'एसेंस' (essence) कहते थे, और इसेंस को 'एसेंस' की तरह उच्चारित करते थे।[13]

देवदासी प्रथा के बाद वाले चरण के इतिहास में गुरु मीनाक्षी सुंदरम पिल्लई की केंद्रीय भूमिका रही थी, और गैर देवदासी परंपरा की जो नई नृत्यांगनाएँ थीं, वे सभी पंडानल्लूर जा कर उन्हीं से दीक्षा प्राप्त करना चाहती थीं। 1940 के दशक में यह गुरु भारत के विभिन्न प्रदेशों से आने वाले शिक्षार्थियों को ही नहीं, विदेश के शिक्षार्थियों को भी नृत्य की दीक्षा देने में अग्रणी थे और भरतनाट्यम के गुरुओं में सर्वाधिक व्यस्त गुरु भी यही थे।

भरतनाट्यम के पुरोधा

उदयशंकर के तत्काल बाद विदेशों में भारतीय नृत्य-रूप को प्रदर्शित करने वालों में भारत-बर्मी मूल के रामगोपाल (1912-2003) का नाम सहज ही लिया जा सकता है, जिन्होंने अपनी सुंदर देहयष्टि के साथ अपने प्रदर्शनों से लोगों का मन मोहा था। बेंगलुरु में कोलार पुट्टप्पा से दीक्षित होने के बाद 1940 के दशक के प्रारंभ में वह मीनाक्षी सुंदरम के शिष्य बने थे। भरतनाट्यम के अतिरिक्त वह कथक नृत्य भी करते थे और *गोल्डन गरुड़ लीजेंड ऑफ ताजमहल* तथा *द राजपूत सिरेनेड ऑफ लव* जैसी फ्यूजन–प्रस्तुतियाँ भी उन्होंने की थीं। रामगोपाल के एक मित्र, भौतिकी के प्रोफ़ेसर यू.एस. कृष्ण राव ने भी नृत्य को अपनाया था। 1932 में नृत्य संसार से वह रामगोपाल की मंडली में तबला वादक के रूप में जुड़े थे। वह 1943 में मीनाक्षी सुंदरम पिल्लई के एक सुयोग्य शिष्य बने। अपनी पत्नी चंद्रभागा देवी के साथ उन्होंने दो महीनों तक रोज 13 घंटों तक अभ्यास किया, दीक्षा ली। इस दंपत्ति ने यह याद किया है कि देवदासी नृत्य के आरम्भ में जो शृंगारिक और कामोद्दीपक चीजें रहती थीं, उन्हें गुरु ने सिरे से हटा दिया था–उन्हें नृत्य सिखाते हुए। गुरु की यह दृढ़ मान्यता थी कि बदले हुए संदर्भों और नृत्य की दुनिया में आने वाले नए नृत्यकारों की पृष्ठभूमि को देखते हुए, नृत्य में शृंगार-पक्ष को अधिक परिष्कृत ही रखना चाहिए। मीनाक्षी सुंदरम के शिष्यों का यह एक प्रमुख गुण रहा है कि उन्होंने नृत्य की दुनिया में अपनी एक अलग पहचान बनाई, और उनकी सिखाई हुई चीजों को अच्छी तरह ग्रहण करने के बावजूद, कोई भी तो उनकी हू-ब-हू नकल करता हुआ नज़र नहीं आया। आज के गुरुओं की दीक्षा में यह चीज़ नदारद है, जो शिष्यों को जो कुछ करके बताते हैं, मानो उसे ही दुहराए जाने की अपेक्षा रखते हैं।

सामने का पृष्ठ: बालासरस्वती (श्रुति)

कृष्ण राव ने अनंतर बेंगलुरु में अपने केंद्र 'महामाया' में नृत्य की दीक्षा देनी आरंभ की और उनकी शिष्याओं में सोनल मानसिंह, सुधारानी रघुपति और ममता नियोगी नकरा जैसी नृत्यांगनाएँ शामिल रही हैं। बाद में ममता, मांट्रियल में वर्षों तक सफलतापूर्वक स्वयं एक भरतनाट्यम संस्थान चलाती रही हैं। *अक्का महादेवी, टेंपटेशन ऑफ बुद्धा, ताए यशोदा, नंदनम अदिनार और अदिदानुरंगा*, के लिए विशेष रूप से जाने जाते थे। इस दंपत्ति ने अपने कामकाज से प्रमाणित किया कि किस प्रकार कर्नाटक में भरतनाट्यम शैली फल-फूल रही थी। उनके बहुत पहले भी चिन्नाया बंधुओं ने, जो तंजावुर क्वार्टेट (चार कलाकारों की गान मंडली) के सदस्य थे, इस क्षेत्र में तंजावुर शैली के बीज बो चुके थे। वे कृष्ण राजा वोडेयार के शासन काल में कर्नाटक चले गए थे। लेकिन 'भरतनाट्यम' की जगह लगातार 'भरतनाट्य' शब्द का ही प्रयोग करके, और कर्नाटक के इतिहास, साहित्य और कन्नड़ गीतों की संरचना से तैयार प्रस्तुतियों पर ही बल देते हुए यू. एस. कृष्ण राव ने मानो यह सिद्ध करना शुरू कर दिया था कि देश भर में भरतनाट्यम ने किस तरह स्थानीय क्षेत्रीय अनुगूंजों के साथ अपना विस्तार करना शुरू कर दिया था।

तंजावुर शैली के साथ ही मोगूर और जेत्ती तायम्मा सृजित मैसूर भरतनाट्यम शैली भी आकार ले रही थी। यह शैली *पुष्पांजलि*, *चूर्णिका* और *श्लोक* के साथ अपनी विशिष्टता उकेर रही थी। मैसूर जावली संरचनाकारों के कारण प्रसिद्ध था। इन संरचनाकारों में बासप्पा शास्त्री, चंद्रशेखर शास्त्री जैसे कलाकार शामिल थे। और शामिल थे स्वयं शासक चमराजेंद्र वोडेयार, जिन्होंने कई जावलियों की संरचना की थी। 1952/53 में जब संगीत नाटक अकादमी से निर्मला जोशी ने कुछ 'पर्यवेक्षक' अधिकारी कर्नाटक भेजे, यह जानने के लिए कि वहाँ क्या हो रहा है, तब भरतनाट्यम शैली की यह तस्वीर कुछ उभरकर सामने आई। यू.एस. कृष्ण राव और उनकी पत्नी चंद्रभागा देवी की सोदाहरण वार्ताओं (लेक्चर

मृणालिनी साराभाई (श्रुति)

डिमांस्ट्रेशंस) और देश-विदेश में रेडियो और टेलीविजन के माध्यम से उनकी प्रस्तुतियों और उनके वक्तव्यों ने, तंजावुर भरतनाट्यम शैली को एक प्रतिष्ठा दिलाई। वे विश्वविद्यालयों में भी अपनी कला के प्रदर्शन के लिए जाते थे और कनाडा तथा ब्रिटेन में तो उन्होंने अध्यापन कार्य भी किया।

मृणालिनी साराभाई (1918–2016)

चौबीस के दशक में शांति निकेतन में अध्ययन करने के बाद मृणालिनी साराभाई नृत्य में दीक्षित होने के लिए पहले गुरु मुत्तुकुमार पिल्लई के पास कलाक्षेत्र में आईं, फिर पंडानल्लूर 'थाथा' के पास गईं, और फिर मीनाक्षी सुंदरम के पास पहुँचीं। बाद में उन्होंने चोक्कालिंगम पिल्लई से भी नृत्य सीखा। पंडानुल्लूर भरतनाट्यम की पारंपरिक दृष्टि और गुणवत्ता के प्रति उन्में गहरी निष्ठा पैदा हुई, जिनके सुपरिभाषित अदवु को मृणालिनी ने 'तत त्वम असि' की संज्ञा दी। उनका यह भी मानना रहा है कि शास्त्रीय कला को बदलते हुए समय के साथ अपनी प्रासंगिकता बनाए रखनी चाहिए। उनकी धारणा रही है कि "गतियाँ वही हो सकती हैं, पर डिज़ाइन में परिवर्तन अपेक्षित है।" रौद्र, अब भी एक प्रासंगिक भाव है, पर रामायण और महाभारत के रौद्र को अब दुनिया में हो रहे मूल्यों के विघटन के खिलाफ़ खड़ा होना पड़ेगा। परंपरा को सुरक्षित रखना है, लेकिन उसमें नए रंग भी भरने हैं–उसे पुनर्नवा भी करना है। विवाह के बाद मृणालिनी अहमदाबाद में बस गईं, वहाँ उन्होंने 1948/49 में अपनी संस्था 'दर्पण एकेडेमी ऑफ परफार्मिंग आर्ट्स' की स्थापना की। जिस प्रकार रुक्मिणी देवी के समय की कई नृत्यांगनाएँ कथकली की ओर झुकी थीं, मृणालिनी का भी रुझान कथकली की ओर हुआ, और उन्होंने श्रेष्ठ कथकली कलाकार चातुन्नी पणिक्कर को अपनी संस्था में आमंत्रित किया। मृणालिनी ने कथकली का इस्तेमाल भी अपने काम में किया, लेकिन उसके 'आचार्यत्व' से कुछ अलग, कठपुतली थिएटर और हाँ, भरतनाट्यम के सम्मिश्रण के साथ। *मेघदूतम, पल्लकी सेवा प्रबंधम, मालविकाग्निमित्रम उषा परिणयम*, और *शिल्पाद्रिकारम* जैसी प्रस्तुतियों के साथ ही उन्होंने अत्यंत कल्पनाशील और प्रयोगशील प्रस्तुतियाँ भी रचीं, इन्हीं में शामिल हैं, *मनुष्य, मत्स्य कन्या, शकुंतला* और *चंडालिका* जैसी प्रस्तुतियाँ, जिनमें उनकी निजी और रचनात्मक दृष्टि परिलक्षित होती है। मृणालिनी स्वयं कवयित्री थीं, और शास्त्रीय कविता से प्रेरित भी रही हैं। उनकी मान्यता है कि नृत्य को सामाजिक सरोकारों से भी जोड़ा जाना चाहिए, मसलन छुआछूत की प्रथा के खिलाफ, दहेज हत्या और आत्महत्या के खिलाफ भी नृत्य के ज़रिए एक मोर्चा खोला जा सकता है। पर्यावरण के सवाल, व्यक्ति के

अकेलेपन के सवाल, वंचितों के सवाल भी नृत्य के दायरे में आ सकते हैं। उनकी संस्था का लोकनृत्य विभाग, 'जनवाक' इस संदर्भ में अहम भूमिका निभाता है, और उनकी प्रतिभाशाली बेटी मल्लिका भी इसमें उनका हाथ बँटाती रही हैं। मृणालिनी अपने कामकाज के बारे में कहती हैं, "हम शास्त्रीय, समकालीन, पारंपरिक, विवादी और अग्रणी–सब कुछ एक साथ हैं। उन्होंने रामगोपाल के साथ भी काम किया, पर, उनका साथ यह कहते हुए छोड़ा कि "रामगोपाल मंच के प्रति निष्ठावान नहीं हैं–सतही हैं।"

अपनी माँ की तरह मल्लिका सामाजिक सरोकारों के साथ सक्रिय हैं, और अपनी माँ की तरह ही यह मानती हैं कि शास्त्रीय नृत्य को अन्य कला-रूपों के साथ बरत कर सामाजिक न्याय की बात की जा सकती है। और सामाजिक-राजनीतिक सवालों को उठाया जा सकता है।

शांता राव (1925-2007)

देवदासी प्रथा के बाहर से आई हुई नृत्यांगनाओं में भरतनाट्यम के उन्नयन में जिन्होंने प्रमुख भूमिका निभाई, उनमें से एक महत्वपूर्ण नाम शांता राव का है। वह मंगलोर की थीं। जन्म मुंबई में हुआ था और 1950 के आसपास बहुत प्रसिद्ध थीं। उन्होंने भी नृत्य की शिक्षा मीनाक्षी सुंदरम पिल्लई से ग्रहण की थी। वह स्वतंत्रता आंदोलन की राष्ट्रीय भावनाओं से ओतप्रोत थीं और इन्हीं के बीच बड़ी हुई थीं। हरीन्द्रनाथ चट्टोपाध्याय, एम.एन. राय, और जी. वेंकटाचलम उनके मित्रों में थे। शांति निकेतन में शिक्षित होने के बाद वह केरल पहुँचीं, कथकली की दीक्षा पाना चाहती थीं। वल्लतोल ने उनकी प्रतिभा को पहचाना, और नतीजा यह हुआ कि केरल कलांडलम की पहली शिष्या होने का उन्हें श्रेय मिला–इसके पहले यह क्षेत्र केवल पुरुषों के लिए सुरक्षित था। यही नहीं, गुरु रावुन्नी मेनन ने भी अंततः उन्हें शिष्या के रूप में स्वीकार किया, जो इस क्षेत्र को पुरुष-प्रधान रखने के मामले में हठी थे, और महिलाओं को कथकली में दीक्षित करने के अनिच्छुक भी। शांता राव, मोहिनीअट्टम भी सीखे, इसके वह विरोधी थे, पर, कृष्णन पणिक्कर से उन्होंने मोहिनीअट्टम की भी दीक्षा ली, और फिर भरतनाट्यम सीखने के लिए वह मीनाक्षी सुंदरम पिल्लई के पास पहुँचीं। और उनकी एक प्रिय शिष्या बनीं। उनकी नृत्य-विधि की कुशलता तो अपूर्व थी ही, शांता राव नृत्य करते समय मानो किसी परम सत्ता से संवाद करती हुई मालूम देती थीं, और इसका अनुभव उनकी कला में कई दर्शक भी करते थे। मद्रास म्यूजियम थिएटर में उनके अरंगेत्रम पर सुबुलक्ष्मी ने उन्हें अपने आभूषण पहनने के लिए दिए थे। उनके भरतनाट्यम में शारीरिक ऊर्जा पर कुछ वैसा जोर रहता था जैसा कि एक एथलीट में होता है। पर, यह जोर कई दर्शकों को स्वीकार करने में कठिनाई होती थी। जोरदार गतियों, और मंच पर फलाँगते हुए-से उनके पद-संचालन, जिनमें ऊर्जा के साथ, एक लालित्य भी होता था, शांता राव के भरतनाट्यम को एक अलग ही दर्जा देते थे। वह अपने गुरु के सिखाए हुए मार्गम को मजबूती से पकड़े रहती थीं, पर, उनके नृत्य की भाव-प्रवणता तो उनकी अपनी ही देन थी। 1955 में लंदन में उनकी नृत्य प्रस्तुति देखकर आरनाल्ड हास्केल ने अपनी समीक्षा में लिखा था: "उनके (शांता राव) के नृत्य में सिल्क और स्टील की प्रतीति एक साथ होती थी, वह सम्मिश्रण है हथौड़े की चोट और जल-प्रवाह का।" शांता राव के भरतनाट्यम का अपना ही ऐश्वर्य था। उनकी उपस्थिति ही गरिमामयी थी। वह मंच को अपनी अथक गतियों से जिस तरह भर देती थी और उसे उद्यम बना देती थी। वह बहुतों को चकित-मोहित करता था, और इसीलिए उनके प्रशंसकों की कमी न थी। यहूदी मेनुहिन ने म्यूजियम ऑफ आर्ट, राकिफेलर और फोर्ड फाउंडेशन के साथ मिलकर, उन्हें प्रेरित कर, शांता राव की नृत्य-प्रस्तुतियाँ प्रायोजित की थीं। 1957 में जब वह अपनी अमेरिका और इस्राइल की यात्रा में कथकली के साथ पहुँचीं तो बहुतेरे लोग

कलानिधि और उनकी शिष्याएँ (एम. ए. रऊफ)

इस नृत्य-रूप से अत्यंत चमत्कृत हुए–यह उनको पहली बार देखने को मिल रहा था, वह भी अपूर्व ढंग से। मिडल ईस्ट में उन्हें चालीस प्रस्तुतियाँ देने का निमंत्रण मिला। इसाडोरा बेनेट और एन. आर. लाफलिन ने अमेरिका के विभिन्न शहरों में उनके कार्यक्रम आयोजित किए। कहते हैं न्यूयार्क के सेंट्रल पार्क के डेलाकोर्ट थिएटर में रेबेका हार्कनेस फाउंडेशन द्वारा आयोजित एक कला-उत्सव में लगभग 2000 लोगों को टिकट नहीं मिल पाए और उन दर्शकों ने एक पहाड़ी से शांता राव का नृत्य देखा। वेंकटाचलपति शास्त्री के साथ आंध्रप्रदेश के पुजारियों के जिस गोपनीय अनुष्ठान का उन्होंने अध्ययन किया था, उसी से बाद में उनके भामा नृत्यम की सर्जना हुई थी, जिसमें कई नृत्य-रूपों की प्रेरणा भी शामिल थी। पहली बार इसकी प्रस्तुति 1965 में हुई थी। वह मानती थी कि यह नृत्य, जिसकी लय, गतियों और संगीत की रचना में उन्हें कठिन परिश्रम करना पड़ा था–वह परंपरा से बिलगाव का नृत्य नहीं था, बल्कि इसमें स्वयं नृत्य-रूप की विविध शाखाओं और जड़ों को एक श्रद्धांजलि अर्पित की गई थी–उनका समेकित इस्तेमाल करके। चौदह गज़ की साड़ी पहनकर शांता राव देवताओं के लिए नृत्य करती थीं–ऐसा ही तो उनका विश्वास था। वह अपनी निजता और एकांत को सँभालने वाले व्यक्तियों में से थीं। उनको अपनी एक मित्रमंडली थी और कई प्रशंसक, जिनमें भारत के पहले प्रधानमंत्री जवाहर

लाल नेहरू भी शामिल थे। प्रदर्शनकारी कलाओं के क्षेत्र में रहने के बावजूद, शांता नृत्य-जगत की राजनीति से दूर-दूर ही रहती थीं, और उनको सचमुच अपना एकांत ही प्रिय था। उनके नृत्य की अपनी ही एक धुरी थी, अपनी ही दुनिया, इसीलिए उनके अनुभव संसार से कुछ ग्रहण कर सकने वाले शिक्षार्थी भी नहीं निकले, जो उनके कामकाज को आगे ले जाते। उनकी कला, उनका कामकाज, उनका नाम ही नृत्य इतिहास के पृष्ठों में दर्ज रह गए हैं। उनकी प्रस्तुतियाँ दो भागों में विभक्त रहती थीं–पहला भाग, भरतनाट्यम को समर्पित रहता था और दूसरा, मोहिनीअट्टम को। जिन्होंने उनका नृत्य नहीं देखा वे अशोक चटर्जी की किताब *'डांसेज ऑफ दि गोल्डेन हॉल'* में दिए हुए सुनील जानाह के उनके चित्रों के माध्यम से शांता राव के नृत्य की एक झलक पा सकते हैं, और अनुभव कर सकते हैं कि उनकी मुद्राएँ वास्तव में कितनी सम्मोहित करने वाली और अपूर्व हुआ करती थीं। नृत्य को वह इस कदर समर्पित थीं कि नृत्य करते हुए अपने आसपास की गतिविधियों को भी भूल जाती थीं।

कलानिधि नारायणन (1928–2016)

1960 के बाद भरतनाट्यम के 'अभिनय' पक्ष में महत्वपूर्ण योगदान देने वाली नृत्यांगना कलानिधि नारायणन का जन्म एक कट्टर ब्राह्मण परिवार में हुआ था। 1935 से 1943 के बीच उन्हें बालासरस्वती के गुरु कंडप्पा पिल्लई और चिन्नैया नायडू दीक्षित कर रहे थे। नायडू, तेलुगू, संस्कृत और नाट्यशास्त्र के ज्ञाता थे और अभिनय पक्ष के एक श्रेष्ठ गुरु भी। कलानिधि ने प्रायः इस बात पर अफसोस जाहिर किया है कि जिस 'कांजीवरम बानी' में वह दीक्षित हुई थीं, वह अब चलन से बाहर है। बचपन से ही वह कुशल अभिनय कर लेती थीं। पर, 1943 में उनकी एक प्रस्तुति के बाद, बहुत वर्षों तक वह उनकी आखिरी प्रस्तुति बनी रही। उदयशंकर ने उनका नृत्य देखा था और वह उन्हें अपनी फिल्म 'कल्पना' में लेना चाहते थे, पर, उनके परिवार को यह निमंत्रण स्वीकार्य नहीं हुआ, और विवाह के बाद, संभावनाओं से भरी हुई इस नृत्यांगना ने नृत्य करना ही छोड़ दिया पर, 1972 में कलाधर्मी कार्यकर्ता वाई. जी. दोराइस्वामी ने उन्हें ढूँढ़ निकाला और यह आग्रह किया कि नृत्यजगत में एक शिक्षिका के रूप में वह पुनः प्रवेश करें। उनकी पहली शिष्या अलारमेल वल्ली बनीं, जो चोक्कालिंगम पिल्लई की, और अनंतर उनके बेटे की भी शिष्या थीं। यह वह समय था जब 'व्याख्यामूलक' नृत्य की ओर बहुत कम लोगों का ध्यान और आग्रह था। कलानिधि ने इस बुझे हुए दृश्य में *पदम* और *जावली* को पुनः प्रतिष्ठित किया, और नृत्य-जगत को एक नया उजास मिला। आज कोई भी नृत्यांगना जो 'व्याख्यामूलक' नृत्य को बेहतर तरीके से जानना-सीखना चाहती है वह कलानिधि की चेन्नई में स्थित संस्था 'अभिनय सुधा' का रुख करती है। कलानिधि की वरिष्ठ शिष्या ब्रागा बासेल, विदेशों में काफी अरसा रहने के बाद, अब चेन्नई में रहकर कई शिक्षार्थियों को नृत्य की शिक्षा देती हैं, और 'कलाक्षेत्र' में भी सप्ताह में दो बार नृत्य सिखाने के लिए जाती हैं।

इंद्राणी रहमान (1930–1999)

इंद्राणी रहमान ही वह नाम है, जिसने भरतनाट्यम को दुनिया भर में प्रसिद्धि दिलाई। उनकी रूसी माँ रागिणी देवी उन शुरुआती विदेशियों में थीं, जिन्होंने भारतीय नृत्य को अपनाया, प्रदर्शित किया। इंद्राणी की बेटी बताती हैं कि इंद्राणी को उनकी माँ एक लाउंड्री बैग में छिपाकर, पानी के जहाज से अमेरिका ले गई थीं। और उनका बचपन खासा रोमांचक रहा था। अपनी माँ के साथ वल्लतोल की अतिथि के रूप में रहते हुए उनकी आँखें कथकली की दुनिया में छुटपन में ही खुली थीं। भरतनाट्यम में उनकी शिक्षा कोलकाता में शांता राव को नृत्य करते हुए देखने से हुई थी–उन्हें गुरु के रूप में इंडियन इंस्टीट्यूट ऑफ फ़ाइन आर्ट्स में यू. एस. कृष्ण राव मिले और गौरी अम्माल तथा चोक्कालिंगम पिल्लई

से भी उन्होंने नृत्य सीखा। उनका अरंगेत्रम चेन्नई के म्यूजियम थिएटर में 1950 में हुआ था और दर्शक दीर्घा में तारा चौधरी, बालासरस्वती, हरींद्रनाथ चट्टोपाध्याय समेत कला की दुनिया के कई अन्य विशिष्ट जन मौजूद थे, इससे पहले उन्होंने बेंगलुरु के उसी हॉल में अपना नृत्य पहली बार प्रस्तुत किया था, जहाँ उनकी माँ ने भी वर्षों पहले नृत्य किया था। वह पहली भारतीय थीं जिन्होंने मिस इंडिया का खिताब जीता था। पर, इससे मिली प्रसिद्धि को वह बहुत कम करके देखने-रखने के लिए अपने समूचे नृत्य-जीवन में सचेष्ट रहीं। उनका मानना था कि यह प्रसिद्धि उनके नृत्य के वास्तविक मूल्य को आम लोगों की नज़रों में कम कर देती है। इंद्राणी की प्रस्तुतियों का 'भंडार' बहुत बड़ा नहीं था, लेकिन भरतनाट्यम में उन्होंने जो कुछ प्रस्तुत किया उसमें एक शास्त्रीय छाप हमेशा मौजूद रही, और एक सौंदर्यपूर्ण गरिमा भी। भरतनाट्यम प्रस्तुत करने के बाद कुचिपुड़ी और ओडिसी नृत्य भी प्रस्तुत करती थी। विदेशियों द्वारा भारतीय नृत्य सीखने और प्रस्तुत करने को वह हमेशा प्रोत्साहित करती रही। उनकी दृष्टि में कलाएँ केवल भौगोलिक सीमाओं में बँधी नहीं रहतीं। उनके कार्यक्रमों में संगत करने वाले मृदंगवादक उन्हें 'काली' कहकर बुलाते थे क्योंकि इंद्राणी की "आवाज दमदार थी और मिज़ाज उग्र।"[16] स्मदर्स ब्रदर्स शो (अमेरिका) में जब इंद्राणी ने *मंडूका शब्दम* प्रस्तुत किया था तो उसकी उद्घोषणा युवा रविशंकर ने की थी। उस प्रस्तुति की फ़िल्म देखते हुए, कोई भी उस ऐतिहासिक क्षण के रोमांच को अनुभव कर सकता है। हाँ, यही तो वह ऐतिहासिक क्षण था जब पश्चिम की आँखें भारतीय नृत्य का अपूर्व आस्वाद ले रही थीं, और मानो उसकी ओर सचमुच 'खुल' रही थीं। देश के बाहर भारतीय नृत्य को विशेष रूप से ओडिसी को, सराहना और सम्मान दिलाने में, इंद्राणी का योगदान किसी से कम नहीं है। इंद्राणी नई प्रतिभाओं को सहज ही परख-पहचान लेती थीं, और उन्होंने अपने कार्यक्रमों में कई संभावनाशील कलाकारों को प्रस्तुत किया था। इनमें कथक-प्रतिभा दुर्गालाल, कुचिपुड़ी नृत्य करने वाली दंपत्ति राजा-राधा रेड्डी, और मलेशिया में 'सूत्र' मंडली चलाने वाले ओडिसी/भरतनाट्यम नृत्यकार रामली इब्राहिम को तो अनंतर अपूर्व ख्याति मिली। "कलाएँ भौगोलिक सीमा में बँधी नहीं होती," यही तो मानना था इंद्राणी का, पर उनके इस कथन की पृष्ठभूमि में अगर उनके बेटी के विचारों पर गौर करें तो कुछ अचरज-सा होता है। उनकी बेटी सुकन्या ने अपनी माँ का एक तटस्य मूल्यांकन करते हुए लिखा है: "एक प्रतिभाशाली दक्षिण भारतीय की भरतनाट्यम प्रस्तुति बहुत अलग और प्रभावशाली होती है। अंततः यह उन्हीं की 'भाषा' है। मैंने अपनी माँ की प्रस्तुतियों में, वैसे प्रभाव के दर्शन नहीं किए।" बाद के वर्षों में इंद्राणी न्यूयॉर्क में बस गईं और वहीं रहकर भरतनाट्यम सिखाती रहीं।

आरंभिक गुरु और उनका योगदान

गुरु मुत्तुकुमार पिल्लई (1874–1960)

भरतनाट्यम को पुनर्नवा करने में उन गुरुओं का भी योगदान रहा है, जो देवदासी प्रथा के वक़्त मौजूद थे। ऐसे गुरुओं के निर्देशन, और नृत्य को पुनराविष्कृत किए, जाने के तथ्य को प्रायः नज़रअंदाज किया जाता रहा है। और भरतनाट्यम के पुनर्नवा-रूप को सँवारने का श्रेय हो, या ऐसा करने के लिए उनकी आलोचना हो, उन्हीं गुरुओं को ध्यान में रखकर की जाती रही है जो अपेक्षाकृत नए थे, और परंपरा से बाहर के थे, और जो कुछ उन्होंने गुरुओं से सीखा था उसी को बाँट सकते थे—कुछ नया रचने-बनाने को। मीनाक्षी सुंदरम पिल्लई को छोड़कर, जो नाट्यशास्त्र के ज्ञाता थे और संस्कृत जानते थे, कई अन्य गुरु, जैसे कि कट्टूमन्नार कोइल के मुत्तुकुमार पिल्लई, भरतनाट्यम में भक्ति-रस को ही प्रधानता देना चाहते थे।[18] वह कई तरह के गुणों वाले, विनम्र व्यक्ति थे, अरुणाचलम नट्टुवान्नर से उन्होंने शिक्षा पाई थी। नट्टुवान्नर इतिहास के अत्याधिक

विद्वान बी. एम. सुंदरम के अनुसार, मुत्तुकुमार पिल्लई नट्टुवांगम के बारे में और जानकारी और ज्ञान प्राप्त करने के लिए मीनाक्षी सुंदरम पिल्लई के पास गए थे। नृत्य को प्रचारित-प्रसारित करने में उनकी गहरी रुचि थी और उन्होंने आरंभ में इस क्षेत्र में प्रवेश करने वाली दो नई प्रतिभाशाली शिष्याओं–सेल्वामणि और एम. के. सरोजा (दोनों बहनों) को नृत्य सिखाया था। बहुत पहले, 1937 में सेल्वामणि के अरंगेत्रम ने, ई. कृष्ण आय्यर और संभामूर्ति का ध्यान आकर्षित किया था। एम. के. सरोजा का नृत्य देखकर स्वयं रुक्मिणी देवी प्रभावित हुई थीं और उन्होंने गुरु को कलाक्षेत्र में नृत्य सिखाने के लिए आमंत्रित किया था, जहाँ 1938 से 1939 तक मुत्तुकुमार पिल्लई ने नृत्य सिखाया भी। 1940 से 1942 तक रामगोपाल ने मुत्तुकुमार पिल्लई को बेंगलुरु में, अपनी नृत्य शिक्षा के लिए सम्मानपूर्वक प्रतिष्ठित किए रखा–गुरु के रूप में। गुरु मुत्तुकुमार पिल्लई कमला लक्ष्मण के भी गुरु उनके अरंगेत्रम तक रहे थे, जो 1940 के दशक के प्रारंभिक वर्षों में हुआ था। इसके बाद कमला लक्ष्मण गुरु वझूवूर रामैय्या पिल्लई से नृत्य सीखती रही। 1948 में मृणालिनी साराभाई गुरु मुत्तुकुमार पिल्लई को 'दर्पण एकेडेमी' में नृत्य सिखाने के लिए अहमदाबाद ले गईं। मुत्तुकुमार पिल्लई भरतनाट्यम में निर्बाध और शुद्ध पद-संचालन के ही हिमायती थे, जिसमें किसी झटके या ऐंठन की ज़रूरत न हो–और जिसमें कि गरिमापूर्ण गति की निरंतरता लगातार महसूस होती रहे। वह स्वयं नृत्य करते थे, और हर अदा को करके बताते थे। उनकी शैली सहज पर दृढ़ निश्चयी थी, उसमें कोई तामझाम नहीं था और वह दूर तक भक्ति-केंद्रित ही थी। उनकी शिष्या एम. के. सरोजा कहती हैं, जो बाद में नृत्य इतिहासकार और प्रबंधक मोहन खोकर की पत्नी बनी: "आज पैसे, चकाचौंध और सत्ता की ओर जैसा झुकाव है, उसमें न तो वैसे विनम्र, आत्मदानी गुरु बचे हैं, न वैसे शिष्य ही जैसे कि हम लोग थे, और गुरु की शिक्षा के प्रति अपने को समर्पित मानते थे।"[19]

गुरु वझूवूर रामैय्या पिल्लई (1910–1992) और उनकी सुयोग्य शिष्या कमला

जब वझूवूर रामैय्या पिल्लई को ख्याति मिली, तब तक रुक्मिणी देवी और बाला अत्यंत प्रतिष्ठित और जनप्रिय हो चुकी थीं। और सत्ता प्रतिष्ठानों के दोनों धड़ों की वे अत्यंत आदरणीय भी बन चुकी थीं। रामैय्या पिल्लई की शिष्या कमला ने अपने गरिमापूर्ण और मूर्तिशिल्पीय नृत्य तथा भंगिमाओं से बहुतों को मंत्रमुग्ध कर दिया था, फलस्वरूप रामैय्या पिल्लई की माँग भी बहुत बढ़ गई थी। मुत्तुकुमार पिल्लई से दीक्षित होकर जब 1941 में उनका अरंगेत्रम हुआ तब वे बहुत युवा थीं। कमला, देवदासी परंपरा से बाहर की पहली नृत्यागना थीं जो नृत्य के क्षेत्र में 'स्टार' बनी थीं। अपनी प्रतिभा और युवा ऊर्जा से जो हलचल उन्होंने पैदा की थी, उसके कारण नृत्य के प्रति बहुतों का दृष्टिकोण बदल गया। भरतनाट्यम की ओर बहुत से लोग खिंचने लगे और प्रशंसकों की भी कमी न रही। प्रोसेनियम स्टेज के अनुसार, नृत्य के सौंदर्य पक्ष की ओर ध्यान देने वाले वझूवूर का योगदान नृत्य के लालित्य-प्रवाह और गरिमा की तरफ़ था– जैसे कि एक नृत्यांगना के चेहरे पर हमेशा एक *मंदहसम*[20] मुस्कान होनी चाहिए। इसके लिए उनके मन में एक सोच-विचार चला करता था, और उसी सोच-विचार के अनुसार उन्होंने नृत्य-भाव की शिक्षा भी दी।

वझूवूर के एक अन्य शिष्य के.जे सरसा, स्वयं चेन्नई के एक अग्रणी गुरु बने और उन्होंने शिष्यों की एक पूरी पॉट को नृत्य सिखाया, जिनमें से ए. लक्ष्मण और उर्मिला सत्यनारायण ने विशेष ख्याति अर्जित की और अब कई शिष्यों को नृत्य की शिक्षा भी दे रहे हैं।

वे गुरु जिन्होंने परंपरा को पुनर्नवा किया, और उसे रूपांतरित किया

गुरु मुत्तुस्वामी पिल्लई (1921–1992)

जिन गुरुओं ने भरतनाट्यम नृत्य का पुनराविष्कार किया, उसे सँवारा, उसके अनुसंधानी प्रयोगकर्ता बने, उन्हीं में

किट्टप्पा पिल्लई (श्रुति)

से एक थे गुरु मुत्तुस्वामी पिल्लई। वे तंजावुर के वैदीस्वरन कोविल के थे और एक नट्टुवान्नर परिवार से थे। वझूवूर मनिक्का नट्टुवान्नर से उन्होंने नृत्य की शिक्षा प्राप्त की थी, और 'गुरुकुल वासम' में मुत्तुकुमार पिल्लई के शिष्य रहे थे। 1944 में वह चेन्नई चले आए और वहाँ रहकर कुछ चुने हुए शिष्यों को दीक्षित करने लगे। मुत्तुस्वामी कई स्रोतों से अपनी प्रेरणा ग्रहण करते थे। उन्होंने गतियों को ज्यामितिक आकारों में बाँधने की, और शरीर को अनुसारित करने वाली मुद्राओं से अपने प्रयोगों की शुरुआत की। सीधी रेखाओं को कोणों में ढालकर देखा और मंचस्पेस को उसके बहुआलोकित रूप में। उनकी नृत्य-भाषा में रेखाओं की खोज हस्त-संचालन से की जाती थी, और सहसा ही उन्हें अधबीच में बदल दिया जाता था। जहाँ पारंपरिक पद्धति से दोनों हाथों से एक समान, दोनों ओर, रेखाओं को सिरजा जाता है, ढूँढ़ा जाता है, वह प्रायः एक ही हाथ का इस्तेमाल करते थे। "तत्तई ताहा धित्तई ताहा" अडावु (कुट्टादावु) को कोणीय बदलावों के माध्यम से, वह एक हाथ वाले प्रयोग के साथ, त्रिआयामी प्रभाव रच देते थे। उनकी विशेषज्ञता तीरमानम में थी, और उनका जोर रूढ़ि-मुक्त आक्षरिकता पर रहता था, जिससे एक दूसरे को चीरती/काटतीं लय-गतियाँ उभरती थीं, और एक नई ऊर्जा या संचार होता था। लय की आक्षरिकता पर एक नया बल देते हुए, और विभिन्न हस्तकों का इस्तेमाल करते हुए तीरमानम अदावु उनके यहाँ सामान्य प्रकारों को प्रकट करते थे। वह लय के गणित के साथ कई प्रकार के प्रयोग करते रहते थे, और प्रायः अदावु के अनुकूल संगीत रचना पर जोर देते थे, जो उस चली आ रही पद्धति से भिन्न हुआ करता था जिसमें कि संगीत, गतियों को नियंत्रित/संचालित किया करता था। प्रतिभा प्रह्लाद को छोड़कर उनसे सीखने वाले ज्यादातर विदेशी ही रहे हैं, जिनमें इसाबेले पेतित, और फ्राँस के डोमिनिक डेलार्मे को उनकी उपलब्धियों और गुणों के कारण अलग से गिना जा सकता है।

किट्टप्पा पिल्लई (1913–1999)

मीनाक्षी सुंदरम पिल्लई के पौत्र किट्टप्पा पिल्लई स्वयं एक उत्कृष्ट गुरु बने, ऐसे गुरु जिनकी समझदारी और अचूक क्षमताएँ बहुतों के बहुत काम आईं–उनकी शिष्याओं/शिष्यों में वैजयंतीमाला बाली, सुधारानी रघुपति, सुचेता चापेकर, नर्तकी नटराज और श्रीविद्या नटराजन जैसे नाम शामिल हैं। उन्होंने मीनाक्षी सुंदरम पिल्लई से नट्टुवांगम सीखा था। संगीत कलानिधि के पुन्नैय्या पिल्लई भी एक प्रेरक रहे थे। किट्टप्पा पिल्लई ने अपना शिक्षण कार्य बेंगलुरु में किया था। वह एक विलक्षण संगीत-रचनाकार और नृत्य संरचनाकार थे, किट्टप्पा पिल्लई ने सर्वप्रथम चेन्नई में 1947 में साराबेंद्रा भूपाला कुरवंजी प्रस्तुत किया था। और इसके लिए स्वयं गायन किया था। उन्होंने बालासरस्वती को तमिल ईसाई संगम में नृत्य-नाट्य प्रस्तुत करने में अपना योगदान किया था। उनकी लिखी हुई रचना बाद में हटा दी गई थी, जिसके कारण ज्ञात नहीं हैं। गुरु चोक्कालिंगम पिल्लई द्वारा प्रस्तुत किए

दंडायुधपाणि पिल्लई (श्रुति)

चोक्कालिंगम पिल्लई (श्रुति)

गए नृत्य-नाट्य भारती कन्नन के लिए धुनें बनाई थीं और संगीत रचना की थी। उन्होंने मराठा शासक शाहा जी जैसे शासकों के कार्य पर आधारित संगीत-रचनाओं की नृत्य-संरचना में सुचेता चापेकर का सहयोग किया था। हिंदुस्तानी संगीत में ढली हुई इस प्रस्तुति ने मराठी दर्शकों तक अपनी बात पहुँचाने में सुचेता चापेकर की मदद भी की क्योंकि वह मराठी अंचलों में रहते हुए ही तो अपना काम कर रही थीं। इससे यह साफ है कि गुरु किट्टप्पा पिल्लई अपने विचारों और दृष्टिकोण में कितना उदार और खुले हुए थे कि हिंदुस्तानी संगीत-रचना भी उन्होंने सहजता से कबूल की, और उस प्रयोजन को खुले मन से ही समझा, जिसके लिए हिंदुस्तानी संगीत की दरकार थी। परम्परा के भीतर रह कर काम करते हुए, गुरु किट्टप्पा पिल्लई ने उन विधियों की भी खोज की जिनसे एकल नृत्य प्रस्तुत करते हुए नृत्यकार प्रोसीनियम स्पेस का पूरा लाभ भी उठा सके, और उसे अपनी गतियों और मुद्राओं से भर कर, मंच को ऊर्जावान बना रखे। टोरंटो में बस गए उनके शिक्षार्थी श्रीविद्या नटराजन और हरिकृष्ण बताते हैं कि किस प्रकार वे धड़ को फैले हुए हाथों की ओर झुकाने/ले जाने के लिए कहते थे। इससे एकल नृत्य करने वाले नृत्यकार की देह बड़े मंच पर 'विस्तृत' होती मालूम पड़ती थी। पहले, मंदिर-मंच पर नृत्य करने वाली देवदासी को एक बड़े मंच को नहीं भरना होता था पर नई परिस्थितियों में तो बड़े मंच के नई तरह से उपयोग की ज़रूरत आन पड़ी थी, और इसीलिए गुरु किट्टप्पा पिल्लई ने अपनी शिक्षण पद्धति को एक अलग तरह से विकसित किया था। पहले के गुरु अदावु के बारे में जिस तरह बताते-सिखाते थे, उससे किट्टप्पा पिल्लई द्वारा इस दिशा में किए गए प्रयत्नों की तुलना करें तो यह बात साफ़ हो जाएगी कि उन्होंने विभिन्न चरणों वाली गतियों या गति-इकाइयों को, जिस तरह एक नई दिशा में ढाला था, वह बात कितनी महत्वपूर्ण

है। देह को 'विस्तारित' करने, फैलाने की जो पद्धतियाँ उन्होंने अपनाईं, वह यही बताती हैं कि सादिर को नई तरह से सँवारने में, नई ज़रूरतों के अनुसार ढालने में, गुरुओं की भूमिका कितनी महत्वपूर्ण रही है। गुरु किट्टप्पा पिल्लई ने देह को, नृत्य में केवल स्त्री की देह की तरह न बरतकर उसे एक नर-नारीपन से तटस्थ या निरपेक्ष देह की तरह बरतने का ही आग्रह अपने शिक्षार्थियों से किया था, जिससे कि देह को अपनी एक अलग गरिमा-ऊर्जा मिल सके, और उसका संचार कई रूपों में हो सके। उनके तीरमानम विशेष थे–अपनी आक्षरिक लय में संश्लिष्ट, पर गतियों की गणित में सहज। स्मृति-कारकों को काटते हुए पद संचालन एक नई ऊर्जा और उत्साह उत्पन्न करते थे। सोलुस (sollus) को पदभार की लय से 'काटते' हुए, एक नई ऊर्जा पैदा होती थी। नट्टुवांगम की संगति, पद-संचालन के साथ बैठाने में, काफी अनुभव और कुशलता की ज़रूरत होती है। ताल की, अंतराल वाली खंडित इकाइयों के मामले में। किट्टप्पा की नृत्य-संरचना गीत के शब्द-संदर्भ को भी संज्ञान में लेती थी।[21] इस खुलेपन के बावजूद, किट्टप्पा एक ऐसे गुरु भी थे जो मंदिर की पूजा-अर्चना वाले अनुष्ठानों को, जैसे कि ब्रह्मा को समर्पित *नवसंधि स्तोत्रम* को, पवित्र मानते थे। और कुछ चुने हुए शिक्षार्थियों को ही इसकी शिक्षा देते थे। वह सफ़ाई और शुद्धता के कायल थे, और तेजगति वाली, अस्त-व्यस्त सी, नृत्य-प्रस्तुति को पसंद नहीं करते थे। यहाँ तक कि अलारिप्पु की संकीर्ण नदाई (समय की 9 इकाइयों में प्रस्तावित छंदबद्ध चक्र) को वह ध्यानाकर्षण का एक व्यर्थ सरंजाम मानते थे, और उसकी शिक्षा नहीं देते थे। उनके अनुसार नृत्य की मध्यम गति–न तो तेज, न तो धीमी–ही, नृत्य की गरिमा और शोभा को सुरक्षित रखती है।

दंडायुधपाणि पिल्लई (1921-1974)

कलाक्षेत्र में कुछ वर्षों तक कार्य करने वाले दंडायुधपाणि पिल्लई, एक ऐसे गुरु थे, जिन्होंने पहली बार यह महसूस किया था कि पारंपरिक वरनम शृंगार सिक्त थे और वे उन कैशोर्य वय वाले शिक्षार्थियों के अनुपयुक्त थे, जो वयस्क काम भावनाओं वाली चीजों को ठीक-ठीक ग्रहण नहीं कर सकते थे। उन्होंने अपनी सांगीतिक क्षमताओं के अनुरूप अभोगी राग में *अन्नाई मरावेनादी* शीर्षक से छोटी आयु वालों के लिए एक वरनम की रचना की। उन्होंने अपनी तमिल संरचनाओं से एक विस्तृत भंडार की सर्जना की। उन्होंने कपि, हिंडोल, शंकराभरणम और हंसध्वनि में तिल्लाना की संरचनाएँ भी कीं।

महालिंगम पिल्लई (1917-2002)

महालिंगम पिल्लई सुप्रसिद्ध टी.पी. कुप्पैय्या पिल्लई (1887-1981) के पुत्र थे। इन्होंने मंदिर अनुष्ठानों के एक कवुत्वम को मंच-प्रस्तुति का हिस्सा बनाया था। वह मुंबई (तब बंबई) के राजराजेश्वरी भारतनाट्य कला मंदिर के कर्णधार थे। दरअसल नट्टुवान्नरों का यह परिवार ही भरतनाट्यम को मुंबई ले गया था। महालिंगम पिल्लई भरतनाट्यम की देह के लिए कहा करते थे कि वह "कमर के नीचे दृढ़, और उसके ऊपर गरिमामय लालित्य वाली होनी चाहिए। उन्होंने और उनके भाई कल्याण सुंदरम ने, जो अब भी अपने बेटे के साथ नृत्य सिखाते हैं, न जाने कितने शिक्षार्थियों को इस संस्थान में नृत्य की शिक्षा दी है।

चोक्कालिंगम पिल्लई

चोक्कालिंगम पिल्लई सीधे मीनाक्षी सुंदरम पिल्लई के वंश से जुड़े हुए हैं, और उनके यहाँ पंडानल्लूर शैली की छाप प्रामाणिक रूप से मौजूद है। आज की अग्रणी भरतनाट्यम नृत्यांगना अल्लारमेल वल्ली उन्हीं की शिष्या हैं, और वे चोक्कालिंगम पिल्लई के जीवन के एक मानसिक-बौद्धिक पक्ष की ओर इशारा करते हुए कहती हैं कि कलाक्षेत्र छोड़ने के बाद गुरु पंडानल्लूर नृत्य-भाषा की गरिमा को अधिक लयात्मक और गतिशील बनाने की बात सोच रहे थे–उसकी शुद्ध ज्यामिति में दखल दिए

बगैर। वल्ली का कहना है कि जब वे उस मोड़ पर उनकी शिष्या बनीं तो गुरु चोक्कालिंगम पिल्लई ने अपने सोचे-विचारे हुए का प्रयोग मानो उन्हें नृत्य सिखाते वक़्त शुरू किया, और इसी से उनके नृत्य में एक रैखिक अनुशासन के साथ लालित्यपूर्ण गतिशील गरिमा है। चोक्कालिंगम पिल्लई के बेटे सुब्बाराया पिल्लई की एक उक्ति को याद करते हुए उनके शिष्य मीनाक्षी चितरंजन कहते हैं कि वे भरतनाट्यम की नृत्यशैली को 'अ' अक्षर से शुरू होने वाले तमिल के तीन शब्दों से रेखांकित करते थे: "अराइमंदी (ademi-plie), अझुत्तम (दृढ़ता) और अझागु (सौंदर्य)"

इस नृत्य को उन गुरुओं का योगदान निश्चित ही अप्रतिम है जो उसकी आधारभूत चीजों को सिखाने के साथ ही, अपने सोच-विचार और निजी दृष्टिकोण से उसे विभिन्न दिशाओं की ओर ले गए। उसके साथ नए प्रयोग किए और इस तरह उसके विकास में सहायक बने।

यामिनी कृष्णमूर्ति (नृत्यांगना के सौजन्य से)

यामिनी कृष्णमूर्तिः मुग्धकारी नृत्यांगना

साठ के दशक में भरतनाट्यम के क्षितिज पर यामिनी कृष्णमूर्ति के रूप में एक ऐसी युवा नृत्यांगना का आविर्भाव हुआ, जिसके नृत्य में गति थी, नई ऊर्जा थी और ऐसी ऐंद्रिकता भी, जो मन को सहज ही सम्मोहित कर लेती थी। जब उनका आगमन हुआ तब दिल्ली के दर्शकों में भरतनाट्यम के प्रति कोई विशेष उत्साह न था, पर उनके नृत्य ने बहुतों को सम्मोहित करना शुरू किया, और दिल्ली में नृत्य-प्रस्तुतियों को देखना एक अभिजातीय फैशन ही तो बन गया! बहुतेरे लोगों के अनुसार वही तो साठ के दशक की प्रमुख नृत्यांगना थीं, जिन्होंने महानगरीय जीवन में अपनी उपस्थिति दर्ज की और जिनके नृत्य ने बहुतों को सम्मोहित ही नहीं किया, बल्कि अपनी प्रतिभा से प्रभावित और चमत्कृत भी किया। उनकी आरंभिक नृत्य शिक्षा कलाक्षेत्र में हुई, फिर उन्होंने गुरु एलप्पा पिल्लई, गौरी अम्माल सरीखे कई गुरुओं से नृत्य सीखा और उनके नृत्य ने देवदासी प्रथा के बाद अपनी शृंगारिक, ऐंद्रीय, नृत्य उपस्थिति से भरतनाट्यम के कई अछूते और संभावनाशील दरवाजे खोल दिए। उनके नृत्य में, उनकी उपस्थिति में मानो एक आभापूर्ण सौंदर्य था, जो उनकी कला से तो फूटता ही था, मंच-संचालन की विधियों का योगदान भी उसमें रहता था। मंच पर स्वयं उनके पिता संस्कृत के विद्वान एम. कृष्णमूर्ति विराजमान रहते थे, चीजों को व्यवस्थित रखते थे और उनके नृत्य-जीवन को सावधानीपूर्वक निर्देशित करते थे। प्रस्तुतियों की तारतम्यता बनी रहती थी। उनमें कोई ढील नहीं दिखती थी। उनके पिता ने ही गुरु वेदांतम राघवैय्या का कुचिपुड़ी नृत्य देख कर यह सोचा था कि भले ही उसमें ग्राम्य-तत्व हों, पर, इस कुचिपुड़ी नृत्य-रूप से उनकी पुत्री की मंच-उपस्थिति

को एक नई दिशा, एक नई ऊर्जा, और भरा-पूरापन हासिल हो सकता है–और प्रमुख रूप से भरतनाट्यम की नृत्यांगना बनी रहने के बावजूद वह इससे बहुत कुछ सीख सकती है। इस सारे आकर्षण और सम्मोहन में यामिनी की बहन ज्योतिष्मती का भी अपना एक योगदान था, जो नृत्य-प्रस्तुति के समय सुमधुर गायन करती थी। इस तरह मानो कुल परिवार ही चमत्कृत करने वाला था। हुआ यह था कि जो लोग भरतनाट्यम नृत्य-रूप से विधिवत परिचित नहीं थे, वे लोग भी यामिनी के ऊर्जावान नृत्य से जिसमें मुद्राएँ मूर्तिशिल्पी मुद्राओं की तरह लगती थीं, और जिसमें लालित्य और गतिशीलता थी–खिंचे चले आते थे। उन पर सचमुच नृत्य का एक जादुई-सा प्रभाव पड़ता था। अपने नृत्य से अगर बाला, दर्शकों के बीच एक अचरज भरा सन्नाटा-सा बुन देती थीं तो यामिनी का नृत्य दर्शकों को ताली बजाने पर और 'वाह-वाह' जैसी ध्वनियाँ उत्पन्न करने के लिए मजबूर कर देता था। जैसे कि उनसे पहले शांता राव एक से अधिक नृत्य शैलियों में अपना नृत्य प्रस्तुत करती थीं, यामिनी की प्रस्तुतियाँ भी एकाधिक नृत्य-रूपों वाली होती थीं, वह मुख्य रूप से भरतनाट्यम से शुरू करती थीं, फिर दूसरे चरण में *कृष्ण शब्दम* और *भामा कलापम* तथा *तरंगम* की प्रस्तुति वह करती ही करती थीं, और कभी-कभी तो ओडिसी की भी दो-एक रचनाएँ उनके नृत्य में शामिल हो जाती थीं। ओडिसी नृत्य उन्होंने गुरु पंकज चरण दास से सीखा था। यह उन्हीं की प्रखर प्रतिभा का नतीजा था कि कुचिपुड़ी को अखिल भारतीय स्तर पर स्वीकृति मिली, उसका प्रचलन बढ़ा। भरतनाट्यम की सुंदरता के बाद कुचिपुड़ी की गतिशीलता और गरिमा, और उसके बाद, ओडिसी की मंथर लयात्मकता को प्रस्तुत करके वह एक ही मंच पर जो विभिन्न नृत्य प्रस्तुत करती थीं, वह कुल मिलाकर अपूर्व प्रभाव छोड़ती थी। *वीरीबोनी भैरवी* वरनम, जो शास्त्रीय गायकों द्वारा प्रस्तुत किया जाता था, उसे यामिनी भरतनाट्यम की परिधि में ले आईं। उनको हुसैनी स्वरजति प्रस्तुत करते हुए देखकर बाला भी उनकी प्रशंसा करने से अपने आप को रोक न सकी, जो जल्दी से किसी की भरपूर प्रशंसा करती नहीं थी। सप्रू हाउस में उनके द्वारा प्रस्तुत पंतुवराली वरनम चेलामु चेसी को देखकर ही दर्शकों की आँखों में आँसू आ गए थे। नायिका की भावनापूर्ण वह मनुहार भी लोगों को कहाँ भूली है जब खमाज वरनम *वा वा वा एन पेच्चाई केतकावा* प्रस्तुत करते हुए यामिनी के नृत्य में प्रकट होकर दर्शकों को मंत्रमुग्ध कर देती थी। कई युवा नृत्यांगनाएँ जो यामिनी जैसा नृत्य करना चाहती थीं, उनका अनुसरण करती थीं, असफल सिद्ध हुईं क्योंकि वे नृत्यांगनाएँ भूल जाती थीं कि यामिनी का नृत्य, केवल नृत्य नहीं था, वह तो नृत्यांगना के भीतर से प्रकट होने वाली आत्मिक आभा थी। वह तो एक ऐसी नायिका थीं जो कभी थकती या मुरझाती नहीं थी, भले ही नायिका की भाव- स्थिति कुछ भी हो, कैसा भी प्रसंग अभिनीत करना हो, उनमें वह स्त्री-रूप था, जो हर हालत में एक ऊर्जावान छवि के रूप में अपने को प्रकट करता था, सदाबहार, नृत्यरत।

चेन्नई की तीन बड़ी नृत्यांगनाएँ

पद्मा सुब्रह्मण्यमः भरतनाट्यम विदुषी और प्रयोगकर्ता

1960 से 1990 के दशक तक भरतनाट्यम में कई प्रतिभाशाली, ऊर्जावान, और नई दिशाओं की खोज करने वाली, नृत्यांगनाएँ उदित हुईं। पद्मा सुब्रह्मण्यम नाट्यशास्त्र की गंभीर अध्एता होने के साथ ही, अपने ही ढंग की नृत्यांगना बनीं। उन्होंने अपने नृत्य में, अपने शोधकार्य का रचनात्मक उपयोग किया। पद्मा के भरतनाट्यम में वे नृत्यगतियाँ भी शामिल हुईं, जो साठ के दशक के भरतनाट्यम में नहीं दिखती थीं। नाट्यशास्त्र के प्रेरक तत्व सभी शास्त्रीय रूपों में मिल जाते हैं। लेकिन पद्मा के नृत्य में नाट्यशास्त्र में उल्लिखित सभी कारणों और सैद्धांतिक विधियों के दर्शन सहज ही होते हैं। संगीत में भी निष्णात, पद्मा के नृत्य में नृत्य-रचना की शब्द-सामग्री (पाठ) की

चेन्नई की तीन साम्राज्ञियाँ: चित्रा विश्वेश्वरन, पद्मा सुब्रह्मण्यम और सुधारानी रघुपथी (संगीत नाटक अकादमी)

एक निजी व्याख्या भी शामिल रहती है। नाट्यशास्त्र में उनके शोध का आकर्षण उन शिक्षार्थियों में भी दिखाई पड़ता है, जो भरतनाट्यम के शिक्षार्थी न होकर किसी अन्य विधा के शिक्षार्थी होते हैं, पर वे भी पद्मा की कक्षाओं में उन्हें सुनने के लिए खिंचे चले आते हैं। और उनके ज्ञान और वक्तृता का लाभ उठाते हैं। पद्मा की कला अभिजात रसिकों से लेकर आमजन को भी भाती है। लेकिन यह भी लगता है कि केवल एक व्यक्ति की विद्वता और रचनात्मकता के बल पर काफ़ी हद तक टिकी हुई यह कला अपनी समग्रता में आगे भी कैसे बनी रहेगी—बावजूद इसके कि स्वयं उनकी संस्था 'नृत्योदय' के शिक्षार्थी दुनिया भर में फैले हुए हैं। यह कल्पना करना कठिन है कि जैसा एकल नृत्य वह *कृष्णाया तुभ्यं नमः* में कर पाती हैं, ठीक उसी तरह का नृत्य कोई दूसरी नृत्यांगना कर पाएगी क्या!

चित्रा विश्वेश्वरन: उत्तरी/दक्षिणी धरोहर

भरतनाट्यम के सभी मुख्य शहरों में प्रदर्शित होने के साथ, वे नृत्यांगनाएँ भी इस नृत्य रूप में शामिल हुईं, जो दक्षिण की ही न होकर अन्य प्रदेशों से थीं। कमला के बाद, वझूवूर की जिस शिष्या ने सभी का ध्यान अपनी ओर आकर्षित किया, वे चित्रा विश्वेश्वरन थीं। वे चेन्नई के बाहर बड़ी हुई थीं और कलकत्ता के रवींद्र भारती में उनकी शिक्षा हुई थी। उन्होंने निजी तौर पर भरतनाट्यम टी.ए. राजलक्ष्मी से भी सीखा था, जो एक देवदासी थी और जिन्हें गुरु कुप्पैय्या पिल्लई ने तराशा था। अनंतर

उन्होंने गुरु वझूवूर रामैय्या पिल्लई से भी शिक्षा प्राप्त की और उनके नृत्य में वक्ष के कोमल संचार में अगर एक देवदासी जैसी निपुणता थी तो हलके पद-संचालन में वझूवूर शैली की लयात्मकता भी। चित्रा विश्वेश्वरन का नृत्य अपने भाव-प्रदर्शन के मामले में तो जाना पहचाना गया ही, वे उत्तर/दक्षिण का एक सम्मिश्रण लेकर भी प्रकट हुईं क्योंकि वे चेन्नई के बाहर भारत के कई अंचलों को देख सकी थीं। संतूर वादक और कर्नाटक-गायक विश्वेश्वरन से उनके विवाह ने उत्तर/दक्षिण प्रभावों को और अधिक पुख़्ता किया। दो नायिकाओं–मीरा और अंडाल के इर्द-गिर्द बुनी गई उनकी प्रस्तुति में, जिसमें पार्श्वसंगीत के रूप में हिंदुस्तानी और कर्नाटक दोनों संगीत शैलियों का प्रयोग किया गया था, दैहिक भाषा भी अलग-अलग ढंग से प्रयुक्त की गई थी, जिससे कि यह प्रकट हो सके कि ये दोनों स्त्रियाँ, अलग-अलग प्रदेशों की थी और उनकी सामाजिक पृष्ठभूमि भी अलग किस्म की थी–मीरा का जन्म राजस्थान के एक राजसी परिवार में हुआ था और अंडाल का दक्षिण के एक अत्यंत कट्टरपंथी ब्राह्मण परिवार में। परिस्थितियोंवश चित्रा को शुरू से ही अपनी प्रस्तुतियों की संरचना स्वयं करनी पड़ती थी क्योंकि गुरु वझूवुर रामैय्या पिल्लई ने, जो वयोवृद्ध हो चुके थे, चित्रा को यह हिदायत दी थी कि उनके द्वारा (गुरु के द्वारा) तैयार की हुई संरचना को वे तभी प्रस्तुत करें, जब गुरु भी वहाँ उपस्थित हों और स्वयं प्रस्तुति का संचालन भी कर रहे हों। पर, उनकी आयु को देखते हुए यह संभव ही नहीं रह गया था। इसलिए अपने नृत्य प्रस्तुतियों की तैयारियाँ करने के लिए चित्रा मजबूर हो गई थीं। चित्रा की एक समूह प्रस्तुति, गंगा में एक नई सूझबूझ देखने को मिली। वरनम में उन्होंने कथा-परंपरा और पौराणिक प्रसंगों को व्याख्या मूलक ढंग से पिरोया– और नृत्यांगना को मंच के एक सिरे से दूसरे सिरे में ले गईं, एक पात्र से दूसरे पात्र में भी, संवादों के माध्यम से। इस पर मिली-जुली प्रतिक्रियाएँ हुईं। बालासरस्वती को यह व्याख्यामूलक विधि नहीं रुचती थी।

सुधारानी रघुपति

चित्रा विश्वेश्वरन की सहयोगी सुधारानी रघुपति ने पहले यू. एस. कृष्ण राव से नृत्य सीखा, फिर वह किट्टप्पा पिल्लई की शिष्या रहीं। वह अपने 'मूर्तिशिल्पीय' भरतनाट्यम से चर्चित हुई हैं। एक कल्पनाशील नृत्य संरचनाकार और गुरु, सुधारानी ने चेन्नई में श्री भरतालय की स्थापना की है, वह अब नृत्य-शिक्षा का एक जाना-माना स्कूल है। यहाँ पर बहुतेरे शिक्षार्थियों को शिक्षा प्राप्त करने का अवसर मिला है, जिनमें से सब नृत्यकार ही नहीं है, बल्कि नट्टुवांगम में भी निपुण है। उनका बेटा स्वयं एक अच्छा मृदंग-वादक है, और सुधारानी रघुपति के शिक्षार्थियों को संस्था के अंदर ही लयात्मकता के गुर सीखने को मिले हैं। सर्जनशील संगीत रचनाकार मदुरै कृष्णन के साथ घनिष्ठ रूप से काम करते हुए, सुधारानी अपने भरतनाट्यम के लिए कई संरचनाएँ तैयार करने में सफल हुई हैं। उनका तोड़ी वरनम *माए मदन सोदारी* उनके नाम, उनके परिचय के साथ अनिवार्य रूप से जुड़ गया है, जिसे वह अत्यंत लाघव और लगन के साथ प्रस्तुत करती रही हैं। यह वह समय था जब मदुरै कृष्णन, मदुरै सेतुरमन, एस. राजेश्वरी और मृदंग वादक त्रिचूर रामनाथन, जो पहले वैजयंतीमाला बाली की संस्था से संबद्ध थे–नृत्य-प्रस्तुतियों में संगतकारों के रूप में सबके प्रिय हो उठे थे। और उनकी माँग बढ़ गई थी। अनीता रत्नम ने एक वार्तालाप के दौरान यह बात बताई थी कि उनकी माँ, उनकी और उनकी बहन प्रीति की नृत्य-प्रस्तुतियों के लिए हमेशा इन्हीं संगीतकारों को आमंत्रित करना पसंद करती थीं–संगत के लिए। ये दोनों बहनें अडयार लक्ष्मणन की शिष्याएँ थीं और साठ और सत्तर के दशक में अत्यंत लोकप्रिय थीं। मदुरै कृष्णन और मदुरै सेतुरमन ने बहुतेरी नृत्यांगनाओं और उनकी संस्थाओं के साथ काम किया, जैसे कि सुधारानी रघुपति की श्री भरतालय के साथ तथा चित्रा विश्वेश्वरन के साथ और भक्ति-भाव की कई संगीत रचनाओं की निर्मितियाँ कीं। ये निर्मितियाँ युवा नृत्यांगनाओं के बहुत

काम की हैं, और उनके लिए श्रृंगारिक रचनाओं के विकल्प सरीखी हैं।

मालविका सरुक्काई और अल्लारमेल वल्ली

अगर चेन्नई में पद्मा, चित्रा और सुधारानी 'बड़ी तीन' नृत्यांगनाएँ थीं तो कोई एक दशक बाद वहाँ दो नृत्यांगनाएँ ऐसी हुईं, जिनका व्यक्तित्व भिन्न प्रकार का था और जो पिछले तीन दशकों से भरतनाट्यम के परिदृश्य में छाई रही हैं–इनके नाम है मालविका सरुक्काई और अल्लारमेल वल्ली–एक अत्यधिक अंतर्मुखी और दूसरी बाहर की ओर देखने वाली, और अपने मनोभावों को तीव्रता से व्यक्त करने वाली। उनके भरतनाट्यम में भी उनके ये रूप भलीभाँति प्रकट होते हैं। दोनों ही नृत्यांगनाएँ नृत्य के बारे में अपने विचारों को आकार देने में, उन्हें प्रखरता के साथ व्यक्त करने में सक्षम हैं। वल्ली तो फ्रांसीसी भाषा पर भी अधिकार रखती हैं, और इस नाते फ्रांस में वे बड़ी सहजता से अपनी नृत्य को प्रस्तुत कर पाती हैं, और दर्शकों तथा पारखियों से एक तादात्म्य स्थापित कर लेती हैं।

मालविका सरुक्काई अपनी नृत्य-गतियों की अपूर्व ज्यामिति के साथ ही सामाजिक विषयों, मसलन पर्यावरण के सवालों के प्रति अत्याधिक सजग हैं। वे भावनाओं के सामान्य धरातल से, अपने नृत्य को एक अन्य धरातल पर ले जाकर उसे एक 'ऊँचाई' प्रदान करती हैं। देह और प्राणों के संग-साथ को लेकर, उनके सह-अस्तित्व को लेकर, उन्होंने पर्याप्त सोच-विचार किया है, और अमूर्तन की विधि को मांजा-सँवारा है। उन्होंने स्त्री आधारित बैले, खजुराहो जैसी विषयवस्तुओं पर निर्मित किए हैं या फिर एक वीरांगना के जीवन पर (9वीं सदी की एक रचना पर आधारित) रचित और प्रस्तुत किए हैं। वाराणसी के जीवन-मर्मों पर या फिर जहाँ गंगा बहती है, उन स्थलों की छवियाँ भी उन्होंने अपनी प्रस्तुतियों में पिरोई हैं। नदी किनारे के उतार-चढ़ाव भरे जीवन की ये छवियाँ नदी के प्रवाह से प्रेरित हैं, और इस प्रवाह का वैभव तथा पर्वत-शिखरों की ऊँचाइयाँ उनके नृत्य में मानो सहज ही प्रतिबिंबित हैं। समकालीन नृत्यांगनाओं के मुकाबले, वे नृत्य में आध्यात्मिक तत्वों को अत्यधिक महत्व देती हैं। यही नहीं, उन्हें नृत्य का आधार मानती हैं।

मालविका सरुक्काई (सुधीर रामचंद्रन स्टूडियो)

वल्ली अपनी प्रेरणा का एक स्रोत तमिल की पुरानी संगम काव्यधारा में खोजती हैं, *कुरुंतोगई*, *कलित्तोगई*, *शिल्पादिकरम* में, और यह प्रतिपादित करती हैं कि आज के जीवन के लिए भी दो हजार वर्ष पूर्व की यह धर्मनिरपेक्ष काव्य संपदा किस तरह बेहद प्रासंगिक

अलारमेल वल्ली (नृत्यांगना के सौजन्य से)

है। वल्ली दर्शकों के साथ अपने नृत्य के माध्यम से एक आत्मीय संबंध स्थापित कर लेती हैं और इसीलिए वे जनप्रिय भी हैं।

लक्ष्मी विश्वनाथन

एक वरिष्ठ नृत्यांगना और प्रखर वक़्ता के रूप में लक्ष्मी विश्वनाथन ने ख्याति अर्जित की है, और अभिनय-सक्षम कलाकार के रूप में भी अपनी एक पहचान बनाई है। साथ ही नृत्य पर उन्होंने कई पुस्तकें लिखी हैं, और कलम की 'धनी कलाकार' के रूप में भी जानी जाती हैं। वह संगीतकारों के परिवार में पली-बढ़ी हैं, और उनके सांगीतिक दृष्टिकोण का ही यह प्रतिफल है कि उनके यहाँ नृत्य और संगीत के बीच एक सुमेल पनप सका है। लक्ष्मी के अभिनय में आँगिक की सुखद प्रतीति है, और उनकी देह-भाषा में वैसी ही सुचारुता है, जैसी कि उनके मूकाभिनय में। लक्ष्मी का कहना है कि, "नृत्य और यहाँ तक कि शृंगारिकता देवदासी की ही विशेषता नहीं है, और पदम तथा जावली की पद्य रचनाएँ कर्नाटक संगीत की ऐसी विधियाँ हैं, जो सबको सुलभ हैं।" आगे वह यह भी जोड़ना नहीं भूलतीं कि, "हमारा यह दावा भी नहीं है कि हम देवदासी-नृत्य करती हैं।"[23] लक्ष्मी उस प्रसंग की भी याद करती हैं जब नल्ली जयलक्ष्मी को एक कार्यक्रम में सोदाहरण प्रस्तुति करनी थी, पर वे किसी कारणवश उसमें नहीं आ सकीं। यह बात 1984 की है। "तब मैंने इंद्रा राजन से आग्रह किया कि वे अपनी 'सोलुकेतु' प्रस्तुति प्रदर्शित करें।" वह पूरी वेशभूषा में आईं, और

लक्ष्मी विश्वनाथन (किशोर पारेख)

अपनी प्रस्तुति 'अंगिका', 1984 से नर-वाहन का प्रदर्शन करती हुई चंद्रलेखा (सदानंद मेनन)

पंडानल्लूर श्रीनिवासन के गायन के साथ उन्होंने 'नेत्रु वरेन एनरु..' की प्रस्तुति दी, जिसमें नायिका अपने प्रेमी को इस बात का उलाहना देती है कि अपनी मधुर बातों के बावजूद उसने अपना वायदा पूरा नहीं किया। यह प्रस्तुति अत्यंत रंजकता लिए हुए थी। अब हम, इंद्रा राजन जैसी प्रस्तुति नहीं कर सकते। पर हम निश्चय ही पदम और जावनी को अपने ढंग से प्रस्तुत कर सकते हैं जो विश्वसनीय हो और कलात्मक भी।"

एक सशक्त विरोधी स्वरः चंद्रलेखा (1928-2006)

1970 और 1980 के आरंभिक वर्षों तक भरतनाट्यम का जो भी रूप-स्वरूप था, उससे बिल्कुल अलग और स्वतंत्र रूप लेकर, अकेले दम उसे गढ़ने वाली चंद्रलेखा जब भरतनाट्यम के परिदृश्य में मुंबई के 'ईस्ट वेस्ट डांस एनकाउंटर' में सहसा अपनी प्रस्तुतियों *तिल्लाना* और *नवग्रह* के साथ उपस्थित हुईं तो उन्होंने सबको चौंका दिया। आज़ादी की लड़ाई में, ब्रितानी शासन के ख़िलाफ़ सक्रिय रूप से जुड़ी रहीं चंद्रलेखा के तेवर संस्थान विरोधी रहे हैं, और वे 'मैं तुम्हारे बिना भी काम चला सकती हूँ' वाले अंदाज में अपनी राह स्वयं बनाने वाली नृत्यांगना थीं। परंपरा आधुनिकता के रिश्तों और उनसे जुड़े सवालों को वह अपने तईं ख़ारिज़ करके चलने वाली कलाकार थीं। इन सवालों में उलझना उन्हें व्यर्थ ही तो लगता था। इन सवालों में उलझने के बजाए उन्हें यह अधिक पसंद था कि विभिन्न कलाओं के बीच एक रिश्ता कायम करके, रचना की दिशा ढूँढ़ी जाए, जिसमें परंपरा/आधुनिकता/

कृष्णवंशी लक्ष्मणन (कलाक्षेत्र फाउंडेशन)

वैजयंतीमाला बाली (अविनाश पसरीचा)

समकालीनता सबके तत्व स्वयं समाहित हो जाएँ, उन्हें अलग से 'आरोपित' करने की ज़रूरत महसूस न हो। कलाओं के बीच सीधी रेखाएँ न खींचकर, उनके आपसी रिश्तों पर ही बल दिया जाए। इन्हीं विचारों के साथ उन्होंने भरतनाट्यम का एक नया रूप गढ़ा, जिसमें परंपरा और समकालीनता एक नए ढंग से प्रतिबिंबित थी। और भरतनाट्यम की जो एक प्रचलित-सी धारा थी, उसे उन्होंने एक नई दिशा में मोड़ दिया। उनका कहना था कि शास्त्रीय नृत्य में एक प्रकार का 'पाखंड' प्रवेश कर गया है, और उसके आध्यात्मिक पक्ष को भुलाकर, अच्छा हो कि धार्मिक अनुष्ठानों वाला रूप परोसा जा सके। भरतनाट्यम के परिदृश्य को उन्होंने यह कहकर नकारा कि उसमें सारा जोर प्रदर्शन पर और विषयवस्तु पर है। जबकि उनके अनुसार जोर देह पर होना चाहिए क्योंकि वही तो केंद्रीय चीज़ है, जो व्यक्ति को समाज, समुदाय, पर्यावरण और ब्रह्मांड में स्थित करती है–उसे इन सबसे जोड़ती है: "देह कहाँ से शुरू होती है और कहाँ खत्म?" उन्होंने यही पूछा था। देह पर जो सांस्कृतिक प्रभाव पड़ते हैं, और उसकी दैहिकता और मानसिकता पर अपना असर डालते हैं, उनका संधान करना ज़रूरी है, ऐसा वह सोचती थीं। और भरतनाट्यम के संदर्भ में उन्होंने योग और कलरिपयट्टु से ग्रहण किए गए तत्वों को अपनी कोरियोग्राफी में अपनाया। उनका मानना था कि देह की 'खोई हुई' शक्ति प्राप्त करना ज़रूरी है–ज़रूरी है कि उसे उन शारीरिक अनुशासनों से जोड़ा जाए जो रीढ़ को तनकर रहने लायक बनाएँ। गति उनके लिए

स्थिरता से उत्पन्न होने वाली चीज़ थी। उनके अनुसार, भरतनाट्यम को अपनी ही 'कैद' से बाहर लाना चाहिए, और उसकी भावुकतापूर्ण, आदर्शीकृत विषयवस्तुओं से मुक्त करना चाहिए। ऐसी ही मुक्ति पौराणिक विषयवस्तु से भी वह ज़रूरी मानती थी।

काव्य और रस देह में ही बसते हैं और इन्हें देह में जागृत करने का काम ही नृत्य करता है। जीवन और नृत्य को एक-दूसरे से जोड़ना, और इनके आपसी संबंध को पुनराविष्कृत करने में ही, वह नृत्य की वास्तविक सामर्थ्य देखती थी। चंद्रलेखा के अंतर्गत किए गए अपने काम को याद करते हुए पद्मिनी चेत्तूर उसके इस कथन को विशेष रूप से रेखांकित करती हैं कि "हमें इस बात से शुरू नहीं करना चाहिए कि इस या उस चीज़ का क्या 'अर्थ' है, वह नृत्य गतियों के साथ अपने आप उभर आएगा।" चंदलेखा नृत्य में 'सब कुछ बिल्कुल ठीक-ठाक और अपने में संपूर्ण' जैसी कोई चीज़ नहीं ढूँढ़ रही थी, न ही वह नृत्य में किसी '*भरे पूरे पन*' के पीछे थी। नृत्य उनके लिए एक प्रक्रिया थी और वह नृत्यकारों वाली चेतना के साथ अपना काम करती थीं। आधुनिकता उनके लिए स्पेस और काल (टाइम) के बीच के संबंध को जानने वाली चीज़ थी। वह संरचना की निर्मिति को उसके अपने संदर्भ में समझना चाहती थी। नई प्रौद्योगिकी और ध्वनि और प्रकाश को, उनकी शक्ति और सीमा को भी, वह परखती थीं, और हमारी अपनी सांस्कृतिक भूमि के मूल्यों पर भी उनकी नज़र रहती थी–यह जाँचते हुए कि वे मूल्य, हमारे आज के मूल्यों से कहाँ मिलते और कहाँ टकराते हैं। हमारे पुरखे प्रश्न भी करते थे, बहुत कुछ को अपने में समाहित भी करते थे और आधुनिकता को भी हमें हमारी अपनी शर्तों पर प्राप्त करना चाहिए–पश्चिम की नकल की ज़रूरत नहीं है। वह कहती थीं, 'नृत्य को अपनी शक्ति पर खड़ा करो' –बिना संगीत की वैशाखी के या भावुकता के। उनका मानना था कि नृत्य के लिए, देह को सजाने वाले अलंकरणों को उतार फेंकना आवश्यक है। चंद्रलेखा का मानना था कि 'स्त्री तत्व' ही सृष्टि में सर्वोपरि है, वह सृष्टि और रचना की प्रेरक शक्ति है। अलंकरणों से रहित एक लघु साड़ी से ढंकी देह ही उनके नृत्यांगना रूप की पहचान बनी। अगर आंगिक में उन्होंने भरतनाट्यम की सांकेतिक मुद्राओं और गतियों की पुनर्रचना की, और हर पहलू या अंश पर ध्यान केंद्रित किया/कराया, तो दूसरी ओर यंत्र में, अलारिप्पु में व्यक्तित्व का पल्लवन दिखाई दिया। तंत्र और उसके अमूर्तन से वह गहरे में प्रभावित हुईं–उस अमूर्तन से जिसमें स्त्री ऊर्जा त्रिकोणी रूपाकार के माध्यम से व्यंजित की गई है। चंद्रलेखा अकसर देह के ऊर्जाचक्रों की बात किया करती थीं, जिसमें अनंत त्रिकोण हैं, यह ज्यामिति उनकी हर सामूहिक नृत्य-संरचना के केंद्र में रहा करती थी, जो अपने संयुक्त रूपाकारों में, उनके विसर्जन में, और उनके मिलन बिंदुओं में एक गतिशील सौंदर्य की रचना करती थीं, जिससे आँखों को एक तृप्ति मिलती थी, और जिससे ऊर्जा फूटती हुई मालूम पड़ती थी। धीमा, संयोजित और रिहर्सल द्वारा अच्छी तरह नियोजित, उनका भरतनाट्यम अपने आप में अपूर्व था। 'यंत्र' जैसी अमूर्त विषयवस्तु पर आधारित उनका और उनके द्वारा परिकल्पित नृत्य, चमत्कृत भी करता था। सफेद लिबास में उनकी आकर्षक और ध्यान खींचने वाली उपस्थिति, अपने साहसिक वक्तव्यों के कारण पत्रकारों को बहुत अच्छी लगती थी–इसीलिए कि उनके वक्तव्य खबर को रोचक बना देते थे। उनका नृत्यांगना रूप कथा नहीं कहता था। यंत्र में, नृत्यांगना की देह और उसकी मुखाकृति भावहीन रखी गई थी। वही यंत्र बन जाती थी या अपने आप में एक उपकरण हो जाती थी। इसी तरह लीलावती में नृत्यांगना हंसों और मोतियों का कोई वर्णन नहीं करती थी–पर, वे नृत्य में से उभर आते थे। स्त्री शक्ति पर उनकी नृत्य संरचना श्री हो या *राग*, *नवग्रह*, *भीम प्रवाह*, ये अपनी विषयवस्तु और परिकल्पना में दर्शकों को चकित करते थे–इनमें किसी भी प्रकार के अलंकरण न्यूनतम हुआ करते थे। नृत्यकारों का एक समूह एक भ्रमर मुद्रा से, मधुमक्खियों का छत्ता

उभार दे सकता था। उनके नृत्य की यौनिकता संकीर्ण विचारों वाले दर्शकों को पचती नहीं थी, उन्हें एक धक्का पहुँचता था। पर, अग्रगामी विचार वालों को वह अपनी परिकल्पना में सौंदर्यमयी लगती थी, विशेषकर पश्चिमी दर्शकों को। और जर्मनी में तो उनके नृत्य को पसंद करने वाले बहुतेरे प्रशंसक थे। लेकिन मार्गम की परंपरा से उभरने वाले प्रचलित भरतनाट्यम से चंद्रलेखा के भरतनाट्यम की दूरी मानो तय-सी थी—दोनों एक-दूसरे के निकट नहीं आ सके—वे एक-दूसरे के समानांतर ही अपना काम करते रहे। उनकी अंतिम प्रस्तुति शरीर, जिसमें संगीत-साथ गुंदेचा बंधुओं के ध्रुपद का था, वह एक ऐसी देह-भाषा से जा जुड़ी थी जो योग और कलरी से अपनी ऊर्जा प्राप्त कर रही थी और जिसमें भरतनाट्यम की गति-इकाई अदावु पूरी तरह अनुपस्थित थी। उनकी मृत्यु से पूर्व उनकी यह प्रस्तुति उनकी एक अन्यतम उपलब्धि सिद्ध हुई थी।

वर्षों तक प्रचलन में रही आई निर्धारित मार्गम पद्धति

सभागारों में प्रस्तुत की जाने वाली मार्गम पद्धति का (जो भरतनाट्यम पुराने सादिर से निकला था) उसे बिना कोई सवाल उठाए 40 वर्षों तक प्रयोग में लाया जाता रहा। बहुत-से नृत्यकारों और एक प्रकार की प्रतिभाविहीनता से जो स्थिति उत्पन्न हुई उसमें यह प्रतीति बढ़ती गई कि बस सब कुछ 'वही-वही' या 'एक जैसा' हो रहा है, और उसमें कुछ नया मानो बचा ही नहीं है। पुष्पांजलि और श्लोक ने अलारिप्पु को कमोबेश बाहर ही कर दिया है—उस अलारिप्पु को जिसकी ज़्यामिति संरचना सटीक है, और अगर उसे अच्छी तरह प्रस्तुत किया जाए तो वह दर्शक को मोह लेने में समर्थ है। इसे भरतनाट्यम की तकनीक और डिज़ाइन की भूमिका के रूप में भी ग्रहण किया जा सकता है।

सामने का पृष्ठ: यामिनी कृष्णमूर्ति (अविनाश पसरीचा)

आज जब अलारिप्पु को प्रस्तुति में शामिल किया जाता है तो प्रायः चुनौतीपूर्ण 9,11 की गणित में या फिर ड्योढ़ी संख्याओं में मसलन 11½ में, सीधी संख्याओं 3,4,5,7 में नहीं। यहाँ तक कि (संकीर्णा संरचना प्रयोग भी कभी-कभार किया जाता है। जतिस्वरम और शब्दम के दर्शन तो होते ही नहीं हैं।

भरतनाट्यम की केंद्रीय रचना, वरनम पर काफ़ी मंथन हुआ है। इसके आधार में नृत्य इतिहास का नायिका भाव है, और है दैवी की ओर उन्मुख रूमानी दृष्टिकोण, जो तमिल काव्य आंदोलन के मूल तत्व रहे हैं, जबकि पहले की काव्यधारा धर्म निरपेक्ष रही थी। अज़वर और नयनमार भक्त कवियों ने जो प्रेम कविताएँ लिखीं, वे प्रथम पुरुष में अपने आराध्य को समर्पित रही हैं। मंदिर की प्रतिमा को राजा/ईश्वर के रूप में महिमा मंडित करने वाली कविता अपने आनुष्ठानिक रूप और अपनी ऐंद्रीयता में विशेष बन गई—मंदिर की 'सेवा' का एक माध्यम। प्रेम कविता एक लंबे समय से आध्यात्मिक अनुभव के रूपक के बतौर लिखी और बरती जाती रही है। कबीर, मीराबाई, गुरु नानक, तुलसीदास, लल्लन, चैतन्य, संत तुकाराम सभी ने परमसत्ता/ईश्वर के प्रति सम्पूर्ण समर्पण और अनन्य प्रेम की कविता लिखी है, और परमसत्ता के साथ अभिन्न रूप से जुड़े होने का भाव व्यक्त किया है। प्रेम के रूपक के माध्यम से एक उच्चस्तरीय चेतना तक पहुँचने की इस 'विधि' का आज की बहुतेरी नृत्यांगनाएँ 'प्रत्याख्यान' करती हैं। वे मानती हैं कि देवदासी जो *नित्यसुमंगली*[25] थी, मंदिर प्रतिमा की परिणीता, उसके लिए वरनम भले ही अवश्यंभावी रहा हो, पर आज के समकालीन संदर्भ में, उसकी वैसी जगह नहीं हो सकती। दूसरी ओर, प्रेम का महानतम काव्य भारत में देवताओं को ही संबोधित है। पुरुष रचनाकारों ने, स्त्री के परिप्रेक्ष्य से यह काव्य लिखा है, क्योंकि परमसत्ता को पुरुष के रूप में ही देखा गया है, सारे भक्त, चाहे वे पुरुष हों या स्त्री, उसके समक्ष स्त्री-रूप में ही उपस्थित हुए हैं। शास्त्रीय नृत्य में नृत्यकार

लीला सैमसन (अविनाश पसरीचा)

की परिकल्पना सृष्टि के साथ एकात्म भाव के रूप में की गई है, और इसीलिए यह विचारा गया है कि वह अपने आत्म या व्यक्ति-रूप के पार चला जाता है (जा सकता है)। कोई भी कलारूप जो आत्म को अनदेखा करके चल सके, दुरुह/कठिन माना जाता है, और आज अपनी अलग पहचान बनाने के लिए आतुर युवाओं के लिए यह शर्त भारी पड़ती है। ऐसी स्थित में राजा या सामंत को संबोधित वरनम आसान लग सकता है–और इसीलिए रुक्मिणी देवी इस आसानी पर अपनी असहमति जताती रही थी, क्योंकि उनका विश्वास था कि नृत्य का स्तर इससे कहीं ऊँचा है, और वह तो उच्चतर होना चाहिए। वरनम में शृंगार का तत्व अगर आज की बहुतेरी प्रस्तुतियों में अनिश्चित-सा या दुविधापूर्ण होता है, तो यह अचरज की बात नहीं है। *भोग त्यागेश अनुभोगम सेय्यावा* जैसे वरनम के वाक्य जिसमें नायिका त्यागेश शिव के प्रति (तिरुवलुर मंदिर में) अपने संपूर्ण समर्पण का भाव जताती है, आज की बहुतेरी नृत्यांगनाओं को स्वभावतया स्वाभाविक से न लग कर, अपने से दूर के जान पड़ते हैं, क्योंकि भरतनाट्यम अब देवदासियों का नृत्य नहीं रह गया है, और न ही उनका जिनका जन्म दक्षिण में हुआ है। नृत्यांगनाएँ प्रायः गीत में छिपे दार्शनिक भाव या उसकी भाषा से अपने को नहीं जोड़ पाती हैं। और सबसे बढ़कर तो यह कि एक सांगीतिक रचना के रूप में वरनम को उसकी वैभवशाली बुनावट में सब ठीक से पहचान या समझ नहीं पाते हैं।

लेकिन दक्षिण में वरनम अभी भी भरतनाट्यम भंडार की एक ज़रूरी रचना के रूप में प्रस्तुत होता है, और वह अब भी किसी नृत्यकार की प्रतिभा या गुणों का आधार बनता है–यानी उसी की प्रस्तुति से यह जाँचा-परखा जाता है कि नृत्यकार के नृत्य में कितनी गहराई है। स्वयं रुक्मिणी देवी अरुंडेल ने, कालिदास नीलकंठ आय्यर की सहायता से, जो ताल और संगीत के अधिकारी विद्वान थे, वरनम के भदेस अंशों को छाँटकर, उसकी परमसत्ता के प्रति समर्पण भावना को बरकरार रखा। अब दर्शकों में सब तो वरनम की भाषा को समझने वाले होते नहीं हैं, इसीलिए अगर वह आधे घंटे से ज्यादा का हो तो उन पर कुछ भारी पड़ता है।

जो भी हो लब्धप्रतिष्ठ अग्रणी नृत्यकार अभी भी वरनम को भरनाट्यम की आधार पीठिका मानते हैं, जिसके ज़रिए संगीत और नृत्य दोनों को प्रस्फुटित होने का अवसर मिलता है। मालविका सरुक्काई और अल्लारमेल वल्ली, दोनों की ही यह धारणा है कि एक प्रवाही वरनम से जो तृप्ति मिलती है, वह किसी और तरह से हासिल नहीं होती है। मालविका कहती हैं: "चिदंबरम में (नटराज मंदिर) मैंने देवताओं के समक्ष नृत्य किया। उस पवित्र भूमि में नृत्य करने का अनुभव यही था कि नृत्य की पवित्रता ही तो सब कुछ है। जैसी वह भूमि है, नृत्य को वैसा ही होना चाहिए। आपको

वैसे ही क्षणों को, वैसे ही अनुभव को, फिर से नृत्य में जीना है, और दर्शकों तक उस 'अनुभव' को पहुँचाना है। वही तो रस है और हम नृत्यकारों को उसी के स्पर्शातीत सत्व को 'पकड़ना' है। क्या उसे दीक्षा से ग्रहण किया जा सकता है? नहीं, उसे तो अज्ञात अयाचित क्षेत्रों से ढूँढ़-ढूँढ़ कर, कुरेद-कुरेद कर, लाना पड़ता है। उन क्षेत्रों के उन भूमियों के कपाट आपके लिए कैसे खुलेंगे? नृत्यकार को उनकी खोज करनी होती है... देवदासी के लिए, उसकी नृत्य-प्रस्तुति उसी स्पेस की, उसी भूमि की उपज होती थी। और हम जो नृत्यकार हैं, नृत्यांगनाएँ हैं, उनके लिए तो यही अवश्यंभावी है कि हम उस पवित्र भूमि के सत्व को खोजें। देवदासी का काम मनोरंजन करना था। लेकिन आज का भरतनाट्यम सिर्फ मनोरंजन नहीं है।'

इस बाबत सवाल किए जाने पर कि क्या "ब्राह्मण नृत्य ने भरतनाट्यम की वास्तविक क्षमता को, उसकी सच्ची भावना को, छीन लिया है?" मालविका कहती हैं, "कि आज की किसी भी क्षमतावान, सृजनशील नृत्यांगना ने नृत्य का कुछ भी नहीं छीना, उलटे उसमें कुछ जोड़ा ही है।"[26] ये प्रतिक्रियाएँ वरनम को लेकर मिश्रित/भिन्न विचारों को सामने लाती हैं।

जो नृत्यांगनाएँ पश्चिम में बस गई हैं, वे जब भी वरनम को प्रस्तुत करती हैं तो वह 'अतीत' की कोई चीज जान पड़ता है, और इसका मंचीय दृश्य-विधान किसी दरबार या मंदिर या नृत्य मंडप की याद दिलाता है। वरनम की सामूहिक प्रस्तुति, जिसका भारत में अब काफ़ी चलन हो गया है, उसकी सम्मोहक शक्ति भले अधिक हो, पर यह भाव दिग्दर्शन और उसके प्रस्फुटन को सीमित और मिलावटी-सा बना देता है, और इससे वरनम की वास्तविक सृजनशीलता में कमी आ जाती है।

भरतनाट्यम के प्रसार के साथ नृत्य या विशुद्ध नृत्य की ही विजय हुई है, और अर्थगर्भित नृत्य को मानो पीछे धकेल दिया गया है। पदम और जावली जैसी रचनाएँ यह अपेक्षा करती हैं कि वे जिस भाषा की गीति-मालाएँ हैं, उन भाषाओं की अच्छी और आत्मीय जानकारी

प्रतिभा प्रह्लाद (अविनाश पसरीचा)

नृत्यकार को हो, जिससे कि वे अभिनीत प्रसंगों की अर्थवाहिका बन सकें और उनमें नृत्यकार अपनी भावनात्मक सृजनशीलता को भी अभिव्यक्त कर सके। संगीत और नृत्य की समझदारी भी आज की भरतनाट्यम नृत्यांगनाओं में एक जैसी नहीं हैं (खासतौर पर तमिलनाडु और कर्नाटक के बाहर की नृत्यांगनाओं में, जहाँ संगीत पर अब भी काफी जोर दिया जाता है,) और फिर नृत्य सिखाने के नाम पर देह-भाषा पर ही जोर देने वाले नए-नए, और तमाम डांस स्कूल भी खुलते जा रहे हैं, जहाँ तकनीक और व्याकरण पर ही जोर दिया जाता है–ऐसी स्थिति में अभिनय पक्ष का भविष्य उत्साहवर्द्धक तो नहीं लग रहा। और फिर ऐसा ही दृष्टिकोण, जैसा कि वरनम में है, अपनाया जाता है (जहाँ प्रेमी अलौकिक ही होता है, पदम और जावली में भी अपनाए जाने पर, आज की

नृत्यांगनाओं के लिए प्रेरणादायी नहीं बन पाता। जावली, जिसे कई मामलों में पदम से अलगाना कठिन होता है, वह भी देवदासी प्रथा के विरोध के समय और बाद में भी, अपनी यौन भावनाओं की मुखर अभिव्यक्ति के कारण, काट-छाँट का शिकार हो गई। यह विधा ग्रामोफ़ोन के प्रचलन के समय से और अधिक लोकप्रिय हो गई। यह पारसी थिएटर और सिनेमा का अंग भी बन गई।

नृत्यांगना और कलाक्षेत्र की पूर्व निदेशक, लीला सैमसन कहती है, "पदम एक ऐसी विधा है, जिससे एक कलाकार अपना संबंध गहराई से जोड़कर ही उसे व्यवहार में ला सकता है। यह सुंदर है, सागर के समान है, सीमाहीन और प्रवाही है, हालाँकि इसे प्रस्तुत करने के अपने नियम हैं। जितना ही इसका प्रयोग आप करते हैं, उतना ही इसकी गहराई से परिचित होते जाते हैं। इसके कई प्रसंग ऐसे हैं जो जीवन के अत्यंत निकट हैं, लेकिन जो कलात्मक प्रस्तुति में जमीनी होने से रह जाते हैं, कारण यही है कि इसमें प्रेमी प्रायः दैवी ही होता है। कई बार ये प्रसंग वास्तविक घटनाओं से भी प्रेरित रहे हैं, जैसे कि धर्मपुरी सुब्बारायार का सुप्रसिद्ध *सखी प्राण* और *स्मरसुंदरंगुणी*, जो उनकी प्रिया वीणा धनाम्माल को संबोधित माने जाते हैं।"[27]

कई नृत्यांगनाओं को पदम इसलिए भी समस्यामूलक लगता है क्योंकि उनकी रचना इस रूप में की गई है, मानो उन्हें स्त्री द्वारा ही प्रस्तुत होना है। यहाँ तक कि जब देह का बखान स्त्रीलिंग या पुल्लिंग से मुक्त करके किया जा रहा हो तब भी भरतनाट्यम के पुरुष कलाकार पदम और जावली को प्रस्तुत करते हुए एक असुविधा का अनुभव करते हैं। कई नारीवादी इनकी रचनाओं में स्त्री के वर्णित-रूप पर अपनी आपत्ति जताती हैं। इनको लेकर विभिन्न प्रकार के मत सामने आते हैं। कई समीक्षकों के अनुसार देवदासी द्वारा प्रस्तुत किए जाने वाले पदम और जावली, आज की नृत्यांगनाओं के हाथों विरूपित हुए हैं। अल्लारमेल वल्ली कहती हैं, "मैं अपने नृत्य को किसी प्रकार की सामाजिक टिप्पणी से जोड़कर नहीं देखती। मैं एक ऐसे भाव को प्रस्फुटित करने में विश्वास करती हूँ जो दर्शकों तक पहुँचकर एक विरल अनुभव में तब्दील हो जाए।" जावली और पदम के बारे में मालविका सरुक्काई के विचार कुछ यों हैं, "मैं अपने ही तरह के शृंगार की रचना करती हूँ जो देवदासी के शृंगार से भिन्न है। शृंगार आप पर एक हमला-सा क्यों कर दे? क्या वह सांकेतिक नहीं हो सकता?... वह एक ऐसा क्षण क्यों न बने जो आपको एक अलग प्रकार का जीवनानुभव दे, दैनंदिन जीवन से कुछ ऊपर उठा दे, एक मिनिएचर पेंटिंग की तरह, जीवन को एक वृहत्तर परिप्रेक्ष्य में दिखा दे, और वह आपकी स्मृति में भी अटका रह जाए, तब भी जब नृत्य समाप्त हो चुका हो? वह कौन-सा क्षण है जो आपको घेर लेता है?"

अपवादों को छोड़ दें तो अभिनय में विशेषज्ञता उतार पर है। जैसा कि पहले भी उल्लेख हो चुका है, अभिनय के लिए भाषा की समझ और उसके प्रति सजगता ज़रूरी है। ज़रूरी है कि वह समझ गहरी भी हो और कविता को संवेदनापूर्ण ढंग से ग्रहण किया जा सके, अपने भीतर उतारा जा सके। और यह तो अनिवार्य है ही कि उस अनुभव किए हुए को, नृत्याभिनय में एक आकार, एक रूप दिया जा सके, सिर्फ़ उस अनुभव की कथा नहीं कही जा रही है। आज तो गीत की पंक्तियों के इर्द-गिर्द बस एक कथा बुन देने का ही चलन है। हर पंक्ति या सूझ को संकेतों में, कई प्रकार से नियोजित करने पर अपने आप एक कविता जैसी स्थिति उत्पन्न हो सकती है, बशर्ते कि वह स्वाभाविक और प्रवाही हो, पहले से ही पूरी तरह तैयार की हुई न हो—पर, आज नृत्य की दुनिया में इस सांकेतिक अर्थपूर्ण अभिनय का अभाव जैसा है। बहुत कम ऐसे कलाकार हैं जो यह प्रयत्न करते हों कि वे अपनी कला में नृत्य के अर्थपूर्ण, व्यंजनामूलक अभिनय को साक्षात करेंगे। सूक्ष्मदर्शी शैली में चीजों को प्रस्तुत करने की जगह, अतिरंजित या फिर सतह पर ही रह जाने वाली प्रस्तुतियाँ कई बार सामने आती हैं।

एक ओर जहाँ इस बात की आलोचना होती है कि 'ब्राह्मण' तत्व/दृष्टिकोण ने भरतनाट्यम का 'शुद्धिकरण' किया है, वहीं दूसरी ओर यह बात कुछ अचरज में डालती है कि जो भारतीय पश्चिम में बसे हुए हैं, उनमें नृत्य में शृंगार और प्रेम-प्रदर्शन को लेकर कई बार एक संकुचित दृष्टिकोण दिखाई पड़ता है। रमा भारद्वाज ने 'ऑनलाइन' अपनी आशंकाएँ जाहिर की हैं कि लड़कियों को छेड़ने और मोहने वाले दैवी-रूप को प्रेमी मानकर जब गीत-नृत्य प्रस्तुत किए जाते हैं, तो हम युवा दर्शकों के मध्य कैसा संदेश पहुँचा रहे होते हैं?

चेन्नई की वरिष्ठ अभिनय कलाकार ब्रागा बसेल को, जिन्होंने कलानिधि नारायणन के अंतर्गत शिक्षा पाई है, तब अमेरिका में बसे भारतीय दर्शकों का तब काफ़ी विरोध सहना पड़ा था, जब उन्होंने नायिका की मन:स्थिति दर्शाने के लिए कुछ पदम चुने थे, मसलन क्षेत्रैय्या का *नानेतिकी बोम्मानीरे*–और जिसमें यह प्रसंग शामिल था कि किस प्रकार अबोध मुग्धा नायिका[29] सुहागरात के समय शयनकक्ष में जाने, और पति से मिलने को लेकर घबराई हुई और दुविधाग्रस्त है।

ब्रागा बसेल बताती हैं, "मैंने इस पदम के कुछ ही अंश प्रस्तुत किए थे। कई ओर से मुझ पर आक्रमण हुए और नृत्यांगना रमा भारद्वाज ने तो एक लंबा लेख लिखकर जताया कि यह सब कुछ कितना अश्लील था। इसी तरह, *नेत्रानंदिनेरात्तिले की* मेरी प्रस्तुति देखने के बाद, एक महिला मेरी ओर आई, और बोली, *असिंग्याम* (अश्लील)। भला इसमें अश्लील क्या है? जब एक स्त्री अपने प्रेमी से पूछती है, वह युवती कौन थी जो कल शाम के अंतिम प्रहर में संकेतों से आपसे कुछ कह रही थी? 'अगर इसे एक नृत्यांगना अपने भावाभिनय से प्रस्तुत करे तो आपत्ति क्यों हो?' कई कलाप्रेमी और अभिभावक जब किसी वर्कशॉप के लिए मेरे पास आते थे, जहाँ शृंगार प्रस्तुत नहीं किया जाता था, पर, कुछ दिनों के बाद धीरे से मुझसे आग्रह करते थे कि मैं कुछ ऐसी चीजें सिखाऊँ, जिसमें शृंगार की थोड़ी मात्रा में हो। जाहिर है कि वे केवल भक्ति-भाव वाली रचनाओं से पूरी तरह संतुष्ट नहीं होते थे, पर उनमें इतना साहस नहीं था कि इसे स्वीकार कर सकें कि कला नैतिक-शिक्षा का पाठ भर ही नहीं होती। नायिका तो विश्वव्यापी एक अवधारणा है, एक रूपक; उसे किसी निजी जीवन यथार्थ से जोड़कर देखना कहाँ तक संगत है!"

ब्रागा बासेल (एम. ए. रऊफ़)

स्वर्गीय राजारत्नम पिल्लई की शिष्या विद्या सुब्रह्मण्यम, जो अब अमेरिका में नृत्य सिखाती हैं, का कहना है कि उनकी शिष्याओं की माताएँ आकर उनसे कहती थीं कि वे शृंगार वाली चीजें न सिखाएँ, और पदम और जावली तो बिल्कुल ही नहीं।

तिल्लाना भी, जो मार्गम का अंतिम आइटम होता है, भी बदल गया है। कलाक्षेत्र की किसी पुरानी छात्रा

द्वारा नटभैरवी तिल्लाना हो या नर्तकी नटराज द्वारा प्रस्तुत किट्टप्पा पिल्लई की तिल्लाना हो–इनके मुकाबले में आज के तिल्लाना को देखते हुए यह बात सहज ही समझ में आती है कि उसमें वह पहले वाली मूर्तिशिल्पीय महिमा अब नहीं रही। आज जटिल लय-गतियों का चलन है, और यह महसूस होता है कि स्थिरता और गति का जैसा तुलनात्मक अनुपात, तिल्लाना में रहा करता था, और जो उसकी एक विशेषता भी थी–वह अब दिखाई नहीं पड़ती।

नृत्य के विस्तार के साथ, पारंपरिक मार्गम पद्धति कई नृत्यकारों और दर्शकों को घिसी-पिटी और बनावटी लगती है। पुरानी शैली की प्रस्तुति की प्रचार सामग्री भरतनाट्यम (मार्गम) कहकर विज्ञापित की जाती है। आज की नृत्यांगनाएँ अपने कार्यक्रमों में कुछ चीजें उस भाषा में भी प्रस्तुत करती हैं, जिसे अधिकतर व्यक्ति समझ सकते हों। कई वर्षों पहले दर्शकों तक अपनी कलात्मक अभिव्यक्ति को पहुँचाने के लिए पद्मा सुब्रह्मण्यम ने वरनम की शैली में मीरा के एक भजन का उपयोग किया था। दिल्ली में जमुना कृष्णन ने हिंदी कवियों–मीरा, सूरदास आदि पर काफी शोध कार्य किया है, और भरतनाट्यम की एकल प्रस्तुति के लिए उनकी रचनाओं को बड़े संवेदनशील ढंग से वरनम में पिरोया है।

नृत्य-नाटक साहित्य की विविध सामग्री पर आधारित होता है। सी.वी. चंद्रशेखर का नृत्य नाट्य 'कृष्णलीला' सूरदास की कविता पर आधारित था। तुलसीदास के रामचरितमानस का उपयोग भी बहुतों द्वारा किया गया है। टैगोर की कृतियों माएर खेला, श्यामा, चित्रांगदा, चंडालिका–सबका मूल बांग्ला में ही पाठ की तरह इस्तेमाल किया गया है। हिंदुस्तानी संगीत में पिरोए गए गीतों ने भी भरतनाट्यम के कई कलाकारों को उनके उपयोग के लिए प्रेरित किया है। प्रियदर्शिनी गोविंद ने भरतनाट्यम अभिनय के लिए मराठी अभंगों का प्रयोग किया है।

सिर्फ भरतनाट्यम के व्याकरण और तकनीक को लेकर भी कई चीजें तैयार की गई हैं। इनमें से कुछ 'अमूर्तन' भी शामिल हैं, जैसे कि सी.वी. चंद्रशेखर की प्रस्तुति 'पंचभूत', जिसमें पांच ब्रह्मांडीय तत्वों को दर्शाने के लिए विभिन्न चारियों का इस्तेमाल किया गया है। हैदराबाद की आनंदाशंकर ने एक ऐसी समूह-प्रस्तुति नौ रसों पर तैयार की है, जिसमें सिर्फ गतियों का इस्तेमाल किया गया है, किसी साहित्यिक रचना का या किसी अन्य प्रकार की शब्द-रचना का सहारा लिए बिना।

भरतनाट्यम अब अपने को कई रूपों में प्रकट कर रहा है। दिल्ली में रहने वाली गीता चंद्रन ने महाभारत में द्रौपदी की पीड़ा को, '*हर वॉयस*' (उसकी आवाज़) शीर्षक प्रस्तुति में, नृत्य और पपेट्री (कठपुतली) की जुगलबंदी में प्रस्तुत किया। ऋतुओं पर उनकी समूह प्रस्तुति में चाइकोवस्की के संगीत का उपयोग किया गया है। एक अग्रणी कलाकार रमा वैद्यनाथन ने पर्यावरणीय विषयवस्तुओं को लेकर प्रस्तुतियाँ की हैं, और उनकी कुछ प्रस्तुतियाँ भक्ति-काव्य की लालदेन और जानाबाई पर आधारित हैं। इनमें भरतनाट्यम परंपरा से भिन्न भाषाओं का इस्तेमाल तो है ही, एक क्रांतिदर्शी दृष्टिकोण भी है, जो स्त्रियों के लिए निर्दिष्ट जीवनशैली से भिन्न है और जिसमें पुरुषों का वर्चस्व नहीं है।

भरतनाट्यम में संगीत की भूमिका

नृत्य के लिए पदम और जावली का गायन करने वाले गायक अब कम ही बचे हैं। भाव और मन:स्थिति के अनुरूप इनके साथ ऐसे गायन की ज़रूरत होती है जो धीमा हो, और जिसमें कोई ऐसे लटके-खटके न हों, जो नृत्यांगना की ओर से दर्शकों का ध्यान भटका दें।

भरतनाट्यम का गायन किसी प्रस्तुति को ऊँचा उठा सकता है या फिर उसे नीचे गिरा भी सकता है। यही कारण है कि नृत्यांगनाएँ गायक को विशेष महत्व देती हैं। वे ऐसा गायक/गायिका खोजती हैं जो कार्यक्रम के दौरान मंच पर उनका साथ बखूबी दे सकें, व ऐसा

लीला सैमसन (सौजन्य स्पंद)

प्रियदर्शिनी गोविंद (वी. के. राजामणी)

न करें कि अपने-अपने अलंकृत गायन से बस अपनी वाहवाही चाहें। नृत्य के लिए गायकों को जुटा पाना भी कठिन होता है, और अगर वे दो रिहर्सलों में भी उपस्थित रहते हैं, तो यह बड़ी गनीमत की बात मानी जाती है। संगीतकारों की माँगें निरंतर बढ़ रही हैं, दूसरी ओर नृत्यांगना/नृत्यकार को जो मानदेय मिलता है वह उसके लिए पूरा नहीं पड़ता है, और संगतकारों सो, आज का परिदृश्य यह है कि सक्षम संगीतकार (गायक या वादंक) नृत्य के साथ गायन करके अपना काम बखूबी चला लेता है, और कार्यक्रम के दौरान अपने गुणों के लिए पहचाना जाकर, अपनी माँग को और बढ़ा लेता है। कुछ यह शिकायत करते पाए जाते हैं कि नृत्य के साथ गायन करने के कारण संगीतकारों के रूप में उन्हें वह दर्जा नहीं मिलता, जो मुख्यधारा के संगीतकारों को मिल जाता है, लेकिन यह तो पक्की बात है कि उन्हें फीस अच्छी-खासी मिल जाती है।

लय के नए प्रयोग

भरतनाट्यम में अर्थगर्भित लय का इस्तेमाल किया जाए तो वह भौगोलिक सांस्कृतिक सीमाओं के पार भी सहज ही अपने को व्यक्त कर पाता है, और दर्शकों को ग्राह्य भी होता है। जाहिर है कि ठीक यही बात शब्द-भाषा के लिए नहीं कही जा सकती है। तीरमानम, जो व्याख्यायित अंशों को जोड़ने का काम करता है, उसने ऐसी जगह हासिल कर ली है जो वरनम को प्राप्त नहीं है। पारंपरिक रूप से नृत्य में स्मृति-सहायक की भूमिका से अधिक,

नृत्य-नाटक, कलाक्षेत्र (कलाक्षेत्र फाउंडेशन)

मृदंगम-थाप की लयात्मक गतियों और शैलियों ने अब नृत्य में जोरदार ढंग से प्रवेश किया है–मृदंगम वादक नृत्यकारों के लिए विशेष रूप से मृदंग-अंतरालों की रचना करने लगे हैं। पहले के अत्यंत कसे हुए, सौंदर्यमय तीरमानम, जिनकी अपनी एक ज्यामितिक संरचना हुआ करती थी, की जगह अब लंबे-लंबे, और अकसर ढीली-ढाली लय वाले 'अंतराल' आ गए हैं, जिनमें ज्यामिति या तो कहीं छिप-सी जाती है, या फिर खींच-खाँच में खो ही जाती है। दर्शकों द्वारा ये लंबे अंश/अंतराल सराहे जा कर भरतनाट्यम प्रस्तुतियों का अभिन्न अंग बन गए हैं–ऐसी अतिरंजित लय-गतियाँ लंबी होने के कारण भाव-प्रकटन/प्रस्फुटन में अड़चन डालती हैं, और नृत्य-सौंदर्य को क्षत करती हैं, कह सकते हैं कि गुणवत्ता का स्थान मात्रा बहुलता ने ले लिया है।

नई जमीन की तैयारी

लक्ष्मी विश्वनाथन की अपूर्व समूह प्रस्तुति 'वटवृक्ष' ने 1995 में एक नई शुरुआत की–इसमें विभिन्न दृश्यों के ज़रिए भरतनाट्यम का इतिहास वर्णित किया गया है। उन्होंने देवदासी नागरत्नम्मा के जीवन पर आधारित एक प्रस्तुति भी तैयार की है। प्रतिभा प्रह्लाद की प्रस्तुति 'अन्य सीता', जो नृत्य-नाट्य रचना है, में सीता को कई रूपों में व कई भाषाओं में दर्शाया गया है। इसमें वह सिर्फ़ राम की अनुगामिनी नहीं है, न ही हर स्थिति को बिना प्रतिरोध के स्वीकार कर लेने वाली स्त्री हैं। यहाँ सीता अन्याय के खिलाफ़ खड़ी होती हैं, प्रश्न उठाती हैं। ऐसी ही एक प्रस्तुति 'कैकेयी' गीता चंद्रन की है। उसमें भी नृत्य के साथ नाट्य (थिएटर) का प्रयोग है। इसमें कलंकित कैकेयी के अन्य आयाम प्रस्तुत किए गए हैं और

रमा वैद्यनाथन (अरबिंद महापात्र)

बताया गया है कि दशरथ की यह रानी अन्याय करने की बजाए खुद अन्याय का शिकार होती (रही) हैं। ये कुछ उदाहरण हैं, जो भरतनाट्यम नृत्यांगनाएँ नृत्य की नई ज़मीन पर, नई उद्भावनाओं के साथ रोप रही हैं।

भरतनाट्यम अब कई प्रकार के रूप धारण कर रहा है। शैलियाँ और घराने अब कम प्रासंगिक हैं क्योंकि अब इसे सीखने वाले कई गुरुओं से सीख रहे हैं। वे जिन गुरुओं और संस्थानों से जुड़कर नृत्य सीखते हैं, वे प्रायः उनके शहर के ही होते हैं यानी शिष्य जिस स्थान का है, गुरु भी वह उसी स्थान का चुनता है या फिर उनमें से जो उपलब्ध हों। आज का नृत्य अब ध्यानमग्नता के साथ प्रस्तुत न किया जाकर, द्रुतगति वाला हो गया है। मार्गम पद्धति से हटकर, दर्शकों के मनोनुकूल कार्यक्रम बुने जा रहे हैं। नृत्यकारों में से कुछ ऐसे हैं जो मानते हैं कि नृत्य को समाज के ज्वलंत प्रश्नों से दूर नहीं रखा जा सकता है। गीता चंद्रन की प्रस्तुति *'रिविजिटिंग माइथोलॉजी'* (पौराणिक प्रसंगों का पुनर्पाठ) को वह ध्यानाकर्षण नहीं मिला जो कि उसको प्राप्य था। देवी मंदिरों को बनाने में जिस तामझाम के दर्शन होते (रहे) हैं उसके बरअकस (विपरीत) कन्या भ्रूण हत्या को इसमें रखा गया था–स्थिति की विडंबना पर फोकस करने के लिए। सामाजिक स्थिति पर यह एक टिप्पणी थी।

नए जमाने के लिए भरतनाट्यम

भारत के शास्त्रीय नृत्यों में भरतनाट्यम सबसे अधिक प्रस्तुत किया जाने वाला नृत्य है। लेकिन प्रस्तुतियों की संख्या बहुलता के साथ ही स्तर में गिरावट भी आती ही है, कई बार। भरतनाट्यम के साथ ठीक यही हुआ है। एक तो सिखाने वालों में कई ऐसे हैं, जिनमें सिखाने को लेकर कोई गंभीर उत्साह या लगाव नहीं है, दूसरे, नृत्यकार भी ऐसे सामने आ रहे हैं जो नृत्य को प्रदर्शन की वस्तु मानते हैं, और जिनकी दिलचस्पी नृत्य की सर्जनात्मक क्षमताओं को विकसित करने में कम है। कलाक्षेत्र जैसे कुछ संस्थानों को छोड़ दें, तो नृत्य को सिखाने में जो 'समग्रता' का भाव होना चाहिए, उसके कुल रूप-स्वरूप और इससे संबंधित अनुशासनों के बारे में भी जो ज्ञानदान होना चाहिए, वह प्रायः उपलब्ध नहीं है। जो नृत्य करते/करती हैं उन्हें आमतौर पर गायन की जानकारी नहीं होती, और उन्हें तेलुगू, तमिल या संस्कृत साहित्य का ज्ञान भी कम ही होता है, जबकि वह नृत्यकार के लिए ज़रूरी है। प्रदर्शन की जल्दबाजी, और उसी की तीव्र इच्छा, जल्दी से कुछ सीखकर मंच पर उतरने का कारण बन जाती है।

इस पर मालविका सरुक्काई का कहना है: अदावु, भरतनाट्यम के आधार-अक्षर हैं, पर आज की नृत्यांगनाएँ, कुछ भी उलटा-पुलटा करने की उतावली में उन्हें ही बिखरा रही हैं–तितर-बितर कर रही हैं। जो भाषा आपने गुरुओं से सीखी है, उसे आप कैसे मलिन

ऊपर: शिजित एवं पार्वथी (आर. श्रीनिवासन)
सामने का पृष्ठ: दीपा राघवन (चेल्ला वीडियोज चेन्नई)

और विरूपित कर सकते हैं। हम 'थेई थेई' अदावु को अंत तक निभाना चाहती हैं, जिससे कि पूर्णता का आभास हो, जैसा कि हमें सिखाया गया है। नृत्यांगनाएँ इसे भंग कर रही हैं–तोड़-मरोड़ रही हैं। आधार को ही नुकसान पहुँचा रही हैं। नृत्य का वह केंद्र कहाँ है, जिसे हमें पकड़कर रखना चाहिए? मैं उसी के भीतर रहकर आह्लादित महसूस करती हूँ। यहाँ तक कि अब आधारभूत अराइमंडी भी अब गायब है, और जो बचे हैं, वे अपस्वरम ही हैं। कोई आपत्ति क्यों नहीं उठाता, आलोचना क्यों नहीं करता इसकी?"

अच्छी नृत्यांगना के लिए ज़रूरी है कि भीतर की आग बुझने न पाए। भरतनाट्यम के कला-रूप की सत्यनिष्ठा को बचाए रखकर ही, सीमाओं के पार जाना है। उसके प्रति सत्यनिष्ठ होकर ही कुछ नया ढूँढ़ना है। जब नृत्य की धज्जियाँ उड़ाई जा रही हों, तब कोई चमकभरी गुणवत्ता ही आशा की किरण हो सकती है।

तर्क दिया जा सकता है कि 'सांस्कृतिक शुद्धता/पवित्रता,' केवल कल्पना की चीज़ें हैं। यहाँ तक कि सादिर भी अपने आप में पूरी तरह खरा या अखंड नहीं था और तंजावुर शैली तो बहुवचनी थी और वह तो पश्चिमी संगीत को भी त्याज्य न मानकर उससे 'संवादरत' थी। चतुर्वाद्य ने जब एक संरचना भंडार और तकनीक का मानकीकरण किया तो उसके पीछे प्रयत्न यह था कि जो

'डांस ऑफ लाइफ' में मल्लिका साराभाई, 2004 (यादवन चंद्रन)

कुछ व्यवहार में था—जो कुछ बरता जा रहा था उसी को एकत्र करने का यत्न किया जाए। पुनरुद्धार करने वालों को जिस संस्कृत-निष्ठा के लिए जाना जाता है, उसका सीधा सा कारण यही है कि वे पहले से मौजूद कृतियों/रचनाओं को ही अपना आधार बनाते थे। प्रारंभ में नृत्य ने तमिल, तेलुगू की समन्वय-संस्कृति को अपने में समाहित किया था, महाराष्ट्र की 'समाम दारु' शैली की दरबारी संस्कृति की तो चर्चा ही क्या करें, इसी तरह एक प्रवृत्ति यूरोप-प्रेरित आधुनिकता की भी रही थी। यह संकर-संस्कृति विशेष रूप से बाद की कुछ जावलियों में देखने को मिली—वह भी चार भाषाओं में, तमिल, तेलुगू, कन्नड़ और अंग्रेजी में—मसलन उस प्रसिद्ध 'ओह

माई लवली ललना' में जो करहारप्रिया रागम में निबद्ध की गई थी। आंध्रप्रदेश की देवदासियों, जिन्हें कलावंतुलु कहकर पुकारा जाता था के पास ऐसी बहुत-सी जावलियाँ थीं, जिन्हें करुर शिवराम्मैय्या[32] ने लिपिबद्ध किया था। पेशेवर नृत्यकारों/गायकों के बीच, उत्तर-दक्षिण की एक साझेदारी थी।

परिस्थितियाँ विपरीत हैं, पर नवंबर-फ़रवरी में जब चेन्नई में नृत्य के बहुतेरे कार्यक्रम होते हैं, और इन महीनों को 'डांस सीजन' के रूप में जाना-देखा जाता है, तब वहाँ बहुतेरी प्रतिभाशाली युवा नृत्यांगनाओं को नृत्य करते हुए देखा जा सकता है। भरतनाट्यम का वही तो जन्मस्थान है, और जब वहाँ पहले से उपलब्ध सांगीतिक रचनाओं की गूँज सुनाई पड़ती है, और उन्हें एकल प्रस्तुतियों के अवसर पर गाया जाता है, तो यह विश्वास दृढ़ होता है कि संगीत प्रेमी दक्षिण से मार्गम गायब नहीं हो सकता है। फिर भी यह खतरा तो है ही कि कहीं कलाकार के सामने, कला गौण न हो जाए, जबकि आदर्श स्थिति तो यही है कि कलाकार का कला के प्रति ही संपूर्ण समर्पण हो। मंदिरों और दरबारों में दासी प्रथा से आकर भरतनाट्यम ने एक लंबी यात्रा तय की है, और आज तो यह सुदूर अमेरिका तक में अपनी जगह बना सका है। कई विपरीत परिस्थितियों में उसने धैर्य नहीं खोया है। नृत्यकार/नृत्यांगनाएँ आज अपने को परंपरा से जुड़ा हुआ भी देखना चाहती हैं, और अपनी ही शर्तों पर रचनात्मक भी होना चाहती हैं। उनकी यह भी अपेक्षा है कि एक 'आध्यात्मिक स्पर्श' भी उनके नृत्य में हो, एक गरिमा भी, जो 'सम्मान' अर्जित कर सके, साथ ही नृत्य धनार्जन का साधन भी बने।

पाद टिप्पणियाँ

1. कलाक्षेत्र की भूतपूर्व निदेशक लीला सैमसन की पुस्तक *'रुक्मिणी देवी: ए लाइफ' पेंग्विन बुक्स,* इंडिया, 2010 में उल्लिखित। "अगर शिक्षा केवल जीवन के लिए होती, जीविकोपार्जन के लिए नहीं; अगर शिक्षा आनंद और खुशी के लिए होती, केवल क्षणिक सफलता के लिए नहीं; अगर शिक्षा आत्म अभिव्यक्ति के लिए होती, अनुकरण मात्र के लिए नहीं; अगर शिक्षा समसामयिक के साथ अनंत काल के लिए होती; अगर शिक्षा बुद्धि प्रवीणता और सत्य के लिए होती, उतनी जितनी कि वह तथ्यों के लिए है, अगर शिक्षा जितनी दिमाग के लिए है, उतनी ही आत्मा के लिए भी होती–तब निश्चय ही युवा पीढ़ियों को हम 'शिक्षा से लैस' पीढ़ियाँ कह सकते।"

2. पेशे से वकील और संस्कृतज्ञ तथा संगीत-नृत्य के प्रवीण समीक्षक, के. एस. चंद्रशेखरन, म्यूजिक एकेडेमी और कलाक्षेत्र बोर्ड से वर्षों तक संबद्ध रहे हैं। चेन्नई में उनके सुब्बाराया एवेन्यू के निवास के बरामदे में हमारी यह बातचीत 1981 में हुई थी।
3. कई मंचों से, और लोगों के साथ बातचीत में, यू.एस. कृष्ण राव ने यह खुलासा किया है कि जब वह और उनकी पत्नी चंद्रभागा, पंडानल्लूर में मीनाक्षी सुंदरम पिल्लई से शिक्षा ले रहे थे, तो उन्होंने देखा था कि देवदासियों की कक्षाओं में जो कुछ सिखाया जाता था, वह उन्हें सिखाई जाने वाली समान चीज़ों से कितना भिन्न हुआ करता था। मसलन, गैर पारंपरिक पृष्ठभूमियों से आने वाले छात्रों को रति-हस्तक नहीं सिखाए जाते थे।
4. शब्दों से नहीं, संकेतों से कविता की प्रतिध्वनियों को ग्रहण करना। अभिनय में संकेतों से भाव-व्यंजना।
5. हाथों में झांझ/मंजीरों के साथ नर्तक के पैरों की गतियों के साथ संगति बैठाते हुए गायन।
6. 2012 में सात वर्षों के अंतराल के बाद, जनार्दनन को कलाक्षेत्र में फिर नियुक्त किया गया था, जिससे कि रुक्मिणी देवी के नृत्य-नाटकों को फिर से संचालित किया जा सके।
7. '*सुमासारा मुलाचे*' वरनम को छोड़ देने के बाद तोडी वरनम "*रुपामु जूच्छी*" को पुरुष छात्रों ने प्रस्तुत किया था, हालाँकि सभी पुरुष छात्र, स्त्री छात्राओं के साथ, कई प्रकार के वरनम सीखने की प्रक्रिया से एक साथ गुजरे थे, इनमें धन्यासी में '*ई मागुवा*', आनंद-भैरवी में '*सखीय इंदा वेलाइयिल,*' शंकराभरणम में, '*मानवी चेकोना रादा*' शामिल थे, और इनकी तैयारी ने उन्हे प्रशिक्षण के लिए सक्षम बना दिया था।
8. पुरुष नर्तकों के लिए जो प्रस्तुतियाँ तैयार की गई थीं उनमें '*चिन्नी कृष्णा*' जैसे '*नृत्योपहारम*' शामिल थे, और विनायक, मोहनकृष्ण और राम को लेकर भक्ति भरी वरनम जैसी संरचनाएँ भी थीं, शृंगार–जो वरनम का आवश्यक अंग है, उससे ये दूर थीं। अभी भी भरतनाट्यम में, अष्टपदी के नायिका विरह गीत '*वदासी यदि किंचितपि*' आदि कम ही शामिल किए जाते हैं।
9. डगलस नाहर ने अपनी पुस्तक *बालासरस्वती: हर लाइफ एंड आर्ट* (वेसलिआन, प्रथम संस्करण, 2010) में इसका उल्लेख किया है, और बताया है कि जयाम्मा ने किस प्रकार बांग्ला साहित्य को मधुरता के साथ कर्नाटिक शैली में ढालने की चेष्टा की थी।
10. देखें, आनंद कुमारस्वामी की पुस्तक "*द डांस ऑफ शिवा फोर्टिंज इंडियन एसेज*" (1918 में पहली बार प्रकाशित) टर्न इंक, न्यूयॉर्क, केसिंगर पब्लिशिंग, 2003
11. *संकीर्ण नदाई* नौ मात्राओं में निबद्ध तालचक्र की लय।
12. बालासरस्वती के वरनमों में से कुछ ये हैं: '*कृष्णा नी बेगाने बारो* (यमुना कल्याणी) *शिवादीकाशापुरु*' (कुरिंजी, आदि तालम) '*कलाईतूक्की निंनरादुम देवम*' (यदुकुलकाम्बोदी, आदि) '*नीलमायिल वात्तने*' (नीलाम्बरी, आदि) 'जगदोद्धरणा' (कपि) 'मुहातई कातिया' (भैरवी)। बालासरस्वती के रचना भंडार के बारे में लिखते हुए स्वर्गीय एन. पट्टाभिरामन और आनंदी रामचंद्रन ने श्रुति (संख्या 5) में अलारिप्पुओं का 5 नदाइयों में, छह विभिन्न तालों में, 5 जतिस्वरमों का, 8 शब्दभेद का, 13 वरनमों का, 97 पदमों का, 51 जावलियों का और 8 तिल्लाना संरचनाओं का उल्लेख किया है।
13. श्रुति में टी. शंकरन (1981)
14. नृत्यकार के रूप में रामगोपाल ने किसी एक नृत्यरूप में गहराई के साथ अपनी पकड़ नहीं बनाई, हालाँकि किसी-किसी आइटम को उन्होंने बड़ी कुशलता से प्रस्तुत किया है, जिसे विदेशों में विभिन्न दर्शकों के बीच भारतीय शास्त्रीय नृत्य को पर्याप्त सराहना मिली है।
15. *डांसिंग टाइम्स* (मई, 1955) में अरनाल्ड हास्केल का उल्लेख है, और अशोक चटर्जी ने अपनी पुस्तक '*डांसेज ऑफ गोल्डन हॉल*' में उन्हें उद्धृत किया है।
16. चेन्नई में 22 दिसंबर, 2012 को आयोजित एपिक वुमन कांफ्रेंस में इंद्राणी रहमान की पुत्री सुकन्या का वक्तव्य।
17. सुकन्या और मेरी सीट, दिल्ली से चेन्नई जा रही फ्लाइट में, अगल-बगल थी, हम दोनों चेन्नई/एपिक वीमेन कांफ्रेंस (2012) के लिए चेन्नई जा रही थीं। हमारी अनौपचारिक बातचीत के बीच सुकन्या ने यह बात खुलकर कही थी।
18. वह नट्टुवान्नरों के परिवारों पर प्रामाणिक जानकारी रखने वाले व्यक्ति हैं, एक शाम मैं और वह म्यूजिक एकेडेमी के सभागार के प्रवेश द्वार पर बैठे हुए बातचीत कर रहे थे–उस शाम हरिकृष्ण और श्रीविधा नटराजन (कनाडा प्रवासी) अपना कार्यक्रम प्रस्तुत करने वाले थे। उन्होंने इस बात का उल्लेख किया कि ये दोनों उन्हें मिलने के लिए पुदुचेरी गए थे, और उस शाम प्रस्तुत की गई दो प्रस्तुतियों पर उनसे कुछ सलाह माँगी थी, जिनमें से एक तो उनकी ही दी हुई थी।
19. सरोजा के श्रुति फाउंडेशन द्वारा स्थापित ई. कृष्ण आय्यर मेडल ग्रहण करने के बाद चेन्नई में उनके घर पर मैंने उनका एक इंटरव्यू लिया था।

20. मंदहसम का अर्थ है–मृदु मुस्कान
21. उदाहरण के लिए, भैरवी वरनम *मोहमना एन मीढु इंदा वेलाइयिल* जिसमें तिरुवलुर त्यागेशा को वर्णित करने वाली हर सांगीतिक पंक्ति द्वैत/अद्वैत दर्शन को उभारने वाली है। एक जतिस्वरम में, लयात्मक संरचना के परिकल्पित कर लिए जाने पर, 'सोल्फा' अंश समाहित किए गए थे।
22. एक लेख के लिए अलारमेल वल्ली के साथ इंटरव्यू।
23. लक्ष्मी विश्वनाथन के साथ मैंने भरतनाट्यम और देवदासी के नृत्य के प्रति उनका दृष्टिकोण जानने के लिए एक इंटरव्यू किया था।
24. चंद्रलेखा के बारे में बात करते हुए और यह बताते हुए कि उनके अंतर्गत वर्षों तक काम करने से उन्हें देह-भाषा की कैसी समझ मिली। उनका मानना था कि भरतनाट्यम के कर्ता-धर्ताओं ने उनके साथ अन्यायपूर्ण व्यवहार किया है।
25. *नित्यसुमंगली*–मंदिर प्रतिमा के साथ देवदासी के विवाह की रीति में प्रतीकात्मक ढंग से यह बात निहित थी कि वह इस प्रकार से विवाहित है कि कभी विधवा नहीं होगी।
26. मालविका सरुक्काई से चेन्नई में उनके घर पर मेरी एक लंबी बातचीत हुई थी, जिसमें उन्होंने भरतनाट्यम वर्तमान और भविष्य को लेकर किए गए मेरे प्रश्नों के उत्तर दिए थे।
27. लीला सैमसन ने कुछ उदाहरण उद्धृत किए हैं: "*परुलन्ना माता नम्मा वोडु*," दूसरी स्त्री पर, और दूसरे क्या कहते हैं उस पर विश्वास मत करो" नायिका अपने प्रेमी से अनुरोध करती है। इंदेंदु *वचितवीरा*, सुरति में वह उस नायक को द्वार से ही गुस्से में लौटा देती है, जो बहुत दिनों तक अनुपस्थित रहा था, यह कहकर कि, "यह घर उस मछली जैसी आँखों वाली स्त्री का नहीं है, जिसके संग तुमने रात बिताई थी।" "यह तो पूर्णिमा की रात है, (फिर) तुम रास्ता कैसे भूल गए। (और इस घर में आ गए)। " नायिका व्यंग्य करते हुए कहती है, और उसकी खातिर करने से इंकार कर देती है। ये ऐसी परिस्थितियाँ हैं जो सामान्य जीवन में भी दिखाई पड़ती हैं, लेकिन शास्त्रीय नृत्य में सौंदर्यशील ढंग से, कविता और संगीत में शैलीबद्ध ढंग से नियोजित की जाती हैं।
28. चेन्नई में मालविका सरुक्काई से उनके घर पर जो लंबी बातचीत हुई थी उसी के संदर्भ से। इसमें उन्होंने भरतनाट्यम, उसके वर्तमान और भविष्य पर मेरे सवालों के जवाब दिए थे।
29. एक भोली स्त्री, जिसने प्रेम का पाठ अभी पूरी तरह पढ़ा नहीं है।
30. ए शब्द '*राइटिंग डांस*' की कार्यशाला में कहे गए थे, जो अनीता रत्नम के घर के बरामदे में आयोजित की गई थी। यह दस दिनों की थी, जिसमें विद्या सुब्रह्मण्यम ने अपनी कला का प्रदर्शन किया था, और अपने गुरु तथा उनकी सीख के बारे में बताया था।
31. मालविका सरुक्काई के साथ मेरी एक चर्चा के दौरान।
32. दावेश सोनजी की वार्ता, 'सालोन टु सिनेमा: द डिस्टिंक्टली मॉडर्न लाइफ ऑफ द तेलुगू जावली' के सार-संक्षेप का संदर्भ लें। जावली का जो विश्लेषित रूप प्रस्तुत किया गया है, वह उनके लेख से है, जिसे वह 'पारसी पात्तुगल' से लिया गया बताते हैं।

कथकः दरबार से सभागार तक की यात्रा

कथक बहुतेरे वर्षों की यात्रा के बाद उत्तर भारत की कई कथा-कथन परम्पराओं से उपजा है, और उसने अपना एक रूप ग्रहण किया है। इन कथा-परम्पराओं में से प्रमुख हैं, मनभट्टों के आख्यान, गुजरात के चारणों के गीत, मध्यप्रदेश के पंडवानी गायकों की प्रस्तुति शैली, हरिकथा और कथाकलाक्षेपम की शैलियाँ। कथक का संबंध मंदिरों और दरबारों, दोनों से रहा है। और कथक के नृत्यकार स्त्री, पुरुष दोनों रहे हैं। दिल्ली-केंद्रित होने से पहले कथक उत्तर भारत और मध्यभारत की कई जगहों में मौजूद (रहा) था। मंदिरों में कथावाचक की जगह बची हुई थी, हालाँकि दर्शकों की संख्या में कमी होती जा रही थी। दरबारों और सामंती संरक्षण में पलने वाले कथक, और 'नाच' नाचने वाली नर्तकियों की हालत कमोबेश वैसी ही होने लगी थी, जैसी कि एक समय दक्षिण भारत में देवदासियों की हुई थी–जब ब्रिटिश राज में सामंती संरक्षण क्षीण हो रहा था और समाज में भी देवदासियाँ 'कलंकित' होने लगी थीं। उत्तर भारत के कई स्थानों में, विशेष रूप से लखनऊ में, दरबारी संस्कृति ने कथक को फलने-फूलने का अवसर दिया था। गुरु दुर्गा प्रसाद के बारे में यह माना जाता है कि उन्होंने नवाब वाजिद अली शाह को कथक सिखाया था। उनकी वंश परम्परा में कथक बना रहा, और उसके प्रमाण-स्वरूप कालका-बिंदादीन से लेकर कालका के तीन बेटों ने इस परम्परा को और आगे बढ़ाया। मुगल शासन की समाप्ति के बाद इन सबने रामपुर और रायगढ़ के संरक्षण में ख्याति अर्जित की और अपने जीवनकाल में ही किंवदंती बन गए।

सामने का पृष्ठ: पंडित बिरजू महाराज (अविनाश पसरीचा)

राजस्थान में कथक किसी एक घराने से नहीं उपजा था, जैसे कि लखनऊ में वह एक घराने में फलता-फूलता रहा। राजस्थान में तो कथक को प्रश्रय जयपुर, जोधपुर, बीकानेर, टोंक, अलवर, उदयपुर, किशनगढ़, झालावाड़ की कई रियासतों ने दिया, जो विभिन्न परम्परागत परिवारों के यहाँ से नर्तकों को निमंत्रित करती थी, हाँ, इनमें से कई परिवार धवला संप्रदाय/समुदाय के थे, जो युद्ध-शैली में नृत्य करते थे और अपनी कुशलता और बहुआयामिता से दरबारियों का मनोरंजन भी करते थे। इन्हें गुणीजनखाना में नियमित वेतन देकर नियुक्त किया जाता था। कुछ अन्य नर्तक भी होते थे जिन्हें पतुर कहा जाता था, वे महलों में नियुक्त रहते थे, और उनके नाम के आगे *राय* जोड़ा जाता था, इनके दो

वर्ग थे–एक वर्ग तो जनानखाने में तैनात रहने वालों का था, और दूसरे वर्ग को जनसाधारण के लिए भी खुले रहने वाले दरबार में नियुक्त किया जाता था।[1] रियासतों के विलयन से पहले, जयपुर में कलाकार श्यामलाल और पुत्र नाथूलाल, गुणीजनखाना के प्रसिद्ध नाम थे, जहाँ गुणी कलाकारों को राज्य की निधि माना जाता था। पर 1920 के आसपास महाराजा माधोसिंह (1923-1947) से इन्हें वैसा संरक्षण नहीं मिल सका, जो स्वयं उपस्थित रहकर अन्य महाराजा दिया करते थे, इसलिए क्रमशः इनका महत्व घटने लगा। रियासतों पर ब्रिटिश शासन की पकड़ बढ़ने के साथ, गुणीजनखाना का प्रबंध दारोगा या कोई मुख्य अधिकारी करने लगा, और उसका काम राजपरिवार के जनाना और मर्दाना महलों तक पारम्परिक कलाकारों को पहुँचाने भर का रह गया। और अब 'गुणीजन' पहले से ही नियुक्त कलाकारों के संबंधियों में से चुने जाने लगे, इससे प्रतिभा और गुणों की अनदेखी होने लगी। तवायफ़ जिसे, गा करके, नाच करके दरबार का मनोरंजन करने वाली का दर्जा प्राप्त था–उसे सामजिक मानकों के हिसाब से निचले दर्जे का माना जाने लगा।[2] उदयपुर में गुणीजनखाना 'संगीत प्रकाश' के नाम से जाना जाता था। अपनी कला का प्रदर्शन करने वाले पुरुष कलाकारों के अलावा सात प्रसिद्ध स्त्री कलाकार भी थीं।

जयपुर घराना

जब कालका-बिंदादीन की जोड़ी लखनऊ में छाई हुई थी, उसी समय जयपुर घराने के पास भी हरिहर प्रसाद और हनुमान प्रसाद की जोड़ी थी, जिसकी अपनी घमक और धाक थी। यह 'देव परी की जोड़ी' के नाम से भी जानी जाती थी। हनुमान प्रसाद के तीन बेटे थे–मोहनलाल, चिरंजीलाल और नारायण प्रसाद, इनमें से नारायण प्रसाद उत्कृष्ट नर्तक थे और 1950 में कैंसर से होने वाले असामयिक निधन से पहले दिल्ली के गंधर्व विद्यालय में कई वर्षों तक अपनी सेवाएँ देते रहे थे। दूसरी एक और जयपुर घराना की शाखा चुन्नीलाल और उनके दो बेटों जयलाल और सुंदर प्रसाद से शुरू हुई। सुंदर प्रसाद दिल्ली के भारतीय कला केंद्र में थे, जयलाल ने भी रायगढ़ दरबार में एक लंबे अरसे तक अपनी सेवाएँ दीं। उनके बेटे रामगोपाल एक कुशल नर्तक बने और कलकत्ता में कथक सिखाने का काम करते रहे। नारायण प्रसाद के संबंधी कुंदनलाल और सुंदरलाल का परिवार भी कथक के लिए प्रसिद्ध हुआ। इनके अलावा श्यामलाल, गोवर्धन, दुर्गाप्रसाद, हीरालाल और सोहनलाल भी थे। जयपुर घराने के कलाकार गुजरात, महाराष्ट्र, मध्यप्रदेश, पश्चिम बंगाल, त्रिपुरा और बिहार तक फैल गए।[3] वैसे इस घराने के इतिहास की निर्मिति में एक समस्या भी है, क्योंकि अन्य विधाओं और पेशों के कलाकार, विशेष रूप से वादक, जिनके परिवारों का नृत्य से कोई नाता नहीं था–वे भी बाद में कथक गुरु बन गए। 'जात्रा' में हर प्रस्तुति के लिए 25 पैसे पाने वाले एम.के. गिरि एक कथक संस्थान के प्रमुख बन गए और उनके बेटे पुरुषोत्तम नायक बाद में दिल्ली के कथक केंद्र में आ गए। माधव सिंह जैसे पखावज वादक ने भी जयपुर घराने की तांत्रिक संरचनाओं (जिनकी शिक्षा सबको नहीं दी जा सकती) के ज़रिए अपना विशिष्ट योगदान दिया है, हालाँकि वे संरचनाएँ जयपुर घराने के भंडार में कुछ कम जाने जाते हैं।

मेनका ने शुरू किया एक नया रुझान

1920 के दशक के कोलकाता में बचवाजान जैसी नाच-नर्तकियों की पूछ अभी बाकी थी, जब एक उच्च जाति की ब्राह्मण स्त्री मेनका बंगाल में उदित हुई। कालका और बिंदादीन महाराज की शिष्याओं, ननुआ-बचुवा बहनों का नृत्य देखकर मेनका ने तय किया कि वह भी नृत्य करेंगी। उनके इस निर्णय के साथ ही भारत में कथक की इतिहास-कथा को एक नया आयाम मिला। मेनका ने, जो पहले लीला नाम से जानी जाती थी, सीताराम प्रसाद से जोर-शोर से नृत्य सीखना शुरू किया। सीताराम अच्छन महाराज के समकालीन थे। कोलकाता छोड़कर मुंबई जा

बसे, सीताराम ने मेनका को मुंबई में नृत्य की दीक्षा दी। यह काम उन्होंने अपने खराब स्वास्थ्य के बावजूद किया और इसे 1934 तक जारी रखा। 1934 के बाद वह फिर कोलकाता आ गए, और यहीं उन्होंने अवकाश ग्रहण किया। मेनका का पहला एकल नृत्य 1928 में हुआ था। और उनकी पहली प्रस्तुति 1934 में हुई थी, जिसे काफी हद तक सीताराम प्रसाद ने ही निर्देशित किया था। 1935 में देव विजय नृत्य को लखनऊ घराने की त्रयी में सबसे बड़े अच्छन महाराज ने निर्देशित किया, जो कथक के अग्रणी सितारों में से एक थे। जो भी हो, *सोखे* परिवार की दिनचर्या से तालमेल बिठाने में उन्हें कठिनाई होने लगी, और वे जल्दी ही बाहर निकल आए। इसके बाद, मेनका ने उनके भाई लच्छू महाराज से नृत्य सीखना शुरू किया, जो लखनऊ की नज़ाकत में निपुण माने जाते थे। उन्होंने रामदत्त मिश्र से भी नृत्य सीखा जो लच्छू महाराज के मामा थे। शंभू महाराज के चचेरे भाई राम नारायण मिश्र उनके नृत्य में सहभागिता करने वाले बने। असमय हुई अपनी मृत्यु से पहले मेनका कथक में वह सब कर, और आजमा चुकी थी, जिसे करने की इच्छा आज के समसामयिक नृत्यकार अपने कला-रूपों में करना और आजमाना चाहेंगे। अपने समय के पुरुष नर्तकों, जैसे कि गौरी शंकर (जिन्हें अनंतर गुरुदेव रवींद्रनाथ टैगोर ने शांति निकेतन में प्रशिक्षण देने के लिए बुलाया था। प्रह्लाद नारायण, श्रीवास्तव, रामकृष्ण शुक्ल, और वसंत नटकर्णी–इन सभी के साथ उन्होंने नृत्य किया था। ये उनकी नृत्यमंडली में भी थे। और क्रमशः कथकली और मणिपुरी नर्तकों कृष्णकुट्टी और नरेन्द्र कुमार सिन्हा के साथ भी। मेनका ने कुछ ऐसे प्रयोग भी किए थे, जिनमें एक से अधिक नृत्यरूपों के कलाकारों ने भाग लिया था। अपना जो विद्यालय उन्होंने शुरू किया था उसमें उन्होंने दमयंती जोशी, सिलू, मारतिना कास्तेलिनो, विमला, मालती को नृत्य की दीक्षा दी। साथ ही त्रिपुरा, मुंबई और इंदौर के प्रशिक्षार्थियों को भी नृत्य सिखाया। उन्होंने विद्यापति की पदावली से प्रेरित होकर कृष्ण लीला और विरह मिलाप की ऑपेरामयी स्वतंत्र प्रस्तुतियाँ दीं। मेनका ने अपनी प्रस्तुतियों के विभिन्न विभागों के लिए कला रसिकों और कला पारखियों की मदद ली। इस सिलसिले में सुप्रसिद्ध कला इतिहासकार कार्ल खंडेलवाला का नाम भी लिया जा सकता है, जिन्होंने मेनका के आग्रह पर मंचसज्जा, और वेशभूषा को लेकर परामर्श तो दिया ही, 17वीं सदी की राजपूत शैली के मिनिएचर चित्र भी ज़रूरत पड़ने पर मुहैय्या कराए। सिल्क और बकरम पर बीड या पत्थर के काम वाली मेनका की सूती छपाई और कढ़ाई वाली वेशभूषा बहुत सफल थी। यूरोप में उनकी एक नृत्य प्रस्तुति देखकर पावलोवा भी कुछ समय तक उनकी सलाहकार रहीं। मेनका ने शांति निकेतन के कलाकार मनीषी डे की भी मदद ली। उनके संगीत विशेषज्ञ अंबिका चरण मजुमदार थे और उनकी संगीत मंडली में उस्ताद अलाउद्दीन और हाफिज़ अली खाँ, उस्ताद शेखावत हुसैन खाँ (सरोद), एस. महबूब अली (शहनाई) और विष्णु शिरोडकर (तबला) जैसे लोग थे। हारमोनियम का इस्तेमाल नहीं होता था। तबला तरंग, घंटा तरंग और नल तरंग–सब सांगीतिक संरचना के हिस्से थे। 1938 में मेनका लास्यम की प्रस्तुति हुई। अप्सरा मेनका और ऋषि विश्वामित्र की कथा पर बुनी गई इस नृत्य प्रस्तुति की संरचना लच्छू महाराज ने की थी। इसमें लक्ष्मी ताल, *जनाना सवारी* जैसी संशलिष्ट तालों का प्रयोग किया गया था। रूपक धमार जैसी परिचित तालों का इस्तेमाल तो था ही। बरवा और रात्रि-का-लाली जैसे राग भी एक रचना में पिरोए गए थे। संस्कृत के विद्वान, नृत्य उत्साही और सिद्धांतकार डॉ. वी. राघवन के परामर्श से 1939 में मेनका ने *मालविकाग्नमित्र* की प्रस्तुति की। यह कथकली, मणिपुरी और कथक नृत्य-शैलियों की एक 'त्रिवेणी' ही तो थी। पंडित रामदत्त मिश्र और रामनारायण ने नृत्य-संरचना में मदद की। हरीश चंद्र बाली ने संगीत रचना की और इसमें *पटदीप*, *जयजयंती*, *खमाज़* और *देश* जैसे रागों को शामिल किया। इसी वर्ष उनकी कालिया दमन की प्रस्तुति भी हुई, इस कथा में एक नाटकीय दृश्य जोड़ा

गया, जिसमें वृंदावन की गोपियाँ कृष्ण से कालिया दमन की पुकार करती हैं, कि वह सभी को कालिया सर्प के भय से मुक्त कराएँ। अभिनय की किसी गणितीय/सैद्धांतिक पद्धति से मुक़्त होकर मेनका ने कथक को स्वतंत्र-मन से बरता–सिर्फ़ गत भाव से, कवित्त या शब्दों के बिना, और बिना लहरा के।

वर्ष 1936 तक, मेनका के इंडियन बैले ने कलाप्रेमी और आयोजक अर्नेस्ट क्रॉस द्वारा संयोजित इंटरनेशनल डांस आलिम्पियाड में भाग लेने समेत, बर्मा, सिंगापुर, मलेशिया, थाईलैंड और यूरोप में प्रस्तुतियाँ दीं, और जिनेवा के थिएटर म्यूनिसिपाले में उद्घाटक-प्रस्तुति देकर नृत्य इतिहास की रचना की।[4] मेरी विगमान, हैरोल्ड क्रुइत्सवर्ग और पालुक्का के नेतृत्व वाली मंडलियों की प्रस्तुतियों के बीच अंतरराष्ट्रीय जूरी ने देव विजय नृत्य को प्रथम पुरस्कार दिया, साथ ही नृत्यकार रामनारायण और गौरी शंकर भी अलग से पुरस्कृत हुए। 'डांस टाइम्स' के अर्नाल्ड हास्केल ने लिखा कि इससे स्पष्ट है कि पश्चिमी मंचीय अभिरुचियों के प्रति कोई पक्षपात नहीं किया गया। ड्रेसडेन ऑपेरा हाउस में हुई प्रस्तुति को देखकर मेरी विगमान ने लिखा कि "यही वह नृत्य तकनीक है जिसका मैं हमेशा सपना देखा करती थी। इसे देखने के बाद मुझे लगता है कि हम यूरोपियों को कभी नृत्य नहीं करना चाहिए... यह पहला अवसर है जब हमें इतनी चमत्कारिक/भव्य प्रस्तुति देखने को मिली है।" बर्लिनर टागरब्लाट और हैंडेल्स जेइतुंग की टिप्पणी थी–"...भारतीय प्रस्तुति के समक्ष अन्य मंडलियाँ कहीं टिक नहीं पा रही थीं।" ब्लेकमान वेस्टफॉलिशे, डॉर्टमुंड का कथन था: "...ऐसा लग रहा था कि एक सुखद दिन के बाद सहसा सूर्यास्त हुआ हो।"

मुंबई के अपने घर के विस्तृत परिसर में मेनका ने कई विख्यात दिग्गजों की अगवानी की थी। उनका अतिथि-सत्कार किया था। इनमें वल्लतोल, टैगोर, पंडित नेहरू और सरोजिनी नायडू शामिल रहे हैं। अपने नृत्य के लिए महानगरीय शोर-शराबे को अनुपयुक्त पाकर मेनका अपने नृत्यालय को खंडाला ले गईं। वहाँ उन्होंने बोमन बेहराम परिवार के दो बड़े बंगले किराए पर ले लिए। इनमें से एक पुरुष शिक्षार्थियों के लिए था, दूसरा उन स्त्रियों के लिए जो नृत्य सीखना चाहती थीं। पंडित रामदत्त मिश्र और रामनारायण के साथ उन्होंने यहाँ कथक सिखाना शुरू किया। कृष्णन कुट्टी थे, कथकली शिक्षक और पीचक सिंह मणिपुरी सिखाते थे, मणिपुरी। शिरीन वजीफदार, सुरेंद्र वडगाँवकर, रंगविट्ठल, रामरति शुक्ल, प्रह्लाद नारायण, अनुसूया मितबावकर ये कुछ नाम हैं, जिन्हें नृत्य-संसार में यहाँ सीखने के बाद एक मुकम्मल पहचान मिली। पर, कुछ वर्षों के भीतर, मेनका के अस्वस्थ रहने के कारण नृत्य-संबंधी उनकी गतिविधियाँ क्षीण हो गईं। 1944 में नृत्यालय को फिर मुंबई ले आया गया और उसके पाठ्यक्रम में विस्तार किया गया। माधवी अम्मा यहाँ मोहिनीअट्टम भी सिखाने लगीं। लगातार की अस्वस्थता के कारण दो वर्षों बाद उनका देहांत हो गया। उनके निधन पर इंडियन फाइन आर्ट्स सोसायटी के सभापति पी.एन. हकसर ने उन्हे अत्यंत भावभीनी श्रद्धांजलि दी, "पंडित भातखंडे ने भारतीय संगीत के लिए जैसा योगदान किया, नृत्य के खाते में वैसा ही योगदान मेनका का रहा है।" लेकिन मेनका के लिए सब समय रास्ता आसान नहीं रहा, उन्हें कई प्रतिरोधी स्वरों का सामना भी करना पड़ा। ये स्वर उन गुरुओं के थे जो परम्परावादी थे, और मेनका के उन प्रयोगों से संतुष्ट नहीं थे, जो वह प्रायः करती रहती थीं। इन लोगों का मानना था कि पारंपरिक कथक से उनकी छेड़छाड़ या उनका बिठाया हुआ तालमेल कथक के हित में नहीं है।

अचरज कि आज मेनका का नाम कभी-कभार ही लिया जाता है, और कथक की दुनिया में उन्हें नई प्रवृत्ति की शुरुआत करने वाला तो कोई भी नहीं मानता।

दूसरे अग्रणी

शिष्य/शिष्याओं में, जिन्होंने मेनका, और गुरु सीताराम प्रसाद, अच्छन महाराज और लच्छू महाराज

मोहनराव कल्याणपुरकर (संगीत नाटक अकादमी)

निर्मला जोशी (संगीत नाटक अकादमी)

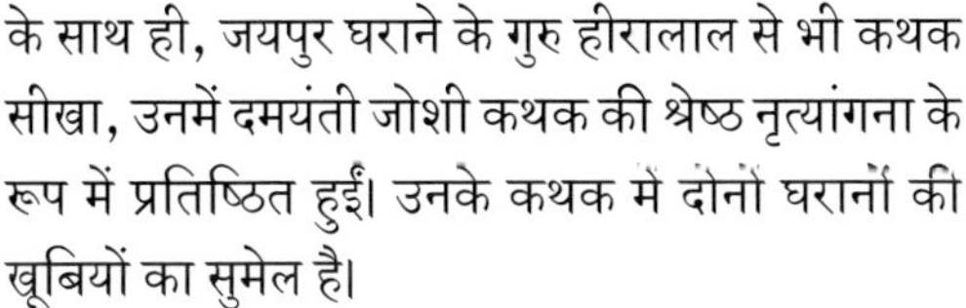

के साथ ही, जयपुर घराने के गुरु हीरालाल से भी कथक सीखा, उनमें दमयंती जोशी कथक की श्रेष्ठ नृत्यांगना के रूप में प्रतिष्ठित हुईं। उनके कथक में दोनों घरानों की खूबियों का सुमेल है।

अन्य कथक प्रशिक्षार्थी, जो एक अलग पृष्ठभूमि से आए थे, उनमें पुवैय्या बहनें उल्लेखनीय हैं। वे कुर्ग के एक साधारण परिवार से थीं। सीता पुवैय्या राष्ट्रवादी थीं, और अपनी क्रांतिकारी माँ से प्रेरित-प्रभावित थीं। उनकी माँ भारत में यू.एस. एजुकेशनल फाउंडेशन और डब्ल्यू.आई.टी. (वीमेन्स इंडिया ट्रस्ट) से भी संबंद्ध थीं। ये बहनें राजनैतिक वातावरण में पली-बढ़ी थीं। ये गुरु सुंदर प्रसाद जी, और अनंतर उनके भाई गुरु जयलाल कथक, जो जयपुर घराने के थे, से प्रशिक्षित हुई थीं। सीता उन पहले व्यक्तियों में से थीं, जिन्होंने मुंबई विश्वविद्यालय के समाजशास्त्र विभाग से 'द आर्ट एंड साइंस ऑफ इंडियन क्लासिकल डांसिंग एंड इट्स सोशल बिअरिंग्स' विषय पर पीएच. डी की उपाधि हासिल की थी। पुवैय्या बहनों ने, दरबारी संस्कृति की कथक सलामी की जगह *गणेश वंदना* को अपनाया। (गुरु से मिले सूरदास के भजन को, जो शाब्दिक रूप में अशुद्ध था, और कुछ उदासीन भाव से गाया जाता था)। इसे प्रतीकात्मक ढंग से ही अपनाया गया था। यह बात सीता ने अनंतर स्वयं एक भेंटवार्ता में स्वीकार की थी, यह कहते हुए कि वह धार्मिक व्यक्ति तो थी नहीं। बहनों में से सभी कुँवारी थीं, और एक को छोड़कर सबने कथक करना छोड़ दिया था क्योंकि बिना पुरुष संरक्षण के नृत्य करना अच्छा नहीं माना जाता था। सीता को याद था कि जब गुरु अच्छन महाराज को मुंबई में उनके घर पर नृत्य करने के लिए आमंत्रित किया गया था तो उन्होंने पानदान की फरमाइश की थी। घर में पानदान तो था नहीं, और इस पर बहनों ने असहज महसूस करते हुए उन्हें एक बर्तन लाकर दे दिया था। लेकिन जब गुरु ने नृत्य करना शुरू किया तो वह भला एक अच्छी कविता से कम कहाँ था। उन्होंने बहनों को सिखाने की इच्छा भी प्रकट की थी, जिसे बहनों ने पसोपेश में पड़कर मना कर दिया था, क्योंकि वे सुंदर प्रसाद की शिष्याएँ थीं। *मिररर्स एंड जेस्चर्सः कनवरसेशंस विथ वीमेन डांसर्स* नामक किताब में सीता पुवैय्या के साथ सी.एस. लक्ष्मी का एक इंटरव्यू है, जिसमें कई दो टूक बातें हैं। यह पूछे जाने पर कि अच्छन महाराज और सुंदर प्रसाद जी जब

तवायफ़ों को नृत्य सिखाते थे तो क्या उन्हें सिखाने का उनका तरीका कुछ भिन्न होता था, सीता ने कहा था कि नृत्य सीखने के लिए तवायफ़ों को कई संकटों और परेशानियों का सामना करना पड़ा था, और उन्हें प्रायः समाज से अपमानित भी होना पड़ता था। सीता ने यह भी बताया कि पुवैय्या बहनों को घूमर नृत्य (जो उन दिनों बेहद लोकप्रिय था) करते हुए देखकर अच्छन महाराज ने नितंबा के नाजुक संचालन को स्वयं करके बताया, जिसमें चक्कर भी लेने पड़ते थे। यह सब उन्होंने अत्यंत गरिमामय तरीके से बताया। सुंदर प्रसाद और जैलाल ने बाद में इसे अ-शास्त्रीय कहकर खारिज़ कर दिया। बहनों ने इसे करना ही छोड़ दिया, संकोचवश, साहस की कमी से। सीता ने इसका भी उल्लेख किया है कि किस तरह नृत्यांगनाओं ने गुरुओं को खिला-पिला कर (मद्यपान कराके) फुसलाना शुरू कर दिया था, और अविवाहित होने के कारण बहनों ने अपने को इन सब प्रकरणों से दूर ही रखा। सीता, क्रमशः राष्ट्रीय आंदोलन में अत्यधिक सक्रिय होती गईं और उन्होंने नृत्य करना ही छोड़ दिया। 1997 में बेंगलुरु में उनका देहांत हो गया।

राजधानी में नई तरंगें

1936 में दिल्ली का नृत्य-जगत तब सक्रिय हो उठा जब निर्मला जोशी ने अच्छन महाराज को (जो बहुत दिनों तक रामपुर के दरबार में रहने के बाद रायगढ़ दरबार में चले गए थे) तब 'दिल्ली स्कूल ऑफ हिंदुस्तानी म्यूजिक एंड डांस,' नाम से जानी जाने वाली संस्था में नृत्य सिखाने के लिए आमंत्रित किया। इसके पहले बैच के प्रशिक्षार्थियों में थीं, जोशी बहनें, निर्मला और उमा, मालाश्री सेन, रेबा विद्यार्थी, दीपा चटर्जी, कपिला मलिक, अनंतर कपिला वात्स्यायन (विदुषी, प्रशासनिक अधिकारी, नृत्यांगना, स्वातंत्र्योत्तर सांस्कृतिक प्रशासन के क्षेत्र में अहम भूमिका निभाने वाली) बहुतेरी अन्य नृत्यांगनाएँ/नृत्यकार जैसे सितारा देवी, तारा और अलकनंदा, दमयंती जोशी, श्रीलंका के विक्रम सिंह और मोहन कल्याणपुरकर–इन सबने अच्छन महाराज से सीखा था। उनकी चार संतानों– सरस्वती, विद्यावती, चंद्रावती और बिरजू महाराज में से बिरजू महाराज ही लखनऊ घराने की मशाल थामे हुए नृत्य-जगत के चहेते बने। लच्छू महाराज कुछ ज्यादा साहसी सैलानी थे, कुछ समय तक रायगढ़ दरबार में भी रहे। फिर वे कोलकाता के न्यू थिएटर में चले गए, और मैडम मेनका की कंपनी में भी रहे, जिसका उल्लेख पहले हो चुका है। मुंबई में नृत्य निकेतन की स्थापना करके उन्होंने सितारा, दमयंती जोशी, रोहिणी भाटे जैसी नृत्यांगनाओं और स्वयं अपनी बेटी कौशल्या को नृत्य की शिक्षा दी। तीनों भाइयों में अकेले वही थे, जिन्होंने फिल्मों के लिए भी नृत्य-संरचनाएँ कीं–भरत मिलाप, महल, पाकीज़ा, और मुगले-आज़म फिल्में कीं। उन्होंने कई नृत्य नाटकों/नाटिकाओं के लिए भी नृत्य संरचनाएँ कीं–जैसे कि बापू की *अमर कहानी*, *गोकुल की गौरी शंकरी*, *राधे पिया पियारी*, *मालती माधव* और *आम्रपाली* की। आँखों, पलकों और कलाइयों अंगुलियों की सूक्ष्म भंगिमाएँ उनकी विशेषता थीं। कसक मसक और धड़ के संचालन में भी वह पारंगत थे। वह विचारपूर्ण ढंग से भावनाओं को अमूर्त बोलों के साथ संप्रेषित करने में भी माहिर थे। और बड़ी रवानी के साथ *धा-ता-का-थुंगा* संरचना हो या कोई टुकड़ा–उसका इस्तेमाल वह किसी नायिका की भावनाओं को सहज ही दर्शकों तक पहुँचाने के लिए करते थे। किसी बात या सूझ को भी संप्रेषित कर लेते थे। उनका चलना या उनकी गतियाँ, नृत्य को एक गरिमा प्रदान करती थीं।

1940 के दशक के घराने

इस बीच रायगढ़ रियासत में 1924 के बाद एक अनोखा दृश्य उपस्थित हुआ, जब राजा चक्रधर सिंह (1904-1947) गद्दी पर बैठे। यह इसलिए संभव हुआ था कि उनके भाई की विधवा ने उन्हें गोद ले लिया था। उनके गद्दी सँभालते ही कलाओं की दुनिया में बहुत कुछ नया घटित होना शुरू हुआ। चक्रधर सिंह को ठाकुर लक्ष्मण

सिंह, उस्ताद मुनीर खाँ, पंडित जयलाल जी जैसे तबलावादकों से तालीम प्राप्त हुई थी। ठाकुर प्रसाद जी और परवत सिंह जैसे पखावजवादकों से उन्होंने पखावज सीखी थी। ऐसे चक्रधर सिंह ने, जो संगीत विशेषज्ञ और वादक थे, *नर्तन सर्वस्व*, *तालतोयनिधि*, *रागरत्न मंजूषा* और *मुराज पुराण पुष्पकर* जैसे ग्रंथों की रचना की। पहले ग्रंथ नर्तन सर्वस्व का रचा जाना जब 1938 में समाप्त हुआ तो उसका कुल वजन 6 किलो था। यह पहले से उपलब्ध *नर्तन रहस्य* पर आधारित था। इसकी खोज तब हुई थी जब रायगढ़ के शासक ने भीलूगढ़ क्षेत्र पर विजय प्राप्त की थी। अखिल भारतीय संगीत सम्मेलन में पहली बार इसे प्रदर्शित किया गया था। इसने *शिव तांडव*, *विद्याधर तांडव* और *किन्नर तांडव* के साथ लास्य संरचनाओं का खजाना ही तो खोल दिया। अनगिनत गतों, पद संचालन आदि का भी यह भंडार साबित हुआ, जिनसे किसी चाल-विशेष से, नायिका की भावनात्मक स्थिति को भलीभाँति दर्शाया जा सकता था। राजा चक्रधर सिंह के बाद का ग्रंथ *तालतोयनिधि* कुल मिलाकर 32 किलो का था। इसमें तबले के बोल परन हैं, पखावज, नगाडा, तिमकी, ढोल के भी और ताल के भी कई प्रकार हैं। अंग्रेजों ने उनको नृत्य-संगीत में डूबे रहने का तर्क देकर, उन्हें गद्दी से उतार दिया। अवसाद से भरे चक्रधर का 1947 में देहांत हो गया–पर देहांत से पहले इस दूरदर्शी कलाप्रेमी ने छत्तीसगढ़ी लोक परम्परा से चार गुणी कलाकारों को खोज निकाला था–कार्तिक राम, कल्याण दास, फिरतू दास और बर्मन लाल को–कथक के श्रेष्ठ गुरुओं से उन्हें कथक का प्रशिक्षण मिला और इन्हीं से रायगढ़ घराने की एक पहचान भी बनी। देह-संचालन के उपक्रम इस घराने ने जयपुर घराने से कई चीज़ें लीं, पर स्वयं राजा द्वारा रचित संरचनाएँ, जिनमें वाचिक बोलों से उत्पन्न भावनामयी छवियाँ प्रमुख थीं, इसकी धरोहर बनीं। इन छवियों को गढ़ने में दल बदल, दिमताली परन, गजविलास परन, कड़क बिजली धुंगाताली परन, चमक बिजलीं, परन सहायक

कार्तिक राम (संगीत नाटक अकादमी)

हुईं, लेकिन जब राजा की मृत्यु हो गई तो उम्दा तरीके से प्रशिक्षित नृत्यकार बिखर से गए, जब तक कि उन्हें फिर से नहीं खोज निकाला गया। इस बीच वे गाँवों में अपने-अपने पुश्तैनी धंधों में लगे रहे। छत्तीसगढ़ की राजधानी में उन्हें लाने वाले थे मध्यप्रदेश के प्रशासनिक अधिकारी, आई. ए.एस. अशोक वाजपेयी।

जानकी प्रसाद घराना, जिसे कुछ लोग बनारस घराना कहते हैं, (हालाँकि उनके वंशज इसका प्रतिकार करते हैं) उसकी प्रेरणा जानकी प्रसाद से ही इस घराने ने प्राप्त की थी। जानकी प्रसाद, चौहानों के क्षत्रिय कुल के सनवाल्दों के वंशज थे, जो बीकानेर रियासत के मैलसुर गाँव के थे। वह एक विद्वान/नृत्यकार थे और बीकानेर की महारानी नरुका जी, जो स्वयं कलाकार थीं, बहुत प्रभावित थीं। महारानी ने इनसे आग्रह किया कि ये बनारस की ओर चले जाएँ। उनका विश्वास था कि वहीं

बिरजू महाराज की एक प्रस्तुति (संगीत नाटक अकादमी)

रहकर इनकी कला फल-फूल सकेगी।[5] जानकी प्रसाद दरबार से संबद्ध नहीं थे। नृत्य उनके लिए मनोरंजन से अधिक आध्यात्मिक प्रेरणा की चीज़ थी। उनकी संरचनाओं में केवल नटवरी बोल हुआ करते थे, तबला और पखावज से भिन्न स्वरावलियाँ (जो कथक बोलों में सामान्यतया प्रयुक्त होती हैं,) *झनझन*, *थर्र*, *झुंग*, *छेका*। जानकी प्रसाद के भाई चुन्नीलाल के वंशजों में से थे गणेशीलाल, जिनके तीसरे पुत्र पंडित गोपाल जी लाहौर में थे और फिर खैरागढ़, कपूरथला और कश्मीर की रियासतों में नर्तक रहे। उन्होंने पटियाला दरबार के नर्तकों, नवाब पुतली और हीराबाई को प्रशिक्षित किया था। उन्हें पंडित गोपाल के नाम से ही पुकारा और जाना जाता था, और वे अपने आंगिक अभिनय के लिए मशहूर थे। दरबारी गायक अली बक्श खाँ के पुत्र बड़े गुलाम अली ख़ाँ और गोपाल गहरे दोस्त थे। काफ़ी उम्र हो जाने तक, जब उनके कोई संतान नहीं हुई (कृष्ण कुमार बाद में हुए) तो उन्होंने अशाक़ हुसैन को गोद ले लिया, और हिंदू की तरह ही उन्हें पाला। अशाक़ हुसैन विलक्षण नृत्यकार थे और अनंतर 'नृत्य सम्राट' कहलाए। पंडित गोपाल की मृत्यु और विभाजन के बाद वह पाकिस्तान चले गए, जहाँ उन्हें कोई संरक्षण नहीं मिला, और वह एक कुंठित व्यक्ति की तरह मरे। लेकिन उन्होंने कई संभावनाशील शिष्य तैयार किए, जिनमें हज़ारीलाल और कृष्ण कुमार शामिल थे। इन दोनों को चाचा हनुमान प्रसाद ने पोसा था, पर बाद में अशाक़ हुसैन ने इन्हें अपनी छत्रछाया में ले लिया था। जानकी प्रसाद घराने की शाखाएँ न्यामा और चुरू जिले में फैली हैं, भलेरी गाँव में। इंदौर रियासत के नर्तक दूलाराम के लड़के बिहारीलाल ने मुंबई का रुख किया–गंधर्व नाटक कंपनी में बतौर नर्तक काम करने के लिए। वहाँ उस्ताद अहमदजान थिरकवा जैसे गुणी तबला वादक भी थे। इन दोनों के सम्मिलित कार्यक्रमों ने गजब की तरंगें उठाईं। तबलावादक अहमदजान नर्तक की द्रुतगति की संगत करते हुए, तबलों को छाती में टिकाकर संगत करते थे।[6] यह दृश्य अपूर्व हुआ करता था। बिहारीलाल के नटवरी बोल विलंबित लय के नृत्य में 64 मात्रा के होते थे। यह उनका एक विलक्षण योगदान था। उनके तीन बेटों में किशनलाल ने मुंबई में नृत्य सिखाना शुरू किया, जबकि अन्य दो देहरादून में ही नृत्य के प्रशिक्षण का कार्य करते रहे। मोहनलाल का देहांत 1960 में हुआ। बिहारीलाल के भाई पूरनलाल, जिन्होंने सुंदर प्रसाद और मेनका को सिखाया था (इनके 1956 में तालकटोरा गार्डन, दिल्ली में हुए नृत्य प्रदर्शन को कई लोग अब भी याद करते हैं।) की वंशावली में से थे हनुमान प्रसाद। ये गणेशीलाल के बेटे थे, जिन्होंने पटियाला फिर बीकानेर और नेपाल में भी काम किया था। बाद में ये दिल्ली आ गए जहाँ इन्होंने

संगीत नाटक अकादमी की तत्कालीन सचिव निर्मला जोशी के साथ मिलकर संगीत भारती[7] की स्थापना की। निर्मला और उमा दोनों उनकी शिष्याएँ थीं और इन्होंने दिल्ली के रीगल थिएटर में *वसंत उत्सव* शीर्षक नृत्य-नाटक का मंचन किया था। इसकी स्क्रिप्ट तैयार की थी निर्मला जोशी ने। नृत्य संरचना हनुमान प्रसाद की थी और यह जे.सी. रॉय के निर्देशन में हुआ था।[8] सुनयना हजारीलाल के अनुसार, पूरनलाल के दूसरे बेटे मदनलाल जो पटियाला में थे, उनके पास ठुमरियों का एक बड़ा खजाना था। यह परिवार के पास बचा रह गया है। मेनका के प्रयत्नों से, अच्छन महाराज ने दो बैले *ब्रजलीला* और *कुमार संभव* संरचित किए। ये, प्रथम नृत्य महोत्सव में–फिरोजशाह कोटला, दिल्ली में 1945 में प्रस्तुत किए गए थे।

बनारस घराना नाम भ्रामक हो सकता है, क्योंकि इसके दावेदार और भी हैं–सुखदेव महाराज जो सितारा देवी जैसी नृत्यांगना के पिता थे और जिन्होंने अपनी बेटियों–सितारा, अलकनंदा और तारा को नृत्य का प्रशिक्षण दिलाया।[9] लेकिन जानकी प्रसाद शाखा के विपरीत, जिसका दावा है कि उसने अपने को अलग-थलग रखा, सितारा, अलकनंदा, और तारा–सबको लखनऊ भेजा गया था, लखनऊ घराने के गुरुओं अच्छन महाराज, लच्छू महाराज और शंभू महाराज के पास। सुखदेव महाराज ने शिव और देवी काली की अभ्यर्थना में कई स्तुतियों की रचना की। सितारा बताती थीं कि उनके पिता और परिवार के लोग नेपाल के राजा के यहाँ नर्तक और संगीतकार थे, पर उन्हें कोई आदर-मान नहीं मिलता था और उनके साथ 'नटवों'[10] जैसा व्यवहार किया जाता था। उनका कहना था कि उनके पिता ने बिंदादीन महाराज से 'भाव' सीखा था और कालका महाराज का नृत्य। वह शांति निकेतन भी गए थे और कुछ समय बंगाल के मैमनसिंह रियासत में भी रहे थे। अपने समय की धारा के विपरीत उन्होंने अपनी लड़कियों को अच्छे गुरुओं के पास कथक सीखने के लिए भेजा था, जिससे कि उनकी कला का क्षितिज विस्तृत हो सके। सितारा देवी के अनुसार तब तवायफ़ों द्वारा किया जाने वाला नृत्य अपनी शानदार, नाज़ुक छवियों के लिए प्रसिद्ध था। कथक, तांडव या पुरुषोचित सामर्थ्य से अनजान था। सितारा का मानना था कि कथक को यह तत्व उनके पिता ने दिया। बहुत दूर तक शंभू महाराज के कथक में भी यह परिलक्षित होता था।

दिल्ली के महत्वपूर्ण उद्यम

1947 में अच्छन महाराज का देहांत हो गया और उनके युवा बेटे बिरजू महाराज को कपिला मलिक ने संगीत भारती में नृत्य सिखाने के लिए लखनऊ से आमंत्रित किया। इसी के समांतर एक और उद्यम हुआ था झंकार। इसे सुमित्रा चरतराम की पहल पर कुछ रसिकों ने शुरू किया था। सुमित्रा चरतराम उद्योगपति लाला श्रीराम के परिवार से थीं, समृद्ध थीं, कलाप्रेमी, कला-संरक्षक थीं। लच्छू महाराज के भाई शंभू महाराज को कथक सिखाने के लिए झंकार ने नियुक्त किया था। कक्षाएँ लगती थीं माता सुंदरी रोड में। पाँच वर्षों बाद 1952 में, भारतीय कला केंद्र एक संस्था के रूप में रजिस्टर्ड हुआ (नाम में 'श्रीराम' बाद में जोड़ा गया) कक्षाएँ लगती थीं सुमित्रा जी के घर में। भारत सरकार की ओर से उपलब्ध कराई गई स्कॉलरशिप के अंतर्गत बेंगलुरु की माया राव, कुमुदिनी लाखिया, उमा शर्मा, कमला कीर्तिकर, रीना सिंह, यहाँ तक कि केशव कोठारी (जो अनंतर संगीत नाटक अकादमी के सचिव बने) और बेला अरनब ने शंभू महाराज से नृत्य सीखना शुरू किया। जयपुर घराने के प्रतिनिधि सरीखे गुरु सुंदर प्रसाद भी मुंबई की अपनी संस्था (जो बिंदादीन महाराज के नाम पर थी) को छोड़कर 1958 में भारतीय कलाकेंद्र में आ गए थे। कलाकेंद्र में अधिक अवसर देखकर बिरजू महाराज भी संगीत भारती छोड़कर कलाकेंद्र में आ गए। निर्मला जोशी जैसे लोगों को स्वाभाविक रूप से इससे निराशा होनी थी। नैना देवी समेत कई श्रेष्ठ संगीतकारों का कलाकेंद्र

कुमुदिनी लाखिया (संगीत नाटक अकादमी)

नंदिनी सिंह (संगीत नाटक अकादमी)

से संबद्ध होना एक सुखद घटना थी। और कलाकेंद्र का माहौल, कुछ-कुछ रुक्मिणी देवी के कलाक्षेत्र जैसा बना, जिसमें प्रशिक्षार्थियों को नृत्य और संगीत के क्षेत्र के उत्कृष्ट व्यक्तियों को जानने-सुनने और उनसे सीखने का अवसर सहज ही प्राप्त हो जाता है। घरानों के बीच के कुछ दोस्ताना दृश्य भी देखने को मिले, जब प्रताप पवार का 'गंडा-बंध' आयोजन सुंदर प्रसाद की अगुवाई में हुआ।[11] तब स्वयं युवा बिरजू महाराज के प्रथम शिष्य के रूप में प्रताप पवार के सीखने की विधिवत शुरुआत हुई। इस अवसर पर मोहनराव कल्याणपुरकर भी उपस्थित थे। बाद में तीरथराम अजमानी भी बिरजू महाराज के शिष्य बने। और यही दो बिरजू महाराज के आरंभिक शिष्यों में थे। शंभू महाराज ने सुंदर प्रसाद से आग्रह किया कि वह उनकी शिष्या माया राव को जयपुर घराने की चीजें सिखाएँ, क्योंकि माया राव ने यह इच्छा प्रकट की थी कि वह जयपुर घराने के श्रेष्ठ गुरु से सीखना चाहती हैं।[12] इसी तरह शंभू महाराज जब एक कक्षा में मंजुश्री चटर्जी को नृत्य की बारीकियाँ सिखा रहे थे तो सुंदर प्रसाद ने यह इच्छा प्रकट की कि वह भी मंजुश्री को अपनी शिष्या के रूप में नृत्य सिखाना चाहते हैं। शंभू महाराज ने सहज ही इसकी स्वीकृति दे दी।[13] प्रताप पवार ने इसका बाकायदा उल्लेख दस्तावेजी रूप में किया है कि उस वक़्त अंतरअनुशासनी संवाद के बहुतेरे मौके आत्मीय ढंग से सुलभ थे। एक बार जब उनका कार्यक्रम आखिरी समय में रद्द कर दिया गया तो डागर बंधुओं ने अपना जोर लगाकर उनका कार्यक्रम संभव कराया।

आज घरानों के बीच में सामंजस्य का अभाव है। जयपुर घराने ने अपने को कई रूपों में इस तरह प्रतिबिंबित किया है कि घराने के कई दावेदार दिखाई

पड़ते हैं, और उसकी विशेषताओं की एकरूपता वाली छवि स्पष्ट नहीं हो पाती। बनारस और जानकी प्रसाद, स्थानीय होकर रह गए हैं, और कथक की संस्थाओं में उनका प्रतिनिधित्व नहीं है। आज दबे-छिपे या खुले आम शिष्य विभिन्न शैलियों के गुरुओं के बीच आवाजाही करते हैं, हालाँकि घरानों के प्रति निष्ठा के दावे भी किए जाते हैं, घरानों की 'खरी पहचान' हो भी तो कैसे! जो चीज़ किसी हद तक अलग से देखी-पहचानी जा सकती है (हालाँकि यहाँ भी दावे और उनके विरोधी दावे देखने-सुनने को मिल ही जाते हैं) वह यह है कि लखनऊ और जयपुर घरानों के पारंपरिक परिवारों से आए हुए प्रशिक्षक/गुरु अपने-अपने घरानों की रचनाओं की विशिष्टता गिनाते हैं, अपनी धरोहर की तरह। मसलन जयपुर घराने के त्रिपल्ली और चौपल्ली परन, लखनऊ घराने में कुछ दुर्लव हैं, जो, *त्रम थेई थेई ता थेई थेई ता थेई* या *तीता* जैसी चीजें इस्तेमाल नहीं करता और जो उसके *धे धे धे धे* भंडार में नहीं हैं। जयपुर घराने में कवित्त वाचिकाभिनय बन जाता है–नृत्यकार कवित्त के पाठ पर नृत्य करता है, सामान्यतया मध्यम गति में जबकि लखनऊ घराने में, जो कवित्त हैं, कुछ मामलों में वे धीमी गति में प्रस्तुत किए जाते हैं। आज के नृत्य नाटकों में एक से अधिक घरानों के प्रशिक्षार्थी भाग लेते हैं। समूह में की जाने वाली प्रस्तुतियों में जिस एकरूपता की माँग होती है, उसमें शैलीगत विविधताएँ धुल-पुछ जाती हैं।

दिल्ली के गंधर्व महाविद्यालय ने भी हरिप्रसाद और हनुमान प्रसाद के शिष्य नारायण प्रसाद की देखरेख, और अध्यापन में कथक का एक विभाग शुरू किया। वह ब्रह्मा, लक्ष्मी, धमार जैसी संश्लिष्ट तालों में पारंगत थे। वह बेदम चक्रधर परनों के लिए भी ख्यात थे। वह एक कुशल गायक भी थे। उनके शिष्यों में, उनके भतीजे कुंदन लाल गंगानी भी थे जिन्होंने बाद में कथक केंद्र से अपना नाता जोड़ा। नारायण प्रसाद ने ही रानी कर्णा को प्रशिक्षित किया था, जिन्हें उनकी उत्तम शिष्या के रूप में गिना जाता है। कई वर्षों तक विद्यालय में कथक सिखाने वाले नारायण प्रसाद का 1958 में निधन हो गया। मृत्यु के समय उनकी आयु मात्र 48 वर्ष थी। उनके भाई चिरंजीत लाल एक सुयोग्य, सुविख्यात तबलावादक थे। उनके तबलावादन की विशेषता यह थी कि वह नर्तक को लय पर टिकने की दशा-दिशा मानो चुपचाप ढंग से सुझा देते थे–इस तरह का कोई दखल न देने वाला शांत स्वभाव का तबला, कथक के परिदृश्य से गायब हो गया है।

संगीत नाटक अकादमी के अंतर्गत संचालित होने वाला आज का कथक केंद्र पहले भारतीय कलाकेंद्र का ही एक अंग था। और इसकी शुरुआत हुई थी 1957 में। 1964 में इसे कथक केंद्र का नाम मिला और यह संगीत नाटक अकादमी का अंग बन गया।

लखनऊ त्रिमूर्ति

अच्छन महाराज, शंभू महाराज और लच्छू महाराज की विलक्षण प्रतिभा ने लखनऊ घराने का एक दबदबा स्थापित किया– ये तीनों महत्वपूर्ण गुरु तो थे ही, अपने आप में अद्भुत नृत्यकार भी थे, और सभी ने अपने-अपने नृत्य की विशिष्टता की छाप कथक पर छोड़ी है। पुरुष कथक गुरुओं/नृत्यकारों पर लिखे गए अपने लेख में नृत्य-विशेषज्ञ डॉ.एस.के. सक्सेना ने अच्छन महाराज के बारे में अपने विचार कुछ इस प्रकार दर्ज किए हैं, "...उनकी गतियाँ इतनी सम्मोहक थीं और 'निगाह' का उनका इस्तेमाल कुछ इतना चमत्कारी था कि उनकी तोंद, और नाक का मस्सा और चाँदी जड़ित टोपी ध्यान भटकाते नहीं थे। जो कुछ दिखाई पड़ता था वह मानो नृत्यकार का शरीर न होकर, स्वयं 'नृत्य' का शरीर बन जाता था।[14] सुसान के. लैंगर के शब्दों में, "नृत्य जितना अधिक 'संपूर्ण' होगा अपने आप में मुकम्मल, उसमें बाकी चीजें गौण हो जाएँगी... एक कला के रूप में नृत्य का गुण ही यही है कि वह तनावों और सामरस्य का वहन एक साथ करता है।" नृत्य करते समय नृत्य की गति को बिना कोई बाधा पहुँचाए वह झूलते दुपट्टे को

शंभू महाराज एवं लच्छू महाराज (संगीत नाटक अकादमी)

यथास्थान रख लेते थे। व्यक्ति के रूप में भी वह अद्भुत थे, अत्यंत विनम्र, और रसिक को 'हुज़ूर' कहकर ही संबोधित करते थे।

शंभू महाराज अत्यंत आत्मीय व्यक्ति थे।[15] रस-रंग से परहेज़ न था। और संगीत की दुनिया के अपने साथियों—उस्ताद फैय्याज खां (आफताब-ए-मौसिकी), सरोदवादक उस्ताद शेखावत हुसैन, और तबलावादक उस्ताद अहमद जान थिरकवा के साथ उनकी खूब पटती थी। सभी जिंदादिल जो थे। अच्छन महाराज की नजाकत के विपरीत उनका नृत्य मर्दानगी वाला था, उसमें तांडव के गुण थे। आवाज में मिठास थी और उनके नृत्य के सात्विक अभिनय की अर्थछटाओं में बड़ी रंगत थी। वह एक पंक्ति भी, यहाँ तक कि एक महत्वपूर्ण शब्द की भी, अपने नृत्य से अर्थगर्भित व्याख्या करते थे, और यह व्याख्या या अर्थपूर्ण उद्भावना शाब्दिक और काव्यमय स्तरों पर ही न ठहरकर नृत्य के एक अपूर्व अमूर्तन पर पहुँच जाती थी। *कौन गली गयो श्याम* (गोपी अचरज करती है कि श्याम किस गली को गए) पर अभिनय करते हुए वह गली को कई-कई रूपों में मूर्त करते थे। कई-कई अर्थछटाओं में रूपांतरित करते थे। उनका यह अभिनय नृत्य द्वारा किसी स्थिति की व्याख्या करने का एक सुंदर उदाहरण ही माना जाता है। अचरज नहीं कि इस विलक्षण त्रिमूर्ति की धरोहर के मानकों से और अपनी प्रतिभा और प्रखरता के बल पर बिरजू महाराज ने लखनऊ घराने का परचम फहराए रखा है। तथ्य यह है कि कपिला मलिक ने बिरजू महाराज को दिल्ली बुलाकर जो पहल की, उससे स्वतंत्रता के बाद कथक के इतिहास ने एक नया रूप लेना शुरू किया—बिरजू महाराज का

दिल्ली आगमन एक अपूर्व *घरानेदार* नृत्यकार का ही तो आगमन था।

सुंदर प्रसाद

जयपुर घराने के दिग्गज जयलाल के भाई सुंदर प्रसाद ने अपने पिता चुन्नीलाल और भाई जयलाल, दोनों से ही प्रशिक्षण प्राप्त किया था, पर अपनी संस्था का नाम उन्होंने बिंदादीन महाराज पर रखा—इससे इतिहासकार कुछ भ्रमित हुए। लखनऊ घराने के अप्रतिम नृत्यकार बिंदादीन महाराज से सुंदर प्रसाद ने क्या ग्रहण किया, उनसे किस रूप में प्रभावित हुए; इसकी स्पष्टता हुई नहीं है क्योंकि उन्होंने बिंदादीन महाराज वाली किसी ठुमरी पर नृत्य किया नहीं है। जयपुर घराने के कुछ पक्षधर ऐसे हैं जो इस पर जोर देते हैं कि महाभारत के एकलव्य की तरह, सुंदर प्रसाद के लिए बिंदादीन महाराज एक मानसिक गुरु भर थे। उनसे कोई अन्य सीधा रिश्ता उनका बनता नहीं है। लेकिन लखनऊ घराने के विशेषज्ञ इस बात से सहमत नहीं हैं। मुंबई के अपने विद्यालय में सुंदर प्रसाद ने सुनलिनी देवी, पुवैय्या बहनों, रोशन कुमारी, मोहनराव कल्याणपुरकर और मेनका को दीक्षित किया। कहते हैं 1958 में भारतीय कलाकेंद्र से जुड़ने से पहले वह जयलाल के साथ रायगढ़ दरबार में रहे थे जहाँ किसी गलतफहमी की वजह से उन्होंने अपने को ठगा हुआ और उपेक्षित महसूस किया; वहाँ से चले आए और अपना नाम सुंदरलाल से बदल कर सुंदर प्रसाद रख लिया।[16] बहुत बाद में वह रायगढ़ गए तो उनका खूब स्वागत-सत्कार हुआ। अपनी प्रिय शिष्याओं—पुवैय्या बहनों से अलग होने के बाद उन्हें आर्थिक कठिनाइयों का सामना करना पड़ा। मित्रों की सलाह पर उन्होंने मुंबई में एक विद्यालय बिंदादीन महाराज के नाम पर शुरू किया। *जति*, *यती*, *क्रमालय*, *नायिकाभेद* और *रामायण प्रसंग* ये सभी उनकी विशेषताएँ थीं। माया राव अकसर उनके कवित्तों, गुलाल हठी, नायकभेद, और बंदिशों में मींड के उपयोग को लेकर चर्चा करती थीं, और इन पर लिखा भी। तीरथराम आजाद गुरु सुंदरलाल के विशाल हृदय की बात अकसर करते थे और बताते थे कि वे अपने बड़े भाई को बहुत मानते थे, जिनका पुकारने का नाम 'रावण मोहनलाल जी' था, पर, जिनकी रुखाई जैसी कोई चीज़ सुंदर प्रसाद में न थी। उनकी 'नरसिंहावतार' रचना अद्भुत थी, यह बताते हैं तीरथ राम आजाद। उनकी आदत थी कि वह एक ही बंदिश अलग-अलग प्रशिक्षार्थियों को भिन्न प्रकार से सिखाते थे, इसलिए उनके काम को दर्ज करना हमेशा ही समस्या उत्पन्न करता था। उनका राधा / कृष्ण युगल नृत्य बहुत लोकप्रिय हुआ था, जिसमें वह अपनी शिष्या सीता के कृष्ण बना करते थे। नारायण प्रसाद की आकस्मिक मृत्यु के बाद सुंदर प्रसाद जयपुर घराने के एक प्रमुख स्तम्भ बन गए। वह लय में जतियों के उस्ताद थे—उस समय तक यह विशेषता कर्नाटक संगीत में ही पाई जाती थी और वह कथक में कोई केंद्रीय महत्व का स्थान नहीं रखती थी। मात्राओं, गति और प्रसंगों में वह लय की जैसी जालीदार रचना बुनते थे, वह इतनी सुंदर होती थी कि झालरदार फ्रॉक जैसी वेशभूषा के भीतर उनके शरीर के भार के बावजूद वह एक सम्मोहन रच देने में सक्षम थे। अचरज नहीं कि चम्मा खाँ, स्वर्गीय शफ़ात खाँ के पिता जैसे तबलावादक, जो उस समय के सभी बड़े कलाकारों की संगत करते थे, भी मंत्रमुग्ध हो जाते थे। माया राव, जिन्होंने उनसे सीखा था, वह बताती हैं कि उनके थाट में एक गरिमा थी, एक स्थिरता (उनकी यह बात इसलिए ध्यान देने योग्य है कि जयपुर घराने में इसके अभाव की बात की जाती रही है) वह यह भी बताती हैं कि कथक में ध्रुपद धमार की प्रस्तुति कैसे की जानी चाहिए, इसे भी गहराई से जानते थे। जतियों में सुंदर प्रसाद के काम ने बिरजू महाराज को भी प्रभावित किया है, जिन्होंने इसकी लयकारी को साधना शुरू किया।[17] प्रताप पवार इसका उल्लेख करते हैं कि *कुमार संभव* शीर्षक वाला जो पहला नृत्य-नाट्य बिरजू महाराज ने रचा था, उसमें जतियों के परिवर्तन का उपयोग हुआ था। प्रताप के अनुसार भिन्न प्रकार से

सुनाई पड़ने वाले बोलों पर एड़ियों के बल नृत्य, इस तरह कथक का एक सामान्य अंग बना। और बिरजू महाराज ने कई टुकड़ों की रचना की, जिसका उन्होंने बाद में और विस्तार किया।

नृत्य नाटकों का युग

1958 में भारतीय कला केंद्र ने मुंबई से लच्छू महाराज को आमंत्रित किया कि वह संगीत नाटक अकादमी द्वारा आयोजित राष्ट्रीय नृत्य परिसंवाद के अवसर पर भवभूति की कृति 'मालती माधव' पर आधारित नृत्य-नाट्य की नृत्य संरचना करें। यह कार्यक्रम दिल्ली के तालकटोरा गार्डेन्स में हुआ था। इसकी नृत्य संरचना में बिरजू महाराज ने भी सहयोग किया था और संगीत था वरिष्ठ डागर बंधुओं और निर्मला जोशी का। कुमुदिनी लाखिया ने माधवी की भूमिका निभाई थी, कृष्ण कुमार ने माधव की, और मकरंद के रूप में मंच पर उतरे थे बिरजू महाराज। इस नृत्य-नाट्य ने दिल्ली के दर्शकों को मंत्रमुग्ध किया था। जिन लोगों ने यह नृत्य-नाटक देखा था, वे अब भी कुमुदिनी और बिरजू महाराज के युगल नृत्य को याद करते हैं। बिरजू महाराज के छोटे कद के कारण बिरजू महाराज को नायक की भूमिका नहीं मिली थी, वह दी गई थी कृष्ण कुमार को, और वे भी एक उत्कृष्ट नृत्यकार थे। इस प्रस्तुति के बारे में प्रताप पवार का कहना है कि लच्छू महाराज ने इसमें अपनी परिकल्पना के हिसाब से ही काम किया था और अगर ज़रूरत पड़ी थी तो परंपरा को तोड़ने से भी नहीं चूके थे। प्रताप पवार को मालती माधव में प्रेत की एक छोटी-सी भूमिका मिली थी जो उन्होंने कथकली की गतियों में संपन्न की थी–उस वक़्त तक कथकली और कथक एक-दूसरे से अनजान ही थे। कई लोगों ने रिहर्सल के वक़्त इस पर अपना विरोध प्रकट किया था, पर, लच्छू महाराज ने अनुभव किया कि प्रेत की भूमिका के लिए कथकली की ये गतियाँ उपयुक्त हैं, और उन्होंने इसे ही रखा था। प्रताप पवार बताते हैं कि जब वे पूसा रोड़ स्थित भारतीय कलाकेंद्र में आए तो वहाँ थोड़े से ही नृत्यकार थे, और कक्षाएँ छत पर लगती थीं। उनकी नियुक्ति 75 रुपए मासिक पर हुई थी क्योंकि वे भरतनाट्यम का प्रशिक्षण अधूरा छोड़कर आए थे। लेकिन 1959 में स्कॉलरशिप मिलने के बाद उन्होंने शंभू महाराज की जगह बिरजू महाराज को अपना गुरु चुना। मोहनराव कल्याणपुरकर जो पैनल में थे, उन्होंने भी उनके निर्णय पर अपनी मुहर लगाई। और उनका चयन कितना निर्णायिक सिद्ध हुआ क्योंकि यह बिरजू महाराज ही तो हैं जो पिछले चार दशकों से कथक में छाए हुए हैं और उसके अग्रणी कलाकार हैं।

बिरजू महाराज की नृत्य-संरचना और वरिष्ठ डागर बंधुओं के संगीत से सजी हुई *कुमार संभवम* की प्रस्तुति 1958 में हुई, और *शान-ए-अवध* की प्रस्तुति शंभू महाराज के दिग्दर्शन और बिरजू महाराज की नृत्य-संरचना के साथ 1960 में हुई। रवींद्रनाथ ठाकुर की कहानी पर आधारित डलिया में भी नृत्य संरचना बिरजू महाराज की थी और संगीत दिया था सतीश भाटिया ने। इसकी प्रस्तुति 1961 में की गई थी। *गीतोपदेश* (1965), *कृष्णायन* (1966) और *होता है सबोरोश तमाशा मेरे आगे* (मिर्जा ग़ालिब के जीवन पर आधारित) की संरचना भी बिरजू महाराज की ही थी– ये प्रस्तुतियाँ तब हुईं जब कथक केंद्र एक स्वतंत्र संस्था के रूप में संगीत नाटक अकादमी के अंतर्गत आ चुका था।

जैसे कि पहले भी उल्लेख हुआ है, 1958 में दिल्ली के विज्ञान भवन में संगीत नाटक अकादमी ने एक राष्ट्रीय परिसंवाद का आयोजन किया–जिसमें मानो देश में शास्त्रीय नृत्य-रूपों की स्थिति का लेखा-जोखा किया जाना था। शंभू महाराज ने अपने सभी *उपज अंगों* के साथ *कौन गली गयो श्याम* की प्रस्तुति दी। मोहनराव कल्याणपुरकर ने कथक नृत्य और अभिव्यक्ति परक नृत्य पर अपना आलेख पढ़ा।[18] इसी में डी.जी. व्यास ने भी अपना आलेख प्रस्तुत किया। सिद्धांतकारों, विद्वानों और कई नृत्य-कलाकारों ने इस नृत्य रूप पर आपस में संवाद प्रारंभ किया। माया राव ने इस बात की चर्चा की

है कि *नज्जो* और *बन्नी* तथा *सौत-उल-मुबारक* के पन्ने पलटते हुए, जिसमें भिन्न गतें दर्ज हैं, उन्होंने जो कुछ ढूँढ़ा और पाया, उसे लेकर वह शंभू महाराज के सामने उपस्थित हुईं। शंभू महाराज को ऐसी लिखित चीजों में कोई ख़ास दिलचस्पी नहीं थी, लेकिन उन खोजों के बारे में जानकर उन्हें अचरज भरी प्रसन्नता हुई कि आज के नृत्य में वे चीजें कहीं न कहीं मौजूद हैं जो पुरानी किताबों में उल्लिखित रही हैं। उन्होंने माया राव से अपनी प्रसन्नता जाहिर करते हुए कहा कि वे जिन्हें *रंगमंच का टुकड़ा* मानकर प्रस्तुत कर रहे थे, वे तो सचमुच आजमाई हुई चीजें हैं। शास्त्र सम्मत हैं। शंभू महाराज के बारे में कई कहानियाँ प्रचलित हैं। लेकिन माया राव के अनुसार, उनकी बोली-बानी भले ही अनगढ़, और रूखी रही हो, और वे अपने शिष्यों को सिखाने का समय समाप्त होते ही उन्हें चले जाने को कहते रहे हों, कि 'वे कुछ 'मौज-मस्ती' करना चाहते हैं;' पर, हमने उनके व्यवहार में कभी कुछ अशोभनीय नहीं पाया। वह अपने सिखाने के वक़्त कुछ कटुक्तियाँ ज़रूर करते थे। एक बार जब वे यह सिखा रहे थे कि गत के वक़्त घूंघट कैसे लिया जाता है और माया राव उसे ठीक से नहीं ले पा रही थीं तो उन्होंने गुस्से में यह तक कह डाला था कि– *दक्षिण की बदतमीज औरतें जिनको घूंघट लेना नहीं आता।* इस पर माया राव ने अपना विरोध जताया था, जिसका बुरा न मानते हुए, उन्होंने उस विरोध को सहजता से स्वीकार किया था। माया ने बाद में उनसे अपनी ग़लती के लिए क्षमा माँग ली थी। अचरज कि उनके शिष्य-शिष्याओं में से उमा शर्मा को छोड़कर किसी ने इस गुरु की अभिनय क्षमता पर गहराई से सोच-विचार नहीं किया। उमा ने ही इस क्षमता को अपने भीतर उतारने की कोशिश की है।

उन दिनों भारतीय कलाकेंद्र में एक विदेशी शिष्य भी थे जोसफ लेवाइन अका राजा। कुछ दिनों तक उन्होंने लच्छू महाराज से नृत्य सीखा, फिर वे शंभू महाराज के शिष्य बन गए। वे और उनकी जोड़ीदार शाला दोनों ने युगल जोड़ी के रूप में अच्छी ख्याति कमाई, और उन्हें

राम मोहन एवं के. मोहन (संगीत नाटक अकादमी)

विधिवत आनुष्ठानिक रूप से शंभू महाराज ने गोद ले लिया। इसमें महाराज जी के दोनों बेटे कृष्ण मोहन और राम मोहन मौजूद थे, साथ ही रेबा विद्यार्थी की भी उपस्थिति रही! 1962 में राजा अमेरिका वापस लौट गए, और अनंतर वह टैरोड रीडर बन गए और शाला बन गईं सम्मोहिनी शक्ति से उपचार करने वाली।

सक्रिय दिमाग वाले शिक्षित युवा लोगों ने कथक का एक नया विमर्श तो तैयार किया ही– कथक को बदलने में एक बड़ी भूमिका भी निभाई। परम्परा की खान जो गुरु थे, वे निर्धारित अवधि वाले नृत्य के लिए नहीं बने थे। वे तो छोटी महफिलों में नृत्य करते थे। धीरे-धीरे निर्धारित अवधि वाले, संयोजित कार्यक्रम भी होने लगे। अंततः एक सभागारी नृत्य कार्यक्रम रूप लेने लगा, जिसमें नृत्य के सभी अंग समाहित हो गए–उपज अंग जो फ़ौरी तौर पर तैयार किया जाता है, उसे भी शामिल

करते हुए। हालाँकि यह सब भी निर्धारित अवधि में ही संपन्न किया जाना था। नृत्य संस्थाएँ इस बात को लेकर सचेत थीं कि नृत्य-कार्यक्रम में सिर्फ तकनीकी रूप से कुशल होने से काम नहीं चलेगा, उसे अपनी प्रखरता को, दीक्षा को भिन्न दिशाओं में मोड़ना होगा, किसी ऐसी थीम के साथ, जिससे कथक के उभरते-बढ़ते दर्शक अपने को जोड़ सकें।

कथक मुख्य शहरों में विस्तार पाने लगा

रोहिणी भाटे (1924-2008) ने लच्छू महाराज और मोहन कल्याणपुरकर से नृत्य की दीक्षा पाने के साथ ही संगीत में केशवराव भोले और वसंतराव देशपांडे से पोषित होकर, अध्ययनशील हुईं और *अभिनय दर्पण* के एक मराठी संस्करण *दर्पणी पहाटा* और *लहेजा* को लेकर सामने आईं। वह पुणे में बस गईं और वहीं से अपनी नृत्य-संस्था 'नृत्य भारती' के माध्यम से कई शिष्यों को नृत्य सिखाने लगीं। मास्को से लौटने के बाद माया राव ने अपनी नृत्य-संस्था दिल्ली में बनाई, पर, दिल्ली के कथक-परिवार से तालमेल न बैठा सकीं, और बेंगलुरु चली गईं। कुमुदिनी लाखिया ने अपनी कदम्ब एकेडेमी की शुरुआत अहमदाबाद में की। रोहिणी ने संगीत पर शोध किया, लय की सूक्ष्मताओं पर ध्यान दिया, और गत में भाव बताने आदि को परिमार्जित किया। पाँच तत्वों को समर्पित अपनी श्रेष्ठ कृति आह्वान में सिद्ध किया कि किस प्रकार कथक में अमूर्तन को एक ऊँचाई तक ले जाया जा सकता है। उन्हीं ने कथक की लयात्मक विधियों को तराशा, संवारा और दिखाया कि इस लयात्मकता की रेंज कितनी बड़ी है। कुमुदिनी की तरह ही उन्होंने समकालीन कवियों की कविताओं को नृत्य प्रस्तुतियों का आधार बनाया। भवानी प्रसाद मिश्र की कविता *कठपुतली* के माध्यम से उन्होंने स्त्री-संसार की विडंबनाओं को उजागर किया। एक अन्य प्रस्तुति हाइकू पर आधारित थी। लयात्मकता की गणित को लेकर रोहिणी की समझ अद्भुत थी और वह कई मौकों पर उनके काम आईं। तालों का सौंदर्य भी उन्हें पता था, उनके अंग-उपांगों की अभिव्यक्तिति क्षमता का भान था। जैसे 9½ मात्राओं का आरोही, तीसरा, चतुस्त्र, तीन ताल में। (इनके द्वारा उन्होंने भरत की पत्नी मांडवी, जिन्हें रामायण में विशेष स्थान नहीं मिला, की विशेष अभिव्यक्ति दी अपने अभिनय से।))। यह सब कुछ ही बहुत विशेष था। गणेश की एक वंदना *गणनाथ गौरीसुता*, मराठी संगीत से उनके गहन परिचय का उदाहरण बनी। इससे यह भी दिखाई पड़ा कि रोहिणी का साहित्य-प्रेम उन्हें सहज *अभंगों, वंदनाओं* आदि की दुनिया की ओर ले गया और इन रचनाओं के शाब्दिक संसार को इस तरह अपने कथक में अपनाया, आजमाया कि कुछ नया प्रस्फुटित हुआ। रोहिणी की विश्लेषण क्षमता उनके शिष्यों विद्यार्थियों को भी शोध करने के लिए प्रेरित करती थी। सबसे बढ़कर तो यह कि रोहिणी ने कथक को नई शास्त्रीय ऊँचाइयाँ दीं।

एक नए परिप्रेक्ष्य में कथक

एक संगीत प्रेमी परिवार में पली-बढ़ी कुमुदिनी लाखिया ने एक अलग प्रकार का आधुनिक बोध कथक को दिया। 1944 में इलाहाबाद म्यूजिक कांफ्रेंस में अपनी पहली बार के नृत्य से उन्होंने सभी को प्रभावित किया–अपने तीव्रगति चक्करों से, और पैरों के तेज काम से। इसके बाद उन्होंने रामगोपाल की मंडली में प्रवेश लिया, और इस मंडली के साथ दुनिया भर में घूमी। इससे उन्हें इस बात की गहरी समझ मिली कि मंच-प्रस्तुति को किस तरह के परिष्कार की ज़रूरत होती है, और इसकी भी कि शास्त्रीय नृत्य भी किस प्रकार समय-सीमा में और उपलब्ध स्पेस के अनुसार अपने को ढाल सकते हैं। इस सारे अनुभव के साथ वह भारतीय कलाकेंद्र आईं, गुरु शंभू महाराज से सीखने के लिए (इसकी सलाह उन्हें मुल्कराज आनंद ने दी थी)। यहाँ उन्होंने धारदार और सटीक तकनीक को अपने नृत्य में उतारा–और यह सब संभव हुआ सुमित्रा

चरतराम जैसी ममतामई कलाप्रेमी की छत्रछाया और निरीक्षण में जिन्होंने कुमुदिनी को अपने घर पर ही रखा। गुरु सुंदर प्रसाद से भी उन्हें कई चीज़ों को समझने में और मदद मिली। बिरजू महाराज वहाँ उनके सहयोगी कलाकार थे ही और उनके साथ उनकी मैत्री ने भी कुमुदिनी को घरानों के अर्थ और महत्व के बारे में एक समझ दी। वहीं उनके शुभचिंतक केशव कोठारी भी थे, जो उन्हें नए प्रयोगों के लिए प्रेरित करते थे। अनंतर कथक केंद्र के निदेशक के रूप में भी केशव कोठारी को यह लगता रहा कि कुमुदिनी की प्रतिभा से कथक जैसे दरबारी नृत्य को, एक आदर्श समकालीन चेहरा मिल सकता है। *मालती माधव* की नायिका और बिरजू महाराज की नृत्य-सहभागी के रूप में कुमुदिनी नृत्य-जगत में लोकप्रिय हो चुकी थीं। अहमदाबाद में, जहाँ विवाह के बाद कुमुदिनी बस गईं, एक कथक नृत्यांगना के लिए कहीं से भी प्रेरित करने वाली जगह नहीं थी–न तो तबलावादक उपलब्ध थे, न सारंगीवादक। उनके पति रजनी ज़रूर उनका पूरा सहयोग कर रहे थे। हर शाम रहने वाले कमरे का फर्नीचर हटा दिया जाता था ताकि वहाँ कुमुदिनी की कक्षाएँ शुरू हो सकें। एक मित्र हर्षवर्धन मंगलदास ने उन्हें कुछ जमीन उपलब्ध कराई। वहाँ 1967 में कुमुदिनी ने 'कदंब स्कूल ऑफ डांस एंड म्यूजिक' की स्थापना की। यहाँ उन्होंने बड़ी खिड़कियों, विस्तृत स्पेस की प्रतीति और आईनों सहित एक भीतरी सज्जा की रचना की, जिसकी कि वे एक संस्था के रूप में कल्पना किया करती थीं।

कथक की तकनीक में देह की आधारभूत उदग्र, सीधी तनी हुई ऊर्जा में और सुदृढ़ लेकिन गरिमामय धड़-भाग के प्रयोग में कुमुदिनी को आपार संभावनाएँ दिखाईं दीं। इसी के साथ भुजाओं की वृत्ताकार गति, और रैखिक ज्यामिति ने भी उनके लिए कुछ दिशाएँ खोलीं। उन्हें पद-संचालन को एक तरह के वाद्य के रूप में इस्तेमाल करने में, और असीमित-मुद्रा रूपों के कोडिफिकेशन में भी अपरिमित संभावनाएँ नज़र आईं। उनकी प्रयोगशीलता ने उपलब्ध धरोहर, और समकालीन ऊर्जावान क्षमताओं ने एक 'पुल' का काम किया। परंपरा और 'आर्थोडाक्सी' में अंतर होता है। यह बात वह जोर देकर कहती हैं। उन्होंने 1969 से 1995 के बीच 51 नृत्य संरचनाएँ प्रस्तुत कीं। उनके विद्यार्थियों के नाम गिनाए जा सकते हैं जो कथक के श्रेष्ठ नर्तकों में से हैं– ये हैं अदिति मंगलदास, प्रशांत शाह और दक्षा सेठ (जो बाद में 'समकालीन' नृत्य के विषयों और तकनीक की एक प्रतिनिधि बनीं–कथक कुछ पीछे छूटा) आजीवन उन्हें अतुल देसाई के संगीत का साथ मिला। वह उनके काम को समझने वाले सहयात्री बने। खूबी यह थी कि कुमुदिनी की तरह वह भी नए प्रयोगों के लिए आतुर रहे हैं। उनके साथ लगातार बहस, विचार-विमर्श होता था (जोरदार तर्क-वितर्क तो होते ही थे)। इस सबका नतीजा यह होता था कि अंततः वह कुमुदिनी के मन और दिमाग में चल रही किसी 'थीमैटिक' उपज के अनुरूप एक चुनौतीपूर्ण सांगीतिक रचना तैयार कर देते थे।

कथक और सरकारी सहयोग

कथक केंद्र के अस्तित्व में आने के बाद, और संगीत नाटक अकादमी द्वारा उसे हर संभव सहयोग और सहायता देने के साथ ही दिल्ली का कथक केंद्र हर तरह से कथक गतिविधियों का एक प्रमुख केंद्र बन गया। हालाँकि अन्य जगहों/शहरों में भी कथक व्यवहार में लाया जा रहा था और एक नृत्य-रूप की तरह बरता जा रहा था, पर दिल्ली के कथक केंद्र की बात ही कुछ और थी। इसी बीच राज्य सरकारें विभिन्न घरानों के शिक्षण की व्यवस्था भी करने लगी थीं। कथक पर सेमिनार का आयोजन दिल्ली में 1970 और 1980 के दशकों में होने लगा था। कलाप्रेमी, प्रशासनिक अधिकारी अशोक वाजपेयी की नियुक्ति जब मध्यप्रदेश में थी तो उन्होंने कल्याण महंत, कार्तिक राम और उनके बेटे रामलाल बारेथ, फर्तूराम वैष्णव, और बरमान लाल को ढूँढ़ निकाला और उन्हें

बिरजू महाराज, शाश्वती सेन (दाएँ) के साथ (संगीत नाटक अकादमी)

नृत्य के क्षेत्र में फिर से प्रोत्साहित और स्थापित किया। राज्य सरकार की ओर से रायगढ़ में चक्रधर सिंह नृत्य केंद्र की स्थापना की गई। कथक के गुरुओं को कथक की विभिन्न शैलियों से भलीभाँति परिचित कराने के लिए भोपाल में सेमिनारों का आयोजन किया गया, जिनमें मोहनराव कल्याणपुरकर, बिरजू महाराज, कुमुदिनी लाखिया, रोहिणी भाटे और रानी कर्णा जैसे कथक विषेशज्ञों और गुरुओं ने भाग लिया और अपनी कला का प्रदर्शन भी किया।

कथक केन्द्र दिल्ली

पंडित बिरजू महाराज

दिल्ली के कथक केंद्र के प्रथम निदेशक गोपालदास की अगुवाई में, जहाँ पंडित बिरजू महाराज और रेबा विद्यार्थी जैसे गुरु थे, वहाँ प्रशिक्षण को प्रबल होना ही था। केंद्र की साधन सुविधाओं ने पंडित बिरजू महाराज को ऐसा आधार दिया, जहाँ से वह एक नई उड़ान भर सकते थे। इसमें कोई संदेह नहीं कि अपनी तकनीक और नृत्य-प्रदर्शन की क्षमता में बिरजू महाराज किसी से कम नहीं थे। आज अनगिनत कथक नृत्यकार उनके ही विद्यार्थी (रहे) हैं, जिनमें शाश्वती सेन और उनकी बहन भास्वती का नाम बहुत ऊपर है। बिना किसी औपचारिक शिक्षा के बिरजू महाराज की प्रखर बुद्धिमत्ता और चीजों को एकाग्र भाव से देखने-समझने की उनकी क्षमता ने, कथक के कई आंतरिक रूपों को मानो उन तक सहज रूप से पहुँचा दिया। लयकारी के धनी बिरजू महाराज, पैरों के काम, और उपज अंग में भला किसी से कम कहाँ हैं! वह अच्छे गायक और वादक भी हैं। बिरजू महाराज बोलों को या लयकारी को नृत्य-गतियों से जोड़ना बखूबी जानते हैं, और उनके यहाँ चाक्षुष तरंगों और श्रवण तरंगों

मुन्नालाल शुक्ला (संगीत नाटक अकादमी)

मुन्नालाल शुक्ला की शिष्याएँ

की कलात्मक दुनिया साथ-साथ चलती हैं। वह अत्यंत कल्पनाशील हैं। 1979 के बाद उन्होंने केशव कोठारी, जो तब कथक केंद्र के निदेशक थे, की सुझाई हुई अमूर्त संरचनाओं पर अपना ध्यान केंद्रित किया, और कथा-मूलक संरचनाओं की जगह, इन्हीं को अपनाना शुरू किया। बिरजू महाराज की *लय परिक्रमा, नृत्त केलि* जैसी रचनाएँ, जिनमें विभिन्न खेलों को कथक शैली में परिकल्पित किया गया था, तब सामने आईं जब कथक केंद्र के निदेशक जीवन पाणि थे। इन्हीं दिनों *नाद गुंजन* जैसी रचनाएँ भी सामने आईं। उनकी 'गिनती तिहाइयाँ' सहज ही लयात्मक ढंग से रोजमर्रा और प्रकृति गतिविधियों को कथक शैली में ढालकर विलक्षण की रचना करती हैं। और स्वयं उनकी अपूर्व क्षमता को दर्शाती हैं। कवित्वमई विचारशीलता के साथ वह अपने छात्र/छात्राओं तक यह बात पहुँचा पाते हैं कि एक गति को ठीक-ठीक क्या कर सकना चाहिए। निस्संदेह वह एक बहुत अच्छे शिक्षक भी हैं। वह जिस किसी भी विषयवस्तु पर काम कर रहे होते हैं, उसके अनुसार एक लयात्मक रूप की रचना कर डालते हैं। 1990 में परिकल्पित उनकी प्रस्तुति *सम्पादन*, एक फिल्म के सम्पादन पर आधारित थीं, जिसमें एडिटिंग टेबल पर गतियों को प्रायः उलटी चाल में प्रदर्शित किया गया था जिससे कि फिल्म के अंशों को दिखाया जा सके–निश्चय ही यह परिकल्पना अपने प्रारूप और अपने प्रदर्शन में, विलक्षण थी। 1970 और 1990 के बीच बिरजू महाराज अपनी प्रतिभा के प्रदर्शन में चरम पर थे और कथक केंद्र के रचना-भंडार को उन्होंने कई रूपों में समृद्ध किया।

मुन्नालाल शुक्ला

मुन्नालाल शुक्ला, जो बिरजू महाराज के संबंधी हैं, पहले श्रीराम भारतीय कला केंद्र से जुड़े, छात्रवृत्ति पाने वाले एक छात्र के रूप में, और वर्षों तक एक सहायक की भूमिका में कथक केंद्र में रहने के बाद, जहाँ उनकी नियुक्ति 1976 में हुई थी, वह एक वरिष्ठ गुरु के रूप में एक अलग विभाग से संबद्ध कर दिए गए। इसके पहले 1968-1975 में वह कला छाया, पुणे में अग्रिम पंक्ति के

कुंदन लाल गंगानी (संगीत नाटक अकादमी)

विद्यार्थियों को प्रशिक्षित करते रहे थे। एक अंतर्मुखी, और गरिमापूर्ण, जीवन जीने वाले मुन्नालाल शुक्ला का बहुतेरा कामकाज कुछ अनदेखा-सा ही रहा। उनकी 'उड़ान' संरचना, और समूह नृत्य वाली कुछ रचनाएँ, जिनमें कलाकार कतारों में एक-दूसरे को काटते/बाँटते हुए मंच पर गतिशील होते हैं, मंच को पार करते हैं, याद रखने वाली है। इसकी सुसंबद्ध डिज़ाइन की अपनी ही उड़ान थी। तत्कार की संगीतमयता में कई चीजें एक साथ गूँथ दी गई थीं। उन्होंने पढ़ंत की ध्वनियों-प्रतिध्वनियों का खूबसूरत इस्तेमाल किया, जिससे देह की गतिशीलता को एक सशक्त ध्वनिमयता मिली। कविता और गज़ल के प्रति उनकी प्रीति भी प्रकट होती है। अच्छन महाराज के इस वंशज को कथक में, और कथक के एक गुरु के रूप में, अपनी जगह बनाने के लिए कठिन परिश्रम करना पड़ा। एक दुर्लव नृत्य-प्रस्तुति में 51/4 मात्रा या 63/4 मात्रा के गणितीय संयोजन में उनका नृत्य अपूर्व ही कहलाएगा। मुन्नालाल शुक्ला की प्रस्तुतियों में *तराना* आधारित सांगीतिक संरचनाएँ शामिल हैं। और कई तो ऐसी भी हैं, जो अब कथक में दुर्लव हो गई हैं, मसलन *खयाल*, *सरगम*, *त्रिवट* और *चतुरंग*।

कुंदनलाल गंगानी

1970 में सुंदर प्रसाद के देहांत के बाद, जयपुर घराने के प्रशिक्षण में एक विराम सा आ गया था, जब तक कि कुंदनलाल गंगानी ने यह दायित्व अपने ऊपर नहीं ले लिया। उन्होंने उसी वर्ष कथक केंद्र को अपनी सेवाएँ देनी प्रारंभ की थीं। उस समय कथक केंद्र के निदेशक केशव कोठारी थे, और उनकी देखरेख में बाकायदा एक घराने के रूप में स्वीकृत हुए जयपुर घराने का एक विभाग अलग से स्थापित हुआ। सुंदर प्रसाद के देहांत के बाद जयपुर घराने को वह स्थान नहीं मिल पा रहा था, जो उसने एक समय हासिल किया था। उसके पास लखनऊ घराने के अच्छन महाराज, लच्छू महाराज और शंभू महाराज जैसे अद्भुत कलाकार और गुरु नहीं थे, और सबसे बढ़कर तो थे बिरजू महाराज, जो सचमुच छाए हुए थे। कथक केंद्र में इसीलिए जयपुर घराने की स्थिति-उपस्थिति भी नगण्य सी ही थी। एक विलक्षण शिक्षक गणेशीलाल के पुत्र कुंदनलाल ने अपने सुयोग्य मामा श्री नारायण प्रसाद से नृत्य की दीक्षा पाई थी। नृत्य और अभिनय दोनों के प्रति कुंदनलाल का दृष्टिकोण खुला, और अपूर्व था। और 1960 के बाद उन्होंने नृत्य-प्रशिक्षण को ही पूरी तरह से अपना कार्यक्षेत्र बना लिया। उन्होंने एकल नृत्य करने वाले कलाकार को तबले पर *चलन* और *कायदा* के अनुसार, कथक में पैरों के काम को प्रोत्साहित करके, नृत्य-प्रदर्शन की एक दिशा खोली। उन्होंने नाजुक *विलंबित लयगतियों* की रचना की। वह स्वयं एक अनुभवी तबलावादक रहे हैं। अभिनय को लेकर

उनकी अपनी एक दृष्टि थी। उन्होंने ठुमरी के आरंभ में 'छंद' को एक जगह दी, जिससे कि कविता और उसके छंद द्वारा गीत के मूड को पहले से ही स्थापित किया जा सके। उन्होंने अपने समय में एकल नृत्य करने वाले कुशल कलाकारों को प्रशिक्षित किया, जिनमें उर्मिला नागर, विष्णुप्रिया पवार, शोभा कौसर, शशि सांखला और उनके अपने ही बेटे राजेंद्र गंगानी, प्रेरणा श्रीमाली, डेबोरा स्मिथ (संयुक्त राज्य अमेरिका में), किमिकियानो (जापान) और नज़्मा (संयुक्त राज्य अमेरिका) जैसे नाम शामिल हैं।

देवी लाल (संगीत नाटक अकादमी)

देवी/दुर्गा का उदय

राजस्थान में अत्यंत ऊर्जावान दो नृत्यकार सामने आए–देवीलाल और दुर्गालाल। दोनों भाई बहुत प्रतिभाशाली थे। दोनों ने सुंदर प्रसाद से प्रशिक्षण प्राप्त किया था। 1950 के दशक में देवीलाल रोज साउथ एवेन्यू से कमला नगर पैदल जाते थे, यहाँ सुंदर प्रसाद रहते थे। पहले उन्होंने ही सुंदर प्रसाद से नृत्य सीखा। आगे चलकर उनके छोटे भाई भी उन्हीं के पास आ गए और दोनों साथ रहने लगे। एक छात्रवृत्ति के तहत श्रीराम भारतीय कला केंद्र में प्रशिक्षण भी प्राप्त करने लगे। सुंदर प्रसाद एक कक्षा में कुछ सिखा रहे हैं, यह जानकारी देवीलाल के लिए पर्याप्त होती थी, जो स्वयं एक अच्छे तबलावादक थे। कोई टुकड़ा या परन सिखाया जा रहा होता तो देवीलाल उसकी ओर ध्यान देते, और उसमें अपनी भी एक छाप छोड़कर उसे 'अपना' बना लेते। मामूली पृष्ठभूमि वाले देवीलाल अपने छोटे भाई के प्रशिक्षण पर पूरा ध्यान देते। श्रीराम भारतीय कलाकेंद्र की पूर्व निदेशक सुमित्रा ने यह बात दर्ज कराई है कि वह अकसर एक वक़्त का खाना नहीं खाती थीं, जिससे कि दुर्गालाल को एक गिलास और दूध मिल सके, और उनमें नृत्य के लिए ऊर्जा की कमी न रहे। प्रताप पवार[19] ने याद किया है कि उन्होंने दोनों भाइयों को सुंदर प्रसाद से नृत्य सीखते हुए देखा है, और उनकी प्रतिभा से प्रभावित हुए हैं, इस हद तक वह प्रभावित हुए हैं कि उन्हें अपनी क्षमताएँ अपर्याप्त लगी हैं, एक ऐसे नृत्यकार के रूप में जो बिरजू महाराज से नृत्य सीखने के लिए उत्सुक था। 1973 में देवीलाल ने गीतांजलि से विवाह कर लिया, जो जयपुर घराने की ही नृत्यांगना थीं। यह समय था जब पहले पाँच सितारा होटल–अशोक होटल–का एक सांस्कृतिक कार्यक्रमों वाला विभाग था। उसके प्रमुख थे स्वर्गीय ए.जे. जसपाल। उनकी ओर से दोनों भाइयों और गीतांजलि को नृत्य करने का निमंत्रण मिलता रहता था। दर्शक उन्हें बहुत पसंद करते थे। मंच पर उनका अवतरण एक स्फूर्ति की रचना करता था। इन निमंत्रणों से तीनों को लाभ होता था–हर तरह से। आर्थिक स्थिति के लिए तो यह अच्छा था ही। दुर्भाग्यवश 1976 में अत्यधिक मद्यपान करते रहने से देवीलाल का देहांत हो गया। पर दुर्गालाल और गीतांजलि अपने दुख में भी पूरी हिम्मत के साथ नृत्य करते रहे–देवीलाल के देहांत के कुछ दिनों बाद ही उन्होंने मंच को फिर से सँभाल लिया। जसपाल, उनके अभिभावक जैसे थे। एक बार जब अपने को कला प्रोत्साहक कहने वाले व्यक्ति ने दुर्गालाल और गीतांजलि को कार्यक्रम देने के लिए लंदन बुलाया, साथ ही कृष्ण कुमार, तीरथ राम आजाद और लतीफ अहमद

खान को भी निमंत्रित किया, तो ये सभी युवा लोग वहाँ छोटे-छोटे काम करने के लिए मजबूर हो गए,क्योंकि बुलाने बाले व्यक्ति ने इन्हें बुलाकर भी कोई जिम्मेवारी नहीं निभाई। ऐसे में जसपाल ने ही उन्हें इस 'दुष्चक्र' से बाहर निकाला।[20]

दुर्गालाल लय के साधक थे, और लय पर पूर्ण अधिकार रखते थे। उनके गतिशील 64 चक्कर, उनकी विस्तृत लड़ियाँ, उनके कवित्त और तत्कार के क्रमचयन उनकी पढ़ंत, और जिस प्रकार वह परन '*धा धनधा, किटतक धिगित धिगी नगन्नार...*' प्रस्तुत करते थे और 'धा' के सौंदर्य को उजागर कर देते थे। यह सब अपूर्व ही तो था। उनकी मंच पर उपस्थिति ही विलक्षण थी। वह उस नृत्य के एक अपूर्व नायक/ प्रतिनिधि ही तो लगते थे, जब वह सम पर बिल्कुल स्थिर हो जाते और दोनों हाथ आकाशीय ऊँचाइयों की ओर उठ जाते थे। दुर्गालाल की ट्रेनिंग उनके पिता ओंकारलाल

पंडित दुर्गालाल (अविनाश पसरीचा, सौजन्य उमा डोगरा)

के अंतर्गत भरपूर ढंग से हुई थी। दुर्गालाल की आवाज मधुर और प्रवाही थी और वह केवल अपनी पढ़ंत से दर्शकों को मंत्रमुग्ध कर सकते थे। वह एक अच्छे पखावज वादक भी थे।[21] दुर्गालाल भक्तिभाव से भरे हुए थे और एक नृत्य प्रदर्शन के अवसर पर अजित देसाई के गायन में उनकी वंदना *प्रथम सुमिर श्री गणेश* उन लोगों की स्मृति में अब तक बसी हुई है, जिन्होंने वह प्रस्तुति देखी थी। दुर्गालाल अकसर अपनी ही लय की दुनिया में, एक कल्पना जगत में खो जाते थे। मंच पर अभिनय के साधक वह नहीं थे। पर, मुंबई में एक बार एक प्रायोजित कार्यक्रम में उन्होंने अपनी छुपी हुई अभिनय क्षमता को भी बड़ी खूबसूरती से प्रदर्शित किया था। उन्होंने एक असामान्य श्रृंगार दृश्य को–जिसमें एक नायिका चलती हुई आती है। और अपना जूड़ा बनाती है, करके दिखाया था। नृत्य के इस महत्वपूर्ण पक्ष के बिना भी दुर्गालाल अपनी लय गति के जादू में ही दर्शकों को बाँध लेते थे। 1985 में नृत्यांजलि समारोह में जो चिदंबरम के नटराज मंदिर में आयोजित हुआ था, दुर्गालाल के कार्यक्रम को बड़ी प्रमुखता से प्रचारित किया गया और वह दक्षिण में भी लोगों के प्रिय हो उठे। श्रीकृष्ण गणसभा के कार्यक्रमों में हिस्सा लेने के कारण भी उन्हें दक्षिण में प्रसिद्धि मिली। दक्षिण भारत के प्रमुख संगतकारों ने उनकी नृत्य-प्रस्तुतियों में साथ दिया, जैसे कि टी.एच. विनायकराम ने घटम पर और हरिशंकर ने खंजीरा पर। 1984 में कुंदनलाल के देहांत के बाद, दुर्गालाल, दिल्ली के कथक केंद्र के जयपुर घराना विभाग में गुरु बने, और नंदिनी सिंह, मर्लिन बोस तथा पाकिस्तान से निखत चौधरी जैसी शिष्याओं को प्रशिक्षित किया। साथ ही अन्य कई विद्यार्थियों को भी। पर 1990 में अकस्मात कथक जगत पर एक कुठाराघात हुआ, जब हृदय गति रुकने से दुर्गालाल का देहांत हो गया। देहांत से पहले लखनऊ के दर्शकों के मध्य वह चार घंटों तक नृत्य कर चुके थे। आकस्मिक निधन से पहले दुर्गालाल रविशंकर की प्रस्तुति *घनश्याम* से जुड़ चुके थे, और उन्हें इस

कुमुदिनी लाखिया मंडली (आर. श्रीनिवासन)

प्रस्तुति के नायक के रूप में जाना था यूरोप भ्रमण पर, लेकिन नियति को यह मंजूर नहीं हुआ।

अखिल भारतीय स्तर पर कथक का प्रतिनिधित्व

केशव कोठारी ने कथक केंद्र में 1980 में कालका बिंदादीन समारोह की शुरुआत की, इससे हुआ यह कि अखिल भारतीय स्तर पर कथक-जगत को एक मंच मिला, और कुछ ही वर्षों में इसमें अंतरराष्ट्रीय कथक परिदृश्य भी प्रतिबिंबित होने लगा। केंद्र की बढ़ती लोकप्रियता और प्रसिद्धि ने कुछ ऐसा कर दिया कि अन्य कथक-संस्थानों से भी विद्यार्थी इसकी ओर खिंचने लगे, और इसे प्रशिक्षण की अंतिम सीढ़ी मानने लगे। यहाँ तक कि 'कदम्ब' जैसे प्रतिष्ठित केंद्र अपने श्रेष्ठ कलाकारों को खोने लगे और अदिति मंगलदास और दक्षा सेठ ने भी दिल्ली के कथक केंद्र का रुख किया। इसका एक बड़ा कारण वहाँ बिरजू महाराज का होना भी था, जिनसे परंपरा के स्पर्श की उम्मीद थी, और विद्यार्थियों को लगता यह था कि कितना भी प्रशिक्षित हो लें, यह 'स्पर्श' तो ज़रूरी है। फिर केंद्र की कुमुदिनी लाखिया जैसी प्रशिक्षण की ख्याति भी इस सबके पीछे थी, जिनके प्रयोगशील दृष्टिकोण को भी कथक-जगत में कुछ विशेष माना जाने लगा था। केंद्र की उच्चस्तरीय गतिविधियाँ भी विद्यार्थियों को यह मौका देती थीं कि वे उन मंचों तक पहुँच सकें जो महत्वपूर्ण माने जाते थे–जाहिर है कि यह किसी भी विद्यार्थी को आकर्षित करने के लिए काफ़ी था–इससे किसी के भी कलाकार जीवन को मान्यता मिलने का और आगे बढ़ने का आश्वासन छिपा हुआ था।

केंद्र के समारोहों के दौरान क्रमशः यह बात स्पष्ट होती जा रही थी कि कदम्ब को, कोलकाता के पदातिक को, पुणे के नृत्य भारती को, कथक केंद्र

की लखनऊ और जयपुर शाखाओं को छोड़कर, बहुत कम ऐसे छोटे संस्थान थे जो ग्रुप-प्रस्तुतियों को मंच पर भलीभाँति संपन्न करने का स्तरीय काम कर सकते थे। 1984 के बाद केंद्र ने एक और समारोह प्रतिभाशाली सोलो डांसर्स के लिए शुरू किया–नाम रखा गया, शरत चंद्रिका। यह कालका बिंदादीन समारोह की कड़ी में ही एक और समारोह था। 1988 में भी कथक महोत्सव में ग्रुप/समूह प्रस्तुतियों के मामले में केंद्र ही आगे रहता था, सिर्फ एकाध बाहरी प्रस्तुतियों को छोड़कर, जिनमें क्षुधित पाशा की गिनती की जा सकती है, जिसकी नृत्य संरचना विजय शंकर ने की थी और जिसे उनके जापानी-चीनी छात्रों ने मूर्त रूप दिया था। इससे उसे एक अलग तरह का स्पर्श मिला था। सीधे-सीधे ग्रुप आइटम, मसलन बिना झपताल और तीनताल की थीम के, दुर्गालाल के विद्यार्थी तैयार कर रहे थे। और 14,12,9 तथा 6 मात्राओं के चतुरंग में, रोहिणी भाटे के विद्यार्थी कुछ बुन रहे थे–यहाँ भी विषयवस्तु (थीम) का कोई आधार नहीं था। कुल मिलाकर यह सारा काम बस 'तैय्यारी' का ही था। मुन्नालाल शुक्ला के ग्रुप आइटम अंग-मुक्ति में एक ऐसे कलाकार की आज़ादी का चित्रण था जो गति पर पूर्ण अधिकार के बाद, तकनीक पर अपनी पकड़ छोड़ देता है। पर, क्रमशः उस पर यह उजागर होता है कि तकनीक ही वह चीज़ है जो एक नृत्यकार को कुछ नया पाने/ढूँढ़ने की पूरी आज़ादी दे सकती है। रेबा विद्यार्थी की संरचना *चंद्रलुप्त* उनके अपने ही एक विद्यार्थी के जीवन पर आधारित थी जो बोलने और सुनने दोनों से वंचित है। संरचना, शरीर और दिमाग़ के उस संघर्ष को दर्शाती थी जो ऐसी स्थिति में संगीत और अनसुनी ताल को पकड़ने में सक्षम न होने के बावजूद, उसे पकड़ने के लिए व्यग्र है। जानकी प्रसाद बनारस घराने की सुनयना हजारीलाल ने दादरा में '*लश्कर जाने न दूँगी*' को एक खुलेपन के साथ प्रस्तुत किया, कुछ इस तरह की कि दर्शकगण अपनी तई उसकी व्याख्या अपने-अपने ढंग से कर सकते थे। 1988 में भी यह बात कुछ तो उजागर होने ही लगी थी कि दिल्ली और उसके माहौल से अलग कथक की एक व्यक्ति-मुखी शैली कहीं एकांत में पनप रही है।

दुर्गालाल के देहांत के बाद जयपुर घराने ने अपनी केंद्रीय उपस्थित खो दी, और उनके जैसा कोई ऐसा गुरु/कलाकार नहीं था जो तत्काल केंद्र में उनकी जगह को भर सके। इस तरह 1992 में कालका बिंदादीन समारोह के समय तक जयपुर घराने का अग्रणी कलाकार केंद्र को उपलब्ध नहीं था, भरपाई तब हुई जब उर्मिला नागर को केंद्र में पूर्णकालिक अध्यापक/गुरु के रूप में नियुक्त किया गया।

कुमुदिनी लाखिया ने अपनी प्रयोगप्रियता और नए दृष्टिकोण के बावजूद शास्त्रीय पैमानों को कभी लाँघा नहीं था, न ही उनकी शिष्या दक्षा सेठ ने ऐसा किया था, जिनको कथक केंद्र में, पंडित बिरजू महाराज से उच्चस्तरीय प्रशिक्षण मिला था। लेकिन 1977 में किसी समय दक्षा सेठ की एकल प्रस्तुति *फोर सीज़न्स*, जिसे विवाल्दी के पश्चिमी शास्त्रीय संगीत में पिरोया गया था, ने एक बड़ी हलचल पैदा की। धक्का भी पहुँचाया। धक्का इस बात का कि कथक के गढ़ में उसकी शास्त्रीयता को चुनौती दी गई थी, वह भी एक ऐसे कलाकार द्वारा जो उसी गढ़ का था, पर, दूसरी ओर गुपचुप ढंग से उसे प्रशंसा भी मिल रही थी कि किसी ने साहसपूर्ण ढंग से ऐसा एक नया कदम उठाया था–स्वीकृत मानदंडों से अलग। यह एक शुरुआत थी, और इसके बाद दक्षा ने एक के बाद एक जो साहसिक चीजें कीं, उनके कारण वह शास्त्रीय नृत्य-जगत की सीमा–रेखाओं को इस हद तक लाँघ गई कि शास्त्रीय नृत्य-जगत से, वह समकालीन नृत्य-क्षेत्र में प्रवेश कर गईं।

ऐसा लगता है कि जिन गुणों की निरंतरता चाहिए होती है, वे गुण इन ग्रुप नृत्य-संरचनाओं में उभर कर नहीं आ पा रहे थे। उनकी रचना जितने सहज-स्वाभाविक ढंग से होनी चाहिए थी वह संभवतया नहीं हो पा रही थी–ये ग्रुप संरचनाएँ जैसे कुछ अतिरिक्त प्रयत्न करके तैयार

सुंदर प्रसाद (संगीत नाटक अकादमी)

गोपी कृष्ण (संगीत नाटक अकादमी)

की जा रही थीं। साथ ही नई विषयवस्तुओं को आजमाने की जोरदार इच्छा भी थी। कुछ पुराने रंग वापस लाने के लिए 1992 के कथक महोत्सव ने, रायबरेली के पंडित श्रीलता प्रसाद मिश्र को एक *कथावाचक* प्रस्तुति के लिए निमंत्रित किया, बीच-बीच में लयकारी और कथावाचन के निरंतर कवित्वमय प्रसंगों के उल्लेख से, दर्शकों/श्रोताओं का कथक में कथा के बीज-तत्वों से सामना हुआ, और यह दिखाई पड़ा कि वास्तव में कथक का जन्म किन स्रोतों से हुआ था। रामनारायण के एकल सारंगी वादन और पागलदास के पखावज वादन ने, यह उजागर किया कि कथक की सांगीतिक मधुरता और लय इन वाद्यों से सुनिश्चित होती है (हो सकती है)। इस महोत्सव में 'प्रयोगशीलता' का परचम फिर कुमुदिनी लाखिया और बिरजू महाराज की शिष्या अदिति मंगलदास ने लहराया–अपनी संरचना *स्वागत* से, जो इतालवी लेखिका ओरिआना फलाशिज़ की रचना *लेटर्स टु द अनबॉर्न चाइल्ड* से प्रेरित थी। इसमें शुभा मुद्गल ने संगीत संबंधी कुछ चीज़ें कीं, और सुझाईं भी। यह एक मार्मिक प्रस्तुति थी, जिसमें एक माँ अपनी अजन्मी संतान से काल्पनिक संवाद करती है–ऐसा संवाद जिसमें उत्सुकता है, आशंका है, और अपनी अजन्मी संतान के प्रति एक लगाव तो है ही। नृत्य के कुशल संयोजन से, सटीक और सुंदर मंचसज्जा से और वेशभूषा की कल्पनाशीलता से, यह प्रस्तुति सबको स्पर्श कर सकी। 1994 में कोलकाता के कथक महोत्सव में, पंडित बिरजू महाराज की *संपादन* प्रस्तुति मंचित हुई। भास्वती मिश्र की *कौन है* शीर्षक प्रस्तुति एक नृत्यकार की अस्मिता की खोज को लेकर थी।

वर्ष 1995 में कोलकाता के पदातिक ने स्वतंत्र रूप से, *राम कथा राम कहानी* को प्रस्तुत किया। इसे काफ़ी शोध और लगन के साथ तैयार किया गया था। इस प्रस्तुति को मिश्रित प्रतिक्रियाएँ मिलीं–किसी को यह 'भयंकर' लगीं और किसी को अच्छी। पदातिक की चेतना जालान को अपने पति श्यामानंद जालान का हर संभव सहयोग प्राप्त था, जिनका स्वयं का अनुभव नाट्य जगत में कम नहीं था। और स्वयं चेतना भी तो एक रंगकर्मी थी ही। श्यामानंद जालान ने ही इस प्रस्तुति का निर्देशन किया था और उन्होंने कथक के रूप और उसकी शैलीगत विशेषताओं को एक अनोखे अंदाज में बरता था। इसमें लोक कलाकारों और नटों का भी सहयोग लिया गया था और यह प्रस्तुति बहुस्तरीय थी। कथा के सूत्रधार (जो आज के आधुनिक कथाकार जैसा है) द्वारा कथावाचन और दैनंदिन जीवन के प्रसंगों के माध्यम से, इसमें राम की कथा कही गई है, कुछ इस तरह कि इसमे टी.वी. का परदा भी शामिल हो गया है, और भयंकर व्यावसायिकता तथा राजनीतिक परिदृश्य भी इसकी परिधि के बाहर नहीं हैं। प्रस्तुति में पारसी थिएटर से लेकर, यथार्थवादी और अत्यंत शैलीबद्ध नाट्यधर्मी थिएटर तक के कई रूप व्यवहार में लाए गए थे। श्यामानंद ने प्रस्तुति को इस तरह बुना था कि कथक के साथ बहुविधि थिएटर-रूप भी अपनी भूमिका निभाए और रामकथा बड़ी सहजता से उभर कर आए। ऐसा ही हुआ भी। लेकिन कथक आधारित एक नए नृत्य मुहावरे की यह खोज 'गुरुओं' को रास नहीं आई, और कुछ ही दिनों बाद विजय शंकर, जो पदातिक के प्रथम पंक्ति के अध्यापक थे और वर्षों से पदातिक के साथ थे, वह पदातिक को छोड़कर चले गए। अपने शोध में अपूर्व और अपनी कल्पनाशील अभिव्यक्ति में, *राम कथा राम कहानी* बहुतेरे परंपरानिष्ठ व्यक्तियों द्वारा एक भुला देने वाली घटना थी।

2000 का कथक महोत्सव, एक बड़ी घटना के रूप में उपस्थित हुआ, क्योंकि यह पूरी तरह नवाचारी इच्छाओं से उपजा था–उन्हीं के इर्द-गिर्द बुना गया था। इसका आयोजन कोलकाता में हुआ था और इसमें श्यामानंद जालान की सक्रिय भूमिका थी, जो तब कथक केंद्र के अध्यक्ष थे। इसमें एक परिसंवाद भी आयोजित किया गया था जिसमें पिछली शाम की प्रस्तुतियों की चर्चा अगली सुबह होती थी। और यह चर्चा अंततः विमर्श का रूप ले लेती थी। इससे कथक में तब मौजूद प्रवृत्तियाँ तो उभर कर सामने आईं ही, परंपरानिष्ठों के विचार भी व्यक्त हुए, और दर्शकों की मिश्रित प्रतिक्रियाओं को भी जगह मिली। 'नृत्य संरचना' की चर्चा चारों ओर सुनाई पड़ती थी। यहाँ तक कि गीतांजलि लाल की उद्घाटन-प्रस्तुति, *आराधना* जिसमें छह नृत्यकार दो तरह के वर्णनों और शिवस्तुति के बीच अंतरावलम्बन बरतते हुए मंच पर आते हैं–खासी बहस का कारण बनी। बहस इसी बात को लेकर थी कि एक 'वंदना' से आखिरकार क्या कह पाने की उम्मीद की जा रही है–एक भक्तिभाव की प्राप्ति या आराध्य देव की स्तुति का एक प्रदर्शन मात्र! ध्रुपद में जिस शिवस्तुति-गीत पर यह प्रस्तुति आधारित थी–सवाल उसको लेकर भी खड़े हुए। संगीतकारों का कहना था कि सांगीतिक ढाँचे में नृत्य के उद्देश्य से, जिस लयमात्र का इस्तेमाल किया जा रहा है, उसकी सार्थकता क्या है! सार्थकता तो तब होती जब इस प्रसंग में नृत्य तत्वों की अतिरिक्त बुनावट भी होती। यह सवाल भी उठे कि नृत्य को केवल संगीत आधारित क्यों होना चाहिए और यह भी कि 'मौन' के महत्व की अनदेखी क्यों होनी चाहिए–उसकी अपनी प्रासंगिकता है। प्रश्न यह भी पूछा गया कि गीतांजलि की नृत्य-संरचना में उनके गुरुओं–रोशन कुमारी या गोपीकृष्ण–की गूँज-अनुगूँज न होकर, पंडित बिरजू महाराज की गूँज अधिक है–इस हद तक की वह उनकी शैली का ही अनुकरण लगती है। इससे यह भी ज्ञात होता है कि कथक शैली में बिरजू महाराज की कैसी छाप पड़ चुकी थी। सच तो यह है कि, एक नृत्यकार जिस तरह अपनी देह को अभिव्यक्ति के लिए इस्तेमाल करता/करती है, और अपने तेवरों और गतियों को कुल

नृत्य में ढालता/ढालती है, इस सब पर, वर्षों से, दो व्यक्तियों–पंडित बिरजू महाराज और कुमुदिनी लाखिया का जबरदस्त असर रहा है। गीतांजलि की दूसरी नृत्य संरचना–द *स्पिरिट* जिसमें चार मोहक छात्राओं की भागीदारी थी–विधा, गौरी, रश्मि और नम्रता की–और सफेद तथा लाल का सुघड़ इस्तेमाल था–इस पर स्पैनिश प्रभाव स्पष्ट था। इसमें छात्राओं ने एक हाथ से अपने स्कर्ट सँभाल रखे थे, बालों में फूल लगाया हुआ था, और वे गरिमामय ढंग से मंच को घेर रही थीं।

कुमुदिनी लाखिया की पुरानी प्रस्तुति सात-सात भी दिखाई गई, जिसमें रूपक और धमार तालों के ज़रिए 7 की संख्या के गणितीय आधार पर अमूर्त लयों की संरचना थी। 7 की संख्या भारतीय सांस्कृतिक जीवन में महत्वपूर्ण है–जैसे सप्त स्वर, सप्ताह के सात दिन, इंद्रधनुष के सात रंग, सप्तऋषि आदि। इस प्रस्तुति में ये सब सूक्ष्म ढंग से प्रतिबिंबित थे। प्रस्तुति सात शब्द के साथ एक खेल भी करती थी क्योंकि सात में कहीं साथ की ध्वनि भी है, साथ-साथ की ध्वनि। और दो नृत्यकारों का साथ-साथ किया गया युगल नृत्य, जैसे साथ के अर्थ का एक संधान भी था–नृत्यकार अलग-अलग, भिन्न दिशा की ओर चले जाते थे, फिर आपस में मिलते, और गुंफित होते थे। कुमुदिनी के *धबकार* और *युगल* सभी प्रस्तुत किए गए थे। एक व्यंग्य प्रधान रचना अर्धशक्ति काफ़ी चर्चा और बहस का केंद्र बनी, यह मोहभंग से ग्रस्त उन कुछ व्यक्तियों के इर्द-गिर्द बुनी गई थी जो भारत में तथाकथित लोकतंत्र की स्थिति पर 'विचार' करते हैं। इसकी परिकल्पना की थी चेतना जालान ने, और इसमें मुखौटों, माइम आदि का उपयोग किया था, यहाँ तक कि नृत्य-संरचना में पश्चिमी नृत्य संसार के जीवे और जॉज को भी पिरो दिया गया था। कथक तत्व की भूमिका यहाँ केवल इतनी भर रह गई थी कि वह पुरानी नचनियों और नाचने वाली बाइयों जैसी कोई 'विचित्र' सी चीज़ जान पड़े। ब्रेझनिकोव के इस वक्तव्य कि–"बैले में कोई चचेरे भाई-बहन या सास-

सितारा देवी (संगीत नाटक अकादमी)

ससुर नहीं होते," उद्धत करते हुए स्वर्गीय संगीत शास्त्री भास्कर चंदावरकर ने यह सवाल पूछा था कि विचारों और रूप के इस मिश्रण से क्या कथक में आज की राजनीति घटित की जा सकती है? कई लोगों को चेतना की प्रस्तुति बहुत बड़बोली और भ्रमित-सी मालूम पड़ी थी। यह सवाल भी उठाया गया कि शास्त्रीय नृत्य को लेकर कलाकार की कोई सौंदर्यमूलक जिम्मेवारी बनती है या नहीं, और पारखी जनों ने सवाल किया कि 'कई जगहों पर बोलों के इस्तेमाल भर को' कथक की संज्ञा दी जा सकती है क्या! एक कमेंट यह भी सुनने को मिला कि 'यह तो एक तरह की नौटंकी थी, या नटों जैसा करतब, या फिर एक तरह का प्रहसन।' सितारा देवी ने तो दो टूक अंदाज में व्यंग्य करते हुए पूछा कि क्या यह एक मुजरा था, और ऐसे में वहाँ बिंदादीन महाराज और अच्छन महाराज की तस्वीरें फॉयर में क्यों लगाई गई

रोहिणी भाटे (संगीत नाटक अकादमी)

थीं, जब यह अजीबोगरीब चीज़ प्रस्तुत की जा रही थी? इन सारे प्रहारों के बीच श्यामानंद जालान अविचलित रहे। कुमुदिनी लाखिया ने अपनी नृत्य-यात्रा की बात की, अपनी सफल नृत्य-संरचनाओं की, और याद किया कि नृत्य के लिए मंच अगर अच्छी तरह तैयार न किया गया हो तो कोई भी चीज विफल हो सकती है। ड्यूक ऑफ एडिनबर्ग के एक बार दिल्ली आगमन पर, एक प्रस्तुति के दौरान उन्होंने पाया कि मंच दोनों ओर से ढलवाँ है, और एक सारंगीवादक तो नीचे ही गिर पड़ा! इस घटना-दुर्घटना ने उन्हें सिखाया कि स्पेस कितना महत्वपूर्ण है, और कैसे नृत्य-गतियों को इसे समझना-साधना पड़ सकता है। शंभू महाराज और सुंदर प्रसाद जी से दीक्षित कुमुदिनी को कथक की गतियों से ही लगाव था–दूसरी गतियों वे मानो जानती ही नहीं थीं। समाज के अनुसार कला को, अपने को, परिवर्तित करना पड़ता है, उनका यही मानना था, और यह भी कि कथक में सिर्फ़ एक 'पल्टा' या पद-संचालन, चमत्कार कर सकता है; किसी और चीज की ज़रूरत ही नहीं पड़ेगी। "मैं विषयवस्तुओं से थक गई थी"–कहकर उन्होंने अपना वक्तव्य समाप्त किया।

सितारा देवी ने जोर देकर कहा कि वे कथक में एकल प्रस्तुति पर ही विश्वास करती हैं, और यह सारी ग्रुप प्रस्तुतियाँ, कथक के मूल-भाव को नष्ट कर रही हैं। उनकी इस बात पर, कई श्रोताओं ने अपनी सहमति प्रकट की। भास्कर चंदावरकर ने कहा कि ग्रुप में नृत्यांगना की भूमिका को कम करके नहीं आँकना

चाहिए। और शास्त्रीय नृत्य को एकल रूप में प्रस्तुत करने वाली नृत्यांगना को 'राज' करने की जो आदत रही है, उसे छोड़कर समूह-नृत्य की भी अनिवार्यता को समझना और स्वीकार करना चाहिए। कुमुदिनी लाखिया के शिष्य/शिष्या मौलिक शाह और ईशिरा पारीख ने *आमने-सामने* की प्रस्तुति दी–जिसमें मंच को एक ओर तिपाई जैसा ढाँचा प्रदान किया गया था और दूसरी ओर उसका रूप कैक्टस जैसा रखा गया था, और इन निर्मितियों से क्रमशः सुमेल और बेमेल दृष्टिकोण को प्रतिबिंबित करने की चेष्टा की गई थी। और इन्हें नृत्य के 'तेवर' से भी दर्शकों तक पहुँचाने का यत्न किया गया था। इस पर कुमुदिनी की छाप स्पष्ट थी। दूसरा विमर्श रोहिणी भाटे की प्रस्तुति उषा सूक्त के इर्द-गिर्द प्रकट हुआ, जो ऋग्वेद के श्लोक पर आधारित थी। और जिसमें एक सरल रैखिक लय थी, ठीक वैसी ही जैसी एक प्रार्थना में होती है। 'टाइम' (समय) को पश्चिमी संगीत में पिरोया गया था और यह इस उक्ति पर आधारित था: "समय चिढ़ाता है, समय जम जाता है, समय है।" इसमें नृत्यकार का हाथ घड़ी की सुइयों की तरह बारी-बारी से सक्रिय होता था। कई समीक्षकों को इसमें पश्चिमी शास्त्रीय संगीत की, और आधुनिक अमेरिकी नृत्य की छाप दिखाई पड़ी। अंतिम दृश्य उड़ान, जिसमें जीवन एक अंडे के भीतर से उभरता है, और मनुष्य चिड़िया की-सी उड़ान भरना चाहता है, पर, अंततः मोहभंग की एक स्थिति में, ज़मीन पर गिर पड़ता है। धीरे-धीरे यह भान होता है कि एक उत्साही भाव को, उड़ान भरने की प्रसन्नता को, कथक की फ़र्श पर बिखर गई गतियों के माध्यम से व्यंजित किया जा सकता है। कथक में रोहिणी ने यह जो परिकल्पना की, उसमें व्यवहृत पश्चिमी संगीत सचमुच काम आया, पर, इससे उन लोगों को धक्का भी पहुँचा जो रोहिणी को परम्परागत संगीत की आधार-भूमि पर ही काम करते हुए देखने के आदी थे। दर्शकों ने पूछा कि "उड़ान भरने की जो सामान्य गतियाँ और स्तर होते हैं, उन्हें काम में क्यों नहीं लिया गया?" रोहिणी का जवाब था कि हवा में उड़ने के आनंद को, उसकी इच्छा को, दर्शाना ही उनका उद्देश्य था, उसे यथार्थमय ढंग से दिखाने का नहीं, क्योंकि वैसी चीज़ तो यों भी कथक की नृत्य-भाषा का हिस्सा नहीं बन सकती।

ऐसा लगा जैसे *फ़ोर सीजन्स* से दक्षा सेठ ने कोई राह खोल दी हो, क्योंकि ऋतुओं के प्रसंग से तैयार की गई प्रस्तुतियों में पश्चिमी संगीत का ही चलन कथक कलाकारों को भाने लगा। यही एक बार फिर शोवना नारायण की प्रस्तुति *मूनलाइट इंप्रेशंस* में दिखाई पड़ा, जो कि मोज़ार्ट, देबुसी, बीथोवन, शूबर्ट और लिस्त्ज़ के संगीत पर आधारित थी, और जिसमें सीधे मंच पर बजाए गए हरमन साज़ेन के पियानो, और भारतीय संगीतकारों का भी योगदान था–ज्वाला प्रसाद (गायन), शकील अहमद खाँ (तबला), तेज प्रकाश तुलसी और विजय शर्मा (सितार) तथा माधो प्रसाद (हारमोनियम) सभी मंच पर थे। नृत्यकारों के *अंगरखे* सफ़ेद थे, प्रकाश हलका नीला था, रात का संकेत देने वाला, घुँघरू अंगरखों से बाहर नहीं आ रहे थे–ज़ाहिर है कि किसी को इसमें बैले, फ्लैमेंको और टैप डांस की झलक दिखाई पड़ सकती थी–इनके अनुकरण की। पूर्व और पश्चिम के इस पुल में न तो बैले की 'भारहीनता' थी, न ही कथक की अपनी भरपूर ऊर्जा। भास्कर चंदावरकर की टिप्पणी थी कि कई देशों के संगीत के कारण प्रस्तुति लगभग उत्तर आधुनिक हो उठी थी।

शोवना नारायण ने कहा कि उनके काम में परम्परा की भी भूमिका रहती है, पर, साथ ही 'समकालीनता' की भी अनिवार्य उपस्थिति रहती है, और वे इसी रूप में काम करना पसंद करती हैं। उन्होंने यह भी जोड़ा कि जो नृत्यांगनाएँ पारम्परिक-नृत्य करती हैं, पर, स्वभावतया रहती आज की दुनिया में हैं, वे दो कालावधियों को ही तो जीती हैं। और परम्परा और समकालीनता का यह साहचर्य स्वाभाविक ही तो माना जाएगा।

कथक में नृत्य-संरचना को किस रूप में समझा और ग्रहण किया गया है! गुरु मुन्नालाल शुक्ला ने इस संदर्भ

में कुछ महत्वपूर्ण टिप्पणियाँ कीं। उनका मानना था कि एक ऐसे माहौल में जहाँ शास्त्रीय नृत्य पर एक प्रकार की अंधश्रद्धा हो, और उसे लेकर सवाल उठाना अच्छा न माना जाता हो, वहाँ नए प्रयोगों की या किसी नवाचार की, स्थिति कुछ अजीब-सी तो हो ही जाती है उनका कहना था कि अपनी रचना *अंग-मुक्ति* को तैयार करते हुए वह दीक्षा-शिक्षा और परीक्षा से स्वतंत्र होकर, ही कुछ करना चाह रहे थे। रानी कर्णा ने इससे ठीक भिन्न प्रकार का मत व्यक्त किया। उनका जोर देकर कहना था कि 'नृत्य भारती' में युवा बिरजू महाराज द्वारा उनकी दीक्षा, और फिर सुंदर प्रसाद, मोहनलाल, हीरालाल जैसे दिग्गजों और सबसे बढ़कर जयपुर घराने के नारायण प्रसाद से मिली शिक्षा ने उन्हें दीक्षा, शिक्षा और परीक्षा का ही गुरुमंत्र दिया है, और उसके महत्व से उन्हें अवगत किया है, और यह 'गुरुमंत्र' उनके भीतर तक उतर गया है। सेमिनार में 'देखना' और 'परखना' जैसे शब्दों का प्रयोग भी बार-बार किया गया।

अदिति की नृत्य-संरचना *इनफाइनाइट जर्नी* में कथक की भ्रमरी का अधिकतम उपयोग किया गया, और इसमें सूर्य, चंद्र, पृथ्वी की 'छवियाँ' रचते हुए, तथा स्वयं चक्कर खाती सृष्टि का बखान करते हुए, चक्करों को बड़े सुंदर ढंग से 'पिरोया' गया। इसके बाद, *फुटप्रिंट्स ऑन वाटर* (जल पर पदचिन्ह) और *सिनर्जी एंड साउंडस्केप* (ऊर्जा और ध्वनि का दृश्यालेख) में नृत्य बिना घुँघरुओं के था, और नृत्यकारों ने तालियों, पदचापों और काठ-पट्टे, तथा स्टील की सतह पर नृत्य-क्रियाओं से ही लय की रचना की, और उसे साधा। जल भरे एक बड़े थाल/कटोरे पर भी उन्होंने नृत्य किया, और बिना संगीत के ही, ध्वनिमय लय को उजागर किया।

यह समूचा संवाद समकालीन और आधुनिक को लेकर उपजने वाले भ्रम पर विचार करता हुआ लगा। कथक, कब कथक होना बंद हो गया? संगीत की भूमिका क्या है? भाव और शब्दों को, सुरमयता और गतियों को कैसे घुलाया-मिलाया जाता है? नृत्य और किसी विषयवस्तु का सामंजस्य कैसा हो? उदाहरण के लिए भास्वती मिश्र की *उर्मिला* की प्रस्तुति, जो मैथिलीशरण गुप्त की काव्यकृति पर आधारित थी, उसमें तकनीक की कहीं से कोई प्रदर्शनप्रियता नहीं थी। कथक की संवेदना या भावानुभूति से तात्पर्य क्या है? विचार का यह बिंदु, दक्षा सेठ की प्रस्तुति संगीतम से कुछ तो उजागर हुआ। यह प्रस्तुति फिनलैंड के कंपोजर ईरो हैमीनाईमी की 'रचना' पर आधारित थी। संगीत 12/123/12/12/123/123 के अनुभागों में बँटा था और पंद्रह 'बीट' के तालक्रम से इसकी संगति बैठती थी। नृत्यांगना का कहना था कि लय का यह समय गणित उन्हें कथक की भावभूमि से, उसी की संवेदना से प्राप्त हुआ है। केशव कोठारी ने पूछा कि 'कथक की सीमाओं' से तात्पर्य क्या है? इसकी माप अलग-अलग व्यक्तियों के लिए, अलग प्रकार से ही (तो) होगी। अगर इस परिसंवाद को बेकार की कसरत मानने वाले कई लोग थे, तो उतने ही इसको लेकर काफ़ी उत्साह से भरे हुए भी थे।

गुरुओं को समर्पित समारोह

केंद्र के 2001 के समारोह में विभिन्न कथक घरानों के कई युवा और संभावनाशील नृत्यकारों की प्रस्तुतियाँ हुईं। इनमें से आज कई जाने-माने नाम हैं। यह समारोह जयपुर घराने के गुरु कुंदननाल गंगानी को समर्पित था। और इसमें गुरु कुंदनलाल गंगानी तथा दुर्गालाल की शिष्या मंगला भट्ट, कुंदनलाल गंगानी के सुपुत्र और शिष्य राजेंद्र गंगानी के सिखाए हुए अनुराग वर्मा, और उर्मिला नागर से दीक्षित, अपूर्वा वडके, उभरकर सामने आए। इसी तरह सामने आने वालों में से हैः गुरु सितारा देवी की छात्रा रेनी झावेरी और रोहिणी भाटे की छात्रा, कुशल नृत्यकार और फिल्म अभिनेत्री सर्वरी जेमेनिस और नृत्य में बहुत रची-बसी नृत्यांगना पार्वती दत्ता, जिनको नृत्य की दीक्षा पहले चक्रधर नृत्य केंद्र के रामलाल, फिर मुन्नालाल शुक्ला और पंडित बिरजू

राम लाल (संगीत नाटक अकादमी)

महाराज से मिली। लखनऊ घराने के युवाओं में शामिल थे–बिरजू महाराज के सुपुत्र दीपक महाराज और माला शर्मा, जो मूलतया लच्छू महाराज की शिष्या थीं और बाद में जिन्होंने लखनऊ कथक केंद्र में पूर्णिमा पांडे, अर्जुन मिश्र तथा प्रशांत शाह, जो कुमुदिनी लाखिया के वरिष्ठ शिष्य थे से कथक सीखा।

गुरुओं को समर्पित समारोहों के इन आयोजनों से, स्वभावतया उन गुरुओं के कामकाज का कुछ तो स्मरण हो ही आता है, जो अब हमारे बीच नहीं हैं, और परम्परा का एक बोध भी बना रहता है। केंद्र के छात्रों तक इससे नृत्य की निरंतरता से छनकर आने वाली चीज़ों को संप्रेषित करने में भी सुविधा होती है। यह भी होता ही है कि वे उन गुरुओं से संवाद कर पाते हैं जो अभी हमारे बीच हैं, और जिन्होंने पुराने गुरुओं की धरोहर को अग्रसर करने में एक भूमिका निभाई है।

'लच्छू महाराज कथक महोत्सव (2003)' इसका एक अच्छा उदाहरण सिद्ध हुआ, सुबह की सभाओं में इसमें वरिष्ठ गुरु/नृत्यकार अपने सव्याख्या प्रदर्शनों के साथ मानो पुराने दिनों को जीवंत कर रहे थे और शाम की प्रस्तुतियों में वे लच्छू महाराज के नृत्य-वैभव को, उनके नृत्य-दृष्टिकोण को अपनी तरह से साकार कर रहे थे। रोहिणी भाटे की प्रस्तुति तो पूर्णतया लच्छू महाराज को ही समर्पित थी और इसमें लच्छू महाराज की पायजामे–बनियान वाली हँसमुख छवि भी उभारी गई थी। गले में हर समय पड़े रहने वाले सोने के हार को भी भुला नहीं दिया गया था। वह भी उभारा गया था।

'ता थेई थेई तत्' पर उनका जो जोर था उसे व्यावहारिक रूप दिया गया था (सुकोमल नयन भंगिमाएँ और शरीर के भार का इधर-उधर संचालन, बोल और उसकी खुली तथा ढंकी ध्वनि के साथ इन सबका तालमेल) और समगति के कथक पर उनका जो विश्वास था, और हाँ, *डोरा*, *कसक*, *मसक*, *कलाई*–सब तो प्रदर्शित किए गए थे। उनकी आँखें, छोटी ज़रूर थीं पर वे बहुत कुछ कह-बता सकती थीं, और उनके 'बोलते' हुए-से खास कथक-रूपायन, जैसे कि *राधा-कृष्ण छेड़छाड़*, *दक्ष यज्ञ*–सबको 'उजागर' किया गया था।

लच्छू महाराज की एक और सुप्रसिद्ध शिष्या कुमकुम धर ने अपनी *पंचतत्व* प्रस्तुति जो गगन, अग्नि, पवन, जल और धरती के इर्द-गिर्द बुनी गई थी–में अंग की उन सभी बारीकियों को झलकाया जो उनके गुरु के द्वारा परिकल्पित की गई थीं। सृष्टि और संहार के क्रमिक रूपों की जो अभिव्यक्ति कुमुकुम धर के नृत्य में हुई, वह लच्छू महाराज की उस क्षमता के प्रदर्शन से संबंध रखती थी, जो उनकी छोटी-मोटी मुद्राओं और गतियों में दिखती थी और जिनसे वह बहुत कुछ संभव कर देते थे। उनका आधा पल्टा बहुत विशिष्ट था, और इस गुरु की फिल्म पर बात करते हुए मदनगोपाल सिंह ने ठीक ही सावधान किया कि कैमरा किस प्रकार एक शॉट को, जो अपना परिप्रेक्ष्य बदल रहा हो, फिर से साध सकता है, और इससे फिल्म निर्देशक और नृत्य-संरचनाकार के बीच एक तनाव पैदा हो सकता है। जिन फिल्मों में लच्छू महाराज ने नृत्य-संरचना की थी उन्हें संरचनाकार की अंतर्दृष्टि की ठेठ अभिव्यक्ति के रूप में नहीं देखा जाना चाहिए। वैष्णव सम्प्रदाय की *गोकुलकी संकरी* फिल्म में अपने डुएट और सितारा देवी के डुएट को लेकर पद्मा शर्मा ज़रूर इस मत की थीं कि फिल्म के निर्माताओं ने उनके गुरु को पूरी स्वतंत्रता दी थी। पी.जी. आशीर्वादम, जिनको बड़ी जद्दोजहद के बाद लच्छू महाराज ने अपना शिष्य बनाना स्वीकार किया था, वही बाद में लच्छू महाराज की ज़रूरत की चीजों की, देखभाल करने वाले बने–इन चीज़ों में एक बहुमूल्य केरोसीन स्टोव, रोज की रोटियाँ, सब्जी और दही, यही सब चीज़ें शामिल थीं। लच्छू महाराज के जोर देने पर कि वह रायगढ़ घराने पर शोध करें, आशीर्वादम ने उन्हें रायगढ़ घराने की बंदिशों को लच्छू महाराज की शैली में करके दिखा दिया। पद्मा शर्मा ने उन दिनों की याद की, जब वह गुरु के साथ प्यार किया तो डरना क्या और नज़र लागी राजा तोरे बंगले पर जैसे गीतों के साथ किए गए नृत्य की शूटिंग के दौरान गई थीं।

गुरु ने उनसे कहा कि वे चारों ओर देखें और विभिन्न गतिविधियों को आत्मसात करें। देखें कि सड़क पर क्या हो रहा है, गली-मुहल्ले में? और इस देखे हुए को नृत्य में गत-रूप में प्रदर्शित करें। स्पेस और नृत्य-संरचना की वह परवाह नहीं करते थे, वह सोलो नृत्य पर ही एकाग्र भाव से काम करना चाहते थे। लच्छू महाराज के परिवार की ही नृत्यांगना थी कपिला राज, जिन्होंने समूचे दर्शक वर्ग को अपने नृत्य से अतीत की एक यात्रा ही करा दी। यह कुछ वैसा ही था, "जैसे कोई पुरानी तस्वीरों के एलबम के पन्ने पलट रहा हो।" इसी समारोह की एक और घटना है, जब बिरजू महाराज की सुयोग्य शिष्या रानी खानम ने पहली बार *अंदाज ए रक्श* की प्रस्तुति अत्यंत संवेदनापूर्ण ढंग से दी। इसमें प्रयुक्त संगीत में पश्चिम एशियाई संगीत के तत्व थे।

वर्ष 2004 में गुरु सुंदर प्रसाद की स्मृति को समर्पित जो समारोह आयोजित हुआ, उसमें उर्मिला नागर ने एक *कजरी* प्रस्तुत की, और एक ऐसी रचना जिसके बारे में धारणा यह बनी कि उसका *अंतरा* गुरु सुंदर प्रसाद का ही था। मंजुश्री चटर्जी, जिन्होंने एक पढ़ंत के जरीए स्वयं यह रहस्योद्घाटन किया है कि वे भी गुरु सुंदर प्रसाद की गंडाबंध शिष्या हैं। गुरु द्वारा सिखाई नृत्य की बारीकियाँ अपनी प्रस्तुति में लाने का उन्होंने बेहद प्रयास किया।

वर्ष 2009 में वरिष्ठ नृत्यांगना रोहिणी भाटे को समर्पित नृत्य महोत्सव का आयोजन किया गया, जिनकी मृत्यु वर्ष 2008 में हुई थी। उनकी वरिष्ठ शिष्या

रानी खानम (संगीत नाटक अकादमी)

शार्दिनी गोले (जो पुणे में उनकी नृत्य संस्था नृत्य भारती में प्रशिक्षण दे रही हैं) के निर्देशन में नृत्य भारती के कलाकारों ने सामूहिक नृत्य प्रस्तुति में तालों पर अपनी अच्छी पकड़ का प्रदर्शन किया। एक अन्य प्रस्तुति *अर्घ्य* में रोहिणी भाटे की शिष्या शमा भाटे ने पंडित सुरेश तलवलकर के साथ गुरु-शिष्य के गहन आपसी तालमेल का परिचय दिया। कथक की ऐतिहासिक यात्रा को दर्शाने के लिए रोशन दात्ये द्वारा निर्देशित फिल्म *कथक आदि कथक* भी खासी चर्चा में रही।

वर्ष 2011 में दुर्गालाल की स्मृति को समर्पित जो महोत्सव हुआ वह उत्साहजनक नहीं रहा। तब तक यह धारणा बनने लगी थी कि केंद्र की गतिविधियों में ही नहीं, कथक के परिदृश्य में भी ठहराव आ चुका है। प्रस्तुतियों को देखकर यही अनुभूति हुई कि उनमें दुहराव-सा है, और वे एक ऐसी दौड़ का पता देती हैं, जिसका कोई गंतव्य नहीं है। यह भी लगा कि किसी नई तरह की सूझ-बूझ का अभाव हो गया है। इस बीच हुआ यह भी कि समारोहों में भाग लेने के हिसाब से 'कार्यक्रम' तैयार किए जाने लगे–यही कि कितनी देर का कार्यक्रम किस समारोह के लिए ठीक रहेगा, या फिर समारोहों की ओर से भी शर्त रखी जाने लगी थी कि कार्यक्रम हो तो 'बस इतनी अवधि का ही हो'। इससे हुआ यह कि युवाओं को गहराई में प्रशिक्षण देने की जगह और उनमें कुछ नया करने के जज़्बे को जगाने की जगह, एक कामचलाऊ पद्धति अपनाई जाने लगी। नृत्यकार बस *चक्कर* और *तत्कार* की प्रदर्शन-प्रियता में उलझ कर रह गए, और इसी से ताली बटोरने का काम शुरू हुआ। इससे कथक के इन तत्वों की क्षति तो हुई ही, संगीत और अभिनय पक्ष की भी अनदेखी हुई।

इसीलिए संगीत नाटक अकादमी के तत्कालीन सचिव जयंत कस्तुआर, जो स्वयं कथक के दीक्षित कलाकार हैं, और कथक केंद्र की नई-नई नियुक्त हुई

पंडित बिरजू महाराज एवं शाश्वती सेन (आर. श्रीनिवासन)

(तत्कालीन) निदेशक चेतना ज्योतिषी ब्योहार ने, जो रायगढ़ घराने में बखूबी दीक्षित हैं, और जिन्होंने प्रेमलता शर्मा के साथ काम करते हुए–उनके दिशा-निर्देश में कथक-विवेचना और अध्ययन की भी ज़रूरी 'शिक्षा' प्राप्त की है, और इस सिलसिले में कामकाज भी किया है–यह तय किया कि प्रशिक्षण में कुछ 'नया' करने की ज़रूरत आन पड़ी है। इन लोगों ने समारोहों में भाव प्रसंग की प्रस्तुतियों के सत्र रखने आरंभ किए, जिससे कि कथक सीखने वालों में एक नई चेतना का उदय हो, और वे अर्थपूर्ण नृत्य की बारीकियों को आजमा सकें। लेकिन स्वयं सिखाने वाले अध्यापकों में 'इंटरप्रेटेटिव' नृत्य के प्रति जो दृष्टिकोण होना चाहिए, जो रुचि होनी चाहिए, वह है नहीं, ऐसे में परिवर्तन की गति धीमी है, ऐसे 'परिवर्तन' की, जिसमें चीज़ों को गहराई से प्रस्तुत करने की क्षमता जागती और पनपती है।

कथक की अपनी कड़ियाँ–दृष्टिकोण में परिवर्तन

कथक की प्रस्तुति में, उसकी अपनी संरचना में जो विभिन्न रूप काम करते हैं, उन पर एक नज़र डालें तो दिखाई यही पड़ता है कि कहीं न कहीं उनमें गहराई की कमी होती जा रही है। अलग-अलग होते हुए भी, जब समग्र रचना में विभिन्न रूपांग अग्रसर होते हैं तो कथक नृत्यकार थाट से आरंभ करता/करती है, जो स्थिर खड़े होने का द्योतक है। फिर बारी आती है *ततकार* की। यह आकार या रूप की ओर संकेत है, उसके *तत* (तत्व/मर्म) की ओर, और इसकी रचना होती है, 'ता', 'थेई', 'थेई' 'तत', से। हिंदुस्तानी संगीत में जो जगह स्थाई और ठेका की है, वही कथक नृत्य में *थाट* और *ततकार* की है। *थाट* को अकसर *खड़े होने का अंदाज* कहा जाता है। थाट में नृत्यकार स्थिर होकर, खड़े रहकर, जैसे देह-मन से नृत्य के लिए अपने को तैयार करता है, उन चुनौतियों पर विचारते हुए जो नृत्य उसके सामने प्रस्तुत करने वाला है, और वह एक सांगीतिक पंक्ति *नग्मा* या *लहरा* में डूबता-उतराता रहता है। फिर वह *सम* पर आता है, *थाट* एक तरह से 'वास्तविक नृत्य' है,[22] जिसमें लय देह में अंदर ही अंदर दौड़ती-फिरती है, पर, अपने को पूरी तरह भंगिमाओं-मुद्राओं में प्रकट नहीं करती है। सौम्य, अपने में डूबे *डोरा* (गर्दन), *दुरन-मुरन* (कलाइयाँ, *कसक-मसक*) वक्ष की गतियाँ (*अंग भ्रमरी*)–सभी *थाट* में संलग्न रहते हैं, पर कोई 'दक्षता' प्रदर्शित किए बिना। इस तरह सादगी और विनम्रता के साथ 'कविता' रचने की क्षमता बिना लंबे अनुभव के नहीं आती। डॉ. एस.के. सक्सेना जैसे पारखी और विशेषज्ञ का कहना था कि थाट में नृत्यकार अपने *दैनंदिन क्रियाकलापों को विसर्जित करके नृत्य-प्रवेश की तैयारी* करता/करती है। साथ ही वह अपने कलाकार और व्यक्ति होने को भी रेखांकित करता/करती है। यह प्रक्रिया अपने आप में क्रमशः कुछ गूँथने का संकेत है, इसीलिए इसे *थाट बाँधना* कहा जाता है। नृत्य का यह महत्वपूर्ण अंग आज लापरवाही का शिकार है।

पंडित बिरजू महाराज एवं उमा शर्मा (आर. श्रीनिवासन)

थाट का यही उद्देश्य जयपुर घराने में भी है, हालाँकि ज्यादा जीवंत और गतिमय नृत्यकार पूरे मंच-स्पेस का व्यवहार करता है। कुछ ऊर्जस्वित नृत्य-क्रमों के बाद, नृत्यकार कुछ स्थिर और शांत हो जाता है, यह संकेत देते हुए कि वह अगले चरण के लिए अपने को तैयार कर रहा है।

'तत्कार', कथक नृत्यकार के लिए *बीजमंत्र* है, *ता थेई थेई तत* पर ही वह नृत्य-निर्मिति करता है। इसमें नृत्य का स्पंदन निहित होता है, और विभिन्न छटाओं की, विभिन्न रंगतों की, बानगी भी देखने को मिलती है। नृत्य चाहे गढ़ा हुआ हो, या मंथर, फुर्तीला हो या ढीला-ढाला, तेज-तर्रार हो या सलज्ज, ये बोल, एक लय में नृत्य को पिरोते जाते हैं। हर हाल में ये नृत्यकार का साथ देते हैं, फिर चाहे वह जिस क्रम या रूपक्रम में नृत्य कर रहा हो।[23]

थाट के बाद, देह गतियों में पूरी तरह खुलने लगती है, जिसमें थेई थेई तत तत ता के बोल पुरजोर ढंग से साथ देते हैं।

लड़ी में भी पैरों का ही काम होता है और उसमें *ताकिता ताकिता धिन,* जैसे इकार बोल रहते हैं। इसके गहरे विराम और इससे उत्पन्न होने वाले विविध आकल्पन, सौंदर्यशील रचना की तरह सामने आते हैं, विशेष रूप से द्रुतगति में। पैरों का विविध प्रकार का काम कथक नृत्यकार के लिए आनंददायी होता है, यह अलग बात है कि इन दिनों द्रुतगति के ही अधिक इस्तेमाल ने, लय की बारीक और कोमल रंगतों को कम कर दिया है, जो संगीतमयी हो सकती हैं। निर्दिष्ट, तयशुदा लय-क्रम के प्रशिक्षण ने, और उन्हीं के अभ्यासजनित नृत्य के कारण, नृत्य और अभिनय दोनों में ही कल्पनाशील ढंग से कुछ रचनात्मक करने

पंडित बिरजू महाराज, तबले पर जाकिर हुसैन के साथ। गायन, पं. राजन और साजन मिश्र का। (अविनाश पसरीचा)

का सुयोग जाता रहा है, जबकि उन्मुक्त कथक ही तो कथक की जीवनी शक्ति है।

गत, कथक के लिए बहुत विशेष है, जिसमें शरीर का कोई एक ही अंग नहीं, बल्कि कुल शरीर ही किसी चीज को प्रतीकित करता है; जैसे *मयूर गत* में, मयूर की गतियाँ उभर आती हैं, इसी तरह किसी अन्य तरह की *चाल*, फिर वह चाहे मनुष्य की हो या किसी पशु की, उसकी अनुकृति भी संभव होती है। कभी-कभी शरीर का सिर्फ़ ऊपरी भाग ही किसी चीज़ को प्रतीकित करने के काम में लाया जाता है। यहाँ प्रवाह ही प्रमुख होता है, लय का कोई एक ही रूप नहीं। गत, शरीर को आगे बढ़ाने की, चाल की, क्रिया-प्रक्रिया है, और पलटा (पलटने) की भी। सादी गत किसी भाव का प्रदर्शन नहीं करती, हाँ, संकेतमई छवि, नृत्यकार के भीतर कोई भाव-स्थिति (मूड) जगा सकती है, और इससे दर्शकों के भीतर भी कोई मूड उत्पन्न हो सकता है। हालाँकि गत काफ़ी द्रुत होती है, पर विरल बोलों के कारण वह उतनी द्रुत या तेज लगती नहीं है। गति के प्रदर्शन के बाद, नृत्यकार का मंच से जाना, फिर एक पलटा खाता है, और पैरों की धीमी चाल फिर एक पलटा खाती है। शरीर के दोनों तरफ वाली गति की पुनरावृत्ति, गत की विशेषता है। गतभाव में, कथातत्व, किसी कथा-वर्णन से रहित होता है, बस एक सांगीतिक लहरा, किसी कथा को बुनने के उपक्रम में, भाव की अभिव्यक्ति करता है। विभिन्न प्रकार की स्थितियों में, गतभाव बिना शब्दों के, सहज ही, स्वतंत्र-रूप से, सूक्ष्म अभिव्यक्तियों की खोज कर ले सकता है। रोहिणी भाटे सहित अन्य पुराने गुरुओं ने अपनी नृत्य-प्रस्तुतियों में गत भाव का सुंदर इस्तेमाल किया है। पद, ग्रंथों में वर्णित, गतों में से अब कोई-कोई ही प्रचलन में है।[24]

तिहाइयाँ ताल के चक्र को पूर्ण करने में तीन बार दुहराई जाने वाली लयात्मक पदबंध हैं। प्रसंगवश इस

शोवना नारायन (आर. श्रीनिवासन)

संदर्भ में बिरजू महाराज के महती योगदान को याद करना अपेक्षित है, उन्होंने बोलों की अपेक्षा गिनती तिहाइयों का उपयोग किया है, जिससे कोई भी यह देख और माप सकता है, कि ताल के बीच लय को किस गणित से किस समय तक बरता गया है।

कथक में किसी नृत्यकार द्वारा किसी मात्रा चक्र को पूर्ण करना, सम पर आना या अगले ताल चक्र के आवर्तन का संकेत करना, स्वतः उपजने वाली गति के पूर्ण होने की सूचना है। ऐसी चीज किसी अन्य भारतीय शास्त्रीय लय में नहीं मिलती। दम दिखाने वाले नृत्यकार सम पर आकर, मानो कुछ जीत लेने का भाव दर्शक तक पहुँचाता है, लेकिन कुशल नृत्यकार सम पर आकर कुछ इस तरह ठहरता है, जैसे यह सब कुछ स्वतः घटित हुआ है–सम पर आने के लिए कोई प्रयत्न नहीं करना पड़ा। नृत्यकार *सम* पर आने से पहले (*अनागत*) और *सम* पर आने के बाद (*अतीत*) के भी कुछ रूप-क्रम बुनता रह सकता है।

कथक में भावों की अभिव्यक्ति की जाती है, दैनंदिन जीवन की कोई यथार्थ अभिव्यक्ति नहीं। शैली में सांकेतिक चीजों का–अमूर्तन का–महत्व है। यहाँ तक कि सादी गतियाँ भी लिंग के अनुसार *जनाना निरत या मर्दाना निरत* की कोटि में रखी गई हैं। भावों की अभिव्यक्ति लयपूर्ण बोल के आधार पर किसी पाठ (टेक्स्ट) के अर्थ के जरिए भी की जा सकती है, और गतियों से उभरने वाले रूपों और सांकेतिक रूप-क्रमों के माध्यम से भी–लक्षणा, व्यंजना जैसे रूप-क्रमों से। इसीलिए, गोपी का कहा हुआ एक वाक्य–मुझे छेड़ो मत, जाने दो कान्हा, भिन्न विरामचिन्हों के प्रयोग से कई भिन्न अर्थ दे सकता है। शंभू महाराज ऐसा ही प्रयोग तो करते थे। जब वह, *कौन गली गयो श्याम* पर नृत्य प्रस्तुत करते तो गली शब्द अनेकार्थी हो जाता: वह सड़क, गली के अर्थ के साथ, केशों की माँग का भी लाक्षणिक चित्रण हो उठता, अँगुलियों के बीच की फाँक का भी, और वह इंद्रधनुषी भौंहों पर भी सांकेतिक रूप उभार देता।

अन्य शास्त्रीय नृत्य-रूपों की तरह कथक भी अब प्रदर्शन भर कर देने तक सीमित हो रहा है। नृत्यकारों में अब बहुतेरे जल्दी से स्वीकृति और प्रसिद्धि पाने की इच्छा रखते हैं। अपवाद स्वरूप ही यह देखने में आता है कि कोई नृत्यकार, साहित्य के अध्ययन और अन्य नृत्य-रूपों में घटित हो रही गतिविधियों में रुचि रखता हो और अपने को ज्ञान के विविध स्रोतों से जोड़ता हो।

प्रेरणा श्रीमाली की प्रस्तुति *जल* एक ऐसा उदाहरण थी जिसमें *थाट से ततकार*, *चक्रधर परनों से तिहाइयों* और *कवित्तों* को बड़ी मौलिकता के साथ कथा-सूत्र में पिरोया गया था, जिससे कि विषय-वस्तु कई रूपों में कई तरह से आलोकित हो। और एक लंबे अरसे के बाद, सचमुच तबला कायदा, पैरों के काम के साथ एकात्म होता दिखाई पड़ा था। इसी नृत्यांगना ने, संगीत नाटक अकादमी द्वारा टैगोर की 150वीं जयंती के अवसर पर प्रायोजित *कथा काव्य अभिनय* में *गीतांजलि* से कुछ कविताएँ चुनी थीं प्रस्तुति के लिए, और श्रृंगारिक प्रसंगों को, एक नई तरह से उभारा था। *अभिसार* में, नायिका वर्षा, वन और अंधेरे की बाधाओं को पार करके प्रेमी से मिलने नहीं जाती, वह घर के भीतर ही रहती है, यह

गीतांजली और शाश्वती सेन (संगीत नाटक अकादमी)

अनुमान/कल्पना करती हुई कि प्रेमी किस तरह तमाम बाधाओं को पार करता हुआ उस तक पहुँचने के क्रम में होगा। *आओ* में प्रेमी को एक खुला आमंत्रण था कि वह आए और उसे स्वीकार करे। मंडप, में दरवाजों के खुलने बंद होने की एक सतत प्रतीति और प्रक्रिया थी जो मानो जीवन का ही एक रूपक रचती थी। इसमें कथक नृत्य के अमूर्त तत्व को 'खिलने' का पूरा अवसर मिला। फतेह सिंह गंगानी के धीमे स्वरों वाले तबलावादन को सुनना अपने आप में एक अनुभव था, सुनाई पड़ने और न सुनाई पड़ने वाले सुरों का, लय का एक अद्भुत क्रम था यहाँ।

कुमुदिनी लाखिया और पंडित बिरजू महाराज से प्रशिक्षित एक अन्य नृत्यांगना अदिति मंगलदास का भी कविता से लगाव है। 1995 में उन्होंने अपनी मंडली 'दृष्टिकोण' के लिए *फुटप्रिंट्स ऑन वाटर* की नृत्य संरचना की। इसमें वर्षा के दृश्य में, कथक की कड़ियों-लड़ियों का अमूर्त बिंबो सहित बहुत सुंदर इस्तेमाल था, और वर्षा बूंदों से उत्पन्न होने वाली प्रेम की आतुरता इसमें बहुत अच्छी तरह प्रतिबिंबित हुई थी। शुभा मुद्गल के संवेदनायुक्त संगीत और आलोक परिकल्पना ने प्रत्एक दृश्य को बखूबी तरंगित किया था, और ये सब नृत्यांगना की सुरुचिप्रियता और विवरणों के प्रति उसकी सूक्ष्म दृश्य के ही प्रमाण थे।

अभिनय की अपनी क्षंण-भंगुरता होती है। मालविका मित्र ने कोलकाता में, विभिन्न गुरुओं के कवित्तों को, प्रयोगशील ढंग से बरता है। *दादरा* या *ठुमरी* के अभिनय को, सुनयना हजारीलाल ने उन्मुक्त ढंग से इस्तेमाल किया है। उमा शर्मा, उर्दू हिंदी के काव्य भंडार में से कुछ चुनकर, और उस पर अभिनय करके उल्लसित होती है, कुछ इस तरह कि पुराने दिनों के मुजरा की याद ताजा हो जाती है। अभिनय के सिलसिले में ही बलराम लाल (कभीकभार दिखने वाले) सविता गोडबोले, कपिला राज, शाश्वती सेन–बिरजू महाराज की वरिष्ठ शिष्या या नंदिनी सिंह के भाव बताने का भी स्मरण प्रसंगवश हो आता है। या फिर कुमुदिनी लाखिया की शिष्या वैशाली त्रिवेदी का अभिनय–ठुमरी गायन पर, जिसे वह शास्त्रीय गायन में दीक्षित होने के नाते करती हैं, अत्यंत संवेदना के साथ। दमयंती जोशी द्वारा प्रशिक्षित एक संभावनाशील युवानर्तक, बीरेश्वर गौतम, जिनका दुर्भाग्यवश देहांत हो चुका है, वह *भाव बताने* का काम गा करके ही करते थे।

कथक केन्द्र, अपने महोत्सवों में, विशेषज्ञों द्वारा निर्देशित कार्यशालाओं का आयोजन करता है, जिससे कि अर्थगर्भी (इंटरप्रेटेटिव) नृत्य को, एक नया संचार मिले। लेकिन इतने वर्षों बाद, यह सब आसान कहाँ रह गया है!

अर्थगर्भी या व्याख्यापरक नृत्य के लिए संगीत की समझ महत्वपूर्ण है, लेकिन समकालीन प्रशिक्षण में उसी की अनदेखी-सी है। केंद्र में शिक्षित संगीतकारों की भर्ती होती है, लेकिन वह पुरानी संस्कृति अब देखने को

आस्था दीक्षित (अविनाश पसरीचा)

नहीं मिलती जिसमें ध्रुपद के और हिंदुस्तानी संगीत के कलाकारों के साथ घुलना-मिलना हो, मेलों-उत्सवों में आनंद उठाना हो, और संगीत के विविध रूपों और पक्षों को गहराई से समझना-समझाना हो। खाली तकनीकी कुशलता में आत्मा तो गायब रहती है–बहुत से युवा नृत्यकारों को यह समझना ही चाहिए कि नृत्य की अपनी एक समग्रता होती है।

संगीतकारों से काम लेना आज एक झंझटिया काम है। कार्यक्रम में संगत करने वाले काफ़ी अधिक पारिश्रमिक की माँग करने लगे हैं, तब, जबकि नृत्यकार को मिलने वाला पारिश्रमिक स्वयं अपर्याप्त होता है। अभ्यास (रिहर्सल) के कई दौर हो सकें, इसके लिए संगतकारों की ज़रूरत होती है, लेकिन उन्हें लाने-छोड़ने का इंतजाम करना अपने आप में एक बड़ा काम बन जाता है। और इसीलिए, कार्यक्रम से पहले, पूर्वाभ्यास (रिहर्सल) अपने आप में, समय-साधनों के लिहाज से काफी महँगा भी साबित होता है। अर्थगर्भी नृत्य के साथ संगत करने के लिए नृत्यकार की शैली की गहरी समझ की अपेक्षा होती है, पर हर कार्यक्रम के लिए जब संगीतकार 'किराए' पर लिए जाते हैं, तो उनसे यह उम्मीद रखना कि वे सचमुच नृत्यकार के 'संग' चलने वाले संगतकार बन सकेंगे, एक कठिन प्रस्ताव ही है। कथक एक ऐसी 'खुली' नृत्य शैली है, जिसमें अगर रिकार्ड किए हुए संगीत पर नृत्य किया जाए तो वह कुछ बेदम हो जा सकती है। दरअसल यह उसके मूल स्वभाव पर चोट करने के बराबर है। विशेषज्ञता की अपेक्षा रखने वाला ठुमरी गायन अब उतार पर है, और अब वह बहुत कुछ ग़ज़ल की तरह गाई जा रही है। केवल महाराष्ट्र में ही कथक के लिए पाए के संगीतकार मौजूद हैं, जो उच्चकोटि के नृत्य में भरपूर योगदान दे पाते हैं। रोहिणी भाटे, शमा भाटे और उनके शिक्षार्थियों के प्रसंग में हम इसे अच्छी तरह देख पाते हैं।

संगीतकार की इच्छा–फिर वह चाहे ढोल वादक हो, या तार वाद्य बजाने वाला या गायक–आज यही रहती है कि बस उसी की आवाज़ सब पर छा जाए–सबके ऊपर रहे। इससे बेमतलब के प्रतियोगी भाव ने जन्म लिया है, और संगीतकार, ज़रूरत हो या न हो, 'सुने जाने' के क्रम में कर्णभेदी तक हो जाने से गुरेज़ नहीं करते। परिणाम यह कि उनकी पूरी संलग्नता प्रस्तुति के साथ नहीं हो पाती।

कथक में अब प्रबंध, त्रिवर्त और चतुरंग की प्रस्तुतियाँ साधारणतः देखने को नहीं मिलतीं। महाराज बिंदादीन की ठुमरी नो रा तत ढंग, जिसे कथक भाव कथक गीत कहा जाता है, उसकी एक पुनर्प्रस्तुति में कथक केन्द्र की रिपरर्टी के कलाकारों ने भाग लिया था। यह एक उल्लेखनीय प्रस्तुति थी जिसकी नृत्य रचना कुमुदिनी लाखिया की थी। यह इसी बात को अच्छी तरह दिखा-बता सकी कि बहुत पुरानी रचना अगर एक समकालीन बोध के साथ तैयार की जाए तो यह समूह नृत्य के सौंदर्य में नए आयाम जोड़ सकती है, और दर्शकों के बीच भी वह एक बड़ी सफलता हासिल कर सकती है।[25]

बनारस घराने के विशाल कृष्ण का कथक (प्रसाद सिद्धांती)

युवा प्रतिभाओं की भविष्य की संभावनाएँ

लखनऊ और जयपुर घराने में, युवा स्त्री-नृत्यकारों और युवा पुरुष-नृत्यकारों का कोई अभाव नहीं है। गौरी दिवाकर, शैलजा नलवडे, नम्रता पमनानी, विभा लाल, ईशानी अग्रवाल, पूर्णिमा राय, मोउमाला नायक, स्वाति सिन्हा, संयुक्ता सिन्हा, रश्मि उप्पल–ये नाम इसी बात के उदाहरण हैं और महाराज के शिष्यों, राम मोहन, किशन मोहन और प्रशांत शाह जैसे नृत्यकारों के बाद कुमुदिनी के शिष्यों में भी आज भी युवा पुरुष नृत्यकार हैं, जैसे कि अफ़सर मुल्ला, हेमंत कलिता, अभिमन्यु लाल और बनारस के युवा नृत्यकार भी हैं ही, जो बहुत प्रतिभाशाली हैं। लेकिन बात आज के वातावरण में निरी तकनीक की चमक की नहीं है, बल्कि इसकी है कि बौद्धिकता का स्तर और कितना निखर कर सामने आ सकेगा, यह तो भविष्य ही बताएगा।

रायगढ़ घराने में कुछ अच्छे नृत्यकार हैं, पर वे अपने अंचल तक ही अधिक सीमित हैं। सुनयना हजारीलाल के बाद, जानकी प्रसाद घराने को आगे ले जाने वाले प्रतिबद्ध कलाकार दिखाई नहीं पड़ रहे। सुनयना का कहना है कि उनके शिष्यों की कथक में कोई रुचि नहीं है, वे तो अन्य क्षेत्रों में जाना चाहते हैं, और नृत्य तो वे शौकिया सीखते हैं। नृत्य हमारा खाना-पीना नहीं जुटा सकता, यह बात ही बार-बार दुहराई जाती है। बनारस घराने को, जिसकी जड़ें सितारा देवी के परिवार में रही हैं, उसे उनके भतीजे स्वर्गीय गोपालकृष्ण के बाद, सितारा की बहन स्वर्गीया अलकनंदा और उनके शिष्यों ने आगे बढ़ाया। सितारा का नाती विशाल कृष्ण

बहुत ऊर्जावान, नृत्यकार है। बनारस से निकलने वाले कुछ अन्य युवा नृत्यकार हैं, जिन्हें कथक केंद्र में राजेंद्र गंगानी से प्रशिक्षण प्राप्त हो रहा है, और उनमें बड़ी संभावनाएँ हैं। बनारस के दो भाई माता प्रसाद मिश्र और रविशंकर मिश्र, जो बहुत अच्छे तबलावादक भी हैं, कथक को बड़ी गतिमयता और तरंगपूर्ण लयात्मकता के साथ प्रस्तुत करते हैं। उनके नृत्य की ऊर्जा दर्शकों में एक खरी अनुभूति का संचार करती है—उनकी कला में बनारस की शक्तिशाली शैव परंपरा वाले विश्वनाथ की शक्ति प्रतिध्वनित होती है। समाजशात्र और हिंदी में एम.ए. की डिग्री उनके पास है, और उनमें एक प्रकार की बौद्धिक ऊर्जा भी है, जो कथक को और आगे ले जा सकती है। उनका कार्यक्रम *फ्राम बेनारस टु जेरेज* यूरोप के कई देशों में प्रदर्शित हो चुका है, और उसे भारी प्रशंसा मिली है। इसमें अना ला चाइना के फ्लैमेंको का भी राग्गिलन है। इसी तरह का 'संगम' उनके कुछ अन्य कार्यक्रमों में भी है।

हर घराने का अपना बहुत निजी अंग अब क्षरित हो रहा है क्योंकि आज नए प्रयोगों और बहुतेरी चीज़ों के समावेश का समय है, हां, एक नई सौंदर्यशीलता के लिए, लेकिन अब भी ऐसे परिवार हैं, जो अपनी पुरानी धरोहर को सँभाले हुए हैं और उन पर अन्य शैलियों का प्रभाव नहीं पड़ा है, जैसे कि जयलाल कथक के नाती राजकुमार का परिवार है। वह एक सुघड़ वादक हैं, और लंदन में रहते हैं। उन्हीं के साथ हैं उनकी बहन काजल मिश्र। और परिवार की है सावेरी मिश्र और ट्रीना राय जैसी बेटियाँ भी। ये सभी कलाकार हैं, और इन्होंने जयलाल की धरोहर को सुरक्षित रखा है।[26]

कथक बाहर भी पहुँचा है, पश्चिम या विशेष रूप से यू. के. में जोरदार ढंग से, बिरजू महाराज के क्षेत्र प्रताप पवार वहाँ बसे हुए हैं, उनके शिष्य अकरम खाँ अब अंतरराष्ट्रीय स्तर पर जाने जाते हैं और उनकी बेहद समकालीन और अत्यधिक चर्चित रचनाएँ कथक को अन्य नृत्य-रूपों के साथ खड़ा कर सकी हैं।

प्रेरणा श्रीमाली (अविनाश पसरीचा)

प्रतिभाशाली आकाश ओडेड्रा को नृत्य करते हुए देखना भी एक अनुभव है। उनके नृत्य को आलोक परिकल्पक और अधिक निखार देते हैं, जिनके साथ वे सहयोगी भाव से काम करते हैं। पाकिस्तान के नाहिर सिद्दीकी, जो यू. के. में ही बस गए हैं, उनमें कथक की शास्त्रीय गहराइयाँ देखने को मिलती हैं, और उनके नृत्य में वही कलात्मकता भी है। कैलिफोर्निया में बस गए चित्रेश दास ने अपनी ही एक नृत्य पद्धति अपनाई है, परिकल्पित

की है। लेकिन पश्चिम के कथक नृत्यकारों और भारत के नृत्यकारों के बीच अभी कोई प्रतिभागिता नहीं पनपी। वैसी प्रतिभागिता कुमुदिनी लाखिया के शिष्य प्रशांत शाह और वैशाली त्रिवेदी में अवश्य परिलक्षित होती है, पर ऐसे उदाहरण कम ही हैं और उनकी कोई कड़ी तो बनी ही नहीं है।

नई तरह के 'सूफी कथक' जैसी शैली की चर्चा ज़रूर होती है (वैसे तो कथक स्वयं सूफी/भक्ति धारा के प्रभाव से उपजा है) और उसमें बड़े शानदार सेट्स इस्तेमाल होते हैं; वस्त्र-विन्यास भी कुछ चमत्कारी ही; पर उसमें वे अमूर्त आयाम कहाँ, जो कथक का वास्तविक वैभव हैं।

संगीतकारों, विद्वतजनों और साहित्यकारों के साथ आत्मीय रिश्ते बनाते हुए, कथक की जड़ों को मजबूत करने का काम पार्वती दत्ता कर रही हैं। वे औरंगाबाद के बाहरी हिस्से में अवस्थित महागामी नाम के संस्थान की निदेशक हैं, और वहीं से सक्रिय रहते हुए वे इस काम में लगी हैं। निश्चय ही कथक के सौंदर्य की रक्षा और उसकी गतिमयता का काम, संगीत, साहित्य, और अन्य कला-रूपों से जुड़कर ही किया जा सकता है और यही आज की ज़रूरत भी है।

पाद टिप्पणियाँ

1. इन तथ्यों का उल्लेख विद्वान पुरु दाधीच ने किया है, जिनको नारायण प्रसाद और सुंदर प्रसाद से प्रशिक्षण मिला है।
2. देखें जोन एल. एर्डमान संपादित *आर्ट्स पैट्रोनेज इन इंडिया: मेथड्स, मोटिव्स एंड मार्केट्स*, मनोहर, 1992, इसमें उन्होंने उल्लेख किया है कि 1892 में महाराजा ने यह आदेश जारी किया था कि तवायफ़ों को भद्र लोगों की कालोनियों में जमीन न खरीदने दी जाए, हालाँकि जिनकी पहुँच दरबार में थी, उन्होंने गुपचुप ढंग से जमीन हासिल कर ली थी।
3. सविता गोडबोले और पुरु दाधीच कहते रहे हैं (दाधीच ने तो लिखा भी है) कि कैसे जयपुर घराने का प्रचार किया गया था।
4. देखें, दमयंती जोशी की कृति *मैडम मेनका*, संगीत नाटक अकादमी, 1989
5. *नर्तनम* जैसे पत्र में सुनयना हज़ारीलाल ने जानकी प्रसाद घराने संबंधी अपने लेखों में तथा इस लेखिका के साथ हुए निजी पत्राचार में, इसका उल्लेख किया है।
6. जानकी प्रसाद घराने संबंधी अपने लेखों में सुनयना हज़ारीलाल इस प्रसंग का उल्लेख करती हैं।
7. सुनयना, इस लेखिका के साथ बातचीत में यह कहती रही हैं। लेकिन यह स्पष्ट नहीं है कि क्या निर्मला जोशी ने इस संस्था की शुरुआत की, गुरु की मदद से या उन्होंने गुरु से इस संस्था से जुड़ने का आग्रह बाद में किया या स्वयं गुरु ने यह संस्था शुरू की या फिर निर्मला जोशी का सहयोग उन्हें मिला।
8. *नर्तनम* में उल्लिखित। विद्वतजन इससे सहमत हैं कि यही कथक का पहला नृत्य-नाटक है, लेकिन मेनका ने नृत्य-नाटकों की तरह की लघु रचनाएँ प्रस्तुत कीं।
9. मेरे साथ कई विद्वानों (जो चाहते हैं कि उनका नाम न लिया जाए) का जो संवाद हुआ, उसमें उन्होंने कहा कि कई बार वाद्य बजाने वाले भी अपने को कथक का गुरु मानने लगते हैं, और इस सिलसिले में सुखदेव महाराज का नाम भी आया, इस प्रशंसा के साथ कि वह प्रस्तुतियों के अद्भुत संरचनाकार थे, पर, नृत्य विशेषज्ञ नहीं थे, और स्वयं अपनी बेटियों को उन्होंने प्रशिक्षण के लिए अच्छन महाराज और स्वर्गीय शंभू महाराज के पास भेजा था, जो लखनऊ घराने के थे।
10. कोलकाता में आयोजित कथक महोत्सव में 2 अप्रैल, 2000 के सुबह के सत्र में सितारा ने इसका उल्लेख किया था। पदातिक ने इस महोत्सव का जो विस्तृत विवरण प्रकाशित किया है, उसमें यह संकलित भी है। (देखें, पृष्ठ 39)
11. आंशीष खोकर की पुस्तक *माई जर्नी इन डांस गुरु : प्रताप पवार*, क्लैरिअन बुक्स, 2011 में प्रताप पवार ने इसका उल्लेख किया है।
12. गुरु माया राव ने इसका उल्लेख आशीष खोकर सीरीज़ में किया है।
13. देखें, गुरु सुंदर प्रसाद कथक महोत्सव, 2004 में कथक केन्द्र द्वारा प्रकाशित दस्तावेजी स्मारिका, जिसमें मंजुश्री ने इसका उल्लेख अपने एक लेख में किया है। उन्होंने अपने कई व्याख्यानों और वार्तालापों में भी इसे दुहराया है।
14. श्रुति संख्या 135 में सक्सेना के लेख के अंश प्रकाशित हैं।
15. 1999 के इसी लेख में, सक्सेना ने यह बात खुलकर कही है।
16. कई लोगों ने इस घटना का उल्लेख किया है, और गुरु मुन्नालाल शुक्ला ने कथक केंद्र की 2004 की स्मारिका में गुरु सुंदर प्रसाद पर लिखते हुए भी इसको याद किया है।

17. *माई जर्नी इन डांस* में इसका उल्लेख किया है।
18. शंभू महाराज के अभिनय में नृत्य की आशु परिकल्पनाएँ प्रवाही ढंग से प्रकट होती थीं–कुछ भी पहले से निर्मित न होकर, सब कुछ मौके पर ही उत्पन्न होता था।
19. देखें, आशीष खोकर की आशीष खोकर सीरीज *माई जर्नी इन डांस : गुरु प्रताप पवार*, क्लैरिअन बुक्स, 2011
20. प्रताप पवार ने तो इसका उल्लेख किया ही है, इस लेखिका के साथ बातचीत में ए. जे. जसपाल ने उन समस्याओं के बारे में बताया है जो उनको यू. के. से युवाओं को लौटा लाने के लिए, झेलनी पड़ी थी, यह भी कि विदेश सेवा के ललित मानसिंह ने इस सिलसिले में उनकी काफी मदद की थी।
21. दूरदर्शन के अभिलेखों में गोपीकृष्ण के नृत्य कार्यक्रम को लेकर खींची गई फिल्म में, वह अद्भुत सामग्री है, जिसमें युवा बिरजू महाराज तबला बजा रहे हैं और युवा दुर्गालाल पखावज।
22. डॉ. सक्सेना द्वारा प्रयुक्त एक भावपूर्ण अभिव्यक्ति, जिनकी पुस्तक *स्विंगिंग सिलैबल्स: एस्थेटिक्स ऑफ कथक डांस*, संगीत नाटक अकादमी, 2006 ने इसे दूर तक प्रभावित किया है। 'इंट्राफार्म्स' (यह उन्हीं का शब्द है)
23. देखें, डॉ. एस. के. सक्सेना की पुस्तक *स्विंगिंग सिलैबल्स: एस्थेटिक्स ऑफ कथक डांस*, संगीत नाटक अकादमी, 2006, जिसमें इसका विस्तृत विवरण है।
24. *सलामी गत, दाहिना गत, बायाँ हाथ गत,* राधा *घूँघट गत, बनकला घूँघट ठेंगा गत, बाईं बाँकी गत, प्यारी गत, मच्छरी गत, भेंगा गत, पंखा गत, नाप की गत, छपका गत, रुखसार गत*–इनमें से अब कोई भी मुश्किल से देखने को मिलती है।
25. पहले पद में कथक नृत्य को स्थिर करने के बाद; गीत देवताओं की अभ्यर्थना करता है, जिसमें राधा और कृष्ण की केंद्रीय उपस्थिति है, और जो नृत्य-रूप की मूरतें हैं: *आगरा फेरी कवच पलट, गत, तिहाइयाँ और तोड़े, तत ता थेई थेई, तत्ता डिग डिग दिग्चरन धरत, उचांग* फिर आते हैं, कथक की तकनीक को बताते हुए और गीत का अंत होता है, कवि द्वारा परम सत्ता को सब कुछ अर्पित कर देने से। कुमुदिनी की सौंदर्य दृष्टि और कल्पनाशीलता का ही कमाल था कि प्रस्तुति दर्शकों को मंत्रमुग्ध कर गई।
26. विदेश में कथक को लेकर चर्चा के अभाव ने एक ऐसे वातावरण की सृष्टि की, जिसमें यह लगा कि जो धरोहर पास में है, उसे खोने नहीं देना।

कथकली:
चढ़ाव और उतार

गुरु सदानम बालकृष्णन 1930 के दशक में कथकली की स्थिति का वर्णन एक मलयालम कहावत की मार्फ़त करते हैं। कहावत यह है: 'अनाक्कुम वेंटात्थातु अट्टाकर्कु', और इसका अनुवाद कुछ इस प्रकार का होगा: "अगर कोई चीज़ हाथी के भी खाने लायक नहीं है, तो वह एक कथकली कलाकार को परोसी जा सकती है।"[1] कल्लाईकोदन शैली की जो अपरिवर्तित शैली उत्तर केरल में 1920 के दशक तक प्रचलित थी, वह समाप्तप्राय: हो गई, और उसके बहुतेरे तत्व कथकली की अन्य शैलियों में घुलने-मिलने लगे। दक्षिण केरल में कपलिंगदान सम्प्रदाय की उपस्थिति अभी थी। मध्य केरल की जो शैली, कल्लुवाझी के रूप में जानी जाती है, वह कल्लाईकोदन शैली और कपलिंगदान की शैलियों के सुमेल से ही आकार ले सकी है, इसे प्रसारित करने वाले रहे हैं गुरु इत्तिरारिच मेनन। कुछ सुधार कर इसे 'इत्तिरारिच मेनन की कलामंडलम शैली' के रूप में अपने गुरु इत्तिरारिच मेनन के नाम पर, उनके शिष्य पट्टिकाथोडी रावुन्नी मेनन ने पेटेंट करा लिया। एक मिश्रित शैली जिसे बस दक्षिण-उत्तर की शैलियों के मिश्रण के रूप में पहचाना गया, वह मालाबार क्षेत्र में कोझिकोड, कन्नूर और कासरगोड़ जिलों में कडतानाद के नाम से प्रचलित थी, उसमें कलरिपयट्टु का काफ़ी प्रभाव था और वह कपलिंगदान पद्धति पर दूर तक आश्रित थी। 1930 के बाद के कथकली के इतिहास को जानने से पहले इस परम्परा की कुछ विशेषताओं को जान लेना ज़रूरी है, जिसकी सौंदर्यप्रियता, या कहें जिसकी सौंदर्यमयी छवि को लेकर, एक संभ्रम की स्थिति बनी हुई है। सृष्टि के पंचतत्वों में से कथकली का सराकोर दो तत्वों से अधिक रहा है–जिनमें से एक आकाश है, जो इस शैली में बिल्कुल खाली मंच के प्रतीक-रूप में 'परिलक्षित' है–जहाँ मानो एक शून्यता में संगीत और ढोल वाद्यों की गूँज-अनुगूँज ध्वनित होती है। दूसरा तत्व है अग्नि, जो मंच पर जलते हुए दीपक के रूप में स्थित रहता है, और जो कथकली के मंच पर वास्तव में बहुत महत्वपूर्ण है। कलाकार की कल्पना अपने को तीन कर्मेंद्रियों के माध्यम से प्रस्फुटित और प्रतिबिंबित करती है–पैर, जिनसे नृत्य किया जाता है, हाथ जिनसे सांकेतिक भाषा उभरती है, और मुँह जिनसे बोल और संगीत उच्चरित होते हैं। कथकली में क्रियाशीलता, अलौकिक का आह्वान करने के लिए, नाट्यशास्त्र या परमशक्तियों के सुझाए हुए

सामने का पृष्ठ: कथी-वझेंगदा विजयन रावण की भूमिका में

कलामंडलम अमलजिथ, अपने होंठों का रंग सँवारते हुए (आर. श्रीनिवासन)

अंकुरण या अनुकरण पर निर्भर नहीं करती, जिनमें ज्ञात मानवीय उदाहरणों की सांसारिक गतिविधियों को ध्यान में रखा जाता है। कथकली में तो अतिरंजना पर जोर दिया जाता है, जहाँ दस मुखों वाले रावण को, या एक हंस को चोंच और पंखों के सहारे एक नायक के रूप में खड़ा कर दिया जाता है। यह 'रूपांतरित' रचना, या अतिरंजना, मंच पर एक यथार्थ छवि के रूप में परिवर्तित हो जाती है। अभिनेता के मुँह से निकलने वाली आवाज़ें–गरजने, दहाड़ने या गुर्राने की–रोजमर्रा जीवन की ध्वनियों से मेल नहीं खातीं। अभिनेता का संवाद जब गाया जा रहा होता है, तो वह सांकेतिक रूप से, इशारों से, उस गाए जा रहे को, विस्तारित करता है। अन्य दूसरे नृत्य-रूपों की तरह, संवेगों को, भीतर (भी) उतारने या आत्मसात करने का यत्न नहीं किया जाता। गाए गए शब्द बस एक ढाँचे का काम करते हैं, जबकि चोलिअट्ट्म (गाए गए शब्दों को अभिनय में उतारना) के ज़रिए कलाकार अपनी अनूठी सृजन-कल्पना से उसमें प्राण फूँक कर, जिसे इलाक्कियत्तम (वाद्यवृंदों सहित प्रस्तुति) कहते हैं, एक उपपाठ की रचना करता है, और दर्शकों में सौंदर्य-भाव की रचना करता हुआ इसकी निष्पत्ति करता है। कथकली की स्रोत सामग्री प्रायः पौराणिक ही होती है, इसलिए शुरू में ही स्वर्ग या एक 'अलौकिक' दुनिया की पृष्ठभूमि स्वतः बन जाती है। और इसकी उच्चस्तरीय शैलीबद्धता से 'सांसारिकता' मानो और दूर हो जाती है। भरपूर मेकअप और भरपूर वस्त्राभरण से, और हरे, लाल, काले और सफ़ेद रंगों के इस्तेमाल से, एक परम-आलौकिक और अद्भुत अनुभूति इसे देखते हुए स्वतः जागृत होती है–दरअसल उसे जागृत करने के लिए ही तो उसे ऐसे विन्यास में बाँधा गया है। यहाँ तक कि पैर के अगले हिस्से से पदाघात, जिसे भीतर की ओर

कथकली की एक प्रस्तुति

मोड़ लिया गया हो, वह भी सामान्य आदमी के पैरों की सामान्य क्रिया से बहुत भिन्न है, और ऐसी 'व्यवस्था' शरीर विज्ञानी और स्वास्थ्य चिंताओं के कारण ही की गई है–कथकली में, जिससे कि मस्तक तक गुरुत्वाकर्षण प्रक्षेपित न होने पाए। इस तरह की कला के पल्लवित होने के लिए उसे ऐसा संरक्षण चाहिए होता है, जो संवेदनशील हो और जो उसकी प्रस्तुति को हर तरह से जाँचने-परखने की और उसे वास्तव में पोषित करने की क्षमता रखता हो।

कथकली में गायन और अभिनय की भूमिकाएँ अपने अलग 'अस्तित्व' में एक अद्भुत सौंदर्यगत परिस्थिति बनाती हैं : क्योंकि गायन, यहाँ अभिनेता का 'कथन' होता है, जैसा कि पहले भी उल्लेख हो चुका है– अभिनेता इसमें गाए जा रहे शब्दों का संकेतों, और भावों के जरिए 'अनुवाद' करता है और उनके समानांतर अपने मूकाभिनय के द्वारा उनके अर्थ को दर्शाता है। इसलिए दर्शक को मूकाभिनय (माइम) के प्रति सजग रहना पड़ता है, क्योंकि कथकली में 'टेक्स्ट' पात्रों के अनुरूप बदलता नहीं है। मसलन, रावण जैसा खलनायक अपनी प्रेमिका से जब अपना प्रेमनिवेदन करता है तो उसके शब्द उन शब्दों से अलग नहीं होते हैं, जब नल अपनी प्रेम भावनाएँ दमयंती से व्यक्त करता है। यहाँ मूकाभिनीत संवाद का उद्देश्य पात्र की चारित्रिक विशेषताओं को गहराई में जाकर उभारने का उतना नहीं होता जितना कि एक भाव-स्थिति की निर्मिति का होता है। इसमें शब्द को उसकी एक अर्थ-छवि बनाने की बनिस्पत 'रूप' को परिवर्तित कर दिया जाता है। शब्द, एक संकेत बन जाता है जो दर्शक को देख रहा होता है, और अभिनेता के संकेतों के 'अर्थ' को बूझ रहा होता है, और इसके लिए जो कुशलता/प्रवीणता चाहिए होती है, वह कथकली

के कला-रूप से, परिचित होने की अपेक्षा रखती है। इसे यों भी कह सकते हैं कि यह प्रवीणता तभी आती है, जब हम कथकली की विशेषताओं को रुचिपूर्वक जानना चाहते हैं, और क्रमशः उन्हें जानने लगते हैं। इसकी शब्द-रचना वाले पक्ष में रूपकों की भरमार होती है, मसलन दमयंती को *कुवलय विलोचन* (जिसकी आँखें कमल के समान हैं) कहकर संबोधित किया जाता है। ललिता *सुकपोल* है–यानी जिसके गाल सुंदर हैं, और मंदोदरी, *शरदिंदु मनोहर वदने* है–जिसका मुख शरद के चंद्रमा के समान सुंदर है। कथकली में, सांकेतिक भाषा को विस्तृत 'विलंबित' रूप दिया जाता है, अभिनेता केवल चंद्रमा और मुख की साम्यता ही प्रदर्शित नहीं करता, बल्कि वह इसका संकेत भी करता है कि किस प्रकार *चक्रवाक* पक्षी युगल (चकवा-चकवी) मंदोदरी का मुख देखकर, प्रेम करने की इच्छा व्यक्त करने लगते हैं। इसी तरह जब कोई रचना जो किसी नायिका की चाल को 'हथिनी-जैसी चाल' के रूप में परिभाषित करती है, तो अभिनेता हथिनी के कुल रूप को सृजित कर इस चाल पर आ जाता है, कान हिलाता है आदि, जिससे उस चाल की अभिव्यक्ति हो सके।[2] अभिनेता अपने अभिनय से सारे प्रसंग को खूबसूरत अंदाज में पेश करता है। शास्त्रीय (कलासिकल) नाट्य में तो मंच पर मृत्यु को दिखाना–यानी उसका अभिनय करना–वर्जित है, लेकिन कथकली में तो वीभत्स मृत्यु-दृश्यों को अभिनीत करने में भी मानो परपीड़ा का-सा रस लिया जाता है। अभिनेता *प्रकारनट्टम* (बहुस्तरों पर अपने को रूपांतरित कर लेने वाला अभिनय) में कई अस्थाई भूमिकाएँ निभाता है, जैसे *कल्याणसौगंधिकम* में भीम की, जो द्रौपदी या पांचाली के कहने पर एक फूल लाने के लिए जाता है, और वहाँ पहुँचकर वन के दृश्यों में मंत्रमुग्ध सा उनका वर्णन करता है–मसलन एक हाथी का, जो एक अजगर और शेर के आक्रमण के सामने अपने को विवश पाता है, और उनकी चपेट में आ जाता है। इस तरह भयंकर चीज़ें भी दर्शक में रस का एक संचार करती हैं। हालाँकि विशेष वस्त्रों और मेकअप से सुसज्जित अभिनेता उस पात्र को कुछ 'सजीव' कर देता है, जिसका अभिनय वह कर रहा होता है–पर, अपने संवादों और शब्दों से, उस पात्र से एक दूरी, रख कर वह विषय-वस्तु को और जीवंत बना देता है। वह उस पात्र को भीतर से भी 'देखता' है, और बाहर से भी। इसीलिए कथकली में, दो पात्रों के बीच के संवाद के समय, अभिनेता शून्य में देखता है, उसकी आँखें उस पर नहीं टिकी होतीं, जिसे वह संबोधित कर रहा होता है क्योंकि उस वक्त वह अभिनेता, स्वयं पात्र न होकर, अपने अभिनय से उस पात्र को उभार रहा होता है। नृत्य के लिए 'पाठ' (*अट्टाकथा*) तैयार करना एक कठिन काम है, क्योंकि बड़ी प्रतिभा भी *अट्टाकथा* तैयार करने में असफल हो सकती है, इसीलिए उन्नाई वैरियर (unnai varrier) जैसे लेखक जिन्होंने *नलचरितम* लिखा, और इराईम्मान तम्पी (Irayimman tampi) जिन्होंने *कीचकवधम, उत्तरस्वयंवरम* और *दक्षज्ञानम* की रचना की, आज भी बड़े सम्मानित हैं, और इनके नाटक वास्तव में जनप्रिय हैं।

मंचन के कई पक्ष/पहलू प्रतीकों से बँधे हैं–मंच का बड़ा दीपक 'ब्राह्मण' है, अभिनेता के आगे का परदा 'माया' है, और जब यह उठता है, तो ठोस विश्वसृष्टि सामने आ जाती है, 'ओम' की शंख-ध्वनि के साथ उठती हैं सागर की लयपूर्ण लहरें, बज उठते हैं कई वाद्य। *संध्या केलि* और *अरंगु केलि* की वाद्यमयी उद्घोषणा के बाद पुराप्पड, और *तोदायम* नायक और नायिका को प्रस्तुत करते हैं, नृत्यगतियों में, और *मेलाप्पदम* में बज उठते हैं, दक्षता के साथ वाद्य-वृंद। *पुराप्पद* का समापन होता है *मंजुतारा* में, जिसमें *गीतगोविंदम* के पद गाए जाते हैं, और इसी से प्रकट होता है प्रतीक, पुरुष-प्रकृति के सृष्टि-समागम का।

कथकली में संगीत 1910 तक ज्यादातर सोपानम शैली का ही रहता था, फिर कवुसेरी मनु भगवतार कुछ कर्नाटक (संगीत) के तत्व लेकर आए, पर, वास्तव में इसको जनप्रिय बनाया नेम्मरा माधव मेनन, ने जो

कलामंडलम, आँखों को लाल करते हुए (आर.श्रीनिवासन)

त्रावणकोर कथकली शैली से संबद्ध थे।[3] कथकली में संगीत अभिनेता की मुद्राओं और अभिव्यक्तियों में सहायक होता है और रसाभिनय की निर्मिति करता है, इसमें कर्नाटक को आधार स्वरूप रखकर कुछ भिन्न तरह से उसका उपयोग किया जाता है, और पारंपरिक रूप से प्रयुक्त होने वाले नोट्स, जो किन्हीं मूड्स (मन:स्थितियों) को संकेतित करते हैं, उन्हें व्यवहार में लाया जाता है–मसलन, षड्ज, निषाद, ऋषभ, शृंगार के उत्सव भाव के लिए बरते जाते हैं, गांधार शोक के लिए, और पंचम का प्रयोग भय के लिए होता है। कुछ राग भी विशेष परिस्थितियों के लिए चिह्नित किए गए हैं, मसलन इर्रिकिला कामोदरी (यदकुला काम्बोजी अकसर स्त्री पात्रों के लिए इस्तेमाल होता है और पडी उन शृंगार-दृश्यों के लिए, जिनमें असुर और आक्रामक पात्रों की भूमिका होती है। सोपानम संगीत के तत्वत: दो प्रमुख मूड हैं: भक्ति और करुणा। लेकिन कर्नाटक के कुछ विशेष अंगों को अंगीकार करने से, साथ ही विशिष्ट फड़कती हुई अंदाज की *आंदोलिका गमक* से कथकली संगीत को ऐसी पूर्णता प्राप्त हुई है कि उससे विभिन्न प्रकार के 'मनोभावों' की रचना संभव लगती है। और कोई राग-विशेष, जो किन्हीं सुनिश्चित मन:स्थितियों के काम आता है, उसका गाया जाना अन्य मन:स्थितियों को भी उभार सकता है।

संगीत *दंडकम* का रूप भी धारण कर सकता है या दो प्रसंगों को जोड़ने के काम आ सकता है, इस तरह कि उन प्रसंगों को अभिनीत करने की ज़रूरत ही न पड़े। गायन की गति और त्वरा का विशेष महत्व है, शृंगार में वह धीमी होगी, वीर और रौद्र में तेज, तथा अन्य प्रसंगों/मन:स्थितियों में मध्यम। मोहिनीअट्टम वाले अध्याय में इस तथ्य पर और भी रोशनी पड़ेगी कि कर्नाटक (संगीत) के वृत्त के अतिरिक्त,[4] सोपानम के कुछ अपने विशेष राग भी हैं। (इसमें) दो गायकों का गायन होता है। मुख्य गायन कालचक्र के एक निश्चित बिंदु की रचना करता है, चेनकाला (हाथों में एक घंटा पकड़े हुए), इसी पर वह एक छड़ी से चोट करता है, जिससे दो ही ध्वनियाँ 'त' और 'तीम' पैदा होती हैं। 'संकीदी'–सहायक गायक, इलात्तल्लम या झाँझ से कई पूरक ध्वनियाँ उत्पन्न करता है। 'नाट्य संगीत' में गायक कितना पारंगत है, इसकी परख कथकली नृत्य के अपने नियमों के अनुसार की जाती है।[5] कुछ ऐसे प्रयोग भी हो सकते हैं जो कर्नाटक परंपरा के प्रासंगिक रागों से भिन्नता रखते हों। यहाँ तो महत्वपूर्ण यही है कि गायक समयानुसार घंटा का उपयोग करे और अभिनेता की गतियों के अनुरूप गाए। उसके गायन में धीमी गति का साथ देने की क्षमता भी होनी चाहिए, और कथन शैली ऐसी हो कि हर शब्द स्पष्ट सुनाई पड़े। (उसका गायन वाचिकाभिनय भी तो है) हर हाल में उसे मंच की गतिविधियों का साथ देना है। 56 मात्रा की ताल में गाई जाने वाली पंक्ति का हर क्षण, अभिनेता के अभिनय में विराम-चिह्नों का काम करता है।[6]

यह शैलीबद्धता का ही कमाल है कि कथकली अभिनेता कामोद्दीपक प्रसंगों को भी बड़ी सहजता से बयान कर देता है। हर क्षण के लिए बड़ी सावधानी से तैयारी की जाती है, और हर क्षण को 'प्राणवान' बनाया जाता है। तत्परता इतनी कि वह आनंदप्रद सौंदर्य की सृष्टि करती है। कथकली अभिनेता प्राय: *कन्निल वायु कोड्क्कल* (आँखों में साँस भरने) की बात करता है या

कथकली तेरा नोक्कू (आर.श्रीनिवासन)

वीरालिल वायु (साँस लेने वाली अंगुली) की दुहाई देता है। अभिनेता को इस क्षमता के लिए कठिन परिश्रम करना पड़ता है। कथकली में अभिनेता को साँसों पर नियंत्रण रखने की कला सीखनी पड़ती है। मसलन श्रृंगार में यह अपेक्षा की जाती है कि अभिनेता साँस को समूची देह में संचरित करता हुआ उसे हृदय तक ले आएगा और फिर इसे मस्तक से, एक धागे की तरह जोड़ देगा। सहानुभूति के प्रसंग में साँस को नीचे की ओर लाना पड़ता है, छाती से पीठ के निचले हिस्से तक। वीरोचित क्षणों में साँसें आँखों की राह से कुछ इस प्रकार खींची और छोड़ी जाती हैं कि गाल बजने से लगते हैं। रौद्र में भी ऐसा ही किया जाता है पर, ज्यादा सघन और उग्र रूप से। भय सबसे अच्छी तरह तब व्यक्त होता है जब साँस, आँखों के दोनों ओर संचरित की जाती है और आँखें अपने आप एक से दूसरी ओर घूमती हैं। बेसाख्ता हँसी, और हास्य के लिए साँस को गले से नाक तक ले जाते हैं। इसी तरह वीभत्स और शांत के लिए, साँसों को नियंत्रित करने के कुछ खास तरीके हैं। साँसों की यह तकनीक शरीर और दिमाग़ दोनों को 'संबोधित' है, साथ ही देह-भाषा और सौंदर्य की उत्पत्ति के लिए भी यह मुफ़ीद है। कथकली कलाकार सदानम के. हरिकुमार के अनुसार, "साँस को जबरदस्ती काम में लगाने की ज़रूरत नहीं है," इस काम को कलाकार की रचनात्मक क्षमता पर छोड़ना ठीक रहता है, जो अभ्यास से, और अपनी सचेतना से साँसों का ऐसा कुशल उपयोग सहज ही करने लगता है। इस कला-रूप को उसके सभी तत्वों–अंग और उपांग– में समझना आसान नहीं है।[7]

इसमें मेकअप और वस्त्र-विन्यास अभिनेता को पूरी तरह ढंक लेता है। इसके पीछे का विचार यही है कि उसका मेल किसी यथार्थ-रूप से न हो सके। और मायावी लगती आकृति दर्शक को दुनियावी वातावरण से दूर ले

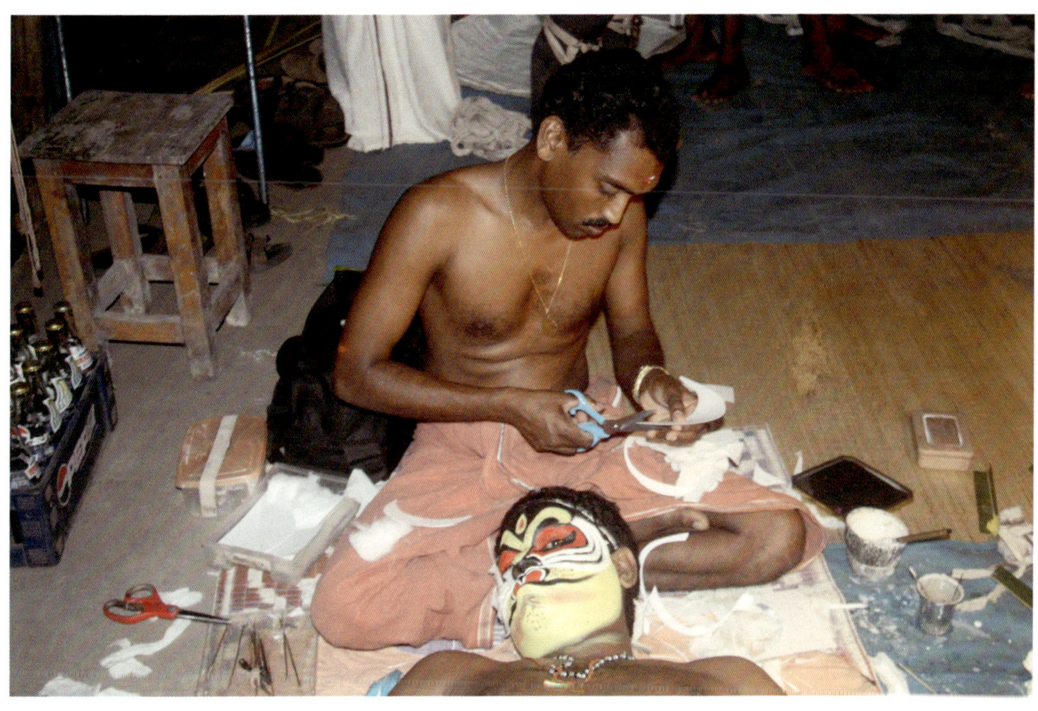

कथकली की एक प्रस्तुति के पूर्व ग्रीनरूम में एक कलाकार का मेकअप व (नीचे) पाँवों के घुंघरू (के.के. गोपालकृष्णन)

जाए। आभूषण बदन को ढंकने के लिए नहीं हैं, बल्कि उसे उद्भासित करने के लिए हैं। एक ब्राह्मण की भूमिका में भीम अपना शिरोवस्त्र धारण किए रहता है। अर्जुन तपस्या करते हुए संन्यासी नहीं लगता। अभिनेता से यह अपेक्षा की जाती है कि वह मेकअप और अपने वस्त्रविन्यास से 'अलग' की भी कोई भूमिका निभा सके। काली पृष्ठभूमि में अभिनेता की लाल आँखें–शृंगार-दृश्य में रस भरी लाल हो जा सकती हैं, करुणा के प्रसंग में वही अश्रुपूरित हो सकती हैं और उग्र या आक्रामक प्रसंग में वे क्रोध से 'लाल' हो जा सकती हैं। लाल होंठ फैला दिए जाते हैं–दोनों सिरों पर दो गोलाकार बना दिए जाते हैं–होंठों को फैलाने-सिकोड़ने के लिए। ठुड्डी को छूती हुई सफ़ेद चुट्टी एक सीमा-रेखा का काम करती है : जो चेहरे पर व्यक्त अतिरिक्त ऊर्जा को सँभाल लेती है, या फिर जब भावों का वेग तेज हो तो उन्हें विस्फोटक बना देती है।

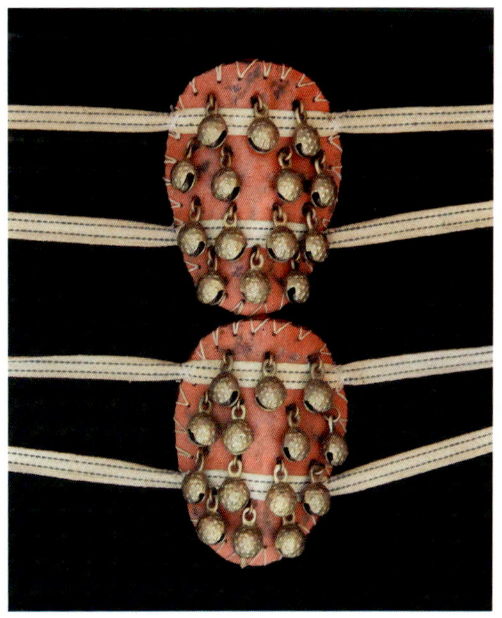

कूथाम्वलम, केरल कलामंडलम का मंदिर-मंच (के.के. गोपालकृष्णन)

गायन के साथ, संगत वाले वाद्य-वृंद एक दृश्य-भव्य लय बनाते हैं, जिसके बिना कथकली के प्रदर्शन की कल्पना नहीं की जा सकती। प्रसंगों के बीच का लयपूर्ण गायन और संगीत, अभिनेता को बहुत सहायता करता है और उसके अभिनय में कुछ नए तत्व जोड़ता है। इन्हें कलासम कहते हैं, और ये नाटक के बीच के विराम-बिंदुओं को ध्वनित करते हैं। ये कलासम संख्या में 8-9 हैं, और इनका उपयोग कथा-वर्णन में प्रसंगानुसार किया जाता है, यह ध्यान में रखते हुए कि अभिनेता किस तरह की भावना को उभारना चाहता है।

कथकली का पुनर्जागरण

वल्लतोल नारायण मेनन, मुकुंद राजा, मनकुलम कुंजुन्नीराजा और नीलाम्बुर वलिया राजा ने जब यह देखा कि कलियोगमों का कोई भविष्य नहीं बचा, तो उन्होंने एक कथकली-केंद्र स्थापित करने की बात सोची। 1930 में कुन्नामकुलम त्रिचूर में वल्लतोल की 51वीं वर्षगाँठ के अवसर पर स्थापित कलामंडलम के लिए धन एकत्र करने के बहुविध उपाय सोचे गए थे, जिनमें लॉटरी के ज़रिए भी धन उगाहने की बात शामिल थी। लेकिन धीरे-धीरे इसके संस्थापकों को लगा कि यह एक दुष्कर कार्य है, और विभिन्न समस्याओं को मुँह बाए सामने खड़ी पाकर 1941 में उन्होंने तत्कालीन कोचीन सरकार को यह विद्यालय सौंप दिया कि अब वही उसे चलाए। इसके कुछ वर्ष पहले 1937 में केरल कलामंडलम को चेरुत्तुरुत्तीर में स्थानांतरित कर दिया गया था–हमेशा के लिए। 1944 में कलामंडलम परिसर का इस्तेमाल सैनिक गतिविधियों के लिए किया गया था और प्रशिक्षण–कक्षाएँ त्रिसूर ले जाई

गई थीं। 1944 में कलामंडलम परिसर को वापस मिला तो वल्लतोल को इसकी क्षतिग्रस्त अवस्था से इसे उबारने के लिए धन एकत्रित करना पड़ा।

वल्लतोल ने अपने-अपने क्षेत्र के अग्रणी व्यक्तियों को साथ लेकर, इसके विभिन्न विभागों को सुचारु रूप से चलाने का यत्न किया। पट्टिकाथोडी रावुन्नी मेनन, कुंजु कुरूप, कवलप्पा नारायणन नायर को अभिनेताओं को प्रशिक्षित करने की जिम्मेवारी सौंपी गई। समीकुट्टी भगवतार और वेंकटकृष्ण भगवतार को गायन का विभाग मिला, और वाद्य वृंदों के महत्वपूर्ण विभाग के लिए मूतम्मा नम्बूदिरी को छेंदा सौंपा गया तथा वेनकिचेन और माधव वैरियर को मद्दालम।

1935-41 के बीच कलामंडलम ने अंबु पणिक्कर और कोप्पन नायर की सेवाएँ भी अध्यापन के लिए ली थीं।

पट्टिकाथोडी रावुन्नी मेनन (केरल कला आरकाइव)

रावुन्नी मेनन (1881–1948

1943 में जब रावुन्नी मेनन ने इसे छोड़ा, तब तक कथकली को पुनर्नवा करने वाले इस व्यक्ति ने कथकली को 'प्रतिष्ठित' कर दिया था, उसे अंतिम रूप से सँवार दिया था, और कलामंडलम की शैली को, अपने द्वारा परिकल्पित कल्लुवाझी शैली में ढाल दिया था। रावुन्नी मेनन ने नृत्य तत्वों को छोड़ देना ही श्रेयस्कर समझा। लेकिन उन्होंने कलासमों के सुविचारित चयन से नृत्य को समृद्ध किया। इस तरह चोलिअट्टम के भावनात्मक और अभिव्यक्ति-शम कथ्य को एक अपूर्व गहराई मिली। उनके इस दृष्टिकोण ने कलासम को निरा सज्जात्मक-रूप से बाहर निकाला। उन्होंने प्रेम-दृश्यों को आवेगपूर्ण बनाया। रावुन्नी मेनन अप्रतिम और उदार गुरु थे। वे 'पूर्णता' में विश्वास करते थे। वह अपनी पाचा और काठी[8] भूमिकाओं के लिए जाने जाते थे। उन्होंने कल्लुवाझी के विशेषज्ञ इत्तिरारिच मेनन से प्रशिक्षण प्राप्त किया था। और कोटुंगल्लूर कोविलक्कम पैलेस, त्रिशूर में छह वर्षों तक कुनहुन्नी राजा के अंतर्गत भी शिक्षा प्राप्त की थी। वे संगीतकारों और तालवादकों को प्रस्तुतियों के लिए प्रेरित करते थे। वे छेंदा और मद्दालम वादकों को आगाह करते थे कि उनका वादन कलाकारों को गति देने वाला होना चाहिए। वे हमेशा नई उद्भावनाओं के लिए प्रयत्नशील रहे। उनकी क्षमता को, वल्लतोल ने अच्छी तरह पहचान लिया था।

जब कलामंडलम की शुरुआत हुई तो उसके पहले पाँच छात्रों में से थे–केलु नायर, आनंद शिवराम, गोपीनाथ, माधवन और कलामंडलम कृष्णन नायर–इनमें से पारंपरिक कथकली को साधे रहने वालों में से कलामंडलम कृष्णन नायर ही थे और उन्हें अत्यधिक ख्याति भी मिली। अन्य सभी, नृत्य शिक्षकों के रूप में नए क्षेत्रों की तलाश में निकल गए। रावुन्नी के प्रथम शिष्य थे तेक्किनकट्टिल रावुन्नी नायर। उनके अन्य परम शिष्यों में थे–कीरपदम कुमारन नायर, वाझेन्गड्ड कुंजु नायर, कलामंडलम कृष्णन नायर और कलामंडलम पद्मनाभन नायर। स्वयं इन शिष्यों ने आगे चलकर कथकली की उत्तम शिक्षा बहुतों को प्रदान की। इन शिष्यों के धरातल वाले एक और शिष्य रामनकुट्टी

नायर का निधन कुछ समय पहले हुआ है, जिससे कि कथकली को अपूरणीय क्षति हुई है।

केरल कलामंडलम की स्थापना, सचमुच कथकली को बचाने वाली सिद्ध हुई है। इस नृत्य-नाट्य रूप को संस्थागत समर्थन और सहयोग की ज़रूरत हर हाल में होती ही है। इसमें अकेला कलाकार कुछ नहीं कर सकता। दुर्भाग्यवश संस्था को चलाने में सरकार के दख़ल और राजनीतिक महत्वाकांक्षाओं ने, कलामंडलम के उज्ज्वल इतिहास को कुछ क्षतिग्रस्त किया है, पर इसमें संदेह नहीं कि बिना उस संस्था के कथकली का बचना संभव नहीं था। इसे 'डीम्ड यूनिवर्सिटी' की संज्ञा देकर, परीक्षा और सर्टिफिकेट के घेरे में ले आया गया, और जो संस्था गुरुकुल परंपरा के रूप में शुरू की गई थी, उसका यह 'बदलाव' कुछ भ्रमित-सी स्थितियाँ पैदा करने लगा। पर, इसकी चर्चा यहाँ विस्तार से इसीलिए की गई है कि 1940 के बाद कथकली का इतिहास कलामंडलम के साथ ही जुड़ा रहा है।

कथकली संस्थाएँ

1930 के दशक के अंतिम वर्षों में कुछ अन्य संस्थाएँ भी चल रही थीं, मसलन उन्नाई वैरियर स्मारक कलानिलयम, इरिन्जालकुडा, पी.एस.वी. नाट्यसंगम और कोट्टाक्कल आर्य वैद्यशाला। गाँधी के मूल्य-मानकों पर आधारित एक संस्था पेरूर में स्वर्गीय के कुमारन के सभापतित्व में 1950 में, गाँधी सेवा सदानम नाम से शुरू की गई थी। पट्टिकाथोडी रावुन्नी मेनन के शिष्य तेक्किनकट्टिल रावुन्नी नायर (1888-1962), जिन्होंने कलामंडलम गोपी (कलामंडलम गोविंदन नायर का प्रचलित नाम) जैसे कलाकार को दीक्षित किया था, यहाँ 'आसन' के पद पर थे। प्रोफेसरों और असिस्टेंट प्रोफेसरों को यहाँ यही कहकर संबोधित किया जाता था। गुरु कीरपदम कुमारन नायर इससे 1961 में संबद्ध हुए, और उनके एक शिष्य सदानम बालकृष्णन, जो दिल्ली के इंटरनेशनल सेंटर फार कथकली में वर्षों तक पढ़ाने के बाद, 2012 तक उससे संबद्ध रहे, और फिर कलाक्षेत्र चेन्नई में रहे, वे आज के उत्तम गुरु और कलाकार माने जाते हैं। कुमारन नायर के एक अन्य शिष्य सदानम रामनकुट्टी उत्तर केरल के 'परासिनीकादव, श्री मुत्ताप्पन कथकली योगम' के निदेशक हैं। समस्या यह है कि कलामंडलम को छोड़कर कोई दूसरी संस्था ऐसी नहीं है, जिसके पास कथकली के सभी विभागों के लिए पूरा इंतजाम हो, ऐसी स्थिति में अन्य संस्थाएँ बस अच्छे कलाकार भर तैयार कर पाती हैं, प्रस्तुतियों का पूरा प्रबंध नहीं।

1939 में स्थापित पी.एस.वी (परम शिव विसालम नाट्यसंगम) में रावुन्नी मेनन भी कुछ समय तक शिक्षक रहे। कुंजु कुरूप और कवलप्पा नारायणन नायर ने भी वहाँ अध्यापन किया। पूमुल्ली केशवन नायर और बाद में वासु नेदुनगडी वहाँ बतौर गायक रहे। छेंदा का प्रशिक्षण मूतामना और कुत्तन मरार तथा वेनिकिचेन दिया करते थे। मंजरी सनकुन्नी नायर के जिम्मे था मद्दालम। 1944 में यह मंडली बिखर गई और फिर इसे वाझेन्गड्ड कुंजु नायर ने पुनर्जीवित किया और 1960 तक वहाँ पढ़ाते भी रहे। इसके बाद इसे सँभाला कृष्णनकुट्टी नायर ने। अभी इसमें 25 कलाकार हैं, और इसे आर्थिक रूप से मजबूत कोट्टाक्कल आयुर्वेद शाला से धनराशि मिलती है। इसके बावजूद यह मंडली वैसा प्रभाव उत्पन्न नहीं कर सकी जिसकी अपेक्षा थी। हालाँकि इसने संपूर्ण *रामायण*, *कुमारसंभवम*, *सीता परित्यागम* और *विश्वामित्रम* जैसे नाटक मंचित किए हैं।

1955 में उन्नाई वैरियर कलानिलयम का गठन भी कलामंडलम की ही रीति-नीति के आधार पर किया गया था। यह व्यवस्था भी की गई थी कि पाठ्यक्रमों का समय सुनिश्चित हो और वार्षिक परीक्षाएँ भी समय पर ही हों, इसका पाठ्यक्रम भी कलामंडलम जैसा ही था। पल्लीपुरम गोपालन नायर यहाँ के आसन थे। आर. एल. वी. एकेडेमी की स्थापना त्रिपुनिथुरा, एर्नाकुलम में की गई थी। फैक्ट (fact) स्कूल की शुरुआत 1963 में एर्नाकुलम में हुई थी और इसके स्टाफ में

कथकली प्रशिक्षण (के.के. गोपालकृष्णन)

शंकरन एम्ब्रांदिरी, हैदर अली और केशवन जैसे लोग थे। लेकिन छात्रों के अभाव में यह संस्था शिथिल ही रही।

1975 में इंटरनेशनल सेंटर फॉर कथकली की स्थापना हुई, आसन बने कुमारन नायर, जिन्होंने 1980 तक संस्था की अगुवाई की, फिर आए पी.वी. बालकृष्णन। दोनों ही अध्यापकों ने कई प्रयोग किए, और कई नई प्रस्तुतियाँ भी तैयार हुईं। अपने संपर्कों और अपनी विदेश यात्राओं से संस्था ने कथकली में रुचि का विस्तार किया, पर इस संस्था से कोई श्रेष्ठ कलाकार नहीं निकला।

1947 में कलामंडलम ने अपने दूसरे चरण की शुरुआत की, जिसमें कलामंडलम में ही प्रशिक्षित उसके शुरुआती छात्र वहाँ प्रशिक्षण के लिए आए। नीलकांतन नम्बीशेषन एक गायक के रूप में शामिल हुए और कृष्णनकुट्टी पोडुवाल छेंदा वादक बने। चुट्टी (मेकअप) और वेशा (कास्ट्यूम) का जिम्मा गोविंद वैरियर और रामनकुट्टी नायर ने उठाया। अप्पूकुट्टी पोडुवाल थे मद्दालम के विशेषज्ञ। कावुंगल माधव पणिक्कर (गायन) और कुमारन नायर (कास्ट्यूम) जैसे कलाकार भी कुछ रागय के लिए स्टाफ़ में थे। शुरू के अध्यापक दल के समीकुट्टी भगवतार, और शिवरामन नायर (संगीत) गुरुवायूर कुत्तन मरार और मूतामना (छेंदा), वेनकिचेन और माधव वैरियर (मद्दालम) ने यहाँ अपनी अति उत्तम सेवाएँ दीं; शिवरामन नायर और वेनकिचेन तो संस्था के साथ वर्षों तक रहे। प्रस्तुतियों और प्रशिक्षण के अलावा संस्था में कई ज़रूरी काम भी होते रहे। 1956 में एक सुविचारित, विस्तृत पाठ्यक्रम बनाया गया जिसमें संगीत और तालवाद्य की प्रशिक्षण अवधि के साथ, उसी अवधि का प्रशिक्षण कार्यक्रम तुल्लाल (कथामय नृत्य परंपरा जो केरल में जनप्रिय रही है) के बारे में भी निर्धारित किया गया। सहयोगी भूमिकाओं के लिए अभिनय का कोर्स दो वर्षों का तय किया गया, और मुख्य भूमिकाओं के लिए चार वर्ष का। कथकली के बीस नाटकों के अंश पाठ्यक्रम में रखे गए।

बलभद्र और कृष्ण (कला गोपी और बालासुब्रह्मण्यम (के.के. गोपालकृष्णन)

कथकली पर केरल की राजनीति और सरकारी नीतियों का प्रभाव भी रहा है। 1957 में कम्युनिस्ट पार्टी की पहली सरकार ने एकेडेमी को राजकीय संस्था के रूप में मान्यता दी और सहायतार्थ धनराशि का भी प्रावधान किया, हालाँकि एक आम कम्युनिस्ट कार्यकर्त्ता के मन में कथकली की छवि, एक सामंती व्यवस्था की देन के रूप में ही रही है। स्कूल की छुट्टियाँ आदि भी सरकारी छुट्टियों के हिसाब से ही होने लगीं। परीक्षाओं और सर्टिफिकेट वितरण आदि की विस्तृत व्यवस्था की गई। 1959 में 30 एकड़ जमीन खरीदी गई, और प्रशासनिक ब्लॉक बना, तथा कलरियों, क्वार्टरों और हॉस्टल्स आदि की व्यवस्था हो गई। 1958 में वल्लतोल के देहांत के साथ कथकली को एक जोरदार झटका लगा। सरकार ने कलामंडलम के प्रबंधन के लिए एक गवर्निंग बॉडी का गठन कर दिया। कोमाट्टी अच्युत मेनन, डॉ. के. एन पिशारोडी, एम. के.के. नायर, डी.एच. नम्बूदिरीपाद,, टी.एम. वी. नेदुनगडी और के.वी. कोचानियन, इसके सदस्य थे। राजनीतिक नियंत्रण एक अलिखित नियम-सा बन गया।

1958 में नए प्रशिक्षक नियुक्त किए गए, और 1963 में सरकार ने कलामंडलम को बाक़ायदा एक सरकारी संस्था का रूप दे दिया। 1966 में एक टेक्कन कलरी शुरू करने का निश्चय किया गया, और इसके लिए *वेशा गुरु* के रूप में मदावुर वासुदेवन नायर की, तथा छेंदा के गुरु के रूप में चंद्रा मन्नादिआर की नियुक्ति हुई। कई लोगों का मानना है कि यह निर्णय अच्छा साबित नहीं हुआ, क्योंकि इससे केरल की दक्षिणी और उत्तरी शैलियों के बीच की विभाजक रेखा गहरी हो गई। कथकली की उत्तरी शैली के प्रभुत्व ने दक्षिणी शैली के कलाकारों को प्रस्तुति परिदृश्य के हाशिए पर कर दिया है; इसे नज़रअंदाज करते हुए कि गुरु चेंगानूर रमण पिल्लई जैसे कलाकार दक्षिणी शैली में हुए हैं, जो *कथी वेशम* के कारण जाने जाते हैं।

1960-70 के दशक के अंतिम वर्षों में, कई कुशल व्यक्तियों की नियुक्ति विभिन्न विभागों में की गई, गोपी, गंगाधरन, मदाम्बी की संगीत विभाग में, विजयन की वेशा में। मदावुर वासुदेवन नायर जो टेक्कन कलरी के प्रमुख थे, 1977 में संस्था से चले गए और कुछ बरस बाद 1979 में शिवशंकर पिल्लई इसमें आ गए। 1978 और 1979 के बीच, वासु पिशारोडी, राजशेखरन और बालासुब्रह्मण्यम इसके कास्ट्यूम डिजाइन विभाग में शामिल हुए। कुंजु नायर के बाद 1972 में नीलकंठ नम्बीसन इसके प्रिंसिपल बने, और 1980 में रामनकुट्टी नायर, इसके बाद यह पद 1985 ने पद्मनाभन नायर ने सँभाला और कलामंडलम गोपी ने 1989 में।

1974 में अप्पुकुट्टन नायर ने तिरुवनंतपुरम में मार्गी नाम की संस्था की शुरुआत की। वह विद्वान व्यक्ति थे। कथकली और कुडिअट्टम के शुभचिंतक थे और इस बात से दुखी थे कि केरल का विशिष्ट कला-रूप, राजनीतिकरण के कारण दुरवस्था को पहुँच रहा था। मार्गी का उद्देश्य कथकली और कुडिअट्टम को एक नवोन्मेष से भरना था, और शोधपरक सामग्री के साथ एक नया विमर्श गढ़ना था। कलामंडलम की निश्चित अवधि वाले पाठयक्रम, और सर्टिफिकेट वितरण से भिन्न, मार्गी का उद्देश्य उस गुरु-शिष्य परंपरा को पुनर्नवा करना था, कलियोगम शैली में वापस लौटना था, जिसमें आजीवन सीखने-सिखाने का सिलसिला बना रहता है। काफी शोध करके प्रस्तुतियों की नियमावली बनाई गई, कलरी के चोलिअट्टम सत्रों में प्रस्तुतियाँ दी गईं और इन्हें परखने के लिए कथकली के विशेषज्ञों को बुलाया गया। इसके बाद ही उन्हें स्वीकृति मिली। उत्तम कार्य के लिए समय की कोई सीमा नहीं रखी गई। मार्गी के अपने सुधी दर्शक हैं, और उसके पास प्रस्तुतियों का एक बड़ा भंडार है। एक प्रमुख कथकली कलाकार मनकुलम विष्णु नम्बूदिरी की देखरेख में शुरू हुए मार्गी में 1980 में एक नया मोड़ तब आया, जब कलामंडलम कृष्णन नायर इसके प्रमुख बने, और दस वर्षों तक मार्गी में रहे। अब इसके भंडार के 35 नाटकों में से कुछ प्रसिद्ध-प्रचलित नाटक हैं, और कुछ को पुनर्नवा किया गया है।

एक दशक जिसमें अभिनय, संगीत और तालवाद्य के क्षेत्र में हुई गहरी क्षति

1983 और 1993 के बीच, कथकली को कई आघात सहने पड़े। 1990 में वरिष्ठतम कथकली-प्रतिनिधि कलामंडलम कृष्णन नायर की मृत्यु हो गई। कलामंडलम गोपी ने अस्वस्थ होने के कारण अवकाश ले लिया, हालाँकि वह अनंतर वापस लौट आए। जब तक वह लौटे पिशारोडी, कलामंडलम से अवकाश-प्राप्त कर चुके थे और वेलिनेरी नानु नायर, जिन्होंने चुवन्ना थाडी[9] के चरित्रों को खड़ा किया था, का 1987 में देहांत हो गया। दक्षिणी शैली को कई क्षतियाँ हुईं–1980 में चेंगानूर रमण पिल्लई का देहांत हो गया, जो कथी वेशम के विशेषज्ञ थे। कुछ ही समय बाद 1981 में पल्लीपुरम गोपालन नायर और मनकुलम विष्णु नंबूदिरी भी चल बसे। मनकुलम नम्बूदिरी ने कई चरित्रों को अभिनीत करके पर्याप्त ख्याति अर्जित की थी, विशेष रूप से कृष्ण के आनंदित रूप को बड़े बड़े ही लाघव के साथ प्रस्तुत करते थे। और इसमें वह लोकधर्मी गतियों का भी इस्तेमाल करते थे।

कावुंगल चातुन्नी पणिक्कर (के.के. गोपालकृष्णन)

कलरिपयट्टु और उत्तर मालाबार के लोक-अनुष्ठान तय्यम से प्रभावित कदातनदन शैली का लोप-सा हो गया। इस शैली के वरिष्ठ कलाकार कोचु गोविंदन नायर की 1987 में मृत्यु हो गई। चंदू पणिक्कर के अनुभवी शिष्य काना कन्नन नायर ने अवकाश ग्रहण कर लिया। कावुंगल चातुन्नी पणिक्कर, जो कावुंगल परम्परा के कलाकार थे, और यह पारंपरिक शैली विलुप्तप्राय हो रही थी, वह अहमदाबाद में मृणालिनी साराभाई की दर्पण एकेडेमी में कई वर्षों के लिए चले गए थे, वहाँ से लौटे। मृणालिनी साराभाई उनके अनुभव का उपयोग अधिकतर समकालीन विषय वस्तुओं वाली प्रस्तुतियों के इंटरप्रीटेशन के लिए कर रही थीं। लौटने के बाद रसिकों के अनुरोध पर, जब भी वह अपनी भूमिकाओं के संक्षिप्त रूप प्रस्तुत करते तो सबको मंत्रमुग्ध-सा कर लेते। 1973 में संगीत नाटक अकादमी का पुरस्कार मिलने के बाद, उन्होंने अवकाश ग्रहण कर लिया। बढ़ती उम्र के साथ रामनकुट्टी नायर सक्रिय नहीं रह गए थे, और छेंदा के साथ उनका सहयोग करने वाले कृष्णनकुट्टी पोडुवाल की अनुपस्थिति ने प्रस्तुतियों के प्रति उनके उत्साह को यों भी क्षीण कर दिया था। उनकी अनुपस्थिति की भरपाई आंशिक रूप से पद्मनाभन नायर ने पूरी की, जो अच्छे अभिनेता थे, पर उससे भी बड़े गुरु थे। उन्होंने दो पुस्तकें लिखीं, जो प्रशिक्षण में बहुत काम की हैं। इससे पहले वाचिक परम्परा की कई चीज़ें इस रूप में दर्ज ही नहीं हुई थीं। गायक और वादक दोनों के ही बहुत काम की हैं।

दक्षिणी शैली के कुदमलूर करुणाकरन नायर को स्त्री-भूमिकाएँ करने वाले एक बहुत अच्छे अभिनेता के रूप में जाना जाता था, वह रिटायर हो गए, बस कभी-कभी कुछ प्रस्तुतियों में शामिल होते थे। 1983 में संगीत नाटक अकादमी पुरस्कार मिलने के बाद चंपाकुलम पात्तु पिल्लई ने भी 1986 में मंच को अलविदा कह दिया। वह अपनी चुवान्ना थाडी भूमिकाओं के लिए जाने जाते थे।

इस समय तीन कलाकारों को ख्याति मिली– कलामंडलम वासु पिशारोडी, सदानम कृष्णनकुट्टी और कोट्टाक्कल चंद्रशेखरन को। पिशारोडी को उनकी कथी भूमिकाओं के लिए जाना जाता था, हालाँकि उनका पाचा महान कलामंडलम कृष्णन नायर के जोड़ का नहीं था, यहाँ तक कि गोपी के जोड़ का भी नहीं। लेकिन एक मँजे हुए कलाकार, और वाझेन्गड्डु कुंजु नायर के शिष्य होने के नाते वह उन सभी भूमिकाओं को निभा सकते थे जो रामनकुट्टी नायर और गोपी भी किया करते थे। सदानम कृष्णनकुट्टी जी कीरपदम कुमारन नायर के शिष्य थे, अपनी बलिष्ठ देह के कारण सभी भूमिकाओं में बहुत जँचते थे, बावजूद इसके कि उनकी मुद्राएँ तेज गति वाली होती थीं, और संगीत के साथ के शब्दों के साथ नहीं चलती थीं। वाझेन्गड्डु कुंजु नायर के शिष्य कोट्टाक्कल चंद्रशेखरन और कोट्टाक्कल कृष्णनकुट्टी पी.एस.वी नाट्यसंगम में अपनी पाचा और कथी भूमिकाओं के लिए जाने जाते थे, बावजूद इसके कि चोलिअट्टम में उनकी विशेषज्ञता सीमित ही थी।[10]

कोट्टाक्कल नंदकुमार और कलामंडलम बालासुब्रह्मण्यम अच्छे अभिनेता हैं। इनमें से नंदकुमार पी.एस.वी नाट्यसंगम में ओट्टामतुल्लाल भी बहुत अच्छी तरह करते थे। उन्हें कोटाक्कल कृष्णकुट्टी नायर ने तैयार किया था। बालासुब्रह्मण्यम, जो गोपी के शिष्य थे, की देहयष्टि परिपुष्ट नहीं थी, जबकि कई पुरुष भूमिकाओं के लिए, कृष्ण की भूमिका को छोड़कर, उसका परिपुष्ट होना अच्छा रहता है। उनको लेकर एक धारणा यह थी कि उन्हें स्त्री-भूमिकाएँ करनी चाहिए, पर वे उन्होंने कभी की नहीं। कलामंडलम के एक वरिष्ठ प्राध्यापक के रूप में उनकी अपनी विशिष्ट जगह थी, अनंतर वे इसके प्रिंसिपल बने। अब वे अवकाश प्राप्त कर चुके हैं। कुरिंची कुन्हन पणिक्कर, जो एक अच्छे कलाकार थे, भी थोड़े दिनों बाद चल बसे।

संगीत की क्षतियाँ

कथकली के संगीत को भी कई क्षतियाँ पहुँचीं, जिनकी जगह फिर भरी नहीं जा सकी। नीलकांतन नम्बीशेषन

की 1985 में मृत्यु हो गई और उनके सुयोग्य शिष्य उन्नीकृष्णन कुरूप का निधन भी 1987 में हो गया। लोकप्रिय शंकरन एम्ब्रांदिरी जो फैक्ट (FACT) एर्नाकुलम से संबद्ध थे, वे भी बीमार रहने के कारण अवकाश पर चले गए, और जब लौटे तब इस हालत में नहीं थे कि उत्साहपूर्वक काम कर सकें। माइक्रोफ़ोन की सुविधा के साथ एम्ब्रांदिरी ने कर्नाटक संगीत की कई बारीकियों का इस्तेमाल अपने गायन में करना शुरू किया और ढोल वाद्यों पर पूरा नियंत्रण पा लिया। दूसरी ओर, के.के. गोपालकृष्णन जैसे समीक्षक/टिप्पणीकार के अनुसार कलामंडलम उन्नीकृष्णन कुरूप एक मूडी कलाकार थे। इन दोनों कलाकारों के कारण, कथकली की चर्चा में संगीत को एक केंद्रीय स्थान मिला, जैसा पहले कभी नहीं मिला था। 1990 में श्रेष्ठ गायक रामनकुट्टी वैरियर का जब देहांत हुआ तो वह कलांडलम को अपनी सेवाएँ दे रहे थे। हालाँकि वह कर्नाटक संगीत में निष्णात थे, लेकिन उन्होंने अपने कथकली संगीत में उस धारा को अलग ही रखा। कथकली के एकमात्र मुस्लिम गायक और कलाकार कलामंडलम हैदर अली को भी मृत्यु ने छीन लिया। वह फैक्ट (FACT) कथकली स्कूल में पढ़ाते थे और हालाँकि मंदिर में उनका प्रवेश वर्जित था, वह लोगों के बीच अत्यंत लोकप्रिय थे। वेनमणि हरिदासन भी बहुत अच्छे गायक थे। कलामंडलम में उन्हें तैयार किया था नीलकांतन नम्बीशेषन, शिवरामन नायर और गंगाधरन ने। एक थे अलापूझा के कलानिलयम उन्नीकृष्णन, जिन्हें उनके पिता तकाजी माधव कुरूप और शंकरन एम्ब्रांदिरी ने प्रशिक्षित किया था, और जो उन्नाई वैरियर स्मारक कलानिलयम के भी छात्र रहे थे, वे कलामंडलम में एक अध्यापक बने। कलामंडलम गंगाधरन जो खराब स्वास्थ्य के कारण रिटायर हो गए थे, वापस लौटे, पर, सीमित सक्रियता के साथ। वह वाइस प्रिंसिपल बने और 1991 में उन्होंने अवकाश ग्रहण किया। मताम्बी सुब्रह्मण्यम नम्बूदिरी कलामंडलम के ही पढ़े हुए थे और एक परंपरागत गायक थे जो यह मानते थे कि कथकली गायक का काम अभिनेता का सहयोगी होना है बस, और उसकी कला को अभिनय-संगीत की भूमिका में ही होना चाहिए।

तालवाद्य विशेषज्ञ

पी.एस.वी नाट्यसंगम से संबद्ध तालवाद्य विशेषज्ञ कोट्टाक्कल कृष्णन मरार की 1985 में मृत्यु हो गई। वह छेंदा और थयाम्बका वाद्यों में निष्णात थे। 1991 में कलामंडलम अच्छुन्नी पोडुवाल का निधन दूसरा बड़ा आघात था। चंद्रा मन्नादिआर ने सक्रिय जीवन से संन्यास ले लिया। और जब 1992 में कलामंडलम कृष्णनकुट्टी पोडुवाल भी नहीं रहे तो समूचे कथकली जगत को ऐसा लगा कि वह अनाथ हो गया है। कलामंडलम केशवन, जो कई कथकली कलाओं के लेखक थे, कोट्टक्कल कृष्णनकुट्टी, कलामंडलम बलरामन और रामन नम्बूदिरी मार्गी में प्रशिक्षण देते थे, और उन्नीकृष्णन अभी भी इंटरनेशनल सेंटर फॉर कथकली में काम कर रहे हैं।

एक बहुत रचनाशील कलाकार ईश्वर वैरियर हैं जो फैक्ट (FACT) कथकली स्कूल में बतौर मद्दालम वादक काम कर रहे हैं।

कृष्णनकुट्टी पोडुवाल: तालवाद्यों के नायक

कृष्णनकुट्टी पोडुवाल, जो मुख्य रूप से छेंदावादक थे, मेलम बजाते थे, वह अपने जीवन काल में किंवदंती बन गए थे। वह ताल वाद्यों के अप्रतिम पारखी थे। उन्होंने मेलाप्पदम में कई लेख लिखे थे, जिन्हें पढ़ना कथकली प्रशिक्षार्थियों के लिए ज़रूरी माना जाता था। वह कथकली के पारंपरिक विधि-विधान के भीतर कई प्रयोग करते थे, कुछ नया ढूँढ़ते और रचते थे। वाझेन्गडु नायर, जो अपने विचारों में कट्टर परंपरावादी थे, वे भी उनकी प्रशंसा करते थे। उन्होंने *भीष्म प्रतिज्ञा* नाम से एक नाटक लिखा, उसे निर्देशित किया और उसकी नृत्य संरचना भी की। उन्होंने वल्लतोल के नाटक *शिष्यनाउम्मकानुम* नाटक को कथकली शैली में प्रस्तुत

मद्दालम–कला नारायणन नम्बीसन (के.के. गोपालकृष्णन)

किया। उन्होंने ओ.एम.सी. नारायण नम्बूदिरीपाद के स्नापक चरितम को भी निर्देशित किया। यह जॉन द बैपटिस्ट के जीवन पर आधारित एक कथकली नाटक है। लेकिन न तो यह नाटक, न ही उनका *मृगसेवनम चरितम* सफल रहे, पर कृष्णकुट्टी ने कथकली में प्रयोग के विचार को छोड़ा नहीं। *मृगसेवनम*, कथकली के ऐसे कलाकार के अभद्र व्यवहार से प्रेरित था जो इस बात पर हंगामा खड़ा कर देता है कि उसके परिचय में उसके 'पद्मश्री' होने का उल्लेख क्यों नहीं किया गया। इसमें जानवर पुरस्कारों और उपाधियों को लेकर झगड़ा करते हैं, और उनके बीच सुलह तभी होती है जब सब इस पर सहमत होते हैं कि सरकार को उन सभी को एक जैसे सम्मान से सम्मानित करना चाहिए। कृष्णनकुट्टी ने रावुन्नी मेनन के साथ लगातार काम करते हुए बहुत कुछ सीखा। उनका जन्म 1924 में पालाकाड के वेलीनिकी में हुआ था उनके पिता एक पुराने 'ओलप्पा माना', नाम के महल पर निर्भर थे। और इस 'महल' के जो मालिक लोग थे वे नम्बूदिरी भूस्वामियों के परिवार के थे, और कथकली के संरक्षकों में से थे। कृष्णनकुट्टी कथकली की वेशभूषा के विशेषज्ञ बने, और ओलप्पा माना के वस्त्र-विन्यास विभाग के इंचार्ज थे। वह निकट के चेंगानिकोटिक्कावु मंदिर के अनुष्ठानों से जुड़े थे और इसी मंदिर में एडेक्का बनाते हुए कृष्णनकुट्टी ने अपने ताल-वाद्य कैरियर की शुरुआत की थी। उनकी गहरी आकांक्षा यही थी कि वे जटिल लय-तालों को बजा सकें, और जब कलामंडलम से संबद्ध होकर उन्होंने कृष्णन नायर की *पूतना मोक्षम* की प्रस्तुति देखी तो उन्होंने कथकली नृत्य भी सीखना चाहा। लेकिन पट्टिकाथोडी रावुन्नी मेनन का सोचना था कि उन्हें अपनी पारिवारिक परम्परा का निर्वाह करते हुए छेंदा ही बजाना चाहिए। उन्हें अच्छे गुरु मिले और कृष्णनकुट्टी एक उत्तम कलाकार बने। उन्होंने और रामनकुट्टी ने अपनी कला के कई प्रदर्शन किए, जो कथकली-इतिहास का अंग बन गए हैं। रावुन्नी मेनन के अभिनय के साथ मूतामना को वादन करते देखकर वे समझने लगे कि एक वादक, अभिनेता के अभिनय में कितना योगदान देता है। वे अपनी सीमाओं को भी जानते थे और उन्होंने अपने को छेंदावादन तक ही सीमित रखा, जिसे दो डंडियों से दोनों हाथों से बजाया जाता है। उन्होंने छेंदा को सचमुच एक बोलता हुआ वाद्य बना दिया। एक बार जब रावुन्नी मेनन एक श्रृंगारिक दृश्य को अभिनीत कर रहे थे और बिछावन पर फूल बिखेरे जा रहे थे तो कृष्णनकुट्टी ने छेंदा से इतनी तेज ध्वनियाँ पैदा की कि रावुन्नी मेनन ने व्यंग्यात्मक लहजे में यह प्रतिक्रिया दी कि–"मैं बिछावन पर फूल बिछा रहा हूँ, पत्थर नहीं।" उन्होंने क्रमशः अभिनेता के भावों के साथ वादन का 'मिलान' करना सीख लिया, और कभी-कभी तो यह भी इंगित करने लगे कि किसी क्षण-विशेष में अभिनय की 'गति' क्या होनी चाहिए।

कृष्णनकुट्टी, उनके भाई अप्पुकुट्टी और रामनकुट्टी की तिगड़ी, कथकली में अत्यंत लोकप्रिय रही। 1948 में कृष्णनकुट्टी कलामंडलम में आए तो फिर 1966 तक वहीं रहे, जब तक कि अपनी ज्यादतियों के कारण वहाँ से हटा नहीं दिए गए। उनका अहं इतना प्रबल था कि उन्होंने माफी कभी माँगी नहीं। उनका परिवार बड़ा था और उसका भरण-पोषण बिना नियमित आय के संभव नहीं था। उन्होंने अपनी कथकली मंडली चलाई ज़रूर पर, वह बहुत सफल नहीं रही। अंततः 1978 में कलामंडलम ने उन्हें वापस बुला लिया, और वह इसमें 1987 तक रहे। इसके बाद उन्होंने लेखन में अपने को व्यस्त रखा। 'नलचरितम' पर उन्होंने सक संहिता लिखी और दो अन्य विशेषज्ञों के साथ मिलकर गुरुवायूर मंदिर के लिए कृष्णाट्टम पर एक पुस्तक भी तैयार की। उन्होंने अष्टपदीअट्टम की भी रचना की और इसमें विविध ताल-वाद्यों को अंतर्भुक्त किया, और इसके लिए गतियाँ मोहिनीअट्टम, कथकली और भरतनाट्यम से लीं।

स्त्री वेषम

कथकली में स्त्री-भूमिकाएँ हमेशा चुनौतीपूर्ण रही हैं। कुदमलूर करुणाकरन नायर और कोट्टाक्कल शिवरामन, जिनकी मृत्यु 1912 में हुई, को छोड़कर कम ही कलाकार स्त्री भूमिकाओं में खरे उतरे हैं। वे चाहे कितनी भी छोटी भूमिकाएँ क्यों न हों, प्रस्तुतियों का महत्वपूर्ण अंग होती हैं। अपने चाचा वाझेन्गड्ड कुंजु नायर द्वारा तैयार किए गए कोट्टक्कल शिवरामन भी, ऐसा कहते हैं, कि वह स्त्री-आभा खोने लगे थे। कलामंडलम राजशेखरन स्त्री-भूमिकाओं में अच्छे हैं, पर पाचा भूमिकाएँ करने के कारण उनकी देह भी, स्त्रीत्व को अभिव्यक्त नहीं कर पाती थी। मार्गी विजय कुमार अपनी स्त्री भूमिकाओं के लिए जाने जाते हैं, हालाँकि वह दक्षिण केरल के हैं, पर, उन्हें उत्तरी शैली के परिष्कृत रूप का अच्छा ज्ञान और अनुभव है। उर्वशी (कालकेयावधम) और ललिता (कीरमीरावधम) की उनकी भूमिकाएँ प्रसिद्ध

नेल्लीयोदु, नकथुंडी की भूमिका में कथी स्त्री (के.के. गोपालकृष्णन)

हैं। कलामंडलम में प्रशिक्षण प्राप्त कर रहे सुचींद्रन प्रतिभाशाली हैं, और वे स्त्री भूमिकाओं के लिए बखूबी तैयार हो रहे हैं।

कलामंडलम चामबाकरा विजयकुमार, स्त्री-भूमिकाएँ करने वाले एक अन्य अच्छे कलाकार हैं। फिलहाल इन भूमिकाओं के लिए अच्छे अभिनेताओं की कमी महसूस की जा रही है।

थाडी और मनुक्कु भूमिकाओं के लिए नेल्लीयोदु वासुदेवन नम्बूदिरी, (जिन्होंने वाझेन्गड्ड कुंजु नायर से प्रशिक्षण प्राप्त किया था) ने भी ख्याति अर्जित की।

कथकली के अन्यतम अभिनेता

कलामंडलम कृष्णन नायर (1914–1990)

पिछले पचास वर्षों में कुछ ऐसे अप्रतिम कथकली कलाकार हुए हैं, जो दर्शकों के चहेते रहे हैं। इनमें से पहला नाम तो कलामंडलम कृष्णन नायर[11] का ही है। वह समर्थ अभिव्यक्तियों, और अति उत्तम प्रशिक्षण से लैस थे। सुंदर देहयष्टि के धनी थे, जिस पर कथकली की वेशभूषा अपने को वास्तव में सुसज्जित पाती थी। उनका जन्म 1914 में एक साधारण परिवार में पायानूर के निकट चेरुथज़म में

हुआ था। जब वह छोटे ही थे तो कथकली के एक संरक्षक वरनक्कोट सुब्रह्मण्यम नम्बूदिरीपाद की निगाह उन पर पड़ी। और उन्होंने 'इस लड़के' को गुरु चंदू पणिक्कर के सुपुर्द कर दिया कि वह उसे प्रशिक्षण दें। और वह अपने गुरु के प्रिय शिष्य बने। वल्लतोल नारायण मेनन ने उसका अभिनय संयोगवश देखा, और उसकी आँखों से व्यक्त हो रहे भावों को देखकर चमत्कृत हुए। उन्होंने 'लड़के' को कलामंडलम में शामिल करने का निर्णय लिया, जहाँ इस युवा कलाकार को पट्टिकाथोडी रावुन्नी मेनन ने गहरे अनुशासन से मांजा-सँवारा। उसे कुंजु कुरूप और गुरु कवलप्पा नारायणन नायर से भी प्रशिक्षण मिला। अनंतर उन्हें कुडिअट्टम के अप्रतिम गुरु मणिमाधव चाक्यार से भी सीखने का मौका मिला, वह पहले किसी में देखने को नहीं मिला था। कृष्णन नायर बहुमुखी प्रतिभा के धनी थे और वे पाचा, कथी और स्त्री-वेषम भूमिकाएँ बड़ी सहजता से कर लेते थे। उनकी पूतनामोक्षम भूमिका को उनसे बढ़कर कोई और नहीं कर सका। आगे चलकर तो लोग उन्हें पूतना कृष्णन और कलामंडलम नायर, कहकर ही पुकारने और जानने लगे। पहले नाम के साथ एक भूमिका जुड़ी थी, दूसरे के साथ संस्था। कीचकवधम में उनकी कीचक की भूमिका बेमिसाल थी। नल के रूप में तथा *कीरमीरावधम* में धर्मपुत्र के रूप में, और *कालकेयावधम* में अर्जुन के रूप में, *सुभद्राहरणम* में भी, और *कल्याण सौगंधिकम* में भीम के रूप में, *रुक्मांगचरितम* में रुक्मांगदा के रूप में, *कर्णस्पदम* में कर्ण के रूप में, वह दर्शकों को चमत्कृत और अभिभूत कर देते थे। रसिकों के मन में उनकी नल की भूमिका तो सदा के लिए अंकित है। इसे वे दमयंती की भूमिका में रहने वाले स्वर्गीय कुदमलूर करुणाकरन नायर या कोट्टाक्कल शिवरामन के साथ करते थे। पुष्कर की भूमिका में होते थे गोपी, जो कथकली के महान कलाकारों में हैं। जब वे रुक्मांगदा की भूमिका करते थे, जिसमें उससे कहा जाता है कि वह अपने ही लड़के की हत्या कर दे, तो दर्शक रोने लगते थे। वे जो उपमाएँ इसके लिए रचते थे, वे उनकी रचनात्मक ऊर्जा की ओर भरपूर संकेत करती थीं। कलामंडलम से उनका रिश्ता किसी कला-विवाद से न टूटकर अन्य कारणों से टूटा था। कृष्णन नायर को गुरु से भी अधिक एक कलाकार के रूप में याद रखा जाएगा। उनका विवाह मोहिनीअट्टम की विशेषज्ञ कल्याणीकुट्टी अम्मा से हुआ था। अपने आत्मविश्वास के कारण वे यथोचित मानदेय की माँग करते थे और वह उन्हें मिलता भी था। उन्होंने आयोजकों को यह अहसास कराया कि कथकली कलाकारों को थोड़ी-सी राशि देकर छुटकारा नहीं पाया जा सकता। जब वृद्धावस्था के कारण कई भूमिकाएँ पूरी ऊर्जा के साथ करना संभव नहीं रह गया था, तब भी मात्र अपने चेहरे पर ही ऐसे भाव ले आते थे, ऐसे संकेत कि दर्शक मंत्रमुग्ध होकर उन्हें देखने पहुँचते रहे। भूमिकाएँ अभिनीत करने के साथ ही उन्होंने मेकअप और वस्त्र-विन्यास में साहसिक प्रयोग किए। उनका प्रभाव आज तक बना हुआ है और कथकली के कलाकार उन जैसा अभिनय करने का प्रयत्न करते हैं। कथकली कलाकार का वृहद् घेरे वाला पहनावा उन्हीं की देन है। आज भी राजवंश द्वारा तिरुवनंतपुर में, जिस संग्रहालय की देखभाल की जाती है, उसमें कथकली पहनावे का नीचे का घेरा सँकरा ही है। यह अलग बात है कि बड़ा घेरा कृष्णन को तो जँचता था, पर, जिनके पास वैसा शरीर नहीं है, उनको तो यह घेरा मानो लील लेता है।

कलामंडलम गोविंदन नायर (1937)

कलामंडलम गोविंदन नायर, जो 'गोपी'[12] के नाम से जाने जाते हैं, पिछले पचास वर्षों में उभरे दूसरे बड़े कलाकार हैं। वह पाचा भूमिकाओं में प्राण फूँकते थे। कलामंडलम के ही छात्र रहे गोपी, स्वयं पहले इसके अध्यापक और फिर 1992 में प्रिंसिपल बने। ऊँचे कद के गोपी मंच पर छा जाते थे। कृष्णन नायर से उनकी तुलना प्राय: की जाती है। गोपी का चेहरा, कृष्णन जैसा बड़ा नहीं, छोटा है। पर, इस कमी को वह अपनी जबरदस्त अभिव्यक्तियों से पूरा कर लेते थे। रामनकुट्टी नायर और पद्मनाभन नायर के अंतर्गत

कला गोपी और मार्गी विजयकुमार (के.के. गोपालकृष्णन)

प्रशिक्षित, मंच पर गोपी औट्टामथुलाल के ज़रिए आए थे, जिसे उन्हें तब छोड़ देना पड़ा जब उनके अध्यापक ने अवकाश ग्रहण कर लिया। कथकली की तरफ़ उन्हें खींचने वालों में थे तेक्किनकट्टिल राबुन्नी नायर; कलामंडलम में प्रवेश करने पर उन्हें पद्मनाभन नायर और रामनकुट्टी नायर गुरु के रूप में मिले। 1957 में उन्हें कलामंडलम में बतौर अध्यापक रखा गया, वहाँ पढ़ाने के साथ वह अपनी कला का प्रदर्शन करते थे–इससे दोनों चीज़ों–पढ़ाने और प्रदर्शन–को एक-दूसरे से ताकत मिलती गई। गोपी ने शुरू में स्त्री भूमिकाएँ भी कीं, पर फिर छोड़ दीं क्योंकि पाचा भूमिकाओं के अन्यतम अभिनेता गोपी की देह-भाषा, स्त्री भूमिकाओं के विपरीत थी। गोपी को 'श्रृंगार का राजा' माना जाता है, और इसके कारण हैं। उनकी *नलचरितम* में नल की भूमिका अभिनय का प्रतिमान बन गई है, इसके श्रृंगार-पक्ष में संयोग और विप्रलम्ब प्रसंग, दर्शकों की रोमावलि सिहरा देते थे। दमयंती के रूप में कोट्टक्कल शिवरामन के साथ नल की भूमिका में गोपी की जोड़ी को किसी रिहर्सल की ज़रूरत नहीं होती थी। उनका आपसी तालमेल जबरदस्त था। *कर्णस्पदम* में उनकी कर्ण की भूमिका भी एक यादगार भूमिका थी। उसमें भरपूर करुणा थी। जब वह कुंती से कहते हैं कि तुमने मुझे पैदा होते ही मार दिया होता तो मेरे लिए ज्यादा अच्छा होता, बजाए एक टोकरी में रखकर नदी में प्रवाहित करने के, तो उनका अभिनय देखने वाला होता था। *कल्याणसौगंधिकम* में वह भीम बनते थे और उनके गुरु रामनकुट्टी हनुमान, दोनों मिलकर तब जादू-सा कर देते थे जब कृष्णनकुट्टी पोडुवाल अद्वितीय रूप से छेंदा बजाते थे और अप्पूकुट्टी पोडुवाल मद्दालम पर संगत करते थे। गोपी, रुक्मांगदा

(बाएँ): कलामंडलम कृष्णन नायर केरल कला नम्बीशेषन (के.के. गोपालकृष्णन) मध्य में: कलामंडलम गोपी (के.के. गोपालकृष्णन) दाएँ: कीरपदम कुमारन नायर (केरल कला आरकाइव)

के चरित्र के लिए भी जाने जाते हैं। यही गोपी भीम के रूप में रौद्र रूप धारण कर लेते थे। दुर्भाग्यवश बीच-बीच में अस्वस्थ हो जाने से उनके कलाकार-रूप को आघात लगते रहे। दूसरे दर्शकों में प्राय: ऐसे लोगों की कमी से भी वह अपना उच्चतम नहीं दे पाते थे, जिसकी उनमें क्षमता रही है। लोग तो उनके कुछ भी करने से प्रसन्न हो जाते थे। गोपी अकसर इस बात पर अफसोस प्रकट करते हैं कि कलामंडलम और कथकली का अब वही स्तर नहीं रह गया जो पहले हुआ करता था। गुरु-शिष्य परम्परा में वैसी सघनता अब कहाँ!

रामनकुट्टी नायर (1925–2013)

रामनकुट्टी नायर कलामंडलम के प्रिंसिपल के रूप में रिटायर हुए। वह रावुन्नी मेनन के शुरुआती शिष्यों में थे और कथी[13] की भूमिकाओं में अत्यंत निपुण माने जाते थे। *कल्याणसौगंधिकम* में हनुमान, तापसोत्तम में रावण, *उत्तर स्वयंवरम* में दुर्योधन *कीचकवधम* में नीच कीचक की उनकी भूमिकाएँ कथकली के उत्कर्ष के रूप में जानी जाती हैं। तिसनोक्कु (शाब्दिक अर्थ पर्दे का चेहरा) में कथी चरित्रों का परिचय कराने में वह अद्वितीय थे। परदे को दो ओर से पकड़े हुए दो लोग, और पर्दे को बीच से पकड़े हुए अभिनेता–जिसका केवल सिर और धड़ ही दिखाई पड़ता है–और वह धीरे-धीरे अपने उत्तरीय के फुंदनेदार सिरों को मुग्ध करने वाले ढंग से हिलाता-डुलाता है–वह उनके अभिनय में अपूर्व ही तो होता था। इसी चरण से चरित्र का अहं उजागर होने लगता है, छोटी-मोटी भंगिमाओं द्वारा। ढलती हुई आयु के साथ उन जैसे अभिनय-विशेषज्ञ को भी कई मुश्किलों का सामना करना पड़ा। संस्थागत सुविधाओं की कमी के कारण वह विशेषज्ञता के बावजूद कई मामलों में मन मारकर रह जाते थे। जब रामनकुट्टी नायर, कलामंडलम कृष्णनकुट्टी के छेंदा की 'संगत' में अभिनय करते थे, तो मानो देवता भी प्रसन्न हो जाते थे। कृष्णनकुट्टी के निधन के बाद, रामनकुट्टी की मंच पर आने की इच्छा भी मर गई।

कीरपदम कुमारन नायर (1916–2007)

कीरपदम कुमारन नायर, पट्टिकाथोडी रावुन्नी मेनन के पुराने शिष्यों में से थे। वह परम्परा वाहक और 'पूर्णता' के समर्थक थे।[14] उनका *मनोधर्मा* जहाँ आँखों को तृप्त करता था, वहीं सोच-विचार को भी सक्रिय करता था।

1922 में स्वयं उनके पिता ने उन्हें रावुन्नी मेनन का शिष्य बनने में मदद की थी। जब पिता ने देखा कि लड़के का मन पढ़ने में नहीं लगता और वह भाग-भाग कर कांटालोर में कलरिपयट्टु में कलरिपयट्टु के छात्रों की ट्रेनिंग देखने पहुँच जाता है, तो उन्हें यही करना ठीक लगा था। कुछ समय के लिए कीरपदम ने अम्बु और चंदु पणिक्कर से भी सीखा था। पाचा और वेल्ला थाडी भूमिकाओं में वे माहिर थे। कीरमीरावधम में धर्मपुत्र की भूमिका और हनुमान की भूमिकाओं में अत्यंत दक्ष थे। वाझेन्गड्डु कुंजु नायर से सलाह करके उन्होंने *कल्याणसौगंधिकम* और *लवणासुरवधम* में हनुमान की भूमिका के लिए चार अष्टकलासम प्रसंग जोड़े थे। नलचरितम में वह कत्तालन और शिकारी के चरित्र निभाते थे और उनमें जान डाल देते थे। डेविड और गोलिअथ की कहानी पर आधारित उनका *डेविड विजयम* और *मैग्डेलेना मरियम*, मेग्डेलीन की कथा, आज भी मंचित होते हैं। परंपरावादी होते हुए भी बाद के वर्षों में उन्होंने कुछ नए प्रयोग किए थे, पर इसी तरह कि जो मानदंड परम्परानुसार तय थे, उन्हें कोई चोट न पहुँचे। उनकी शैली कल्लुवाझी परम्परा की थी, पर, उसमें एक प्रकार की गीतिमयता थी। कुछ समय उन्होंने रागिनी देवी के साथ काम किया था। जब रागिणी देवी गुरु गोपीनाथ से अलग हो गई थीं। कीरपदम कुमारन नायर चेन्नई चले गए और वहाँ तमिल फिल्म अभिनेता रंजन और कोरियाग्राफर के. आर. कुमार को नृत्य की शिक्षा देने लगे। स्वयं उन्होंने अपने को भरतनाट्यम, कथक और मणिपुरी से परिचित किया। वह मैटिनी आइडल एम जी आर के भी नृत्य-गुरु रहे। 1940 से 42 तक वह कोटक्कल पी.एस.वी संगम से संबद्ध रहे। वह केरल कलामंडलम में 1955 में थे और 1960-69 के बीच गांधी सेवा सदनम में पढ़ाते रहे। 1970-79 के बीच वह दिल्ली के इंटरनेशनल सेंटर फॉर कथकली की फैकल्टी के प्रमुख थे। उनके अनेक शिष्यों में से सदानम बालकृष्ण भी रहे हैं, जो आज कथकली के श्रेष्ठ कलाकारों में हैं। सदानम हरिकुमार, कृष्णनकुट्टी, रामनकुट्टी नरिपेटा, उन्नीकृष्णन, जो अब युनाइटेड किंगडम में हैं, और सदानम नारायण नम्बूदिरी भी उन्हीं के शिष्य हैं।

गुरु गोपीनाथ (केरल कला आरकाइव)

गुरु गोपीनाथ (1908–1987)

ज्यादातर कथकली कलाकारों ने केरल में ही रहना पसंद किया है। पर, कई कलाकारों ने शुरू से ही प्रदेश के बाहर जाकर अपने लिए कुछ नई दिशाएँ खोजनी चाही हैं। कलामंडलम के एक अग्रणी छात्र रहे गुरु गोपीनाथ उन आरंभिक कलाकारों में से थे, जिन्होंने प्रदेश के बाहर जाकर ही अपनी ओर लोगों का ध्यान आकर्षित किया। रागिणी देवी की मंडली का नृत्य देखने के बाद, जिसके एक सदस्य गोपीनाथ भी थे, इंदिरा गांधी ने कहा था कि रागिणी देवी का नृत्य तो इन्हें नहीं छू सका, पर गुरु गोपीनाथ की ऊर्जा और तेजस्विता से वह प्रभावित हुई थीं।

कथकली में विधिवत दीक्षित, गोपीनाथ पहले कथकली नृत्यकार थे, जिन्होंने कथकली की वेशभूषा और मेकअप के बिना कथकली की प्रस्तुति करने की बात सोची। उनका जन्म चेम्पाक्कुलम में हुआ था। वह केरल के अलापुझा गाँव के निवासी कैप्पाल्ली शंकरन पिल्लई और एन.डी. माधवी अम्मा की संतान थे। वह पेरूमन्नूर परिवार के थे, जिसका संबंध कथकली परंपरा से दो सदियों पुराना था। चंपाकुलम प्रमु पिल्लई से आरंभिक शिक्षा ग्रहण करने के बाद वह कलामंडलम में गए। 1930 के दशक में दर्शकों को मंत्रमुग्ध करने वाले गोपीनाथ ने रागिणी देवी की मंडली को एक ऊँचाई दी। गोपीनाथ ने अपनी नृत्य-संरचनाओं को कथकली का ही आधार दिया, यह अलग बात है कि उन्होंने उसे पहले 'भारतीय शास्त्रीय नृत्य' कहकर पुकारा। इसके बाद जब उन्होंने कथकली नृत्य, नाट्य और संगीत के तत्वों का उपयोग विभिन्न प्रकार से किया तो उसे नाम दिया–*कथकली नटनम*। इसके बाद उन्होंने इसे *केरल नटनम* कहा। एकल और युगल, दोनों प्रकार के नृत्यों में, उनके स्त्री-पुरुष छात्रों वाली प्रस्तुतियाँ खासी लोकप्रिय हुईं। कुछ लोगों ने उनकी यह कहकर आलोचना भी की कि वह 'शास्त्रीय रूपों' के साथ कुछ ज्यादा ही छेड़छाड़ कर रहे हैं। लेकिन इसमें संदेह नहीं कि नृत्य को वह एक बड़े दर्शक वर्ग के बीच ले जाने में सफल हुए।

उन्होंने 1937 में कलामंडलम की पहली मोहिनीअट्टम छात्रा तंगामणि से विवाह किया। उनका मानना था कि दर्शक कथकली की वेशभूषा और उसके कुल संरजाम के बिना उसको ज्यादा समझ और सराह सकेंगे। *केरल नटनम* के प्रशिक्षण के लिए तिरुवनंतपुरम के 'श्री स्वाति तिरुनाल कॉलेज ऑफ म्यूजिक' में भी एक फैकल्टी बनाई गई, और अंबालापुझा में उनके ट्रस्ट 'श्री गोपीनाथ नटनग्रामम' के अंतर्गत एक संग्रहालय के साथ 'केरल नटनम एकेडेमी' की योजना बनी। ट्रस्ट ने अतीत में कोई खास काम नहीं किया था और यह कहना कठिन है कि क्या वह गुरु गोपीनाथ की बहुमुखी प्रतिभा के

गोविंदनकुट्टी (के.के. गोपालकृष्णन)

अनुरूप कोई नई ऊँचाइयाँ हासिल कर सका।[15] गोपीनाथ राजमहल के नर्तक थे और 1942 में उन्होंने चेन्नई में नटन निकेतन की स्थापना की, फिर 1959 में उन्होंने दिल्ली की ओर रुख किया। फिर बारी आई तिरूवनंतपुरम के 'विश्व कलाकेंद्रम' की। राम वर्मा ने गोपीनाथ के काम को बहुत निकट से देखा था। उनका मानना था कि गोपीनाथ के नृत्य में कथकली के साथ मोहिनीअट्टम के तत्वों का भी मिश्रण था, लेकिन उनकी बेटी विनोदिनी इससे इंकार करते हुए कहती हैं कि ऐसा कोई मिश्रण नहीं था और गोपीनाथ का नृत्य सौ प्रतिशत कथकली ही था। 'केरल नटनम' को लेकर मतभेद हैं। वैसे इसके नाम पर आज जो कुछ किया जाता है, वह कोई शैली ही नहीं मालूम पड़ती। उनकी एकल प्रस्तुतियाँ, *मयूरा नृत्तम*, *वेदा नृत्तम*, *हंटर डांस* और *शिव तांडवम* दर्शकों को मोह लेती थीं। और उनके युगल नृत्य–*गांधी सूक्तम*, *तुलसीदास*, *रामचरित मानस*, *महाभारत* और *रामायण*

जो ग्रुप-संबद्ध थे, सब बेहद पसंद किए जाने वाले 'बैले' थे। कई सिने-सितारे उनके छात्र बने, और उन्होंने स्वयं हिरण्यकश्यपु के रूप में फ़िल्म 'प्रह्लाद' में अभिनय किया। इसमें तंगामणि, प्रह्लाद की माँ बनी थीं। उन्होंने ईशु (जीसस) के रूप में भी *जीवितानौका* में अभिनय किया। उन्हें 1965 में संगीत नाटक अकादमी पुरस्कार प्राप्त हुआ, और 1972 में रवींद्र भारती यूनिवर्सिटी ने उन्हें 'डाक्टर' की उपाधि से सम्मानित किया। 1987 में जब वह दशरथ की भूमिका में मंच पर थे, दुर्भाग्यवश बेहोश होकर गिर पड़े, उनका देहांत हो गया।

गोविंदन कुट्टी (1927–2007)

कलामंडलम के ही एक अन्य छात्र, जो केरल के बाहर निकले थे, वह थे गुरु गोविंदन कुतिल। वे कंडप्पा कुरूप के पौत्र और कारुवत्तूर मेलेतिल कुन्हन नायर के पुत्र थे। वे दोनों ही कथकली नर्तक के रूप में प्रसिद्ध हो चुके थे। गोविंदन कुट्टी लगभग 13 साल के थे जब वह कलामंडलम में पहुँचे थे और गुरुओं के रूप में उन्हें रावुन्नी मेनन, कृष्णन नायर, कदंबुर गोपालन नायर, मणि माधव चाक्यार और कवलप्पा नारायण नायर जैसे श्रेष्ठ गुरु मिले थे। वे चेन्नई में कथक नृत्यांगना तारा चौधरी के 'ट्रुप' में शामिल हुए और उनके साथ खूब घूमे। 1955 में वह कोलकाता गए और 1962 में कथकली प्रशिक्षण के रूप में रवीन्द्र भारती यूनिवर्सिटी से संबद्ध हुए। उन्होंने और उनकी पत्नी तंगामणि ने, जो भरतनाट्यम नृत्यांगना थी, 1968 में कोलकाता में कलामंडलम की स्थापना की, और यह संस्था कोलकाता के सांस्कृतिक जीवन में एक नई लहर उठाने में कामयाब रही। 1976 में उन्होंने कथकली क्लब की शुरुआत की, जिसने आगे चलकर 'कथकली आर्ट सेंटर' का रूप लिया। गोविंदन कुट्टी इसके संस्थापक सचिव बने। वह दुबले-पतले थे, और नाटकीय तत्वों में पारंगत थे। कथकली के अपने रूप-स्वरूप के भीतर ही उन्होंने कई नए प्रयोग किए। ये प्रयोग चर्चित-प्रशंसित भी हुए। उन्हें पश्चिम बंगाल सरकार ने उनके समग्र योगदान पर 'उदय शंकर लाइफटाइम अचीवमेंट' प्रदान किया था।

कलामंडलम की परेशानियाँ

1990 में कलामंडलम ने अपनी हीरक जयंती मनाई, और बहुतों को यह परखने की इच्छा हुई कि आधी सदी तक इस संस्था ने किस प्रकार कथकली को किस तरह सजाया-सँवारा है। सरकार द्वारा 6 सदस्यों की गठित की गई समिति और शैक्षिक, अध्यापकों और छात्रों द्वारा 19 सदस्यों की मनोनीत सामान्य परिषद का प्रशासन कई मामलों में भ्रमित दिखाई पड़ा।[16] रिहायशी स्थितियाँ अच्छी नहीं रहीं, जबकि उस जैसी संस्था में तो उन्हें बेहतर होना ही चाहिए था, और 1991 से आठवीं कक्षा तक जो कोर्स अनिवार्य कर दिया गया था, उसके कारण वास्तविक प्रशिक्षण के लिए समय ही बहुत कम बचता था। नौवीं कक्षा शुरू कर दी गई, पर उसके लिए सुयोग्य शिक्षक नहीं थे। सचिव, अरुंगोडे श्रीधरन का यह सोचना कि संस्था विश्वविद्यालय-स्तर बनने की प्रक्रिया में है, और धीरे-धीरे सब कुछ ठीक हो जाएगा, सच नहीं निकला। अध्ययन और व्यावहारिक प्रशिक्षण के लक्ष्य एक कर देने से न तो उन्हें लाभ हुआ जो अध्ययन-मात्र को लेकर आगे बढ़ना चाहते थे, न उन्हें जो अपनी कला के प्रदर्शन को ही ध्येय बनाकर चलना चाहते थे। यह सही है कि अध्ययन और शिक्षा की कुछ न्यूनतम योग्यता तो सबमें होनी चाहिए, पर कथकली की कला गहन व्यावहारिक प्रशिक्षण की दरकार रखती है। कालीकट यूनिवर्सिटी के अंतर्गत त्रिशूर ड्रामा स्कूल पहले से ही थिएटर आर्ट्स में स्नातक कोर्स में छात्रों की भर्ती कर रहा था, जबकि कलामंडलम बीटीए और एमटीए के ही कोर्स करा रहा था।

दूसरे कॉलेजों की तुलना में इसके वेतनमान भी कम हैं, जबकि यहाँ काम करने वालें का दिन सूर्योदय से शुरू होता है और सूर्यास्त में जाकर समाप्त होता है। वेतन भी प्रशिक्षण क्षमता के आधार पर तय नहीं किया

गया, उसके लिए किसकी डिग्री कितनी बड़ी है, यही देखा जाता है। नतीजा यही है कि न तो किसी विद्वान को अपनी क्षमता निखारने का अनुकूल वातावरण यहाँ मिल पाएगा, न ही किसी कलाकार को। दूसरे कई अध्यापक मिलकर भी वह सब नहीं सिखा सकते जो गोपी ने दो-एक गुरुओं की छत्रछाया में सीख लिया था।

यह समझ लेना ज़रूरी है कि कथकली का प्रशिक्षण उन्हीं के लिए है जिनमें दम हो और इच्छाशक्ति की कमी न हो। कथकली पुरुष-नृत्य है, और कलाकार की शारीरिक शक्ति भी इसमें मायने रखती है। सुबह या कहें रात तीन बजे से शरीर की मालिश करनी पड़ती है, व्यायाम भी, तब जाकर नृत्यकार नृत्य के लिए 'तैयार' हो पाता है। गायन में भी साँसों पर इसमें जबरदस्त नियंत्रण रखना पड़ता है, और चाहे गाने वाले हों, चाहे बजाने वाले, उन्हें कलाकारों के साथ खड़े होकर ही अपना काम करना पड़ता है। अचरज नहीं कि इनके प्रशिक्षार्थियों की संख्या अधिक नहीं होती है। इसलिए यह आवश्यक है कि कलामंडलम कथकली के गायक-वादकों को प्रोत्साहित करे।

कथकली के साथ अन्य नृत्य-रूपों का संवाद हो, इसमें एक बड़ी बाधा भाषा की है। कथकली की भाषा मलयालम ही रही है। शांता राव और कनक रेले जैसी कुछ नृत्यागनाएँ ही, जो केरल के बाहर थीं, इससे एक सार्थक संवाद चला सकी हैं।

कलामंडलम को 1995 में भारी कठिनाई का सामना करना पड़ा, जब छात्रों ने हड़ताल कर दी क्योंकि बहुत सी समस्याएँ सुलझ नहीं रही थीं। राजनीतिक हलकों का आश्वासन भी काम नहीं आया। हालत यह हुई कि कलामंडलम ने अपनी कई गतिविधियाँ स्थगित कर दीं, अरंगेत्रम भी नहीं हुए, छात्रों को हॉस्टल खाली करने के लिए कह दिया गया। कथकली के प्रेमी के.के. गोपालम जैसे व्यक्ति ने मुख्यमंत्री ए.के. एंटनी से भी दख़ल देने की अपील की। मलयालम दैनिक 'मातृभूमि' ने बाकायदा एक अभियान चलाया कि इस नृत्य-रूप को क्षतिग्रस्त न होने दिया जाए और सरकार इसकी ओर पर्याप्त ध्यान दे। कलामंडलम गोपी जो प्रिंसिपल के पद से अवकाश ले चुके थे, उनका कहना था कि प्रबंधन-समिति में बदलाव किया जाना चाहिए। संकट को किसी तरह टाल दिया गया, लेकिन कुछ मूल समस्याएँ बनी रहीं। संस्था अब भी काम कर रही है, पर, उसमें उतार-चढ़ाव आते रहते हैं। उसके अच्छे-बुरे दिन इस पर निर्भर रहते हैं कि संस्था के शीर्ष पर कौन बैठा है, और उसका प्रबंधन किस प्रकार, किस गति से हो रहा है।

2007 में केरल कलामंडलम को कला-संस्कृति की डीम्ड यूनिवर्सिटी का दर्जा मिला, यू.जी. सी. की ओर से उसे ऐसी मान्यता प्राप्त हो गई। लेकिन सुयोग्य शिक्षकों की खोज संबंधी कठिनाइयाँ बनी हुई हैं, और इससे संस्था की मुश्किलें बरकरार हैं। प्रशिक्षार्थियों को ज़रूरी दीक्षा मिलनी थी, लेकिन कलाओं और उनकी शिक्षा का सुमेल इस रूप में होना चाहिए जिससे कला-शिक्षण को क्षति न पहुँचे। संस्था को पूरी क्षमता के साथ इसका प्रबंध करना ही चाहिए कि जो छात्र कथकली को लेकर अध्ययन करना चाहते हैं, उस पर लिखना-पढ़ना चाहते हैं, उनकी ओर भी ध्यान दिया जाए, और उनकी ओर भी जो उसके प्रदर्शन का व्यावहारिक प्रशिक्षण प्राप्त करना चाहते हैं। इन सारी बातों के साथ, इस ओर भी संकेत करना ज़रूरी है कि डॉक्यूमेंट्री विभाग के ऊपर, उसके दस्तावेजी काम के ऊपर, अभी पर्याप्त ध्यान नहीं दिया गया है, जबकि कलामंडलम के अपूर्व गुरुओं के प्रशिक्षण और उनके प्रदर्शन की रिकार्डिंग का प्रबंध होना ही चाहिए। पट्टिकाथोडी रावुन्नी मेनन के पुत्र कल्लुवाझी शैली का एक ज्ञानकोश थे, और उन्होंने दो पुस्तकें भी लिखी हैं, पर दस्तावेजीकरण में उनकी सहायता लेने की बात भी किसी को नहीं सूझी। बहरहाल *ए गाइड टु कथकली* के लेखक डेविड बोलांड ने के.पी. एस. मेनन के सुझाव पर पद्मनाभन द्वारा 14 नाटकों की प्रशिक्षण पद्धति की वीडियो रिकार्डिंग की है, जो 32 घंटों की है। इसके कई वीडियो कलामंडलम को भी भेंट में दिए गए हैं।

सदानम बालकृष्णन और लीला सैमसन, ऑथेलो में
(के.के. गोपालकृष्णन)

वल्लतोल ने प्रेम के साथ कथकली कला-रूप के लिए काम किया। वे इच्छुक थे कि इसके प्रशिक्षण की स्वस्थ परंपराएँ विकसित हों, सुधी दर्शकों का एक वर्ग तैयार हो और इसके लिए इतनी राशि जुटाई जाए कि इसके विकास में बाधा न पड़े। पर उनके ये सरोकार, उनके उत्तराधिकारियों ने नहीं अपनाए। गुरुकुल की सुंदर गुरु-शिष्य परंपरा, प्रशिक्षार्थियों और प्रशिक्षकों के झगड़े में बदल गई।

कथकली के कलाकार के लिए संस्कृत और मलयालम साहित्य का ज्ञान आवश्यक है। कृष्णन नायर इसके अप्रतिम उदाहरण थे। अब इस स्तर का कलाकार सिर्फ़ एक है: गोपी। नारायण पिशारोडी ने एक बार इस बात पर खेद व्यक्त किया था कि कलामंडलम की बनिस्पत छोटी संस्थाएँ इस दिशा में कहीं बेहतर काम कर रही हैं। किलिमंगलम वासुदेवन नम्बूदिरीपाद का विचार था कि सरकारीकरण के बजाए निजीकरण ज्यादा बेहतर रहेगा, क्योंकि इससे राजनीतिक दखल कम होगा।

जब 1977 में कुरूप ने कलामंडलम की कमान सँभाली तो यह आशा जागी थी कि प्रबंधन समस्याओं से पार पा लेगा, और उसके दिन बहुरेंगे, पर वैसा हो नहीं सका। अधिक प्रदर्शनों द्वारा निजी स्रोतों से जो धन इकट्ठा किया गया, उससे जूनियर कलाकारों को कोई लाभ नहीं मिला। धनराशि हमेशा एक समस्या बनी रही। यह आरोप लगे कि प्रिंसिपल एम.पी. एस. नम्बूदिरी विदेश यात्रा के दौरान कलामंडलम की बढ़ोतरी के लिए काम करने की जगह, किलिमंगलम डॉक्यूमेंटेशन सेंटर के हितों को बढ़ाने में लगे रहे। बाद में पता चला कि डॉक्यूमेंटेशन संबंधी जो गतिविधियाँ कलामंडलम की सहायता के नाम पर की गई थीं, वे विस्कांसिन यूनिवर्सिटी के प्रोफ़ेसर फिलिप ज़ारेली के वित्तीय साधनों से की गई थीं, और दस्तावेजीकरण पर पहला अधिकार भी उन्हीं का (रहने वाला) था।[17]

जिन कलाकारों ने बिना मानदेय के यह सोचकर कि यह सारी रिकार्डिंग कलामंडलम में दस्तावेजी ढंग से रहेगी, उन्होंने अपने को ठगा हुआ महसूस किया। कई लोगों में प्रतिरोध की भावना जागी। उनकी नाराजगी इस बात को लेकर थी कि कलामंडलम से तीस वर्षों तक संबद्ध रहने के बाद, भूतपूर्व सुपरिटेंडेंट वी. नम्बूदिरीपाद, अवकाश प्राप्ति के बाद इस तरह के कार्यक्रम में सहयोगी बने थे। प्रबंध समिति ने मामले को किसी तरह दबा दिया, लेकिन कलामंडलम के अग्रणी संगीतज्ञ और प्रोफ़ेसर कलानिलयम उन्नीकृष्णन, जिन्होंने डॉक्यूमेंटेशन के लिए अपने प्रदर्शन की रिकॉर्डिंग कराई थी, वे चुप न रहे और उन्होंने किलिमंगलम सेंटर के खिलाफ मामला ठोंक दिया।

विद्वान अप्पुकुट्टन नायर ज़रूर ऐसे व्यक्ति थे जो कथकली के प्रति चिंतित थे, और इस नृत्यरूप से गहरा

प्रेम करते थे। वे इसकी दुरवस्था और इसकी संस्थाओं की अवहेलना[18] पर अपनी नज़र रखे हुए थे और उनके समर्थन व सहयोग से केंद्रीय संगीत नाटक अकादमी ने दिल्ली में कथकली महोत्सवम का आयोजन किया। यह एक बड़ी घटना थी, बड़ा समारोह तो था ही। इसमें कोई 70 कलाकारों ने भाग लिया, उत्तर से भी, दक्षिण से भी। और इस तरह इसमें कलरियों, कलियोगम और आसन को मिलाकर कई शैलियों और परंपराओं को प्रतिनिधित्व मिला। राजधानी को एक सुअवसर प्राप्त हुआ और कई अत्यंत वरिष्ठ कलाकारों को सुनने-जानने-देखने का प्रसंग जुटा। इनमें से कई इतने वरिष्ठ थे कि उनके सक्रिय जीवन की अपेक्षा कुछ वर्षों तक ही की जा सकती थी। यह समूचा आयोजन जो दस्तावेजीकरण के उद्देश्य से आयोजित था, कथकली की ओर फिर से पर्याप्त ध्यान आकृष्ट कर सका। काना कन्नन नायर ने अंबरीश चरितम में दुर्वासा की जो भूमिका की, वह आँखें खोल देने वाली थी। एक छोटी सी भूमिका में कलात्मकता, परिष्कार और सूक्ष्मता सब देखने को मिले। 86 वर्षीय चंपाकुलम पाच्चु पिल्लई की एक बढ़ई की हास्य प्रधान भूमिका में लोकधर्मी और यथार्थपरक अभिनय के तत्व शामिल थे। इसी तरह ओय्यूर कोचुगोविंदन पिल्लई, जो तब 76 वर्ष के थे और *नलचरितम* में हंस की भूमिका को एक नया आयाम देने के लिए जाने जाते थे, उन्होंने कट्टालन (आदिवासी) की भूमिका में चार चाँद लगाए। कलामंडलम गोपी ने *नलचरितम* के श्रृंगार प्रसंग से दर्शकों को अभिभूत कर दिया। *कल्याणसौगंधिकम* में शेर और अजगर द्वारा हाथी के ऊपर आक्रमण किए जाने वाले प्रसंग को रामनकुट्टी नायर ने भरपूर ऊँचाई दी। इस महोत्सव ने संगीत नाटक अकादमी के दस्तावेजी कार्यक्रम को समृद्ध किया है।[19]

हनुमान के रूप में कीरपदम कुमारन नायर, रुद्र भीम के रूप में चेनिथाला चेल्लपन पिल्लई, कीचक और रावण के रूप में कलामंडलम रामनकुट्टी नायर, बाली के रूप में पद्मनाभन नायर, नल और बहुका के रूप में गोपी, भीम के रूप में कलामंडलम नायर, दुश्शासन और सुग्रीव के रूप में नेल्लियोदु वासुदेवन नम्बूदिरी, दुर्योधन और लव के रूप में सदानम बालकृष्णन, स्त्री भूमिकाओं–दमयंती और मंदोदरी के रूप में कोट्टाक्कल शिवरामन, कैकेयी के रूप में मार्गी विजयकुमार, सैरेंध्री और पांचाली के रूप में कलामंडलम राजशेखरन–कैसी अपूर्व प्रतिभाएँ कथकली को मिली थीं! और छेंदा वादकों–कलामंडलम उन्नीकृष्णन और रामन नम्बूदिरी को भी क्या भुलाया जा सकता है? दिल्ली के दर्शकों के लिए तो यह महोत्सव एक अद्भुत उपहार से कम नहीं था। इसके बाद फिर वैसा आयोजन कभी हुआ ही नहीं।

स्त्री कलाकार और कथकली

केरल की ऐतिहासिक सामाजिक स्थितियों के कारण कथकली-परम्परा में पुरुष कलाकारों का ही वर्चस्व रहा है। वैसे भी कथकली के लिए जिस शारीरिक क्षमता और परिश्रम की ज़रूरत होती है, वह भी स्त्रियों को इससे दूर रखता आया है। कथकली का जन्म कृष्णाट्टम, तय्यम, कुडिअट्टम और रमनाट्टम जैसी शैलियों से हुआ है–और ये सभी तो शारीरिक क्षमता को अनिवार्य मानती रही हैं। और पुरुषों में भी वही तो इसे अपना सकते हैं जो रोज आठ से दस घंटों तक की जी-तोड़ मेहनत कर सकते हों। फिर यह भी माना ही जाता है कि मसाज के समय शरीर को जैसा दबाव झेलना पड़ता है, वह स्त्रियों की प्रजनन-प्रक्रिया पर प्रतिकूल असर डाल सकता है। 1700 ईस्वी में कार्तियायिनी नामक एक स्त्री, जो सुग्रीव की भूमिका करती थीं, और बहुत बाद में 1880 के आसपास जन्मी वंचियूर कार्तियानी अम्मा–कथकली की पहली महिला कलाकार थीं। कार्तियायिनी एक प्रसिद्ध कलाकार की पुत्री थी और कृष्णवेशम के लिए जानी जाती थी। इत्तारुरिची मेनन, जो पट्टिकाथोडी रावुन्नी मेनन के गुरु थे, उन्होंने मुन्नोरकोड काईपेनचेरी कुन्हीमाला अम्मा को प्रशिक्षित किया था। रागिनी देवी, शांता राव और कनक रेले, यहाँ तक कि मोहिनीअट्टम

विशेषज्ञ कल्याणीकुट्टी अम्मा, 20वीं सदी की उन स्त्री-कलाकारों में से हैं जिन्होंने कथकली को गंभीरतापूर्वक लिया है। समय-समय पर पुरुष कलाकारों की वर्चस्व वाली इस नृत्यविधा में कुछ स्त्रियाँ आई ज़रूर हैं। स्वयं रावुन्नी मेनन ने वल्लतोल नारायण मेनन के आग्रह पर ही शांता राव को प्रशिक्षित करना शुरू किया, और अपवाद स्वरूप उन्हें कलामंडलम में एक छात्रा के तौर पर प्रवेश (भी) मिला। कोट्टाक्कल सुनीता राज और चेलान्नाटु सुभद्रा स्त्री भूमिकाओं में प्रसिद्ध हुई। एक स्त्री-प्रशिक्षार्थी, जिसने पूर्णकालिक ढंग से कथकली को अपनाया, वह थीं चवारा पाराकुट्टी अम्मा। 1960 में त्रिशूर के नटन निकेतन में कुछ स्त्रियाँ ऐसी थीं जो पुरुष और स्त्री पात्रों, दोनों की भूमिकाएँ कर लेती थीं। यह मंडली जो काफ़ी यात्राएँ करती थी, 1968 में भंग हो गया। त्रिपुनितुरा कथकली केंद्रम वनिता 1975 में एकमात्र ऐसी मंडली थी, जिसमें केवल स्त्रियाँ थीं, जो इस पुरुष वर्चस्व वाली नृत्य विधा में काम करती थीं। के.टी. राम वर्मा और हरिदासन तम्पूरन, जो राजपरिवार के दो भाई थे, और कृष्णन नायर से इन्हें सहयोग-समर्थन मिला था। सती वर्मा, वर्मा की भाभी और तम्पूरन क्रमशः मैनेजर और संयुक्त सचिव थे। यह अंतरराष्ट्रीय स्त्री वर्ष था और कल्याण सौगंधिकम को कथकली केंद्र में प्रस्तुत किया जाना था, जिसमें स्त्रियाँ ही वाद्य-वृंद विभाग को सँभालने वाली थीं। बृंदा वर्मा, शैलजा वर्मा, राधिका वर्मा, मीरा, श्रीमती अतनयम–हनुमान की भूमिका में, पद्मिनी और नलिनी बहनें गायिकाओं के रूप में, और नवरंग विजयमणि छेंदा वादक के रूप में, मडंली में थीं। प्रस्तुति को काफी पसंद किया गया और एक साल के भीतर ही इस मंडली ने *कुचेल वृतम*, *दुर्योधन वधम*, *नल चरितम* और *सुभद्राहरणम* के प्रदर्शन भी किए। 1980 के दशक में यह मंडली इतनी सक्षम थी कि समूची रात वाले कार्यक्रम प्रस्तुत कर सकती थी। 1987 में साउथ जोन कल्चरल सेंटर की ओर से मंडली को बेंगलुरु, चेन्नई, हैदराबाद, पांडिचेरी (अब पुदुचेरी) में कार्यक्रम करने के लिए आमंत्रित किया गया। 1988 में इस मंडली ने कुल्लू की भी यात्रा की। एक साल में पचास प्रस्तुतियाँ इस मंडली ने कीं, और 1999 को इन स्त्री कलाकारों को कलामंडलम में भी आमंत्रित किया गया, जहाँ इन्होंने *दुर्योधन वधम* प्रस्तुत किया। जिन आसनों ने इन्हें प्रशिक्षित किया, वे थे कलामंडलम राजा, कलामंडलम करुणाकरन, वासुदेवन नम्बूदिरी, FACT के पद्मनाभन और RLV के दामोदरन पिशारोडी। इनको पुरुष कलाकारों की तरह ही प्रशिक्षित किया गया, बस मसाज को प्रशिक्षण का अंग नहीं बनाया गया। इन स्त्री-कलाकारों ने इस नृत्य विधा को पूर्णकालिक प्रोफेशन की तरह तो नहीं अपनाया, पर कथकली को लेकर हमेशा उत्साहित रहीं।

प्रयोग और परिवर्तन

कथकली की कलात्मक परम्पराओं को पोषण हमेशा ऐसे संरक्षकों से मिलता रहा है जो इसके विधि-विधानों में पर्याप्त रुचि लेते थे। और कलाकारों से यह अपेक्षा की जाती थी कि वे निर्धारित रीतियों के अनुसार ही अपना प्रदर्शन करेंगे। संरक्षक, प्रायोजक, प्रशिक्षित कलाकार, दर्शक, सब इसमें एक-सूत्र में बँधे से रहते हैं–एक-दूसरे से जुड़े। नए प्रयोग या नई रीतियाँ- विधियाँ क्रमशः श्रेष्ठ कलाकारों ने विकसित कीं, और कथकली में कुछ नए प्रयोग और परिवर्तन दिखाई पड़े। जैसे कुछ भूमिकाओं में स्वयं रावुन्नी मेनन की सृजित की हुई कुछ सूक्ष्म-अभिव्यक्तियाँ आगे के कलाकारों के लिए एक मिसाल बनीं। जब कलामंडलम गोपी नल के रूप में मंच पर आए तो वे एक कलासम को बदल देने की क्षमता के साथ आए। और इस तरह भी कुछ नई अभिव्यक्तियों का जन्म हुआ। नई प्रौद्योगिकी और सामाजिक परिवर्तनों ने भी कथकली को हमेशा प्रभावित किया है। इस तरह गुणवान संरक्षक/अभिनेता/रसिक के संबंध, प्रदर्शनकारी गतिविधियों को रचते-बनाते हैं, उनके नियम और परंपराएँ निर्धारित करते हैं। सामाजिक

परिवर्तन और नई स्थितियाँ भी कथकली को परिवर्तित करती रही हैं। बिजली ने, माइक जैसे उपकरणों और ध्वनि-निस्तारकों ने, बहुत कुछ बदल डाला है। आसन/शिष्य के आत्मीय संबंध जो गुरुकुल की परंपरा में थे, अब पहले जैसे नहीं रहे, इसलिए कथकली के प्रदर्शनों में पहली जैसी विशिष्टता नहीं दिखाई पड़ती। शहरी प्रदर्शनों में अब दर्शक एक मिश्रित समूह वाले होते हैं, सिर्फ़ केरलीय नहीं। मंदिरों में होने वाली वार्षिक गतिविधियों में दर्शक संख्या अधिक होती है, और प्रदर्शनों की सरसरी तौर पर की जाने वाली समीक्षाएँ अंग्रेजी में छपती हैं, इन सबसे फ़र्क पड़ा है, पर यह फ़र्क हर एक समय उत्साहजनक नहीं होता। त्रावणकोर की दक्षिणी शैली अधिक प्रवाही और भाव-प्रवण है। केरल कलामंडलम के छोटे-से सभागार में, दर्शक हर तरफ़ बैठे होते हैं, ऐसे में उन्हें मंच के दृश्य बहुत साफ़ नज़र नहीं आते, और इस स्थिति ने दर्शक/अभिनेता संबंधों में एक दूरी पैदा की है। दर्शकों की पसंद-नापसंद भी बहुत कुछ तो बदलती ही है।

प्रदर्शन/प्रस्तुति के नए रूपों में अब संपादित अंश ही होते हैं, दर्शक भी मिश्रित वर्ग के रहते हैं, व्याख्यान प्रदर्शन (लेक्चर-डिमांस्ट्रेशन) में भी चीजों की काफ़ी काट-छाँट होती ही है।

पारंपरिक कथकली में अभिनेता जिसको संबोधित करता है, उसकी ओर सीधे नहीं देख रहा होता, अब यह नाटकीय युक्ति बदल रही है। और किसी युद्ध के दृश्य में जब कोई अभिनेता तीर चलाता है तो विरोधी की ओर ही। पहले ऐसा कभी नहीं होता था। इसी तरह काफी कामोद्दीपक दृश्य भी संकेतों तक सीमित थे। प्रेम दर्शाने के लिए हाथों से किसी को दूर से घेर लेना पर्याप्त था, लेकिन आज कृष्ण और सुभद्रा एक-दूसरे को भींचे हुए नज़र आते हैं। प्रस्तुति की अवधि के अनुकूल नाटकों को संक्षिप्त कर दिया जाता है, और महानगरीय दर्शक वर्ग समझे या न समझे बग़ैर उन्हें देखता-सराहता है। यह सब कथकली को किंचित विस्तार से, या कहें विलंबित रूप से प्रस्तुत करने की जो परंपरा रही है, उससे मेल नहीं खाता। स्त्री-चरित्रों ने अपनी शास्त्रीय गरिमा खो दी है, और वे कई बार फ़िल्मी से लगते हैं।

20वीं सदी में नृत्य के लिए कई नाटक लिखे गए हैं, लेकिन *कर्णस्पदम* को छोड़कर कोई टिकाऊ साबित नहीं हुआ। इंटरनेशनल सेंटर फ़ॉर कथकली में अप्रैल 1966 में *कर्णस्पदम* की पहली प्रस्तुति हुई थी। इसमें कर्ण की भूमिका में थे माम्बुझा माधव पणिक्कर, दुर्योधन का अभिनय किया था कलामंडलम गोपी ने, दुश्शासन बने थे वेलिनेरी नानु नायर और भानुमती की भूमिका की थी कलामंडलम पद्मनाभन ने। तिरुवनंतपुरम कथकली क्लब में इसका प्रीमियर 1968 में हुआ था और दर्शकों ने इसे खूब सराहा। और अब यह कार्तिक तिरुनाल वर्मा, अश्विती तिरुनाल, इराईम्मान तम्पी और उन्नाई वैरियर के नाटकों के समकक्ष रखा जाता है। *नल चरितम*, जिसे अब तक का सर्वश्रेष्ठ नाटक माना जाता है, की तरह यह लोकप्रिय है। तथ्यों से जो लोग कम परिचित हैं, वे इसे बहुत पहले लिखा गया, नाटक मानते हैं।

1940 के बाद पूंथोटाट्टु महान नम्बूदिरी, श्रीकंठेश्वरन पद्मनाभा पिल्लई और कुछ लेखकों ने नए नाटक लिखे, पर सफल नहीं हुए। छेंदा वादक कलामंडलम केशवन का *मृतसंजीवनी*, और राजनीति-प्रेरित नाटक *मानव विजयम*, जिसे अय्यंगोडे श्रीधरन ने लिखा था, 1987 में समूचे केरल में खेला गया क्योंकि उस वक्त ई. एम. एस. नम्बूदिरीपाद मुख्यमंत्री थे, पर यह सामयिक विषय पर होने के बावजूद कलात्मक अपेक्षाओं पर खरा नहीं उतरा। यहाँ तक कि वल्लतोल नारायण के *अवसादहरणम* और *जप कट्टलन*, जो राजनीतिक स्थिति पर आधारित थे, भी सफल नहीं हुए। अप्पुकुट्टन नायर[20] का मत था कि "कथकली में सामाजिक यथार्थ का वर्णन उसकी प्रकृति के प्रतिकूल है।"

पश्चिमी कथाओं पर आधारित प्रस्तुतियाँ भी एक समय चलन में आईं। और 1989 में कलामंडलम और पेरिस के एसोसिएशन केली ने मिलकर कुछ तामझाम

डी.आई.ए.एफ. में 'दुश्शासन वधम' में द्रौपदी उत्सव मनाती हुई (आर. श्रीनिवासन)

के साथ *किंगलिअर* की प्रस्तुति की। यूरोप में यह काफ़ी सफल रहा, पर भारत में इसका स्वागत उदासीन भाव से हुआ और एक दिन इस पर स्वाभाविक विराम लग गया। केली के कला निर्देशक एनेत लिडे इसे स्कॉटलैंड ले गए, और इसे खूब प्रशंसा मिली। कनाडा के नृत्य-संरचनाकार रिचर्ड ट्रिम्बले ने कलामंडलम के साथ मिलकर *इलियड* को प्रस्तुत करने की योजना बनाई। अंग्रेज़ी में इसके संगीत-पाठ (लिब्रेटो) का संस्करण असफल रहा, और जब इसका अनुवाद मलयालम में हुआ तो उसे कुछ सफलता मिली। मलयालम में इसका अनुवाद मरुमकन राजा ने किया था, लेकिन कलामंडलम की यह योजना कि इसे पश्चिमी देशों में भी ले जाया जाए, कभी पूरी नहीं हुई। और कलामंडलम में इसकी पहली प्रस्तुति, अंतिम प्रस्तुति ही साबित हुई। लेकिन पश्चिमी रंगमंच और अन्य-कला रूपों के साथ सहयोगिता ने कुछ नई संभावनाओं की ओर संकेत किया। *दुश्शासन वधम* में कथकली/फ्लेमेंको आपस में जुड़े। इसकी परिकल्पना 2009 में स्पेन के सेजर लोरेंटो रैटन ने की थी, और इससे कलांडलम और स्पानी संगठन के सहयोग से, जिसमें केरल का पर्यटन विभाग भी भागीदार बना, द *किलिंग ऑफ़ दुश्शासन* प्रकाश में आया, फ्लेमेंको जैसे स्त्री-परक नृत्य-रूप और कथकली जैसे पुरुष प्रधान नृत्य-रूप की यह कल्पनाशील जुगलबंदी थी जो भाव-प्रवण थी। एक फ्लेमेंको कलाकार तमार गोंजालेज ने पांचाली के रूप में बहुत सुंदर अभिनय किया। गुलियन वकैरो ने गिटार पर, कलामंडलम बिजू कुमार ने रौद्र भीम की भूमिका में तथा कथकली के कला

निर्देशक के रूप में उसका साथ दिया। छेंदा और मद्दालम वाद्यों ने लास्य/तांडव को उभारा। दिल्ली में आयोजित दिल्ली अंतरराष्ट्रीय कला महोत्सव (डी.आई.ए.एफ.) के दौरान दर्शकों के लिए वे कुछ पल अविस्मरणीय बन गए जब भीम, द्रौपदी को आश्वस्त करते हैं, और फिर एक महाबली रक्तपिपासु नायक की तरह दुश्शासन को परास्त करके, उसके रक्त से द्रौपदी के केश रंजित करते हैं। *डेविड विजयम* शीर्षक सरदार के.एम. पणिक्कर की अट्टकथा, जो बाइबिल के एक प्रसंग पर आधारित थी, की नृत्य संरचना कुमारन नायर ने तैयार की थी। ओल्ड टेस्टामेंट की कथा, जिसमें इजाक को उसका पिता अब्राहम बलिदान कर देता है, कथकली नृत्य-रूप में 1960 में प्रस्तुत हुई थी। 1970 में गेटे का *फाउस्ट* और फारसी क्लासिक *सोहराब और रुस्तम* भी कथकली में उतारे गए थे। ये कथाएँ कथकली को रास भी आईं।

एक समय शेक्सपियर की कृतियाँ भी कथकली नृत्य-संरचनाकार को प्रस्तुति के लिए भाई थीं और किंग लिअर, मैकबेथ, जूलियस सीज़र और ऑथेलो को, कथकली में आजमाया गया। इनमें से ऑथेलो की परंपरावादियों के बीच स्वीकृत होने की संभावना अधिक थी। डेल्फी, ग्रीस में आयोजित यूरोपियन थिएटर फेस्टिवल के संयोजकों ने इंटरनेशनल सेंटर से आग्रह किया कि वह बकाइ (ग्रीक त्रासदी) प्रस्तुत करे। यह एक चुनौतीपूर्ण प्रस्तुति थी। नाटक की विभिन्न भाव-स्थितियों के लिए सांगीतिक रचनाएँ कर्नाटक रागों में बाँधी गई थीं। कोरस चुनौतीपूर्ण था क्योंकि कथकली परंपरा में कोरस का प्रावधान नहीं है। आसन सदानम बालकृष्णन ने किया यह कि भावों की समृद्धि के लिए कड़ियों में समूह-दृश्य रचे। उन्होंने गैर-पारंपरिक संगीत का भी प्रयोग किया, आवाज़ों को एक रहस्यमयता प्रदान करने के लिए कोम्बु तत्व का इस्तेमाल किया गया। सभी गैर भारतीय चरित्रों के अभिनय में आश्चर्य का उपयोग विशेष रूप से किया गया। डायोनिसस को पाझुप्पा मेकअप दिया गया और कृष्ण के शिरस्त्राण में वाइन पत्तियों का इस्तेमाल किया गया–उनके मुकुट को उनसे घेर दिया गया और इन सबके ऊपर रखा गया अजगर का फन। चमकती-सी सफेद कमीजों और गोलघेरे वाले अधोवस्त्र ऐसे थे जो ग्रीक भी लग सकते थे और भारतीय भी। शत्रु राजा पेंथुउस को कथा चरित्र का रूप दिया गया और रानी को सजाया गया *मिनुक्कु* से। छह पुरुषों और छह स्त्रियों वाले कोरस को पहनाए गए हलके भूरे रंग के वस्त्र जिनमें कुछ ग्रीक मोटिफ थे। दोनों संदेशवाहकों को वही शिरस्त्राण दिए गए जो अलेक्जेंडर के समय सैनिक पहनते थे। समारोह में नाटक को ग्रीक त्रासदियों की कोटि में सबसे अच्छा नाटक माना गया, दुर्भाग्य से यह दिल्ली में मंचित नहीं हो सका।[21]

सदानम के. हरिकुमार ने जूलियस सीज़र प्रस्तुत किया और इसके लिए उन्होंने विशेष चुट्टी बनाई, ऐसे नए वस्त्र और शिरस्त्राण, जो थोड़ा-बहुत वैसे लगते थे जो प्राचीन रोमन पहनते थे।

एक और बड़ी परिकल्पना कागज चुट्टी थी। इसके पहले चावल से जो पेस्ट बनाया जाता था वह पसीने से बहने लगता था और खराब मालूम पड़ता था। 1948 में हिरुवाला रामकृष्णन पणिक्कर ने कागज चुट्टी का इस्तेमाल पहली बार कन्नाचिरा रमण पिल्लई पर किया था, और यह बहुत सफल रहा। दक्षिण शैली के प्रयोगकर्ताओं ने इसका स्वागत किया, दुर्भाग्यवश उन्हें वैसा महत्व नहीं मिला था। उत्तर शैली के प्रयोगकर्ता बदलाव को पसंद नहीं करते थे लेकिन जब पट्टिकाथोडी रावुन्नी मेनन ने रामकृष्णन और वाझेन्गाडु गोविंद वैरियर से इसके विस्तृत गुण प्राप्त किए तो उनकी अपनी तरह की चुट्टी, कथकली मेकअप का अंग बन गई। दुर्भाग्यवश रामकृष्णन की यह भूमिका प्रायः अलक्षित ही चली गई।[22]

इसी तरह अतिरिक्त हस्तमुद्राएँ भी प्रयोग में लाई गईं। नए अष्ट कलासम रूपक्रम, पाँच पांडवों का मेकअप भी इस तरह सुनिश्चित किया गया कि वे अलग से पहचाने जाएँ। और *मिनुक्कु* चरित्रों में भी–एक गरीब ब्राह्मण की पत्नी से लेकर एक अप्सरा और एक महरी तक–के मेकअप में कई प्रयोग किए गए। सदानम

'दुश्शासन वधम' की फ्लेमेंको / कथकली प्रस्तुति में विजयी भीम डी.आई.ए.एफ. में (आर. श्रीनिवासन)

कृष्णनकुट्टी ने परशुराम की वेशभूषा अपनी तरह से रची, क्योंकि परशुराम साधु और योद्धा दोनों हैं। इसके लिए न तो उन्होंने सर्वस्वीकृत चुट्टी का प्रयोग किया, न ही उदुदुकेत्तु और किरीतम का।[23]

कलामंडलम रामनकुट्टी नायर ने वल्लतोल के सुझावों के अनुसार इस चरित्र के लिए नई वेशभूषा गढ़ी, हालाँकि कलामंडलम में यह कक्षाओं में प्रशिक्षण के लिए कोई विषय नहीं था। शुरुआती विवादों के बाद 'सीता स्वयंवरम' का यह चरित्र अपने विशिष्ट रूप में ढलता गया, और 1950-80 के बीच इसकी कई प्रस्तुतियाँ हुईं, पर क्रमशः यह भुला दिया गया। रसिकों के अनुसार, रामनकुट्टी नायर ने इस चरित्र को जिस तरह अभिनीत किया, उसका मुक़ाबला फिर कोई और नहीं कर सका। कीरपदम कुमारन नायर इस चरित्र को निभाने वाले गुरु चंदू पणिक्कर की चर्चा किया करते थे जिन्होंने इस चरित्र को पाझुप्पु की तरह किया था–काली डाढ़ी और कथकली के तामझाम के साथ। सदानम कृष्णनकुट्टी ने ठीक इसी तरह पाझुप्पु में यह चरित्र निभाया था, जो अपने ढंग-ढर्रे में बलभद्र की तरह लगता था। ये उदाहरण यही बताते हैं कि एक ही चरित्र को भिन्न कलाकार किस तरह 'देखते' और निभाते हैं।

इंटरनेशनल सेंटर ने कई नाटकों को लेकर कुछ प्रयोग किए हैं, जिनमें प्रमुख हैं–*भक्ति दीपिका, भक्ति नंदनर, तिरुविलयदल* (सामाजिक समन्वय), *उर्वशी वियोगम, आनंद मनतंगी, मेरी मैग्डलीन, चित्रांगदा* (टैगौर), *बिदाय अभिशाप,* (यात्रा सपम) रवींद्रनाथ

लिखित, कालिदास का *मेघदतूम* और *कुमार संभवम*, हिंदी में दिनकर का एक नाटक, ये सब उसके परिसर में ही मंचित हुए, थोड़े से आमंत्रित दर्शकों के बीच। कथकली में किसी नाटक को अट्टकथा में रूपांतरित करना होता है, एक व्यावहारिक मैनुअल के रूप में, यह विधि अपनी प्रक्रिया में बहुत कुछ को संलग्न करती है, और कुछ नाटकों को दुबारा करने में या एक अंतराल के बाद करने में, कई चुनौतियों का (नए सिरे से) सामना करना पड़ता है—मसलन मार्गी के *विच्छिन्नभिषेकम* जैसे नाटक को फिर से करने में।

अगर दर्शक बड़ी संख्या में न हों और जानकार न हों, तो एक खालीपन महसूस होता है। केरल में भी हर समय जानकार दर्शक नहीं मिलते, और कई तो सिर्फ़ इसलिए कथकली देखने आते हैं कि इससे 'रसिक' होने की प्रतिष्ठा मिलती है। पर सतही जानकारी वाले दर्शकों के सामने कई बार अच्छे कलाकार भी कुछ लटकों-झटकों का इस्तेमाल करने लगते हैं, और प्रस्तुति अतिरंजित हो उठती है। वारन्गड्ड कुंजु नायर मैमोरियल ट्रस्ट करालमन्ना ने हर गाँव में दर्शकों को प्रवीण बनाने के लिए सामान्य चोलिअट्टम सत्र शुरू किए थे, जिनमें अंत में दर्शक भी चर्चा में भाग लेते थे। इस प्रयत्न का उत्साहवर्धक स्वागत हुआ। किलिमंगलम डॉक्यूमेंटेशन सेंटर इस दिशा में और भी काम कर सकता था। टेलीविजन चैनलों के कारण, कथकली प्रस्तुतियों को अधिक दर्शक नहीं मिलते, यहाँ तक कि जिन क्लबों में कथकली संस्थाएँ आयोजित होती हैं, वहाँ भी दर्शक कम ही होते हैं। मलयालम का प्रिंट मीडिया फ़िल्म संबंधी सामग्री ही अधिक देता है, और कथकली संबंधी सामग्री मानो टूरिस्टों की ज़रूरत को पूरा करने वाली कामचलाऊ सामग्री भर होती है। सरकार ने भी कथकली के उन्नयन के लिए ज्यादा कुछ नहीं किया। यह एक ऐसा कला-रूप है जिसमें कि कलाकार बरसों तक काम करते हुए चालीस की उम्र के बाद ही प्रवीण हो पाता है।

कथकली का भविष्य

इस नृत्य-रूप के लिए चिंता की बात यह भी है कि गोपी को छोड़कर ज्यादातर मूर्धन्य कलाकार अब नहीं रहे। मार्च, 2013 में रामनकुट्टी नायर का भी निधन हो गया। हम उम्मीद ही कर सकते हैं कि कथकली संस्थानों से गुणी कलाकार फिर निकलें। ऐसा न होने पर कथकली, जो संस्थानों पर काफ़ी दूर तक निर्भर करता है, अपनी ऊँचाई बरकरार नहीं रख पाएगा। पर्यटकों के सामने कथकली को बस विज्ञापनी बनाकर जिस तरह पेश किया जाता है, वह इसकी गरिमा के अनुरूप नहीं है। इसमें साँसों पर नियंत्रण की जितनी दरकार होती है, उसके प्रति आज के बहुतेरे कलाकार सचेत नहीं हैं। दूसरे, इस नृत्य-रूप में एक अभिनेता को मिलने वाले धन-साधन अभी पर्याप्त नहीं हैं, यही कारण है कि युवा कलाकार इसकी ओर संभवतया आकर्षित नहीं होते/होंगे। एक उत्कृष्ट कलारूप का यह हश्र एक ट्रैजिडी से कम नहीं है।

जहाँ कथकली को लेकर कई समस्याएँ हैं, वहीं एक अच्छी घटना भी घटित हुई है—कथकली का संगीत निखरता गया है। कलानिलयम राजीव, कोट्टाक्कल मधु, नेदुमपल्ली राम मोहन, कलामंडलम विनोद संभावनाशील गायक हैं। गुणवान गायक इसके भविष्य के प्रति आश्वस्त करते हैं। और अंत में, यह सुझाव सराहनीय होगा कि सभी कथकली कलाकारों के लिए वृद्धावस्था में पेंशन की व्यवस्था होनी चाहिए, जिससे कि वे अपने अंतिम दिन गरिमामय ढंग से गुजार सकें।

पाद टिप्पणियाँ

1. गुरु सदानम बालकृष्णन ने निजी वार्ताओं में इस पक्ष की चर्चा की है, और अपनी पुस्तक *कथकली: अ प्रैक्टिशनर्स पर्सपेक्टिव*, पूर्ण पब्लिकेशंस, 2005, पृष्ठ 95 में इसका उल्लेख किया है।
2. इस बिंदु को स्वर्गीय कला समीक्षक कृष्ण चैतन्य ने बहुत अच्छी तरह उभारा है। अधिक जानकारी के लिए देखें, डी. अप्पुकुट्टन नायर, के. आयप्पा पणिक्कर की पुस्तक *कथकली: द आॅर्ट*

आफ द नान-वर्ल्डली, मार्ग 2009 में अभिनय पर अध्याय।

3. वेंकटकृष्ण भगवतार, *राग अल्पना* जैसे कर्नाटक तत्व लेकर आए; *सोपानम* की बात करें तो उसमें *निरावल*, *गमक*, *अल्पना* और *स्वरप्रस्तार* जैसे गुण मुक्त पहलू हैं ही नहीं, इसकी प्रस्तुति लचीली है। राग-अल्पना का प्रयोग जब कथकली में होता है तो वाद्यवृंदों के संग, जैसे कि हिंदुस्तानी संगीत में।
4. गायक की सामर्थ्य और निपुणता तब मानी जाती है जब वह धीमी गति से 56 *अक्षरकलमों* (समय जैसी मात्रा) वाली *आदंता तालम* के चक्र में गा सके, या 40 *अक्षरकलमों* वाली चंपा या 32 *अक्षरकलमों* की *चेंपादा* या 24 *अक्षरकलमों* की *पंचारी* या व्यवहार कर सके।
5. महत्व की बात यह नहीं है कि *पंतुवराली* और *पूर्वीकल्याणी* जैसे एक-दूसरे के करीबी राग एक के बाद वाले क्रम में प्रस्तुत किए जाएँ, या *भैरवी* के बाद *आनंदभैरवी* को बरत लिया जाए, क्योंकि राग, जो एक भावस्थिति को व्यक्त करता है, वह गायक द्वारा किसी खास तरह से बरते जाने से ही गायक की क्षमता को उजागर नहीं करता।
6. संगीत के अध्याय में इस पर कुछ विस्तार से चर्चा है कि शैलीबद्ध किए जाने पर संगीत और नृत्य की बारीक गतियाँ किस प्रकार एकाकार हो जाती हैं। आपस में घुलमिल जाती हैं। देखें, अप्पुकुटन नायर, के आयप्पा पणिक्कर की पुस्तक *कथकली: द आर्ट ऑफ द नान वर्ल्डली*, मार्ग 2009
7. हरिकुमार का सव्याख्या प्रदर्शन बहुत जानकारीपूर्ण साबित हुआ है।
8. कथकली के चरित्रों की कोटियाँ हैं। पाचा राजसी और नायक चरित्र हैं। कथी रावण, दुर्योधन की तरह, पर जिसका स्वभाव अहंकारी और क्रोधित होता है।
9. थाडी या 'डाढ़ी वाले चरित्र' कथकली के लिए विशेष हैं। वे सफेद (*वेल्ला थाडी*), लाल (*चुवन्ना थाडी*) और काले (*कारुत्ता थाडी*) हो सकते हैं।
10. देखें, कृष्णनकुट्टी पोडुवाल पर के.के गोपालकृष्णन और एस. कृष्णन का लेख। श्रुति 98
11. देखें, के.के. गोपालकृष्णन का लेख 'रिमेंबरिंग द कथकली लीजेंड' कृष्णन नायर) *नर्तनम*, संख्या 3, जुलाई-सितंबर 2003
12. देखें, गोपी के बारे में के.के. गोपालकृष्णन, श्रुति 93/94
13. गोपी के बारे में के.के. गोपालकृष्णन का लेख भी देखें; 60 ईयर्स ऑफ कथकली, खंड III, संख्या 4, *नर्तनम* नवंबर 2008
14. देखें, गुरु सदानम बालकृष्णन की कृति *कथकली: ए प्रैक्टिशनर्स पर्सपेक्टिव*, पूर्ण पब्लिकेशन, 2005 पृष्ठ संख्या 247-251
15. तिरुवनंतपुरम में आयोजित अखिल भारतीय स्तर के विशेषज्ञों की कई बैठकों में इस विचार ने जन्म लिया, लेकिन इससे जागी आशा, निराशा में बदल गई।
16. केरल में कई लोगों ने और स्वयं कलाकारों ने इसके बारे में बताया है, जिनमें के.के.गोपालकृष्णन जैसे विद्वान शामिल हैं। देखें, श्यामला सुरेंद्रन की रिपोर्ट जिसमें कई जाने-माने व्यक्तियों ने अपने विचार रखे हैं, श्रुति संख्या 93/94
17. श्रुति संख्या 150 में नारायण पिल्लई ने पूरे प्रकरण पर चर्चा की है।
18. इस समीक्षक के साथ, एकाधिक बार अप्पुकुट्टन नायर ने कथकली में आ रहे विरूपण की कड़े शब्दों में आलोचना की है।
19. इस अवसर के लिए संगीत नाटक अकादमी ने एक जानकारीपूर्ण स्मारिका प्रकाशित की है।
20. इस लेखिका के साथ अप्पुकुट्टन नायर ने एक चर्चा के दौरान इसका उल्लेख किया है।
21. आसन सदानम बालकृष्णन, उस समय शिक्षा की अगुवाई कर रहे थे, उन्होंने उस कार्ययोजना के बारे में बताया, जिसमें उनका काफी योगदान रहा था और उन्हें लगा था कि वह कार्ययोजना कितनी सफल रही थी।
22. के. के. गोपालकृष्णन ने अपने लेखों में इसका उल्लेख किया है कि कलाकार के योगदान के प्रति न्याय नहीं किया जा रहा।
23. तिरुवनंतपुरम के पैलेस म्यूजियम में प्रदर्शित मॉडल्स और चित्रकृतियों को देखने पर यह पता चलता है कि कथकली में पुरुषों का कुर्ता कितना सँकरा हुआ करता था, और यह तभी बदला जा सका जब कृष्णन नायर ने एक नई शुरुआत की।

मठों और सभागारों में सत्रिय

सभागारों में भारतीय सांस्कृतिक रूपों का आयोजन तब शुरू हुआ जब मंदिरों में आनुष्ठानिक रूप से किए जाने वाले नृत्य समाप्ति पर पहुँचे, और दरबारों का वैभव खत्म होने पर, वहाँ भी उनकी पूछ कम होने लगी। केवल असम में ही एक भिन्न स्थिति रही, जहाँ पाँच सौ वर्षों तक मठों में सत्रिय नृत्य-रूप पोषित-पल्लवित होता रहा पारंपरिक रूप से, और यह पोषण 1950 के दशक तक सभागारों (प्रोसेनियम) और मठों में साथ-साथ बना रहा। 2000 के आसपास ही यह संभव हुआ कि अन्य नृत्य-रूपों के साथ सत्रिय नृत्य ने अखिल भारतीय स्तर पर मंच साझा करना आरंभ किया। असम क्षेत्र की राजनीतिक/सांस्कृतिक स्थितियों से अंतर्गुंफित यह कला-रूप एक धर्मगुरु की अगुवाई में, इसके शिष्यों द्वारा संचालित किया जाता रहा। सत्रिय भक्ति आंदोलन का एक अंग था। काव्य के अतिरिक्त इस आंदोलन ने संगीत, नृत्य, चित्रकला को भी किसी न किसी रूप में प्रभावित किया था, और मध्ययुगीन भारत में जो नव वैष्णव धारा को प्रवाहित हुई थी, उसे ही महान धर्मगुरु शंकरदेव[1] (1449-1568), असम में ले आए थे। वह स्वयं कवि, संगीतकार और नाटककार थे। सातवीं से नौवीं शताब्दी तक दक्षिण में अज़वरों ने जो वैष्णव भक्ति-धारा आरंभ की थी, उससे रामानुज जैसे संत, अपने समकालीन निंबारकर सहित, 11वीं शती के आरंभिक चरणों में प्रभावित हुए थे, और उन्हीं की तरह बाद में माधवाचार्य, वल्लभाचार्य (1479-1531), चैतन्य (1485-1593) जो कृष्णभक्त थे, इस धारा से संपृक्त हुए थे–अपनी-अपनी तरह से, अपने-अपने दार्शनिक/धार्मिक विचारों के साथ।

सामने का पृष्ठ: अन्वेषा महंत (आर. श्रीनिवासन)

श्रीमत शंकरदेव ने वैष्णव हिंदू धारा को धर्म की संकीर्ण परिभाषा से अलग करके देखा, जिसमें कृष्ण 'नटवर'[2] थे और 'सकल कला रस सिंधु' भी।[3] शंकरदेव के आंदोलन ने जन आंदोलन का रूप लिया और उनके शिष्यों ने अनुष्ठानों और कर्मकांडों से दूर रहने का आग्रह किया। नृत्य-रूप 'सत्रिय' को उसका यह नाम आधुनिक समय की देन है। यह नाम मठों या सत्रों के पारंपरिक नाट्य-रूपों से निकला है। इसकी रचना लोकतांत्रिक और धर्मनिरपेक्ष ढंग से हुई है। जातियों की भिन्नता और उनमें निहित भेदों के प्रतिकार से जन्मी यह नृत्य शैली विशिष्ट है। यह विशिष्टता अपने आप में उल्लेखनीय है तो इसलिए भी कि अन्य नृत्य-रूप किन्हीं समुदायों या

वर्गों के अधिकार क्षेत्र में रहे हैं, और उन्हीं की परंपरा में अपना विकास करते रहे हैं। शंकरदेव ने अपने पंथ में मूर्तिपूजा का भी निषेध किया। शंकरदेव के 'सत्रों' में महंत का चुनाव जाति के आधार पर न होकर उसकी क्षमता के आधार पर होता था। आज के अधिकतर सत्र-समूहों में ब्रह्मचर्य का जो प्रावधान है, उसकी शुरुआत शंकरदेव के शिष्य माधवदेव (1489-1596) ने की थी। वह स्वयं ब्रह्मचारी थे और 'सत्र' परंपरा के प्रमुख सह-निर्माता थे। शंकरदेव के शिष्यों में ब्राह्मण भी थे, मुसलमान भी, और भूटिया, गारोप, बनिया, नागा, अहोम, मिरी, कछारी, मारान और अन्य जनजातियों और वर्गों के लोग भी। यह सांस्कृतिक जागरण जाति प्रथा को समाप्त करने में तो सफल नहीं हुआ, पर असमिया समाज में यह कई क्रांतिकारी परिवर्तन ला सका, और बराबरी की भावना भी पनपा सका। शंकरदेव के धर्मनिरपेक्ष आंदोलन ने ऊँची जातियों को भड़का दिया, और अहोम राजाओं के संरक्षण में पलने वाले पुरोहितों और सत्र के महंतों के बीच एक तनाव बना रहता था। माधवदेव, जो शंकरदेव की तरह कायस्थ भूया ही थे, वे भी शंकरदेव के साथ चली एक लंबी बहस के बाद ही शंकरदेव की वैष्णव धारा को अपनाने के लिए तैयार हुए थे। पर एक बार शंकरदेव का शिष्यत्व स्वीकार करने के बाद माधवदेव ने ही शंकरदेव की अगुवाई में सत्र-परंपरा को आगे बढ़ाया। उन्हें अपने जीवन में बहुतों का कोपभाजन बनना पड़ा, और अहोम राजाओं की प्रताड़ना भी झेलनी पड़ी। वे सारी बातें अब इतिहास के पन्नों में दर्ज हैं। उल्लेखनीय यही है कि शंकरदेव की अगुवाई में जो आंदोलन चला, उसने असम के सांस्कृतिक जीवन को कई तरह से बदल दिया। और आधुनिक काल भी उससे अछूता नहीं (रहा) है। 1940 के दशक में प्रोफ़ेसर नियोग (1915-1995) ने असम की संस्कृति और उसके इतिहास की ओर ध्यान दिलाते हुए, उन तथ्यों को भी रेखांकित किया, जो शंकरदेव के सांस्कृतिक पुनर्जागरण के उजले पृष्ठों से जुड़े हुए हैं।

नृत्य

असम के सत्रों में संगीत और नृत्य की धारावाहिकता वर्षों तक बनी रही है, लेकिन सभागार में उनकी उपस्थिति किन रूपों में थी, थी भी या नहीं? कुछ अपवादों को छोड़ दें तो यह तय करना मुश्किल है कि 1930 और 1940 के दशकों में असम में नृत्य की स्थिति क्या थी? युवा गुरु जतिन गोस्वामी की जो तस्वीरें मिलती हैं, उनमें उदय शंकर का प्रभाव परिलक्षित होता है। टैगोर भी असम गए थे, पर उन्होंने वहाँ के नृत्य-संगीत से कोई रिश्ता बनाया या नहीं, यह ज्ञात नहीं है। हाँ, डॉ भूपेन हज़ारिका जैसे कई असमिया व्यक्तियों का संबंध शांति निकेतन से रहा है, यह निर्विवाद है। 'शंकरी नृत्य' और 'कामरूपी' जैसे नामों का उल्लेख मिलता है, लेकिन सत्रों में उत्पन्न सत्रिय ही एक सर्वस्वीकृत नाम बना है। महेश्वर नियोग ने उल्लेख किया है कि काफी पहले 1926 में शिवसागर के पार्वती प्रसाद बरुआ ने सत्र शैली के नृत्य के अनुकरण में दो प्रस्तुतियाँ की थीं–'सृष्टि नाच' और 'निर्झरी नाच' शीर्षक से। बंगाल शैली के सस्ते और सतही अनुकरणों की तुलना में ये रचनाएँ देशज शैली में थीं। इस क्षेत्र की जनजातियों और समूहों के नृत्य-रूपों के प्रति शहरी लोगों में जागरूकता नहीं थी। प्राचीन कामरूपी नृत्य संघ की स्थापना 1930 में हुई थी। इसके नृत्य को 'ओरियंटल डांस' कहकर पुकारा जाता था। संस्थापक जीवेश्वर गोस्वामी खोल (सत्रिय ढोल) भी बजाते थे, और दशावतार की प्रस्तुति करते थे, शंकरदेव के 'कीर्तन घोष' के कुछ गीतों पर नृत्य करते थे। अपने बचपन में भोलागुरी सत्र में उन्होंने जो कुछ देखा-सुना था, उसका प्रभाव उनके नृत्य में था। रुद्र बरुआ जैसे कला-उत्साही, जो संगीत भी सीख रहे थे, गुवाहाटी में मंडलियाँ लाए प्रस्तुतियों के लिए, और स्वप्निल बरुआ एक (प्रशासक) जिक्र करते हैं कि गुवाहाटी तक के शहरी लोगों को भी यह पता नहीं था कि बोडो समूहों में कुछ के अपने नृत्य-रूप थे। अब संगीत और नृत्य के महाविद्यालय का नाम रुद्र बरुआ के नाम पर ही रखा गया है। ज्योति प्रसाद अगरवाला जैसे

संस्कृति-पुरुष और पार्वती प्रसाद बरुआ–फ़िल्मकार और संगीतकार–जिनके सुगम संगीत पर युवा नृत्यकार इंदिरा पी.पी. बोरा नृत्य करती थीं–इस बात के लिए प्रयत्नशील हुई थीं कि क्षेत्रीय संगीत के रूपों को लेकर भी सजगता बढ़े। प्रसंगवश, पी.पी. बोरा के संबंध में यहाँ यह भी उल्लेखनीय है कि अनंतर वह कलाक्षेत्र से भरतनाट्यम में प्रशिक्षित होकर काफ़ी प्रसिद्ध हुई थीं।

1949 के बाद से ऑल इंडिया रेडियो असम ने प्रतिभाशाली युवा लोगों की टीम के साथ असम अस्मिता को रेखांकित करने का काम किया। उबेदाल लतीफ बरुआ और डी.के. सेनगुप्ता ने स्त्रियों और बच्चों के लिए विशेष कार्यक्रम तैयार किए। संगीत के प्रति सजगता बढ़ी। लेखकों पर चर्चा और उनपर लेखों आदि ने असमिया साहित्य से लोगों को परिचित कराना शुरू किया। असमिया संस्कृति में नाटकों का विशेष स्थान है। रेडियो नाटकों को बढ़ावा दिया गया। रेडियो के लिए जो नाटक लिखे गए, उनमें सामाजिक विषयों को तरज़ीह दी गई। ये नाटक, सत्रों में अंकिया नट नाटकों के पौराणिक विषयों से जुड़े नाटकों से अलग थे। 1930 के दशक में स्त्री / पुरुष अभिनेताओं के संग-संग काम करने को लेकर होने वाली आलोचना के बावजूद स्त्री-पुरुष अभिनेता मंच पर एक साथ उतरे थे–इसमें युवा अभिनेता और नाटककार सत्य प्रसाद बरुआ की अगुआई प्रमुख थी। अंतर्विश्वविद्यालयी युवा समारोह मे एकांकी नाटकों की प्रतियोगिता शुरू हुई। भूपेन्द्रनाथ हजारिका ने *इरा बातर सुर* (प्रतिबंधित पथ की धुन) नाटक लिखा। असमिया संगीत में लक्ष्मीरन बरुआ जैसे संगीतकार उभरे।

इसी बीच प्रोफेसर नियोग की लेखनी श्रीमंत शंकरदेव की सत्र-संस्कृति के प्रति जागरूकता बढ़ा रही थी। 1955 में संगीत नाटक अकादमी द्वारा आयोजित राष्ट्रीय नृत्य समारोह में मणिराम दत्ता मुक्तियार के नेतृत्व में कमलाबारी सत्र ने भागीदारी की। अनंतर 1958 के राष्ट्रीय सेमिनार में डॉ. महेश्वर नियोग ने असम की शास्त्रीय नृत्य परंपरा पर अपना आलेख प्रस्तुत किया।

जतिन गोस्वामी (अविनाश पसरीचा)

गैर-असमिया कलाप्रेमियों को इससे नई जानकारी मिली। इंदिरा पी.पी. बोरा ने सत्रिय नृत्य पर व्याख्यान के साथ प्रस्तुति दी। 2000 में जब डॉ. भूपेन हज़ारिका संगीत नाटक अकादमी के अध्यक्ष थे, सत्रिय नृत्य को भारतीय शास्त्रीय नृत्यों के बीच मान्यता मिली।

सत्रों में सत्रिय

सत्र सबके लिए खुले थे। और ये छोटे-छोटे रूपों में गाँवों में नामघर की तरह उपलब्ध थे। इन्हीं में कीर्तन, नाटक आदि सब हो सकते थे। गुरु नानक जैसे गुरुओं की तरह शंकरदेव ने भी संगीत, नृत्य आदि को अपने पंथ से

इंदिरा पी. पी. बोरा (संगीत नाटक अकादमी)

जोड़ा था। उन्होंने अंकिया नाटक की ऐसी परिकल्पना की थी, जिसमें कई कला-रूप समाहित थे। इसमें नृत्य था, बरगीत (कीर्तन और भक्ति गीत), अंकिया गीत, (नाटकों के गीत), भातिमा (विष्णु, कृष्ण या गुरु) पायरा (पाठ के लिए कविताएँ) संस्कृत संबोधन गीत थे और ओजापाली समूह में कीर्तन घोष हो सकता था। सत्रिय इन सभी के सम्मिलित रूप का नाम है। माजुली में स्थित निका-संहति के कमलाबारी जैसे सत्र, संगीत और नृत्य पर बल देते हैं।

इतिहास की मानें तो भक्ति आंदोलन के समय संगीत विशेष रूप से पल्लवित हुआ, माना तो यह भी जाता है कि ध्रुपद की शास्त्रीय परंपरा को इसी समय संवर्द्धन मिला, इसके प्रयोक्ता भक्ति-दर्शन के ही अनुगामी थे। छायापद उसके पहले रचे गए थे, शंकरदेव के भी पहले। शंकरदेव के समय तक वे व्यवहार में नहीं रह गए थे।

बरगीत

शंकरदेव और माधवदेव के भक्ति-गीतों को बरगीत[4] कहकर पुकारा जाता है। 16वीं सदी में अकबर के समकालीन रहे मानसिंह तोमर से संबद्ध ध्रुपद से भी पहले के ये गीत हैं। जयदेव के *गीत गोविंद* की अष्टपदियों के समय से ही सांगीतिक रचनाएँ, वैष्णव-आस्था से प्रभावित रही हैं। माना जाता है कि तानसेन और बैजू के गुरु हरिदास महाराज, निंबारकर समूह के अनुयायी थे। भक्ति आंदोलन के समय के ध्रुपद या प्रबंध संगीत से कई बार बरगीतों की तुलना की जाती है, ये बरगीत, मीराबाई, विद्यापति, कबीर और सूरदास की रचनाओं की तरह के हैं।

अंकिया गीत-संगीत, जो शंकरदेव के नाटकों का एक अंग था, के साथ ही बरगीत असम के अपने मधुर सुर लिए हुए हैं। वे इन गीतों को लेकर जो शोध हुए हैं बताते हैं, कि शंकरदेव के समय बरगीतों को गाए जाने का जो रूप था, वह आज के इनके गायन-रूप से बहुत भिन्न था। हिंदुस्तानी और कर्नाटक संगीत की शास्त्रीय परम्पराओं के रागों से इनकी समानता कहीं-कहीं झलकती है, पर इनका रूप-स्वरूप अपना है, जिसमें खयाल की तरह रागों की निर्मिति नहीं होती। बरगीत की पहली दो पंक्तियाँ ध्रुवा या टेक की तरह हैं, जो अंतराल पर दुहराई जाती हैं। पर ऊपरी समानताओं की बात छोड़ दें तो बरगीत की अपनी विशिष्ट प्रकृति को रेखांकित करने के लिए गहन शोध की आवश्यकता है। बरगीत के दो भाग हैं: राग अल्पना या *अनिबद्ध* भाग, जो ढाँचे में नहीं ढला, दूसरा है *निबद्ध*–जिसकी अपनी एक संरचना है, निर्मिति है। सत्रों में खोल-

आह्वान या घूँघट के पश्चात एक आलाप का प्रावधान है, जिसे राग दिया कहते हैं। चार भागों में गाए जाने वाले गीत की सांगीतिक समानता हिंदुस्तानी संगीत के *स्थायी*, *अंतरा*, *संचारी* और *अभोग* के साथ है, इनमें से अंतिम को *तौलानी* कहते हैं जिसमें स्वर तेज रहता है। मेला रागों का अपना प्रवाह है, बनिस्पत बंधा रागों के, जो सत्रिय के ओजापाली और नृत्य में प्रयुक्त होते हैं। बंधानर अंग में गीत गायन की एक चक्राकार लय होती है, जिसके दो भाग हैं: *मुल्बा* (अ) *ज्ञाना* या *गमा* (अ) न मुख्य भाग है, और घा (अ) ता या इसका तीक्ष्ण विस्तार। दूसरा भाग खोल पर होता है, स्मृति-रूपी– जैसे-जैसे गीत गाया जाता है। दिन के विशेष प्रहरों में गाए जाने वाले गीतों के लिए सत्रों के अपने विशिष्ट प्रावधान हैं। बरगीत प्रायः एक प्रार्थना की तरह गाया जाता है, बिना किसी लयात्मक संरचना के, लेकिन राग की मधुरता को सुरक्षित रखा जाता है। इसे *मेलानार गीत* कहते हैं। दक्षिण की तेवारम लयों की तरह बरगीत में राग/ताल का संबंध अनिवार्य नहीं है, हाँ, कुछ सुमधुर धुनें कुछ विशिष्ट तालों से जुड़ी हुई हैं, जैसे कि कमलाबारी सत्र में, राग बेलोवर बराबर रूपक ताल में बँधा होता है। सत्रों में सरिंदा नाम का जो वाद्य पहले हुआ करता था वह अब व्यवहार में नहीं है, जिसके कारण बरगीत गायन में अंतर आ गया है।[5] यह वाचिक परंपरा का अंग रहा है, इसलिए बरगीत की पारंपरिक गायन विधि सत्र-विशेषज्ञों से ही सीखी जा सकती है।

सत्रहवीं शताब्दी से राग *ध्यान* को एक विशिष्ट रूप मिला जिसे असमिया संगीत में राग-मलिता[6] के नाम से जाना जाता है। एक ध्यान-श्लोक में इस राग-रूप का उल्लेख है। लेकिन कोई मलिता-श्लोक शंकरदेव या माधवदेव का लिखा हुआ है, इसका कोई प्रमाण नहीं मिलता, इसलिए सत्रों में प्रचलित बरगीत के साथ राग मलिता को जोड़ देने में कठिनाई भी है।[7]

सत्रों में वैष्णव-संगीत के जितने रूप हैं, उनमें तीस रागों की सूची[8] उपलब्ध है। सत्रों में गैर-वैष्णव गायन परंपरा को अपनाया, और नृत्य में ओजापाली, लेकिन सत्रों में बरगीत की जो प्रस्तुति है, वह ओजापाली की संगीत परंपरा से अलग है।[9] गुरु चरित कथा के अनुसार शंकरदेव ने बरगीत के बारह गीत रचे थे। उन्हें याद करने के लिए कमल गयाना नामक एक व्यक्ति घर ले गया, पर घर समेत वे रचनाएँ आग की भेंट चढ़ गईं। निराश होकर शंकरदेव ने अपने शिष्य माधवदेव से, जो अच्छे गायक भी थे, गीतों की पुनर्रचना करने के लिए कहा। जो

नाम घर (संगीत नाटक अकादमी)

ओजापाली में ओजा द्वारा कल्कि अवतार का प्रदर्शन (अविनाश पसरीचा)

चीजें *अताई* (संन्यासियों) को याद थीं, उन्हें संकलित करते हुए, माधवदेव ने कुछ नए गीतों की भी रचना की। अन्य संन्यासियों, जैसे कि रामचंद्र ठाकुरा, भवानीपुर के गोपाल अता, यदुमणिदेव, अनिरुद्धदेव और श्रीराम विप्रा ने भी उन्हीं भावों के साथ बरगीत के ढाँचे में कुछ रचनाएँ कीं, और ये उनके जीवन-काल में गाई भी जाती रहीं, पर शंकरदेव और माधवदेव के गीतों जैसी जनप्रियता उन्हें प्राप्त नहीं हुई। बरगीत नाम किसका दिया हुआ है यह ज्ञात नहीं है, न तो शंकरदेव और न ही माधवदेव ने इस नाम का प्रयोग किया था।

बरगीत की भाषा ब्रजवालि है। पर यह ब्रजभाषा न थी बल्कि बोली थी। शंकरदेव और माधवदेव के पहले के संतों द्वारा बरती जाने वाली भाषा से भिन्न यानी अपभ्रंश थी।

ओजापाली

यह बता पाना कठिन है कि सत्रों का अभिन्न अंग बन जाने वाली ओजापाली की शुरुआत ठीक-ठाक कब हुई थी। दरांग जिले, और बरपेटा, कामरूप, नगाँव और नलबारी[10] जिलों से उपजी ओजापाली का वैष्णव-रूप वासुदेव पूजा से जुड़ा हुआ है। इसके शाक्त रूप, जिसे *सुकनानी* के नाम से जानते हैं, उसमें पूर्वी भारत की नाग-देवी *मनसा* के गीत भी गाए जाते रहे हैं। इस धारा के देवी-देवता हैं: शिव, दुर्गा, मनसा और शीतला। इसके *व्याहागोवा* में असमिया महाभारत और गीति रामायण के पद शामिल रहते हैं। व्याहागोवा नाम व्यास के नाम से ही निकला हुआ लगता है। इस परंपरा में 27 रागों का उपयोग किया जाता रहा है। जिस राग दिया की चर्चा पहले हो चुकी है उसमें राग आधारित गीत बाँधा

ओजापाली में विष्णु के अवतार वामन का प्रदर्शन (अविनाश पसरीचा)

जाता है, और उसके पहले अर्धभाष में गायन के दौरान ही उसका स्वरूप मुखरित होता है। समूह-गान का नेतृत्व करने वाले को *ओजा* कहते हैं: वह *हस्तमुद्राओं* और *पद-चालन* से गीत का अर्थ-आशय ध्वनित करता है। वह भ्रू भंगिमाओं के ज़रिए भी बहुत कुछ कहता है। शब्दों का या *वाचिकाभिनय* का प्रयोग भी किया जाता है। ओजापाली ने कई क्षेत्रीय/देशज नाट्य-तत्व विकसित किए हैं। ओजा गाते हुए समूह की जब अगुवाई करता है तभी पाली-मंडली गीत के मुख्य भाग को हाथ-पैरों के संचालन के साथ प्रस्तुत करती है, मंजीरे बजाती हुई। ओजा के साथ एक *दैना-पाली* भी रहती है, जो निर्दिष्ट भंगिमाओं-मुद्राओं के साथ नृत्य करती है। कमलाबारी के सत्रों में ओजापाली सत्रिय नृत्य-नाट्य के व्याकरण के साथ दिखती है, और इसे *बियाहिया-ओजा-पाली* या *बियाहर-ओजा-पाली* कहकर पुकारा जाता है और बरपेटा तथा औनिआती में यह *व्यास कीर्तन* के नाम से जानी जाती है। यह पारंपरिक रूपों में बँधी है, और इसे बालकृष्ण तथा अन्य वैष्णव-प्रसंगों को प्रस्तुत करने में विशेषज्ञता प्राप्त है।

राग के मुखरित होने के बाद गणेश, विष्णु, कृष्ण, पार्वती और सूर्य की वंदना की जाती है। ओजा *बान* प्रस्तुत करता है, एक सांगीतिक आधार, और तब कोई पद प्रस्तुत किया जाता है, जो प्रायः विष्णु से संबंधित होता है, जैसे *रुक्मिणी हरण*, *प्रह्लाद चरित*, या *कालिया दमन* की कथा से। सिर, हाथ और पाँवों की गतियाँ, आँखों से की गई अभिव्यक्तियाँ और पशुओं की चाल की अनुकृतियाँ–ये सभी उस नृत्य के 'भंडार' में शामिल हैं। संगत मंजीरों की होती है और तालों में *एकताली*,

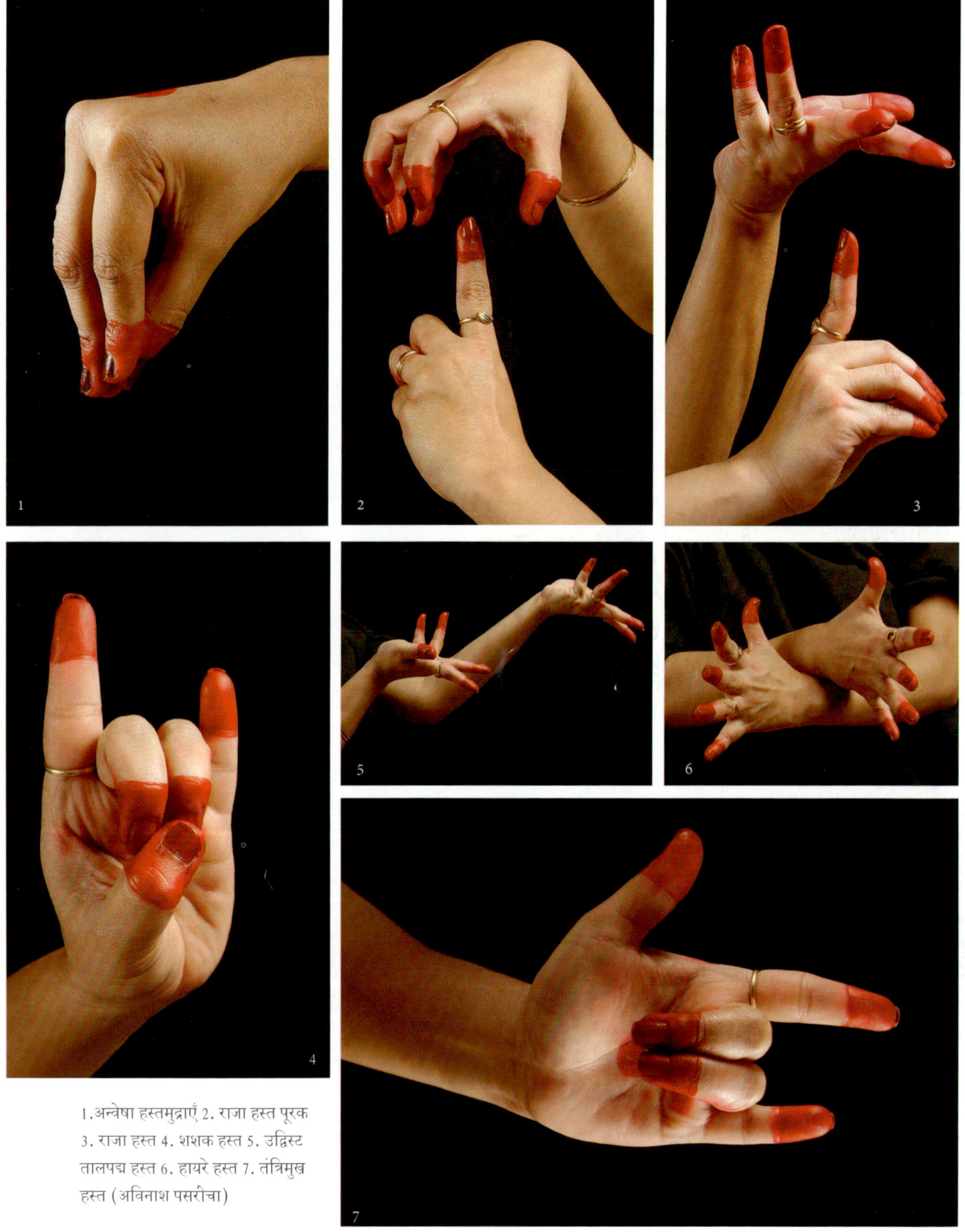

1.अन्वेषा हस्तमुद्राएँ 2. राजा हस्त पूरक 3. राजा हस्त 4. शशक हस्त 5. उद्विस्ट तालपद्म हस्त 6. हायरे हस्त 7. तंत्रिमुख हस्त (अविनाश पसरीचा)

बाघ जप माटी अखाड़ा (अविनाश पसरीचा)

ठुकोनी, *जप*, *त्रिताल*, *जुनजुनी*, *धमार*–इन सभी का इस्तेमाल होता है। सत्रिय नृत्य में घिरनी, हस्तमुद्राएँ, जैसे पताका, सर्पसिरसा, शिखर, अलापद्मा और अर्धचंद्र आदि प्रयुक्त होते हैं। ज्यादा झुकने से बचा जाता है और शरीर को सीधा रखा जाता है, पैरों की थाप के साथ, जो एक लय बनाती है। तलुओं, अँगूठों, पैरों से नृत्य-गतियों को कई रूपों में रूपायित किया जाता है। *धुरा* या एक संक्षिप्त वंदना भी प्रस्तुत की जा सकती है। ओजा नृत्य भी करता है, वाद्यों की संगत के साथ। इसे बड्या खेयाली कहते हैं। परमात्मा और जीवात्मा के संबंध को वह उभारता है, नृत्य के निष्कर्ष के रूप में। वह *कीर्तन घोष* से कोई *कीर्तन* भी चुन सकता है, और मत्स्य, कूर्मा, वराह और वामन जैसे अवतारों को नाटकीय तत्वों के साथ आकार दे सकता है। ओजा की वेशभूषा में एक जालीदार बंडी, एक धोती होती है और इसका एक सिरा कंधे पर रहता है। सिर पर एक पगड़ी भी रहती है। आभूषण के रूप में–चाँदी के कड़े (गामखरू), नूपुर, कुंडल और मोटा मोणी हार होते हैं।

सत्रों में कुछ ओजापालियाँ नाटकीय प्रस्तुतियों में संगीतकार की भूमिका भी निभाती हैं। *कीर्तन घोषों* में या कथा गायन वाले सामूहिक गीतों में या *नामघोष* वाले प्रार्थना गीतों में, टेक की शुरुआत पथका या मंडली की अगुवाई करने वाला ही करता है। पश्चिमी असम में, गायन के साथ नगाड़ा ध्वनित होता है। बड़े मंजीरे और तालियाँ भी बजाई जाती हैं। गहरे दार्शनिक अर्थों वाले नाम घोष या एकल और समूह में गाए जाने वाले प्रार्थना गीत माधवदेव की देन हैं।

सत्रिय (संगीत नाटक अकादमी)

अंकिया नाट और नृत्य

शंकरदेव और माधवदेव के अंक नाटकों में सत्र-नृत्यों की केंद्रीय भूमिका रहती है। शंकरदेव द्वारा रचित *विप्र-पत्नी प्रसाद, कालिया-दमन, केलि -गोपाल, रुक्मिणी हरण, पारिजात-हरण और राम-विजय* जैसे नाटक, सदाबहार नाटक हैं। माधवदेव की देन है : *अर्जुन-भंजन, पिंपरा-गुछ्वा, भोजन-व्यवहार, चोरधारा* और *भूमि-लुतिवा*, इन दोनों आध्यात्मिक गुरुओं के संसार से विदा हो जाने के बाद, सत्र-गुरुओं ने अपने बुद्धि-वैभव का प्रदर्शन करने की सोची, पर, उनके लिखे नाटकों को वैसी प्रसिद्धि और स्वीकृति न मिल सकी। नाटक में कथा वर्णन करने वाले, साथ ही नृत्य भी करने वाले सूत्रधार की भूमिका अहम है। राम और कृष्ण की भूमिकाएँ तो पुरुष अभिनेता निभाते ही हैं, वे ही वृंदावन की गोपियों की भूमिका में भी उतरते हैं। संस्कृति पूर्वरंग की तर्ज पर धेमाली का प्रयोग होता है, जिसमें गायन/बायन (गायक/ढोल वादक) मंच पर उतरते हैं, और सामरिक-नृत्यों और गतियों का प्रदर्शन, शुरुआती संगीत के साथ किया जाता है। मणिपुरी पुंग चोलम की तरह धेमाली में भी कलाकार सफ़ेद वेशभूषा में होते हैं और वाद्यों के संगीत के साथ नृत्य करते हैं। दोनों ही कला-रूप निश्चय ही भक्ति आंदोलन की देन हैं। यह तथ्य भी याद कर सकते हैं कि अहोम राजाओं और मणिपुरी राजपरिवारों के बीच राजनीतिक संवाद होता था और उनमें परस्पर वैवाहिक संबंधों का भी एक ताना-बाना था। मणिपुर के जयसिंह की पुत्री राजकुमारी कुरंगतयनी असम के राजा राजेश्वरसिंहा से विवाहित थी। कहते हैं उसने गोविंद जी का एक मंदिर बनवाया था, और मूल संस्कृत में भागवत पुराण के पाठ का निर्देश किया था। महेश्वर नियोग जैसे असमी विद्वानों के अनुसार, सत्र-नृत्यों में मणिपुरी के रास-नृत्यों का मिश्रण हुआ था, और इसीलिए उसमें लोक के तत्व विद्यमान हैं। वह देशज रूप से समृद्ध है। इसे न भूलें कि लाई हरोबा जैसी मणिपुरी परंपरा ने बाद के मणिपुरी नृत्यों को समृद्ध किया था, तब जब मणिपुर पूरी तरह वैष्णव क्षेत्र नहीं बना था।[11] वैष्णव प्रभाव ने दोनों के बीच कुछ समानताओं की जगह ज़रूर बनाई, लेकिन यह भी सच है कि मणिपुरी और सत्रिय नृत्यों की देहभाषा बहुत अलग है। और इनका क्षेत्रीय संगीत, और तालें भी पृथक हैं। बंगाल के वैष्णव संगीत का प्रसार इन दोनों के बीच हुआ। जो वाचिक परंपरा अंततः विकसित हुई, उसके कुछ सूत्र, प्राचीन लिखित पाठों में तलाश किए जा सकते हैं। लेकिन आज भी सत्रों में ही असमिया संगीत[12] की धरोहर (और भंडार) बसे हुए हैं। तालों की भी एक लंबी सूची उपलब्ध है, जिसकी शिक्षा युवा प्रशिक्षार्थियों को सत्रों में दी जाती है।[13] मूल बोलों, जैसे *खित, धित, धेई, दाओ* की शिक्षा फला दिया में, यानी प्रथम पाठ में दी जाती है, बायन (तालवादक) जो *खान-यती*[14] बजाते हैं। धेमाली में *चापर, टोकर,*

सत्रिय (संगीत नाटक अकादमी)

रागार की शिक्षा दी जाती है, जो मूल हैं। सत्र ओजा तालों[15] की संख्या 12 बताते हैं और उप-तालों[16] की भी 12, प्रशिक्षण के अपने देशज शब्द और पद हैं, जैसे कि *चपकार* यानी धाप, *पलाच* यानी बोलों की कड़ी, *चोक* यानी बढ़त आदि। नृत्य में जो तालें प्रयुक्त होती हैं, उन्हें भंगानी कहते हैं, और कुछ निर्दिष्ट तालों के बावजूद, स्थानीय स्तर पर विभिन्न सत्रों में उनके रूप-भेद भी हैं।[17] मूल भजना या गा-मान हिंदुस्तानी संगीत के ठेके की तरह हैं। तार वाद्यों का प्रयोग न होने की वजह से, यह प्रावधान है कि थोड़े अंतराल पर गायक को विश्राम देने के लिए तालवाद्य का इस्तेमाल हो।[18]

सत्र-संगीत में तालवाद्यों का विशेष महत्व है, और इनमें भी कटहल के पेड़ की लकड़ी से बनने वाला खोल तो सभी असमिया तालवाद्यों का राजा है। म्यांमार के सत्र कलाकार मृदंग का इस्तेमाल करते हैं, टेराकोटा से बना यह वाद्य, खोल का प्रतिरूप है। यह इस तरह से बनाया जाता है कि गले में लटकाया जा सके, और उसके इस प्रकार लटके होने पर भी कलाकार नृत्य कर सके। इसे बजाने में अंगुलियों और हथेली का समान रूप से प्रयोग किया जाता है। दूसरा प्रमुख वाद्य है मंजीरा, जिसे पत्तिताल कहते हैं। सत्रों ने गायन की अपनी ही विधि विकसित की है, और खोल/पत्तिताल का सहयोग, गायन/बायन में अपनी विशेषता के साथ मौजूद रहता है। गायन मंजीरे की धुन पर गाता है, और बायन ढोल बजाता है।

शंकरदेव के बाद, समय-समय पर गैर-असमिया घात-प्रतिघातों से, असमिया संगीत प्रभावित हुआ

धेमाली प्रस्तुति (अविनाश पसरीचा)

है। अहोम राजाओं ने भी इसे स्वीकारा है और कुछ ने 'विदेशी' प्रभावों का स्वागत भी किया है। कहते हैं राजा रुद्रसिंहा (1695-1714) ने कुछ संगीतकारों को दिल्ली और अन्यत्र सीखने के लिए भेजा था, और उसने असम में कई ऐसे वाद्यों का प्रयोग शुरू करवाया, जो पहले वहाँ नहीं थे, जैसे कि पखावज। यह शिवसागर जिले के औनिआती सत्र नृत्य में अब भी बजाया जाता है।

ओजापाली के रंगमंचीय तत्वों से शंकरदेव ने कितना या क्या ग्रहण किया था, यह बता पाना कठिन है। पर ऐसा मानते हैं, कि गायन/बायन, जो शंकरदेव की प्रस्तुतियों का पूर्वरंग बना, और सूत्रधार की भूमिका, ये सब ओजापाली परंपरा से ही निकले हैं। सत्रिय नृत्य में, नाटकीय तत्वों का समावेश सदा से रहा है।

धेमाली

धेमाली के जो पहलू हम पूर्व में गिना चुके हैं, वे सब अब सभागारों में प्रस्तुत होने वाले *अंकिया नाट* का भी हिस्सा हैं। अब धेमाली के कई रूप-प्रकार उपलब्ध हैं: सारु या छोटा धेमाली, बोर-धेमाली, (जिसमें संगीत की बढ़त की जाती है, और हस्तमुद्राओं का इस्तेमाल होता है, *ना-धेमाली* जो माधवदेव ने शुरू की थी, *चोर धेमाली* जिसमें संगीतकार मुखौटे पहने होते हैं, *देव धेमाली*, जिसमें कई खोलों का प्रयोग आज भी होता है, *राग धेमाली*, जिसमें रागों का प्राधान्य रहता है, *घोष-धेमाली*, जिसमें घोष गीत गाए जाते हैं, *गरुरहा-मर्दाना धेमाली* और *बरपेटिया धेमाली*।

रामायण पर आधारित *श्रीराम विजय* को छोड़ दें तो शंकरदेव के अन्य सभी नाटकों के प्रसंग/विषय *भागवत पुराण* से लिए गए हैं।

मध्य में: घनाकांत बोरा की अगुवाई (संगीत नाटक अकादमी)

सत्र में प्रदर्शन के लिए मंचीय स्पेस

संस्कृत नाट्य विधान में 'अंक' शब्द का इस्तेमाल प्राय: एकांकी नाटक के लिए किया जाता था। शंकरदेव ने अपने नाटक को *नट*, *नाटका* या *यात्रा* शब्दों से अभिहित किया। असमिया नाटक को *अंकिया नाट* कहते थे, जबकि इसके प्रदर्शित या मंचीय रूप को भाओना का प्रयोग असम के वैष्णव धर्म के नाटक के लिए होता था, जिसमें नाटक करना भक्ति की साधना का ही एक रूप था। इसमें कृष्ण की लीलाओं को प्रस्तुत करना, भक्ति की उच्चतर अवस्था समझी जाती है, जैसे कि *श्रावण* या *कीर्तन*। कृष्ण के जीवन को अपनी प्रस्तुति में घंटों तक जीती हुई गोपियाँ इसी समर्पण का मानो मूर्त रूप थीं। सत्र के जब अपने परिसर नहीं थे, तब शंकरदेव ऐसी गतिविधियाँ / कार्यक्रम पेड़ों के नीचे करते थे। अंकिया को दर्शकों में आम आदमी ने पसंद किया शंकरदेव के बहुत बाद में, 1806 में, बरघर सत्र के महंत ने अहोम राजधानी में *रुक्मिणी हरण* प्रस्तुत किया, और इसमें *कालिया नाग* के विशाल पुतलों के साथ एक भालू, और हाथियों के पुतले भी सँजोए।[19]

पहले जहाँ एक परदे से काम चल जाता था, वहाँ मंचीय स्पेस में ग्रीनरूप भी आ गया है।

अभिनेता के लिए *नटुआ* और *नर्तक* शब्दों का इस्तेमाल होता है, और *भावरिया* का अर्थ है, अन्य चरित्र का प्रतिनिधित्व करने वाला। *नटुआ* अब सत्रों में उन लड़कों के लिए इस्तेमाल होता है, जो लड़कियों के कपड़े पहनकर एक प्रकार का नृत्य करते हैं। सूत्रधार को *गोसाईं* कहते हैं। नटी (अभिनेत्रियाँ) मुख्यतया शिवमंदिर से संबद्ध होती थीं और *देवधानियाँ* मनसा की

सत्रिय (संगीत नाटक अकादमी)

उपासना से। सत्र के लिए अभिनेताओं का चयन गाँव के पुरुषों में से किया जाता था, और सत्र प्रमुख भी अभिनय करते थे। जानकारों का मत है कि अलग से कलाकारों का वर्ग तब नहीं होता था।

सूत्रधार की भूमिका काफी सामर्थ्य की माँग करती है, क्योंकि उसमें नृत्य और संगीत दोनों का गुण आवश्यक है। सभागारों में प्रस्तुत होने वाली सत्रिय प्रस्तुतियों में भी इसकी भूमिका अहम होती है। कमर से नीचे तक का बिना कालर का एक लंबा कोट, लंबी बाँह वाला या बिना बाँह का और पेटीकोट जैसी घुरी या घुटनों तक की एक झालरदार स्कर्ट, इसका पहनावा है। सूत्रधार नाच में आज भी *करधनी* का प्रचलन है, जिसमें मोतियों की माला बँधी होती है, साथ ही एक सफेद नेकलेस या हार गले में पड़ा होता है। सभी *नटुए* सूत्रधार वाले पहनावे में ही होते हैं, और बाल एक जूड़े में बँधे होते हैं। कहीं-कहीं किसी सत्र का अपना विधान भी हो सकता है, जैसे कि अक्षिनपट सत्र में नटुए, मणिपुरी स्त्री-नर्तकों की तरह एक पारदर्शी ओढ़नी लेते हैं, जो गले में ढीले ढंग से फँसी होती है। उत्तर में रामलीला की परम्परा की तरह यहाँ भी राम या कृष्ण की भूमिकाएँ निभाने वालों को, उनकी अभिनय अवधि में, पूज्य/दैवी माना जाता है। और आम दर्शक उनका सत्कार करते हैं।

आज भी कालिया के पुतले के मुँह में नटुआ को प्रवेश करते और उसके भीतर जाकर बोलते हुए देखकर दर्शक उल्लसित होते हैं। मुखौटे इस रंगकर्म में प्रसिद्ध हैं, और सत्र के कलाकार उन्हें बनाने और रंगने

सत्र राम-लक्ष्मण दुष्टों का नाश करते हुए (संगीत नाटक अकादमी)

में विशेषज्ञता रखते हैं। दस सिरों वाले रावण या चार भुजाओं वाले ब्रह्मा या वृह्दाकार गरुड़ की रचना सत्र के हस्तशिल्पी ही करते हैं। हँसाने के लिए मसखरे भी उतारे जाते हैं, जो मुख्य प्रस्तुति का हिस्सा नहीं होते। उनका काम तो दर्शकों का मनोरंजन करना भर होता है। शंकरदेव की मंचीय अवधारणा में ये शामिल नहीं थे।

वेशभूषा

आज भी सत्व, रजस और तमस की कोटि वाले रंगों की वेशभूषा पात्रों की प्रकृति के अनुसार तय की जाती है। कृष्ण के लिए वह पीले रंग की होती है, माथे पर मोरमुकुट होता है और हाथ में बाँसुरी। बलराम के लिए नीला रंग है। राजा और योद्धा रंगीन कपड़ों में होते हैं, जिनमें काँच या माइका जड़े रहते हैं, झालरदार घुरी घुटनों तक आती है। पैर चूड़ीदार जैसे वस्त्र में फँसे होते हैं। उन्होंने खास तरह से एक धोती भी लपेटी होती है। विदेशी कपड़ों के खिलाफ़ गांधी के समय में जो अभियान छिड़ा था उसका असर सत्रिय वेशभूषा पर भी पड़ा। वेशभूषा उतनी रंगीन नहीं रही, उसमें स्थानीय कपड़े का इस्तेमाल होने लगा, और बस पाढ़ सुनहरी या रूपहली होने लगी। साधु चरित्र जनेऊ पहनते हैं। पुरुषों द्वारा अभिनीत स्त्री भूमिकाओं में, स्तन काठ के होते हैं और जूड़े कृत्रिम बालों से बने होते हैं। आभूषण बहुतेरे होते हैं, और आँखों में काजल तो होता ही है।

सत्रिय नृत्य में एकल नृत्य की व्यवस्था है, जो पारंपरिक रंगमंच से प्रेरित है या कहें उसकी देन है।

सत्रिय (संगीत नाटक अकादमी)
सामने का पृष्ठ: प्रकृति ओरा, नृत्यांगनाओं के लिए प्रमुख मुद्रा (अविनाश पसरीचा)

शंकरदेव के छह नाटकों में से, उनका पहला नाटक *पत्नी-प्रसाद* सबसे सरल है। ज्ञान के ऊपर है भक्ति–यही इसकी विषयवस्तु है। *कालिया-दमन* में कृष्ण द्वारा जंगल की आग बुझाए जाने के दृश्य, और नाग के हजार फनों पर उनका नृत्य सत्रिय में लोकप्रिय हैं। *रुक्मिणी हरण* में संगीत और नृत्य की अहम भूमिका है। सत्राधिकारी इंगित करते हैं कि सत्रों में नृत्य के जो प्रोसेनियम-रूप प्रस्तुत होते हैं, वे भिन्न हैं, और वे एक भिन्न संदर्भ और स्पेस के परिचायक हैं। कई असमिया नाटकों ने अंकिया नाट का अनुकरण किया। स्वयं माधवदेव ने ब्रजबोली की जगह असमिया का ही अधिक इस्तेमाल किया। उनकी विधि भी कुछ भिन्न थी। चोरा-धोरा, *भूमि लुटिवा*, *पैम्पद गुछुवा*–सब कृष्ण स्तोत्र के *बिल्वमंगल* के प्रसंगों के नाटकीय रूप हैं। *अर्जुन भंजन और दादी मदाना* में पाँच कविताएँ कथानक को बढ़ाने के लिए नांदी की तरह इस्तेमाल की जाती हैं। सूत्रधार का उपयोग कम होता है। जब 1832 में अहोम राज्य, बर्मा के अधीन हो गया तो अंग्रेजों ने उस पर कब्जा कर लिया। और शंकरदेव की नाट्य परंपरा की जगह बांग्ला रंगमंच के यात्रा जैसा रंगकर्म अधिक लोकप्रिय हो गया–विशेष रूप से गोआलपारा और कामरूप में। क्रमशः उन्नीसवीं सदी से, सामाजिक विषमताओं पर प्रहार करने वाले लघु नाटकों में सूत्रधार और उसकी पत्नी अचांदी के बीच एक छोटा-सा संवाद हुआ करता था। फिर विधवा-विवाह जैसे विषय आने लगे। जो भी हो, शंकरदेव के नाटकों का प्रदर्शन सत्रों में जारी रहा।

परमानंद बोरबायन (संगीत नाटक अकादमी)

बाघ जप माटी अखाड़ा (अविनाश पसरीचा)

कहते हैं 15वीं सदी में शंकरदेव ने चिह्न-यात्रा का आयोजन किया, और बताते हैं कि *तुलापट* (सूती कपड़ा) पर उन्होंने नारायण के सात बैकुंठों का चित्रण किया, जिसका इस्तेमाल पृष्ठभूमि की तरह किया जाता था। उस समय कई तरह के वाद्य भी चलन में थे। एक विष्णु, एक सूत्रधार और कई तरह के मृदंगों और मंजीरों का प्रयोग होता था। पर इसका कोई लिखित उल्लेख नहीं मिलता कि यह आयोजन सप्ताह भर चलता था, इसलिए इस संबंध में निश्चयपूर्वक कुछ नहीं कहा जा सकता, सिर्फ अनुमान ही लगाया जा सकता है। *धेमाली* के बाद सूत्रधार नृत्य करते हुए प्रवेश करता है। दो श्लोकों का नांदी पाठ करता है, एक राग गीत गाता है, और नायक की स्तुति में भातिमा प्रस्तुत करता है। इसके बाद वह ब्रजबोली में मुख्य कथानक के बारे में बताता है। सूत्रधार की भूमिका अब परिवर्तित हो गई है, और पहले जो अर्थ-संप्रेषण का काम करता था उसकी जगह अब गुरु नृत्य करता है।[20]

प्रोफेसर नियोग नवगांव और तेजपुर के लोकप्रिय मेलों और उत्सवों का उल्लेख करते हैं, जिनमें प्रत्येक रात में एक दर्जन से अधिक नृत्य-नाट्यों या *भाओना* का प्रदर्शन होता है। ऐसा ही आयोजन, सोनितपुर जिले की तहसील बारेशोरिआ भाओना के नाम से होता है।[21] इस मेले की शुरुआत अहोम राजाओं के उन अधिकारियों ने की थी जो कलियाबार और जमुरीध क्षेत्रों में तैनात थे, और इससे एक-एक ऐसी परम्परा की नींव भी पड़ी जिससे अघोषित रूप से शासकों के राजनीतिक प्रभुत्व को सभी जगहों पर महसूस किया जाता था। लेकिन आज इसमें यही परिलक्षित होता है कि शंकरदेव ने जिस

वैष्णव रंगमंच का आरंभ किया था, लोगों की कितनी जबरदस्त भागीदारी रही और वह आज भी बनी हुई है।

अंकिया नाट भी इससे मिलता-जुलता ही था, पर कई अर्थों में संस्कृत नाटकों से भिन्न था। घरेलू-से संवाद और मुहावरों की भरमार है, और शंकरदेव ने भागवत-शैली से स्वयं कुछ विलग होकर एक नई रूप-रचना की थी। इसका उद्देश्य भक्ति-भाव का प्रदर्शन ही है, पर कामोद्दीपक प्रसंगों को छोड़कर, हालाँकि भक्ति की अंतर्धारा के कारण शृंगार की इस उपस्थिति से अपेक्षा यही की जाती है कि वह एक उच्चस्तरीय धरातल पर जाकर टिकेगी।

तकनीक

मणिपुरी तकनीक की तरह ही, सत्रिय में भी स्पष्ट लिंग-भेद का प्रावधान है। पुरुष प्रधान परंपरा में पहले पुरुष और स्त्री चरित्रों का जो उल्लेख होता था, वह आज कलाकारों पर लागू होता है ; इस नृत्य-रूप में आज बहुतेरी नृत्यांगनाएँ हैं, पुरुषों और स्त्रियों के लिए मुख्य नियम (ओरा) भिन्न हैं। वे पुरुष-प्रकृति के प्रतीक सरीखे हैं। इसके अतिरिक्त दो ओरा और हैं, *फूल ओरा* और *लही ओरा*, जो प्रेम और सुंदरता के गुणों को व्यक्त करने वाले हैं–किन्हीं विशिष्ट भाव-स्थितियों को व्यक्त करने वाले भी। शास्त्रों में जो सिद्धांत या नियम गिनाए गए हैं, उन्हें नृत्य में व्यवहार करते हुए शास्त्रों से ही उगाहना होता है, और पिछले पचास या साठ वर्षों से मठों के बाहर गुरुओं की भूमिका कुछ ऐसी हो गई है कि परंपरा कुछ पनीली या लचीली हो गई है। बहु पठित युवा नृत्यकार जो उत्तर कमलाबारी सत्र के गुरु परमानंद बोरबयां की सहायता से सत्रिय के लिए विधि-विधान बनाने में जुटे हैं, उन्हें सत्राधिकारियों से यह सलाह

हर भंगा माटी अखाड़ा (अविनाश पसरीचा)

पानी सिचा (अविनाश पसरीचा)

एक प्रस्तुति में नरेनचंद्र बरुआ (अविनाश पसरीचा)

मिली है कि वे गतियों-मुद्राओं आदि के लिए असमिया *नृत्य पदों* का ही इस्तेमाल करें, जबकि उनके समानार्थी शब्द संस्कृत शास्त्रों में मौजूद हैं।[22] विभिन्न सत्रों के साधुओं को सम्मिलित कर, डॉ. जगन्नाथ महंत ने एक विशेष कार्यशाला में, डॉ. केशवानंद देव गोस्वामी, डॉ. मल्लिका कंदाली के सहयोग से सत्रिय के पद संचारों की एक सूची तैयार कराई है। उल्लेखनीय है कि युवा नृत्यकार मल्लिका, सत्रिय के इस पहलू पर रुचिपूर्वक शोध कर रही हैं, समर्पित भाव से।[23]

यह नृत्य-रूप सघन शारीरिक प्रशिक्षण की माँग करता है, जो *माटी अखाड़ा* पर आधारित है, और ये मूलभूत व्यायाम पद्धतियाँ हैं, हालाँकि अब इनमें से कई स्वयं नृत्य-गतियों का अंग हो गई हैं।[24] पहली बार 1967 में श्री रसेश्वर सैकिया बोरबयां ने व्यायाम पद्धतियों के संग खोल संगीत को जोड़ दिया। और आज तो ये नृत्य प्रस्तुतियों के रूप में भी ढल गई हैं। *माटी अखाड़ा* पद्धतियाँ सत्रिय नृत्य की ज्यामिति के बारे में बहुत कुछ बताती हैं, कोई भी यह देख सकता है कि इनकी विधियाँ और इनका व्याकरण, प्रकृति उपादानों और पशु गतियों से कितना प्रेरित है।

सत्रिय से पहले, *नटी* नृत्य, शैव और वैष्णव, दोनों ही तरह के मंदिरों में प्रचलित था। और जैसा कि पुराने वृत्तांतों में दर्ज है, देवदासी प्रथा चलन में थी; उल्लेख इस बात का भी है कि किस प्रकार विश्वनाथ घाट शिव मंदिर

से, ढाका के किसी सत्रजीत बरुआ ने, जो औरंगजेब सेना की एक टुकड़ी से जुड़ा था, तीन देवदासियों का अपहरण कर लिया था। हाजो के वैष्णव हयाग्रीव-माधव मंदिर में, जो पुरी के जगन्नाथ मंदिर से काफी हद तक प्रभावित है, उसमें नटी नर्तकियाँ महारियों से मिलता-जुलता नृत्य किया करती थीं। हालाँकि उनका नृत्य कामोद्दीपक माना जाता था या यह कि जिनकी नृत्य गतियाँ बहुत तेज और दमदार हुआ करती थीं, उनकी *खट* जैसी कलाबाजियाँ सत्रिय नृत्य में देखी जा सकती हैं। ढुली गाँव के परिहरेश्वर शिव मंदिर में एक ब्राह्मण *दलाई*, एक *गायन*, एक *बायन* रहा करता था, और एक *नटी* भी थी, जिसे एक अन्य शिव मंदिर से लाया गया था और पौष, चैत्र और दुर्गा पूजा के दिनों में, मंदिर के बाहर के अनुष्ठानों में, ये सभी उनका अंग हुआ करते थे। *नटी* नृत्य के नवीनीकरण को लेकर रत्नाकांत तालुकदार के पास एक दिलचस्प कहानी है। वह मंदिर के नटवृत्त के बाहर के व्यक्ति थे, और वह खोल पर *रामजानी बजाना* तो बजा सकते थे, पर उससे जुड़े गीत को प्रस्तुत करने की अनुमति उन्हें नहीं थी। दो नटी नर्तकियाँ, कौशल्या और राया, जो नटी नृत्य को छोड़ चुकी थीं, उससे अलग हो गई थीं, उन्होंने आधी-अधूरी नृत्य-प्रस्तुतियों को जोड़ा बताया।[25] झुककर, दो हाथों को आगे फैलाकर जमीन को छूना (*खुद*) और धीरे-धीरे शरीर के ऊपरी भाग को पीछे ले जाना, इस तरह कि वह जमीन को छू लें, (*तंगाल मोकारा*) कलाबाजी (*खाट*) ये सभी इस नृत्य के अंग हैं, गतियाँ हैं, और नृत्य स्वयं शिवभक्ति को समर्पित है। ये सभी चीजें अभी भी सत्रिय के *रामदानी नाच* में परिलक्षित हैं। आज पूर्वी सत्र में जो ढोल के बोल हैं, उन्हीं ढोल के बोलों से सत्रिय के ढोल बोल मिलते-जुलते हैं। कुछ हस्तमुद्राएँ जैसे– *पताका*, मुकुला, अलापद्मा, शिखर, इस नृत्य-रूप की मुद्राएँ हैं। नृत्य के लिए जो ढोल वादन होता है, उसका एक पूर्वरंग रंग है गुरुघाट, जो मूर्ति की स्तुति के लिए है। इसके वादन के दो भाग हैं–एक सरल ताल, और इसी का एक पैना विस्तार है चार घाट। यह एक और प्रमाण है कि सत्रिय की नृत्य-गति की विधियों की जड़ें परम्परा में हैं, और वे शंकरदेव के समय भी अस्तित्व में रही होंगी।

ओजापाली के रंगमंचीय दृष्टिकोण के समान ही हैं *सत्रिय झुमुरा* और *बेहार-नाच*, इनमें भी नाटक जैसी प्रस्तुतियाँ की जाती हैं।

सूत्रधारी नाच

जैसा कि हम पहले भी उल्लेख कर आए हैं, यह अंकिया नाट के प्रमुख अंगों में से है। इसमें कथावाचक लंबी बाँह का *जामा* सफेद फूला कुर्ता (घुरी) पहने होता है, साथ ही एक कमरबंद, जिसमें फूल बने होते हैं (*तंगाली*), चाँदी के कड़े (*गमखरु*) जिनमें पत्थर जड़े होते हैं, एक हार जिसके मध्य में ढोल की शक्ल के गुटके होते हैं (*मोटामणि*)। और वह पहने होता है कानों में सोने के झुमके या नूपुर या पीतल की पायल। ढोल और तालों के बीच पवित्र नामों के उच्चार तथा और बड़े ढोलों, अन्य वाद्यों की ध्वनियों के साथ, सूत्रधार एक परदे के पीछे से नाटकीय ढंग से प्रवेश करता है, जिसे दो लोग दोनों तरफ़ से थामे रखते हैं, और कभी-कभी एक मेहराब के बीच से, जो टार्च बत्तियों से प्रकाशित रहती है। जब परदा हटा लिया जाता है, तो वह सिर को झुकाता है, बाँहें कुहनियों तक उठी होती हैं, और जमीन को छूता है। फिर वह धीमे से एक एक अंग को संगीत के संग-संग घुमाता है, मूर्ति की अभ्यर्थना करता है, धर्मगुरु की भी, इस हिस्से को *सरु-भंगी* कहते हैं, फिर नृत्य की गति तेज होती है, इस जोरदार भाग को *बर-भंगी* या बड़ी गतियाँ कहते हैं। नृत्य भाग, रामदानी बजानार नाच है, और फिर शुरू होता है अभिनय, नंदी और भातिमा के प्रति, इसमें विभिन्न हस्तमुद्राओं का प्रयोग होता है, फिर संगीत मंडली श्लोक बजाती है, और उनके साथ नृत्य होता है। यह भाग श्लोकार नाच कहलाता है। शुरू के बोल गूँज लिए हुए होते हैं, और अंतिम पद तक आते-आते ध्वनि और सघन होती जाती है।[26]

सूत्रधार (संगीत नाटक अकादमी)

तीन पट्टियों वाली, साफेनुमा जो पगड़ी सूत्रधार पहनता है, वह कपड़े की एक पट्टी से बँधी रहती है, जो पगड़ी की सबसे उपरी गाँठ को ढँक लेती है, वह और अधिक ढँक जाती है पगड़ी के कपड़े से। सूत्रधार द्वारा पहनी जाने वाली मुगलाई टोपी के बारे में बहुत बहस हुई है, जो या तो शंकरदेव के समय से चली आई है, या फिर उसके बाद से कभी। कुछ पुरानी चित्रकृतियों में सूत्रधार ऐसी टोपी पहने दिखाई पड़ता है।

सत्रिय प्रवेश नृत्य

सभी वैष्णव नृत्य-नाट्य रूपों में, जैसे कि कुचिपुड़ी यक्षगान में भी, किसी कलाकार के मंच-प्रवेश के क्षण अत्यंत विशिष्ट होते हैं। इससे तत्काल यह सांकेतिक हो जाता है कि अभिनेता किस प्रकार का चरित्र निभाने वाला है। अंकिया नाट के साथ भी ऐसा ही है। अगर कुचिपुड़ी में यह है कि किसी विस्तृत नृत्य-नाट्य में एक ही नर्तक अभिनेता कई चरित्र अभिनीत करता है, तो अंकिया नाट में भी यही पद्धति अपनाई जाती है।

यशोदा और गोपियाँ जब मंच पर आती हैं, तो उसे *प्रवेश नृत्य* कहा जाता है। और हर भूमिका के लिए एक अलग रूप, और नृत्य-चक्र ताल का विधान किया जाता है। मसलन यशोदा और गोपियाँ, *एकताली* में नृत्य करती हुई प्रवेश करती हैं, जबकि नारद के प्रवेश के समय *ठुकनी* ताल का प्रयोग किया जाता है। सत्रिय में अकसर भिन्न चरित्रों के प्रवेश के समय तेज, मध्यम या धीमी गतियों/ध्वनियों का विधान किया जाता है। *अंकिया नाट* में राम और कृष्ण जैसे नायकों तथा उनके सहचरित्रों के प्रवेश का भी बहुत महत्व है। कृष्णाचार नाच, कृष्णभंगी या

सत्रिय (संगीत नाटक अकादमी)

मयूरा नाच में कर्णभेदी बिगुल और दूसरी आवाजों का घनघोर शोर होता है, और इसी के साथ *सूत्रधार* शीघ्र ही सबके सामने प्रकट होने वाले पात्र अथवा चरित्र के प्रवेश की सूचना देता है, दो स्त्रियाँ परदे को थामे होती हैं, जो उस पात्र या चरित्र को छिपाए होता है। नृत्य अपने आप में गरिमापूर्ण और अर्थगर्भी होता है, और इसके साथ-साथ श्लोकों का मंत्रोच्चार भी होता रहता है।

दूसरी ओर *गोपी बेशर नाच* में प्रवेश के वक़्त स्त्री पात्रों की ग़रिमा का ध्यान रखा जाता है। इसमें गोपियाँ घुँघरू नहीं पहनतीं, और प्रत्येक भंगी और गति में लास्य उत्पन्न करती हैं। एक लंबे कुर्ते में, ये चेहरे को कुछ ढँके रहती हैं, और कुछ कहने की बनिस्पत नृत्यरत रहती हैं। *झुमुरा* और *चाली नृत्य* में कृष्ण के साथ वृंदावन की गोपियाँ रास रचाती हैं।

शंकरदेव के *केलि गोपाला*, *रास क्रीड़ा* और *रास झुमुरा* में माधवदेव ने भी कुछ चीजें जोड़ी और ये बहुत जनप्रिय हैं। हर सत्र का अपना एक रास विधान है। 1654 में निरंजनदेव द्वारा स्थापित औनिआती सत्र इस मामले में अत्यंत संपन्न है, खरमेश्वरदेव ने केवल रास के लिए एक दर्जन से अधिक गीतों की रचना की थी। *नाचत नव नागर नटराजे रमणी संगे* की परमावस्था में महारास होता है, जिसमें कई कृष्ण और कई गोपियाँ नृत्य-रत दिखाए जाते हैं। पर इस रास में, मणिपुरी रास की राधा जैसी कोई राधा नहीं होती। सत्रिय रास में राधा का कोई स्थान या विधान नहीं है क्योंकि यह *भागवत पुराण* पर आधारित है, और उसमें राधा का कोई उल्लेख नहीं है। आश्चर्य है कि *गीत गोविंद* काव्य का सत्रिय पर कोई विशेष प्रभाव नहीं है, बावजूद

इसके कि शंकरदेव ने पुरी की यात्रा की थी, जहाँ *गीत गोविंद* का खासा प्रभाव है।

रास नृत्य से बिल्कुल अलग है *युद्धार* नाच, जो *एकताली* में किया जाता है। इसमें नर्तक धनुष-वाण से सजे-धजे होते हैं, चक्कर लगाते हैं, बड़े दमदार तरीके से तीर छोड़ते हैं, और ये छूटे हुए तीर जो आवाज करते हैं, वह सम पर जाकर शांत होती है। अंकिया कथानकों में कहीं-कहीं जोड़ दिए गए ये नृत्य अपनी ऊर्जा से दर्शकों को सम्मोहित कर लेते हैं, और जनप्रिय हैं।

इसके अलावा कमलाबारी सत्र में माधवदेव ने ऑपेरा शैली में छोटी-छोटी मनोरंजक प्रस्तुतियाँ तैयार कीं, जो बिल्वमंगल के *कृष्ण-स्तोत्र* और *भागवत पुराण* के कृष्ण-प्रसंगों के काव्य-स्पर्श वाली थीं, और जिनकी भाषा अधिकतर असमिया थी। *झुमुरा* नाम से जानी जाने वाली ये प्रस्तुतियाँ अथवा रचनाएँ दो भागों वाली हैं–*रामदानी* और *गा-नाच*। इनमें *यति* ताल का इस्तेमाल होता है और *रास झुमुरा* के सभी गीत माधवदेव के लिखे हुए माने जाते हैं। गीत के आरंभ से पहले *रामदानी* की प्रस्तुति होती है, और *गा-नाच*[27] की प्रस्तुति गीत के साथ मंचित होती है। इनमें कोई अभिनय नहीं किया जाता, बस नृत्य की हस्तमुद्राएँ दर्शायी जाती हैं। चूँकि ये उन गोपियों का प्रतिनिधित्व करती हैं जो कृष्ण के चले जाने के बाद, उनकी लीलाओं की नकल कर रही होती हैं, इसलिए इन नर्तकियों को एक ढीली स्कर्ट पहनाई जाती है, और वे पुरुषोचित *पगड़ी* बाँधे होती हैं, साथ ही उनके पैरों में मर्दाने *घुँघरू* होते हैं; ऐसे में न वे पूरी तरह स्त्रियाँ लगती हैं, न पूरी तरह पुरुष!

माधवदेव के *झुमुरा भोजन व्यवहार* से बहार नाच की उत्पत्ति हुई है, जिसमें बीस से तीस लड़के कृष्ण के रूप में बरगीतों की धुनों पर नाचते हैं। इन बरगीतों में गायों और ग्वाल-बालों के मध्य कृष्ण का वर्णन किया जाता है। इस नृत्य के दो मूल आधार हैं : छूता ताल में निबद्ध रामदानी और गीतार नाच, जो *नड़ुभंगी* नाच की तरह *रक्तताल* या *परीताल* में किया जाता है, और जिसकी चर्चा हम अगली पंक्तियों में करेंगे।

गोप और गोपियों की तीन जोड़ियों में होता है नड़ुभंगी नाच, जिसमें *रास झुमुरा* के सभी पाँच गीतों का उपयोग किया जाता है, (ये पाँचों गीत माधवदेव प्रणीत हैं)। कुछ बरगीत भी गाए जाते हैं, जैसे कि *सखी रे चले कनु वृंदावने* और *आवा सखी पेखो नंदगोपाला*, इनका कोई भावार्थ प्रदर्शित नहीं किया जाता, और जिन हस्तमुद्राओं का प्रयोग किया जाता है, वे विशुद्ध नृत्य के लिए ही प्रयुक्त होती हैं। वर्तमान में यह एक बेहद लोकप्रिय नृत्य है। इसमें विभिन्न तालों का प्रयोग होता है।

चली नाच

चली, पैरों के संचालन की ओर एक इंगिति है। इसे चारी भी कहते हैं और इसमें पाँवों, टाँगों, जंघा और नितम्बों की गतियाँ भी शामिल मानी जाती हैं।

मनिकम दत्ता (संगीत नाटक अकादमी)

सामने के पृष्ठ पर: मोराई पानी खुवा भंगिमा

सत्रों में 8 चली नाच मिलते हैं, और *रामदानी* अंग में इनमें हर एक, एक-दूसरे से अलग है। इनमें 8 अलग तालों का इस्तेमाल होता है। गा-नाच[28] में एक ताल या परी ताल का प्रयोग होता है। अंकिया गीतों और बरगीतों का इस्तेमाल स्त्री-भावनाओं को व्यक्त करने के लिए किया जाता है। *रामदानी* चार भागों में विभक्त है : *सरु* (छोटा), *बर* (बड़ा), *कलकतिया* और *हाजोवालिया* (हाजो मंदिर से संबंधित) नर्तकों को गोपियों की वेशभूषा दी जाती है। *चली नाच* को *नटुआ नाच* भी कहते हैं, जिसका अर्थ है 'अभिनेता का नाच'। कमलाबारी में लड़के पुरुष पोशाक में *बहार नृत्य* और *नडुभंगी* करते हैं, और उनका यह नाच *नटुवा नाच* ही माना जाता है।

कमलाबारी सत्र के मणिराम बायन का मानना था कि चली नाच संख्या में 12 हैं, इनमें से 8 चली हैं, और 4 रामदानी, जिन्हें *राजघरिया चली नाच* (जो राजदरबारों में प्रस्तुत किए जाते थे) भी कहा जाता है। इनमें खोल की जगह मृदंग बजाया जाता है। और इसमें नर्तक हर समय गतिशील रहते हैं। माधवदेव की पुण्यतिथि पर विशेष रूप से प्रस्तुत किया जाने वाला नाच है, *वर* प्रवेश नाच। यह कृष्ण के वृंदावन से गोकुल वापस आने को प्रतीकित करता हुआ आनंददायी नृत्य है। यह आनुष्ठानिक है, और इसे सत्रिय के आधुनिक मंचीय रूप में शामिल नहीं किया जाता।

मंचोक, मूलतया एक ताल से ग्रहण किया गया नाम है, जिसमें समूचा 'वाद्य-वृंद' नृत्य और अभिनय करता है। कुछ बरगीतों की प्रस्तुति के साथ *बायन* या ढोलवादक, नृत्य की हस्तमुद्राओं का उपयोग करते हैं, और इस तरह कृष्ण से गोपियों के बिछुड़ने की आसन्न पीड़ा को व्यक्त किया जाता है जो उन्हें छोड़कर मथुरा जाने को प्रस्तुत हैं। इसमें कोई *रामदानी* संलग्न नहीं है।

डॉ. नियोग के अनुसार, हाल के वर्षों में औनिआती सत्र में कुछ नए पहलू देखने को मिले हैं, जैसे कि *अप्सरा भंगी* में, जिसमें स्वर्ग की अप्सराएँ इंद्र के समक्ष नृत्य करती हैं। सत्रों के नटुवा लड़के भी *पच्चा चेलम* नाम का एक नृत्य करते हैं, जिसे बादशाह सलामत भी कहा जाता है। यह *वर-प्रवेश* नृत्य से संबंधित है, और इसे तब किया जाता है, जब सत्रों में शाही दरबार के लोग आते हैं।

हर सत्र की अपनी प्रशिक्षण पद्धतियाँ हैं। मोराई *पानी खुवा* और *पानी सिचा* की नृत्य गतियाँ कम ही सिखाई जाती हैं, इनकी प्रस्तुति भी कठिन है, क्योंकि इनमें पाँव ऊपर, और सिर नीचे की ओर करके, संतुलन बिठाना पड़ता है। लेकिन *कमलाबारी* सत्र में प्रशिक्षण अब भी विधिसम्मत है, और सभी प्रकार के माटी-अखाड़ों की जानकारी दी जाती है। सत्र के स्वर्गीय मणिराम मुक्तियार बायन ने विभिन्न वर्गों में 39 किस्म की गतियाँ गिनाई हैं, जो *छटा* (मुद्राओं-भंगिमाओं) और *पाक* (भ्रमरियाँ) से *झलक* (तेज हस्त-चालन के साथ पैरों की समन्वित गतियाँ) इ*आन* (इधर से उधर सिर घुमाना जब तक वह जमीन को न छू ले), मुरुका, *तमाल*, *मोचारा* जिसमें देह अपनी ही एक गाँठ बना लेती है, और *खाट* (कलाबाजी) आदि से संबंध रखती हैं।

कमलाबारी सत्र में हस्तकों के विस्तृत प्रशिक्षण का एक कारण यह भी बताया जाता है कि औनिआती सत्र में प्रवाही असमिया में जो पांडुलिपि मिली थी, उसके 'मालिक' सुचानंद ओझा *कमलाबारी* सत्र में ही रहते थे। और श्री हस्तमुक्तावली में वर्णित चीजों के आधार पर ही वहाँ हस्तकों का प्रशिक्षण दिया जाता था। हस्तकों की पूरी अक्षर-माला, जिनमें 29 असंयुक्त हैं, और 15 संयुक्त तथा जो 32 नृत्य हस्तक हैं, उनका वर्णन शास्त्रों में भी उपलब्ध है। शास्त्रों में इनके लिए अपने नाम हैं, और वे तात्कालिक नृत्य परंपराओं से ही लिए गए थे। कुछ लोक और आदिवासी परंपराओं से भी शामिल किए गए हैं। बिहू नृत्य में बेहद प्रयुक्त होने वाले रति-हस्त का उपयोग सत्रिय नृत्य में भी होता है, जहाँ यह परम-आनंद वाली अवस्था का द्योतक है। यह *घोषा धेमाली* में काम में लाया जाता है। *कर्कट हस्त*[29] का उपयोग मिसिंग बिहू नृत्य में भी शृंगार के लिए होता है।

कभी-कभी सत्रिय में अलग-अलग स्थितियों से एक ही भाव/विचार अलग-अलग प्रकार के हस्तकों से दर्शाया जाता है। मसलन भगवान कृष्ण के लिए मुद्रा अलग होगी, और वासुदेव-पुत्र कृष्ण के लिए अलग, जिसमें *शशक* या *मृगशिरा हस्तक* का इस्तेमाल होगा। नृत्य हस्तकों में और नृत्य के लिए प्रयुक्त होने वाले हस्तकों में कोई विशेष भेद नहीं है।

कभी-कभी नृत्य (विशुद्ध) में *नृत्य हस्तकों* का उपयोग भी किया जाता है। लेकिन शास्त्र-सम्मत हस्तकों के जो नाम हैं, वे मौखिक प्रशिक्षण में इस्तेमाल नहीं होते! यह वैसी ही स्थिति है जैसे कि *बरगीत* में सत्र-*गायनों* का प्रशिक्षण तो दिया जाता है, लेकिन उन्हें गाने के लिए प्राचीन ग्रंथों में स्वरों के व्याकरण का जैसा प्रावधान किया गया है, वे ठीक उसी रूप में नहीं गाए जाते।

सत्रों को आज वैसा राजनीतिक वर्चस्व तो प्राप्त नहीं है, जैसा कि एक समय उनके पास था। सत्रों में जो युवक (पुरुष) आते हैं, उनमें से बहुत थोड़े युवाओं में ही नृत्य के प्रति अनुरक्ति होती है।

जिन युवाओं में नृत्य की प्रतिभा थी, वे 1940-50 के दशक में भरतनाट्यम, ओडिसी और कथक की ओर चले गए। पर वे स्थानीय नृत्य-रूपों से कट भले गए हों, सत्रिय का कोई न कोई अंश तो इनमें (शेष) रह गया था, और उन्होंने जो अन्य नृत्य-रूप सीखे, और उन्हीं में रमकर उन्होंने नाम भी कमाया, उनमें सत्रिय का भी कोई न कोई रंग तो चढ़ा ही। मसलन, सत्रिय नृत्यकार रामकृष्ण तालुकदार ने कथक और सत्रिय दोनों की ही शिक्षा प्राप्त की। *कमलाबारी* सत्र के रामेश्वर बोरबयां से सत्रिय सीखने वाली पल्लवी खौंड भी कथक नृत्यांगना बनीं। जॉली मोनी और रिंजुमोनी सैकिया ने भरतनाट्यम के साथ सत्रिय का प्रशिक्षण भी ग्रहण किया। जतिंद्र गोस्वामी से सत्रिय का प्रशिक्षण प्राप्त करने वाली *पुष्पा भुयां*, भरतनाट्यम की भी नृत्यांगना थीं, और इसे सिखाती भी रहीं। कृष्ण क्षेत्री ने सत्रिय तो सीखा ही, साथ ही गंधर्व महाविद्यालय से ओडिसी का प्रशिक्षण भी लिया। भरतनाट्यम नृत्यांगना मेनका बोरा कलाक्षेत्र की स्नातक थीं, पर प्रायः सत्रिय की देह-गतियों का प्रशिक्षण दिया करती थीं, और 1950 और 1960 के दशक में उनकी वार्ताओं और उनकी सव्याख्या प्रस्तुतियों ने असम के बाहर, सत्रिय के प्रति उत्सुकता जगाने में अच्छी भूमिका अदा की। यह अलग बात है कि भरतनाट्यम की खरी और चुस्त विधियों में उनकी लंबी प्रशिक्षण-यात्रा के कारण, सत्रिय की उनकी ज्यामिति की गरिमा कुछ अलग प्रकार की रही।

गुरु रसेश्वर सैकिया बोरबयां (1928-2004)

सरकारी एजेंसियों द्वारा असम के रंगमंच और लोक-आदिवासी नृत्यों को जो सहयोग-समर्थन मिल रहा था, उसके कारण गुवाहाटी में इनकी गतिविधियों में बढ़ोतरी हो रही थी। लेकिन अपने 'पिंजरे' से सत्रिय के बाहर आने की कथा शुरू होती है, 1960 से, गुरु रसेश्वर सैकिया के जुझारू प्रयासों के साथ। परंपरावादियों द्वारा विद्रोही करार कर दिए जाने वाले गुरु रसेश्वर सैकिया बोरबयाँ का जन्म 1928 में शिवसागर जिले के तियाक नामक स्थान में हुआ था। माता-पिता का नाम था–श्री कैकेश्वर सैकिया और श्रीमती आइकोन सैकिया। कहते हैं जब रसेश्वर मात्र पाँच वर्ष के थे तो कोई बाबूकांत महंत नाम के व्यक्ति उन्हें सत्र में ले आए थे, दूसरी कहानी यह है कि रसेश्वर के माता-पिता बड़े भक्त थे, और उन्होंने स्वयं कमलाबारी सत्र को अपना पुत्र भेंट कर दिया था कि वह संन्यासी बने। प्राथमिक शिक्षा प्राप्त करने के बाद रसेश्वर ने श्रीमंत शंकरदेव और माधवदेव के विचारों-वचनों का अध्ययन किया, और सत्रिय के सर्वोत्तम विशेषज्ञ, मणिराम दत्ता मुक्तियार से नृत्य की शिक्षा प्राप्त की तथा देवेन्द्रनाथ बुरहाभक्त से बायन अथवा खोल के गुर सीखे। उन्होंने सरूराम बोरबयां मुक्तियार अताई से ओजापाली का प्रशिक्षण भी प्राप्त किया। सारे प्रशिक्षण के बाद 1950 में संगीत नाटक अकादमी के चर्चा सत्रों में भाग लेने के लिए गुरु मणिराम दत्ता मुक्तियार की अगुवाई में

रसेश्वर सैकिया के साथ एक दल दिल्ली आया। इसी बीच यह दल समूचे असम में भी घूमता रहा। स्तरीय संस्कृति को दूर-दूर तक फैलाने के लिए रसेश्वर ने उन स्त्री और पुरुष नृत्यकारों को नृत्य सिखाना शुरू किया जो सत्र के बाहर के थे। 1962 में वह तिनसुकिया गए, और जतिन गोस्वामी तथा कलागुरु *विष्णु* प्रसाद राभा जैसी हस्तियों द्वारा स्थापित संस्था, प्रागज्योति कला परिषद में नृत्य, बरगीत और अंकिया नाट का प्रशिक्षण देना शुरू किया। रसेश्वर सैकिया बोरबयां के कुशल नेतृत्व में प्रागज्योति कला परिषद में 1962 में *रुक्मिणी हरण* का मंचन हुआ। पारंपरिक रूप से केवल नामघर में प्रदर्शित होने वाले *अंकिया नाट* को उसके बाहर प्रस्तुत करने का यह कदम क्रांतिकारी कदम था। गुरु सैकिया के अद्भुत प्रदर्शन ने लोगों को सम्मोहित कर लिया–यह वह समय था जब गुरु स्वयं सत्र-संन्यासियों के कोप का भाजन बने हुए थे। कारण, वह स्त्रियों और 'बाहरी' व्यक्तियों को प्रशिक्षित कर रहे थे। उनके आचरण को सत्र के विधि-विधानों के विपरीत मानते हुए सत्र ने उन्हें 1963 में निष्कासित कर दिया। सत्र से बाहर आने के बाद रसेश्वर ने तिनसुकिया में साहित्य सभा भवन नाम से एक संस्था स्थापित की। 1967 में उन्होंने गुवाहाटी में भगवत प्रसाद बरुआ भवन का संचालन आरंभ किया और इसी वर्ष चाँदमारी में असम एकेडेमी भवन की शुरुआत की। एक साल बाद संस्था अपने नए नाम संगीत सत्र से जानी जाने लगी। अब यह गुवाहाटी में सत्रिय का प्रशिक्षण देने वाली एक विशिष्ट संस्था है। डॉ. महेश्वर नियोग और केशव *छंगककोटि* जैसे विद्वान, उनसे सत्रिय नृत्य और ताल पर नियमित रूप से सलाह-मशविरा करते रहे।

रसेश्वर के उद्यमों से कई सत्रिय गुरु उभर कर सामने आए, जैसे कि गुरु घनाकांत बोरबयां, नृत्याचार्य जतिन गोस्वामी, जीवनजीत दत्ता, गोविंद सैकिया, शारदी सैकिया, खीरेश्वर हज़ारिका तथा रसेश्वर की दोनों पुत्रियाँ रंजुमोनी और रिंजुमोनी सैकिया। 1975 में एक दल के साथ रसेश्वर ने इंडोनेशिया की यात्रा की। 1980 में उन्हें संगीत नाटक अकादमी का पुरस्कार मिला और 1981 में उन्होंने 'वर्ल्ड संस्कृत कांफ्रेंस,' बनारस में प्रस्तुति दी। उनका संपर्क और संवाद जाने माने कलाकारों और विद्वानों से होने लगा, जिनमें डॉ. कपिला वात्स्यायन, उषा मलिक, गोविंद विद्यार्थी, गोपीकृष्ण, इंद्राणी रहमान, बिपिन सिंह जैसे नाम शामिल हैं। गुरु पंकज चरण दास की शिष्या रीता देवी, जो ओडिसी के प्रति प्रतिबद्ध थीं, उन्होंने रसेश्वर सैकिया से सत्रिय में प्रशिक्षण ग्रहण करना शुरू किया। उन्होंने लिखा है कि सत्रों के नियम-विधान बड़े कठोर थे, और जो लोग कुछ अलग तरह से सोचते थे उन्हें बाहर की राह देखनी पड़ती थी, नए जीवन की तलाश में। उन्होंने सूत्रधारी नाच सीखा और कई जगहों में उसे प्रदर्शित किया, यहाँ तक कि युद्ध के समय हवाई हमलों के बजते सायरनों, और ब्लैक आउट के बीच यात्राएँ कीं। जब उन जैसी संभ्रांत घरानों की लड़कियों ने नृत्य को अपनाया तो यह नृत्य को और बढ़ाने वाला सिद्ध हुआ। *बायनार खोल* नाम के जुगल दास के नाटक में, जो सच्ची घटना पर आधारित था, गुरु ने स्वयं मुख्य भूमिका निभाई। 14 अक्तूबर, 2004 को रसेश्वर सैकिया का देहांत हुआ और आज भी असम में यह दिन 'सत्रिय संस्कृति दिवस' के रूप में मनाया जाता है।

सत्रिय में विद्वानों की रुचि

सत्रिय के प्रसार में जो उद्यम रसेश्वर सैकिया ने किया वह कभी सफल न होता, अगर महेश्वर नियोग जैसे पारखी विद्वान ने पथ-प्रदर्शक का काम न किया होता। वे 1960 से 1965 के बीच असम साहित्य सभा के सचिव रहे, और दो बार इसके उपाध्यक्ष भी। रसेश्वर सैकिया के जज़्बे में उनकी साझेदारी थी, और एक कला-रूप की तरह ही वह इसे देखते थे–सत्रों के इसके आनुष्ठानिक रूप से अलग। 1954 से 57 तक अंतरविश्वविद्यालयी युवा समारोहों में वह गुवाहाटी-दल का नेतृत्व करते रहे, जहाँ संयोगवश, ओडिसी को पहली बार ओडिसा

के बाहर 'स्वीकृति' मिली, उसे परखा-पहचाना गया। 1970 में पूर्वी यूरोप में भारत सरकार के प्रतिनिधि रहे महेश्वर नियोग को, अपनी विद्वता के लिए, 1972 में पद्मश्री का अलंकरण प्राप्त हुआ। अकादमी के प्रमुख के रूप में उन्होंने *स्वररेखात बरगीत* का प्रकाशन किया। बरगीत पर यह मौलिक शोध का परिणाम था। *रामधेनु* नाम की जो पत्रिका वह संपादित करते थे, उसमें असमिया संस्कृति के बारे में अच्छी सामग्री रहती थी। गुवाहाटी विश्वविद्यालय के कला संकाय के डीन के रूप में उन्होंने असमिया कला-रूपों में शंकरदेव के योगदान पर महत्वपूर्ण कार्य किया। प्राच्य और भारत-विद्या के उनके अध्ययन और ज्ञान के साथ ही उनकी प्रतिभा अंग्रेजी कविता के साथ भी नत्थी थी। संगीत-शास्त्री के रूप में बरगीत की समूची संरचना का अध्ययन उन्होंने गहराई के साथ किया, और एक अधिकारी विद्वान के रूप में असमिया संस्कृति तथा उसके कला-रूपों से परिचित कराने का काम भी बखूबी किया। इस काम में उन्हें सत्र-गुरु स्वर्गीय मणिराम दत्ता मुख़्तियार का भरपूर सहयोग मिला, इन्होंने महेश्वर नियोग को सत्रों में प्रचलित सत्रिय संबंधी विशेष जानकारी मुहेय्या कराई।

इसी समय डॉ. सूर्यकुमार भूयां, डॉ. बानीकांत काकोती, विरिंचि बरुआ, डॉ. सतेन्द्रनाथ शर्मा और कुमार दत्ता सरीखे लोग असमिया संस्कृति और कलाओं के उन्नयन के लिए काम कर रहे थे और विविध पहलुओं पर विमर्श भी रच रहे थे। शायद पहली बार राजपूत-मुग़ल पेंटिंग्स नवगाँव के बाली जैसे सत्रों में मिली, और इनसे असमिया कला के इतिहास के कुछ सूत्र मिले। जैसा कि विद्वानों का कहना है, शंकर देव चित्रकार भी थे और बैकुंठ चित्रों के अलावा उन्होंने कृष्ण के आरंभिक जीवन पर भी एक चित्र बनाया–80 फुट लंबे कपड़े पर। इन चित्रों में वह मुग़लिया टोपी भी दीख पड़ती है जो *अंकिया नाट* के सूत्रधार द्वारा पहनी जाती है। हालाँकि कट्टरपंथी सत्रों में, जैसे कि कमलाबारी में, *गायनिया पगुड़ी* नाम की सफेद पगड़ी ही प्रचलित है। शंकरदेव द्वारा स्वयं

नरेन बरुआ एन खान (संगीत नाटक अकादमी)

चित्रित *भागवत पुराण* पोथी में, जो 1461 की है, उसमें कई पात्रों के सिर पर वैसी ही टोपी है, जो मुग़लिया-टोपी के नाम से जानी जाती है। शंकरदेव के न रहने के बाद सत्रहवीं-अठारहवीं सदी में, अहोम और कोच राजाओं के शासन काल में *गीत गोविंद* पर आधारित चित्र भी बनने शुरू हो गए थे। रुद्रसिंहा, जो अपने आप को कविराज चक्रवर्ती कहता था, उसने जयदेव की अष्टपदियों को उनके कथो कथन के बिना चित्रित करने के लिए कहा। नृत्य पर इन पुराने चित्रों के प्रभाव को लेकर किसी ने काम नहीं किया। स्वयं कवि/गीतकार भूपेन हज़ारिका जब संगीत नाटक अकादमी के अध्यक्ष बने तो उन्होंने 2000 में सत्रिय को भारतीय शास्त्रीय नृत्यों के बीच उभरने की गति तेज की। उनका बड़ा कदम

माणिक बोरबायन (संगीत नाटक अकादमी)

'सत्रिय केंद्र' की स्थापना का था। असम के संस्कृति विभाग के एक प्रशासनिक अधिकारी स्वप्निल बरुआ ने दुलाल राय (जो प्रमुखतया थिएटर की दुनिया के हैं) के सहयोग से एक वार्षिक नृत्य पर्व की शुरुआत की, जिसमें संगीत नाटक अकादमी का योगदान था। सप्ताह भर तक चलने वाले इस वार्षिक आयोजन में, सुबह के सत्रों में रोज व्याख्यान, पाठ और संवाद के कार्यक्रम भी होते थे। डॉ. नागेन सैकिया, केशवानंद देव गोस्वामी ने शंकरदेव और माधवदेव के बरगीतों पर व्याखान दिए, और बरगीत के *मेलाराग*, *बंधाराग* जैसे पहलुओं पर भी प्रकाश डाला। ओजापाली के प्रति जागरूकता, गुनींद्रनाथ ओझा के कारण आई, और बरपेटा सत्र के पाली कलाकारों का भी इसमें योगदान रहा। ताल रूपक्रम में (पैटर्न्स) की व्याख्या कई विशेषज्ञों ने की, जिनमें जिंकी बरदोलोई और नरेन गायन जैसे लोग शामिल हैं। प्रभात शर्मा, परिणीता गोस्वामी तथा हरि बायन ने रागों की सम्यक चर्चा की, और सत्र के विशेषज्ञों जैसे माणिक बोरबायन, भोला बोरबयां ने बरगीत पर नृत्य को लेकर रोशनी डाली। इनके कारण सुबह के सत्र काफी जानकारीपूर्ण सिद्ध हुए। सत्रिय और पहले की ओजापाली परंपरा में क्या भेद-विभेद हैं, इसे विशेषज्ञों ने स्पष्ट किया। 2009 के पहले ही नृत्य-पर्व में, माणिक बोरवायन, भोला बोरबायन, तुलसीराम बूढ़ाभगत, मदन सैकिया, हरि बायन भूपेननाथ की प्रदर्शन-प्रस्तुतियाँ (डिमांस्ट्रेशंस) और मल्लिका कंदाली जैसों के व्याख्यानों की उपयोगिता सराही गई।

एक वाचिक परम्परा के बीज-सूत्रों को जानने-समझने में कुछ मुश्किलें हमेशा सामने आती हैं। सत्रों में जो लोग सीखते हैं, उनका कला-रूपों को सीखना हमेशा पूजा-अर्चना की तरह ही होता है, और इसमें सिद्धांत/व्याकरण की भूमिका बहुत कम होती है। इसीलिए भातिमा गायक, गाते तो सुर में हैं, सहज ही, पर उनका स्वर ज्ञान अन्य प्रकार का ही होता है। सत्रिय के सौंदर्य शास्त्र और उसके पीछे के दर्शन को भी समझना ज़रूरी है, जिसमें 'धिन ताक' तक का एक दार्शनिक-पक्ष है।

भक्ति और सत्रिय

सत्रिय के भक्ति-तत्व को लेकर बहुत कुछ कहा गया है, और ऐसी आशंकाएँ भी व्यक्त की गई हैं कि क्या इससे एक तरह की एकरसता भी इसमें व्यापी है? *एका शरणा नामा धर्म* की, शंकरदेव की उद्भावना, एकेश्वर में विश्वास करती है–विष्णु में। हिंदू दर्शन के अष्टरूप–*भक्ति*, *श्रवण*, *कीर्तन*, *स्मरण*, *पद सेवन*, *अर्चना*, *वंदना*, *दास्य*, *साख्य*, और *आत्मनिवेदन* ही सर्वोत्कृष्ट माने जाते हैं।[30] में भक्तिरस स्पष्ट है। शंकरदेव ने दास्य को ही प्राथमिकता दी थी, माधुर्य, साख्य और वात्सल्य को नहीं। उनका संदेश यही था कि जीव, परमात्मा का ही अंश है, लेकिन वह अज्ञान का जो पर्दा है, उसके

कारण इस बात को देख-समझ नहीं पाता। सत्य को छिपाने वाली माया को भेदकर ही हम इसका अनुभव कर सकते हैं, और माया का आवरण हटाने के लिए एकमात्र उपाय भक्ति है अद्वैत की अवधारणा, और भक्ति ही उनके लिए प्रमुख थे। एक रचना, "रामा मेरी हृदय पंकजे रचे, भाए ना, चैंतासा चिंता किसे,"[31] कई विद्वानों का मानना है कि उनकी रचनाओं में मधुर रस का अभाव है। ब्रज की गोपियाँ अपने को कृष्ण की प्रेमिकाओं के रूप में न देखकर, भक्तिनों के रूप में देखती हैं। उद्धव से संवाद करते हुए वे पूछती हैं, "*काहे रे उद्धव, काहा प्रानेर बांधव है,*" क्या वे फिर कृष्ण को देख सकेंगी क्योंकि कृष्णरूपी ब्रज के सूर्य के बिना तो चौतरफा अंधकार ही अंधकार है। फिर भी कहीं-कहीं श्रृंगारिक चीजें भी मिलती हैं। गोपियाँ कई लता-गुल्मों से पूछती हैं, "*काइता पाइबो प्राण गोपाल आमि!*" भक्ति से परिपूर्ण यह पंक्ति आगे जाकर लता-गुल्मों के उस अनुभव से हमें अवगत कराती है, जो कृष्ण के स्पर्शमात्र से उन्हें प्राप्त होती है।[32] *रुक्मिणी हरण* का एक और बरगीत है जिसमें कृष्ण के आगमन की खबर सुनकर गोपियाँ हाल-बेहाल बाहर निकल आती हैं। इनमें भले ही स्त्रियों में, 'देह-यथार्थ' सीधे न झलकता हो, पर वह किसी न किसी रूप में उपस्थित तो है। वे कृष्ण की सुंदरता पर मुग्ध हो जाती हैं, और चाहती हैं कि कृष्ण अपनी आँखों से उन्हें निहारें, और इसी मुग्धावस्था में वे अपने ढँके हुए चेहरों, और अस्त-व्यस्त वस्त्रों के साथ इधर-उधर देखती हैं। लेकिन वे इधर-उधर न देखते हुए आगे बढ़ जाते हैं। इसी तरह जब कृष्ण के सामने रुक्मिणी की सुंदरता का बखान किया जाता है कि वह उनकी संगिनी होने के योग्य हैं, तो जमुना में स्त्रियों के साथ सारी रात क्रीड़ा करने का एक प्रसंग भी आता है। इसी प्रकार "*हरि हे बुझालो तुहुवारा निदाय*" गीत में, जो केलिगोपाल से है, जब कृष्ण गोपियों से कहते हैं कि वे उन्हें ढूँढ़ने के लिए वन में क्यों चली आई हैं, और उनकी घर-गृहस्थी का वास्ता देते हैं तो पलटकर गोपियाँ कहती हैं, कि जब वे अपने पतियों-बच्चों को छोड़कर उन्हें खोजती हुई आई हैं तो भला वे उन्हें त्याग सकते हैं!

समकालीन संदर्भ में सत्रिय

कुछ लोगों के अनुसार सत्रों से निकलकर सभागारों तक आने की यात्रा 'भक्ति से रक्ति' तक की यात्रा है। पर इससे सहमति-असहमति जताना कठिन ही है। असम का समाज अभी भी शंकरदेव और माधवदेव को अत्यंत पूजनीय मानता है, और सत्रिय का जो क्षितिज अबतक उसके सामने रहा है, उसमें किसी प्रकार का परिवर्तन घटित करना, भला आसान कैसे हो सकता है!

अभी के शीर्षस्थानीय गुरु हैं जतिन गोस्वामी। कमलाबारी सत्र में रहे हैं। मणिराम दत्त मुख्तियार जैसे गुरु से उन्हें प्रशिक्षण मिला है, तथा कमलचंद्र बोरबयां और रसेश्वर सैकिया बोरबयां जैसे सत्रिय प्रतिनिधियों से उन्हें मार्गदर्शन मिला है। उन्हें अपने खोल वादन और सत्रिय नृत्य के लिए प्रसिद्धि मिली है। जब जबरदस्त भू-स्खलन से कमलाबारी सत्र माजुली का आधार स्थानांतरित हो गया तो घनाकांत 1980 में सत्रिय के संगीत-नृत्य गुरु के रूप में स्टेट म्यूजिक कॉलेज से संबद्ध होकर गुवाहाटी में बस गए। 2001 में उन्हें संगीत नाटक अकादमी का पुरस्कार मिला। उनकी शिष्या अन्वेषा महंत आज सत्रिय की अत्यंत प्रतिभाशाली युवा नृत्यांगना के रूप में जानी जाती हैं। उन्हें डॉ. जगन्नाथ महंत से विशेष प्रशिक्षण मिला है। डॉ. जगन्नाथ सत्रिय विशेषज्ञ, और अभिनय प्रशिक्षक के रूप में ख्यात हैं। घनाकांत बोरा से प्रशिक्षण प्राप्त करने वाली गरिमा हजारिका भी हैं, जिन्होंने रसेश्वर सैकिया से भी सीखा है, और दिल्ली के त्रिवेणी कला संगम से गुरु सुरेन्द्रनाथ जेना से ओडिसी की भी दीक्षा ली है। प्रोवाकर गोस्वामी ने अपने पिता जतिन गोस्वामी से प्रशिक्षण प्राप्त किया है, जो आज के सबसे अधिक रचनात्मक आग्रह वाले गुरु हैं। अपने युवा दिनों में पिता से मार्गदर्शन प्राप्त करने

मल्लिका कंडाली और भाभानंद बोरबयां वर्षा उत्सव में अपनी कला का प्रदर्शन करते हुए (आर. श्रीनिवासन)
सामने के पृष्ठ पर: गुरु घनाकांत बोरा (अविनाश पसरीचा)

वाले धरणीधर देव गोस्वामी ने असमिया संस्कृति और कलाओं को आत्मसात किया है। उन्हें कमलाबारी सत्र के मणिराम मुख्तियार और कलागुरु विष्णु प्रसाद राभा से भी सीखने का अवसर मिला है। रामकृष्ण तालुकदार, हरिप्रसाद सैकिया, नरेन चंद्र बरुआ, द्विजेन चंद्र बर्मन, दुर्गेश्वर बरुआ और बुल्गानिन बरुआ आदि युवा पुरुष-नृत्यकार हैं।

जतिन गोस्वामी की अपनी संस्था प्राग-ज्योति कला परिषद के अस्तित्व में आने के बाद, उन्होंने अपना यह मिशन ही बना लिया है कि वे असम के हर नामघर में जाकर असमिया नृत्य और रंगमंच के बारे में पर्याप्ति जानकारी एकत्र करेंगे। उनके निर्देशन में शंकरदेव का *रुक्मिणी हरण* नाटक मंचित हुआ है, और उनका बेटा सुप्रसिद्ध रतन थियम रंगकर्मी के साथ काम कर रहा है, इन सारी चीजों से उनकी नृत्य-संरचना (कोरियाग्राफ़ी) लाभान्वित हुई है, और नृत्य/रंगमंच से उनके कामकाज को मानो एक नई दृष्टि और नई ऊर्जा मिली है।

सत्रिय के सामने चुनौतियाँ

एक चुनौती तो यही है कि सत्रिय के प्रशिक्षण की कोई समेकित विधि अभी उपलब्ध नहीं है, जबकि सत्रों में वह आज भी मौजूद है, जहाँ प्रशिक्षण में संगीत, नृत्य, वाद्यों, साहित्य आदि को समान महत्व दिया जाता है। आज के सत्रिय जगत में इन सबको मानो अलग-अलग कर दिया गया है, नतीजा यह है कि इसके नृत्यकारों में 'पूर्णता' का अभाव है। जब बिना समुचित ज्ञान के प्रयोग किए जाएँ, तो उनका औंधे मुँह गिरना अनिवार्य है। दूसरी ओर माजुली भोगपुर सत्र के गुरु माणिक बोरबायन जब *ओरा* या *पाक* का प्रदर्शन करते हैं, जिससे गति की संगीतमयता और लचीनेपन को परखा

इंदिरा और मेनका बोरा (अविनाश पसरीचा)

जा सकता है, क्योंकि वहाँ देह-गतितालों के अनुरूप गाती है, और जिसे *तालाश्रयी* विधि की संज्ञा दी जाती है, तो हम सहज ही यह पहचान पाते हैं कि सत्रिय की देह-गतियों का स्वरूप या आधार क्या है। यह एक तरह की गीतिमयता/लयात्मकता है, मानो हवा में अनायास रच ली गई; और यही आज के सत्रिय के प्रयोगकर्ताओं में दिखाई नहीं पड़ती। वे तो अन्य रूपों की तरह ही पद-संचालन से उत्पन्न लय पर ही अधिक निर्भर करते हैं। गुरु माणिक बोरबायन ने एक निजी बातचीत में इस पर चिंता प्रकट की है कि आज प्रोसीनियम में नृत्य करने वाले नृत्यकार आधे-अधूरे प्रशिक्षण के शिकार हैं। सत्र के युवा संन्यासी बड़ी आसानी से गाते-गाते, अनायास ही खोल बजाने लग सकते हैं, और तत्काल बाद नृत्य के लिए प्रस्तुत हो सकते हैं; जब जैसी ज़रूरत हो, उस परिस्थिति में अपने को ढाल लेने की यह कला बताती है कि यही तो है वास्तव में सत्रिय की ऊर्जा और शक्ति। सत्र के गुरुओं में अब यह चिंता भी व्याप्त रही है कि जैसी मीडियाक्रिटी अब सभागारों की प्रस्तुतियों में दीख पढ़ने लगी है, वही कहीं सत्रों में सत्रिय के प्रशिक्षण[33] में प्रवेश न कर जाए। *कमलाबारी* सत्र से ही सत्रिय बानी का वास्तविक रूप प्रकट हुआ है, और यही तो है सत्रिय का आदर्श रूप।

समकालीन गुरुओं में जतिन गोस्वामी का *दृष्टि भेद* और *ग्रीव भेद* यह प्रमाणित करते हैं कि सत्रिय के इस गुरु के पास रचनाओं का विस्तृत भंडार है। उनकी *नवरस*, *नायिका* और *नवधा भक्ति*, मौलिक रचनाएँ हैं।

शारोदी सैकिया, जो असम सरकार की एक प्रशासनिक अधिकारी हैं, साथ ही शंकरानंद कलाक्षेत्र

ऊपर: शारोदी सैकिया (अविनाश पसरीचा)

की प्रमुख भी, वे बताती हैं कि किस प्रकार प्रोसीनियम के लिए तैयार की गई सत्रिय प्रस्तुतियाँ बिना अपनी आवश्यक गुणवत्ता को खोए हुए संभव हो सकती हैं। उनके अनुसार *भातिमाएँ*, *श्लोक* और यहाँ तक कि *धेमाली* भी प्रोसीनियम के लिए सर्वथा उपयुक्त हैं। वे अकसर इस पर जोर देती हैं कि भरतनाट्यम और ओडिसी की तरह सत्रिय में भी एकल प्रस्तुतियाँ तैयार की जानी चाहिए।

पर जानने वाले जानते हैं कि मार्गम किस प्रकार बहुत कुछ को आसान बना देता है, और भरतनाट्यम की अधपकी प्रस्तुतियाँ मीडियाक्रिटी को जन्म देती हैं। इसलिए यह राह कोई अच्छी राह नहीं है। खासतौर पर तब जब समेकित प्रशिक्षण का अभाव हो। अन्वेषा महंत जैसी कुछ नृत्यांगनाएँ ही इसका अपवाद हैं।

सत्रिय में नई तरह की प्रस्तुतियों के लिए रवींद्रनाथ ठाकुर के नृत्य-नाटक *चंडालिका* का भी उपयोग हुआ है। गुरु जतिन गोस्वामी की शिष्या अनीता शर्मा में नृत्यांगना/प्रशिक्षक के रूप में बड़ी संभावनाएँ हैं। ऋतुओं पर रवींद्रनाथ के गीतों और कालिदास के *ऋतु संहार* के प्रभाव से, जो प्रस्तुति तैयार हुई, वह बताती है कि सत्रिय में, असमिया परंपरा के साहित्य से भिन्न कृतियाँ भी उतारी जा सकती हैं कि सत्रिय में वह क्षमता है जो अपने में ऐसा भी बहुत कुछ समा सकती है, जो उसकी परंपरा में पहले मौजूद नहीं रहा।

डॉ. जगन्नाथ महंत की चिंता सत्रिय के संगीत को लेकर भी है। आज सत्रिय में बंगाल से आए लोकगीतों का इस्तेमाल भी हो रहा है। वास्तविक असमिया शास्त्रीय-रूप छिन्न-भिन्न हो रहे हैं। अभिनय में सांकेतिकता की

सत्रिय नृत्य नाटक चंडालिका का एक दृश्य (अविनाश पसरीचा)

कमी भी उन्हें सालती है। कुछ ही नृत्यकार या प्रशिक्षक हैं जो संस्कृत जानते हैं, और जिन्हें पुराने पाठों की जानकारी है। जबकि वहीं से अभिनय की वास्तविक क्षमता / ऊर्जा प्राप्त की जा सकती है।[34] उन्होंने स्वयं दो रचनाएँ तैयार की हैं, एक नरसिंहा अवतारम है, जिसे अन्वेषा महंत ने प्रस्तुत किया, और दूसरी उन व्यक्तियों की प्रतिक्रियाओं पर आधारित है, जो कृष्ण के कंस के महल में प्रवेश करने पर व्यक्त की जाती हैं–ऐसा दृश्य जो कृष्ण कर्णामृतम में भी आता है। हाल के आयोजनों में सत्रिय संगीत को प्रमुखता दिए जाने से कुछ उम्मीद बँधती है। पर अभी नृत्यकारों और संगीतकारों को मिलकर कुछ ऊर्जावान प्रस्तुत करना है। वक़्त की ज़रूरत है कि अच्छे शिक्षण की व्यवस्था हो। अधपके ढंग से दीक्षित लोग जब कक्षाएँ लगाना चाहते हैं तो स्तर का गिरना स्वाभाविक है। साथ ही सत्रों को भी चाहिए कि वे गुणवत्ता पर और अधिक ध्यान दें। परम्परा के सूत्र अभी भी सत्रों के पास हैं। इस स्थिति का लाभ उठाया जाना चाहिए।

हाँ, सत्रिय के विस्तार के फ़ायदे भी हुए हैं। अब जाने माने और लोकप्रिय युवा, असम के सुदूर आदिवासी इलाकों से भी इस नृत्य रूप को सीखने के लिए आगे आ रहे हैं। युवा लोगों में विशेष रूप से इस नृत्य के प्रति एक आकर्षण पैदा हुआ है। रामकृष्ण तालुकदार और नरेनचंद्र बरुआ जैसे पुरुष नृत्यकार आने वाले वर्षों में स्वयं अच्छे प्रशिक्षक सिद्ध हो सकते हैं। नरेनचंद्र बरुआ को 2010 में बिस्मिल्लाह खाँ युवा पुरस्कार प्राप्त हुआ है। जतिन गोस्वामी के अंतर्गत नृत्य सीखने वाली कुछ नृत्यांगनाएँ भी बहुत अच्छा कर रही हैं। इसी तरह रसेश्वर सैकिया की शिष्या गरिमा हजारिका और इंदिरा पी पी बोरा भी ध्यान आकर्षित कर रही हैं। लेकिन अच्छे संगीत तक पहुँच अभी भी दुष्कर है। जिन प्रतिभाशाली संगीतकारों से संगीत नाटक अकादमी ने संगीत को लेकर काम करने को कहा है, वे सस्ते में तो मिलते नहीं, और नृत्यकार उनकी फीस देने में अपने को असमर्थ पाते हैं। भरतनाट्यम को जैसी बौद्धिक ऊर्जा रुक्मिणी देवी ने दी

थी या जैसी कई गुरुओं से कथक को प्राप्त हुई थी, वैसी ही ऊर्जा की ज़रूरत आज सत्रिय को है।

कमलाबारी, भोगपुर यहाँ तक कि अनुनाती सत्रों की धेमाली में नए हस्तकों का पदार्पण हुआ है। संगत में खोल की जगह, मायामोरा विष्णु बाली कुंची सत्र में मृदंगम का प्रयोग होने लगा है, जो इस क्षेत्र में नए स्रोत के उभार का द्योतक है।

सत्रिय को वृहद स्पेस मिल रहा है। उसमें नई चीजें जुड़ रही हैं। ऐसे में लगता यही है कि वह क्रमश: अपने को प्रोसीनियम के अनुकूल बना रहा है। भविष्य में निश्चय ही वह और अधिक उभरेगा। शास्त्रीय-नृत्य के रूप में उसके देरी से प्रवेश के अपने लाभ हैं। वह उन खतरों से बच सकता है, जिनके कारण अन्य नृत्य-रूपों के स्तर में गिरावट आई है। प्रदर्शन के लिए बड़े मंच जहाँ संभावनाओं के नए द्वार खोलते हैं, वहीं प्रलोभनों के नए संकट भी पैदा करते हैं।

पाद टिप्पणियाँ

1. असमिया लोग शंकरदेवा कहते हैं, मैंने 'ब' की जगह संस्कृत का 'व' इस्तेमाल किया है। प्रोफेसर महेश्वर नियोग जैसे विद्वानों ने भी शंकरदेव ही लिखा है, और डायरेक्टरेट ऑफ कल्चरल अफेयर्स, असम ने भी सत्रिय संबंधी अपने सूचना-पत्रों में इसी तरह से नाम को लिखा है।
2. संस्कृत में इस पद का इस्तेमाल महानतम नृत्यकार के लिए किया जाता है।
3. सभी रसों का मेल या सभी कलाओं का सौंदर्यशील, उल्लास।
4. इस शब्द को विभिन्न प्रकार से लिखा-बोला जाता है, जैसे 'बरगीत', 'बोरगित', 'बोरगीत,' या 'बोरगिता'। मैंने सी वर्तनी का इस्तेमाल किया है जो आज असम के अंग्रेजी लेखन में व्यवहृत होती है।
5. कहते हैं शंकरदेव की अपनी भतीजी भुवनेश्वरी ने *सुनोलो पंडिता, हरि पद सेवा रसे थिरा करु चित्त,* बरगीत को सारिंदा के साथ प्रस्तुत किया था। गीत की प्रस्तुति में राग के सभी नोट इस्तेमाल नहीं किए जाते, इस कारण मूल-गायन की लय को प्राप्त करना कठिन (होता) है। *कली* (पाइप) जैसा वाद्य कलिआबार और बरदोवा के पूर्वी क्षेत्रों में अधिक इस्तेमाल होता है। बैगपाइप, जो सभी सात सुरों को नहीं सँभाल सकता, उसका इस्तेमाल बरगीत गायन में नहीं होता, हाँ, भाओना की प्रस्तुतियों के लिए होता है।
6. ध्यान श्लोकों के ज़रिए रागों की विशिष्टताओं को उभारना–यह तथ्य भारतीय शास्त्रीय संगीत के लिए अनजाना नहीं है, लेकिन रागों को रूप देने की एक मिथ है। विश्व को नष्ट कर देने के बाद, आदि नारायण, आदिशेष के सर्प-बिछौने पर सोने चले गए। तब उन्हीं ने मालव राग को राजा और मालाविका को रानी बना दिया। धनाश्री, राज्य का मंत्री था, पूर्वी, पान के बीड़े के साथ लोगों का स्वागत करता था, और उसके नौकर-चाकर/परिजन पूरे गीत को प्रस्तुत करते थे। राग वसंत, राजा और रानी के ऊपर छत्र की तरह तना रहता था और राग सिंदूर, चँवर डुलाता था। राजा के चारों ओर खड़े रहकर राग सुहाई बैरवी, ललिता और गौरी, उसकी अभ्यर्थना करते थे।
7. देखें, महेश्वर नियोग की पुस्तक *एस्थेटिक कॉटीनुअम* : (ओम संस पब्लिकेशंस, 2008) जिसमें ये विवरण दिए हुए हैं।
8. अहीर, आसावरी, कल्याण, कानड़ा, कामोद, केदार, काव, गौरी, तुडा, तुडा-वसंत, तुडा माथी, धनाश्री, नट, नट-मल्हार, मथुरा, रामगिरि, ललिता, श्यामा, श्यामांगदा, श्री गांधार, श्रीगौरी, सोरंगा, सिंदूरा, सुहाई (कुल मिलाकर 33 राग)।
9. विद्वानों ने धनाश्री, असावरी, सुहाई, काव, श्यामा और कल्याण जैसे रागों का अध्ययन किया, जैसे कि कालीबार (नौगाव) के कमलाबारी सत्र में, और बरपेटा सत्र में, वे गाए जाते हैं, और अध्ययन के बाद इस नतीजे पर पहुँचे कि दोनों के गाए जाने में समानता है, हालाँकि वे सत्रों के रूप में अलग-अलग जगहों में स्थित हैं। लेकिन ऐसा हर जगह नहीं होता।
10. देखें, करुणा बोरा का लेख सत्रिय–ओजापाली–अ रिलेटेड डांस फॉर्म–सुनील कोठारी संपादित, *सत्रिय क्लासिकल डांस ऑफ असम* का पाँचवां अध्याय, मार्ग (खंड 64, संख्या 3, मार्च 2013)
11. कुछ विद्वान ऐसे हैं जो मानते हैं कि सत्रिय ने मणिपुरी को प्रभावित किया है। लेकिन अगर समानताएँ हैं भी, तो वे ऊपरी ही हैं। सत्रिय नृत्यों और उनकी लय के बारे में, महेश्वर नियोग ने लिखा है, "इस नृत्य शैली (मणिपुरी रास में) सत्रिय नृत्यों और देसी प्रदर्शनों (जिनमें लोक तत्व प्रचुर हैं, और वे नृत्यसंरचना में विशेष रूप से उभर आते हैं) का प्रभाव है, जबकि संगीत, बंगाल के वैष्णव कीर्तन से ही प्रमुख रूप से लिया गया है, सदी के प्रारंभ में।"

   ताल में समानताओं का उल्लेख, गुरु बिपिन सिंह के मणिपुरी पुंग, और गुरु घनाकांत बोरा के एक ताल वाले खोल के बजाने के संदर्भ से किया गया है। गुरु बिपिन सिंह ने "श्रीहर, गिरिधर

मुरली मनोहर" को मणिपुरी में, और बोरा ने "श्रीराम राघव राजीव लोचन" को सत्रिय शैली में बजाया है। इस बिंदु की चर्चा भी प्रोफेसर नियोग ने की है।

12. एक ऐसी पांडुलिपि, जिसके शुरू के और अंतिम पृष्ठ बिल्कुल धुँधले पड़ चुके थे, यह जोरहाट के लेतुरग्राम के सत्र में मंत्रदेव महंत को मिली थी। लेखक का नाम दिया हुआ है यदुपति, और जो पृष्ठ कुछ पढ़े जाने लायक हैं, उनमें एक प्रसंग नारद का है कि उन्हें ब्रह्मा, कृष्ण के पास संगीत सीखने के लिए भेजते हैं, और कहते हैं कृष्णा जो कुछ बताएँ, उसे एक बार में ही सुनकर सब सीख लो।
13. अत्तला, अधाश्री, खर्मा, छुतकला, दसावरी, दमानी, धर्मज्योति, वरजोती, वराईशम, सारुविशम, परिताल, रक्षकताल और रूपक।
14. खान-यती की व्याख्या 21 मात्राओं की ताल के रूप में की गई है, जिसमें बारह तालें हैं, और कोई खाली ताल नहीं है।
15. एकताली, खरमन, रचेहा, परिताल, रूपक, दास-बारी, बार-जोती, धरम-जोती, सारु-विषम, बार विषम, छुतकला, दोमानी।
16. उपतालें हैं– रूपा, गंजाल, सुधा-गंजाल, ओलातोर-गंजाल, अछाताल, उनाजोती, जोरा-विषम, पुरा-विषम, अर-विषम, छपताल और अदाश्री।
17. कामरूप के बरपेटा सत्र में जो बोल इस्तेमाल होते हैं, वे हैं: "तम, तत (अ) क, धी, धिन्नम, कित्ता (अ) खित्ता, खितित, गुर, घुर," कमलाबारी सत्र में व्यवहृत होने वाली ध्वनियाँ हैं: थेई, खित खृत, ता (अ) ओ, दा (अ) ओ, दृक, त्रि, ना-ता, और संयुक्त ध्वनियाँ, "ताधिनधिननाओ" और "खित खिताओ, खिताता, धेई-दाओ," छंगुरु सत्र के बोल हैं: "धिन, खित, फोट, दाओ, दित, तक, त्रिन, त्रिक–धेईताओ, खुत, खुम, धेनाओ।"
18. दो तालों के बीच के ठेकों को गत कहते हैं–जिससे गायक को कुछ विश्राम मिले।
19. देखें, *एस्थेटिक कांटीनुअम* जिसमें प्रोफ़ेसर नियोग ने इसका उल्लेख किया है। यह दस्तावेजों में दर्ज है कि राजसी अवसरों पर, जैसे मसलन जब मणिपुर की राजकुमारी से राजा राजेश्वर सिंह (1751-69) का विवाह हुआ तो नाटक मंचित हुए थे, या जब मणिपुर के राजा और कछारी के राजा अहोम राजधानी में आए तो रावण-वध को मंचित किया गया था, और उसमें मुख्य न्यायाधीश कीर्तिचंद्र बरबरुआ के बड़े बेटे सहित 700 संगीतकारों और अभिनेताओं ने भाग लिया था।
20. *धेमाली* का स्रोत यात्रा ही है, यह कहना कठिन है। साहित्यिक संस्कृत नाटकों के विपरीत यात्राएँ धार्मिक समारोहों जैसी थीं जिनमें जुलूस निकलते थे और देवताओं की कथाएँ सुनाई जाती थीं–पुजारियों/पुरोहितों द्वारा, जो प्राणों और शास्त्रों का ज्ञान रखते थे। ये कथाएँ साधारणजन की रुचि को भाने वाली होती थीं। इन यात्रा-समारोहों में अभ्यर्थना के साथ-साथ, मौज-मस्ती वाले कार्यक्रम भी होते थे। शंकरदेव से पहले यात्रा में जो कुछ होता था, क्या शंकरदेव उससे प्रभावित हुए थे, यह ज्ञात नहीं है; हालाँकि उन्होंने अपने परिजात हरणम और कालियादमनम को यात्राएँ ही कहा है। एक जीवनी में, जो रामचरण नाम के व्यक्ति की मानी जाती है, इसका उल्लेख है कि शंकरदेव ने अपनी चीन यात्रा में नौ खोलों (बोलों) का इस्तेमाल एक साथ, देवा धेमाली में किया था।
21. मुझे यह अतिरिक्त जानकारी स्वप्निल बरुआ के साथ की चर्चा में मिली, जो एक प्रशासनिक अधिकारी हैं। एक समय यह मेला *शिकार* से संबंधित था, विशेष रूप से बाघ के शिकार के समय बहुत से शिकारी उसे चारों ओर से घेर लेते थे, और घेरकर मार देते थे। यह मेला विशेष रूप से निर्मित पंडालों में होता है, जिसमें जमीनी हिस्सा और प्रदर्शन स्पेस को, हर मंडली के हिसाब से चिह्नित कर दिया जाता है, जिसे खाला कहते हैं। डॉ. महेश्वर नियोग ने अपनी पुस्तक में ऐसे ही एक मेले में जाने का जिक्र किया है, जहाँ अंकिया नाट का प्रदर्शन हो रहा था, और रास सभी गाँवों की मंडलियाँ कर रही थीं। सूत्रधार के प्रवेश के बाद, कुल मिलाकर 21 कृष्ण, इतनी ही संख्या वाले खालों में, अपना प्रदर्शन कर रहे थे–पारंपरिक वेशभूषा में। संगीत, माइक्रोफ़ोन पर प्रसारित हो रहा था, जिससे एक विशेष उत्साह और उल्लास था। उनके उल्लेख के अनुसार, आसपास के गाँवों की कुल आबादी, इसमें भाग ले रही थी। *धेमाली* का प्रदर्शन, किसी धार्मिक प्रसंग की शांति और शोभा की तरह आयोजित न होकर, अपने ही ढंग से होता है।
22. उदाहरण के लिए जिसे सम पद कहते हैं। यानी खड़ी हुई देह के वजन को सीधे घुटनों और समांतर पैरों से, जो लगभग एक-दूसरे को छू रहे होते हैं, समान ढंग से साधना/बाँटना। वह शास्त्रों में जुड़िया पद के रूप में उल्लिखित है। जब पैरों को फैला कर घुटनों को मोड़ लिया जाता है, तो उसे विपरीतमुखी पद या समान ओरा पद कहते हैं। जब पैरों को फैला लिया जाता है, और एड़ियों को ऊपर उठाया जाता है, तो यह कोलोसो पद कहलाता है। इसी तरह 'एगे गेरुआ उठुवा पद' और अन्य पद हैं, विभिन्न मुद्राओं वाले।
23. मल्लिका ने अपने सव्याख्या प्रदर्शनों में बताया है कि वह इसमें कैसा काम कर रही हैं!

24. कुल मिलाकर, ये माटी-अखाड़े 64 हैं, जिनमें से महत्वपूर्ण हैं *सोता, ओरा सोता* और *उधा सोता, जलक मुरुका,* और *थिया मुरुका, छत्रबली गेरोवा सेवा, पाकें* (भ्रमरियाँ, जो चौदह तक हैं) *खान शिकार, कटीहार, जप-ओरात, जप, समुखोलाई, जप* और कुछ अन्य व्यायाम जैसे– *लान-अथुलान, कटी इयान, मोराई-पानी-खुवा* और *कचाई-पानी खुवा* माटी अखाड़े हैं, दंडवत, पुरुष-ओरा, प्रकृति ओरा, ओरात उठा-बहा, हरभंगा, हार-पकोवा, पासाला-तोला, जतोनी, गेरोवा-सोआ, पानी-सिचा, मोरोपा, भा-मुरुका, थिया मुरुका, जलक, सिंह-जलक, सितिका, केतेला, हाट-सलोआ, काकिला-खोसार, हाट-भरी-सालाना, बहा-सोता, ओरा सोता, इधा-सोता, कटी सोता, दुतिया सोता, सनमुखोलोई-सोता, (मोटा-पाक, कटी पाक, मैइकी पाक, श्री-पाक, सेरेकी-पाक, उधा-सेरेकी-पाक, अकाल-पाक, गेरी-पाक, चीता-पाक, ओर-पाक, ओर-पाक-टुकुरा), ओराट-जप, सिंहा-जलक-जप, भेकोला-जप, छत्रवाली, अथुवा, खाहाकी, पद्मासन, गरुड़ासन, सिंहासन, एतिया-भरीर-पाक, सलाना, पथी-पाक, टिन्टिया-जलक, भारीमेला-टुकुरा-पाक।

व्यायाम: अथु-लान, कटि-लान, थिया-लान, तमाल-मोसारा, बुकु-सोआ, कामी-ताना, कासोई-पानी-खुवा, मोराई-पानी-खुवा, चौगुरु-कटि-लान, कटि-खार, चित-खार, ओलोता-खार, तेलतुपी।

25. स्वप्निल बरुआ से इस जानकारी की जब मैंने पुष्टि करनी चाही तो उन्होंने बताया कि उन्हें इस नवीकरण कार्य के विवरण मालूम थे, और इस नटी नृत्य को जो युवा सीखना चाहते थे, उनको सिखाने के लिए एक संस्था बनाई थी। स्वप्निल और महेश्वर नियोग के अनुसार, (जिन्होंने इसका उल्लेख अपने लेखन में भी किया है, इन नृत्यों को अपने नवीकृत रूपों में उत्साह के साथ सिखाया जाता था। इनसे जुड़े गीत उपलब्ध नहीं हैं, हालाँकि नृत्य-गतियों को अच्छी तरह, विश्वसनीय ढंग से, ग्रहण कर लिया गया था। लेकिन जितने लोगों के साथ चर्चा करने का अवसर मुझे मिला, उन सब लोगों ने जोर देकर कहा कि नटी नृत्य वास्तव में खत्म हो चुका है, और इसके नवीकरण के कोई चिह्न बचे नहीं हैं।

26. देखें, *एस्थेटिक कांटीनुअम,* पृष्ठ 324, जिसमें यह सूत्रधारी नाच के अंतर्गत उल्लिखित है। "धेक्रिका धेक्रिका धेई धागुर्ता तागुर्ता आदिताम दिदिताम दिदामती दाम दाम तितिनिती तितिनिती तेना तेना धेई तीसरे पद में ध्वनि के खेल पर विशेष रूप से जोर दिया जाता है:- कृपांगु उपांगु मुओपांगु भूषिताम मधुर सुधर धर धर धर धातुताम अग, नग, खग, धग, धग, धग, धागुताम अग, नग, खग, धग, धग,धग, धागुताम गोविंद श्रीपाद पद वदन्य गदन्य सदन्य श्रीदन्य धे।

27. गा-नाच नृत्य के अंतिम हिस्से का मुख्य अंग है।

28. गा-नाच में केवल एकताली और परि-ताल का उपयोग होता है। रामदानी चार भागों में विभक्त है, सरु (छोटा) बर (बड़ा), कलकतिया, और हाजोवालिया। एक नाटकीय प्रस्तुति में नृत्यकार, गोपियों की वेशभूषा में रहते हैं। चली नाच को नटुआ नाच भी कहते हैं, जिसका अर्थ है एक अभिनेता का नृत्य।

29. कर्कट हस्त: एक हाथ की अंगुलियों को दूसरे हाथ की अंगुलियों में फँसाना।

30. श्रवणा, ईश्वर की स्तुति संबंधित गीतों और शब्दों को सुनना। स्मरण का अर्थ है ईश्वर का स्मरण और उसका ध्यान। अर्चना, ईश्वर की पूजा है। वंदना, ईश्वर की अभ्यर्थना है। दास्यम, सेवक के रूप में रहना है। साख्यम, मैत्री भाव है। आत्मनिवेदनम, ईश्वर के प्रति स्व का विसर्जन है।

31. शंकरदेव ने यह रचना राउमारी, गोआलपारा में रामानंद राय कवि से मिलने के बाद की थी, जो गजपति के शासक प्रताप रुद्रदेव के राजनीतिक प्रतिनिधि थे।

32. जिन लताओं ने कृष्ण के नाखूनों का अनुभव किया है..."

33. आशंका और डर जो निजी बातचीत में बहुतेरे लोगों द्वारा व्यक्त किए गए थे।

34. ये विचार एक वार्तालाप में व्यक्त किए गए थे।

मणिपुरीः एक विलक्षण शैली

भारत के पूर्वोत्तर भाग में पनपा है मणिपुरी नृत्य, और यह भरतनाट्य, कथक और कथकली के साथ 'शास्त्रीय' रूप में स्वीकार किए जाने वाले पहले चार नृत्यों में से एक है। मणिपुरी जीवन के एक अंग के रूप में यह मंदिरों और अनुष्ठानों तक सीमित था। बाहर इसके बारे में कोई विशेष जानकारी शुरू में नहीं थी। रवीन्द्रनाथ ठाकुर और बंगाल ही इसे भारतीय कलाओं के बीच ले आए। मणिपुरी गुरु और विद्वान आर.के. सिंहजीत सिंह के अनुसार 1892 में जब अंग्रेजों ने मणिपुर में आक्रमण किया, और युवराज टिकेंद्रजीत सिंह को फाँसी दी गई तो उसके बाद रवींद्रनाथ ने चित्रांगदा का प्रारंभिक प्रारूप तैयार किया था। स्वयं कवि को तब इस क्षेत्र विशेष की अधिक जानकारी नहीं थी और यह उनके लिए बस एक 'स्वप्न लोक' था।[1] 1919 में सिलचर में मणिपुर की यात्रा के दौरान जब रवींद्रनाथ ने मणिपुरी नृत्य देखा तो उसने उन्हें इतना प्रभावित किया कि उनकी इच्छा हुई कि मणिपुर से ले जाकर एक मणिपुरी गुरु को शांतिनिकेतन में रखा जाए। शुरू में कोई गुरु मणिपुर छोड़ने को तत्पर नहीं हुआ। अंत में सिलचर के राजा बीरेंद्रकिशोर मानिक्य ने मणिपुर से नहीं, अगरतला से बुद्धिमंत्र सिंह को इसके लिए राजी किया। 1920 में कवि ने शांतिनिकेतन में बसंतोत्सव के आयोजन के अवसर पर नृत्य संबंधी अपनी परिकल्पनाओं के साथ मणिपुरी की प्रस्तुति संभव की। इसके लिए किसी प्रकार गुरु अमुबी सिंह को, उनकी इच्छा के विरुद्ध तैयार किया गया। यह प्रस्तुति संकलित रूप में प्रिंस ऑफ वेल्स के भारत आगमन पर हुई थी।

सामने का पृष्ठ: मणिपुरी रास–तनुजा देवी और जेनिया चानू (आर. श्रीनिवासन)

1925 में नवकुमार सिंह और उनके भाई बैकुंठनाथ मणिपुरी के प्रशिक्षक के रूप में शांति निकेतन आए। उनकी शिष्याओं में प्रसिद्ध नाम थे, यमुना और गौरी, नंदलाल बोस की पुत्रियाँ, नंदिता कृपलानी और अमिता सेन। टैगोर ने 1927 में अपनी 6 कविताओं को मणिपुरी और गर्बा के मिश्रण से प्रस्तुत किया। उसी वर्ष गुरुदेव ने नवकुमार सिंह को अहमदाबाद भेजा और झावेरी बहनें, जो बाद में गुरु बिपिन सिंह की अभिन्न सहयोगी बनीं, उन्हें नवकुमार सिंह ने दीक्षित किया। 1931 में शांतिदेव के निर्देशन में हुई *ओई बूझी कालवैशाखी* प्रस्तुति में मणिपुरी के साथ बाउल और कथकली का असामान्य

गुरु अमुबी सिंह (संगीत नाटक अकादमी)

मेल दिखाई दिया। गरिमामय और साहसिक। 1935 में *सामान्य क्षति* में तैरने की प्रतीति पैदा करने के लिए मणिपुरी के अदाचौताल बोल पिरोए गए, और 1936 में मणिपुरी और कथकली के मिश्रण को रवींद्रनाथ के नृत्य-नाटक *चित्रांगदा* में आदर्श विषयवस्तु मिली।

1939 में उदयशंकर, जो स्वयं मणिपुरी के बड़े प्रशंसक थे, गुरु अमुबी सिंह को अल्मोड़ा ले गए, अपने 'अल्मोड़ा इंडियन कल्चरल सेंटर' के छात्रों को दीक्षित कराने के लिए। वहाँ उदयशंकर की पत्नी अमला शंकर, गुरु की बेहतरीन शिष्या बनीं, और गुरु की विशेष संरचना *नीलकमल दल श्याम* को प्रस्तुत करने में उन्होंने दक्षता हासिल कर ली। इस प्रस्तुति को प्रेस और पब्लिक, दोनों की सराहना मिली। मणिपुरी लास्य को टैगोर ने जिस तरह शांतिनिकेतन में अपनी रचनाओं के लिए इस्तेमाल किया, और 1930-40 के दशक में ख्यात कला-उन्नायक हारेन घोष ने जिस प्रकार मणिपुरी मंडलियों को देश भर में प्रस्तुतियाँ देने की व्यवस्था की, उसने निश्चय ही मणिपुरी को एक अखिल भारतीय पहचान दे दी। गुरु अमुबी सिंह के अलावा, गुरु अतोम्बा सिंह ने भी राज्य के बाहर मणिपुरी के उन्नयन के लिए कार्य किया, और अहमदाबाद, दिल्ली, कोलकाता और शिलांग के अलावा मुंबई में भी एक मणिपुरी केंद्र की स्थापना हुई। प्रियगोपाल सना जैसे नृत्यकारों ने, जिन्होंने थोड़े दिनों तक फिल्मों में भी काम किया, के साथ तरुण कुमार और महाबीर ने मणिपुरी नृत्य में ख्याति प्राप्त की। आज़ादी के पहले लाहौर में तरुण कुमार ने एक मणिपुरी केंद्र भी स्थापित किया था–प्रशिक्षण के लिए। 1948 में कोलकाता और मुंबई में मणिपुरी नर्तनालय की स्थापना

एच. अतोम्बा सिंह, एक कलाप्रेमी महिला के साथ (संगीत नाटक अकादमी)

की, और अमुदोन सिंह के एक छात्र बिपिन सिंह ने झावेरी बहनों को नृत्य सिखाना प्रारंभ किया, जिन्होंने उसे अपने जीवन का लक्ष्य बना लिया। ऐसा करने वाली वे मणिपुर के बाहर की पहली शिष्याएँ थीं। आजादी प्राप्त होने के समय, मणिपुरी नृत्य को पर्याप्त पहचान और ख्याति मिल चुकी थी। गुरु सिंहजीत सिंह ने अपने आलेख में फिल्म राजनर्तकी का उल्लेख किया है, जो मणिपुरी के एक नृत्यकार हैं, और जो 1942 में कोलकाता में बनी थी। इसकी मुख्य भूमिका में थे पृथ्वीराज कपूर। कहानी में नृत्यकार ही ऐसा व्यक्ति है, जो इतना पवित्र है, कि चैतन्य महाप्रभु की चरणरज पा सके। यह उस समय आई थी जब देवदासी परंपरा अपने मान-स्वाभिमान के लिए जूझ रही थी, और समाज उसको ठुकरा रहा था। ऐसी स्थिति में फ़िल्म के ज़रिए एक नृत्यकार की 'पवित्रता' का यह सदेश अनूठा था, और नृत्यकारों को प्रतिष्ठा और गरिमा दिलाने वाला था। यह फ़िल्म इस मामले में भी विशेष थी कि इसको लिखने वाले से लेकर इसके अभिनेता, निर्देशक, निर्माता तक सभी मणिपुर के बाहर के थे और कभी मणिपुर गए भी नहीं थे। पर वे इसकी ओर खिंचे थे–सिर्फ़ कोलकाता में मणिपुरी नृत्य की झलकियाँ देख कर।

1954 में दिल्ली में त्रिवेणी कला संगम ने गुरुसिंहजीत सिंह की अगुवाई में एक मणिपुरी विभाग की स्थापना की, जिन्होंने 49 नृत्य-नाटकों की रचना की, और उन्हें नृत्य में पिरोया। उन्होंने नृत्यशिक्षा में मणिपुरी गतियों को ही बरकरार रखा और जगोई, चोलम, और पेना जैसे वाद्यों का इस्तेमाल किया। इससे पहले, नृत्य-नाटकों के संगीत में पेना का इस्तेमाल नहीं हुआ था।

इसी के साथ मणिपुरी के मार्शल आर्ट थांग-टा का भी व्यवहार उन्होंने किया। उनकी प्रस्तुति बभ्रुवाहन शायद ऐसी पहली प्रस्तुति थी मणिपुरी नृत्य नाटक की, जिसमें गतियाँ, वाद्य और विषयवस्तु सभी कुछ तो मणिपुर के थे। उन्होंने किसी अन्य प्रकार की आलंकारिक वेशभूषा की जगह स्त्री-पुरुष पात्रों के लिए मणिपुरी वेश-भूषा ही रखी थी। यहाँ तक कि संस्कृत नाटक की विषयवस्तु भी जब मणिपुरी में अनूदित होती है, तो मानो उससे मणिपुरी वेशभूषा ही उभरती है। उन्होंने केवल उज्ज्वल *अंगवस्त्रम* का इस्तेमाल किया और उसी से दृश्यों में सौंदर्य और विशेष प्रभाव की रचना की, अन्य उपकरणों से दूर रहे।

एक अपनी ही दुनिया के लोग

मणिपुरी एक ऐसे समाज की देन है जो आंतरिक रूप से अपने में ही डूबा रहा है, इसलिए इस नृत्य-रूप को उसके अपने जगत से बाहर निकाल कर अन्यत्र भी प्रतिष्ठित करना आसान काम नहीं था। निश्चय ही रवींद्रनाथ ठाकुर की यह एक बड़ी उपलब्धि थी कि वे ऐसा कर सके। गुरु सिंहजीत सिंह ज़ोर देकर यह कहते हैं कि मणिपुर पर बर्मा के सात साल के शासन (1819-1826) के बावजूद, मणिपुरी संस्कृति में बर्मा का कोई प्रभाव नहीं है। यह मणिपुरी समुदाय और संस्कृति की एक शक्ति ही तो है। 1891 से 1947 तक वहाँ एक ब्रिटिश पॉलिटिकल एजेंट भी रहा, और उसने एक मणिपुरी लड़की से शादी भी की। पर जब वह इंग्लैंड लौटा तो वह लड़की उसके साथ नहीं गई। मणिपुर में ही रही, भले ही समाज से बहिष्कृत होकर। विश्वयुद्धों के दिनों में मणिपुर में अंग्रेज सिपाही भी तैनात थे, पर, मणिपुर पर कोई अंग्रेज़ी/विदेशी प्रभाव भी नहीं है।[2] उल्लेख इस बात का भी है कि जब गुरु अमुबी सिंह के बेटे ने दरबार हॉल में एक अस्थायी मंडप में कृष्ण की भूमिका में नृत्य किया, और ब्रिटिश अधिकारी ने उसे सराहते हुए, उससे लाड़ किया तो इसे अच्छा नहीं

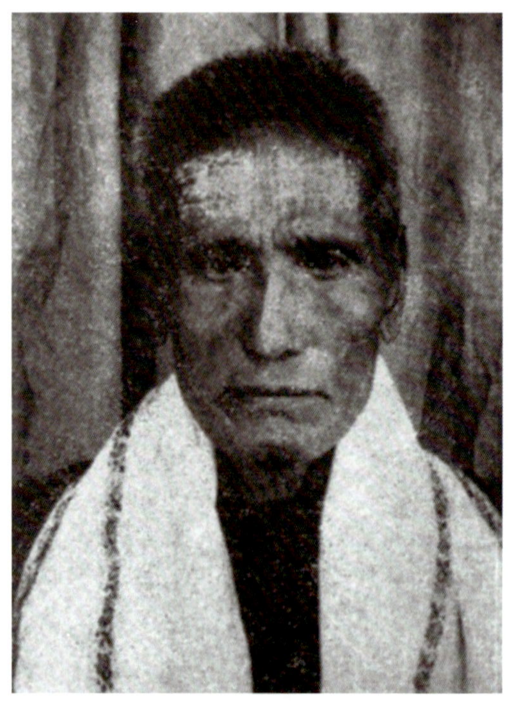

टी अमुदोन शर्मा (संगीत नाटक अकादमी)

माना गया, और वर्षों तक उस लड़के को इस प्रसंग की प्रताड़ना झेलनी पड़ी।

मणिपुर की धरती पर रचे-बसे, और लोगों की जीवनशैली में अनिवार्य रूप से गुँथे, मणिपुरी नृत्य को, उसके बाहर की संस्कृतियों में ठीक से नहीं समझा गया। इस कारण उसे भरतनाट्यम जैसा प्रसार तो नहीं मिला, पर इस स्थिति का एक लाभ भी हुआ है कि वह समूची दुनिया में एक विशिष्ट पहचान बनाए रख सका है।

आज भी यह पूजा-अर्चना का एक अभिन्न अंग है। मणिपुरी दो समांतर नृत्य धाराओं को अपने में समाहित किए हुए है। एक धारा तो गुरु सिदाबा की किंवदंती की है, जिसने अपने बेटे असीबा से कहा कि वह शेंगाऊ (मार्शल आर्ट थांग-टा की आनुष्ठानिक गतियाँ) के साथ दुनिया की रचना करे, साथ में इसके संग गाए जाने वाले जादुई गीत भी हो! इसे आज भी लाई-हरोबा उत्सवों

में सभी अनुष्ठानों के साथ संपन्न किया जाता है। दूसरी धारा है, रास-लीला की, जो वैष्णव धर्मी कृष्ण/राधा/गोपियों की भक्ति के इर्द-गिर्द बुनी गई है। इसके प्रमुख रचयिता थे राजा भाग्यचंद्र (1764-1789), जिन्होंने 1779 में बर्मा पर विजय के अवसर पर इसे आरंभ किया था। ये दोनों ही धाराएँ मणिपुरी नृत्यविधि अपने को लाई हरोबा की भित्ति पर खड़ा करती है, जिसमें निराकार देवता का आह्वान उतनी ही श्रद्धा से किया जाता है, जितना कि गौड़ीय वैष्णव धारा में कृष्ण आदि का।

मणिपुरी विद्वानों के अनुसार जो हिंदू धर्मांतरण हुआ था उसे हिंदू धर्म के 'मेइतीवादी' बनने के रूप में देखा जाना चाहिए, न कि मेइती लोगों की संस्कृति[3] द्वारा हिंदू धर्म को अपनाने में। और रास-लीला को एक सांस्कृतिक घटना से अधिक राजनीतिक घटना के रूप में लक्षित किया जाता है, क्योंकि राजा ने जब वैष्णव धर्म को अपनाया तो उसमें मेइती संस्कृति का विसर्जन शामिल नहीं था—न ही हिंदू धर्म की सर्वतोमुखी छत्र-छाया के तले आना था। यह तो भगवान कृष्ण को सिंहासनारूढ़ करना था, राज्यारोहण की तरह, उस मणिपुर में जहाँ राजकुमारी ब्याह कर आई थी।[4] ऐसा कम ही देखा गया है, अन्य श्रोतों में, कि किसी राजा की आस्था, धीरे-धीरे प्रजा में भी फैल गई हो। हिंदू धर्म-दर्शन की आस्थाएँ मणिपुर में राजा गरीब निवास के समय तक लोगों के बीच उतर आई थीं, लेकिन मेइती बिल्कुल अपनी, निजी, 'देसी' संस्कृति की विशिष्टताओं के साथ पनपी-सँवरी है।

अमूर्त देवत्व और मिथक

आनुष्ठानिक नृत्यों में निष्णात, मणिपुरी के माइबा और माइबी का नृत्य वहाँ की संस्कृति का एक अपूर्व उदाहरण है। बिल्कुल श्वेत वस्त्रों में वे निराकार देवी/देव को संबोधित होते हैं, इसका यह निराकार देवत्व किसी हिंदू देव-देवी से नहीं मिलता। यह अनुशासित, एकाग्र नृत्य, जो भाव-प्रभाव में सघन है, एक प्रतीकी-प्रस्तुति है। तांत्रिक तत्व/लक्षण इसके दर्शन में निहित हैं। तेरहवीं सदी के भविष्य पुराण में जो चित्रांगदा प्रसंग वर्णित है, और जिसमें अर्जुन अपने पुत्र बब्रुवाहन द्वारा मारा जा कर, पुनर्जीवित होता है, वह मणिपुरी कुंडलिनी योग के तांत्रिक दर्शन का ही एक अंग है। सांप का अपनी ही पूंछ को काट लेना, देवी पखांग्बा का 'प्रतिनिधित्व' करता है, और इसी तांत्रिक दर्शन का और अधिक संवहन करता है। ऐसा विश्वास है कि शिव की त्रिमूर्ति ने ही घाटी को पानी में डूबने से बचाया था, ईश्वर स्वयं एक मंगोली देव है, जिसके बारे में माना जाता है कि उसका वास हिमालय में है, और उसे चिनाचार कहकर पुकारा जाता है। (हिमालय के चिन या महाचिन क्षेत्र)। इन मिथकों में शैव प्रभाव देखा जा सकता है। खंबा और थोइबी की किंवदंती भी है, इसमें पुरुष, एक आम आदमी है, और स्त्री, राजकुमारी है, अंततः जिनका मिलन होता है, पर दुर्भाग्यपूर्ण ढंग से मरने के लिए। बारहवीं सदी में घटी यह घटना मोइरांग की मानी जाती है, कई रातों तक इनके शोक गीत गाए जाते हैं, साज बजने अपनी पुरानी और निजी संस्कृति से कभी विलग नहीं हुए। एक ओर रास-लीला के उत्सवी कार्यक्रम रहे हैं, तो दूसरी ओर लाई-हरोबा के, और इस तरह ये दोनों ही मणिपुर के शास्त्रीय नृत्य, और समारोहों की प्रेरणा ही हैं।

मणिपुरी की अपनी कुछ विशिष्टताएँ हैं। अन्य नृत्य-रूपों में साहित्य की भी एक अहम भूमिका है, और उनके अपने संरचनागत ढाँचे हैं, पर मणिपुरी तो पूरे समाज के स्पंदनों से स्पंदित है। मणिपुर प्रदेश में कई स्वजातीय समुदाय हैं, जिन्हें हम मोटे तौर पर दो श्रेणियों में बाँट सकते हैं—पहाड़ निवासी व स्वजातीय समुदाय। 20,000 किलोमीटर वर्गभूमि के पहाड़ी क्षेत्रों में भारतीय-मंगोल स्वजातीय लोग रहते हैं, जिन्हें किरात कहते हैं, और घाटी में वेदों के समय से चले आ रहे समुदायों का वास है, उन्हीं में पहले के सात मेइती कुल शामिल हैं। 'मेइती' पदनाम अकेले निंगथाउजा समुदाय के लिए भी व्यवहृत होता रहा है। कुकी-कड़ियों वाली भाषाएँ बोलने वाले मणिपुरी लोगों की अपनी संपन्न साहित्यिक परंपराएँ हैं।

कई वर्गों/समुदायों की सांस्कृतिक-संबद्धता–जावा, थाई, तिब्बत, बाली और असम के थाई अहोम लोगों के साथ गुँथी (रही) हैं। द्रविड़ और आर्य संस्कृतियों के साथ भी उनका मिलन हुआ है, तिब्बती-बर्मी भाषी लोगों के साथ घाटी के विभिन्न भागों में फैले ब्राह्मणों का घुलना-मिलना रहा है 15वीं शती के बाद, इस तरह मणिपुर की एक तार वाले संगीत में पेना का इस्तेमाल होता है, यह तार वाद्य मणिपुर का अपना है।

मार्शल आर्ट में अत्यंत निपुण लोग हैं मणिपुर के, पर उन्होंने नृत्य की आंतरिकता में शांत-रस भी निर्मित किया है। कुश्ती, मणिपुरी-फुटबॉल, हॉकी, पोलो और थांग-टा, सभी तो इस तंत्र-मंत्र के प्रदेश में प्रमुख रहे हैं। और हूचोंग्बा उत्सव मार्शल आर्ट पर फोकस करने में अग्रणी रहा है। माना जाता है कि इतिहास में उल्लिखित मणिपुर के कांग्ला क्षेत्र के पहले राजा नोंग्दा लाइरेन पखांग्बा ने 11वीं शती में इसकी शुरुआत की थी। और यह कांग्ला-शा के खुले मैदानों में आयोजित होता था। पर्वतीय प्रदेशों के जो जागीरदार राजा को टैक्स देते थे, वे इसमें भाग लेने के लिए पूरे तामझाम के साथ आते थे, और मेइती तथा पर्वतीय लोग साथ बैठकर मद्यपान करते थे। मेइती लोगों द्वारा हिंदुत्व अपना लेने के बाद, साथ बैठकर मांस-मदिरा के सेवन से परहेज़ रहने लगा। उत्सव भी कुछ समय के लिए बंद हो गया, पर, इसकी शुरुआत 1934 में फिर हुई, नए प्रसाद साना कुनुंग में, और मेइती तथा पर्वतीय लोग फिर इस उत्सव में साथ-साथ भाग लेने लगे।

लाई हरोबा

लाई हरोबा उत्सव का मणिपुरी संस्कृति में विशेष महत्व है। यह वार्षिक उत्सव धार्मिक अनुष्ठान के रूप में तथा तांत्रिक और शैली प्रभावों के साथ, पुरखों को श्रद्धांजलि अर्पित करने के रूप में मनाया जाता है। सात से लेकर तीस दिनों तक विभिन्न क्षेत्रों में कई रूपों में मनाया जाने वाला यह उत्सव, मणिपुर की प्राचीन नृत्य-संस्कृति

झावेरी बहनों द्वारा रास (संगीत नाटक अकादमी)

की भी कई परतें खोलता है। गुरु के आदेश से असीबा ने सृष्टि की रचना की, धरती आबाद हुई, और उसमें विभिन्न जीवों का वास हुआ। लाई का शाब्दिक अर्थ है ईश्वर, और हरोबा का अर्थ है– उल्लसित उत्सव, सो इस उत्सव में मानो देवी-देवता आनंद करते हैं।[5] ऐसा माना जाता है कि कोउब्रू पहाड़ी के शिखर पर विभिन्न देवों के इकट्ठा होने पर हर एक को कोई न कोई काम दिया गया था और उन्होंने सृष्टि की रचना की नकल करते हुए, अपनी बारी के आने पर नृत्य किया था। सभी के यथास्थान बैठ जाने, और कब कौन क्या करेगा, यह सब तय हो जाने के बावजूद, यह पहला *लाई हरोबा* उत्सव अधूरा माना गया था क्योंकि कुछ देवी-देवता अनुपस्थित रह गए थे। मानते हैं कि सेलोई लंगमाई चिंग (जिसे अब नांगमाईजिंग पहाड़ी कहते हैं) पर आयोजित दूसरा उत्सव पूरी तरह संपन्न हुआ था और वही अब कांग्लोई हरोबा के नाम से वार्षिक रूप से घाटी में मनाया जाता है। मणिपुर के प्राचीन बाशिंदों ने कोउब्रू पहाड़ी पर, उत्सव को तब देखा था जब वे शिकार पर निकले थे और फिर उन्होंने उसी की तर्ज़ पर अपना उत्सव रचा था जिरो *चकगा* हरोबा कहा जाता है।

नांगमाईजिंग के सफल आयोजन को थांगजिंग पहाड़ी पर उत्सव मनाने के लिए आमंत्रित किया, और प्रसन्न होकर उन सबने नृत्य किया, फिर *लाई हरोबा* को मोइरांग घाटी में लोकताक झील के किनारे ले आया गया। *मोइरांग हरोबा* को खंबा थोइबी किंवदंती के प्रदर्शन के लिए जाना जाता है, जो उत्सव का एक विशेष अंग है। दो देवी-देवताओं, भगवान खामलांबा और उनकी सहचरी देवी कालिका जो ताखेल (त्रिपुरा) की हैं; को शिव-पार्वती का ही एक अन्य रूप माना जाता है। इनकी अभ्यर्थना, *काकचिंग हरोबा* में की जाती है। आज लाई हरोबा उत्सव चार जगहों पर मनाया जाता है, ये जगहें हैं कांगली, चपका, मोइसंग, और काकचिंग, और इन सबकी अपनी अलग पहचान और विधियाँ हैं। उदाहरण के लिए तांगजिल लोगों का मोइरांग में पलायन / पुर्नवास *मोइरांग हरोबा* में वर्णित है, और चपका उत्सव में कोई माइबा और माइबी नहीं होते, उनकी भूमिका को स्वयं गाँव वाले निभाते हैं।

लाई हरोबा अनुष्ठान के जटिल विधि-विधान मणिपुर के पवित्र ग्रंथ, जैसे– *लेइथेक-लेइहा-रोल*, *थिरेल-लायत* और *पुडिल* में दर्ज हैं।[6]

नट संकीर्तन

होली, रथयात्रा, राखाल-रास और बसाक जैसे उत्सवों को छोड़कर, किसी भी व्यक्ति के जीवन के *कर्ण वेध*, *उपनयन*, *श्राद्ध*–जिसे *फिरोल* कहते हैं, जैसे अवसरों पर *नट संकीर्तन* होता है।[7] नूपी पाला की स्त्रियाँ, दुर्गा पूजा, झूलन (झूला) महोत्सव, (जिसमें कृष्ण-राधा की

माइबी नृत्य (संगीत नाटक अकादमी)

माइबी डांस (संगीत नाटक अकादमी)

झाँकी सजाई जाती है) और जलकेलि (राधा के साथ कृष्ण की जलक्रीड़ा) उत्सवों में अपनी कला का प्रदर्शन करती हैं।

मृदंग और खरताल की लय पर गाए जा रहे गीत के आशय को संगीत-लड़ियों से ही उभारा जाता है; उसके लिए किन्हीं अतिरिक्त गतियों या शाब्दिक 'अनुवाद' का सहारा नहीं लिया जाता। प्रदर्शन को जो चीज़ नाटकीय बनाती है, वह है वाद्यों के साथ/समांतर गतियों की ऊर्जावान संगति, जो गरिमापूर्ण होती है। नृत्यांगनाएँ हंस, हाथी, सर्प या हिरण की चाल भी प्रदर्शित करती हैं। लय और गतियाँ ऊपर उठती हैं, सम पर आती हैं, और फिर ऊपर उठती हैं। संतुलन पर जोर रहता है। परिष्कार, प्रस्तुतियों को सम्मोहक बनाता है।[8] ढोल और झांझ, कभी वर्षा की फुहार, कभी अंधड़ के स्वर निकालते हैं। हर चीज़ में सौंदर्य के दर्शन चाहते हैं, चाहे वह पगड़ी का बाँधा जाना हो या थाली में पान के बीड़ों का सजाया जाना।

चोलोम में, जो *चलनाम* का ही समानार्थी है, में कलाकार ढोल और झांझ के साथ विधिपूर्वक तालमेल बिठाते हैं। कुछ भंगिमाओं मुद्राओं के साथ। पाला मंडली में दो पुंग थेइबा (मृदंग वादक) होते हैं, एक मंदिर के दाईं ओर खड़ा होता है, दूसरा बाईं ओर। बाईं ओर खड़े मृदंग वादक के बगल में खड़ा होता है दुहार, यह करताल का नेतृत्व करता है। गायन (खोमबंगबास) वृत्त को पूरा करते हैं, उनकी अगुवाई करने वाला, उनके सामने, वृत्त के भीतर खड़ा रहता है। चोलोम के प्रदर्शन के समय, पूरी पाला मंडली, वृत्ताकार इस दिशा से उस दिशा की ओर घूमती है–आगे-पीछे। पूरी प्रस्तुति पुंग कलाकारों के कंधों पर टिकी होती है, इसलिए ताल और लय के रूप-क्रमों का इसमें विशेष महत्व है। *राग अचौबा* या *राग नट* के बाद राग का विस्तार किया जाता है। फिर *तीन ताल*, *तानचेप* और *मेनकप मेल* ताल प्रस्तुत की जाती हैं। इनके बीच-बीच में, स्वच्छंद ढंग से अन्य तालों की प्रस्तुति की भी गुंजाइश रहती है।

संकीर्तन का मणिपुर में एक रूप और मिलता है, जिसका जिक्र हम पहले कर आए हैं। नरोत्तम ठाकुर नाम के एक वैष्णव संत इसे बंगाल से लाए थे, और इसकी जड़ किसी न किसी रूप में यहाँ भी जम गई है। इसे *धप्पाला* कहते हैं, और इसमें ढोल और *झांझ* की जगह पखावज और ढोलक बजते हैं। इसे विशेष रूप से *श्राद्ध* के समय प्रस्तुत किया जाता है, और इसमें *झाल* का इस्तेमाल होता है–यह झांझ का ही एक प्रकार है। यह *चैतन्य सम्प्रदाय* के नाम से भी जाना जाता है।

एक और कीर्तन है, जिसे *अहोरात्र कीर्तन* कहते हैं, और जो चौबीसों घंटों होता है। यह ड्रमेल से पहले संपन्न होता है। ड्रमेल की भी चार श्रेणियाँ हैं : *महा-ड्रमेल*, *नित्याई ड्रमेल*, *गौरा ड्रमेल* और *देवी ड्रमेल*। इनमें

से प्रत्येक किसी विशेष अवसर पर किया जाता है, और इनके लय संबंधी अपने ही रूप-क्रम (पैटर्न) हैं।

रासलीला

मणिपुर में वैष्णव अर्चना का केंद्र श्रीगोविंद जी मंदिर का है। पूर्णमासी की रात को मंदिर के सामने रास की प्रस्तुति के बाद ही, *खुलक*, यानी गाँवों में ग्राम देवता के समक्ष रास की प्रस्तुति की जाती है। गोधूलि बेला से अगली सुबह तक की प्रस्तुति के पूर्व रास-आरंभ का प्रदर्शन होता है, जिसमें ब्राह्मण पुजारी संस्कृत श्लोकों के साथ, पहले गणेश और फिर विष्णु, तथा उनके दशावतारों की प्रस्तुति, रास करने वालों, और उस अवसर पर उपस्थित आयोजकों को सम्मिलित करके करता है। *रास मंडप* की धुलाई होती है और मंडप के चारों ओर विधिपूर्वक चटाइयाँ बिछा दी जाती हैं। गैस बत्तियों से लेकर, ट्यूबलाइटों और बल्लों से रोशनी की जाती है, और काठ के मंच पर रस्सी गाड़ दी जाती है, यह मंच एक घूमने वाला मंच बन जाता है, जिसमें राधा और कृष्ण की मूर्तियाँ रखी जाती हैं।

मणिपुर में *रासलीला* के अवसर पर दर्शकों को जो दृश्य दिखाई पड़ता है, वह बहुत अद्भुत (होता) है। चाँदनी रात में, रोशनियों के इर्द गिर्द जुगनू मँडराते हैं, आसपास के गाँवों की बूढ़ी स्त्रियाँ माला गूँथ रही होती हैं, गाती जाती हैं, और कृष्ण का नाम जाप करती हैं। शंख बजते हैं, वातावरण गुंजायमान होता है। दृश्य में बहुतेरी स्त्रियाँ गुलाबी फानेक्स (लुंगी) पहने, दूधिया दुपट्टा लिए रहती हैं; जिसे *इनाफिस* कहते हैं; पुरुष सफ़ेद धोती-कुर्ते में होते हैं, माथे पर चंदन का तिलक होता है।

भक्तगण मंदिर में उत्तर-पश्चिम से प्रवेश करते हैं, जो पूर्व दिशा के सामने होता है, और रास मंडप से मिला हुआ; हरी-बोल के उच्चारण के साथ मंदिर की मूर्तियाँ मंडप में लाकर स्थापित की जाती हैं।

संकीर्तन, रासलीला का आरंभिक चरण है। मसलन वसंत रास, जो शुरू होता है प्रार्थना और मंडप के आकार लेने के साथ। मुख्य पात्र आकर नृत्य करते हुए मानो अपना परिचय देते हैं। इसके बाद मुख्य प्रसंग प्रस्तुत किए जाते हैं। प्रार्थना और श्रद्धा-निवेदन के साथ समापन होता है। महारास संभवतया सबसे अधिक प्रभावशाली होता है। जबकि *कुंज-रास* जो *महारास* से पहले होता है, उसमें नाटक के तत्व बहुत थोड़े-से होते हैं। नित्य रास में सभी पाँचों अंग होते हैं, लेकिन उनमें नाटकीय तत्वों पर जोर नहीं दिया जाता। यह राधा-कृष्ण और गोपियों द्वारा प्रतियोगी ढंग से खेले जा रहे खेलों पर केंद्रित होता है। *पोंथा-जगोई* में जब कृष्ण और राधा कठिन तालों को प्रदर्शित करने की चुनौती-एक दूसरे को देते हैं, तब निश्चय ही तकनीकी चीजों की जानकारी आवश्यक होती है। अगर कृष्ण हारते हैं तो उन्हें अपना मुकुट (ताज) सौंपना होगा, और अगर राधा हारती हैं तो उन्हें कृष्ण की सेवा करनी पड़ेगी। *गोप-रास* में कृष्ण की बाल-लीलाएँ प्रस्तुत की जाती हैं। रासलीला में गोपियाँ अपनी वेशभूषा से, अपनी भावनात्मक ऊर्जा से, कृष्ण के प्रति अपने प्रेम और समर्पण से, धीरे-धीरे एक सम्मोहन-सा रचती हैं, जिससे सभी प्रभावित होते हैं। नृत्यांगना के मुख को ढँके हुए जालीदार वरण, दरअसल कलाकार के व्यक्तित्व की बनिस्पत, उसके समर्पण और भक्ति को ही सूचित करने के लिए है। यही कि वह न उभरे, उसका समर्पण उभरे। वक्ष पर किंचित कसकर बाँधा गया कपड़ा भी इसीलिए होता है, जिससे कि स्त्री-शरीर के प्रमुख अंगों को वह ढँक ले, और ध्यान भटके नहीं। भक्ति का भाव बना रहे।

दर्शकों की रुलाई फूट पड़ती है, इस भक्ति प्रदर्शन पर, मानो हर आत्मा, कृष्ण को वृंदावन में ढूँढ़ती हुई गोपी बन जाती है। कई बार स्वयं नृत्यांगनाओं की आँखें, जल धार से पूरित हो जाती हैं। भक्ति के भार से झुकी हुई-सी गोपियों के शरीर में, कंपित सुरों वाले संगीत के साथ एक कंपन शुरू हो जाता है।

चतुर्भुजी मंडप के भीतर का गोल-वृत्त रासलीला के लिए अत्यंत महत्व का है, और उसके अपने दार्शनिक

मणिपुरी रास (संगीत नाटक अकादमी)

आशय हैं। राजर्षि भाग्यचंद्र (1763-1798) को रास आरंभ कराने का श्रेय दिया जाता है। गौड़ीय वैष्णव पंथ से प्रेरित यह रास, अपना एक आंचलिक/देसी रूप रखता है। चैत की पूर्णमासी में संपन्न होने वाले *वसंत रास*, आश्विनी पूर्णिमा को होने वाले *कुंज रास*, अक्टूबर/नवंबर की कार्तिक पूर्णिमा में होने वाले *महारास*, दोनों नृत्य रास और गोपा रास, राजा चंद्रकीर्ति (1850-86) की निर्मिति माने जाते हैं। राजा चंद्रचूड़ सिंह (1891-1941) और राजा बोधचंद्र सिंह (1941-1955) के समय उन्हें और परिष्कार मिला। रास का साहित्यिक अंग उच्चस्तरीय है, और उसे मणिपुरी शास्त्रीय संगीत में बाँधा गया है। विभिन्न श्रेणियों की नायिकाओं को, जिनका उल्लेख क्लासिकी साहित्य में है, उन सबको निरूपित किया जाता है, भले ही रास का *स्थायी भाव करुण रस* है। विद्यापति की रचनाओं को, और जयदेव के *गीत गोविंद* को, उसकी अष्टपदियों को अन्य भक्त कवियों की रचनाओं के साथ, पाठ के लिए इस्तेमाल किया जाता है। आज के प्रोसीनियम मंच पर, इन पदों को अलग से भी प्रस्तुत किया जाता है, गीताभिनय के रूप में। *तानुम* और *गीत भाव* जैसी सांगीतिक रचनाएँ प्रयोग में लाई जाती हैं, पर इनका होना अनिवार्य नहीं है। सभी नृत्य-रूपों की तरह रास में भी कृष्ण कथा की विशिष्ट उपस्थिति है, पर इसमें उनके ही विभिन्न रूपों का वर्णन अधिक है, और अन्य नृत्य रूपों–कथक, भरतनाट्यम, ओडिसी और मोहिनीअट्टम में यशोदा जैसे चरित्र को भी अभिनीत करने की जैसी परम्परा है, वह रास में नहीं है।

मणिपुरी रास, सिंहजीत सिंह जी मंडली (आर. श्रीनिवासन)

कभी-कभी रास में ऐसे अंश भी मिलते हैं जिनमें संगीत की कोई भूमिका नहीं होती, जैसे कि कृष्ण की कुंदक क्रीड़ा में या होली के उत्सव में।

वृत्त और चतुर्भुज की ज्यामिति का प्रतीक महत्व

प्रदर्शन में गोलाकार, शक्ति की धारावाहिकता और उसके सर्वव्यापी रूप को ही प्रतीकित करता है, और पवित्र *मंडप* से कथ्य, और उसके संबंध स्वरूप को ध्वनित करता है। मंडप में बारह स्तम्भ होते हैं, और दर्शकों के बैठने की व्यवस्था बाहर होती है। मंच-स्थल धातुई चादर से ढँका होता है, और मिट्टी के पात्रों से सज्जित रहता है। मंच का केंद्रीय स्थल, *काम चक्र* या *भद्र चक्र* प्रदर्शन का मुख्य भाग होता है। प्रदर्शकों/कलाकारों का मुँह देवी-देवताओं की ओर होता है, और पीठ दर्शकों की ओर होती है। *जगोई* की चक्करदार गतियाँ, और रासलीला के गोल कुर्ते, कुछ वैसे ही लगते (होते) हैं, जैसे सूर्य का चक्कर लगाते हुए ग्रह; *लीला* की ज्यामितिक संरचना भी यही ध्वनित करती है। एक-सी गतियों की पुनरावृत्ति उनके सतत अस्तित्व की सूचक है। और इससे दैवी शक्तियों का प्रताप भी मानो गुंजरित होता है। चतुर्भुज और वृत्त के प्रतीकी अर्थ की अच्छी व्याख्या *मंडल* शीर्षक कृति में जोस और मरिअम अरगुएलेस ने की है।[9]

वृत्ताकार, सूर्य का चक्कर लगाती पृथ्वी के समान है, और यह काल के आवर्ती रूप को भी व्यंजित करता है। कृष्ण की आराधना में भी पृथ्वी के गोल-गोल घूमने की गति का ही पालन किया जाता है। कृष्ण के *अष्टकाल* ही इसके मूल में हैं। रास का प्रदर्शन, *अष्टकाल* का

आखिरी चरण है–यह सात बजे *संध्या आरती* के बाद आरंभ होता है, और सुबह की प्रार्थना–*मंगल आरती* से इसका समापन होता है।

अपने त्रिआयामी आकार में, नृत्य में यह क्षमता है कि वह अन्य सभी सर्गी विधाओं के मूल गुणों को अपने में समाहित कर ले, मणिपुरी नृत्य अपने में आकृति-रचना, मूर्त प्रतीक और सौंदर्य-शास्त्र को समाहित किए हुए है।

शैलीगत निजीपन

शैली के रूप में मणिपुरी नृत्य ने अपना विशिष्ट व्यक्तित्व बनाया है, जो शरीर के किसी विशेष अंग पर ज़ोर दिए बिना, समस्त शरीर के लचीलेपन का उपयोग करता है, और सौम्य दिखता है। जिसे अन्य नृत्य-रूपों में नृत्य या अमूर्त नृत्य कहा जाता है, उसे मणिपुरी में *पुंगलो जगोई* कहते हैं। *मो तौउबा*, व्याख्या मूलक नृत्य है। कुछ गतियाँ इसमें एक-दूसरी में गुंफ़ित हो जाती हैं, और सर्प पखंबा के कुंडलाकार होने को प्रतीकित करती हैं। मणिपुरी में मुद्राओं की, एक-दूसरे में प्रवेश करने की, या विलग होने की स्थिति नहीं आने पाती, क्योंकि इसमें किसी उछाल में भी लास्य-भंगी टूटती नहीं है। इसमें एक सौम्य चेहरे के साथ गतियाँ और बाधाएँ बिना किसी अंतराल/अवरोध के संपन्न होती रहती हैं। जिस लास्य और प्रवाह के साथ नृत्य चलता रहता है, उससे कई बार कुछ लोगों को यह भ्रम हो जाता है, मानो यह सब करना बहुत आसान है, और इसमें किसी विधि या तकनीक पर अधिकार करने की ज़रूरत नहीं होती है। पर ऐसा मानना तो बहुत बड़ी भूल होगी क्योंकि इसकी गतियों को साधना तो एक तरह की तपस्या और लगन के बिना संभव ही नहीं है। कम लोगों को यह ध्यान रहता है कि नृत्यकार की देह लगातार जिस 8 की संख्या वाली ज्यामिति की रचना करती है, वह तो साधना करने से ही प्राप्त होती है। आज भी इसमें सभी विधि-विधानों का, जो एक आभा की रचना करते हैं, सर्वथा ख्याल रखा जाता है, और स्त्री और पुरुष नृत्यकारों के लिए भिन्न-भिन्न रीतियों का प्रावधान है। भक्ति-धारा का प्रतिनिधित्व करने वाला यह नृत्य अपनी मनोहरता, सुकुमारता आदि में अप्रतिम है।

तकनीक के पहलू

मणिपुरी की तकनीक कई मामलों में विशिष्ट है। नृत्त, *नृत्य* और *नाट्य* का जैसा वर्णन पुराने ग्रंथों में मिलता है, उससे उलट मणिपुरी में लास्य और तांडव की प्रधानता है। और नृत्य या तो *नुपी जगोई* (स्त्री-प्रधान) या *नुपा जगोई* (पुरुष प्रधान) होते हैं। तांडव के रूप हैं–*चलनम*, *गुंथनम* और *प्रसारणम*, जबकि लास्य के दो हैं–*स्मिरितंगम* और *स्फुरितंगम*।[10] पुराने ग्रंथ *रूपक* और *रसक* की चर्चा करते हैं–नृत्य नाटक और सिर्फ नाटक की। *महारास*, *मजुरास*, *गोप रास*, *नित्य रास*, *निर्वेश रास* या *कुंज रास*–इन सभी का उल्लेख है। विशुद्ध शास्त्रीय परंपरा और श्रीमदद्भागवत की पौराणिक परम्परा का इसमें सुमेल है। *अंगों* और *उपांगों* की, घुटनों और हस्त मुद्राओं की विस्तृत चर्चा है, पर मुखाभिनय की नहीं। *स्थानकों*, गतियों (*चलनों*) और मूलभूत संरचनाओं, भंगी परेंग्स के विधि-विधान, बखूबी वर्णित हैं। मणिपुरी में खोल वादन की विधियों/तकनीकों का विशेष महत्व है।[11]

गतिविधियों के अभिप्रायों का वैशिष्ट्य

मणिपुर के बाहर के जिन नृत्यकारों ने इसे सीखा और अपनाया है, उन्हें इस बात का भान हुआ है कि इसमें प्रवाह के साथ-साथ गहरा अनुशासन है। और यह नृत्य प्रवीणता की अपेक्षा रखता है। देह की 'अटूट' उदग्र रेखा, क्षैतिजिक रूप को तोड़े-मरोड़े बिना, ऊपर-नीचे की ओर आती-जाती है–और 8 की संख्या की ज्यामितिक संरचना करती है। *नागबंध मुद्रा* या सर्प के गुंफ़ित अभिप्राय में, देह के विस्तार की संभावना नहीं रहती। *नट मुद्रा* में घुटनों को जोड़े रखना पड़ता है। कमर के ऊपर का भाग या *कटि सूत्र* और उसके नीचे का भाग, विपरीत होकर गतिशील होते हैं, लेकिन असंबद्ध होकर नहीं, गला और सिर S

जवाहर लाल नेहरू मणिपुरी डांस एकेडेमी, इंफाल में मणिपुरी रास (संगीत नाटक अकादमी)

की शक्ल में ढलते हैं, क्षैतिजिक रूप में नहीं। मणिपुरी एक ऐसा नृत्य है, जिसमें पैरों में घुंघरू नहीं बाँधे जाते, क्योंकि इसका सूक्ष्म सौंदर्य, पैरों की थाप पर निर्भर नहीं है, और उनसे उत्पन्न लय-ताल का इससे कोई मेल नहीं बैठता। इसमें तो एक सतत गतिशील रूप को ही साधा जाता है, लगभग भारहीन तरीके से। वह भी बिना चेहरे पर किसी नाटकीय अभिव्यक्ति के। आँखें, हाथों की ओर देखती हैं, जो सिर के ऊपर कभी नहीं जाते, न ही घुटनों के नीचे। इसमें तो गला और सिर बस एक ओर को मुड़ते हैं, देह की लय के साथ। नृत्यकार के पैर, लास्य में घुटनों के ऊपर नहीं उठाए जाते। देह को उछाला नहीं जाता, और जब वह किंचित ऊपर उठाती है तो भी फ़र्श को छूती-सी रहती है। अधिक ऊर्जावान तांडव में पुरुष नृत्यकार ऊँची छलाँगें ज़रूर लगाते हैं, पर इसमें भी पैरों को इस तरह साधा जाता है, जिससे वे देह-भार को वहन करते हुए नहीं लगें, जैसे कि पुंग चोलम में। इसमें धड़ को एक अलग इकाई की तरह लिया जाता है, और उसकी किनारियों को इस-उस ओर झुकते हुए देखा जा सकता है। बैठी और सर्पिल मुद्राएँ *तांडव* और *लास्य* में एक जैसी होती हैं। मणिपुरी में, पैर कभी फ़र्श पर थाप के साथ नहीं गिरते, फ़र्श से उनका संपर्क अंगूठे के माध्यम से ही होता है। मंच-स्पेस में चलने और उसे घेरने की विधियों को चली कहते हैं। प्रशिक्षण में सबसे पहले इसी को सिखाया, और ध्यान रखने को कहा जाता है। अभंग और त्रिभंग मुद्राएँ कभी कसी बँधी नहीं होतीं, बस सांकेतिक होती हैं। मंच के किनारे किनारे चलना, मंच स्पेस को घेर

लेना, वृत्ताकार या सर्पिल ढंग से चक्कर लगाना आदि इसमें सहज संयोजित हैं। मूलभूत / आधारभूत गतियों के रूप में विभिन्न *भ्रमरियों* की दीक्षा दी जाती है, जिन्हें *उपलेई* (बाईं ओर की सर्पिल गतियाँ) या लोंगलेई (दाईं सर्पिल गतियाँ) कहते हैं। कथक की *तिहाई* की तरह इसमें कई तिहाइयों की पुनरावृत्ति की जाती है। कभी-कभी मणिपुरी नृत्यकार की उदग्र गतियाँ, उसकी देह को एक स्क्रू की शक्ल में ढाल देती हैं, और ऊपर से नीचे की ओर एक सर्पिल आकार बना देती हैं।

चलियों की कड़ियाँ परेंग बनाती हैं, जो भरतनाट्यम के तीरमानमों की तरह किसी पद्यांश चक्र में लयात्मक लहजे वाली होती हैं। बजाने के क्रम में ये पद्यांश-चक्र काफी जटिल हो सकते हैं, क्योंकि इनमें अत्यंत सावधानी की ज़रूरत होती है, और ये सुघड़ता की माँग करते हैं। इनके मानक ऐसे हैं कि वे अलग से रचनात्मक होने की गुंजाइश नहीं छोड़ते। सभी *लेईयाँ, परेंगों* में उपयोग की जाती हैं। और विभिन्न ताल-क्रम जैसे कि *राजामेल* (सात मात्रा), *रूपक* (छह मात्रा), और *पंचमसवारी* (पंद्रह मात्रा) और *तीनताल* (सात और आठ मात्रा) व्यवहार में लाए जाते हैं।

तेलाना या *तिल्लाना* ढोल पर विशिष्ट मधुर लय और ताल पर आधारित है, जिसे *चतुरंग* के नाम से जाना जाता है। उसमें *पद, स्वर, निर्गीत* (विशिष्ट प्रकार के शब्दांश) और *ताल* जैसे तत्व हैं। इसमें पद लय में गाए जाते हैं, पर गायन में उनकी व्याख्या से अधिक, नृत्य को प्रेरित करने वाली लय का ध्यान रखा जाता है। *कीर्ति प्रबंध* किसी नायक या नायिका को लेकर होते हैं। आम वैष्णव साहित्य के साथ, वैष्णव प्रचारकों जैसे ज्ञानदास, नरोत्तम दास और चंडीदास के पद, नृत्य के लिए उपयोग में लाए जाते हैं।

मणिपुरी ऐसा नृत्य-रूप है, जिसमें संस्कृत साहित्य में उल्लिखित *हल्लीसका* और *पदचर* जैसे संयोजन, समूह नृत्यों में देखे जाते हैं—ये ऐसे सुंदर संयोजन हैं जो अन्य नृत्य-रूपों में अब नहीं मिलते। हो सकता है कुछ लोकनृत्य परंपराओं में मिल भी जाएँ, पर नाट्यशास्त्र में उल्लिखित *पिंडीबंध* जैसे परिष्कृत और तराशे हुए संयोजन तो मणिपुरी में ही मिलते हैं। *नुपा खुबक इशेई* में कुछ रुचिकर समूह-संयोजन हैं, जो पुंग के साथ ताली के प्रयोग से बजते हैं।

मणिपुरी संगीत

मणिपुरी संगीत, हिंदुस्तानी संगीत या कर्नाटक शास्त्रीय संगीत से कुछ इतना भिन्न है कि गैर-मणिपुरी लोगों के लिए इसके सौंदर्य शास्त्र को समझने में कुछ समय लग जाता है। संगीत, नृत्य से अभिन्न है। थोड़ी बहुत समानताएँ हिंदुस्तानी और कर्नाटक संगीत में ढूँढ़ी जा सकती हैं, लेकिन यह बिल्कुल अलग है, अपने सूक्ष्म ध्वनि संसार के साथ! यह संगीत जैसे देह के तमाम स्पंदनों से उभरता हुआ लगता है, गहराई से ध्वनि-तरंगें उठाता हुआ। संगीत विशेषज्ञ लईशराम बीरेंद्रकुमार सिंह के अनुसार, इसके दो मुख्य-श्रोत हैं—मंगोल और इंडो आर्यन।[12] भाषाविद् सुनीती कुमार चटर्जी का कथन है कि जाति और भाषा के आधार पर मेइती लोग इंडो-मंगोल समूह के हैं। और डॉ. जी.ए. ग्रियर्सन अपनी पुस्तक 'लिंगुइस्टिक सर्वे ऑफ इंडिया' में उन्हें तिब्बती-चाइनीज समूह का गिनाते हैं। *महाभारत* में यह *मेखली* के रूप में उल्लिखित है, और अंग्रेज़ों के साथ की गई संधि में राजा ने भी इसी नाम का उपयोग किया था। आरंभिक संगीत चीनी संगीत की भाँति केवल मूल स्वरों—रे-गा-पा-धा का उपयोग करने वाला था। लेकिन तिब्बती-बर्मी संपर्क ने 'मा' (मध्यम) को भी इसमें संयुक्त कर दिया और बाद के आर्य प्रभाव ने 'निषाद' से भी इसे परिचित करा दिया। इस संबंध में लईशराम ने एक तुलनात्मक सारणी तैयार की है, जिसके जरिए कई प्रकार के संगीत जैसे कि भारतीय मेइती व पाश्चात्य संगीत को तुलनात्मक रूप में समझाया है।[13]

इसमें ब्रजबोली, पुरानी बांग्ला, संस्कृत, मैथिली और मणिपुरी में रचित गीत गाए जाते हैं। रचनाओं में

मणिपुरी पुंगचोलम गुरु थानिल सिंह जी मंडली (आर. श्रीनिवासन)

दो या अधिक काव्य-रूपों के तत्व रहते हैं, *पद*, *स्वर*, *पाता* (शब्दांश), *तेनाका* (शुभ शब्द), बिरूड (कवि या नायिका की प्रशंसा में कही गई पंक्तियाँ) या *ताल* के।[14] वाद्यों में प्रमुख तो पुंग है, पर खोल कई प्रकार के हैं–ढोल, ढोलक, खंजड़ी और डफता।

मणिपुरी संगीत में विभिन्न झाँझों की भरमार है, *संकीर्तन* में *मनगांग* या बड़ी झाँझ का प्रयोग होता है। मंदिरों में विशेष प्रकार की ध्वनि के लिए *बेल-मेटल* घंटों का उपयोग किया जाता है। *करताल*, बड़ी प्रकार की झाँझें हैं, जिनमें सिल्क और उसके धागे बँधे होते हैं, और इनका उपयोग *नट संकीर्तन* में होता है। रासलीला और नूपी-पाला में मंडीला जैसी छोटी झाँझ प्रयुक्त होती है। मृत्योपरांत के कर्मकांडों में 8वें दिन बेल-मेटल में बनी झाँझ का उपयोग होता है, जिसे झाल कहते हैं। होली पर छोटी झाँझें बजती हैं जिनमें लटकनें रहती हैं, और इन्हें रमताल कहते हैं। एक और वाद्य भी, जिसमें लकड़ी के एक काले फ्रेम में दो या तीन गोल टुकड़े जड़े होते हैं।[15]

पेना, मेइती लोगों का न जाने कब से चला आ रहा सबसे प्राचीन वाद्य है। और इस क्षेत्र की संस्कृति में उसकी केंद्रीय भूमिका है। राजसी आयोजनों में, सभी प्रकार के अनुष्ठानों में, इस तार वाद्य की महती भूमिका है।

प्रोसीनियम की चुनौतियाँ और गुरुओं की भूमिका

पारंपरिक रूप से समूह में किए जाने वाले मणिपुरी नृत्य की, अपने घर से बाहर निकलकर प्रोसीनियम मंच पर आने की, और फिर दुनिया भर के भ्रमण की, पहली चुनौती तो यही थी कि वह प्रोसीनियम के अनुरूप अपने को कैसे ढाले?। प्रोसीनियम वाले चरण में इसके पहुँचने के समय, आजादी और उसके बाद, तीन गुरु इससे जुड़े (हुए) थे। गुरु अमुबी सिंह जो गुरु उदय शंकर के

सहयोगी थे, गुरु अमुदोन शर्मा जो राजदरबार से जुड़े थे और गुरु अतोम्बा सिंह जो शातिनिकेतन में पढ़ा रहे थे। यही वे आधारस्तंभ थे, जिनपर आज का मणिपुरी नृत्य टिका हुआ है। लेकिन बीसवीं शताब्दी गुरु अमुबी सिंह की ऋणी रहेगी, उनकी नृत्य संरचनाओं के लिए। उन्होंने मणिपुरी के लास्य पक्ष पर अपने को एकाग्र किया, और अपनी एकल प्रस्तुतियों में मणिपुरी में ऐसे तत्वों की खोज की, जो मुखाभिव्यक्ति की भरपाई कर सकें। क्योंकि मणिपुरी में मुखाभिव्यक्ति अनुपस्थित-सी है। संगीत नाटक अकादमी के अंतर्गत राजधानी इंफाल में 1955 में स्थापित जवाहर लाल नेहरू डांस एकेडेमी गुरु अमुबी सिंह की ही गरिमामयी शैली का व्यवहार करती है। गुरु अमुबी सिंह की मधुर ऊर्जस्वित शैली ही सबको इतनी प्रिय हो उठी कि गुरु तरुण कुमार, राजकुमार सिंहजीत सिंह, थिंगबाईजम बाबू, जो नेहरू डांस एकेडेमी से संबद्ध हैं और देवजानी चालिहा, सभी तो गुरु अमुबी सिंह की शैली के ही कायल हैं।

अतोम्बा ने भक्ति को ही मणिपुरी नृत्य का मुख्य आधार माना है। अमुबी सिंह और अमुदोन शर्मा ने तकनीक और उसके परिष्कार को महत्व दिया है। अमुदोन शर्मा का मुख्य सरोकार पद-संचालन की विधि को लेकर रहा है, जबकि अमुबी सिंह ने शरीर के सभी अंगों की गतिशीलता को ज़रूरी माना। इन गुरुओं की विधियों को ही आज के गुरु ध्यान में रखते हैं और मंच प्रस्तुतियों के समय इनका उपयोग करते हैं। इंफाल की जवाहरलाल मणिपुरी एकेडेमी ने 1975 में अपने नृत्य-मंडल की शुरुआत की। और उसकी प्रस्तुतियों ने दुनिया भर में सराहना बटोरी है। 1972 में पहली बार नृत्य-नाटक *राजर्षि भाग्यचंद्र* की नृत्य-संरचना गुरु आर.के. प्रियगोपालसना ने तैयार की और इसका निर्देशन भी किया। कई प्रतिभाशाली नृत्य संरचनाकारों ने तब से कई प्रस्तुतियाँ दी हैं, जिनमें गुरु चौतोम्बी सिंह भी शामिल हैं, जिन्होंने एकेडेमी के लिए 16 नृत्य-नाटक तैयार किए हैं, उनका *खेइबुल लमजाओ*, जो मणिपुर के प्रसिद्ध नर हिरण की विलुप्त होती प्रजाति पर आधारित है, अत्यंत सराहा गया है। प्रस्तुति ने सौंदर्य के नए आयाम तो रचे ही हैं, पारंपरिक नृत्य-गतियों को एक क्लासिकी ऊँचाई दी है, और पर्यावरण को लेकर एक सशक्त वक्तव्य भी तो रच दिया है। तबसे लेकर अब तक कई नृत्य-नाटक प्रस्तुत हुए हैं, जैसे नट संकीर्तन की विधा में काबुल-*केई-ओइबा*, मणिपुरी लोक साहित्य से प्रेरित *चिंगसांग खुनू*, मनुष्य जैसा व्यवहार करने वाले हाथी की किंवदंती पर रचित, *शानरेम्बी चेईसा मोइरंग सा*, जिसकी नृत्य-संरचना लोकेंद्रजीत सिंह की है, और कुछ अरसा पहले प्रस्तुत *बिदाई अभिशाप* जो रवींद्रनाथ ठाकुर की कृति पर आधारित है, और जिसकी नृत्य संरचना तैयार की है अमुसना देवी ने।

मणिपुरी में नया दृष्टिकोण

गुरु अमुदोन शर्मा के शिष्य गुरु बिपिन बिहारी ने समकालीन मंच की अपेक्षाओं के अनुसार मणिपुरी में कुछ शैली और संरचनागत परिवर्तन किए। उनके अनुसार मणिपुरी जैसी अंतर्मुखी शैली को साहसिक बनाना ज़रूरी था। और यही उन्होंने किया भी। लेकिन परंपरा-वादियों ने उनके इस दृष्टिकोण को स्वीकृति नहीं दी। प्रीति पटेल, झावेरी बहनें, पौशाली चटर्जी–सभी बिपिन सिंह की शिष्याएँ हैं। कई रवींद्र भारती यूनिवर्सिटी कोलकाता से संबद्ध हैं, कुछ अन्यत्र सक्रिय हैं। प्रीति पटेल की मंडली अंजिका ने अपनी सराहनीय रचनात्मक प्रस्तुतियों से अपने लिए एक जगह बनाई है। इन-प्रस्तुतियों में *मालेम*, *सूर्यगति* और *खुमन* जैसी प्रस्तुतियाँ शामिल हैं। इस मंडली ने मणिपुर से अपना सक्रिय संबंध बनाए रखा है, और प्रीति स्वयं और अधिक सीखने के लिए खेत्रीतोम्बी देवी, खेलचंद्र सिंह, कुमार माइबी और सूरचन्द शर्मा के पास जाती रही हैं। बिपिन सिंह की पत्नी कलावती देवी जो रवींद्र भारती यूनिवर्सिटी में पढ़ा रही हैं, उन्होंने भी खेत्रीतोम्बी देवी, आईगा कुमारी, पका सिंह और गंभिनी देवी से प्रशिक्षण प्राप्त किया है। उनकी प्रस्तुतियों में *एक*

मणिपुरी पुंगचोलम सिंहजीत सिंह जी मंडली (आर. श्रीनिवासन)

गोपी एक श्यामा, जो ओडिसी / मणिपुरी का मिश्रण है, तथा *कृष्ण-लीला* और टैगोर के नृत्य-नाटक शामिल हैं।

1960 के आसपास जवाहर लाल नेहरू एकेडेमी के अलावा एक और संगठन था जगोई मारुप, जो चर्चित हुआ और जो बहुत काम भी कर रहा था। अमुदोन शर्मा की शिष्या कोबिता मेहता ने परिमल एकेडेमी की स्थापना की। अनंतर वह मणिपुरी में निष्णात विदुषी बनी।

गुरु बिपिन सिंह का योगदान, जो विस्तृत और विविध है, उसे मणिपुरी परंपरावादियों ने विवाद के घेरे में रखा है; ये परिवर्तनों को आसानी से स्वीकार कहाँ करते हैं! कोई भी गुरु और विद्वान, गुरु बिपिन सिंह की प्रखरता और नई नृत्य-संरचनाएँ रचने की उनकी क्षमता को नकारता नहीं है। लेकिन यही बात नृत्य में किए गए उनके परिवर्तनों को लेकर नहीं कही जा सकती है। पुरोधा मानते हैं कि ये परिवर्तन मणिपुरी की सूक्ष्मता और उसकी आंतरिक कलात्मकता के अनुकूल नहीं है। गुरु बिपिन ने अपनी विद्वतापूर्ण, और समकालीन दृष्टि के साथ प्रोसीनियम मंच के लिए प्रस्तुतियाँ रची हैं। मणिपुरी की ताल संरचना को लेकर उनका शोध पत्र प्रकाशित हुआ है और उन्होंने मणिपुरी में संभव नई ताल संरचना भी विकसित की है। वह गुरु अमुदोन के शिष्य हैं, लेकिन उन्होंने कई गुरुओं, जैसे कि गुरु अतोम्बा, गुरु अमुबी और नट संकीर्तन के विशेषज्ञों से भी पर्याप्त चर्चा की है।

गुरु बिपिन सिंह का जीवन और काम उन दिनों के बंगाल से प्रभावित हुआ है, जब 1943 के बंगाल अकाल को लेकर शांतिवर्धन की प्रस्तुति भूख ने कला जगत को हिलाकर रख दिया था, और पार्वती कुमार समेत अन्य गुरु नई शैलियों में नए प्रयोग कर रहे थे। कथक की पथप्रदर्शक मैडम मेनका के साथ काम करते हुए, जिन्होंने अपने स्कूल

पुंगचोलम (संगीत नाटक अकादमी)

में मणिपुरी के प्रशिक्षण की भी व्यवस्था की थी, बिपिन सिंह नए प्रयोगों, नई दिशाओं के लिए बेचैन हो उठे। 1945 में वह मैडम मेनका की संस्था से अलग हो गए। झावेरी बहनों और वजीफदार बहनों को सिखाते हुए, जो बदलते परिदृश्य में अग्रणी थीं, बिपिन सिंह को लगा कि मणिपुरी की लीलाओं को जो समर्पण भाव से ही बँधी हुई हैं, अब नए रूप में ढलना ही चाहिए, जिससे कि उनमें मनोरंजन की अपील बढ़े। 1948 में प्रकाशित अपनी पुस्तक *मणिपुरी नर्तन* में उन्होंने एक-एक कर उन बिंदुओं पर चर्चा की जो बदलाव की माँग कर रहे थे। उन्होंने बताया कि जो नृत्य-रूप जीवन-शैली का अंग था, उसे मंच की ज़रूरतों और कलात्मक अभिव्यक्ति के हिसाब से नए रूप में ढालना ही होगा। उन्होंने चर्चित मंच सज्जाकार, लेखक और विद्वान गोवर्धन पांचाल जैसे व्यक्ति के साथ मिलकर *भगवान बुद्ध* नाम से एक महत्वाकांक्षी प्रस्तुति तैयार की। तत्सम बहुल शब्दों वाली इसकी स्क्रिप्ट भी लिखी पंडित सीताराम चतुर्वेदी ने। वस्त्र-सज्जा की थी मलातो मेहता ने, संगीत था लता मंगेशकर का। 1948 में, गुजराती कवि प्रेमशंकर भट्ट लिखित *रनक देवी* की प्रस्तुति में दोनों फिर साथ आए। फिर 1951 में आए इंडियन नेशनल थिएटर के दिन, और अनंतर 1954 में नयना झावेरी के *उषा* और *राज नर्तकी* में दोनों ने फिर साथ मिलकर काम किया। और ये प्रस्तुतियाँ बड़ौदा, सूरत, अहमदाबाद और मुंबई गईं। उषा ने झावेरी बहनों और सविता मेहता को नृत्यांगनाओं के रूप में ख्याति दिलाई और बिपिन सिंह गीत रचना के लिए भी चर्चित हुए—उनका यह पक्ष अब तक अनदेखा

ही रहा था। स्वतंत्रता आंदोलन अब पूरे उभार पर था और योगेन्द्र देसाई, अविनाश व्यास, नटराज वशी और गोवर्धन पांचाल जैसे लोग अपने-अपने क्षेत्र में सक्रिय थे। बिपिन सिंह लगातार दमयंती जोशी, शिरीन वजीफ़दार और कृष्णनकुट्टी से संवाद करते हुए प्रयोगों की राह के राही बन चुके थे। अन्य गुरुओं की अपेक्षा इस गुरु को युवा दिनों से ही बहुत कुछ जानने-सुनने-देखने को मिला था। मणिपुरी को नई दिशाओं की ओर क्यों जाना चाहिए, इसे लेकर उनकी अपनी एक सोच बनी थी। बहुत पहले, 1944 में ही योगेन्द्र देसाई ने उन्हें अपने नृत्य-नाटकों, *मीराबाई, नरसाइयो, जय सोमनाथ* और *आम्रपाली* के मणिपुरी प्रसंगों को संरचित करने के लिए आमंत्रित किया था। इनके लिए गुरु ने जब ज़रूरत पड़ी तो मृदंग बोलों का इस्तेमाल किया था और नए बोल भी रचे थे। उन्होंने नृत्यांगनाओं को पुंग बजाना सिखाया था। लेकिन परंपरावादियों को न तो उनकी यह बात पसंद आई कि स्त्रियाँ पुग बजाएँ, और न यह कि नृत्यकार पैरों में घुँघरू बाँधकर नाचें। कछार से आने वाले बिपिन सिंह को मणिपुरी की जो दीक्षा मिली थी, उसमें पैरों की थाप से उत्पन्न की जाने वाली लय की प्रमुखता थी, जबकि मणिपुर में नृत्य की ताल को हवा में उठे पैरों के साथ जोड़ा जाता था।

बिपिन सिंह ने शोधपूर्वक वैष्णव परंपरा के संस्कृत, मैथिली, ब्रजबोली के गीतों का संचयन किया, और खेत्रीतोम्बी देवी जैसी सूत्रधारी जो अक्षरज्ञान से रहित थी, लेकिन थीं अत्यंत बुद्धिमती के गायन को घंटों टेपबद्ध किया। सभी रासलीलाओं के लिए विभिन्न रागों में वे बहुतेरे गीत गा लेती थीं। इसी तरह बिपिन सिंह ने ताल पुस्तकों का भी संकलन किया, और सैद्धांतिक और शास्त्रसम्मत पुस्तकों, पांडुलिपियों को एकत्र करने की ललक तो उनमें जीवन भर बनी ही रही। उन्होंने *कृष्णदास संगीत सार संग्रह* के प्रकाशन का प्रबंध किया, और *गोविंद लीलामृतम, संगीत दामोदर* और *भक्तिरत्नाकार* की व्याख्या प्रस्तुत की। 1956 में जब *बिपिन सिंह*, अमुदोन शर्मा को मिलने गए तो गोविंद जी मंदिर के रासधारी साराचंद शर्मा उनसे मिले, और दोनों ने मिलकर शोध कार्य किया। ये पाला लोइसांग के राजसी संरक्षण वाले महान कलाकारों से भी मिले। गुरु बिपिन सिंह ने ओझा एम. चंद्र सिंह, पंडित अकोउबा, ओझा दिनाचंद्र सिंह, पंडित छौबी सिंह, और पंडित कुलचंद्र सिंह जैसे गुरुओं से मुलाकात की, जो मणिपुरी के विशेषज्ञ थे। सब गुरुओं से सीखना तो संभव नहीं था, पर गुरुओं के संपर्क से उन्हें लाभ हुआ। गुरु कोइरंग से उन्होंने मेइती तालों का संकलन किया, जो सप्ततालों का प्रशिक्षण देते थे। गुरु अमुदोन श्री गोविंद जी नर्तनालय के प्रिंसिपल थे, बिपिन सिंह ने बतौर शिक्षक उनके साथ काम किया। गंभिनी देवी और थौरा सिनाबी देवी जैसी कलाकारों के साथ वह मुंबई में आयोजित ऑल इंडिया म्यूजिक कॉफ्रेंस में साझीदारी के लिए गए। गुरु अमुदोन शर्मा ने उन्हें पाँच भंगी परेंग, रासलीलाएँ और पुंगलो जगोई सिखाईं।

बिपिन सिंह ने गुरु अतोम्बा सिंह से भी सीखकर अपने को लाभान्वित किया। 1958 में संगीत नाटक अकादमी द्वारा आयोजित परिसंवाद में मणिपुरी संबंधी उनकी विशेषज्ञता उभर कर सामने आई। उन्होंने मंडलियों के साथ काम करते हुए *श्रिंकलिके, लताबंद, भेदयक, गुल्म, पिंडीबंदों* जैसे रूपाकारों का उपयोग किया। इनमें से सभी रासलीला में देखे जा सकते हैं। असामान्य तालों को विभाजित करके बरतने के अलावा वह स्वयं नटपाला में कृष्ण-तांडव की गतियों को साध सकते थे। मदन से यह कहती हुई राधा कि वे अपने प्रेम-वाणों से उन्हें चोट न पहुँचाएँ क्योंकि वह पार्वती नहीं, राधा हैं—वह *अनंगक्षेप* में बहुत अच्छी तरह प्रस्तुत करते थे। उनकी यह प्रस्तुति बहुत प्रसिद्ध हुई। *मृदु उद्घाटन कृष्ण नर्तन* में उन्होंने *लास्य* और *तांडव* के लिए दो नर्तकों का प्रयोग किया।

बिपिन सिंह को मणिपुरी की विभिन्न परंपराओं से तत्व ग्रहण करने में दुविधा नहीं होती थी। उन्होंने लय के रूपक्रमों में तानचेप, मेनकप, चली, चौताल, रूपक और

चारताल को जोड़ा। *कृष्ण रूपवर्णन*, *कृष्ण नर्तन*, *बृंदा नृत्य*, *तांडव चली*, *कृष्ण अभिसार*, *षडंग नर्तन*, *नीपा खूबाकिशेई*, *मंगलाचरण* और *चतुरंग* जैसी प्रस्तुतियों से उन्होंने मणिपुरी के एकल नृत्य भंडार को समृद्ध किया। बिपिन सिंह के प्रशंसकों का कहना है कि अमुबी सिंह ने भी उनकी प्रखरता और क्षमता को स्वीकार किया था। जिन फिल्म निर्देशकों के लिए बिपिन सिंह ने काम किया, वे भी उनकी लगन को सराहते थे। लेकिन इतनी सारी उपलब्धियों के बावजूद मणिपुर के जाने-माने कलाकार अब भी यही मानते हैं कि बिपिन सिंह ने मणिपुरी नृत्य पर प्रयोगों को आरोपित-सा किया है। और उस पर वहीं सौंदर्य-विधान जड़ा है जो उन्हें प्रिय है। मणिपुरी गुरु यह भी कहते हैं कि उनके नृत्यकारों ने मुखाभिनय का उपयोग ज़रूरत से ज्यादा किया है। मणिपुर के कई नृत्य विशेषज्ञों के साथ चर्चा करने पर यही अनुभव होता है कि वे यही मानते हैं कि एक बार जिसका प्रशिक्षण कछार शैली में हुआ, वह मणिपुरी की अन्य शैलियों के तत्वों को अपनाने में असमर्थ हो जाता है। कुछ गुरुओं के अनुसार बिपिन सिंह के साथ के बांग्लाभाषी गायक भले ही जाने-माने रहे हों, पर सूत्रधारी को तो मणिपुर का ही होना चाहिए, और कोलकाता में काम करते हुए बिपिन सिंह इस शर्त को नहीं निभा सके। इसीलिए बिपिन सिंह का काम और संगीत, दोनों ही मणिपुर के न लगकर बंगाल के अधिक लगते थे।

मणिपुर में बिपिन सिंह के काम को लेकर इन चर्चाओं को छोड़ दें तो शेष भारत में उनका काम बहुत सराहा गया है, और गुरु के रूप में भी उनकी मान्यता बढ़ी ही है।

मणिपुरी, मेइती नृत्य रूप ही था, लेकिन मणिपुर के बाहर के लोग, जिनमें पूर्वी भारत के ही कलाकार और विशेषज्ञ अधिक थे, उसे बदलते रहे। अब वह केवल पूजा-अर्चना का ही नृत्य नहीं रहा, वह विविध मंचों पर प्रस्तुत होकर, बड़े शहरों के दर्शकों को सम्मोहित करने वाला नृत्य-रूप भी बन गया है, भले ही इससे उसकी आंतरिकता को कुछ क्षति पहुँची हो। मणिपुर की जीवन-शैली में यह अब भी अभिन्न रूप से संलग्न है, इस तथ्य से भी इस नृत्य-रूप को अन्यत्र भी एक ऊर्जा मिलती ही है। *लाई हरोबा* की परंपरा से इसके *आंगिक* रूप में समृद्धि आई, और वैष्णव परंपरा के मणिपुर में विस्तार से भी यह नृत्य-रूप संपन्न हुआ है।

एकल नृत्य की शुरुआत प्रोसीनियम स्टेज के साथ हुई; उससे पहले नृत्य समूह में ही होता था। गुरु सिंहजीत सिंह की पत्नी चारु सिजा माथुर को एकल नृत्य प्रस्तुत करने वाली नृत्यांगना के रूप में ख्याति मिली। साथ ही उन्होंने गुरु सिंहजीत सिंह की कई बैले प्रस्तुतियों में भी भागीदारी की।

विभिन्न रासलीलाएँ, जो कभी समय/ऋतु विशेष में हुआ करती थीं, अब प्रोसीनियम स्टेज पर संक्षिप्त रूप में कभी भी प्रस्तुत की जाने लगी हैं। भक्तिरस में डूबी हुई रासलीलाएँ और संकीर्तन प्रस्तुतियाँ, जो एक उच्चतर धरातल पर पहुँचा देती थीं, कुछ भाग्यशालियों के हिस्से में ही आई हैं। बहुतेरे तो कभी यह जान ही नहीं सके कि इन नृत्य-रूपों का अपनी भूमि पर वास्तविक मर्म और सार क्या रहा है! संक्षिप्त रूप वाली *पुंगचोलम* प्रस्तुतियाँ लोगों को बेहद पसंद हैं और *रासलीला* में, *राधा अभिसार* और राधा *नर्तन* बहुत लोकप्रिय है।

जो अंतर पड़ा है वह *वाचिक* का है। नृत्यकार वाद्य बजाते थे और परंपरागत ढंग से गाते थे। जो काम पहले मंदिरों में *रासधारी* संपन्न करते थे, वह अब गुरु या अध्यापक करते हैं, प्रस्तुति का संचालन करते हुए। छोटे आयोजनों के लिए स्त्री-कलाकार कुमिन (गोल कुर्ती) और पोशवान (झालदार ऊपरी कुर्ती) नहीं पहनतीं; वे पहनती हैं *फनेक* और *इनाफ़ी*। सिली हुई धोतियाँ चलन में हैं। टोपी, मुकुट पहले जैसे नहीं रहे। बदल गए हैं।

जवाहरलाल नेहरू एकेडेमी में गुरुओं के साथ समय बिताते हुए मैंने पाया कि सभी एकल प्रस्तुतियों या युगल प्रस्तुतियों की रचना को ही प्रमुखता दे रहे हैं, संभवतया अब समूहन वाली प्रस्तुतियाँ लोगों को आकृष्ट नहीं

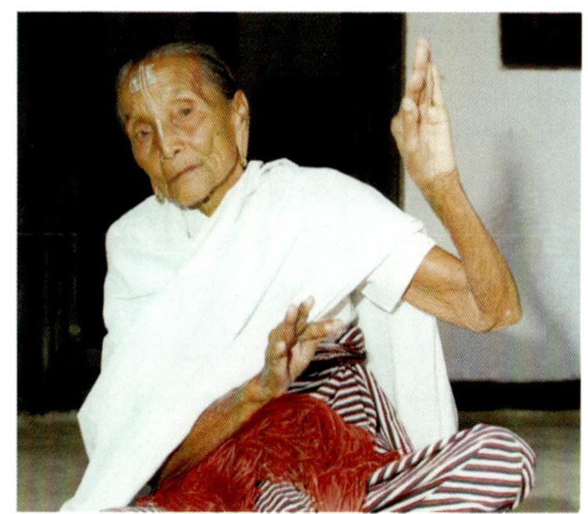

बाएँ, गुरु बिपिन सिंह (मध्य में) वाई गंभिनी देवी, दाएँ: एल तोम्बी देवी (सभी–संगीत नाटक अकादमी के संग्रह से)

करती हैं। प्रायः सभी कलाकारों का सरोकार यही था 'कि' हम शास्त्रीय तत्व को बरकरार रखना चाहते हैं, समकालीन विषयवस्तुओं पर काम करते हुए भी।

हीसनाम कनाईलाल और रतन थियम जैसे रंगकर्मियों ने मणिपुर के पारंपरिक संगीत की स्वरावलियों और गतियों का अत्यंत कलात्मक उपयोग अपनी प्रस्तुतियों में किया है, और दुनिया भर में इनको सराहना मिली है। मणिपुर की शास्त्रीय धरोहर के गुरु सिंहजीत सिंह ने अत्यंत कल्पनाशील उपयोग किया है। इसी तरह प्रीति पटेल ने शास्त्रीय धरोहर के तत्वों का इस्तेमाल समकालीन प्रश्नों के लिए करते हुए, उन्हें वैश्विक अपील वाला बना दिया है। पर सामान्यतया ज्यादातर गुरु, जिन्हें एक लंबी परंपरा का आभास और ज्ञान है, वे परिवर्तनों को लेकर सतर्क रहते हैं, जबकि मणिपुरी नृत्य की थांग टा और मणिपुर की कई अन्य विधाओं की पारंपरिक विधियाँ, बहुत ज्यादा हैं, और निश्चय ही रचनात्मक कलाकार इन विधियों का लाभ उठा सकते हैं।

यहाँ एक विडम्बना भी है। एक ओर पारंपरिक उत्सव अभी भी कला-रूपों से संबद्ध हैं, लेकिन रात दस बजे के बाद गोविंद जी मंदिर जाने पर, पहले जैसी भीड़ दिखाई नहीं पड़ती। जबकि एक समय वहाँ बैठने को भी जगह नहीं मिलती थी कि कोई भलीभाँति *महारास* को देख सके। मणिपुर, विद्रोही संगठनों की गतिविधियों से आक्रांत रहता है। और नागाओं तथा कुकी लोगों के साथ सीमाओं को लेकर उसके झगड़े भी हैं। सेना की उपस्थिति रहती है चौतरफा, सो वहाँ रचनात्मक काम करने की कठिनाइयों को सहज ही समझा जा सकता है। शाम ५ बजे के बाद राजधानी इंफाल की सड़कें प्रायः सुनसान हो जाती हैं। सरकारी संस्थाएँ, जो कला-कार्यक्रमों को वित्तीय सहयोग देती हैं, या कार्यक्रमों को प्रायोजित करती हैं, उन्हें और उनके अधिकारियों को धमकियाँ मिलती हैं कि वे कलाओं के प्रोत्साहन के लिए काम न करें। आतंक और डर के वातावरण में समस्या यह भी है कि शाम को आयोजित होने वाले कार्यक्रमों को दर्शक भी नहीं मिलते। चारों ओर सेना के लोग बंदूकें ताने खड़े रहते हैं। और यह देखकर अचरज होता है कि शांति के वातावरण में एक समय खूब फलने-फूलने वाली कलाएँ, अब किस तरह के हालात का सामना करने के लिए मजबूर हो गई हैं।

एक मणिपुरी कलाप्रेमी याद करते हैं कि एक वह समय भी था जब हम लोग दूर से ही एक सूत्रधारी की आवाज़ को पहचान लेते थे, और रासलीला मंडप में किसी कलाकार के गायन को भी सुनकर समझ जाते थे कि कौन गा रहा है, भले ही उसका चेहरा कुछ ढँका हुआ हो।

मुझे स्वयं 1989 में आयोजित प्रथम भाग्यचंद्र महोत्सव के महारास की याद है, जिसमें रसिक दर्शक तो थे ही, कार्यक्रम की गुणवत्ता भी कुछ और ही थी। 2011 में कैइना में जो देखने को मिला वह मानो पहले वाले कार्यक्रमों की धुंधली कार्बन कॉपी सरीखा था और दर्शक भी थोड़ी ही संख्या में थे।

निश्चय ही मणिपुर के कला-रूपों को सहेजने की बड़ी ज़रूरत है।

पाद टिप्पणियाँ

1. मणिपुरी साहित्य परिषद, इम्फाल की प्लैटिनम जुबली के अवसर पर (22 नवंबर, 2011) आयोजित सेमिनार में आर.के. सिंहजीत सिंह द्वारा भारतीय संस्कृति में योगदान पर प्रस्तुत आलेख।
2. 'निगेटिव सिलेक्शन' के उपशीर्षक में गुरु सिंहजीत सिंह का कहना है, "लंबे अरसे तक विदेशी शासन और विदेशी संपर्क के बावजूद, मणिपुर संस्कृति में बर्मी प्रभाव के कोई लक्षण दिखाई नहीं पड़ते।" उस राजकुमारी की ट्रैजिडी पर, जिसे उसके अकेलेपन में मृत्यु ने घेर लिया, एक प्रसिद्ध उपन्यास की रचना हुई। इसे लिखा है–मणिपुरी की श्रेष्ठ लेखिका एम.के. बिनोदिनी ने, और यह मास्टरपीस माना जाता है।
3. अपने लेख "कांट्रिब्यूशन ऑफ मणिपुरी थिएटर टु इंडियन कल्चर" में लोकेंद्र अरंबम ने इसकी चर्चा की है। मणिपुरी साहित्य परिषद, इम्फाल की प्लैटिनम जुबली के अवसर पर भी इस पर उन्होंने अपने विचार प्रकट किए थे।
4. यह लोकेंद्र अरंबम की थ्योरी है। वह कहते हैं कि राजा के दैवी अधिकार की थ्योरी, कम्बोडिया और अन्य दक्षिण-पूर्वी एशियाई देशों के राजा सिद्धांत से मिलती-जुलती है, जो सत्ता, संस्कृति और जनकल्याण के संबंधों को, पुरखों की पूजा वाले परिवेश में प्रतिबिंबित करती है।
5. देखें, जवाहर लाल नेहरू मणिपुरी एकेडेमी द्वारा प्रसारित उन पैम्फलेट्स और पुस्तिकाओं को, जिनमें लाई हरोबा समारोहों से संबंधित विस्तृत विवरण हैं।
6. विवरणों के लिए देखें, सरयू दोषी द्वारा संपादित *डांसेज ऑफ मणिपुर: क्लासिकल ट्रेडिशन* मार्ग संख्या 41, 2 दिसंबर, 1989 में प्रकाशित आर.के. अचाबिसाना सिंह का लेख।
7. मणिपुरी जीवन में कुछ खास महत्वपूर्ण अवसर आते हैं। *अन्नप्रासन* में, शिशु को पहली बार चावल खाने के लिए दिया जाता है। दूसरा, अवसर *कर्णविध* है, जिसमें तीन या साढ़े तीन साल के बच्चे (लड़का-लड़की दोनों) के कानों में छेद करके कानों में बूँदें/बालियाँ पहनाए जाते हैं। तीसरा है *उपनयन*, जिसमें, किशोर को यज्ञोपवीत पहनाने का अनुष्ठान किया जाता है, *श्राद्ध*, मृत्योपरांत किया जाता है। ये सभी 'अवसर' अनुष्ठान की तरह किए जाते हैं, संकीर्तन के साथ, जो हर हाल में आवश्यक होता है, और इसी लिए यह कला-रूप बचा रह सका है, क्योंकि यह मणिपुरी जीवन का अंग है।
8. मणिपुरी नर्तक की गरिमामयी कूद, जो हिरण की छलाँग जैसी होती है, प्रसिद्ध है। पारंपरिक मणिपुरी घरों के आँगन में दो खंभे 8 फुट की दूरी पर होते हैं, और युवा लोग एक खंभे से दूसरे खंभे तक कूदने का लगातार अभ्यास करते हैं, जिससे वह कूद हलकी मालूम पड़े।
9. हेनरी चार्ल्स पुएक, अलचुंग लिंग द्वारा संयोजित 'कवैंटम सूप' (हलकी गति मात्राएँ) में। इसमें वृत्ताकार रूप और रासलीला में देवी अभिव्यक्ति के बीच के संबंध को दर्शाया गया है। डॉ. कपिला वात्स्यायन ने अपनी पुस्तक *द स्क्वायर एंड द सर्किल ऑफ इंडियन आर्ट्स* (अभिनव पब्लिकेशंस, 1997) में पूरी तरह प्रकाश डाला है और इसे पूरे परिप्रेक्ष्य में रखा है।
10. चलनम : ऊपर-नीचे बैठे हुए, उछलने-कूदने वाली गतियाँ, और सर्पिल गतियाँ जिसमें पैरों और घुटनों को फासले पर रखा जाता है। पैर, जंघा तक उपर उठ जाता है। प्रसारनम गतियाँ अधिक उन्मुक्त होती हैं, और बहुत दूर तक पार ले जाई जाती हैं। गुंठनम : संश्लिष्ट लय वाले रूप-क्रम। गतियाँ अधिक उन्मुक्त होती है, पर होती मध्यम चाल वाली हैं।
11. देखें, संगीतज्ञ लईशराम बीरेंद्र कुमार सिंह का लेख, 'मणिपुरी' द म्यूजिक कांट्रीब्यूशन टु इंडियन कल्चर'।
12. इसी प्रपत्र से उद्धरण:
    मेइती : या-री-हेई-रेई-थेई (खोंथोक मंगा)
    भारतीय: सा-रे-गा-पा-धा (औरव) भोपाली, सुधा कल्याण, भूप कल्याण, पुराने रागों में देशकार इसी ग्रुप के अंतर्गत आते हैं।
    अंग्रेजी: सी-डी-ई-जी-ए (पेंटाटानिक)
    मेइती: या-री-हाई-रु-रेई (खोंथोक मंगा)
    भारतीय: सा-रे-गा-मा-पा (औरव) यह पुराने राग में मलुहा-केदार है। सी, डी, ई, एफ, जी (पेंटाटानिक)
    खमाज ग्रुप (हरिकम्बोधी राग), निषाध से संयुक्त होकर, और

एक और मध्यम से बनता है। यह बिलावल ग्रुप का संशोधित रूप है जो सुधा नी से कोमल नी में परिवर्तन से बना है और इस कोटि के मुख्य राग हैं झिंझोटी, खंबावती, तिलक कामोद, जयवंती। इनमें से कुछ राग दोनों प्रकार की नी का उपयोग करते हैं। यह स्केल मेइती लोगों में गायन-वादन, दोनों में बहुत लोकप्रिय है, यह अंकित स्केल 1850 के बाद विकसित किया गया था।

पहला पेंटाटानिक स्केल, जो भोपाली और कल्याण ग्रुप के रागों तथा पहाड़ी और देशकार रागों के अत्यधिक निकट है, मेइती लोगों द्वारा अपना लिया गया था, और अभी भी लाई हरोबा तथा अन्य रीतियों/अनुष्ठानों, कथा-वाचन और गीतों में इस्तेमाल होता है। हालाँकि भोपाली उसके नजदीक है जिसे मेइती बरतते हैं, पर अन्य रागों के साथ वादी-संवादी संबंध भिन्न होगा। सा-रे-गा-पा और सा-रे-मा-मा मुख्यतया मूड को व्यक्त करते हैं–पहला या-री- हेई-रेई पंचम के साथ वादी और गंधार के साथ संवादी होकर प्रसन्नता को व्यक्त करता है। दूसरा, अवसाद, करुणा, चिंता को व्यक्त करता है और सा (षडजम) संवादी का इस्तेमाल करता है।

इन दोनों का मेल सा-रे-गा-मा-पा में भावुक तथा मधुर भावों की सृष्टि करता हे। माइबा और माइबी टेट्राटानिक या-री-हेई का उपयोग देवी-देवताओं के समक्ष गायन के लिए करते हैं, यह शमानिस्टिक शैली के रूप में जाना जाता है।"

13. वादी, राग का मुख्य या स्वराधातिक नोट है संवादी, राग में दूसरा मुख्य नोट है। ये तकनीकी पद भारतीय संगीत की सभी विधाओं में इस्तेमाल होते हैं।
14. केवल 2 अंशों का पद तारावली जति है,
    3 अंशों का पद पावनी जति है,
    4 अंशों का पद दीपानी जति है,
    5 अंशों का पद नंदिनी जति है।
    मेदिना जति अधिक संश्लिष्ट है, उसमें भिन्न लय-रूप होते हैं, कई बार एक मुख्य चक्र में दो तालें रहती हैं।
15. मणिपुरी तालों के अपने विभाजन हैं
    तेवदा 3+2+2 है,
    तीनताल 2+2+3 है,
    राजमल 4+3
    त्रिपुट स्वरी 1½+1½+4
    दसकोश 2+1+2+2 है
    यात्रा रूपक है 2+5

मोहिनीअट्टम का सम्मोहन

जब 1930 के दशक में महाकवि वल्लतोल ने केरल कलामंडलम की स्थापना की थी तब केवल स्त्रियों द्वारा किए जाने वाला नृत्य मोहिनीअट्टम एक दुरवस्था में था। कहते हैं 1915 तक भी त्रिशूर में एक मोहिनीअट्टम नृत्यांगना पर इतने पत्थर बरसाए गए थे कि उसकी मृत्यु हो गई थी।[1] ज़ाहिर है इसके कलाकारों को बड़ी नीची निगाहों से देखा जाता था। मोहिनीअट्टम के जन्म को लेकर अनेक किंवदंतियाँ और कथाएँ हैं।

केरल में कई लोगों का मानना है कि दक्षिण की देवदासी परंपरा केरल भी पहुँची, और दासी अट्टम ने केरल की नृत्य परंपराओं के बीच अपनी जड़ें जमाईं, जबकि वहाँ दासी प्रथा थी ही नहीं। निर्मला पणिक्कर जैसी विदुषी का साफ़तौर पर मानना है कि केरल में मोहिनीअट्टम केरल के मंदिरों की देवदासियों के कला-रूपों से ही जन्मा है। दूसरी ओर 'सोपानम' के कावालम नारायण पणिक्कर जैसे रंगकर्मी मानते रहे हैं कि मोहिनीअट्टम का स्रोत रही है काईकोट्टकली, थिरुवथिरा और नंगिआरकुट्टु जैसी केरलीय परंपराएँ। उनका यह भी कहना रहा है कि त्रिपुनिथुरा के मंदिरों में और अन्यत्र जो नृत्य हुआ करता था, वह न तो भरतनाट्यम था, न मोहिनीअट्टम। कुछ रियासतों के संरक्षण में देवदासियों के कुछ परिवार सुचिंद्रन जैसी जगहों में आकर बसे ज़रूर, लेकिन उनके द्वारा की गई प्रस्तुतियाँ कभी केरल की मुख्य कला-धारा का हिस्सा नहीं बनीं। *आदिमकिता-तुका* प्रथा के अंतर्गत देवी की सेवा में एक संतान समर्पित करने की परंपरा ज़रूर प्रचलित थी, पर कावालम नारायण पणिक्कर का मानना था कि यह प्रथा, देवदासी प्रथा का हिस्सा नहीं थी। अकसर मणिप्रवाल काव्यों का उदाहरण देकर कहा जाता है कि उनमें चेरुकरा कुट्टाची, उन्नियादी, उन्नियाची, उन्निचिरूतेवी, उन्नुल्ली आदि नायिकाओं को नृत्यांगनाओं के रूप में ज़रूर देखा गया है, पर वे देवदासियाँ नहीं थीं। इसके समर्थन में कुछ लोगों ने प्रमाण प्रस्तुत किए हैं कि केरलीय जीवनशैली में देवदासी के रूप में नृत्यांगना की कोई जगह रही ही नहीं है। लेकिन केरल साहित्य चरितम में परमेश्वर आय्यर के उल्लेख में कुछ सच्चाई तो होनी ही चाहिए, जिसमें कहा गया है कि राजा कार्तिक तिरुनाल दासी अट्टम से कुछ ऐसा सम्मोहित हुए कि उन्होंने अपने लोगों से कहा कि वे इस नाट्य-रूप को उनके क्षेत्र में भी मोहिनीअट्टम के नाम से संरक्षण दें।[2]

सामने के पृष्ठ पर: दीप्ति ओमचेरी भल्ला (अविनाश पसरीचा)

कल्याणीकुट्टी अम्मा (श्रुति)

तंजावुर में महाराजा स्वाति तिरुनाल के समय दासी अट्टम को रियासती संरक्षण मिला था, और उनके भाइयों में से एक, वादिवेलु, त्रावणकोर में कई वर्षों तक रहे भी थे। क्या इससे यह सिद्ध होता है कि दासी अट्टम से ही मोहिनीअट्टम नृत्य निकला है! नहीं, ऐसा तो नहीं कहा जा सकता, लेकिन दासी अट्टम ने स्थानीय/क्षेत्रीय स्तर के स्त्री-नृत्यों को प्रभावित ज़रूर किया था, इससे इंकार नहीं किया जा सकता। मालाबार क्षेत्र में हुए उत्खनन से कुछ ऐतिहासिक तथ्यों का पता चला है कि एक देवदासी, एक नंबूदिरी और एक राजा एक ही जमीन के साझीदार थे। इसलिए इस बात को खारिज़ नहीं किया जा सकता कि ऐसी नर्तकियाँ रही हों जो अपने नृत्य से लोगों का मनोरंजन करती रही हों। मोहिनीअट्टम नाम के बारे में तथ्य चाहे जो भी हों, लेकिन दासी अट्टम ने मोहिनीअट्टम पर कुछ प्रभाव ज़रूर छोड़ा होगा, हालाँकि मोहिनीअट्टम की तकनीक ठेठ अपनी और क्षेत्रीय है, और उसमें दासी अट्टम, जिसे बाद में भरतनाट्यम कहा गया, जैसा रेखीय सटीकपन नहीं है।

जब केरल कलामंडलम की स्थापना हुई तो नारायण वल्लतोल ने मोहिनीअट्टम का भी एक विभाग बनाया, लेकिन उन्होंने पाया कि कोई इसमें प्रशिक्षण लेने को तैयार नहीं है; वह केवल त्रिशूर के कुछ गाँवों के कुछ ही परिवारों तक सीमित था, पेरिनकोट्टुकुरिसी, कोरात्तिक्करा, पझायन्नूर, कुंडिलासेरी और नेल्लुवई तक। वल्लतोल के बेटे ने 1969-70 में नृत्यांगनाओं की जो संपूर्ण सूची बनाई, उसमें मधु अम्मा, नारायणी अम्मा, मीनाक्षी अम्मा, कैली अम्मा, माधवी अम्मा, अम्मालु अम्मा, लेशमीकुट्टी अम्मा, कुन्हीकुट्टी अम्मा, कुन्हू अम्मा के नाम थे। ये सभी कोराइटिक्करा से थीं, और अम्मालु अम्मा, जिनका देहांत 1957 में हुआ, को छोड़कर अन्य सभी की मृत्यु 1931 और 1947 के बीच हुई। बाद में कल्याणी अम्मा और कुंजुकुट्टी अम्मा, जो पझायन्नूर की थीं, और इरिंजालकुदा की नारायणी अम्मा की चर्चा आती है। कलामंडलम में एक समय किसी गुरु को लाने में वल्लतोल को कठिनाई हुई थी– 1920 तक कन्नन नायर, शेखरन नायर और कलामोझी कृष्णमेनन जैसे गुरुओं का देहांत हो चुका था। अंत में उन्हें ओरिक्केलेडथ कल्याणी अम्मा (1891-1939) मिलीं। उनसे कहा गया कि 'मूकूट्टी' जैसी प्रस्तुतियों को व्यवहार में न लाएँ, जिसे अश्लील समझा जाता था। उनकी एकमात्र शिष्या कल्याणी अम्मा ने कथकली नृत्यकार गोपीनाथ से विवाह कर लिया, और विवाह के बाद 1935 में उन्होंने कलामंडलम छोड़ दिया। कल्याणी अम्मा के लिए वहाँ करने को कुछ विशेष रह नहीं गया था क्योंकि इसे सीखने के लिए आने वालों की संख्या थोड़ी ही तो थी। इसी बीच रवींद्रनाथ टैगोर की ओर से वल्लतोल के पास यह संदेश आया कि शांति निकेतन की छात्राओं को नृत्य सिखाने के लिए कोई शिक्षक चाहिए। अवसर का लाभ उठाते हुए वल्लतोल ने 1936 में कल्याणी अम्मा

को शांति निकेतन भेज दिया। शांति निकेतन में उन्हें मोहिनीअट्टम के लिए न रखकर, काईकोत्तुकली जैसे लोकनृत्यों को सिखाने का काम सौंपा गया। कल्याणी, कोराइत्ताइकरा के अप्पुरदेठ कृष्णन पणिक्कर (1871-1946, की शिष्या थीं। के.के. गोपालकृष्णन जैसे कुछ लोगों का मानना है कि दोनों ही उस समय शिक्षक थे। लेखक बेरिल द ज़ोएते ने 1935 में कल्याणी अम्मा का नृत्य देखा था और *इन द अदर माइंड* में इसे दर्ज किया है। संभवतया यही उनके नृत्य का एकमात्र दस्तावेज है। शांति निकेतन से केरल वापस आने के कुछ ही समय बाद 1939 में कल्याणी अम्मा का देहांत हो गया।

कोरात्तीकरा की माधवी अम्मा, जो कृष्णन पणिक्कर की भी शिष्या रह चुकी थीं, वह मोहिनीअट्टम का जो रूप सिखाती थीं, वह कृष्णन पणिक्कर आसन के द्वारा सिखाए जाने वाले मोहिनीअट्टम से भिन्न हुआ करता था। यह कहना है कल्याणीकुट्टी अम्मा का, जो माधवी अम्मा की शिष्या रही थीं। जब वे भी चली गई तो उनके गुरु कृष्णन पणिक्कर, जिनका पारंपरिक मोहिनीअट्टम सिखाने वाले गुरु के रूप में पर्याप्त सम्मान था, शिक्षक बनकर आए, पर उन्होंने भी केवल 1940 तक ही काम किया, क्योंकि वे जब कलामंडलम में सिखाने के लिए आए थे, पचहत्तर पार कर चुके थे। और यों भी परंपरा के प्रति आसक्ति रखने वाले उन जैसे गुरु को, मोहिनीअट्टम को और अधिक लोकप्रिय बनाने वाले जो संदेश मिलते रहे थे, वे रास आ नहीं रहे थे।[3] ऐसे गुरु, जिन्होंने अपनी देवदासी शिष्याओं को तीस वर्षों तक नृत्य सिखाकर ही अपना गुजारा किया था, वे कलामंडलम में अपने को खपा नहीं पा रहे थे, और उन्होंने अपनी वृद्धावस्था की बात कहकर वहाँ से 1940 (कुछ के अनुसार 1942) में अवकाश प्राप्त कर लिया। पर उसके पहले वे तब बहुत युवा कल्याणीकुट्टी अम्मा को कुछ समय के लिए नृत्य सिखा चुके थे। कलामंडलम छोड़ने के बाद उन्होंने शांता राव और तारा चौधरी को सिखाना शुरू किया। तारा चौधरी कथक नृत्यांगना थीं और उनके पास मोहिनीअट्टम सीखने आई थीं। 1939 में कल्याणीकुट्टी अम्मा का अरंगेत्रम हुआ। 1940 में माधवी अम्मा भी अवकाश प्राप्त कर चुकी थीं। इसलिए जब कलामंडलम को कोच्चि सरकार को हस्तांतरित किया गया, और वह 1942 में त्रिशूर चला गया तब वहाँ मोहिनीअट्टम की शिक्षा नहीं हो रही थी, क्योंकि कोई शिक्षक ही नहीं मिल रहा था। कुछ दस्तावेज बताते हैं कि 1955 में थोट्टरी छिन्नम्मु अम्मा सिखाने के लिए आईं और 1964 तक रहीं। इसके बाद सत्यभामा आईं और मोहिनीअट्टम का प्रशिक्षण जैसे-तैसे चलता रहा। इससे पहले कृष्णन पणिक्कर, माधवन, गुरु गोपीनाथ और आनंद शिवराम जो प्रशिक्षण देते थे, वह केरल का शास्त्रीय नृत्य कहलाता था। माधवी अम्मा और कृष्णन पणिक्कर के जाने के बाद, एक अंतराल आया, फिर छिन्नम्मू अम्मा के आने के बाद पहली बार पाँच प्रशिक्षार्थियों को नियमित प्रशिक्षण मिलता रहा। सत्यभामा इनमें से एक थीं। कल्याणी-कुट्टी अम्मा ने कलामंडलम छोड़ा और कलामंडलम कृष्णन नायर से विवाह कर लिया। लेकिन सत्यभामा ने छिन्नम्मू अम्मा की प्रशिक्षण विधि/शैली को जारी रखा और अनंतर, यही शैली मोहिनीअट्टम की मुख्यधारा के रूप में जानी गई।

कल्याणीकुट्टी अम्मा ने योग, कलरी और अन्य उन सभी गतिविधियों में भाग लिया था जो लड़कों के ही करने लायक चीजें मानी जाती थीं, और लड़कियों के लिए प्रतिबंधित थीं। वह सिर्फ़ 22 वर्ष की थीं, जब 1937 में उन्होंने कलामंडलम में प्रवेश करके मोहिनीअट्टम सीखना शुरू किया। कल्याणीकुट्टी के बारे में वल्लतोल को बताया था कोट्टाई पन्नागत्तिल कुंजु लक्ष्मी ने, जो सोरानूर के शासकीय विद्यालय में शिक्षिका थीं और ऐसा उन्होंने तब किया था जब स्वयं कल्याणीकुट्टी ने इस इच्छा का पत्र उन्हें लिखा था। कल्याणीकुट्टी अम्मा को लेखन का भी सहज चाव था और उनके कुछ लेख मलयालम की पत्र-पत्रिकाओं में प्रकाशित भी हो चुके थे। कलामंडलम

की गतिविधियों ने, जिनमें कई शारीरिक अभ्यास जैसे– चुरिप्पु[4] और मे साधकम[5]– शामिल थे, उनकी देहदृष्टि को आवश्यक रूप से 'दुबला-पतला' कर दिया। वह नृत्यकार थीं, पर उनके कट्टरपंथी परिवार ने उनका बहिष्कार कर दिया था। परिस्थितियाँ कुछ ऐसी बनीं कि उन्हें हमेशा के लिए कलामंडलम भी छोड़ना पड़ा, और कई जगहों से होते हुए, 1952 में उनके और उनके पति (महान कलामंडलम कृष्णन नायर) ने एलुवा में केरल कलामंडलम की शुरुआत की। 1958 में त्रिपुनिथुरा चले गए, और अपने पति के सहयोग से कल्याणीकुट्टी अम्मा ने अपने स्कूल में वह सब सिखाना शुरू किया जो कुछ उन्होंने कृष्णन पणिक्कर और माधवी अम्मा से सीखा था। मोहिनीअट्टम के उस स्कूल से कई कलाकार निकले हैं।

मोहिनीअट्टम की कौन-सी शैली प्रामाणिक है, यह तय करना तब और अधिक कठिन हो जाता है जब शांता राव के बारे में सोचने की बारी आती है, जिनको लेकर बहुत कम बात होती है। इस बात से तो कोई इनकार नहीं करता कि यह नृत्य-रूप, स्त्री नृत्यकार से यह अपेक्षा रखता है कि वह अपनी देह के संचालन से (ही) ऐसी सर्जना करे जो सम्मोहित करने वाली हो। शांता राव को लगता था कि केरल की रहस्यभूमि ही मोहिनीअट्टम जैसे नृत्य-रूप को जन्म दे सकती थी, जिसमें उच्चस्तरीय दार्शनिक सत्य स्त्री देह के सम्मोहन और 'जादूगरी' से उभारे जा सकते हैं। लेकिन यह देह-आधारित है, इसलिए इस बात के खतरे भी अधिक हैं कि यह देह से उभरने वाले सूक्ष्म सम्मोहन की जगह, एक प्रकार की देह-मादकता को जन्म दे दे। दूसरे नृत्य रूपों की बनिस्पत, जिनमें किसी कथा या विषयवस्तु को आधार बनाकर नृत्य किया जाता है, मोहिनीअट्टम में कथा केवल एक अलंकरण की तरह होती है क्योंकि इसमें नृत्यांगना लगातार सम्मोहित करने वाली भाव-भूमि की सृष्टि कर रही होती है, जिससे कि सांसारिकता से ध्यान हटाया जा सके। यह शांता राव के अनुसार ऐसी गतिविधि है जो 'दैवी सम्मोहन' का दर्जा रखती है, जिसमें शारीरिक मादकता का कोई योग नहीं होता है। अशोक चटर्जी की कृति *डांसेज ऑफ द गोल्डन हॉल* के ज़रिए यह जानना दिलचस्प है कि गुरु कृष्णन पणिक्कर ने शांता राव को 1940 के दशक में किस प्रकार से दीक्षित किया था। बहुत कम बोलने वाले यह गुरु इस बात पर जोर देते थे कि शांता राव सिर्फ़ उन्हीं को गौर से देखें। और ऐसा मानें कि वह केवल उन्हीं के लिए नृत्य कर रही हैं। शुरू में शांता राव को यह बात बहुत अजीब लगी, क्योंकि कथकली में ऐसी अपेक्षा के लिए कोई जगह नहीं है, (और वह उस समय *रावुन्नी* मेनन से कथकली का गहन प्रशिक्षण ले रही थीं) कथकली में तो अभिनेता की दृष्टि उस व्यक्ति या वस्तु की ओर रहती ही नहीं है, जिसको वह संबोधित होता है। यह तो शांता राव ने बाद में अनुभव किया कि अभिनेता की एकाग्र दृष्टि, नेत्रों को इस तरह स्थिर कर देती है जिससे कि वे सम्मोहन की सृष्टि कर सकते हैं, दुनियावी चीजों को परे रखकर। सम्मोहित करने वाली आँखों को नीचे-ऊपर नहीं देखना होता, न एक सामान्य दृष्टि से दर्शकों की ओर। नृत्यांगना, गीत की प्रत्येक पंक्ति को कई तरह से नृत्य में प्रस्तुत करती है, पर अन्य नृत्य-रूपों की तरह वह एकल प्रस्तुति में कथा को वर्णित नहीं करती–वह तो विभिन्न पात्रों का अभिनय करते हुए उन्हें विलगाती भी नहीं है, बस सम्मोहन पर ध्यान देती है। आँखें, वक्ष, जंघाएँ–सभी गतियों के लिए व्यवहार में लाए जाते हैं, पर किसी मुखरता में नहीं। गजब के संतुलन में, परस्पर विरोधी भावों की सृष्टि, विभिन्न चरणों में, संरचनात्मक भाव से की जाती है। युद्ध और ध्वंस की कथाएँ और प्रेम, सज्जनता तथा द्वार की कथाएँ, एक के बाद एक प्रस्तुत होती हैं। उद्देश्य यही है कि 'दर्शकों को जो अपील करे, वे उसे सराहें।' मोहिनीअट्टम की इस विशेष शैली के लिए शांता राव को प्रशिक्षण की ज़रूरत थी। अशोक चटर्जी 1960 की दो मोहिनीअट्टम शैलियों के रूप में शांता राव की और केरल कलामंडलम की चर्चा करते हैं। लेकिन जो कलामंडलम में प्रशिक्षिक थे, वे कृष्णन पणिक्कर के

छात्र थे। ऐसे में कृष्णन पणिक्कर ने शांता राव को जो सिखाया, उससे कलामंडलम में उनके सिखाने की विधि भला कितनी भिन्न रही होगी?[6]

शांता राव, दक्षिण के संगीत की विशेषता की भी चर्चा करती हैं, "जिसमें काव्य-रचनाएँ तो संस्कृत छंदों या आर्य छंदों में हैं, और संगीत है द्रविड़ शैली का।"

लेकिन कृष्णन पणिक्कर के शीघ्र ही दृश्य के बाहर हो जाने पर क्या नृत्य रूप भरतनाट्यम से अत्यधिक प्रभावित हो गया? अशोक चटर्जी के अनुसार कृष्णन पणिक्कर ने केरल की मातृसत्ता के बारे में बताया जिसमें एक स्त्री अपना पति स्वयं चुन सकती थी। एक नायर राजकुमारी, प्रभु पद्मनाभा को समर्पित अपने मंदिर के प्रांगण में रोज नृत्य करती थी। उसके नृत्य के दर्शकों में से कई विवाह योग्य नायर पुजारियों को उसके माता-पिता के राजकुमारी के लिए चुना था कि उनमें से वह जिससे चाहे विवाह कर ले। लेकिन राजकुमारी धीरे-धीरे पद्मनाभ की प्रतिमा के ही प्रेम में पड़ती गई और उसे लगने लगा कि उसके नृत्य से प्रतिमा सजीव हो उठती है। आनुष्ठानिक नृत्य की सम्मोहन शक्ति क्रमशः बढ़ती गई और इस तरह मोहिनीअट्टम की शुरुआत हुई।

जब मोहिनीअट्टम विशेषज्ञ कनक रेले ने 1973 में शांता राव को देखा तो वह केरल के विशिष्ट वाद्यवृंदों के संगीत में नृत्य न करके, घटम की संगति में नृत्य कर रही थी। उन्होंने चोलकेत्तु, और *द्रोण द्रुपम* शीर्षक से एक प्रस्तुति दी थी–यह प्रस्तुति द्रोण के पांडवों और कौरवों के गुरु बनने की कथा को लेकर थी। यह प्रस्तुति पारंपरिक प्रस्तुति थी या नहीं, यह तो कनक रेले को ज्ञात नहीं, लेकिन उन्हें यह ज़रूर लगा था कि उसमें दक्षिण-पूर्व एशियाई नृत्य का प्रभाव था। जिन्होंने शांता राव को नृत्य करते हुए देखा है, वे उनके नृत्य की चुंबकीय शक्ति की याद तो करते हैं, पर वे यह नहीं बता पाते कि उनके नृत्य की शैली की विलक्षणता क्या थी? उन्होंने अन्य नृत्यकारों से अलग रहते हुए ही, अपने निजी वृत्त में परिक्रमा की, और उनके शिष्यों में से कोई उनकी शैली को आगे नहीं ले जा सका, सो उसकी विशिष्टताओं के बारे में जान पाना सचमुच कठिन है। अगर उनके अभिलेखों में से कहीं कुछ हो तो हो, पर वह तो तभी जाना जा सकेगा जब उस 'अभिलेखागार' तक किसी की पहुँच हो सकेगी!

यह वही कृष्णन पणिक्कर हैं जिन्होंने कल्याणीकुट्टी अम्मा को प्रशिक्षित किया था। और कल्याणीकुट्टी अम्मा ने 1954 से ही, जब दर्पण एकेडेमी में थोड़े समय के लिए उन्होंने नृत्य सिखाने का काम किया था, बेहद सक्रिय रही थी। 1974 में उन्होंने कलाक्षेत्र में भी छह महीनों के लिए काम किया था, और 23 शिक्षकों को यह सिखाया था कि मोहिनीअट्टम का प्रशिक्षण दिया कैसे जाए। 1989[7] में 'श्रुति' पत्रिका को दिए गए एक इंटरव्यू में उन्होंने कहा था कि कृष्ण आय्यर से उन्होंने केवल चार चीजें सीखी थीं–चोलकेत्तु, कम्बोजी में जतिस्वरम, यदुकुलकम्बोजी में एक वरनम, और अरभि में एक तिल्लाना। पाठ में इतनी गहराई थी कि उसे तीन-चार घंटों तक खींचा जा सकता था! पदम, श्लोकम और तिल्लाना के बाद सप्तम या सातवीं चीज से राम जैसे भगवान की गाथा सुनाते हुए एक घंटा बिताया जा सकता था। कृष्णन पणिक्कर ने उनसे कहा था कि सप्तम जैसी चीज़ समाप्तप्राय: है, इसलिए उससे कुछ पंक्तियाँ लेकर मैंने चोलकेत्तु में जोड़ दी हैं। जो चोलकेत्तु उन्होंने कलामंडलम में सीखा वह था, "भगवती कल्याण देहिमे मंगलम वेदांता रोपे शिवे, विमले भवे मोचिनी..." और इसके बाद राम की स्तुति में, "दशरथ राजकुमार, खरदूषणादि संहार, सुग्रीव गदा परिपाला, लंकेश्वर बलापहारा, प्रताप राम बलहारा" और फिर समाप्ति पर एक आकस्मिक परिवर्तन, "*तुंग जटाधर गंगा, जय तुंग जटाधर गंगा, त्रिपुरांतक ऋषम तुरंगा* (दो बार) *माथ पूरिता, मन्मथपूरिता भंगा आंग्री नमोस्तुते*"–शिव की स्तुति! कल्याणीकुट्टी अम्मा दूसरी नृत्यांगनाओं की तरह नहीं थीं जो सिखाए गए को जस का तस प्रस्तुत करती थीं, उन्होंने राम गाथा को देवी और शिव से जोड़ने को प्रश्नांकित किया। भाषा पर उनका अधिकार था, उन्होंने राम प्रसंगों को हटा दिया

और चोलकेत्तु की संरचना में अपनी पंक्तियाँ और जतियाँ जोड़ दीं, और इस तरह उसे कथ्य के हिसाब से तर्कसंगत बना दिया।

वैसे तो कल्याणीकुट्टी अम्मा विचारों की स्वतंत्रता में विश्वास करती थीं, लेकिन कृष्णन पणिक्कर की शैली का वह समर्थन करती रहीं, और उसकी रक्षा भी। उस वक्त लगातार उभरने वाली सभी वैयक्तिक शैलियों का उन्होंने प्रतिवाद किया। उनके पति कथकली के महान कलाकार, अकसर इस पर जोर देते रहे कि कलामंडलम में, कल्याणीकुट्टी अम्मा, हमेशा कृष्णन पणिक्कर के पथ पर ही चलती रहीं। पर इस बात पर विश्वास करना कठिन है कि कलामंडलम से अलग होकर अपनी कथकली पृष्ठभूमि के साथ, कल्याणीकुट्टी अम्मा ने स्वयं कुछ वैयक्तिक प्रयोग न किए हों मोहिनीअट्टम में।

वह जोरदार ढंग से शांता राव और अनंतर कनक रेले के इन दावों का खंडन करती रहीं कि इन्होंने ही मोहिनीअट्टम को पुनःप्रतिष्ठित करते हुए, उसकी गरिमा उसे वापस दिलाई है। कल्याणीकुट्टी अम्मा का कहना था कि जब स्वयं गुरुदेव के निमंत्रण पर वह शांति निकेतन में प्रशिक्षण देने के लिए गई थीं और जब 1940 के दशक से ही कलामंडलम में मोहिनीअट्टम सिखाने की व्यवस्था थी, तो यह सवाल ही कहाँ उठता है कि मोहिनीअट्टम को पहले प्रतिष्ठा प्राप्त नहीं थी। हाँ, 1930 के दशक के आरंभिक वर्षों में, और 1940 से 1950 के बीच कुछ समस्याएँ ज़रूर रही थीं। कल्याणीकुट्टी बताया करती थीं कि शांता राव अकसर कृष्णन पणिक्कर के मलयालम निर्देशों के अर्थ-आशय जानने के लिए उनके पास आती थीं।[8] जब कल्याणीकुट्टी अम्मा से इंटरव्यू में कनक रेले (जो नृत्य-परिदृश्य में 1960 के दशक में आईं) के साथ हुए उनके मतभेदों के बारे में पूछा गया तो उन्होंने बताया कि जब वे उनसे मिलने के लिए आईं तो उनके साथ राजलक्ष्मी भी थीं। राजलक्ष्मी ने कहा कि मोहिनीअट्टम में तिल्लाना जैसी कोई चीज़ है ही नहीं। कल्याणीकुट्टी अम्मा ने उनसे कहा कि ऐसा वह (राजलक्ष्मी) अज्ञानवश कह रही हैं क्योंकि यह तो उन्होंने स्वयं कृष्णन पणिक्कर से सीखा है। इस पर भी उनसे कहा गया कि आप करके बताइए। उन्होंने स्वयं तो करके बताने से इनकार कर दिया, लेकिन अपनी बेटियों श्रीदेवी और कलादेवी से कहा कि वे दिखा दें। "कनक ने भी बाद में मुझसे गीत भेजने के लिए कहा, पर मैंने कभी भेजा नहीं।" मोहिनीअट्टम के प्रति कल्याणीकुट्टी अम्मा और कनक रेले के दृष्टिकोण भिन्न थे, यह तो स्पष्ट है। कल्याणीकुट्टी मानती रही थीं कि मोहिनीअट्टम भक्ति आधारित नृत्य है, दूसरी ओर, कनक रेले का कहना था कि उन्होंने मोहिनीअट्टम को अपनाया ही इसलिए कि भरतनाट्यम का 'भक्ति-भाव' उन्हें रास नहीं आया था।

कलामंडलम में थोट्टसेरी छिन्नम्मु अम्मा के काम करने के साथ ही मोहिनीअट्टम स्थापित हो गया था, हालाँकि नृत्य उन्होंने पच्चीस वर्ष की अवस्था में छोड़ दिया था, और फिर करना शुरू किया था जब वह पचास वर्ष की हो गई थीं। लंबे अंतराल का प्रभाव उनकी स्मृति पर पड़ना ही था—और जतिस्वरम, चोलकेत्तु, तोडी वरनम, स्वाति तिरुनाल का शंकराभरणम आदि ही उनकी स्मृति में रह गए थे।

लेकिन उनकी शिष्याओं में इंद्राणी रहमान थीं, जो तब तक भरतनाट्यम नृत्यांगना के रूप में प्रतिष्ठित हो गई थीं, और थी रोशन वजीफदार और सत्यभामा। बाद में सत्यभामा, कलामंडलम की प्राचार्या बनीं। छिन्नम्मु अम्मा ने भी कल्याणीकुट्टी अम्मा से कुछ चीज़ें सीखी थीं। इस सबके बावजूद कल्याणीकुट्टी अम्मा ने कलामंडलम में कृष्णन पणिक्कर के बाद आने वाले शिक्षकों की आलोचना यह कहकर की है कि उन्होंने परंपरा से बहुत छूट ली है। दरअसल कल्याणीकुट्टी अम्मा का नृत्य अधिक नपा तुला था। आज का नृत्य अधिक स्वतंत्र-भाव वाला है।[9] 1959 में एक अमेरिकी विदुषी बी. ट्रू जोंस, कलामंडलम की छात्रा रही थीं और उन्होंने छिन्नम्मु अम्मा के अंतर्गत पाँच वर्षों तक अध्ययन किया था।

कनक रेले (अविनाश पसरीचा)

बी. ट्रू जोंस ने मोहिनीअट्टम पर पर्याप्त शोध कार्य किया था। उन्होंने सुदूर गाँवों की यात्रा भी की थी, जहाँ 1920 और 1960 के दशक की नृत्यांगनाएँ रहा करती थीं। 1972 में जारी न्यूयॉर्क यूनिवर्सिटी के एक मोनोग्राफ में यूनिवर्सिटी की नृत्य-अध्ययन शोध समिति ने इस शोधकार्य को प्रकाशित किया है।

एक दूसरी नृत्यांगना कुंजुकुट्टी अम्मा की एक मंडली थी, जो नंबूदिरी और नायर घरों में तथा आय्यर ब्राह्मण घरों (मदाम्स) में जाकर नृत्य करती थी। वह बड़ी स्फूर्ति वाली नृत्यांगना थी और विद्रोहिणी समझी जाती थी। उन्होंने कई गुरुओं से नृत्य सीखा, जैसे करूवत्ती कुंजन पणिक्कर और कलपुरत्ते कुंजकुंझिअम्मा से। उनकी शैली तांडव की ओर झुकी हुई थी, जिसमें छलाँगें और उत्प्लावन शामिल थे। पद संचालन जटिल होता था, और हाथ सिमटे हुए। घेरा बड़ा नहीं होता था। कुछ लोग कहते हैं उनका नृत्य नांगियार कुट्टु से मिलता-जुलता था, विशेष रूप से चारियों में और कनक रेले जैसी नृत्यांगनाओं की उसमें केरल की परंपरागत चीजों जैसे *पदयानी*, *तुल्लाल* और *मुदिएत्तु* की झलक मिलती थी, और *परिवत्तम* की भी, जो प्रस्तुति है मुखरता से किए जाने वाले आह्वान की। कनक रेले को यह कंस नाटकम की भी याद दिलाता था जो पालघाट जिले में प्रचलित था और दूसरे रूपों से, मसलन *पारिजातापहरणम और मीनाक्षी नाटकम* से भिन्न था। ये केरल और तमिलनाडु की सीमा के केरलीय क्षेत्र में प्रायः हुआ करते थे, ऐसा मानते हैं कि अन्य राज्यों से अकसर केरल की सीमा में प्रवेश करने वाले लोग ही ये नृत्य-रूप केरल लेकर आए थे। विवाह के बाद, कुंजुकुट्टी अम्मा ने, जो तब मात्र बीस वर्ष की थीं, नृत्य करना बंद कर दिया। वह गोपाल पणिक्कर, कुंजन पणिक्कर और पुलियानकोते आचार्युत्तन नायर जैसे गुरुओं के गुण गाया करती थीं। उन्होंने तमिल में चोलकेत्तु और वरनम की प्रस्तुतियाँ कीं,

असाई मीरुदे को खमाज में किया और स्वाति तिरुनाल के *सामी निन्ने* को शंकर वरनम में। स्वाति तिरुनाल के ही समाजेंद्र को तोडीं में, जतिस्वरम को सेंजुरुत्ती में, इराइयामन के तिल्लाना, पदम, और शंकराभरणम में एक तमिल पदम असाई पोरुकुतिल्लाई को भी प्रस्तुत किया। ओजपूर्ण शैली और तमिल संरचनाएँ दासी अट्टम के प्रभाव की ओर कुछ तो संकेत करती ही हैं, क्योंकि कृष्णन पणिक्कर ने तमिल संरचनाओं को कभी किया नहीं था। एसाल, एक तरह की ऑपेरा प्रस्तुति जिसमें दो नृत्यांगनाएँ प्रतिस्पर्धापूर्वक नृत्य करती थीं, वरनम के पहले, एक भूमिका की तरह प्रस्तुत किया जाता था, और स्वतंत्र रूप से भी।

मोहिनीअट्टम में वक्ष कुछ उसी तरह झूमता है जैसे केरलीय कोमल नारियल पत्ते हवा में झूमते-झूलते हैं, बिना अपने को टेढ़ा-मेढ़ा किए। मोहिनीअट्टम लयात्मक और शोभामय नृत्य है, भरतनाट्यम की ज्यामितीय रचना से भिन्न।

छिन्नम्मु अम्मा की शैली बड़ी शोभामय थी, हालाँकि कई वर्षों तक नृत्य न करने के कारण उनके भंडार में से कई चीजें हमेशा के लिए खो गई थीं। उनके मोहिनीअट्टम में वही बात थी जो आज की नृत्यांगनाओं में है।

बावजूद इसके कि कल्याणीकुट्टी अम्मा कलामंडलम से अलग हो गई थीं, वही तो थीं जिन्होंने इस नृत्य, रूप को एक संरचना, और एक शिल्प देना शुरू किया। वह अपने विचारों में पक्की थीं, और कलामंडलम सत्यभामा ने जो परिवर्तन किए थे, उनसे सहमत नहीं थीं। मानती थीं कि ये परिवर्तन कृष्णन पणिक्कर के दृष्टिकोण से अलग हैं। वे उन परिवर्तनों की आलोचना करती थीं। अपने शोध कार्य के बल पर उन्होंने नृत्य की अदावु इकाइयों–तागानम, जगानम धगानम, शम्मिप्राम के बीच सहसंबंध स्थापित किया। वह नए केश-विन्यास, ऊपर के जूड़े के भी खिलाफ़ थीं और कहती थीं कि यह परम्परा के विरुद्ध है। लेकिन उनकी पोती स्मिता राजन को छोड़कर, स्वयं उनकी शिष्याओं में भी शायद ही कोई पुराने केश विन्यास को व्यवहार में लाता हो। छिन्नम्मु अम्मा की तरह ही कल्याणीकुट्टी अम्मा की शैली भी मजबूत शैली थी। लेकिन उनके नृत्य-सार में, चोलकेत्तु को छोड़कर, निश्चय ही भरतनाट्यम का प्रभाव था। यह प्रभाव, कलामंडलम छोड़ देने के बाद, भास्कर पिल्लई के निर्देशन में काम करने के वक़्त पड़ा होगा। भास्कर पिल्लई की पृष्ठभूमि *भरतनाट्यम* की ही थी, जिसमें ज्यामितीय संरचना का अचूक संतुलन व्यवहार में लाया जाता है। आंदोलिका में उनका संयमित नृत्य भी आज की नृत्यांगनाओं से भिन्न हुआ करता था। जब उनसे सोपानम संगीत के बारे में पूछा गया तो उनकी भृकुटि तन गई, और बोलीं–"यह कौन-सा संगीत है! सोपानम का अर्थ सिर्फ़ यही तो है–प्राचीन या पुराना संगीत।" वह 'काकपक्षम'जूड़े की चर्चा करती थीं, जिसे स्वयं वह और उनके समय की नृत्यांगनाएँ बाँधती थीं, 'रेशमी' के साथ, सिर के पीछे की ओर, और वह पाँच फनों वाले सर्प की तरह लगता था। सीधी माँग वाले बालों में पिरोए हुए फूलों को नागालम्बम कहा जाता था। *सूर्यन, चंद्रन, नागमंडल, पल्क्कमोदिरम, सीमांथा चुट्टी* जैसे आभूषणों और *मुकुत्ती, पवनमाला* के साथ नृत्यांगना बहुत आकर्षक लगती थी।

गीत-संगीत रचनाकार के रूप में कल्याणकुट्टी अम्मा ने मोहिनीअट्टम के थोड़े से भंडार में दो वरनम, बारह पदम, सप्तम और तिल्लाना जोड़कर इस भंडार को समृद्ध किया। 1972 में ही उन्हें केरल की संगीत नाटक अकादमी का पुरस्कार मिल चुका था। केरल कलामंडलम का पुरस्कार कल्याणीकुट्टी अम्मा को 1986 में मिला। लेखन में प्रवीण कल्याणीकुट्टी अम्मा की *मलयालम चरित्रवुम, अत्ता प्रकरवुम* शीर्षक से मलयालम में मोहिनीअट्टम पर लिखी पुस्तक इस विषय की आरंभिक पुस्तकों में से है। आनंदभैरवी वरनम– *वरिका, वरिका, सखी वरगुनन अवने कांदो* उन्हीं का लिखा हुआ, और नृत्य में निबद्ध किया गया वरनम है।

स्वयं वल्लतोल की प्रेरणा से 1940 के दशक में कलामंडलम में प्रोसीनियम मंच की शुरुआत हो गई थी। उन्होंने तोपीमद्दालम वाद्य की जगह मृदंगम का इस्तेमाल शुरू कराया। *मुखवीणा* की जगह वायलन या बांसुरी ने ले ली। संगीतमय वाद्य *एडेक्का* मोहिनीअट्टम का अभिन्न अंग बन गया। उनके समय में चोलकेत्तु में एक विशेष छंद में ही शब्द गाए बजाए जाते थे, जैसे कि चक्रवाकम में।[10] *पंडाडी*, जीवन के उतार-चढ़ाव को बताने वाली प्रस्तुति थी। अब यह मोहिनीअट्टम नृत्यांगनाओं की प्रिय प्रस्तुति है। यह *पंडाइकम नाम ओन्निचु* पर आधारित है जो मलयालम में कंबोजी और आदि तालम में निबद्ध, नारायण वल्लतोल मेनन की रचना है। वल्लतोल ने एक और कविता लिखी, जो मोहिनीअट्टम नृत्यांगनाओं को बहुत भाई। यह भी मगदालना मरियम, जो बाइबिल में मेरी मैग्डलीन पर दर्ज चौदह पंक्तियों पर आधारित है। मलयालम में 80 शास्त्रीय पदों में मैग्डलीन का वर्णन अत्यंत सुंदरी के रूप में किया गया है, और उसे आकाश से टूट कर गिरी एक तारिका जैसा बताया गया है। एक साधारण परिवार में जन्मी मैग्डलीन की आकांक्षा पुरुष करते थे, और शीघ्र ही वह प्रलोभन का शिकार हो जाती है। अंत में वह क्राइस्ट के पास जाती है कि जैसा निंदनीय जीवन उसने जिया है, उसके लिए उसे क्षमा कर दें। ईशु, जिनकी तुलना कृष्ण से की जाती है, उसे क्षमा कर देते हैं, और वैसा ही उपदेश देते हैं, जैसा कृष्ण *महाभारत* में देते हैं।

वल्लतोल ने ही कलामंडलम सत्यभामा को मोहिनीअट्टम छात्रा के रूप में चुना था। सत्यभामा ने छिन्नम्मु अम्मा से प्रशिक्षण प्राप्त किया था। छिन्नम्मु अम्मा ने उनसे चक्रवकम में चोलकेत्तु में सेंजुरुत्ती में जतिस्वरम और तोडी, यदुकुलकम्बोजी में वरनम, और सुरुन्ती में पदम जैसी कुछ चीज़ों का साझा किया। 1993 तक उन्होंने कलामंडलम में सिखाया और उसकी प्रिंसिपल बनी। उन्होंने मोहिनीअट्टम को सुरक्षित किया और उसे आगे बढ़ाया। उन्होंने कई वरनम विकसित किए–तोडी में *धनिसामजेन्द्र*, शंकराभरणम में मनसिमे पारिजातम, कपी में सुमसायक और धन्यासी में अहंत वंचितहम (*हा हंतम*)।[11]

उन्होंने चोलकेत्तु, जतिस्वरम, वरनम, पदम, तिल्लाना और श्लोकम को पारंपरिक संगीत-गोष्ठियों के रूप में प्रतिष्ठित किया, आज इसी स्वरूप को कलामंडलम में भी अपनाया जाता है, और यह भरतनाट्यम की सांगीतिक प्रस्तुतियों की तरह है। सत्यभामा कल्पनाशील थीं और उन्होंने कुछ कवियों, बिंबों के लिए नई चीज़ें सोची और सुझाई। मसलन उन्होंने प्रेमग्रस्त नाटिका को तोडी वरनम में, कामदेव के पंचतीरों के साथ सोचा। शंकराभरणम वरनम में, कामदेव का सहयोगी वसंतम है, और उनका रथ मंदमारूतम है, और उनका तीर *करिम्बु* है। कथकली नृत्यकार पद्मनाभन नायर से विवाह के बाद वह जब भी कुछ नया करती थीं, उनसे सलाह लिया करती थीं। सत्यभामा ने ही किनारे की ओर के जूड़े को शुरू किया था। कुछ लोगों के अनुसार यह शांता राव की सूझ थी और उन्होंने ही पहले-पहल इसका इस्तेमाल किया था। उन्होंने कई प्रशिक्षार्थियों को नृत्य सिखाया, पर स्वयं नृत्य करना बंद कर दिया था, जब वह मात्र चौबीस वर्ष की थीं।

वह हमेशा कहती थीं कि मोहिनीअट्टम में अभी जितनी मुद्राएँ प्रचलन में हैं, उनसे कहीं अधिक की ज़रूरत है। उनका मानना था कि मोहिनीअट्टम की कलामंडलम शैली ही सबसे अच्छी है। जब सत्यभामा ने अवकाश ले लिया, और उनकी उत्तराधिकारिणी क्षेमावती और सुगंधी ने भी नृत्य करना कम कर दिया तो लीलाम्मा, हेमावती और अन्य, मुख्य नृत्यांगनाओं के रूप में जानी जाने लगीं।

1960 के दशक में कनक रेले पांचाली करुणाकर पणिक्कर से कथकली सीख रही थीं। पांचाली नाम करुणाकर के साथ इसलिए जुड़ा था कि वह स्त्री-भूमिकाएँ करने के लिए जाने जाते थे, और इस की भूमिका में तो वह अद्वितीय थे। जो एक पुष्ट, पुरुषोचित

नृत्य शैली थी, उसे सत्यभामा ने एक लास्यपूर्ण शैली में बदल दिया–ऐसा, वे तब कर सकीं जब कुंजुकुट्टी अम्मा और छिन्नम्मु अम्मा के संपर्क में आईं, जो नृत्य शिखर पर पहुँच चुकी थीं। के.एम. पणिक्कर से भी उनकी भेंट अत्यंत फलदायक सिद्ध हुई, क्योंकि अब तक जो कुछ हो चुका था, कावालम उससे उलट कुछ कर रहे थे। कनक रेले, कुंजुकुट्टी अम्मा की दुर्बल देह की चर्चा करती थीं, जो उनके नृत्य करते ही स्फूर्तिमय हो उठती थी। छिन्नम्मु अम्मा की उपस्थिति सम्मोहक थी और एक लंबे अंतराल के बाद, मोहिनीअट्टम से वह जब जुड़ी थीं तो कथकली आसनों की स्मृति से रामनकुट्टी नायर और कृष्णन नम्बूदिरी की मदद से विलग हो गई चीज़ों को फिर अपने से जोड़ रही थीं। कनक रेले के अनुसार कल्याणीकुट्टी अम्मा, जो भरतय्यर और वेंकटाचलम जैसे लोगों (जो बाद में शांता राव के भी गाइड थे) से निर्देश ले रही थीं, तो मोहिनीअट्टम का जो रूप उन्होंने गढ़ा, उसमें कथकली का खासा प्रभाव था। आश्चर्य, इसी बात के लिए तो कनक रेले की मोहिनीअट्टम शैली की भी आलोचना की जाती रही है! कुंजुकट्टी अम्मा की शैली में काईकोट्टुकली का प्रभाव रहा है, यह केरल का, स्त्रियों का सामूहिक रूप से किए जाने वाला लोकप्रिय नृत्य है। कनक रेले के दृष्टिकोण को इन दोनों ने प्रभावित किया है, और वह दूर तक कावालम पणिक्कर के शोध और अन्य कार्यों से भी प्रेरित है।

एक व्यक्ति, जिन्हें मोहिनीअट्टम के परिप्रेक्ष्य में एक बड़ा परिवर्तन लाने का श्रेय दिया, 1970 के दशक में दृश्य में आने के साथ मानो बहुत कुछ बदल गया। वह थिएटर की पृष्ठभूमि वाले थे और केरल की लोक परम्पराओं का उन्हें गहरा ज्ञान था। कावालम, मोहिनीअट्टम को भरतनाट्यम के साँचे में फिट करने के पक्ष में नहीं थे। उनका दृढ़तापूर्वक यह मानना था कि एक परम्परा जिसके पास नांगियार कुट्टु जैसी चीज थी, वह बेकार में ही तनजई नलवर (तंजौर चतुष्वाद्य दल) से प्रभावित हो गया है। यहाँ तक कि दासीअट्टम के गतिक रूपों ने इस क्षेत्रीय रूप को विरूपित कर दिया है। उनके अनुसार केरलीय जीवन के लिए जो चीजें अपरिचित थीं वह इस स्थानीय-रूप पर थोप दी गई हैं। राजा स्वाति तिरुनाल तंजौर चतुष्पद वादिनेलु से प्रभावित हुए थे, इसमें तो कोई संदेह नहीं।

दूसरी संस्कृतियों के प्रति केरल हमेशा खुला रहा है, और उसकी कला परंपराओं में अरब और अन्य तत्व, स्थानीय कला-रूपों में घुलते-मिलते रहे हैं। यहाँ तक कि पतायानी कथकली, कृष्णट्टम और तय्यम की भी पुर्रचना कुछ बाहरी उदाहरणों को ध्यान में रखकर की गई है क्योंकि मद्रास प्रेसिडेंसी में अंग्रेजों का शासन होने से, रियासत के सलाहकार स्थानीय तो रहे नहीं थे। इसलिए मोहिनीअट्टम, भरतनाट्म का ही एक विस्तार बन गया था, और उसका संगीत हो गया था कर्नाटक संगीत! स्त्री-तत्व में जो देवत्व रूपांतरित हो रहा था, उसकी जगह वह भ्रांतमूलक ढंग से वासना-तत्व की ओर उन्मुख कर दिया गया। यहाँ तक कि प्राचीन तमिल ग्रंथ *शिल्पदिकारम*, *परायूर कूतू चाक्यान*[12] का उल्लेख करता है, जहाँ शिव कोत्तुकोडी नृत्य का प्रदर्शन सेरान सेंकुतुवन के समय करते हैं। इसे *कोट्टिचेदम* कहते हैं, नृत्य में शिव, त्रिपुरों की पराजय का उत्सव मनाते हैं। अर्धनारीश्वर के रूप में नृत्यकार को अपना संतुलन लगातार बाएँ से दाएँ और दाएँ से बाएँ की ओर बनाना पड़ता है, इससे एक ओर पार्वती के कोमल-सूक्ष्म भाव-स्थित की सृष्टि होती है, तो दूसरी ओर शिव की गहन ऊर्जा की। शुद्ध स्त्री-परंपरा में, "रैखिक रूप स्थिर रहते हैं, भावों का तालमेल वाद्यों के साथ होता है, और तत्वों को परिभाषित किया जाता है।" इस सब में रूपांतरण की एक तकनीक की दरकार होती है। प्रेम में पड़ी हुई स्त्री की दृष्टि से भावों के उतार-चढ़ावों से, और उन्हीं के अनुरूप भावों-अनुभावों की सृष्टि से, मानसिक और दैहिक स्थिति के बीच के कार्य-कारण संबंध को

सामने के पृष्ठ पर: विजयलक्ष्मी, मोहिनीअट्टम की एक सहज मुद्रा में

गोपिका वर्मा, दो कूजन करती चिड़ियों को दर्शाती हुई (अविनाश पसरीचा)

निरूपित किया जाता है। कावालम इसी आंगिक/जैविक बीजत्व को मोहिनीअट्टम शैली का आधार मानते हैं। केरल एक बहुत लंबे समय से भगवती आराधना का क्षेत्र माना जाता रहा है। इसी से भगवती पट्टू और थियट्टू जैसे संगीत-नृत्य की परंपराएँ जन्मी हैं, जिनमें नृत्य-गीत की प्रस्तुतियाँ भगवती की स्तुति में की जाती हैं। जैसे-जैसे यह स्तुति गति पकड़ती है, स्त्रियाँ समूह में नृत्य करने लगती हैं, कुछ इस तरह जैसे वे किसी शक्ति के वशीभूत हो गई हों। *मुदिएत्तु*, या *कालीनाटकम*, जिसे *ढारुकावधम* भी कहते हैं, का प्रदर्शन जोर शोर से दक्षिण केरल में होता है, साथ में रहता है संगीत जो, थोट्टाम्पट्टु संगीत कहलाता है। मोहिनीअट्टम सीधे इन परम्पराओं में से तो नहीं निकला, लेकिन इन सभी परम्पराओं ने उसके स्त्री-केंद्रित होने में योग दिया है, और मोहिनीअट्टम में चोलकेत्तु का प्रारंभ भगवती-कल्याणी-देहिमे मंगलम जैसी स्तुति के साथ होता है। भरतनाट्यम की तरह इस नृत्य की ज्यामिति रैखिक नहीं है, वह तो उतार-चढ़ाव वाले केरलीय भूभाग की तरह है, जिसमें ताड़ के पत्तों का एक लय में हवा में मंद-मंद लहराना शामिल है। कावालम का दावा सही लगता है कि इस नृत्य में झुकने-उठने की जो प्रीतिकर, लेकिन ऊर्जा भरी लय है, वह स्थानीय संस्कृति से आई है, और दासीअट्टम

से उसका लेना-देना थोड़ा सा ही है; हाँ, बाद में वह दासीअट्टम से प्रभावित ज़रूर हुई है। मोहिनीअट्टम का विशिष्ट सम्मोहन तब दिखाई पड़ता है जब इराइयामन तम्पी की *ओमाना टिंगल कीदावो, नल्ला कोमला तमारा पूवो* गाई जाती है और नृत्यांगना उसके अर्थ-आशय को अभिनीत करती है।

यह नृत्य अपनी गरिमा और लास्य में सम्मोहन की ऐसी प्रतीति कराता है मानो वह नींद में चल रहा हो। यह कथकली के नृत्य-नाटकों की प्रस्तुति से भिन्न है, जिसमें कोई सूझ, कोई सोच धीरे-धीरे खोला जाता है। मसलन एक कमल के फूल को एक बार की छवि में उभारने की बजाए कथकली में उसकी सुंदरता, उसके पास मधुक्खियों के आने, उसके जल में होने आदि को– कई रूपों में क्रमशः 'उद्धाटित' किया जाता है। कथकली में अभिनय का संबंध किसी चरित्र को अभिनीत करने से होता है, जबकि मोहिनीअट्टम में नायिका पदम में सांकेतिक रूप से किसी भाव-स्थिति को व्यक्त करती है, एक लयात्मकता में, स्त्री-लालित्य के साथ। उसमें खून-खराबे वाले भयंकर दृश्य नहीं होते, जैसे कि कथकली में रहते हैं। अगर किसी ने *थिरुवदिराकाली* में गाए गए श्रृंगारिक सुरों को सुना है तो वह सहज ही समझ जाएगा कि मोहिनीअट्टम में पदम के साथ नृत्यांगना जो नृत्य करती है, वह उससे कितना मिलता-जुलता है। मोहिनीअट्टम में नृत्यांगना एक से दूसरी भूमिका में उतरने के लिए नाट्य का या नाटकीय भंगिमा का सहारा लेती है, लेकिन यह सब वह अत्यंत संयमित और आवर्तित रूपों से करती है, कुछ इस तरह जैसे ऊर्जा को क्रमशः सक्रिय कर रही हो। यह ऊर्जा, देह की कुंडलाकार गतियों से उत्पन्न की जाती है, जिसे कनक रेले 'गतिक क्रांति' की संज्ञा देती है। और यह उस अवधारणा से भिन्न है जिसमें सुस्पष्ट ज्यामितिक रेखाएँ राजसी भव्यता के साथ रची जाती हैं। कनक रेले की परिकल्पना में देह के ऊपरी भाग को, निचले भाग से 'स्वतंत्र' कर दिया जाता है। मोहिनीअट्टम में 'मंथन' की ज्यामिति बड़ी प्रासंगिक है, क्योंकि ऐसा माना जाता है कि विष्णु की अवतार मोहिनी को, समुद्र मंथन से प्राप्त किया गया था। मोहिनीअट्टम कभी झटकेदार न होकर स्वाभाविक-सहज होता है, अभिव्यक्ति में सूक्ष्म, संयमित; इसमें देह की उदग्र-रेखा को कभी भंग नहीं किया जाता; यह उसी तरह चलता रहता है जैसे समुद्र की लहरें लगातार, उठती-गिरती रहती हैं। एड़ी की जगह अँगूठे का इस्तेमाल अधिक होता है, और मुद्राएँ मानो अनिर्वचनीय सृष्टि को संबोधित होती हैं। मोहिनी का यह अपरिमित लास्य, लुभाने से अधिक सम्मोहित करता है। कंपित पलकें, जो मुखाभिव्यक्ति में अत्यंत विशिष्ट भूमिका निभाती हैं, वो भी लहराते हुए ताड़-पत्तों की याद दिलाती हैं। सभी पौराणिक कथाओं में यह वर्णित है कि किस प्रकार देव-दानवों के संघर्ष में जब कोई संकट की घड़ी आती है, तो मोहिनी, दानवी शक्तियों को अपने सम्मोहन से भ्रांत करके, देवों की रक्षा करती है।

इसकी गतियों, चाल, घुमाव और झुकाव में, संगीत का भरपूर सहयोग चाहिए होता है। कृष्णाट्टम में मुखौटे मददगार होते हैं। आनुष्ठानिक मेदिएत्तु से लेकर कथकली के मुखर सुर-संगीत के स्रोत कई हैं। कथकली में शब्द और हस्त का एक विस्तार होता है; जबकि मोहिनीअट्टम में हस्त का न्यूनतम प्रयोग होता है, और धड़ की गतियों के साथ ही अर्थ और आशय को, विचार को, दीप्त किया जाता है, उच्चार के धरातल पर, और भाव-स्थिति अभिनीत की जाती है कुछ इस तरह, जहाँ शब्द-दर-शब्द उसकी संगति ज़रूरी नहीं होती। इसमें लोकधर्मी और यथार्थवादी तत्व समाहित रहते हैं, लेकिन नाट्यधर्मी तत्वों की, सांकेतिक तत्वों की भी, भूमिका रहती है। मद्दालम, इडुक्का, इलाथलम और चेंगिला वाद्य एक साथ बज उठते हैं, एक लय में, और आंदोलिता गमक[13] के काम आते हैं। सोपानम संगीत की यह खोज तुल्लाल विशेषज्ञ कुंजन नंबियार ने की थी, और मोहिनीअट्टम के लिए इसे ही उपयुक्त संगीत कावालम ने भी माना, कर्नाटिक संगीत की जगह।

सोपानम में विस्तृत राग अल्पना में, निरावल और स्वरों में जटिलताएँ नहीं होतीं। नृत्यांगना के साथ गायन करने वाले को मोहिनीअट्टम में वैसी प्रमुखता नहीं मिलती, जैसी कि कभी-कभी भरतनाट्यम में गायन करने वालों को मिल जाती है। सोपानम का लय-संगीत भी कर्नाटक संगीत से भिन्न है। पदी, पुरानीरा, श्रीकांति, सामंतामल्हारी, ये कुछ सोपानम के राग हैं। आनुष्ठानिक वेद-पाठ के लता और जटा (केशों को बाँधना और खोलना) ने ज़रूर ही इस तरह के गायन को प्रेरित किया होगा, जो *भगवती पात्तु, कलामेझेत्तु पात्तु कृष्णाट्टम, अष्टपदीअट्टम* जैसी परंपराओं से और अधिक निखार पा गया है। आक्कारा गायन, कात्ताला स्वर (उतार-चढ़ाव वाले स्वर) सामान्य रूप से प्रचलित हैं, और रागों को किसी न किसी विशेष प्रहर में गाने का विधान है। इन्हें *समय राग*[14] कहते हैं। सिलेबल्स को इस प्रकार विन्यस्त किया जाता है कि एक ताल में सोची-विचारी मात्राओं के बाद निशब्द मात्राओं की बारी आती है–और अनगढ़ अंग एक विशेष प्रकार का प्रभाव पैदा करते हैं। इस प्रकार का निशब्द/मौनी स्पेस, विराम चिह्नों की तरह सभी संगीत परम्पराओं में देखने को मिलता है–जैसे कि *कोट्टीपात्तू सेवाई में, पतायानी, तय्यम में, मुदीएत्तु में, मोहिनीअट्टम, कृष्णाट्टम* और *कथकली में*–प्रत्येक अपनी तरह से विधागत रूप को लाभ पहुँचाता है। सोपानम गायन प्रचलित है गुरुवायुर, रामामंगलम, तिरुमान्धमुकुन्नू के मंदिरों में–इनमें प्रथम है *तांडव बानी* और अंतिम है *लास्य*। कार्तिक तिरुनाल द्वारा विरचित *बलराम भरतम,* जो कि मोहिनीअट्टम के गति-सिद्धांतों का एक संदर्भ है, उसमें कमर, बाँहों, सिर और वक्ष की गतियों का उल्लेख है ; जो लेखक के अनुसार नई नहीं हैं, बल्कि ये तो वही हैं, जिन्हें उसने क्षेत्रीय रूपों में प्रयुक्त होते हुए देखा है। कावालम नारायण पणिक्कर[15] के अनुसार, संगीत और नृत्य के बीच का यह जो देसी और जैविक संबंध है, उसे अभी मोहिनीअट्टम कलाकारों द्वारा ठीक से समझा नहीं गया है।

मलयालम साहित्य और सोपानम के गहन शोध से कावालम नारायण पणिक्कर ने मोहिनीअट्टम की गीति-रचनाओं का अपना ही एक संकलन बनाया है। तय्यानी एक ऐसी प्रस्तुति है जो मंदिरों की सीढ़ियों पर *कोट्टीपादी सेवा* में प्रणति स्वरूप की जाती है, और एडेक्का (वाद्य) के साथ गर्भगृह तक पहुँचती है। गायन और एडेक्का के स्वर (बैतारी) बारी-बारी से प्रतिमा को निवेदित होते हैं। आठ पंक्तियों की यह सरल-सी रचना, दो पंक्तियों के दोहों जैसी संरचना में, प्रतिमा को अपनी प्रणति देती है। कई लोगों का मत है कि यह *गीत गोविंद* से प्रेरित है। ध्वनि-बिंब, लय-रूप आदि नृत्यांगना की देह-गतियों को आप्लावित करते हैं, और उसकी मानसिक स्थिति का पता देते हैं। सरस्वती और गणपति को निवेदित तयानियाँ नृत्य गतियों में पिरोई गई हैं। विरुत्तम में गाए जाने वाले दंडकम में एक काव्य-पंक्ति मुखजाभिनय[16] में अभिनीत की जाती है और इसके तांत्रिक दर्शन को व्यक्त करती है। तिरुवतिरकाल और काईकोट्टूकली तथा *भगवती पट्टू, राग-काव्य* और *चित्रकाव्य* जैसी आनुष्ठानिक कलाओं की गतियों का प्रयोग करते हुए कनक रेले ने कृष्ण के साथ गोपियों की रासलीला की नृत्य-व्याख्या की है।[17]

उत्तरी मालाबार के वीर रस वाले गीत, जो वदक्कन पाट्टू कहलाते हैं; और *तरातु, पल्लाट्टू* तथा *लोरियाँ*, जो इराइयामन की रचनाएँ हैं, ये सब, साथ ही कुट्टीकुंजु थंगाची, छंगमपूझा, आज मोहिनीअट्टम साहित्य के आधार हैं। *आंदोलितम गमकें* और *लीनम*, जिनमें एक स्वर दूसरे में घुल जाते हैं, जैसे कि *कोट्टीपाट्टू सेवा* में हम देखते हैं–जो एडेक्का के साथ आज भी मंदिरों में निवेदत होती है, वे मोहिनीअट्टम को एक तकनीक की तरह बहुत भाती हैं। *तौरात्रिकम* जैसी प्रस्तुतियों में, *तय्याम्बका* और *पंचवाद्यम* से प्रेरित नृत्त-क्रम दिखाई पड़ते हैं। जीवा में ताल-गति बढ़ने के साथ कुछ ऐसे नाटकीय और तीव्र क्षण आते हैं, जब घुँघरुओं के साथ पैरों की थाप रुकती नहीं है, भले ही संगीत विराम पा चुका हो। बड़े प्रयत्नों से कई गीति-रचनाओं को पुनः

खोजा गया है, शोध से। मसलन माना जाता था कि मलयाली साहित्य और केरलीय साहित्य में जावालियों जैसे रचनाएँ हैं ही नहीं, पर लीला ओमचेरी भल्ला द्वारा जावाली जैसी कुट्टीकुंजु की एक रचना, जो आदिताल में एक रागमालिका में निबद्ध है, की खोज के साथ, इस मान्यता को एक चुनौती मिली। इस पर ओमचेरी की बेटी, दीप्ति ओमचेरी भल्ला[18] ने नृत्य भी किया है।

यही बात तिल्लाना के लिए भी कही जाती है, हालाँकि कृष्णन पणिक्कर तक ने कल्याणीकुट्टी को यह सिखाया है। तंगाची और कुलशेखर तक ने तिल्लाना-प्रस्तुतियों की रचना की है, कुलशेखर ने दरबारी राग के रूपक ताल में।

कलामंडलम सत्यभामा के बाद लीलाम्मा ने भी कुछ परिवर्तन किए, और इसके सतत प्रवाही भंडार में चीज़ें जुड़ती गई हैं, जैसे गणपति स्तुति, भजन, कीर्तनम, तारत्तु, अष्टपदी, कविता।

1966 में कनक रेले, राजलक्ष्मी के जरिए, जिनसे वह मुंबई में स्वाती और इराईम्मान तम्पी की कुछ चीजें सीख चुकी थीं, छिन्नाम्मु अम्मा के संपर्क में आईं। छिन्नाम्मु अम्मा और कुंजुकुट्टी अम्मा से बहुत कुछ पूछकर और उनकी बातों को दर्ज कर, कनक रेले ने स्वाति तिरुनाल के भावायामी, प्राण नायकम, चोलकेत्तु, इतिनीकू जैसी जवाली, मरुबारा ये रा रारा, हिंडोलम में तिल्लाना, और स्वाति के हिंदी भजन के आधार पर कई रचनाएँ तैयार कीं। कनक रेले ने नाट्यशास्त्र पर आधारित अष्टरास और अष्ट नायिका प्रस्तुतियाँ भी तैयार कीं। वे इन्हें तब तक प्रस्तुत करती रहीं जब तक 1982 में उनकी भेंट कावालम से नहीं हो गई। उनसे मिलने के बाद कनक रेले की दृष्टि मोहिनीअट्टम को लेकर बिल्कुल बदल गई, और वे बढ़-चढ़ कर इस बात की हिमायत करने लगीं कि सोपानम ही मोहिनीअट्टम के लिए सबसे उपयुक्त है। उन्होंने मुंबई में नालंदा नाम की संस्था शुरू की, जिसमें कावालम के संगीत में निबद्ध रचनाएँ प्रयोग में लाई जाती हैं। पदमों

जयप्रभा मेनन (अविनाश पसरीचा)

और अष्टपदियों के अलावा कनक रेले ने कावालम रचित संगीत के साथ तोडी में *कोट्टिछेदम* जैसी प्रस्तुतियों की नृत्य संरचना की है, जो *शिलप्पदिकारम* की कविताओं पर आधारित है। *शबरी मोक्षम* और वे कुछ प्रस्तुतियाँ भी, जो प्राचीन काव्य के आधार पर रची गई हैं। उनका वह काम भी विशिष्ट है, जिसमें उन्होंने सीताकांत महापात्र, आयप्पा पणिक्कर, डॉ. मीनाक्षी आय्यर जैसे समकालीन कवियों की कविताओं के आधार पर कुछ ऐसे स्त्री चरित्रों की रचना की है, जो मोहिनीअट्टम के परंपरागत रूप वाले चित्रों से भिन्न हैं।

ऐसा निष्कर्ष निकाल सकते हैं कि कनक रेले की कथकली वाली पृष्ठभूमि ने ही उन्हें ऐसे स्त्री चरित्र गढ़ने के लिए प्रेरित किया जो पितृसत्तात्मक समाज में अपनी

पसंद के जीवन का चुनाव नहीं कर पाते, पर अवसर आने पर दृढ़प्रतिज्ञ होकर, कोई 'विद्रोही' निर्णय लेते हैं, जिससे सिर्फ़ उनकी नहीं, वरन बहुतों के जीवन की दिशा बदल जाती है–गांधारी, द्रौपदी, अम्बा, कुंती, सावित्री, शबरी, उर्मिला, सत्यवती, यशोधरा और अहिल्या ऐसी ही तो थीं। कनक रेले की नृत्य- संरचना *कुब्जा*, जो सीताकांत महापात्र की ओडिसी कविता पर आधारित है, और जिसका अनुवाद डॉ. मीनाक्षी आय्यर ने मलयालम में किया है, वह मोहिनीअट्टम में अमूमन प्रस्तुत की जाती रही नायिकाओं के मुकाबले, एक बिल्कुल भिन्न प्रकार की प्रस्तुति है। इसकी नायिका एक कुब्जा है, जो रोज राक्षसराज कंस की देह पर चंदन का लेप लगाने के गरिमाहीन काम में लगा दी गई है। अंत में कृष्ण उसकी रक्षा करते हैं, जो स्त्री के मन को समझते हैं और उसके प्रेम को भी स्वीकार करते हैं। उनके स्पर्श से इसका कुब्जापन भी समाप्त हो जाता है। महाकाव्यों के पुराने चरित्रों को नई दृष्टि से देखने में ही यह नृत्यांगना विश्वास करती रही है। एक ऐसा नृत्य-रूप जो स्त्री-केंद्रित है, उसमें ऐसा दृष्टिकोण ही नए आयाम जोड़ने की क्षमता रखता है। विशेष रूप से अम्बा जैसे चरित्र को उकेरने में, जो शिखंडी के रूप में अवतरित होता है। मोहिनीअट्टम की लास्यमय नायिकाओं से कितना भिन्न है अम्बा जैसा चरित्र, जो ओजस्वी है, प्रचंड है, पुरुष-द्रोही है। मधुमासाक में, कनक रेले मलयालम साहित्य के पूर्व के. कृष्णा गोदावरी क्षेत्र के सातवाहन शासक राजा हाला (20-24 ई.पू.) रचित *गाथा सप्तशती* का उपयोग करती हैं। इसके लिए नृत्त को छह मात्राओं के केरल ताल 3+1½ +1½ में बाँधा गया है, जो कि दुर्लभ चीज़ है। संगीत *सामंता मल्हारी* राग में है। शृंगारिक विषयवस्तु में मन्मथ, नायिका में प्रेम का एक ज्वार-सा उठाते हैं–एक झपट्टे में। नालंदा रिसर्च सेंटर के प्रशिक्षार्थियों को मोहिनीअट्टम की जो शिक्षा दी जाती है, वह उस मोहिनीअट्टम से भिन्न, है जो कलामंडलम में किया और सिखाया जाता है।

कावालम ने सर्वप्रथम अपनी सोपानम मोहिनीअट्टम की विधि को भारती शिवाजी में परखा, जिनका इस नृत्य विधा को योगदान बड़े महत्व का है। 1978 में इस नृत्यांगना का मोहिनीअट्टम में प्रवेश किसी दिलचस्प कथा से कम नहीं है। इन्होंने राधा मरार के अंतर्गत प्रशिक्षण प्राप्त करना शुरू किया, जो उस वक़्त कमला लाल के दिल्ली स्थित नाट्य बैले सेंटर से संबद्ध थे, और जिन्होंने भारती शिवाजी को एक उन्मुक्त सी नृत्य-संरचना में रामलीला प्रस्तुति में जगह दी। राधा को मोहिनीअट्टम का प्रशिक्षण बस युवा दिनों में ही मिला था। वह आज जहाँ गंधर्व महाविद्यालय स्थित है, उसके पीछे की ओर कोटला रोड में रहती थी, उनकी कुछ अनमनी सी प्रशिक्षण विधि, जो मजबूती के साथ न तो व्याकरण के सहारे चलती थी, न किसी सिद्धांत के सहारे, भारती शिवाजी को एक अतृप्ति का ही बोध कराती थी, (वह अत्यंत शैलीबद्ध भरतनाट्यम की पृष्ठभूमि से आई थी) फिर भी मोहिनीअट्टम नृत्य विधा उनको एक अलग प्रतीति तो करा ही रही थी। और उसकी ओर वे खिंच तो रही ही थीं। चोलकेत्तु और एक जतिस्वरम और कुछ पदमों का संग्रह ही उनके पास था। ज़ाहिर है यह हर तरह से कम था और प्रस्तुति में एकरसता पैदा करता था। गतियाँ भी कम ही थीं। पर भारती एक शाम जब इंडिया इंटरनेशनल सेंटर के सभागार में नृत्य कर रही थीं, वह इस बात से अनजान थीं कि वहाँ अंधेरे सभागार में बैठी हुई संगीत नाटक अकादमी की अध्यक्ष भी उनका नृत्य देख रही हैं। इसीलिए अगली सुबह संगीत नाटक अकादमी से एक फ़ोन पाकर उन्हें अचरज सा हुआ, मालूम हुआ कमलादेवी जी उनसे मिलना चाह रही हैं। वह घबराई हुई-सी उनके सामने उपस्थित हुईं। कमलादेवी जी ने उनसे कहा कि वह मोहिनीअट्टम के प्रति गहरा लगाव महसूस करती हैं; पर, अब जो वह मोहिनीअट्टम के नाम पर देख रही हैं, वह उससे बहुत भिन्न है, जो अपने

सामने के पृष्ठ पर: पल्लवी कृष्णन (अविनाश पसरीचा)

युवा दिनों में उन्होंने देखा था। इसकी परम्परा अपने को पुनर्नवा नहीं कर पा रही है, जबकि इसमें परम्परा के मेल से नई दिशाएँ खुलनी चाहिए। उन्होंने भारती से कहा कि क्या वह दो वर्ष की शोधवृत्ति पर केरल जाकर अरविंदन और कावालम नारायण पणिक्कर जैसे विशेषज्ञों के दिशा-निर्देश में काम करना चाहेंगी। भारती ने उत्साहित होकर इसे तत्काल स्वीकार कर लिया और इसके कुछ ही अरसे बाद, 1980-81 के बीच कभी, कावालम से परिचय होते ही मोहिनीअट्टम की उनकी यादगार यात्रा शुरू हुई। कमलादेवी ने निश्चय ही यह पहचान लिया था, कि भारती की नृत्य-गतियों में जो गरिमा है, और जो सचमुच हमेशा ही उनके नृत्य की विशेषता बनी रही है, वह मोहिनीअट्टम के बहुत काम आएगी।

कनक रेले की तरह वह तकनीकी विवरणों को आंगिक भंगिमाओं के अनुसार विभाजित न करके, लयात्मक ढंग से समूची देह को गतिमय बनाती है, और धड़ आंदोलिका झूम प्रदान करता है। सिर से लेकर पैर के अँगूठे तक एक गरिमामय लय कायम करने से ही मोहिनीअट्टम की प्रवाहमयी शैली के साथ न्याय हो पाता है। और उसकी काव्यात्मक नृत्य-भाषा ठीक से उभर पाती है। केरल के सभी कला-रूपों के वृत्ताकार सौंदर्य को देखकर, जो वास्तुशिल्प से लेकर प्रदर्शनकारी कलाओं में भी है, फिर वे चाहे शास्त्रीय हों या मनोरंजक और आनुष्ठानिक, भारती प्रभावित हुईं। उन्होंने कावालम नारायण पणिक्कर के सोपानम-संगीत के प्रति आग्रह को भी ठीक से समझा। एक ऐसी माँ की पुत्री होने के नाते, जिसकी माँ ने महाराजपुरम विश्वनाथ आय्यर से कर्नाटक संगीत सीखा था, यह मानो कुछ सहज ही था। परिस्थितिवश वह ओडिसी के लिए गायन भी कर चुकी थी, और ओडिसा में *गीत गोविंद* की गायन परम्परा से चमत्कृत हुई थी, जो कर्नाटक संगीत की भजन गायन पद्धति से बहुत अलग थी। कावालम के साथ काम करते हुए उन्हें अम्बालावसी नेरालम राम पोडुवाल के सोपानम गायन को भी सुनने का अवसर मिला, जिससे यह धारणा और पुष्ट हुई कि सोपानम ही मोहिनीअट्टम के लिए उपयुक्त है। बाल की खाल निकालने वाले ढंग से तो नहीं, पर भारती अपनी परख से यह भी मानती हैं, कि निजी दृष्टि के साथ मोहिनीअट्टम की प्रकृति का अनुभव सभी नृत्य शैलियों में किया जा सकता है, और उस 'प्रकृति' को अन्य नृत्य-रूपों में व्यक्त भी। वह दृढ़ता के साथ यह मानती हैं कि मोहिनीअट्टम की 'नींव' केरल कलामंडलम में ही रखी गई थी। विभिन्न नृत्यांगनाओं ने अपनी पृष्ठभूमि के अनुसार इस नृत्य को रंग और आकार दिए हैं। कल्याणीकुट्टी अम्मा और कनक रेले की पृष्ठभूमि कथकली थी, पर भारती की नहीं। भारती ने अपनी शोधवृत्ति के दौरान यह अनुभव किया कि मोहिनीअट्टम अपनी गतियों के लिहाज से कुछ सीमित है, और इस अनुभव ने उन्हें प्रेरित किया कि वह गतियों के लिए केरल की अन्य परम्पराओं को भी परखें, और उनमें कुछ शोध करें, जिससे कि मोहिनीअट्टम के अपने व्याकरण में उन्हें भी समाहित किया जा सके। संगीतमय इडेक्का की वैतारियों[19] ने उनकी गणपति स्तुति को प्रेरित किया, और मोहिनीअट्टम की गतियों[20] के लिए अक्षरों का ध्वन्यात्मक संगीत उन्हें उपयुक्त और प्रीतिकर लगा।

भारती ने 16वीं शती की एक रचना *चेम्बु काव्यम चन्द्रोत्सवम* के आधार पर एक नृत्य-नाटक तैयार किया और गुरुवायूर की अष्टपदियों को लेकर *देव गीता* शीर्षक से एक नृत्य-संरचना को आकार दिया।

वह *अर्जुन नृत्तम*, *पदायानी* से प्रेरित हुई हैं, और *तय्याम्बकम* और अन्य परम्पराओं से उन्होंने लय-पक्ष को ग्रहण किया है, जो केरल के विशिष्ट वाद्यों से सृजित होता है। उनकी गतिक विधियाँ केरल की सम्मिलित परंपराओं की देन हैं। उन्होंने *ऋग्वेद* शीर्षक से भी एक संरचना तैयार की है जो वैदिक साहित्य और *उन्नियार्चा* से प्रेरित है और लोकवार्ताओं की उपज है। उन्होंने उस समय एक इतिहास ही तो रच दिया जब

सामने के पृष्ठ पर: नीना प्रसाद (अविनाश पसरीचा)

चाइकोवस्की के संगीत पर आधारित '*स्वान लेक*' को मोहिनीअट्टम के एक नृत्य-नाटक में परिणत कर दिया। पुत्री विजयलक्ष्मी के सहयोग से, संगीत के साथ गतियों को उन्होंने इतने संवेदनशील ढंग से जोड़ा कि लोगों को सहज ही अनुभव हुआ कि इस संगीत की रचना विशेष रूप से मोहिनीअट्टम के लिए ही की गई है! ऐसा लगा ही नहीं कि यह किसी दूसरी संस्कृति से आई हुई चीज़ है। मोहिनीअट्टम की प्रस्तुति में, पैर के अँगूठे के बल पर खड़े होकर और चलकर, जो गतियाँ उत्पन्न की गईं, वह हंस की-सी गतियाँ ही तो थीं। राजकुमार सीगफ्रीड और दुष्ट चरित्र, जैसे पुरुष पात्रों के लिए, भारती ने छऊ की जोड़ी नृत्य-गतियों का इस्तेमाल किया, जिनकी नृत्य-संरचना संतोष नायर ने की थी। ओडेट्ट के रूप में विजयलक्ष्मी और सीगफ्रीड के रूप में संतोष नायर के जो दृश्य और प्रसंग थे, उनमें उनकी जो गतियाँ थीं, वे छऊ और मोहिनीअट्टम के सुचिंतित मिश्रण से रची गई थी। उनकी बेटी विजयलक्ष्मी ने रवींद्रनाथ ठाकुर की कविता और संगीत पर आधारित कुछ कामकाज मोहिनीअट्टम में किया है। सोपानम और रवींद्र संगीत में जो एक धीर गति है, वह मोहिनीअट्टम के स्वभाव से मेल खाती है।

थोट्टसेरी छिन्नम्मू अम्मा और कलामंडलम सत्यभामा की शिष्या, कलामंडलम क्षेमावती ने कुछ नए अदावुओं की नृत्य-संरचना की, यानी मोहिनीअट्टम की कुछ गति-इकाइयों की। उनकी रचनाशीलता अद्भुत थी और इन्होंने मोहिनीअट्टम के भंडार में कई चीजें जोड़ीं। नारायणीयम की कविताओं पर आधारित, उन्होंने एक नाटकीय संरचना की, और व्याख्या के लिए उन्होंने *सौंदर्यलहरी* से भी कुछ चीज़ें लीं। अम्बाला माणिकलाल के गीतों कृष्णानी एने अरियिल्ला और रथिनमाझा, कुचेलावृत्तम को उन्होंने जिस तरह साकार किया, और इसी तरह पोरुस्सेरी के *कृष्णगाथा* और *ओरु दिवसम* को भी उसे बहुत पसंद किया गया। और आंतरिकता से प्रसंगों को अनुभव करके फिर अभिनीत करने की उनकी अभिनय कला और नृत्य-संरचना भी प्रशंसित हुई। 1964 में त्रिशूर में उन्होंने अपनी संस्था केरल कलामंदिरम स्थापित की।

कलामंडलम से शिक्षित होकर निकली सुगंधी अपनी नृत्य-विद्वता के लिए जानी जाती थी। कोंकणी में उन्होंने मोहिनीअट्टम पर *नाट्यवेदु पांचावो वेदु* शीर्षक से एक पुस्तक लिखी, जिसके लिए 1997 में उन्हें पुंडरीनाथ भुवनेन्द्र पुरस्कार मिला। उन्होंने पद्मा सुब्रह्मण्यम की पुस्तक *भरत लक्षणम* का तमिल से मलयालम में अनुवाद भी किया।

स्वर्गीया कल्याणीकुट्टी अम्मा प्रायः इस बात की शिकायत करती थीं कि मोहिनीअट्टम की आरंभिक नृत्यांगनाओं की नृत्य-विमर्श में काफ़ी उपेक्षा इसलिए हुई कि वे ठीक से अंग्रेजी में बातचीत नहीं कर पाती थीं, और शांता तथा कनक की ही बातों पर अधिक ध्यान दिया गया, क्योंकि वे अंग्रेजी में नृत्य संबंधी अपनी बातें अच्छी तरह रख पाती थीं। उन्होंने यह भी संकेत किया कि उनकी टिप्पणियाँ ध्रुव सत्य की तरह स्वीकार की जातीं थीं, भले ही वे स्वयं भ्रमित हों, क्योंकि वे केरल से तो थीं नहीं। पर अब स्थितियाँ बदल गई हैं, और पहले की तरह सीमित नहीं रहीं, क्योंकि भारती की तरह केरल से बाहर के बहुतेरे कलाकारों ने मोहिनीअट्टम को अपनाया है, और अपनी सृजनशीलता से उसमें नए आयाम जोड़े हैं। और केरल की मोहिनीअट्टम कलाकार भी अब ऐसी पृष्ठभूमि से आ रही हैं, जिनके लिए अंग्रेजी अजनबी नहीं रही, और वह किसी भी विमर्श में अच्छी तरह भाग ले सकती हैं। महत्व की बात यह भी है कि मोहिनीअट्टम में केरल से बाहर की नृत्यांगनाओं के प्रवेश से नए विचारों का आगमन हुआ है, इससे इस नृत्य में समृद्धि तो आई ही है, नृत्य के विविध पहलुओं पर नई चर्चा और बहस का प्रारंभ भी हुआ है।

कलामंडलम में ही दीक्षित लीलाम्मा नृत्यांगना होने के साथ ही एक विदुषी भी हैं। अपनी विद्वतापूर्ण पृष्ठभूमि की वजह से उन्होंने मोहिनीअट्टम के भंडार को कीर्तनों, भजनों और तारात्तू से और समृद्ध किया है। अथानी,

केरल में उनकी संस्था, स्वाती चित्र शोध के कार्यों में भी संलग्न है।

एक अन्य विदुषी नृत्यांगना डॉ. दीप्ति ओमचेरी भल्ला हैं जो कर्नाटक संगीत में निष्णात हैं, उन्होंने *वैनिशिंग टेम्पल आर्ट्स* शीर्षक से एक पुस्तक भी लिखी है। वह कल्याणीकुट्टी अम्मा की शिष्या हैं, संगीत में रची-बसी तो हैं ही, अपनी माँ डॉ. लीला ओमचेरी से, जो शोधकर्ता और सोपानम की विशेषज्ञ हैं, उन्हें अच्छा मार्गदर्शन प्राप्त हुआ है। इन सबसे लैस वह प्राचीन मलयालम काव्य और तंकाची के गीतों में भी गहरे उतरी हैं, और सुंदर प्रस्तुतियाँ तैयार की हैं। वह कल्याणीकुट्टी अम्मा की शिष्या हैं ज़रूर, पर उन्होंने अपनी ही एक शैली विकसित की है।

एक और ऐसी ही नृत्यांगना डॉ. नीना प्रसाद हैं, जिन्होंने रवीन्द्र भारती यूनिवर्सिटी से पीएच.डी. की है। गुरु कलामंडलम क्षेमावती और गुरु कलामंडलम सुगंधी से उन्होंने मोहिनीअट्टम की शिक्षा प्राप्त की है, साथ ही भरतनाट्यम, कुचिपुड़ी और कथकली भी उन्होंने विख्यात गुरुओं से सीखा है। पीएच.डी. की उनकी थीसिस का विषय था '*द लास्य एंड तांडव इन द क्लासिकल डांसेज ऑफ इंडिया*'। उन्हें सरे (surrey) विश्वविद्यालय में, ए एच आर बी रिसर्च सेंटर की ओर से, पोस्ट डॉक्टरल रिसर्च फेलोशिप भी प्राप्त हुई थी, जिसके अंतर्गत उन्हें संगीत और नृत्य में विभिन्न संस्कृतियों के नृत्य-संगीत रूपों के बीच की आवाजाही पर काम करना था। 2003 में उनके द्वारा स्थापित सौगंधिका केंद्र, मोहिनीअट्टम में अपना योगदान कर रहा है। समकालीन कविता पर आधारित, उनकी सीता जैसी प्रस्तुति बहुत संवेदनशील ढंग से परिकल्पित की गई है।

1977 में केरल संगीत नाटक अकादमी द्वारा पहली बार आयोजित नृत्य कार्यशाला को गुरु गोपीनाथ, गुरु चंद्रशेखरन, कलामंडलम गंगाधरन और जी. वेणु ने निर्देशित किया था। जी. वेणु इरिंजयालाकुदा स्थित नटन कैराली के निदेशक थे, जहाँ पवई कथकली, कथकली, कुडिअट्टम और मोहिनीअट्टम की शिक्षा दी जाती है। कल्याणीकुट्टी अम्मा और सत्यभामा, दोनों ने ही इस कार्यशाला में हिस्सा लिय़ा था और यह तय हुआ था कि इसमें मोहिनीअट्टम की मुद्राओं को लेकर विशेष चर्चा होगी और उनका अध्ययन-विश्लेषण किया जाएगा। जी. वेणु की पत्नी निर्मला पणिक्कर, जिनकी शिक्षा कल्याणीकुट्टी अम्मा के अंतर्गत हुई थी, और जो कलामंडलम में मोहिनीअट्टम की कुछ शिक्षा लेने के साथ-साथ उसका प्रदर्शन करती रही हैं, इसका जिम्मा उठाया। और यह काम चार वर्षों में पूरा हुआ। निर्मला की पुस्तक *अल्फाबेट ऑफ जेस्चर्स*, कथकली और मोहिनीअट्टम का अध्ययन करने वालों के लिए एक अच्छा संदर्भ ग्रंथ है। उल्लेखनीय यह भी है कि चोलकेत्तु, पदम, वरनम, श्लोकम और सप्तम के भंडार में से, मुद्राओं को कुछ विस्तार से समझने की विधि भी विकसित की गई है। 1990 में केरल संगीत नाटक अकादमी ने एक विशेष कार्यशाला में उषा नांगियार द्वारा नांगियार कूतु की प्रस्तुति कराई, और इसका जो स्वागत हुआ उसने इस डूबती विधा में मानो नई ऊर्जा भर दी, और इसने परोक्ष रूप से मोहिनीअट्टम की पुनर्रचना। में भी प्राण फूँक दिए। कल्याणीकुट्टी अम्मा इस आयोजन में नहीं पहुँच सकी थी, इसीलिए अकादमी के सचिव एम.एन. कुरुप ने तय किया कि वह सभी प्रशिक्षार्थियों को लेकर कल्याणीकुट्टी के त्रिपुनिथुरा स्थित निवास पर जाएँगे। सत्यभामा, क्षेमावती, सुगंधी, सरस्वती, निर्मला पणिक्कर, कला विजयन और लीलाम्मा ने लेक्चर डिमांस्ट्रेशन प्रस्तुत किए। यह दर्ज है जी. वेणु के रजिस्टरों में। यह महत्वपूर्ण निर्णय भी किया गया कि मोहिनीअट्टम में नृत्य-नाटकों को प्रोत्साहित किया जाना चाहिए। चर्चा में यह बात भी रेखांकित की गई कि कावालम नारायण पणिक्कर के इस आग्रह पर ध्यान दिया जाना चाहिए कि सोपानम संगीत ही मोहिनीअट्टम के लिए सबसे उपयुक्त है।

त्रावणकोर के राजपरिवार के राजकुमार पूरुदत्ताथी

भारती शिवाजी (अविनाश पसरीचा)

तिरुनाल मार्तण्ड वर्मा से विवाहित गोपिका वर्मा जैसी नृत्यांगना ने मोहिनीअट्टम के अभिनय-पक्ष को विविध और विस्तृत किया है। उन्होंने कल्याणीकुट्टी अम्मा और कृष्णन नायर से शिक्षा ग्रहण की है; कृष्णन नायर से केवल अभिनय पक्ष की ही।

कई गुरुओं और अध्यापकों से सीखने की बात अब सामान्य हो गई है। कलामंडलम से सीखकर निकली प्रतिभावान पल्लवी कृष्णन जैसी नृत्यांगनाओं ने भारती शिवाजी से भी सीखा है, और नए दृष्टिकोण की रचना की है। कनक रेले की शिष्याएँ, सुनंदा नायर और माधुरी देशमुख अच्छा काम कर रही हैं। अब कई युवा नृत्यांगनाएँ नृत्य को अपने ही तरीके से देख और समझ कर उसे विकसित कर रही हैं। मेथिल देविका ने एक से अधिक शैलियों में शिक्षा ग्रहण की है, और संभवतया इसीलिए मोहिनीअट्टम को प्रस्तुत करते हुए वक्ष की आंदोलिका को वह मुखर नहीं होने देती, और उनकी अभिनय प्रतिभा ऐसी है जो कुछ असामान्य और अद्भुत रच देती है। मोह जैसे एक ही शब्द को विचारशील

प्रक्रिया से गुजारकर वह जिन कई बिंबों और विभिन्न धरातलों की रचना करती हैं, उसका आस्वाद कुछ अलग ही प्रकार का है। उनकी अभिव्यक्ति कभी कामुक नहीं होने पाती। इसी तरह जब वह राम के अयोध्या प्रवेश प्रसंग पर उनके स्वागत से संबंधित कोई भजन लेती हैं, तो उसे अपने ही ढंग का एक कल्पनाशील विस्तार देती हैं, जो भजन में निहित नहीं रहता और इससे कई प्रकार के भाव और मनःस्थितियाँ रच देती हैं। इससे यही प्रमाणित होता है कि अब मोहिनीअट्टम एकायामी नहीं रह गया है। भारती शिवाजी की बेटी विजयलक्ष्मी और उनकी शिष्या जयप्रभा मेनन, ऐसी नृत्यांगनाएँ हैं, जो अपने बूते भी बहुत कुछ कर रही हैं। और समूह भी प्रतिदिन कुछ न कुछ नया रच रहा होता है।

मोहिनीअट्टम की लोकप्रियता बढ़ रही है, भले ही वह ओडिसी और भरतनाट्यम जितनी न हो। कलाकारों के बीच मत वैभिन्य बना हुआ है। हाल ही में '*बियांड ग्रेस*' नाम का एक वृत्तचित्र सामने आया है, जिसे सारा बाडर हार्डिंग ने निर्मित किया है, और जिसमें नृत्य की तैयारी के पीछे के संघर्ष दर्शाए गए हैं। फ़िल्म में भारती शिवाजी और उनकी बेटी विजयलक्ष्मी जैसी नृत्यांगनाएँ उन सब पतों-ठिकानों-संस्थाओं और लोगों- को याद करती हैं, जो उनकी नृत्ययात्रा में सहायक हुए थे। यह वृत्तचित्र हॉलीवुड में दिखाया गया है।

दो नृत्यांगनाओं की यह यात्रा (और उन जैसी और भी कई हैं) जो पीढ़ी-दर-पीढ़ी इस नृत्य को आगे ले गई हैं, यही बताती है कि यह नृत्य-रूप अब अलक्षित नहीं रहा। इसके बावजूद कि इस नृत्य में पैरों पर खड़े होने से लेकर उनकी अन्य मुद्राओं-भंगिमाओं के बारे में (आपसी) मतभेद भी हैं। *श्रुति* को दिए गए एक साक्षात्कार में, कल्याणीकुट्टी अम्मा ने जोर देकर कहा कि पैरों के बीच ज्यादा स्पेस नहीं होना चाहिए, क्योंकि केरलीय मुंडू वेशभूषा, पैरों को ज्यादा खुला रखने के लिए नहीं बनी है। कनक रेले ने कल्याणीकुट्टी अम्मा की इस बात का प्रतिवाद किया, और कहा कि स्वयं कल्याणीकुट्टी अम्मा के युवा दिनों के कुछ ऐसे चित्र उपलब्ध हैं, जिनमें मुंडू में ही पैर एक-दूसरे से काफ़ी दूरी पर हैं। ये छायाचित्र प्रमाण के तौर पर प्रकाशित भी किए गए। कलामंडलम, नृत्य के लिए कर्नाटक संगीत का ही उपयोग कर रहा है, दूसरी ओर जो कावालम के पक्ष में हैं, वे उसका प्रयोग वर्जित मानते हैं। गौरतलब है कि जब कावालम जीवित थे तो युवा नृत्यांगनाएँ अपने को स्थापित करने के लिए उनकी शैली अवश्य सीखती थीं और सोपानम संगीत को अपनी एक-दो प्रस्तुतियों का आधार बनाती थीं। इससे उनके द्वारा प्रस्तुत किए जाने वाले मोहिनीअट्टम को वैधता मिल जाती थी। भारती शिवाजी जैसी कलाकार, जिन्होंने दो समारोह आयोजित किए हैं, कहती हैं कि मोहिनीअट्टम को लेकर बड़े आयोजन करना आसान नहीं है क्योंकि कारपोरेट जगत के लोगों को इस नृत्य-रूप में उतनी दिलचस्पी नहीं है, जितनी अन्य नृत्य-रूपों में है। और उन्हें धन-साधन देने के लिए बहुत मनाना-समझाना पड़ता है।

मोहिनीअट्टम का कुल परिदृश्य विविध प्रकार का है, केरल की बहुत प्रतिभाशाली नृत्यांगनाओं को बाहर से सृजित होने वाले विचारों एवं चर्चाओं का पूरा लाभ नहीं मिल पाता, क्योंकि वे क्षेत्रीय स्तर तक ही सीमित रह जाती हैं। केरल के भीतर मोहिनीअट्टम को सरकारी सहायता ज़रूर उपलब्ध है, पर वह सहायता 'कलातिलकम' पुरस्कार तक और मोहिनीअट्टम सीख रही छात्राओं को कॉलेज में प्रवेश की सुविधा तक ही सक्रिय है। और इससे तो सामान्य स्तरीय रचनात्मक कर्म ही प्रायः संभव हो पाता है। अध्यापक जो प्रायः तीन नृत्य-रूपों, भरतनाट्यम, कुचिपुड़ी और मोहिनीअट्टम में प्रशिक्षित होते हैं; वे तीनों की ही सामान्य जानकारी रखते हैं, और वे किसी भी एक नृत्य विधा के विशेषज्ञ नहीं होते। नतीजा यह कि जो कुछ सिखाते हैं, वह एक मिश्रित-सी विधि में ही सिमटा रह जाता है। केरल के बाहर की मोहिनीअट्टम कलाकारों को अपनी कला को मांजने, सँवारने के अधिक अवसर मिलते हैं, क्योंकि

कलामंडलम हिमांशी (आर. श्रीनिवासन)

वे कई स्रोतों से नया-पुराना ज्ञान एकत्र कर पाती हैं, हालाँकि केरल की कलाकार राज्य के समकालीन फिल्मकारों, और मलयालम साहित्य के आधुनिक लेखकों के कामकाज से, और स्वयं उनसे भी परिचित होकर, जो प्रभाव ग्रहण करती हैं, उसका अपना मूल्य है। कलामंडलम के प्रशिक्षण के साथ एक अधिक सुचिंतित नृत्य तकनीक की पहल अगर हो जाए, जिसमें अन्य कला-माध्यमों से भी कुछ विचार/अवधारणाएँ आदि शामिल हों तो बहुत कुछ और हासिल किया जा सकता है। लेकिन तिरुवनंतपुरम के वार्षिक निशागंधी समारोह को छोड़ दें तो केरल स्थित नृत्यांगनाओं को प्रस्तुतियाँ कम ही देखने को मिलती हैं। अंततः किसी भी नृत्य-रूप का भविष्य सिर्फ़ उस नृत्य-रूप मात्र पर निर्भर नहीं करता, बल्कि वह तो निर्भर करता है उसके कलाकारों पर, कि वह कितनी दूर तक विभिन्न संस्कृतियों के दर्शकों तक अपनी कला को संप्रेषित कर पाते/पाती हैं।

पाद टिप्पणियाँ

1. देखें, अशोक चटर्जी की पुस्तक *डांसेज ऑफ गोल्डन हॉल* आई.सी.सी. आर, 1979
2. देखें, उल्लूर परमेश्वरन की मलयालम में लिखी गई किताब, भाग II, पृष्ठ 327
3. कहते हैं वल्लतोल ने स्वयं कुछ परिवर्तन करने की इच्छा प्रकट की थी, जो उन्हें ज़रूरी लगे थे।
4. धड़ को इधर से उधर घुमाना।
5. धड़ के, और शरीर के अन्य व्यायाम।
6. देखें, *डांसेज ऑफ द गोल्डन हॉल*, जिसमें शांता राव ने भरत आय्यर की कथकली पर लिखी किताब से यह उद्धरण दिया है कि भरत आय्यर की यह धारणा रही है कि कर्नाटक संगीत में इसकी बराबरी की कोई चीज़ नहीं है।

7. श्रुति, संख्या 59
8. मुक्कानी गतियाँ
9. धड़ को लहराना
10. *"तुंगा जटाधरा गंगा, हर तुंगा जटाधरा गंगा, त्रिपुरांतका, वृषभ तुरंगा, त्रिपुरांतका वृषभ तुरंगा, माधापूरिता मन्मथ भंगा (दुहराएँ), सुरपूजिता कंगना एहाबलाकु, तकुंता, दिकुंता, दिकुंता, तकुंता, तधिमजिनातोम, तधिमजिनातोम, तधिमजिनातोम, तधिमजिनातोम।"*
11. उन्होंने एक रागमालिका चोलकेत्तु, एक कीर्तनम पन्नागेंद्रा की रचना भी की, जो रागमालिका में रूपकम में निबद्ध थी। कई पदमों की भी रचना की, जो अब मोहिनीअट्टम का लोकप्रिय अंग बन चुके हैं, जैसे कि अहीरी में पनीमति, मिश्रचापु, द्विजावंती में तारुनी, नीलांबरी में रूपकम में निबद्ध कांतानोडु, अथाना में कांता तवा जो आदिताल में निबद्ध है, पंचबानम, कम्बोजी में आदि ताल में निबद्ध, इलातालीर पुन्नगवराली में, सुरुत्ति में विधितम, रागमालिका में करुणा सीवान, अरभि और आदिताल में उत्सव प्रबंधम हुसैनी में आदिताल में निबद्ध, और पारस में तिल्लाना।
12. प्राचीन तमिल ग्रंथ शिलप्पादिकारम का 28वाँ पद।
13. आंदोलिता गमकें सोपानम संगीत की विशेष शोभा हैं, जहाँ प्रत्येक स्वर एक विलंबित मोड़ लिए हुए होता है।
14. उदाहरण के लिए, उषा पूजा के निमित्त सूर्योदय से पहले देशाक्षी गाई जाती है। सूर्योदय के बाद एथीराती पूजा के लिए श्रीकंथी गाई जाती है, और जब सूर्य काफी उग चुका होता है, तो उस पंथीराती के लिए हैं नलथा। उच्चपूजा के लिए है, दिन के मध्य के मल्हारी, आहारी और भूपाली राग। सूर्यास्त के समय की दीपाराधना के समय गाए जाते हैं सामंता मल्हारी और नट। देर रात्रि की अथाझाप्पूजा के लिए राग अंथरी।
15. नर्तनम खंड IX, संख्या, फरवरी-अप्रैल 2009 में संगीतम और मोहिनीअट्टम पर कावालम नारायण पणिक्कर का लेख भी देखें।
16. देखें, *नर्तनम* में कनक रेले का लेख।।
17. चित्रों और ताड़ पत्रों वाली पांडुलिपियों में बहुतेरी छवियाँ हैं।
18. यह उनकी अभिव्यक्ति का पसंदीदा सुर है।
19. वैतारियाँ, बोल हैं जो गाए जाते हैं।
20. किताथाकु ताकु तेन
किताथाकु ताकु तेन
किताथाकु ताकुतेन
किताथाकु ताकुकु तेनकुकु
किताथाकु ताकुकु तेनकुकु तेनकु
कित्ता थाका तेनकु
थाम थाम थेनुकु
थेन कुकु तेन
था था कुकु तेन तेन कुकु
ताकु ताकु तेन ताकु ताकु तेन ताकु ताकु तेन।
कुछ बोल भिन्न हैं। थाकिन्ना किना धी किन्नाकिन्ना।

कुचिपुड़ी का बदलता चेहरा

देश के अन्य हिस्सों की तरह ही, आंध्र प्रदेश वाले क्षेत्र में, देवदासी प्रथा को लोगों और समाज से काफ़ी तिरस्कार झेलना पड़ा, और 1947 में वह भूमिगत हो गई। *भगवातुलू* या पुरुष कलाकार, जो ब्राह्मण परिवारों के थे, वे कुचिपुड़ी गाँव में, और उसके आसपास बस गए थे। (इस नृत्य-रूप का नामकरण उसी के नाम पर हुआ है।) यहाँ बसे ये ब्राह्मण परिवार तेलुगू भाषी क्षेत्र के नृत्य और रंगकर्म का अभिन्न हिस्सा थे, और इन्हीं का यक्षगान था जो प्रचलित था। यदि देवदासी एकल प्रस्तुतियों में अभिनय और लास्य का पक्ष उजागर रहता था तो पुरुष कलाकार नाटकीय लीलाएँ और मिथकों के प्रसंग मंच पर उतारते थे। इस क्षेत्र में ऐसे पुरुष कलाकारों की कमी नहीं थी जो *वेषधारुलु*, कहलाते थे, और तरह-तरह के वेश धर कर गाँव-गाँव घूमकर अपना 'खेल' दिखाते थे। सामाजिक-राजनीतिक परिस्थितियाँ कला-रूपों में प्रतिबिंबित होती थीं, और सिनेमाघरों में या तो मध्यांतर में या फिल्म के बाद, वे छोटी-छोटी प्रस्तुतियाँ करते थे। *सृष्टि*, *विधानम*, *राधाकृष्ण* तथा *पाकी*[1] जैसी प्रस्तुतियाँ वे करते थे। पाकी, एक व्यवसायी से संबंधित व्यंग्य कथा थी जो एक मेहतरानी के पीछे भागता है, और अंत में मेहतरानी के पति के हाथों से दंडित होता है। 1939 में अछूतोद्धार का जो आंदोलन महात्मा गांधी की अगुवाई में खड़ा हुआ था, उसने रंगमंचीय प्रस्तुतियों को भी प्रभावित किया। *पुट्टादिबोम्मा पूर्णम्मा* और *बादी*[2] सामाजिक स्थितियों पर आधारित प्रस्तुतियाँ थीं। महत्व की यह बात गौर करने लायक है कि उन दिनों अभिनेता जोश के साथ स्वतंत्रता आंदोलन की चेतना को अपने अभिनय में सँजोए रहते थे। वेदांतम पार्वतीसम ने पंडित नेहरू पर गीतों की रचना की और धारबा वेंकटेश्वरुलु ने यक्षगान शैली में खेले जाने के लिए एक नाटक लिखा *हिटलन पतनम* (हिटलर का पतन)। शिमला भागवतमनाम से शिमला समिट पर एक नाटक आया, जो दरअसल शिमला समिट को लेकर एक प्रहसन था, और इप्टा की क्षेत्रीय शाखा के लिए तैयार किया गया था। इसे आंध्र प्रजा नाट्यमंडली[3] ने प्रस्तुत किया था।

1956 में भाषा के आधार पर आंध्रप्रदेश एक अलग राज्य बना, और तेलुगू अस्मिता को तमिल अस्मिता से अलगाने की एक तीव्र प्रक्रिया शुरू हुई। इससे पहले दोनों ही अस्मिताएँ दक्षिण भारतीय संस्कृति और कला की संयुक्त प्रतिनिधि थीं। बंडा कनकलिंगेश्वर राव, विस्सा

सामने के पृष्ठ पर: वनश्री राव, मीरा भजन (अविनाश पसरीचा)

अप्पा राव और अय्यंका तांडव कृष्णा कुछ ऐसे विद्वान थे, जो आंध्र अस्मिता और कुचिपुड़ी के लिए प्रेरक का काम कर रहे थे। 1940 और 1960 के बीच नटराज रामकृष्ण, कोराडा नरसिंह राव, नरसिंहाचारी, इंद्राणी रहमान, और यामिनी कृष्णमूर्ति ने कुचिपुड़ी नृत्य सीखना, और करना शुरू किया। ये सब उसकी पारंपरिक पृष्ठभूमि से नहीं थे, न ही कुचिपुड़ी परिवारों से संबंधित थे।

इससे भी पहले वेम्पति परदेसी (1880-1940) और भगवतुलु विशाय्या (1880-1959) ने कट्टर ब्राह्मण समुदाय के बाहर जाकर अन्य समुदाय के लोगों को नृत्य सिखाना शुरू कर दिया था। तादेपल्ली पोराय्या (1886-1942) और वेदांतम लक्ष्मीनारायण शास्त्री (1875-1957)[4] दो ऐसे कुचिपुड़ी गुरु थे, जिन्होंने पुरुष प्रधान कुचिपुड़ी नृत्य को पहली बार स्त्री-कलाकारों को भी सिखाना आरंभ किया। यह पहल ऐसी थी जिसने आगे चलकर इस नृत्य-रूप को एक नई समृद्धि दी। कहा जाता है कि *कलावंतुलु* (देवदासी इस क्षेत्र में इसी नाम से जानी जाती थी) मेलाम में, कुचिपुड़ी नर्तक (उस समय केवल पुरुष) पुरुषों वाली भूमिकाओं में उतरते थे। पर, यह कहना कठिन है कि *कलावंतुलों* और *भगवतारों* में सचमुच कितना और कैसा लेन-देन था।[5] जब तक अकादमियों की स्थापना हुई, कुचिपुड़ी अपने क्षेत्रीय-रूप से बाहर आकर, विभिन्न शहरों में पहुँच चुका था। वेदांतम राघवैय्या और महन्काली सुब्बा राव ने तय किया कि वह चेन्नई जाएँगे। यहाँ कार्यक्रमों के लिए अधिक अवसर थे, और यह शहर कई गुरुओं के लिए एक आकर्षण बन गया, जहाँ जाकर जीविकोपार्जन किया जा सकता था। सुप्रसिद्ध प्रभाकर टाकीज ने बहुत पहले ही 1940 में कुचिपुड़ी नृत्यकारों का भ्रमणशील कार्यक्रम बनाया था, जो कि साल भर का था और पशुमार्थी कृष्णमूर्ति और वेदांतम राघवैय्या इस भ्रमण-मंडली में शामिल थे। दोनों ही कलाकारों ने वेम्पति पेद्दा सत्यम के साथ 1927 में चेन्नई फिल्म-उद्योग से अपने को जोड़ लिया था। कुचिपुड़ी गुरुओं के फ़िल्म जगत से संबंध सघन ही कहे जाएँगे। इस संबंध से उन्हें अर्थ की प्राप्ति होती थी, जिसकी उन्हें उस वक़्त ज़रूरत थी क्योंकि यक्षगान थिएटर से उन्हें अपने राज्य में वह प्राप्ति हो नहीं रही थी। और 1940 और 1950 के दशक में दक्षिण में सिनेमा में नृत्य का मतलब था शास्त्रीय नृत्य का बाज़ारू-स्वरूप। वैसा नहीं जैसा आज दुनिया भर में प्रचलित है–पश्चिमी नृत्यों का एक समकालीन संस्करण! *यक्षगान*, *पगतीवेशम* और *भागवतम* की परम्पराओं से कुछ चीज़ें लेकर सिनेमा के अनुकूल किसी तरह का एक नृत्य तैयार कर लिया जाता था। *भागवतम* के कई विभिन्न रूप, लोगों और समुदायों में प्रचलन में थे। मसलन एरागोल्ला, (जो गाएँ चराते थे), चिंदू (खाल उतारने वाले), और जनगाम (गवैय्ये और नचनियों) के बीच, दासारी (घुमंतू)। यानाडी (मछलीमार और शिकारी), तूरपू (पूर्वी समुद्रतटीय शैली), चेंतसू (शिकारी जनजाति) और कुचिपुड़ी आदि कई प्रकार के नृत्य करने वालों में शामिल थे–और सभी एक-दूसरे से भिन्न थे शैली में, गीतों में, अपनी प्रस्तुतियों में।

पगतीवेशम सरल और स्वाभाविक नृत्य-रूप था और इसकी परम्परा वाले अभिनेताओं को कुचिपुड़ी प्रशिक्षकों ने अपने वृत्त में शामिल कर लिया था क्योंकि वे *नौटंकी* और *ठुमरी* के गीत अच्छी तरह गा लेते थे। 1940 में कुचिपुड़ी भगवतुलु भी पगतीवेशम अभिनेताओं का सहयोग चाहते थे। 1950 के बाद इस कला-रूप का प्रभाव कुचिपुड़ी में कम हो गया, इसकी एक धरोहर *अर्धनारीश्वरम वेशम* (जिसमें अभिनेता का दायां भाग शिव को दर्शाता है और अन्य भाग पार्वती को) अभी भी कुछ कुचिपुड़ी कलाकार प्रस्तुत करते हैं।

समय के साथ इन सभी नृत्य-नाट्य रूपों में परिवर्तन घटित हुए हैं; अब पुराने दिनों वाले हास्य-व्यंग्य-विनोद की झलकियाँ और जीवन की वास्तविक परिस्थितियों की नकल मुश्किल से इनमें दिखाई पड़ती है। *गोल्लाकलापम* में एक समय टैक्स की उगाही करने वाले एक अधिकारी को यह कहते हुए दिखाया जाता

था कि एक चुंबन दे दो तो टैक्स में की गई गड़बड़ी को माफ़ कर दूँगा!

1950 के आसपास जब कुचिपुड़ी की एकल प्रस्तुतियाँ आरंभ हो रही थीं, तमिलनाडु में सादिर, भरतनाट्यम में परिवर्तित हो चुका था। इसके बहुत पहले चिंता वेंकटरामैय्या (1860-1947) ने कुचिपुड़ी नृत्य-नाटकों में *नाट्य पल्लवी* और जति विधानम नाम की एकल प्रस्तुतियों के लिए जगह निकाली थी।

कुचिपुड़ी के मुख्य आधार माने जाने वाले *यक्षगान* या *नृत्य-नाटकम* को चिंता वेंकटरामैय्या के समय में (उन्नीसवीं शती के अंत में) नई ऊर्जा मिली। वेंकटरामैय्या ने, हरिमाधवैय्या ने इसमें नए प्राण फूँके, और फूहड़ रंगकर्म के रूप में उसकी जो दुर्दशा हो रही थी, उससे उसे उबारा। उन्होंने इसमें परिष्कृत, शास्त्रीय तत्वों को जोड़ा। अपने पिता और अपने बड़े भाई, वेंकटरत्नम, जो स्वयं एक सिद्ध कलाकार थे, से भी प्रशिक्षित होने वाले, चिंता को नृत्य में प्रवेश तब मिला जब परिवार ने यह देखा कि छोटे चिंता की स्मरणशक्ति बहुत अच्छी है, और वह उन कलाकारों जैसा नृत्य करके बता देता है, जिन्हें वह अपने आसपास देखता है। उसे सबसे पहले सत्यभामा की भूमिका की ओर, जो कुचिपुड़ी की सबसे अधिक पसंदीदा नायिका है, येलेस्वरूपु नारायनाप्पा ने सींचा। वह एक अच्छे प्रशिक्षक और कलाकार थे। थोड़े से प्रशिक्षण के बाद ही, वेंकटरामैय्या ने मंडली में, *शब्दम*, *जावाली*, *दशावतारलु*, *तरंगम* आदि की प्रस्तुतियाँ शुरू कर दी थीं। उनके उन आरंभिक दिनों में सत्यभामा की भूमिका उनके भाई ही निभाते थे। जब 1875 में उनके भाई एक आध्यात्मिक खोज में निकल पड़े तो स्वाभाविक रूप से वेंकटरामैय्या ही मंडली प्रमुख बने। उस समय कमाई बहुत थोड़ी (होती) थी, और जगह-जगह मंडली के साथ भ्रमण करने के कारण, नई विषयवस्तुओं के बारे में सोचने का समय भी नहीं मिल पाता था। माधवैय्या पहले थे जिन्होंने यक्षगान शैली में *प्रह्लाद* की प्रस्तुति देखी, इसे किया था एक शौकिया नाट्य मंडली ने। इसे देखकर उन्हें भगवतारों द्वारा इसको प्रस्तुत किए जाने की, और इसका रूपांतरण करने की बात सूझी। मंडलियों के बीच स्पर्धा बहुत थी, और प्रायोजक मुश्किल से मिलते थे, और सिर्फ *भामाकलापम* और अन्य एकल प्रस्तुतियों के ज़रिए मंडली कुछ ख़ास नहीं कर पा रही थी। बदलाव ज़रूरी लग रहा था। वेंकटरामैय्या के मन में थोड़ी दुविधा थी क्योंकि बदलाव से अभिनेता असहज महसूस कर सकते थे। अंत में उन्होंने निर्णय लिया कि वह वेदाला नारायण चारियार का *प्रह्लाद नाटकम* करेंगे। उसमें पात्र भी कम थे और स्त्री-चरित्रों की भूमिका नगण्य थी। यक्षगान उन बहुतेरे बिखरे से नृत्य-नाट्य रूपों से विकसित हुआ था, जिनमें संवाद होते थे और जिन्हें विभिन्न प्रकार की रंग मंडलियाँ खेला करती थीं। यक्षगान के अपने ही क्षेत्रीय गीत-संगीत थे। और यही उसकी पहचान थी। जो कुछ संगीतमय प्रस्तुति पहले हुआ करती थी, उसमें 15वीं शती के आसपास कथाएँ जुड़ने लगीं।[6] दूसरे चरण में संभवतया संवाद जुड़े सूत्रधार और कथावाचक, बस दो पात्र, जैसे कि दो पात्रीय नाटक *भामाकलापम* है। इसी से प्रेरित होकर धीरे-धीरे पूर्णकालिक नाटक तैयार हुआ होगा, जिसमें हर चरित्र कोई एक अभिनेता निभाता होगा, और कथा-सूत्र 'संधि वचलालु' प्रस्तुत करने का काम कथावाचक या सूत्रधार करता होगा।

यक्षगान में जो दारुवु मूल गीत हैं, वे अनगिनत प्रकार के हैं–प्रवेश, जब कोई चरित्र पहली बार मंच में आता है, आक्षेपिता जब कोई चरित्र दूसरे पर कोई आक्षेप करता है, प्रसादिका, जो देवताओं की ओर से दिया गया वरदान है, या किसी उलझ गई समस्या का हल, जो उत्तम नायिका देती है, निष्क्रमण, जिसमें संगीत के साथ कोई पात्र प्रस्थान करता है, इस प्रकार कथा का हर प्रसंग मुखरित होता है, उसे एक उच्चस्तरीय साहित्यिक व्याप्ति और ऊर्जा मिलती है, गतियों में भावात्मक गरिमा और गहराई आती है। प्रस्तुति एक ऐसे मंच पर ही थी जिसमें छप्पर की छत थी। 1880 और 1920 के बीच चिंता वेंकटरामैय्या और

चिंता वेंकटरामैय्या (कुचिपुड़ी आर्ट एकेडेमी)

उनकी मंडली ने आठ यक्षगान नाटक किए–*प्रह्लाद नाटकम* (वेदाला तिरुनारायनाचार्यूलु लिखित), *उषा परिणयम* (रेंताचिंताला चिदम्बरा कवि का) *मोहिनी रुकमांगदा* (येनुगुरुलु पापाराजू लिखित) *रामा नाटकम* (तिरुनागाऊ अनंतदासा कवि का), *गाया नाटकम* (वल्लभानेनी रामकष्णैय्या का), *शशिरेखा परिणयम* (वल्लभानेनी चौधरी का), *रुक्मिणी परिणयम* (गुडीमेला तिरुमाला नरसिंहाचार्युलु/ बोल्लारेड्डी कोटिरेड्डी का), और *हरिश्चंद्राद्रीयम* (वी. टी. पेरुमल्लैया का)।[7] साहित्यिक रचनाओं और प्रस्तुति की रचनाओं में फ़र्क है–मसलन *गीत*, *दंडकम*, *दारुवु*, तरंगम प्रस्तुति के लिए हैं, और वे साहित्यिक रचना का अंग नहीं हैं। देसी छंदों में संगीत की रचना का काम विशेषज्ञता की माँग करता है। वल्लभानेनी रामाकृष्णैय्या द्वारा लिखित *उषा परिणयम*, *शशिरेखा परिणयम* और *गायान्तकम* 1920 के अत्यंत लोकप्रिय यक्षगान नाटक थे, और इनके संरक्षक प्रायः जमींदार हुआ करते थे। इनमें से प्रत्येक नाटक के खेले जाने की अपनी खास विधियाँ थीं। *दारुवु*, कर्नाटक संगीत में निबद्ध होते थे, और कभी-कभी तो हिंदुस्तानी रागों में, और जीवंत संवादों के साथ यह एक प्रगाढ़ रंगानुभव दर्शकों को देते थे। ये नाटक सभी क्षेत्रों और वर्गों को भाने वाले थे। चिंता वेंकटरामैय्या शैली की चार पीढ़ियों के कलाकार, जैसे कि महन्काली सत्यनारायण, जो पुरुष भूमिकाएँ निभाते थे, वेदांतम सत्यनारायण शर्मा, जो स्त्री-चरित्र अभिनीत करते थे, महन्काली श्रीरामुलु जो पुरुष-पात्रों की भूमिका में उतरते थे, पशुमार्थी परिवार के सुब्रह्मण्य शास्त्री, जिनकी विशेषज्ञता स्त्री-पात्रों में थी, पशुमार्थी रातैय्या (स्त्री भूमिकाएँ), चिंता कृष्णमूर्ति (सूत्रधार), पी.वी.जी. कृष्ण शर्मा (नट्टुवांगम और गायन में निष्णात)–जैसे कितने ही कलाकार रहे हैं, जिनकी याद की जाती है। वेंकटरामैय्या हर काम को पूरी, और अच्छी तरह ही करने में विश्वास करते थे, और क्षेत्र के सभी ज़मींदार उन्हें मानते थे। 1936 में उन्होंने कलाकार जीवन से संन्यास लिया और 1947 में उनका देहांत हो गया। शायद ही कोई ऐसा गुणी कुचिपुड़ी कलाकार हो, जिसने उनसे सीखा न हो। उनकी मंडली *चिंता वरी मेलाम* का परिवर्तित नाम था *वेंकटरामा नाट्य मंडली*, जो उनके पौत्र पशुमार्थी वेंकटेश्वरुलु ने रखा था, और अब जबकि यक्षगान फिर दुर्दिनों से गुजर रहा है, तो इसमें संदेह है कि ऐसी बड़ी नाट्य मंडलियाँ आज के दौर में, अपने को चलाए भी रख सकेंगी क्या? कलाकारों को पोस सकेंगी क्या? एक समय मंदिरों का भी संरक्षण रहता था, जो अब नहीं है।

कुचिपुड़ी गाँव में अभिनेता उन पुराने दिनों को याद करते हैं जब महीने में कई जगह प्रस्तुतियाँ होती थीं, उन्हें पैसा और सम्मान मिलता था, पर अब वह बात कहाँ! धीरे-धीरे हालत खराब ही होती गई है, यहाँ तक कि जब प्रह्लाद शर्मा युवा थे तब भी जो अभिनेता शीर्ष पर थे उन्हें भी एक प्रस्तुति के लिए मात्र 150 रुपए

वेदांतम सत्यनारायण शर्मा (पशुमार्थी केशव प्रसाद)

चिंता रामनाथम (कुचिपुड़ी आर्ट एकेडेमी)

मिलते थे। कुचिपुड़ी गाँव के वरिष्ठ अभिनेताओं ने कहा, हम अपने लोगों के लिए भोजन कैसे जुटाएँ? हमने तय किया कि हम वापस खेती-किसानी करेंगे या कोई भी छोटा-मोटा काम पकड़ लेंगे, नतीजा यह कि यक्षगान को क्षति पहुँची है। पुराने दिन अब लौटने वाले नहीं हैं, बड़ी मंडलियाँ सबका खर्चा-पानी कैसे उठा सकेंगी![8]

चिंता वेंकटरामैय्या के शिष्यों में कई ऐसे थे जो पुराने और नए कुचिपुड़ी के बीच एक पुल का काम कर सके थे, क्योंकि वे 1960 और सत्तर के दशक में सक्रिय थे।

चिंता वेंकटरामैय्या के शिष्य, वेदांतम राघवैय्या जो अब तो शिखर पर नहीं हैं, पर जिनका काम देखकर यामिनी कृष्णमूर्ति के पिता ने यामिनी को कुचिपुड़ी सिखाने की बात सोची थी। और अपने एकल नृत्य से यामिनी ने कितनी ऊँचाइयाँ छुई हैं, दर्शकों को सम्मोहित किया है। इसमें उनका साथ देने वाली रही हैं अपने गायन से उनकी बहन ज्योतिष्मती। *कलापम*, *तरंगम* और *कृष्ण शब्दम* में यामिनी के अद्भुत नृत्य के कारण ही तो कुचिपुड़ी को अखिल भारतीय पहचान और स्वीकृति मिली है।

वेदांतम राघवैय्या ने *रोहिताक्ष*, और *कुश/लव* की भूमिकाओं में पर्याप्त ख्याति अर्जित की और अपने युवा दिनों में वह स्त्री-चरित्रों को बखूबी निभाने वाले अभिनेता के रूप में जाने जाते थे। वह उन अभिनेताओं

में से भी थे, जो अभिनय के साथ गा भी सकते थे। पुरानी शैली के भगवतुलु को संगीत और संस्कृत साहित्य का अच्छा ज्ञान होता था। वह यक्षगान के लिए ज़रूरी भी होता था।[9] उन्होंने *हंटर डांस* और *राधाकृष्ण* जैसी भूमिकाएँ भी निभाईं। वह नृत्य-प्रतिनिधि के रूप में आंध्र प्रदेश संगीत नाटक अकादमी की पहली जनरल काउंसिल के सदस्य भी रहे। और 1964 में वह इसी अकादमी द्वारा आयोजित राष्ट्रीय समारोह के अध्यक्ष भी थे। चेन्नई की फ़िल्म इंडस्ट्री से वह 1939 में जुड़े, *राइतू बिड्डा* के लिए दशावतार की भूमिका के साथ; फ़िल्मों के लिए उन्होंने कई नृत्य-प्रसंगों की रचना की, और *देवदास* के निर्देशन के साथ उन्हें प्रसिद्धि मिली। आंध्र प्रदेश संगीत नाटक अकादमी के आरंभिक दिनों में, उन्होंने उसकी गतिशीलता के लिए काफ़ी प्रयत्न किए।[10]

चिंता वेंकटरामैय्या के बेटे चिंता कृष्णमूर्ति का शब्दों पर अच्छा अधिकार था, और यक्षगान के संवादों में वह निपुण थे। उन्होंने कई भूमिकाएँ निभाईं, और एक अच्छे गायक भी थे। हरिश्चन्द्र की भूमिका तो बहुत ही अच्छी तरह करते थे। हास्य-भूमिकाओं में भी दक्ष थे। वह अच्छे सूत्रधार थे, और कथा को गतिमय बनाए रखते थे। वह एक कुशल संपादक भी थे। और वह साढ़े छह घंटों की प्रस्तुति को साढ़े तीन घंटे की बना सकते थे, बिना उसके मर्म को कोई क्षति पहुँचाए। 1972 में उनका निधन हो गया।

एक अन्य शिष्य, पशुमार्थी कृष्णमूर्ति, बाल भूमिकाएँ और भामा का चरित्र बख़ूबी निभा लेते थे। लक्ष्मीनारायण शास्त्री से प्रशिक्षित होने के बाद वह और अधिक मँजे हुए अभिनेता के रूप में उभरे। 2004 में अपने निधन से पहले वह नृत्य-निर्देशक के रूप में चार सौ से अधिक फ़िल्मों में काम कर चुके थे।

भगवतुलु रामाकोटाय्या (1924-1979/80) नृत्य के लिए गायन में प्रवीण थे, और स्त्री भूमिकाएँ भी बख़ूबी निभा लेते थे। उनकी आधुनिक प्रस्तुति, प्रजा नाट्य मंडली के लिए की गई *शिमला भागवतम* बहुत सराही गई थी और वह कई शहरों में हुई थी। इस नाटक और मंडली, दोनों को ही बाद में प्रतिबंधित कर दिया गया था, और उन्हें इसके लिए जेल भी हुई थी। इप्टा आंदोलन जब अपने समूचे उभार में था, शांतिदेव घोष ने उन्हें शांति निकेतन में आमंत्रित किया। रामाकोटाय्या पहले गुरु थे, जिन्होंने कुचिपुड़ी के प्रशिक्षण के लिए 1950 में हैदराबाद में एक संस्थान स्थापित किया।[11] इसके पहले इस बड़े शहर में कुचिपुड़ी के प्रशिक्षण की कोई व्यवस्था नहीं थी। उन्होंने बहुतेरे शिष्यों को प्रशिक्षित किया, और उनके उदार दृष्टिकोण में स्त्री-पुरुष की कला क्षमता को लेकर कोई भेदभाव न था और कई बार तो कई लड़कियों को उन्होंने राक्षस की भूमिका भी सौंपी। 1980 में उनका निधन हो गया।

पशुमार्थी वेणुगोपाल शर्मा भी चिंता के ही एक और शिष्य थे, जिन्हें लक्ष्मीनारायण शास्त्री से ट्रेनिंग मिली। वह पहली बार कुचिपुड़ी गाँव के बाला त्रिपुर सुंदरी मंदिर के मंच पर उतरे। सुप्रसिद्ध येलेस्वरूपु सीताराम अंजानेयालु उनके संगीत गुरु थे। उन्हें नट्टुवांगम, और सूत्रधार का अच्छा ज्ञान तो था ही, कुचिपुड़ी के अन्य विभागों से भी वह भलीभाँति परिचित थे, और कुचिपुड़ी के सिद्धेंद्र कलाक्षेत्र के प्रिंसिपल का पद सँभालने से पहले वह एलुरु के डांस स्कूल में अध्यापन करते थे। हमारे आज के बहुत से समकालीन कुचिपुड़ी कलाकारों को उन्होंने सिखाया था, इनमें यामिनी कृष्णमूर्ति सहित जयरामा राव, स्वर्गीय रातैय्या शर्मा और महन्काली मोहन शामिल हैं।

आज वेदांतम राधेश्याम जैसे कलाकार, जिनके सूत्रधार वाचन में एक विशेष ऊर्जा है, और थोड़े से कुछ दूसरे, यक्षगान में काम करते हैं। और इन जैसों की कला, जो यक्षगान परम्परा के लिए अनिवार्य है, सहयोग और समर्थन की माँग करती है। पुरुष हमेशा से स्त्री-चरित्र निभाते रहे हैं। पारम्परिक कुचिपुड़ी परिवारों में, स्त्रियों को नृत्य सिखाया नहीं जाता था, वह तो शुरू हुआ तब जब लक्ष्मीनारायण शास्त्री की पौत्री ने इस रूढ़ि का प्रतिकार करते हुए स्त्री-चरित्रों में उतरना शुरू किया।

वेदांतम मल्लिकार्जुन शर्मा (कुचिपुड़ी आर्ट एकेडेमी)

वेदांतम लक्ष्मीनारायण शास्त्री (1875-1957)

आधुनिक कुचिपुड़ी की यात्रा वेदांतम लक्ष्मीनारायण शास्त्री के साथ शुरू होती है, वह एक किंवदंति-पुरुष थे जिन्होंने यह अभियान छेड़ा कि कुचिपुड़ी में एकल प्रस्तुतियाँ शुरू हों और उन्हें स्त्रियाँ किया करें। कलावंतुलों की *मेजुवानी* या *केलिका* से भलीभाँति परिचित,लास्य परम्परा के प्रति उनमें गहरा आकर्षण था, और देवदासी कला से भी उनका गहरा संवाद और संपर्क रहा था। इसी के साथ कई रियासतों और जमींदारियों की यात्रा करने के कारण–उनसे संपर्क के कारण, उन्हें पंडीरी वेंकटरत्नाम्मा और दुग्गीराला जगदम्बा जैसी देवदासियों से भी संवाद की सुविधा मिली थी, और माना तो यह भी जाता है कि कुछ देवदासियों को उन्होंने प्रशिक्षित भी किया था।[12] उन्होंने *एकार्थ* शैली को *पृथगार्थ* शैली में बदला और *कृष्ण कर्णामृतम* से तरंगम और श्लोक जोड़े, *अमरुकम*, *पुष्प बाण विलासम* और *कृष्ण कर्णामृतम* से काव्य-रचनाएँ लीं, यहाँ तक कि *हरिश्चंद्र* और *प्रह्लाद* जैसे लंबे नाटकों में भी इन्हें शामिल किया। वह पदार्थ अभिनय में निपुण थे। बालासरस्वती ने भी उनकी अभिव्यक्ति क्षमता की प्रशंसा की थी, और वरनम में उनकी नई रचनात्मक सूझबूझ की भी। पुत्र जगन्नाथ शर्मा और तांडव कृष्णा की जमती थी, जिन पर उन्होंने अपनी कई संरचनाएँ आजमाईं। उन्होंने *राधा-कृष्ण* और *शिव*-पार्वती को लेकर जुगलबंदी की भी सोची, और रचना की। रागिणी देवी, जिन्होंने 1932 में बेजवाड़ा में लक्ष्मीनारायण को नृत्य करते हुए देखा था, उनसे इतना प्रभावित हुई कि अपनी पुत्री इंद्राणी को उन्हीं से प्रशिक्षित कराने को तत्पर हुईं।

लक्ष्मीनारायण अपने अनुभव और ज्ञान को उदारतापूर्वक बाँटने वालों में से थे और उनके शिष्य चारों ओर बिखरे थे। वह लंबे समय तक एक जगह टिककर रहने वालों में नहीं थे, और विभिन्न कुचिपुड़ी प्रेमियों द्वारा उन्हें समय-समय पर प्रशिक्षण के लिए बुलाया भी जाता था, और उनके प्रशिक्षार्थी भी मानो उनका पीछा करते थे, वे जहाँ भी रहते थे, उनके पास पहुँच जाते थे, वैसे ही जैसे कि भरतनाट्यम के लिए मीनाक्षी सुंदरम पिल्लई को लोग ढूँढ़ते फिरते थे। नटराज रामकृष्ण जैसे कलाकार ने, जो स्वयं एक स्थापित शिक्षक थे, कुछ चीजें लक्ष्मीनारायण शास्त्री से सीखी थीं। यहाँ तक कि सामान्यतया किसी विशेष ढंग से प्रस्तुत किए जाने वाले शब्दम को भी वह नए संदर्भों के अनुसार अगर ज़रूरी लगे तो बदल देते थे। पी.वी.जी. कृष्ण शर्मा और सी.आर. आचार्यलु जैसे कलाकार, जो *सिंहनंदिनी* की प्रस्तुति के लिए जाने जाते थे (इसमें वह पैरों के संचालन से शेर की आकृति बना देते थे) और बाद में मृणालिनी साराभाई की अहमदाबाद में दर्पण अकादमी में चले गए थे–इन्होंने

भी इस महान गुरु से कई चीज़ें सीखी थीं। उनके एक शिष्य, वेम्पति चिन्नासत्यम, उन्हें कुचिपुड़ी गुरुओं में से महानतम मानते हैं; मानते हैं कि उन्होंने नृत्य की गति-लय ही बदल दी। वह कहते हैं, '*ना भूतो ना भविष्यति*' (न तो ऐसा गुरु पहले कभी हुआ है, न भविष्य में कभी होगा)।[13] एक ऐसे दौर में जब पहले से प्रचलित रूपों को नए उद्यमों से एक चुनौती मिल रही थी, लक्ष्मीनारायण जैसे गुरु ने अपने साहसिक और कल्पनाशील विचारों से कुचिपुड़ी का चेहरा बदलने में सक्रिय भूमिका निभाई, जिसकी बड़ी ज़रूरत थी। पूरे राज्य में अपने गुरु वेम्पति वेंकटनारायण (1871-1935) के साथ नृत्य-कार्यक्रमों के लिए भ्रमण करते हुए, नारायण शास्त्री ने पाया कि कुचिपुड़ी के कलाकार को ठीक वैसा दर्जा नहीं मिलता जैसा *यक्षगान*, *भामा कलापम* और *दादीनाम्मा* कलाकार को मिलता है। उन्हें अपने गुरु से ताल परम्परा की चीजें मानो उत्तराधिकार में मिली थीं, और उन्होंने उनका कई रूपों में अच्छा इस्तेमाल भी किया था। वेम्पति चिन्ना सत्यम कहते हैं, "1940 और 1988 के बीच जिन पदम और जावलियों का प्रयोग बार-बार किया जाता था, वे सब क्षेत्रीय गीत थे–*एव्वादी वीदेव्वदी* (शकंराभरणम), *मगुवताना कीलिका* (मोहनम), *मोगादोची पिलीचेदु* (शाहाना), *कल्लानाए ना मानसु स्वामी मुव्वा गोपाला* (मध्यमावती)।

1988 में भी मंडापेटा जगदम्बा इन अर्थमयी प्रस्तुतियों को कर रहे थे। अब नटराज रामकृष्ण इन्हें *आंध्र नाट्यम* के अंतर्गत ले आए हैं। लेकिन ये सभी लक्ष्मीनारायण शास्त्री की सिखाई हुई हैं। वे क्षेत्रय्या *पदम* और *तरंगम* भी पुरुष नृत्यकारों को सिखाते थे और देवदासियों को भी। उन्होंने कभी इस पर जोर नहीं दिया कि जावली भी कुचिपुड़ी का आवश्यक अंग है। यह उन्होंने छात्र/छात्राओं पर छोड़ दिया था कि वे उसका इस्तेमाल अपनी-अपनी रुचि के अनुसार कर सकते हैं, और नहीं भी कर सकते हैं। उनके महत्व और महानता की सराहना कभी ठीक से नहीं हुई।[14]

1948 में जब चेन्नई की एक महिला समाजस्यम ने लक्ष्मीनारायण शास्त्री को उनके 68वें जन्मदिन पर अभिनंदित करने की बात सोची तो उनके कार्यक्रम *बालगोपाल तरंगम* को 'कुचिपुड़ी भरतनाट्यम' नाम से प्रचारित और घोषित किया गया। तब अन्यत्र कुचिपुड़ी को जानते ही बहुत कम लोग थे। बैठकर ही किया गया उनका अभिनय अविश्वसनीय था। अपूर्व था। यह कहना है वेम्पति चिन्ना सत्यम का। *स्थाई भाव* के केंद्रीय या मूल मर्म को प्रकट करने में उन्हें महारत हासिल थी, और किसी विचार या बिंब को उतारने के लिए वह मुद्राओं की एक श्रृंखला-सी बनाते थे। *मुव्वा गोपाला* इस एक ही शब्द को न जाने कितनी मुद्राओं द्वारा दर्शाते थे। इससे एक संदर्भ की रचना होती थी, जिसका विस्तार वे एक कथात्मक ढंग से करते थे। इसके लिए वे किसी भी साहित्य को चुनते थे। एक शब्द, उसके अर्थ, और एक वाक्य में उसके विस्तार को कई भाव-स्थितियों के जरिए प्रकट करते थे। वह मानते थे कि इस प्रकार वे एक गीत के अर्थग्रहण की पूरी 'जन्मपत्री' बनाते हैं।[15] जब बालासरस्वती उनके पास गईं तो उन्होंने बाला से कहा कि दानिके ताकुजनारा जैसे टोडी वरनम, और दूसरी रचनाएँ, जो उनके परिवार की धरोहर हैं; उनको हस्तमुद्राओं के माध्यम से और अधिक सुंदर बनाया जा सकता है। वेम्पति अकसर कहते थे *कृष्ण कर्णामृतम* और *पुष्पबन विलासम* के श्लोकों पर जो तरंगम इस गुरु ने परिकल्पित किए थे, वे कहाँ गए? तरंगम अब '*कृष्णम कलया सखी सुंदरम*' की धुन पर किए जाते हैं, जबकि यह गीत तो *भजन* परम्परा में प्रचलित रहा है, नृत्य में कभी नहीं। रियाली पिट्चयाह शास्त्री, इसको एक भजन की तरह गाते थे, और इसके साथ थोड़ा सा पैरों का काम दर्शाते थे। पहले वेदांतम राघवैय्या और पेद्दा सत्यम (चिन्ना सत्यम के बड़े भाई) और पशुमार्थी, *नीलमेघ शरीर*, *गोविंद घटाया*, *वीक्षेकथा देवदेवम* किया करते थे। उठी हुई एड़ी पर खड़े रहकर अँगूठे-एड़ी की क्रिया को *अग्रताल संचार* में परिवर्तित करने वाला पैरों का

काम, कैसे कुचिपुड़ी का एक आवश्यक अंग बन गया, इसकी अपनी एक पृष्ठभूमि रही है–यह बात वेम्पति चिन्ना सत्यम अकसर कहा करते थे–सतानी लोग जो पेशेवर ढंग से भिक्षा माँगने वाले साधु थे, वे जब भिक्षा लेते थे तो उनका पैर 'अग्रताल संचार' वाली मुद्रा में रहा करता था, और यही बाद में कुचिपुड़ी नृत्य में बेहद अपनाया जाने लगा। मसलन *प्रह्लाद नाटकम* में नारद को अभिनीत करने वाला पात्र मंच पर तरंगम प्रस्तुत करता हुआ प्रवेश करता है। इस गुरु ने कुछ चमत्कारिक से तत्वों का भी इस्तेमाल किया, जिससे दर्शकों को अपनी ओर अत्यधिक खींचा जा सके। उनके छात्र समूचे *दशावतार शब्दम* को स्टूल पर खड़े-खड़े ही, पैरों के काम के साथ, संपन्न करते थे।

1948 से 1952 के बीच, बाला के अतिरिक्त, कथक की एक प्रतिभा के रूप में स्थापित तारा चौधरी ने भी लक्ष्मीनारायण शास्त्री से नृत्य सीखा। इस गुरु ने एकल नृत्य के लिए प्रस्तुतियों का एक अच्छा-खासा भंडार तो रचा ही, साथ ही अदावुलु या गति-इकाइयों के परिष्कार में, और युवा लोगों को प्रशिक्षित करने की विधियों में, अपना बहुमूल्य योगदान किया। उदारमना इस गुरु ने मराठी, तेलुगू, तमिल, संस्कृत की रचनाओं का भी उपयोग किया–और भी जो कुछ उन्हें काम का लगा उसे अपना लिया। कुचिपुड़ी के वृत्त में वही जयदेव की अष्टपदियों को भी लाए।

वर्षों तक कुचिपुड़ी में किसी लड़की को प्रशिक्षित करने में असफल रहे लक्ष्मीनारायण शास्त्री, अंततः 1958 में संगीत नाटक अकादमी द्वारा आयोजित सेमिनार में कंचनमाला बी.ए. नाम की छात्रा को प्रस्तुत करने में सफल हुए, जिसने कुचिपुड़ी तकनीक को दर्शाया। यह अवसर बहुतों को कुचिपुड़ी के प्रति और अधिक सजग कर सका। इस अवसर पर अप्पा राव, रामा राव, तांडव कृष्णा, सी.आर. रामकृष्ण राजू, सी.वी.वी.आर. प्रसाद, बी.के.राव, ए.वेंकटरामैय्या, नटराज रामकृष्ण, और हाँ, निश्चय ही लक्ष्मीनारायण शास्त्री–सभी तो उपस्थित थे। कई लोगों के अनुसार जो चर्चा हुई, उसमें चेन्नई के प्रतिनिधियों का पलड़ा भारी रहा, वे कुचिपुड़ी को एक शास्त्रीय नृत्य के रूप में स्वीकार करने को तैयार नहीं थे। एक मेडिकल डाक्टर, मरीगंती शेषाचार्यालु की बेटियों रंगामणी और कंचनमाला के कुचिपुड़ी ने स्त्री-नृत्यकारों की प्रस्तुतियों की पहल की, और शीघ्र ही इस पहल में अन्य युवतियाँ भी शामिल हो गईं।

बहुत पहले, 1945 में ही आंध्र नाटक कला परिषद ने लक्ष्मीनारायण शास्त्री को, कुचिपुड़ी में उनके योगदान के लिए सम्मानित किया था। उस समय की मद्रास सरकार ने उन्हें *सिंह तलातम* की उपाधि से अलंकृत किया और 1948 में 'कुचिपुड़ी नाट्य कलानिधि' की उपाधि से। ई.कृष्ण आय्यर, जस्टिस राजामन्नार सभी उनके प्रशंसक थे। जायसुलु सीताराम शास्त्री जैसे उनके शिष्य ऐसे कई किस्से सुनाते हैं कि उनके शिष्यों का दिन गुरु के लिए सिगार बनाने से शुरू होता था–उस तम्बाकू से जो चेन्नई में ताजा ही मिला करती थी। वे नियमित रूप से भरतनाट्यम के कार्यक्रम देखने पहुँचते थे, और यही सोचते हुए लौटते थे कि कुचिपुड़ी के लिए एकल प्रस्तुतियों की ही ज़रूरत है। जायसुलु के अनुसार, नुजविड में, गुरु ने हारमोनियम की जगह, वायलिन का उपयोग किया, जो देवदासी परिवार के शेषाय्या ने बजाया था।

जायसुलु सीताराम शास्त्री[16] के अनुसार जावली में एक पंक्ति *शिवा दीक्षापरु रालानुरा*' को लक्ष्मीनारायण शास्त्री के नृत्य-अभिनय के साथ गाना काफी दुरुह काम था क्योंकि इसके लिए जो ताकत चाहिए, वह सबमें नहीं होती। वह जब मोहनम में त्यागराज कृत *नन्नु पलिम्पा* की प्रस्तुति करते थे तो उनकी तल्लीनता देखने लायक होती थी, और लोग खुशी के मारे रोने लगते थे। पी.वी. जी. शर्मा का कथन है: "यक्षगान को समझने के लिए हम हमेशा चिंता वेंकटरामैय्या के पास जाते थे, और एकल परम्परा के लिए लक्ष्मीनारायण शास्त्री के पास। ये दोनों अपने-अपने क्षेत्र के शिखर पुरुष थे।

कोराडा नरसिंह राव

1936 में एल्लुरु में जन्मे कोराडा नरसिंह राव, कुचिपुड़ी परम्परा के बाहर से आकर उसमें शामिल होने वाले एक प्रमुख कलाकार थे। वे यक्षगान के नाटकों और एकल प्रस्तुतियों के लिए जाने जाते थे। वह युवा दिनों में *पगतीवेशम* की ओर झुके थे, और जो चीजें उन्होंने देखी होती थीं उन्हें प्रस्तुति के लिए आईने के सामने खड़े होकर परिकल्पित करते थे। अर्धनारीश्वर की भूमिका एक पसंदीदा भूमिका थी, और सत्यभामा और कृष्ण के गीत भी प्रिय थे। इस युवा ने वेदांतम राघवैय्या की फ़िल्म *बाला राजू* देखी, जिसमें अंजली देवी का शास्त्रीय नृत्य था, और जिसकी नृत्य-संरचना राघवैय्या ने ही तैयार की थी। इसे देखकर वह नृत्यकार बनने का एक सपना ही तो देखने लगे। नारायण राव नाम के एक व्यक्ति ने लक्ष्मीनारायण शास्त्री के एक शिष्य गुरु आचार्यालु को अपने पौत्रों रमेश और गुडीमेतला कृष्णा को नृत्य सिखाने के लिए अनुबंधित किया था। कृष्णा के सहपाठी होने के नाते, कोराडा को इस बात की अनुमति मिल गई थी कि जब गुरु, रमेश और कृष्णा को सिखाने के लिए आएँ तो वह भी कुछ दूर से उन्हें देख सकें। आचार्यालु की महीने की फीस दस रुपए थी, और कोराडा के लिए यह रुपए उन्हें दे पाना मुश्किल था, सो उन्होंने अपने सहपाठी कृष्णा से कहा कि वह उन्हें *कृष्णा शब्दम* और *तुलाजाजी शब्दम* सिखा दे। नृत्य के प्रति कोराडा की यह अनुरक्ति देखकर आचार्यालु ने उन्हें स्वयं सिखाना शुरू कर दिया और कोराडा ने *शिव तांडव*, *भामाकलापम* और *अष्टपदियाँ* सीख लीं। इस समय तक लक्ष्मीनारायण शास्त्री की मंडली टूट गई थी। लक्ष्मीनारायण के शिष्य आचार्यालु ने उनसे कहा कि वे घरों में कार्यक्रम किया करें, और कोराडा ने उनके अंतर्गत अभिनय-प्रस्तुतियों का प्रशिक्षण लेना शुरू किया–*अमरुकम, पुष्प वन विलासम, रामाकरुणम ऋतम* आदि का प्रशिक्षण, और बैठकर अभिनय करने की शिक्षा भी उन्हें मिली। 1953 तक कोराडा की स्थिति यह हो गई थी कि वह अपनी मंडली बना सकें, और वे *पद्मिनी भास्करन, किरातार्जुनीयम और विश्वामित्र* जैसे नृत्य-नाटकों की प्रस्तुतियाँ देने लगे। नई-नई चीजें तैयार करने और सीखने के लिए सदा प्रयत्नशील, कोराडा एक सरकारी वृत्ति पर आचार्युलु से यक्षगान और भामा कलापम की शिक्षा लेने लगे। उन्होंने *प्रह्लादचरितम, उषा परिणयम और मयूरा काव्युत्तम* को करना सीखा। उन्होंने देवदासियों से जावलियाँ भी सीखीं, जो इनके लिए जानी जाती थीं। उन्होंने अन्य परम्पराओं में से *झामुका नृत्यम* की शिक्षा गुरु चंदालावडा साम्राज्यम से प्राप्त की, और *चिरदू भागवतम* की कोनूकोंडे *भगवतार* से। उनकी कई प्रकार की नृत्य-क्षमता से प्रभावित होकर रुक्मिणी देवी ने उन्हें कलाक्षेत्र में आमंत्रित किया, लेकिन कोराडा खुश नहीं थे, वहाँ टिके नहीं, क्योंकि वहाँ से अध्यापकों को जो वेतन मिलता था, वह बहुत कम था। कोराडा ने आगरा के कई कॉलेजों में नृत्य किया और मालकौंस के आलाप (हिंदुस्तानी हिंडोलम) में किया हुआ उनका *दशावतार*, एक अंग्रेजी कमेंटरी के साथ तथा *नवरस*, दर्शकों के बीच खासे लोकप्रिय हुए। 1958 में जब उन्होंने दिल्ली में राष्ट्रीय समारोह में नृत्य किया तो वह 22 वर्ष के थे और निर्णायकों में से एक यामिनी कृष्णमूर्ति ने उनसे नृत्य सीखना चाहा! कुचिपुड़ी कलाकारों में से सबसे अधिक साहसी और उद्यमी कोराडा ने यामिनी के साथ 1960-61 में युगल प्रस्तुतियाँ दीं। उस समय

कोराडा नरसिंह राव

वेदांतम मल्लिकार्जुन शर्मा (कुचिपुड़ी आर्ट एकेडेमी)

इंद्राणी रहमान और रीता चटर्जी चाहती थीं कि कोराडा उनके ट्रूप (मंडली) में शामिल हो जाएँ। 1960 में जब यूनेस्को के समारोह में सभी छत्तीस देशों के कलाकारों ने भाग लिया तो उनमें कोराडा नरसिंह राव ही सबसे अच्छे पुरुष कलाकार के रूप में सम्मानित किए गए थे। 2006 में जब वह सत्तर साल के थे, उन्हें संगीत नाटक अकादमी का पुरस्कार मिला, और इसके करीब साल भर बाद उनका निधन हो गया।

नटराज रामकृष्ण (1923-2012)

नटराज रामकृष्ण उन व्यक्तियों में से थे, जिन्होंने आंध्र के नृत्य-रूपों के प्रसार के लिए काफ़ी काम किया था। शोध का काम भी। आंध्र प्रदेश के मंदिरों से संबद्ध नृत्यकारों से उन्होंने 'केलिका' नृत्य भी सीखे थे। *नाट्यशास्त्र* और *अभिनय दर्पण* सहित उन्होंने जयप्पा सेनापति के ग्रंथ *नृत्य रत्नावली* का अध्ययन किया था। वह कला का प्रदर्शन भी करते थे। 1923 में पश्चिम गोदावरी जिले के राजसोल में जन्मे रामकृष्ण को उस समय नायुदुपेत्ता राजम्मा नाम की एक देवदासी ने नृत्य सिखाया था, जब देवदासी नृत्य बिल्कुल उतार पर था। नायुदुपेत्तम्मा से उन्होंने बैठी हुई अवस्था में *पदम* और *जावलियाँ* प्रस्तुत करना सीखा था। और उस देवदासी ने ही उनके मन में *सात्विक* व *वाचिक अभिनय* और गायन के प्रति आकर्षण और सम्मान के बीज बोए थे। नृत्य प्रस्तुत करते हुए गा सकने की क्षमता के लिए भी देवदासियाँ जानी जाती थीं। नायुदुपेत्तम्मा के अंतर्गत दो वर्ष नृत्य-गायन सीखने का परिणाम यह हुआ कि रामकृष्ण ने *गीत गोविंदम* की प्रस्तुति को भी अपने भंडार में जोड़ लिया।

पुराने ग्रंथों के अध्ययन ने ही आंध्र परंपराओं की एक नई सर्जना में महती योगदान किया है। मंदिर के स्तंभों पर पत्थर फेंकने पर जो ध्वनि गुंजरित होती है, उसने रामकृष्ण को चमत्कृत किया और वे नृत्य पर ध्वनि के प्रभाव पर गहराई से विचार करने लगे। उन्होंने शैव और वैष्णव ग्रंथों का अध्ययन किया, और कपालीश्वरर मंदिर के एक पुजारी ने, जो अपनी अर्चना में *मुद्राओं* का प्रयोग करते थे, उन्हें आगम ग्रंथों तथा शैव उपासना से परिचित कराया। बाला के आंतरिक क्षमता वाले अभिनय ने उन्हें बहुत प्रभावित किया और उन्होंने गुरु मीनाक्षी सुंदरम पिल्लई से भरतनाट्यम की शिक्षा भी कुछ समय तक ग्रहण की, लेकिन यह आकर्षण अस्थायी ही रहा, क्योंकि उनके अपने नृत्य-रूप और शोध की दिशाएँ भिन्न थीं। कोराडा की तरह वह भी उत्तर भारत के नृत्य-रूपों से परिचित हुए थे और नागपुर में उन्होंने कथक की कई प्रस्तुतियाँ देखी थीं। उन्होंने सुप्रसिद्ध चंपाबाई के गाए हुए कृष्ण-गीतों पर नृत्य भी किया था। उनका प्रिय गीत था श्याम सुंदर वनमाली।[17]

नटराज रामकृष्ण

दरबारों में शास्त्रीय नृत्यों के प्रदर्शन के दौरान कुचिपुड़ी कलाकारों ने कथक नृत्यकारों को देखा था। नटराज रामकृष्ण ने रायगढ़ घराने के कल्याण जी और कार्तिक राम को राजा गणपति राव पंड्या के भंडारो रियासती दरबार में देखा था। *बसो मेरे नयनन में नंदलाल* को रामकृष्ण इतनी अच्छी तरह प्रस्तुत करते थे कि ठीक ही उन्हें नृत्य के नटराज के रूप में पुकारा जाने लगा था। यह सब अपने पिता की मर्जी के खिलाफ़ वे प्राप्त कर सके थे, जो उनसे कहा करते थे कि अगर उन्होंने नृत्य को नहीं छोड़ा तो उन्हें घर से फूटी कौड़ी भी नहीं मिलेगी। सुंदरजी से नटराज ने कथक की कुछ शिक्षा प्राप्त की थी और उन्हें लगा था कि आंध्र में *मेजुवानी* की जो एकल प्रस्तुतियाँ दरबारों में देवदासियाँ करती रहीं थीं, उनसे कथक का कुछ मेल है। आंध्र जाकर काम करने की उनकी इच्छा तब पूरी हुई जब पुनाका कनकम्मा ने उन्हें नेल्लोर में आमंत्रित किया। यहीं पर उनकी मुलाक़ात कुचिपुड़ी के एक और विशेषज्ञ ऐय्यांकी तांडव कृष्ण से हुई, जिन्होंने रामकृष्ण को अभिनय में अत्यंत प्रवीण देवदासी चित्ताजल्लू वेंकटरत्नम से मिलवाया। यही वह समय था जब नटराज रामकृष्ण को यह अवसर मिला कि वह जम्मालमदका माधववर्मा शर्मा और वेदाले तिरुवेंकटाचार्यलु जैसे समीक्षकों तथा विद्वान विस्सा अप्पा राव के संपर्क में आ सके। विस्सा अप्पा राव ने उनसे कहा कि क्षेत्रय्या पदमों की विधि पर वह अपने को और अधिक एकाग्र करें। गुंटूर और विशाखापटनम पहुँचने पर नटराज रामकृष्ण की भेंट संगीत-नृत्य के एक पारखी और रसिक बापी राजू से हुई, जो अकसर अपने यहाँ की अंतरंग गोष्ठियों में नृत्य-संगीत के कुछ न कुछ कार्यक्रम प्रायः रखते थे। बापी राजू, नटराज रामकृष्ण की प्रतिभा से प्रभावित हुए और उन्होंने रामकृष्ण से कहा कि वे उनके भाई की बेटियों, उमा और सुमति को नृत्य सिखाएँ। बापी ही

थे, जिन्होंने वेदांतम लक्ष्मीनारायण शास्त्री से अनुरोध किया कि वे रामकृष्ण और उनकी भतीजियों को कुछ और भी सिखाएँ। रामकृष्ण को विविध प्रकार के प्रशिक्षण से लास्य परम्परा की जो शिक्षा समूचे दक्षिण से और नायुदुपेत्ता राजम्मा से मिली थी, तथा उनके कथक-संपर्क और लक्ष्मीनारायण शास्त्री के *मुखाभिनय* ने उनके अनुभव को विस्तृत और गहरा किया था, इन्हीं सबने उनकी अपनी विशिष्ट शैली की निर्मिति में अपना योग दिया था। 1955 में अंततः वह हैदराबाद चले आए, और अचरज नहीं कि आंध्रप्रदेश में 1956 में गठित राज्य संगीत नाटक अकादमी में उनको मनोनीत किया गया। 1958 में केंद्रीय संगीत नाटक अकादमी द्वारा आयोजित सेमिनार में, जिसमें कंचनमाला ने कुचिपुड़ी नृत्य प्रस्तुत किया था, उसमें केंद्रीय संगीत नाटक अकादमी के सदस्य राजामन्नार ने यह मत व्यक्त किया था कि कुचिपुड़ी नृत्य को शास्त्रीय कोटि का नृत्य नहीं कहा जा सकता। रामकृष्ण इससे आहत हुए थे और उनके आग्रह पर, अगले वर्ष एक और आयोजन हुआ, इस बार आंध्र प्रदेश नाटक अकादमी की ओर से, और इस सेमिनार में वेदांतम सत्यम ने *भामा कलापम* की प्रस्तुति दी। मरमपल्ली वैदेही और इंदुवदना, दोनों कलाकारों ने, नव जनार्दन पारिजातम शैली में, जो देवदासियों ने कुछ मंदिरों में विकसित की थी, उसी में से कुछ अभिनय प्रसंग संवर्द्धित किए। इस सेमिनार की बदौलत कुचिपुड़ी को शास्त्रीय नृत्य जगत में वह जगह मिली, जो भरतनाट्यम, कथक, कथकली और मणिपुरी को हासिल थी।

इस बीच नटराज रामकृष्ण आंध्र के नृत्य-रूपों के बारे में उत्सुकता और सजगता बढ़ाने के लिए यात्राएँ करते रहे। उनके तरंगम–*नील मेघ शरीरा तरंग नृत्य, देवी स्तुति नृत्य, कल्याणी निगमान्त संचारिणी, ड्रीम ऑफ एलोरा, बौद्ध कथाएँ* और *किन्नेरासनी* बैले लोकप्रिय हुए। *दक्षिनाट्याला नाट्य कला चरित्र*–ऐसा एक बृहद् संचयन उन्होंने बनाया।

नटराज रामकृष्ण को यह श्रेय जाता है कि उन्होंने उन देवदासियों की सुधि एक बार फिर ली, जो गुमनामी का जीवन जी रही थीं (गुरु लक्ष्मीनारायण शास्त्री ने भी यह काम किसी हद तक किया था।) और उनकी शैली *नव जनार्दन परिजातम* को प्रोत्साहित किया–उसका प्रसार किया। *कलापम* की तरह, यह परम्परा भी सत्यभामा की उन भाव स्थितियों के इर्द-गिर्द रची गई है, जो जनार्दन (कृष्ण) के साथ उनके संबंध से पैदा होती है। पूर्व गोदावरी जिले के नौ जनार्दन मंदिरों में लगातार नौ रातों तक, *पारिजातम*–एक दैनंदिन अनुष्ठान और अर्चना पद्धति, संपन्न हुई थी। ये मंदिर थे: मांडापेटा, कादियाम, धवलेश्वरम कपालीश्वरपुरम, आलमजूरा, जोनांदा, मदिकी, कोटिपल्ली और कोरुमिल्ली; यह कुंती माधव को समर्पित पीठापुरम के मंदिर में भी हुई थी। स्थानीय किंवदंतियों के अनुसार इस अर्चना-पद्धति का इतिहास 400 वर्ष पुराना है–पर इसे प्रमाणित करना कठिन है। नटराज रामकृष्ण के इसे सीखने और फिर कला कृष्ण को इसे सिखाने तक किसी पुरुष नृत्यकार ने *नव जनार्दनम* को प्रस्तुत नहीं किया था। कला कृष्ण को अब इसकी प्रस्तुति में विशेषज्ञता हासिल है। इस शैली की परम्परा के तीन भिन्न रूप मिलते हैं–एक उत्तर-पूर्वी जिले, श्रीकाकुलम में पनपा, एक विजयनगरम और विशाखापट्नम में *तूर्पू भागवतम* के नाम से, एक और शैली-रूप रायलसीमा में, जो अब दुर्भाग्यवश लुप्त हो चुका है। तूर्पू को सिर्फ पुरुष नृत्यकार प्रस्तुत करते थे, जबकि *नव जनार्दनम* देवदासियों द्वारा किया जाने वाला स्त्री-प्रधान नृत्य-रूप था। सभी शैलियों में आंध्र क्षेत्र में ही जनप्रिय नायिका थी।

पारिजातम, प्रबंधों के अंतर्गत आते हैं. ये काव्य रचनाएँ हैं। और किसी विशेष स्त्री के इर्द-गिर्द बुनी गई ये लंबी रचनाएँ, उच्च स्तर की विभिन्न प्रकार की भाव-स्थितियों का वर्णन करती हैं। ये विवरणात्मक होती हैं, और स्त्री पर पंचतत्वों के प्रभाव को दर्शाती हैं। *कलापम* और *नव जनार्दनम पारिजातम* प्रदर्शन

वाली कृतियाँ हैं। ये नृत्त और नृत्य से भरीपूरी हैं, और इनमें ऐसे प्रसंग और स्थल रहते हैं, जिनमें अन्य चरित्र भी प्रकट होते हैं। पीठापुरम के भूतपूर्व राजाओं ने इन्हें काफ़ी संरक्षण प्रदान किया था, इनमें अंतिम थे महीपति गंगाधर रामा राव जिन्होंने इस परंपरा को सहयोग और समर्थन दिया था। देवदासियों से नृत्य के गुर सीखने और *नव जनार्दन पारिजातम* का पुनरुद्धार करने के अलावा, नटराज रामकृष्ण को यह श्रेय जाता है कि उन्होंने पेरीनी तांडवम को नवजीवन दिया। यह परंपरा वारंगल काकातिया काल (11वीं से 13वीं शती) में फली-फूली। यह वीर शैव संप्रदाय की अतिवादी शाखाओं, *वीर महेशों, पशुपतियों, मैइलार* देवों द्वारा शिव की अर्चना में किया जाने वाला अत्यंत ऊर्जावान नृत्य है। शिवरात्रि को यह नृत्य, *बाली पीठम* मंदिर में एक अनुष्ठान की तरह संपन्न होता था। ओंकार शब्दम की कई आवृत्तियों का उल्लेख नंदिकेश्वर के *भारतर्णव* में मिलता है, और इसकी चर्चा जयप्पा सेनापति की नृत्य रत्नावली में भी है। विशेषज्ञों के अनुसार इसकी प्रस्तुति अभी भी होती है, वीरमुष्टि समुदाय के पुरुष सदस्यों द्वारा, जब वे कोट्टाप्पाकोंडा श्रीकलाहस्ती की तीर्थयात्रा पर जाते हैं। पर वह प्रस्तुति अब पनीली सी हो गई है। नटराज रामकृष्ण की जो रुचि आगम शास्त्रों, और ध्वनि तथा नृत्य पर उसके प्रभाव में थी, उसे देखते हुए इस बात पर अचरज नहीं होना चाहिए कि इस विलुप्तप्राय परंपरा को उन्होंने पुनः जीवित करना चाहा हो, भले ही प्राचीन ग्रंथों के अध्ययन से, और पालमपेट के रामाप्पा मंदिर की मूर्तियों और म्यूरलों से मिली चित्र-सामग्री के आधार पर। *छंदोनारत्नम, अष्ट दिक्पालक, सारिगा नर्तनम, भ्रमर नर्तनम, अर्धनारीश्वर जक्ति* कैइवरमों से लेकर पंचभूतों, *एकादश रुद्रनाटकम, पंचमुख शब्दम* के आराध्य देव-देवियों के स्तोत्र, सभी तो सम्मिलित हैं, इस ऊर्जावान नृत्य में।

1954 की बात है, जब दिल्ली के सप्रू हाउस में यक्षगान शैली में *उषा परिणयम* की एक प्रस्तुति हुई थी। इसमें शिव की भूमिका निभाई थी महन्काली श्रीरामुलु ने, और पार्वती की भूमिका में उतरे थे वेदांतम सत्यनारायण शर्मा (1935-2012) जो कुचिपुड़ी के श्रेष्ठ स्त्री वेशम कलाकार थे। सप्रू हाउस में उनकी भूमिका अत्यधिक प्रशंसित हुई थी, लेकिन नायिका उषा की भूमिका तो उन्हें बाद में, पेड्डा मुकतेवी गाँव में ही मिल सकी थी। कुचिपुड़ी को अब पर्याप्त प्रसिद्धि मिल रही थी और चिंता वारी मेलाम तथा पशुमार्थी वारी मेलाम ने संयुक्त रूप से चिंता ट्रुप की सृष्टि की, जिसे स्थानीय जमींदार नाउरा वेंकटरत्नम का समर्थन सुलभ था। इसके बहुत पहले भी वेदांतम सत्यम की प्रतिभा को अलग से पहचान लिया गया था, जब गांव के एक पारंपरिक कलाकारों के परिवार के लड़के, और लक्ष्मीनारायण शास्त्री के भतीजे, वेदांतम को त्रावणकोर के महाराज के समक्ष अपनी कला के प्रदर्शन का अवसर मिला था। अपने भाई वेदांतम शर्मा के कठोर अनुशासन में उन्हें नृत्य और संगीत दोनों की शिक्षा मिली थी। भाई चाहते थे कि वे दोनों को अनिवार्य रूप से सीखें। उन्हें संगीत की शिक्षा देने वाले थे। येलेस्वरूपु सीताराम अंजानेयालु। वे याद करते हैं: "मुझे मछलीपट्टनम भेजा गया था। केवल संगीत सीखने के लिए, शिष्टा ब्रहमैय्या शास्त्री के पास।" वे यह भी याद करते हैं कि "मैं बहुत अरसे तक छोटी-मोटी स्त्री भूमिकाएँ ही निभाता रहा, मसलन मतंग कन्या की। मेरे भाई उषा की मुख्य भूमिका करते थे और मैं दो परिचारिकाओं–चित्रलेखा और चंद्रवदना–में से एक की भूमिका निभाता था।"[18]

आंध्र प्रदेश संगीत नाटक एकेडेमी ने 1961 में वेदांतम राघवैय्या के संयोजन में राजधानी हैदराबाद में एक नृत्य समारोह आयोजित किया। इसमें बालासरस्वती और शंभू महाराज सहित अन्य कई कलाकारों ने भाग लिया। चिंता वेंकटरामैय्या के बेटे चिंता रामासत्यम को स्त्री-भूमिकाओं में सँवारा। यक्षगान का संगीत अधिक लयात्मक हो गया। बाला त्रिपुरसुंदरी मंदिर के मंडप में *उषा परिणयम* की प्रस्तुति में वेदांतम ने उषा की भूमिका

की। सत्यम, भामा कलापम, गोल्लाभामा, शशिरेखा की स्त्री-भूमिकाओं में भी उतरे, लेकिन उषा और भामा के साथ उनका नाम संयुक्त-सा हो गया। ऊर्जस्वित, स्वाभिमानी और स्वतंत्र-चेता भामा, जो कुचिपुड़ी की प्रिय नायिका रही है, के रूप में सत्यम ने अच्छी खासी ख्याति अर्जित की। *विप्र नारायण* में देवा-देवी की भूमिका, और *रुक्मांगदा* में मोहिनी की भूमिका के लिए भी उनकी गिनती कुचिपुड़ी यक्षगान के श्रेष्ठ कलाकारों में की जाती है–इस संदर्भ में अन्य नाम हैं: हरी चलमाय्या, वेम्पति वेंकटनारायणा, वेदांतम राघवैय्या,और वेदांतम जगन्नाथ शर्मा (लक्ष्मी नारायण शास्त्री के सुपुत्र)। कुचिपुड़ी के इस पक्ष को निभाने वाला कोई कलाकार मिलना अब मुश्किल है, क्योंकि स्त्री भूमिका में पुरुष को उतरने की बात अब बीते दिनों की चीज हो गई है, और कोई पुरुष कलाकार ऐसी भूमिका में अब अपने को शायद सहज भी महसूस नहीं करेगा।

सिद्धेंद्र जयंती महोत्सव में (जब सिद्धेंद्र योगी की 700वीं जयंती मनाई जा रही थी) रातैय्या शर्मा जैसे कई गणमान्य कलाकारों ने अपनी कला का प्रदर्शन किया। मध्यरात्रि में होने वाली प्रस्तुतियों में सैकड़ों कलाकारों ने भाग लिया। जब एक समीक्षक ने यह सवाल उठाया कि स्त्री भूमिकाओं को करने के लिए जब कई नृत्यांगनाएँ उपलब्ध हैं, तो फिर इन भूमिकाओं को पुरुष कलाकार क्यों निभा रहे हैं! यह सवाल वेदांतम सत्यनारायण शर्मा को अखरा, और उन्होंने इस टिप्पणी से नाराज होकर कमेटी से त्यागपत्र दे दिया। और उनकी भूमिका मंजु भार्गवी ने की, जो कई पुरुष-भूमिकाएँ पहले निभा चुकी थीं!

गुरु वेम्पति चिन्ना सत्यम (1929-2012)

1950 के बाद कुचिपुड़ी पर अपना एक गहरा प्रभाव छोड़ा गुरु वेम्पति चिन्ना सत्यम ने, जो चेन्नई में बस गए थे। उनको प्रशिक्षण मिला था दो स्वनामधन्य गुरुओं– ताडेपल्ली पेराय्या, और गुरु लक्ष्मीनारायण शास्त्री से।

गुरु वेम्पति चिन्ना सत्यम

ये दोनों स्वयं परम्परा को भंग करने वालों में थे। पहले गुरु ने उन्हें *भामा कलापम* में सँवारा। कलापम प्रस्तुत करने वाली देवदासियों की कला को उन्होंने निकट से देखा था, और कुछ देवदासियाँ इसे इतनी अच्छी तरह करती थीं कि चिन्ना सत्यम कुचिपुड़ी के पुरुष कलाकारों से उनकी तुलना करते हुए, और अधिक चमत्कृत हुए थे। गुरु लक्ष्मीनारायण शास्त्री का *हस्ताभिनय* और सहज ही सांगीतिक शब्द और पंक्ति को, इच्छानुसार विस्तार देकर उसे और अधिक अर्थगर्भित बना देने की उनकी क्षमता से उन्होंने समूह-नृत्य की बारीकियाँ और विधियाँ सीखी थीं। किसी और गुरु से अधिक उन्हें यह विश्वास था कि कुचिपुड़ी के लिए पुरुष नृत्यकारों की बनिस्पत नृत्यांगनाएँ श्रेयस्कर हैं। उनसे अधिक गरिमा और शोभा व्यंजित होती है। 1940 के दशक में कमला को नृत्य करते हुए देखकर उन्हें लगा था कि नृत्य में रेखाएँ अर्थवान हैं। वे कुचिपुड़ी को और परिष्कृत करना चाहते थे। "सभी गुरु बूढ़े हो रहे थे। वे अपने शरीर को सीधा नहीं रख पा रहे थे, और हाथों को कंधे की सीध में नहीं ला पाते थे। उनके शिष्य उनकी अवस्था को ध्यान में

न रखकर जैसा वे करते थे, उसी का अनुकरण कर रहे थे।" वे शरीर को संतुलित अवस्था *शौष्टवम* में देखना चाहते थे। वह नृत्य से उन अंशों को हटा देना चाहते थे जो उन्हें ग्राम्य लगते थे। जो परिवार चालीस के दशक में भी प्रस्तुतियाँ दे रहे थे उनमें वेदान्ता, वेम्पति, महन्काली–और पशुमार्थी शामिल थे। वेम्पति इसकी पुष्टि करते हैं। वे अकसर उन दिनों की बातें करते थे जब बिजली नहीं थी, और जो भी रोशनी प्राप्त होती थी वह दीपकों से। उस समय के लिए यह ठीक था कि पुरुष, स्त्री भूमिकाएँ करें क्योंकि उनकी स्त्री-चेष्टाओं पर पूरी रोशनी पड़ती नहीं थी, और कई भंगिमाओं को लोग स्त्री-भंगिमाओं की तरह, कुछ सहजता से स्वीकार कर लेते थे। "लेकिन अब हम पुरुषों से स्त्री भूमिकाएँ क्यों कराएँ, जबकि कई कुचिपुड़ी नृत्यांगनाएँ उपलब्ध हैं।" वेदांतम सत्यम की याद दिलाए जाने पर वह कहते हैं, "कितने सत्यम हैं आज? बहुमत नृत्यांगनाओं का है।" उनका यह तर्क बहुतों के गले नहीं उतरता क्योंकि वेम्पति के कुचिपुड़ी दृष्टिकोण ने, जिसमें लास्य प्रमुख है, कुचिपुड़ी की वह रोबीली भंगिमा छीन ली है, जो उसमें पुरुष-प्रधान नृत्य के कारण थी। यह तो अपनी-अपनी रुचि की बात है। लेकिन इसमें क्या संदेह कि वेम्पति चिन्ना सत्यम बड़े रचनाशील कला साधक थे, जिनके प्रयत्नों ने कुचिपुड़ी नृत्य को बहुत सँवारा है। और इसमें भी भला क्या शक कि कुचिपुड़ी को उन्होंने अंतरराष्ट्रीय स्तर पर प्रतिष्ठा दिलाई है। आज गुरु वेम्पति चिन्ना सत्यम के गढ़े हुए कलाकार दुनिया भर में फैले हैं, और बड़ी कुशलता से कुचिपुड़ी के संस्थान भी चला रहे हैं।

हैदराबाद के सरोजिनी नायडू स्कूल ऑफ आर्ट्स में उनकी शिष्या अनुराधा जोन्नालागड्डा, नृत्य विभाग की प्राचार्या हैं। और गुरु की यह स्पष्ट धारणा है कि स्त्री कलाकारों के प्रवेश के बिना कुचिपुड़ी का कोई भविष्य न होता। "जब सत्यभामा कृष्ण को पत्र लिखती हैं– *श्रीमत रत्नाकर पुत्रिकाः...* तो नृत्यकार बैठा होता था। मैंने कहा नहीं, नृत्यांगना शब्दों के साथ अभिनय भी करेगी। लोगों ने इसे पसंद किया। इस तरह अभिनय भी बदला है।"

1960 के सेमिनार के बाद यह तय हुआ था कि राज्य सरकार की ओर से एक संस्थान 'सिद्धेंद्र कलाक्षेत्र' की स्थापना की जाए, और वह कुचिपुड़ी गाँव में हो। बंडा कनकलिंगेश्वर राव और चिंता कृष्णमूर्ति ने योजना को आगे बढ़ाने के लिए बहुतेरे प्रयत्न किए और तिरुपति देवस्थानम ने इसके लिए 50,000 रुपए दान में दिए, राज्य सरकार ने भी एक लाख रुपए की राशि दी, जिससे संस्थान की स्थापना के लिए चार एकड़ जमीन खरीदी गई। शुरुआती मदद के बाद तेलुगू देशम पार्टी की सरकार ने अपने हाथ खींच लिए क्योंकि कुचिपुड़ी को लेकर उनका अपना ही एक एजेंडा था।

'अखिल भारत कुचिपुड़ी नाट्य कला मंडली' के नाम से एक अन्य संस्था की शुरुआत 1983 में की गई। लेकिन जब सिद्धेंद्र कलाक्षेत्र पहली बार स्थापित हुआ था, बंडा कनकलिंगेश्वर राव का पहला काम यही था कि वह आंध्र प्रदेश सरकार से 20,000 रुपए की सहायता लेंगे और गुरु वेम्पति चिन्ना सत्यम एक नृत्य-नाटक तैयार करेंगे। *क्षीरसागर शयनम* नृत्य नाटक तैयार हुआ था, जाने-माने कलाकार भूमिकाओं में थे। वेम्पति स्वयं शिव की भूमिका में थे और यामिनी कृष्णमूर्ति थीं सुंदरी मोहिनी के रूप में। वेदांतम सत्यम, जिन्होंने आगे चलकर स्त्रीवेशम के लिए पर्याप्त ख्याति अर्जित की, वह कर रहे थे धन्वन्तरि की भूमिका। जब यह प्रस्तुत हुआ तो इससे एक अध्यापक और कंपोजर के रूप में वेम्पति की प्रसिद्धि में काफी बढ़ोतरी हुई। इसे देखकर भरतनाट्यम नृत्यांगना शांता राव, वेम्पति से इतना प्रभावित हुई कि उनसे कुचिपुड़ी सीखने की इच्छा ज़ाहिर की। उनके लिए साधन जुटाए और वायदा किया कि वे एकेडेमी को शुरू करने में मदद करेंगी। इसके लिए उन्होंने गुरु को अपने बड़े-से बंगले, नंबर 1 बोग रोड, टी.नगर, चेन्नई (पुराना मद्रास) में कक्षाएँ लगाने के लिए पूरा ग्राउंड फ्लोर दे दिया। शांता के शुभचिंतकों–

होमी भाभा, पी.ए. नारिएलवाला और बेंगलुरु के. जी. वेंकटचलम–का प्रेम और समर्थन भी वेम्पति को मिला। शांता को कुचिपुड़ी सिखाने का काम देर रात को ही होता था। वह उन्हें विश्वासपात्र मानती थी, और जब सोल हुरोक द्वारा प्रायोजित एक यात्रा के लिए वह विदेश गईं तो अपने आभूषण उन्हीं की सुरक्षा में छोड़ गई थीं। जब वह अपने यात्रा से लौटीं तो उन्होंने एकेडेमी के लिए 1,30,000 रुपयों में जमीन खरीदी। लेकिन जब यामिनी कृष्णमूर्ति जैसी कुछ कलाकारों को वेंकट द्वारा प्रशिक्षित किए जाने पर वह नाखुश हुईं तो वेंकट को यह अपनी स्वतंत्रता पर आघात जैसा लगा, और उन्होंने शांता का साथ छोड़कर, निजी तौर पर ही कुछ करने की ठानी। जल्दी ही शांता ने भी चेन्नई को हमेशा के लिए अलविदा कह दिया। बाद में जहाँ चिन्ना सत्यम ने कुचिपुड़ी आर्ट एकेडेमी की स्थापना की, वह जमीन उन्हें रियायती दरों में तमिलनाडु के मुख्यमंत्री एम. जी. रामचंद्रन ने उपलब्ध कराई थी।

1966 में गुरु वेम्पति ने कृष्ण गणसभा के अंतर्गत कुछ शिष्यों का कार्यक्रम प्रस्तुत किया। दर्शकों में अरुंधती देवी भी थीं। इसके बाद इस नृत्य-रूप में जैसे एक विस्फोट सा हुआ। हैदराबाद में एक केंद्र की स्थापना हुई, और वेम्पति की एक ज्येष्ठ शिष्या शोभा नायडू इसकी प्रिंसिपल बनीं। बाद में वह अपने गुरु से अलग हो गईं, और अब स्व-निर्भर हैं।

पुरुष नृत्यकार, जो *उबुक्कू* करते थे, नृत्य के दौरान (देह को तर-ऊपर करने का काम) उसे काफ़ी कम कर दिया गया, क्योंकि वेम्पति की दृष्टि में नृत्यांगनाओं के लिए न्यूनतम *पाताक्षरों* की ही ज़रूरत थी। वेम्पति के अनुसार कुचिपुड़ी में वक्ष के सूक्ष्म उपयोग से ही लास्य की सृष्टि होती है। वे चाहते थे कि कुचिपुड़ी में नृत्यांगनाओं की गतियाँ मन में चलने वाले भावों के अनुरूप ही हों, वैसी नहीं जैसी पुरुषों के मुखर पदाघातों वाली होती हैं। उन्होंने *काट्टेरा नट्टु* का परित्याग कर दिया जिसमें नृत्यकार कैंची की तरह अपने पैरों को इधर से उधर ले जाता था। वे *नाट्यशास्त्र* के अध्येता थे, और पात्रों के प्रवेश और *गमन* के लिए वे जतियों, चारियों और अभिनय तथा नृत्यहस्तकों को ले आए, जिनका उल्लेख *नाट्यशास्त्र* में है। प्रसंगानुकूल नृत्य के साथ काव्य रचनाओं का पाठ भी सहज और अनिवार्य रूप से शामिल किया गया। मंच पर नृत्यकार के प्रवेश की तीन विधियाँ सोची *गईं–विलम्बित, मध्यम* और *द्रुतम*–इस प्रकार से प्रवेश अपने आप में एक नाटकीय चीज़ बन गया। वेम्पति चिन्ना सत्यम की दृष्टि में कुचिपुड़ी में यक्षगान की प्रस्तुति, कुचिपुड़ी की विशिष्ट पहचान थी। और वह अपनी एकल प्रस्तुतियों में भी इसे निभाते थे। अनुराधा जोन्नालगड्डा का कहना है : वेम्पति के पात्र अपने नाटकीय रूप में अतीत को वर्तमान में लाकर खड़ा करते थे।"

उन्होंने यक्षगान की 'अतीत-भूमिका' तो अपने काम में स्वीकार की, पर उनका योगदान इस मामले में विशिष्ट है कि उन्होंने नृत्य-नाटकों की रचना में, संवाद-प्रतिसंवाद को जगह नहीं दी, जैसी कि यक्षगान में थी। उनके काम में परिष्कृत सांगीतिक संरचना की प्रबल उपस्थिति थी। वाचिक को तो उन्होंने छोड़ दिया पर काव्य-रचनाओं को नृत्य-रूप का अंग बना दिया। उन्होंने पारम्परिक कुचिपुड़ी के पूर्वरंग को हटा दिया। *उषा परिणयम* में *सूत्रधार* और *नटी* की परम्परा का पालन किया। उनका *कुमारसंभवम*, कालिदास की इसी नाम की कृति पर आधारित था। *चंडालिका, पद्मावती, हरविलासम, शिवधनुर्भंगम, श्रीपद पारिजातम*–सभी वेम्पति की अपनी रचनात्मक ऊर्जा के परिचायक थे। यक्षगान शैली की प्रायः सभी समकालीन प्रस्तुतियाँ अब इतिहास की चीज़ बन चुकी हैं, केवल *चंडालिका* काल-परीक्षा में खरी उतरी है। यह प्रस्तुति अब भी कई कुचिपुड़ी संस्थाओं/मंडलियों द्वारा मंच पर उतारी जाती है। इसका श्रेय वेम्पति की श्रेष्ठ नृत्य-संरचना को ही जाता है। वेम्पति को जो चीज़ें देखने, जानने को मिली थीं बहुतायत में, उसका यह फल था कि उन्होंने *भगतीवेशम* और यहाँ तक कि *हरिकथा* जैसे कला-रूपों

से भी कुछ चीज़ें अपने काम में ग्रहण कीं। अपने अनेक नृत्य-नाटकों से उन्होंने कुचिपुड़ी का भंडार समृद्ध किया। इनमें उन्हें भुजंगराय शर्मा और संगीता राव का सहयोग मिला, जिन्होंने क्रमश: संगीत-पाठ (लिब्रेटो) तैयार किए, और संगीत-रचना की। कई कर्नाटक और हिंदुस्तानी रागों से बुने गए संगीत ने कुचिपुड़ी के संगीत को एक विस्तार दिया, जो पहले थोड़े से *रक्ति* रागों से बनता था–जैसे कि मोहनम, भैरवी, मुखारी, *आराभी* आदि से। एक इंटरव्यू में गुरु ने यह भी कहा था कि जब उन्होंने संगीत को बेहतर करने पर जोर दिया था, उससे पहले ही उसमें गिरावट होनी शुरू हो गई थी। और शास्त्रीय तो व्यवहृत संगीत में क्षीण होने ही लगा था।[19] उन्होंने कभी पुराने संगीत-पाठ को ज्यों का त्यों इस्तेमाल नहीं किया, जब भी किया उसे अपने लिए बदलकर, प्रासंगिक बनाकर ही किया। जब उन पर परम्परा को विकृत करने का आरोप लगा तो उन्होंने आदि से अंत तक अपनी प्रस्तुतियों को बिल्कुल नई तरह से गढ़ना शुरू किया।

गुरु वेम्पति के विचारों से परंपरावादी सहमत नहीं हैं जो यह मानते हैं, कि पुराने समय के भागवातुलु बड़े विद्वान थे। उदाहरण के लिए *दादीनाम्मा* में ग्वालन और ब्राह्मण के बीच की चर्चा में कई तरह की विषयवस्तुएँ शामिल हैं। चर्चा में यह प्रश्न भी है कि किसी अन्य मनुष्य की तरह ही तो ब्राह्मण का जन्म होता है, फिर उसे श्रेष्ठ क्योंकर माना जाए? जाति प्रथा की जो बहस आज भी देश में चलती है, वह इसमें खुलकर उठाई गई थी। स्त्री पुरुष संबंध की तत्व-मीमांसी और जीव-विज्ञानी बातें, जिनमें गर्भ में भ्रूण के पलने तक के संवाद *कलापम* में हैं। भागवातुलु रामैय्या द्वारा 18वीं शती में रचित दादीनाम्मा में ग्वालन की बुद्धि प्रवण बातें *ब्राह्मण कर्मयोगी* को *आत्मजोगी* बना देती हैं, पर अब इसे कोई नहीं उठाता; इसमें *शब्दमय उच्चार* है, और अब भारत के सभी भागों, और विदेशों के भी, कुचिपुड़ी कलाकार, इस प्रकार की प्रस्तुति में रुचि नहीं रखते हैं।

वेम्पति चिन्ना सत्यम ने अपने काम में शास्त्रीय रागों का कुछ ऐसा उपयोग किया, जैसा किसी ने इससे पहले नृत्य के संदर्भ में नहीं किया था। मसलन अगर *भामा भामा कलापम* में भैरवी का उपयोग सत्यभामा के लोभ, क्रोध के लिए किया था, तो *श्रीनिवास कल्याणम* में राग का उपयोग श्रीनिवास के प्रति पद्मावती के अनन्य प्रेम को दर्शाने के लिए किया गया था, *रुक्मिणी कल्याणम* में राग रुक्मिणी, जो रुक्मिणी की कोमलता को दर्शाता है, वही *अर्द्धनारीश्वर* में संगीता राव की परिकल्पना में *गौरी प्रवेशम* को अच्छी तरह चरितार्थ करता है। यहाँ गौरी आदिशक्ति है, और उसकी शक्ति ही इससे व्यंजित होती है। इसी तरह पारंपरिक *भामा कलापम* में शांत कृष्ण की भाव-स्थिति को उभारने में कंबोजी का उपयोग होता था, वहीं वेम्पति की प्रस्तुति में यही राग शिशुपाल के अभद्र चरित को उभारता है। मंच पर हिरण्यकश्यप का प्रवेश पारंपरिक प्रस्तुतियों में द्रुतमय अथाना राग में होता था, जब कि संगीता राव राजा की शक्ति को राग सावेरी में उभारती हैं।

वेम्पति ने अपनी प्रस्तुतियों में विविध हिंदुस्तानी ढंग के रागों का उपयोग किया, मसलन जौनपुरी, बिलासखानी, तोड़ी, रागेश्वरी, पहाड़ी, हेमंत, मांड आदि का। *नागस्वरावल्ली*, हमीर कल्याणी, कलावती जैसे दुर्लव राग भी उनके संगीत-रचयिताओं ने इस्तेमाल किए, और उन्होंने विविध तालों का भी अपनी प्रस्तुतियों में प्रयोगात्मक उपयोग किया। कुल मिलाकर उनकी प्रस्तुतियों के संगीत-पक्ष ने न जाने कितनी नई दिशाएँ उद्घाटित कर दीं। वह एक ऐसे गुरु थे जो पारम्परिक चीज़ों के गुणों को स्वीकार करते थे, पर केवल उनसे बँधे नहीं रहना चाहते थे। "अगर किसी तालाब में तुम्हारे दादा के समय का पानी है, तो वह सड़ जाएगा। अगर तुम उसे बड़ा करोगे, उसे प्रवाहित करोगे, उसे एक धारा बनाओगे, फिर एक नदी, तो उसकी बात ही कुछ और होगी। वह पारम्परिक ही होगा, पर एक बँधा हुआ, रुका हुआ तालाब नहीं।"[20] यह कहना था इस गुरु का। संगीत-पाठ

में छंद-विधान और काव्यमयता के मूलभूत नियमों का पालन किया जाता था, और जिस प्रकार के सेटों का उपयोग किया जाता था, वे प्रतीकात्मक होते थे–मसलन उनमें चंद्रमा, शंख और चक्र बने होते थे। नदी पार करने जैसे किसी दृश्य में बहुत थोड़ी सी गतियों का उपयोग किया जाता था या आग को दर्शाने के लिए लाल कपड़े को ही लपटों की तरह इस्तेमाल किया जाता था। कुचिपुड़ी के व्याकरण को गुरु वेम्पति चिन्ना सत्यम भूलते नहीं थे, और उसी में तमाम विचारों की, किसी सूझबूझ को, बुनते थे। उन्होंने वेशभूषा और मेकअप में परिवर्तन किए। थोड़ा-सा जिंक पाउडर लेकर, उस पर गुलाल-पाउडर को नारियल तेल में मिलाकर छिड़का जाता था, और यही मुख-सज्जा का लेप होता था। पाउडर का भरपूर उपयोग होता था। कालिख और अरंडी के तेल से काजल बनाया जाता था। विग होते नहीं थे। काले कपड़े को नाखूनों से खुरच कर उसे सिर पर बाँध देते थे। इस तरह बाल बन जाते थे।

1963 में स्थापित वेम्पति कुचिपुड़ी एकेडेमी में सिखाने के लिए वह कोई फीस लेते ही नहीं थे, और लेते भी थे तो बहुत मामूली। वैजयंतीमाला बाली, रीता देवी, कामदेव, मंजु भार्गवी, क्षेगावती, राधा, सोनल मानसिंह और अन्य कई प्रशिक्षार्थियों को उन्होंने दीक्षित किया था। आज उनकी शिष्याएँ शशिकला, शोभा नायडू, कमला रेड्डी, मंजु भार्गवी, शैलजा, कल्पलतिका, हेमा मालिनी, रत्ना कुमार पापा, *अमेरिका के ह्यूस्टन में, पद्मा मेनन, आस्ट्रेलिया में;* और *अनुराधा नेहरू, वाशिंगटन में,* उनकी नृत्य शैली को देश-दुनिया में प्रसारित कर रही हैं। 1991 में उन्हें कालिदास सम्मान दिया गया, उनके योगदान की यह एक महत्वपूर्ण स्वीकृति थी।

नाट्यशास्त्र के सिद्धांतों को लागू करते हुए वेम्पति ने शिक्षण की जो एक व्यवस्थित विधि विकसित की, वह निश्चय ही उनका रेखांकित करने योग्य योगदान है। प्रह्लाद शर्मा ने भी ऐसा ही योगदान किया है। दुर्भाग्यवश, आज सभी कुचिपुड़ी प्रशिक्षक इस विधि का अनुसरण नहीं करते हैं।

वेशभूषा और अलंकारों (आभूषण) में भी उन्होंने कई परिवर्तन किए। अपने भाई पेद्दा सत्यम के साथ, वेम्पति का फ़िल्म जगत में भी लंबा समय बीता। 1953 में तमिल और तेलुगू में बनी फ़िल्म *देवदास* में *परामुखामेलानय्या* और *इंता तेलीसियुं गीत* सिने तारिका *ललिता* (त्रावणकोर बहनों में से एक) ने गाए थे, जिसमें गीतों के साथ की नृत्य संरचना में वेम्पति का विशिष्ट योगदान था, हालाँकि फ़िल्म की कलाकार-सूची में नृत्य संरचनाकार के रूप में केवल वेदांतम राघवैय्या का नाम गया था। वेम्पति ने गीतकार मल्लाडी रामकृष्ण शास्त्री के साथ काम किया था, और *चरणदासी* फ़िल्म में *ऐदाया चलुनूरे* की नृत्य संरचना की थी। फ़िल्म *पेडा-रेइतु* में पहली बार उनका नाम नृत्य-संरचनाकार के रूप में गया था। *नर्तनशाला* में बृहन्नला की भूमिका में एन.टी. रामाराव थे। उत्तरा को नृत्य की शिक्षा देने में उन्हें जो उपक्रम करने थे, उसके लिए कुछ संकेत वेम्पति ने ही उन्हें दिए थे कि उनको यह भूमिका निभानी किस तरह से है। 1963 में बनी सी.आई.डी. में उन्होंने एक तिल्लाना प्रसंग की नृत्य संरचना की थी। और विजय वाघिनी स्टूडियो के उद्घाटन अवसर पर अभिनेत्री सावित्री ने *मंचीदीनामु नीदे* की प्रस्तुति आनंद भैरवी में की थी, इस नृत्य की विशेष रूप से नृत्य संरचना वेम्पति की ही थी। 1970 में भी *कृष्ण विजयम* में हेमा मालिनी के लिए उन्होंने *जोहारू सिखिपिंचामौली* की नृत्य-संरचना की। 1975 में उन्होंने फ़िल्म *मेल्लातु मरुगल* के लिए और 1976 में *अमेरिका अम्माई* में भी नृत्य-संरचनाएँ की थीं।

वेम्पति के पुत्र प्रतिभाशाली रवि का रचनात्मक जीवन खराब स्वास्थ्य के कारण बाधित रहा। बालमुरली कृष्ण के अंतर्गत उसे शास्त्रीय संगीत की जो शिक्षा मिली थी, उसने एक दुर्लव प्रयोगशील क्षमता उसे दी थी, और रवि ने स्वयं नृत्य-संगीत की कई संरचनाओं को रूप दिया था। पर दुर्भाग्यवश अस्वस्थ रहने के कारण वह आगे कुछ अधिक नहीं कर पाया।

राजा और राधा रेड्डी (अविनाश पसरीचा)
सामने के पृष्ठ पर: स्वप्नसुंदरी (नृत्यांगना के सौजन्य से)

1960-1980 के दशक, कुचिपुड़ी के लिए बहुत अच्छे रहे। नए नृत्य-नाटकों के प्रति रुझान बहुत बढ़ा। यहाँ तक कि पुरानी कृतियों को मौलिक ढंग से सँवारा गया।

1964 में हैदराबाद में, केंद्रीय और राज्य अकादमी ने मिलकर एक आयोजन किया। इसके संयोजक नटराज रामकृष्ण थे, और इसी आयोजन में वेदांतम राघविया को *भारत कलाप्रपूर्ण* की उपाधि दी गई थी। इसमें ओडिसा के विद्वान डी.एन. पटनायक, कावालम नारायण पणिक्कर, बंडा कनकलिंगेश्वर राव, संजुक्ता पाणिग्रही, मणिपुरी की झावेरी बहनों, अन्नाबाथुला बुली वेंकटरत्नम, बालासरस्वती और शंभू महाराज भी उपस्थित थे। *मेघदूतम और कुमारसंभवम* नृत्य-नाटकों की प्रस्तुति हुई थी। लक्ष्मीनारायण शास्त्री और पेंडीले सत्यभामा ने भी अपनी कला का प्रदर्शन किया था।

1970 में, जैसा कि पहले भी उल्लेख हम कर आए हैं, देवदासियों की एकल प्रस्तुतियों की ओर ध्यान दिलाया गया था और इस बीच नटराज रामकृष्ण ने कई देवदासियों को ढूंढ़ निकाला था। 1972 में राजामुंद्री में 'अभिनय सदासु' नाम से एक विशेष सेमिनार का आयोजन किया गया, जिसमें कुछ कलावंतुलुओं और विद्वानों ने भागीदारी की। इनमें नटराज रामकृष्ण, डॉ. अरुद्र और कोराडा नरसिंह राव जैसे नृत्यकार शामिल थे। इस लास्य-विधि के सिखाने की समस्याओं पर, और देवदासियों की कलंकित छवि से उन्हें बाहर निकाल कर उनकी कला से सीखने की संभावना पर चर्चा हुई। सारिदे माणिक्याम्मा (बालीपदू मंदिर की) ने *अध्यात्म रामायण* की अपनी प्रस्तुति की। मांडापेटा की दुग्गीराला जगदम्बा ने एक श्लोक प्रस्तुत किया, और रामचंद्रपुरम की छिनगाराजू ने एक पदम। विजयनगर संस्थानम की जम्पा मुत्यम भी उपस्थित थीं। मंदिरों में प्रस्तुत किए जाने वाले आगम नृत्य और दरबारों में किए जाने वाले केलिका और सात्विक अभिनय को लेकर एक पाठ्यक्रम तैयार किया गया। सर्वसम्मति से यह निर्णय हुआ कि कुचिपुड़ी समेत ये सभी परंपराएँ आंध्र नाट्यम के अंतर्गत जानी जाएँगी। इस आयोजन के परिणामस्वरूप बुली वेंकटरत्नम ने हैदराबाद में युवा नृत्यकारों की एक वर्कशाप की और सारिदे माणिक्याम्मा ने *अध्यात्म रामायण* को लेकर अपनी विशेष प्रशिक्षण विधि का प्रदर्शन निजामाबाद म्यूजिक और डांस कॉलेज में किया। *अभिनय सदासु*, में नटराज रामकृष्ण ने वेंकटेश प्रवादीश कुवुलु लिखित *एकांत सेवा* की प्रस्तुति की। कामोद्दीपन पर चर्चा हुई कि शृंगार को किस प्रकार क्रमशः परिष्कृत किया गया है। फिर एक दशक तक चीजें धीमी गति से चलती रहीं।

बड़ी बहस

1990 के दशक में, और उसके बाद देवदासियों की कला को लेकर जो गतिविधियाँ हुईं, और उस पर एकाग्र चर्चा भी, उनसे एक बड़ी बहस पैदा हुई। 1994 में दिल्ली में बस गई कुचिपुड़ी नृत्यांगना स्वप्नसुंदरी ने, जो कवि एवं विद्वान डॉ. अरुद्र के सहयोग और समर्थन से देवदासियों

पेरिनी तांडवम (ए.वी. सुधाकर)

की कला पर शोध कर रही थीं, जिसके लिए मानव संसाधन मंत्रालय से उन्हें वित्तीय सहयोग भी मिला था, एक बड़ा आयोजन किया। इसमें दो प्रमुख विद्वानों, सोलह देवदासियों और तीन कुचिपुड़ी गुरुओं ने भाग लिया। डॉ. सी. नारायण रेड्डी, लक्ष्मी रघुरामैय्या, कलानिधि नारायणन–भरतनाट्यम अभिनय की विशेषज्ञ, संगीत नाटक अकादमी के जीवन पाणी और कमलाकर सोनटके उपस्थित थे। वी.ए. के रंगा राव ने देवदासियों की जीवनशैली से जुड़े अपने निजी अनुभवों का साझा किया, बोबीली में अपने पुरखों के राजसी घर से भी कुछ उदाहरण दिए। डॉ. विसा अप्पा राव *सानी* या *कलावंतुलु* या *भोगमवालु* शब्दों/संज्ञाओं को लेकर बोले–ये तीन पद ही तो देवदासियों के लिए इस्तेमाल किए जाते थे। डॉ. अरुद्र ने जोर देकर कहा कि देवदासियों की लास्य परम्परा को 'आंध्र नाट्यम' की छतरी तले लाना ठीक नहीं है, जिसमें बारह विभिन्न कला-रूप शामिल हैं, और इसमें लास्य परम्परा की अलग पहचान उभर नहीं सकेगी। जो नाम इस परम्परा को एक अलग पहचान देने के लिए सुझाए गए, वे थे *कलावती*, *विलासिनी* और *भोगिनी*, अंततः *विलासिनी नाट्यम* के रूप में इसका नामकरण किया जाए, ऐसा तय हुआ। 1995 में भी नाम को लेकर तनाव बना रहा, जब चेन्नई में स्वप्नसुंदरी ने *विलासिनी नाट्यम* के रूप में नृत्य किया।

उसी वर्ष, कुछ ही दिनों के बाद, आंध्र नाट्य पेरीनी रिसर्च एजुकेशन एंड फाउंडेशन सेंटर के अंतर्गत, संगीत नाटक अकादमी के साथ मिलकर नटराज रामकृष्ण ने त्यागराज गण सभा ऑडिटोरियम–*नवदुर्गा आंध्र नाट्य यज्ञमू* में नौ दिन का एक सेमिनार आयोजित किया, *विलासिनी नाट्यम* को खारिज करते हुए, और कहा कि केवल वही कलावंतुलु, जिन्होंने 1972 के आंध्र नाट्यम

नामकरण को स्वीकार किया था, नया नामकरण कर सकते हैं। इस अवसर पर संगीत नाटक अकादमी की उपाध्यक्ष प्रेमलता शर्मा, श्रुति के संपादक पट्टाभि रमण, कोराडा नरसिंह राव, और अस्सी से ऊपर की पाँच कलावंतुलु–सारिदे माणिक्याम्मा, नरसराओ पेटा की पूला आदिलक्ष्मी, एलुरु की पुव्वुला लक्ष्मीकांताम्मा, अन्नाबाथुला वेंकटरत्नम, मुम्मुदीवरम की अन्नाबी वेंकटनारायणम्मा उपस्थित थीं। हैदराबाद यूनिवर्सिटी के वाइस चेयरमैन बी.आर. कृष्णमूर्ति ने सुझाया कि नामकरण के सवाल पर खुली चर्चा और बहस होनी चाहिए। नटराज रामकृष्ण का कहना था कि 'आंध्र नाट्यम' के अंतर्गत सैकड़ों छात्रों ने यूनिवर्सिटी में दाखिला लिया है, और लास्यांग परम्परा की चीज़ें उन्हें सिखाई भी जा चुकी हैं, और स्वयं देवदासियों ने *मेजुवानी* और *भोगम* जैसी संज्ञाओं को छोड़कर आंध्र नाट्यम को अपनी स्वीकृति दी है। कोई दूसरा नाम कई तरह के भ्रम पैदा करेगा। काफ़ी उत्तेजक बहस हुई। 23 जनवरी, 1995 को आंध्र प्रदेश सरकार के मेमो नंबर 7 ने आंध्र नाट्यम नाम को स्वीकृति दे दी क्योंकि श्री त्यागराज गवर्नमेंट कॉलेज में चलने वाले सर्टिफिकेट और डिप्लोमा कोर्स, जो 1982 के सिलेबस के आधार पर नृत्य नाटक अकादमी (आंध्र प्रदेश की संगीत नाटक अकादमी, तीन भिन्न अकादमियों–संगीत, नृत्य, थिएटर–में बँट गई थी) ने बनाए थे, वे थोड़े हेरफेर के साथ लागू थे।

स्वप्नसुंदरी ने मई में नं. 9439 की एक याचिका हाईकोर्ट में दायर की, जिसमें इन परीक्षाओं को लेकर सवाल उठाए गए थे। इसने छात्रों को चिंता में डाल दिया और उन्होंने सारिदे माणिक्याम्मा के साथ हाईकोर्ट में अपील की कि उसे खारिज किया जाए। 1995 में ही कोर्ट ने पहली याचिका को स्थगित रखते हुए, तेलुगू यूनिवर्सिटी को निर्देश दिया कि परीक्षाएँ होने दी जाएँ।

यह विवाद कटु होता गया। कोई भी पक्ष झुकने को तैयार नहीं था। और इस बहस में कुचिपुड़ी की अग्रणी नृत्यांगनाएँ भी कूद पड़ीं, और उन्होंने भी इस-उस का

कमला रेड्डी और मंजु भार्गवी–वेंकटचिन्ना सत्यम की एक प्रस्तुति में (नर्तनम)

पक्ष लेना शुरू किया। इसके समर्थन में उनका कोई अपना दृढ़ मत नहीं था, यह सब तो व्यक्तिगत संबंधों के आधार पर हो रहा था। युवा नृत्यकारों के लिए शास्त्रीय नृत्य-रूप के तौर पर इस नृत्य की स्वीकृति ज़रूरी थी, और विवाद के निपटारे के लिए वह संगीत नाटक अकादमी की ओर देख रहे थे, पर संगीत नाटक अकादमी ने इस विवाद में न पड़ना ही ठीक समझा। उसका मानना था कि विवाद को क्षेत्रीय संस्थाओं और व्यक्तियों द्वारा निपटाया जाना ही श्रेयस्कर होगा। विदेश मंत्रालय के संस्कृति विभाग के रूप में भारतीय साँस्कृतिक संबंध परिषद (आईसीसीआर) कलाकारों की विदेश यात्राओं की व्यवस्था करता है। संगीत नाटक अकादमी की ओर से कोई अनुशंसा प्राप्त न होने के कारण, यह विलासिनी नाट्यम को एक अनिर्णीत नृत्य-कोटि में रखता है, और विदेश यात्राओं में मिलने वाली राशि में इसीलिए भेद करता है। इस बीच स्वप्नसुंदरी की एक शिष्या, पूर्णाधनाश्री को बिसमिल्लाह खाँ पुरस्कार प्राप्त हुआ है। क्या इसे 'विलासिनी नाट्यम' को एक शास्त्रीय नृत्य

की स्वीकृति के रूप में देखा जाए? निज़ी बातचीत में संगीत नाटक अकादमी के उच्च पदाधिकारी इस बात पर सहमत लगते हैं कि जो भी शोध इस दिशा में हुए हैं, उनके आधार पर एक नए नाम की स्वीकृति इस नृत्य विधा को मिलनी चाहिए, बशर्ते स्थानीय पक्ष-विपक्ष आपस में इस मसले को सुलझा लें।

आंध्र देवदासियों को भले ही कुछ शिष्याएँ मिली हों, लेकिन इनमें से अधिकतर स्त्रियाँ, जो अपनी आयु के बढ़ते चरणों में सक्रिय नहीं रह गई हैं, यही अनुभव करती हैं कि नृत्य के पुनर्नवा रूप ने उनके जीवन को ज्यादा बदला नहीं है।

नटराज रामकृष्ण ने इस नृत्य रूप को शुरुआती दौर में नव जनार्दन परिजातम के नाम से पुनर्नवा करने की जो पहल की थी, और देवदासियों से इसमें सहायता ली थी, वह एक अभियान सरीखा था। ऐसा ही अभियान इस नृत्य परम्परा की धरोहर को सँभालने में स्वप्नसुंदरी ने चलाया था। नटराज रामकृष्ण ने देवदासी प्रस्तुतियों को उनकी संपूर्णता में आंध्र धरोहर का हिस्सा बनाया है, और स्वप्नसुंदरी ने डॉ. अरुद्र की सहायता से इसकी गति-ईकाइयों को बारीकी से समझा-समझाया है, फिर उन्हें आपस में जोड़कर, इसकी नृत्य-भाषा को रूपायित किया है, उसे एक आकार दिया है। और जयप्पा सेनापति की नृत्य रत्नावली के साथ इन्हें 'मिलाकर' इसे सत्यापित भी किया है। नृत्य-रूप को परिभाषित करना भी उनका काम रहा है, और भरतनाट्यम की गति इकाइयों (जिसमें उन्होंने वर्षों तक प्रशिक्षण लिया है) तथा कुचिपुड़ी और विलासिनी नाट्यम की गति-इकाइयों के बीच जो अंतर है, उसे उन्होंने दर्शाया है।[21]

मंच-स्पेस के अनुसार, आंध्र देवदासी आलाप *नृत्यम* या *गुड़ी सेवा*, मंदिर अनुष्ठान के रूप में करती थी, *कुचेरी अटा* या *मेजुवानी*, दरबारों में संपन्न होता था और अटा *भागवतम*, जिसमें कलापम और भागवतम से प्रसंग होते थे, वह प्रस्तुत होता था आम जनता के लिए। पहली तरह की प्रस्तुति में गणपति, अष्टदिकपालों और अन्य देवी-देवताओं का आह्वान किया जाता था। कुचेरी अटा में चूर्णिका, जतिस्वरम पल्लवी (शब्द, स्वर और पाठ) तथा वरनम, जावलियों और पदम सबकी भरमार रहती थी–यही तो आंध्र देवदासी के भंडार में रहते थे। अरंगेत्रम या पहली प्रस्तुति को *थोलीविनीकी* कहते थे। भरतनाट्यम की तरह इसमें ज्यामितिक रैखिक मुद्राएँ नहीं होती थीं। देवदासी नृत्य में अर्धमंडली या कोई केंद्रीय मूलाधार भी नहीं होता। गतियाँ गोल होती थीं, और पैर हवा में झूलते थे (वय्यारम) और जमीन पर हल्के-से रखे जाते थे, इसकी विधि निश्चय ही शोभामयी है। यह भरतनाट्यम की तरह वास्तुशिल्पीय नहीं है, पर कल्पनाशील अभिनय के लिए उसमें काफ़ी गुंजाइश है। विलासिनी नाट्यम लयात्मक है और दर्शकों को मंत्रमुग्ध कर लेता है। नायक और नायिका के सभी अंगों-उपांगों की चर्चा इसमें होती है, और अगर इसे सौंदर्यशील ढंग से, परिष्कृत ढंग से, प्रस्तुत न किया जाए तो यह भदेस हो जाता है। किसी गीत को गाते हुए कोई एक शब्द चुन लिया जाता है, और फिर उसे केंद्रित करके उस पर विस्तृत अभिनय किया जाता है।

स्वप्नसुंदरी एक अनुभवी व्याख्याकार हैं। कलानिधि नारायण द्वारा प्रशिक्षित होकर वे और अधिक विशेषज्ञता के साथ सब कुछ कर पाती हैं। उनकी इस विशेषज्ञता में मानेपल्ली की माद्दुला लक्ष्मीनारायणना का और अन्य देवदासियों का भी योगदान है। व्याख्या की अपेक्षा रखने वाले प्रसंगों/अंशों को प्रस्तुत करते हुए किसी राग को गाने की क्षमता, देवदासियों की कला का हिस्सा थी। स्वप्नसुंदरी की कई शिष्याओं ने यह क्षमता अर्जित की है, और उन्हें इसके लिए अलग से पहचाना भी गया है। बैठकर किया गया अभिनय, जैसा कि कथक में 'भाव बताना' है, और जिसमें केवल चेहरे और बाँहों के 'संचालन' से, हर सांगीतिक पंक्ति के साथ कोई भाव-अवस्था अभिव्यक्त की जाती है–उसमें आंध्र की देवदासी को महारत हासिल रही है।

वेदांतम लक्ष्मीनारायण शास्त्री का यह विचार, कि कुचिपुड़ी नृत्य में स्त्रियों को लाया जाए, पुरुष नृत्यकारों के पैरों तले की ज़मीन छीनने जैसा लग सकता है। आज कुचिपुड़ी में नृत्यांगनाओं की भरमार है। पुरुष ही स्त्री भूमिका अदा करे, यह बात पीछे छूट गई है। इस लेखिका को एक कुशल और अग्रणी पुरुष नृत्यकार ने बताया कि, "मुझे यह सुझाया गया था कि मैं स्त्री भूमिका भी करूँ! क्यों भाई? मेरी पत्नी तो स्त्री भूमिका अदा करती है, फिर मैं अपने को स्त्री भूमिका में उतार कर अपनी हँसी क्यों कराऊँ? मैं पुरुष भूमिका ही करूँगा।" यहाँ तक कि कुचिपुड़ी गाँव में, जहाँ से पुरुषों के 'स्त्रीवेशम' में उतरने की गतिविधि शुरू हुई थी, अब 'स्त्रीवेशम' में विशेषज्ञता रखने वाले कम ही बचे हैं। कलाकृष्ण, वेदांतम सत्यनारायण शर्मा, वेदांतम मणिक्याल राव, रातैय्या शर्मा, येलेस्वरूपु श्रीनिवासन और वेंकटचलापति राव कुछ ऐसे नाम हैं जो स्त्री भूमिकाओं के लिए प्रसिद्ध हैं।

वेदांतम वेंकटचलापति, जो पुरुष और स्त्री, दोनों भूमिकाओं के प्रतिभाशाली अभिनेता हैं, उनको अब इतना काम नहीं मिलता, जितना उन्हें मिलना चाहिए। "गाँव में अब कुछ नहीं है। मैं चाहता हूँ कि स्त्री भूमिकाओं को और निखारूँ। पर अब इसकी गुंजाइश नहीं बची।" जब उनसे यह पूछा गया कि वेदांतम शर्मा तो उनके निकट ही रहते हैं, उन्होंने उनसे संपर्क क्यों नहीं किया? तो इसका कोई ठीक-ठाक जवाब उन्होंने नहीं दिया। लेकिन इसका कारण यही लगता है कि वेदांतम सत्यनारायण शर्मा ने सिखाने का काम कम ही किया है, वह भी सीमित रूप से–उनके एक युवा शिष्य को कुछ वर्ष पहले संगीत नाटक अकादमी युवा पुरस्कार मिला है।[22]

कलाकृष्ण (अविनाश पसरीचा)

कुचिपुड़ी उत्सव के दौरान एक सप्ताह के लिए रामलिंगस्वामी मंदिर में एक अस्थायी मंच बन जाता है, और तरह-तरह की गतिविधियाँ होने लगती हैं, और सोया हुआ-सा गाँव मानो जाग उठता है। पर ज्यादातर समय तो पारम्परिक कुचिपुड़ी परिवार (पाँच अभी भी गाँव में रहते हैं) थोड़ी सी खेती-बाड़ी करते हैं, या मेहनत-मजदूरी के दूसरे काम।

आज कुचिपुड़ी में कई तरह के कला-रूप सक्रिय हैं। पुरुष, पुरुष भूमिकाएँ निभाते हैं और कभी-कभी (जैसे

कि वेंकटचलापति के प्रसंग में) पुरुष, स्त्री भूमिकाएँ भी निभाते हैं, और स्त्रियाँ भी पुरुष भूमिकाओं में उतरती हैं, जैसे कि वेम्पति चिन्ना सत्यम के नृत्य-नाटकों में कृष्ण या शिव की भूमिका, मंजु भार्गवी जैसी कोई नृत्यांगना ही निभाती थी। यह भी ध्यान देने योग्य है कि पात्र के मुताबिक ही यह तय करना ठीक होता है कि भूमिका स्त्री निभाए या पुरुष। उदाहरण के लिए *भामा कलापम* में, कृष्ण अपने सखा को माधव कहकर पुकारते हैं, लेकिन पात्र तब 'माधवी' हो जाता है, जब सत्यभामा उसे पुकारती है। चित्रा सत्यम बताते थे कि नृत्य के रूप परिवर्तन के वर्षों पहले, होता यह भी था कि ऊपर के वस्त्र को थोड़ा-बहुत, भिन्न प्रकार से संयोजित करके आवश्यकतानुसार अभिनेता पुरुष या स्त्री का अभिनय कर लिया करता था। लेकिन अब कुचिपुड़ी में वे चीजें बीते दिनों की हो गई हैं।

यक्षगान बहुत उपेक्षित कला-रूप है। कुचिपुड़ी गाँव में प्रशिक्षित रामलिंग शास्त्री, वाई.श्रीनिवासुलु और रवि बालकृष्ण उन गिने-चुने श्रेष्ठ कलाकारों में हैं, जिनके काम में पुराने दिनों का वैभव झलक उठता है, पर ज्यादातर प्रस्तुतियों में भड़कीली वेशभूषा और साधारण अभिनय के ही दर्शन होते हैं। मंडलियों को चलाना महँगी और कठिन चीज है। कभी-कभी ही प्रस्तुतियाँ संभव हो पाती हैं, और उनके लिए कलाकार जैसे-तैसे चुन लिए जाते हैं। आनन-फानन में रिहर्सल होती है। ऐसे में गुणवत्ता को बनाए/बचाए रखना कठिन है। एक बड़ी क्षति यह भी हुई है कि पहले यक्षगान के कलाकार संगीत, नृत्य और संस्कृत तथा तेलुगु साहित्य में प्रवीण होते थे, अब वह बात नहीं रही। आज तो बस नृत्य कर लेने की योग्यता भर पर्याप्त मानी जाती है। संगीत का भार संगीतकार उठाता है, और जो सांगीतिक पाठ करता है, ज्यादातर संवाद भी उसी के हिस्से में आ जाते हैं, अब और उनमें काट-छाँट भी हो गई है, इसलिए यक्षगान से मानो बहुत कुछ चला गया है। यह जो कामकाज अलग-अलग श्रेणियों में बँट गया है, उससे हुआ यह है कि सभी आवश्यक गुणों से संपन्न कलाकारों की जगह, साधारण प्रतिभा वाले नृत्यकारों ने ले ली है। सत्यभामा के रूप में अब कोई ऐसी नृत्यांगना भी नृत्य कर रही होती है, जिसका तेलुगु साहित्य से कोई परिचय ही नहीं होता, न उसे संगीत की कोई विशेष जानकारी होती है।

पिछले दो दशकों में पुरुष-स्त्री जोड़ी वाली प्रस्तुतियाँ कुचिपुड़ी में बहुत लोकप्रिय हुई हैं, जैसे कि नरसिंहाचारी और वसंतलक्ष्मी की जोड़ी, राजा और राधा रेड्डी की जोड़ी, जयरामा राव और वनश्री राव की जोड़ी, और युवा कलाकारों की कुछ अन्य जोड़ियाँ। अपनी प्रदर्शनप्रियता और लास्य-तांडव में स्त्री-पुरुष की समेकित भूमिका में जोर देने के कारण, राजा-राधा रेड्डी की जोड़ी काफ़ी आगे है। वेदांतम प्रह्लाद शर्मा से सीखने के बाद यह युगल जोड़ी 1970 के दशक के आरंभिक वर्षों में दिल्ली में बस गई। शुरू में प्रदर्शन के अवसर थोड़े मिले, जीवन संघर्षपूर्ण रहा, पर अंततः उन्होंने अपने को अच्छी तरह स्थापित कर लिया। स्त्री की कोमलता और पुरुष की ऊर्जा के संतुलन और अभिप्राय ने इस जोड़ी को आकर्षण का केंद्र बनाया है। नट्टुवांगम विशेषज्ञ के तौर पर कौशल्या रेड्डी ने रेड्डी स्कूल, 'नाट्य तरंगम' को और समृद्ध किया है, तथा दिल्ली में कई युवा कलाकारों को प्रशिक्षित किया है। राजा के *शिव तांडव आदेनाम्मा* ने राग पारस में, अपनी स्थिर मुद्राओं, और ऊर्जामयी नृत्य गतियों से दर्शकों को मंत्रमुग्ध किया है। राजा रेड्डी के नृत्य-नाटक *भगवज्जुकीयम इतिनोयाम्मा* में राधा रेड्डी द्वारा वसंतसेना के गीत की अभिनीत-अभिव्यक्ति, और *सिंहभूपाल शब्दम*—सभी हमेशा से अपने परिष्कार में, और नृत्य-संगति में, इनकी सम्मोहन प्रस्तुतियाँ रही हैं, दर्शकों की पहली पसंद भी। नृत्य के लिए उन्होंने विभिन्न प्रकार की, (विभिन्न भाषी क्षेत्रों से भी) रचनाएँ चुनी हैं, और इस युगल ने हिन्दी से भी चयन को नृत्य-आधार

सामने के पृष्ठ पर: मंजु भार्गवी और कमला रेड्डी, वेम्पति चिन्ना सत्यम की एक प्रस्तुति में (नर्तनम)

गुरु जयरामा राव और कुचिपुड़ी डांस एकेडेमी की शिष्याएँ

बनाया है। कृष्ण के साथ नृत्य करती हुई गोपियों से इन्होंने जिस कुचिपुड़ी रास को प्रयोगशील ढंग से सृजित किया, वह बहुत सफल रहा है। 1989 में फ़िल्म्स डिवीजन ने इनके योगदान पर एक डाक्यूमेंटरी बनाई है।

नरसिंहाचारी और उनकी पत्नी वसंतलक्ष्मी का चेन्नई में एक स्कूल है, जहाँ भरतनाट्यम भी सिखाया जाता है। नरसिंहाचारी के पिता, लक्ष्मीनारायण शास्त्री के अंतर्गत काम करते थे। सी.आर. आचार्यालु, महन्काली सत्यनारायण और पी.वी.जी. शर्मा से भी नरसिंहाचारी ने प्रशिक्षण प्राप्त किया है, और कर्नाटक संगीत में उनकी प्रवीणता भी उनके बहुत काम आई है।

एक और जोड़ी, जिसने ख्याति प्राप्त की है, वह है जयरामा राव और उनकी पत्नी वनश्री राव की जोड़ी। जयरामा राव 1969 में दिल्ली आए थे। उनकी शिक्षा कई गुरुओं के साथ हुई है, जिनमें चिंता कृष्णामूर्ति, पी.वी. जी.के. शर्मा और वेदांतम सत्यनारायण शर्मा शामिल हैं। (वह उषा और अन्य चरित्रों को भी स्त्रीवेशम में प्रस्तुत करते थे) अनंतर इन्होंने वेम्पति चिन्ना सत्यम के अंतर्गत भी काम किया, उस समय जब मंजू भार्गवी भी उनकी शिष्या थीं। दिल्ली आने पर इन्होंने नृत्य सिखाने के लिए कक्षाएँ शुरू कीं, और कई कुचिपुड़ी नृत्यकारों के लिए सांगीतिक पाठ किया, नट्टुवांगम से साथ दिया। संगीत में उनकी विशेषज्ञता भी उनका रचनात्मक पक्ष है। अपनी पत्नी वनश्री के साथ वह जो प्रस्तुतियाँ करते हैं, वे प्रायः पारंपरिक पद्धति में होती हैं। एकल और समूह दोनों ही प्रकार के इनके प्रदर्शन कुचिपुड़ी की स्वीकृति विधि का, उसके व्याकरण का पालन करते हैं।

इसी पीढ़ी को लें, या इनसे पिछली पीढ़ी को, वेम्पति के शिष्यों ने ही देश-विदेश में ज्यादा ख्याति प्राप्त की है।

उमा राम राव, जो अपनी बहन सुमति के साथ वदादि बहनों की जोड़ी के रूप में जानी जाती हैं, पहले नटराज रामाकृष्ण से गुंटूर और विशाखापटनम में सीखती रहीं। अपनी पीएच.डी. थीसिस के लिए उन्होंने शाहा जी के यक्षगान के प्रबंधों पर शोध कार्य किया है। 1984 में उन्होंने एक नई प्रस्तुति की तैयारी की, जो त्यागराज के

गुरु जयरामा राव और उनकी शिष्याएँ, तरंगम का प्रदर्शन करते हुए

नौका चरितम पर आधारित है, और जिसमें अभिनय-पक्ष पर काफ़ी ज़ोर दिया गया है। जब से वेदांतम राघवैय्या और वेम्पति पेद्दा सत्यम चेन्नई पहुँचे, नई संभावनाओं को तलाशने; तब से कुचिपुड़ी गतिविधियाँ चेन्नई, दिल्ली और हैदराबाद जैसे केंद्रों में जारी हैं।

सिद्धेंद्र कलाक्षेत्र, जिसकी शुरुआत बड़ी धूमधाम से हुई है, आज थोड़ा सा ही सक्रिय है। आंध्र प्रदेश संस्थान द्वारा इसके अधिकरण के बाद से यह राजनीतिक अखाड़ा बन गया है। रातैय्या शर्मा, एक सुयोग्य नृत्यकार हैं, जिन्होंने वेम्पति के नृत्य-नाटकों में भी काम किया है, *प्रह्लाद विजयम* को प्रसिद्धि के शिखर पर ले गए हैं. उन्होंने शशिरेखा परिणयम को भी पुनर्नवा किया है।

1994 में मुंबई के नेहरू सेंटर ने कुचिपुड़ी के एक बड़े समारोह का आयोजन किया। विशाखापटनम की कृष्णा श्वेता ने रोलर स्केट्स पर नृत्य किया। वेदांतम सत्यनारायण शर्मा और कोराडा नरसिंह राव ने पारंपरिक प्रस्तुतियों को आधार बनाकर 'डिमांस्ट्रेशन' दिया। संगीत प्रस्तुत किया रजनीकांत राव, सरला राव, संगीता राव और बालमुरली ने।

संगीत-नृत्य और संवाद को अलग-अलग विभागों में बाँट दिए जाने पर, नृत्यकार का काम अब केवल गतियों तक सीमित हो गया है। इसलिए कभी-कभी एक विचित्र सी स्थिति उत्पन्न होती है, जब गैर तेलुगु पृष्ठभूमि की कोई नृत्यांगना सत्यभामा के रूप में नृत्य करती है, और न तो उन शब्दों से परिचित होती है, न संगीत से, जो उच्चरित और मुखरित हो रहे होते हैं। स्वप्नसुंदरी जैसी नृत्यांगना एक अपवाद सरीखी हैं, जो संगीत और नृत्य दोनों में प्रवीण हैं, और *भामा कलापम*

में संवादों को गाकर और नृत्य से उनकी संगति बैठाकर, प्रस्तुति में एक नया रंग भर देती हैं। वह गैर पारंपरिक प्रस्तुतियों के लिए संगीत–रचना करती हैं, और अवधी, बांग्ला और कोंकणी की साहित्यिक रचनाओं का उपयोग भी कर लेती हैं। आंध्र प्रदेश की लास्य परम्परा का पुनरुद्धार, संगीत पर उनकी पकड़ के कारण भी संभव हुआ है। संगीत-नृत्य पर एक-सा अधिकार होने के कारण अभिनय भी परिपक्व होकर उभरता है। वह खतरे उठाना जानती हैं, और *भामा कलापम* को उन्होंने हिंदी संवादों के साथ किया है। 1993 में स्वप्नसुंदरी ने एक प्रस्तुति *राधिका सांत्वानम* की कविताओं को लेकर तैयार की। एक देवदासी की यह रचना वर्षों तक प्रतिबंधित रही थी। फिर उसी समुदाय की, पहले बेंगलुरु और फिर चेन्नई में रहने वाली नागरत्नम्मा ने इस प्रतिबंध को समाप्त कराया, जिसने बहुतों को अचंभित किया, और रूढ़िवादियों को इससे धक्का भी पहुँचा, क्योंकि वे इसे कामोद्दीपक मानते थे। सबसे बढ़कर उनकी संरचना *शूर्पणखा*, जो रामायण पर केंद्रित है, और जिसे उन्होंने चेन्नई की श्रीकृष्ण गणसभा नाट्यकला कांफ्रेंस में प्रस्तुत किया, दर्शकों को झकझोर सी गई। ज्ञानपीठ पुरस्कार से सम्मानित सत्यनारायण की कृति *रामायण कल्पवृक्षमु* की कविताओं में शूर्पणखा का जैसा वर्णन है, विरिषि मन्मथ राजु...[23] उसे नृत्य में उन्होंने पूरी गतिमयता और क्षमता के साथ बाँधा। शूर्पणखा की बोलती-सी आँखें, पहले राम पर पड़ती हैं, फिर लक्ष्मण पर, और अंततः सीता पर, और हर एक की उपस्थिति को जाँचती-परखती, शारीरिक सौंदर्य को निहारतीं, वह अपनी प्रतिक्रिया को जिस तरह व्यक्त करती है, उसमें गजब की प्रवीणता थी। और उसे अभिनय का उत्कर्ष-बिंदु ही कहा जा सकता है।

कोलकता में डॉ. माधुरी मजुमदार जैसी कुचिपुड़ी नृत्यांगना ने नृत्य के लिए टैगोर के गीतों को आधार बनाया है। लेकिन ये व्यक्तिगत प्रयास एक अपवाद हैं, क्योंकि आज भी गुरुओं ने जो सिखाया है, उसी विधि-प्रविधि से अधिकतर कुचिपुड़ी नृत्य प्रस्तुत किया जाता है। वेम्पति चिन्ना सत्यम जैसे गुरु ने कुचिपुड़ी की प्रस्तुति में कई परिवर्तन किए, लेकिन उन्होंने भी शिष्यों के प्रयोगशील कामों पर सवाल खड़े किए।

1950 से 1990 के बीच वेम्पति चिन्ना सत्यम ने कई परिवर्तन किए ज़रूर, पर यह देखकर कि ऐसे लोग कम ही बचे हैं, जिन्हें परम्परा का पूरा ज्ञान हो, और वे संगीत, कविता और नृत्य को भी अच्छी तरह समझते हों, उन्हें शायद यह स्वाभाविक चिंता हुई कि परिवर्तनों की अगर बाढ़ आ गई तो परम्परा ही खो जाएगी। वेम्पति रवि ने *गंगा प्रवेशा द्वारुवु* की संरचना करते हुए, एक तीरनाम का सृजन खंड जति में किया, और एक बोल, त्रिगुड्डुा का उपयोग किया, जिसकी ध्वनि पानी जैसी है। इसकी तैयारी में, उन्होंने संगीत-रचनाकार और आलेख (स्क्रिप्ट) के रचयिता के साथ गहन चर्चा की थी, अब कुचिपुड़ी कलाकार के लिए ऐसे टीमवर्क की कल्पना कठिन है।

हालाँकि वैजयंती काशी और शांति रति मिश्रा सरीखे कलाकार किसी कुचिपुड़ी पृष्ठभूमि से नहीं हैं, पर बहुत अच्छा काम कर रहे हैं। शांति रति विदेश में रहती हैं, और भिन्न संस्कृतियों के बीच रहने के कारण जहाँ नई संभावनाएँ खुलती हैं, वहीं चुनौतियाँ भी कम नहीं होतीं। वैजयंती काशी भी एक कल्पनाशील कलाकार हैं, और इन्होंने विभिन्न प्रकार के चरित्रों के लिए नए प्रवेश दारुवु बनाए हैं।

पाद टिप्पणियाँ

1. कृपया देखें, 'सिक्सटी इयर्स आफ कुचिपुड़ी', नृत्यांगना/विदुषी जोन्नालगड्डु का लेख, *नर्तनम*, खंड VIII, संख्या 1, अप्रैल, 2008, लेखिका ने *शिमला भागवतम* (1946) और *हिटलर पतनम* (1947), *कोगांती गोपाकृष्णैय्या, काटीगोंट्ला कोगांती* (तेलुगु), विजयवाड़ा, 1992, पृष्ठ संख्या 1-39, का भी उल्लेख किया है।
2. वही
3. वही

4. अलग-अलग लेखों, वृत्तांतों में तिथियों को लेकर भिन्नता दिखाई पड़ती है। मैंने ये तिथियाँ श्रुति संख्या 54 में प्रकाशित एक लेख से प्राप्त की हैं।
5. एक बिंदु, जिसकी चर्चा स्वप्नसुंदरी ने अपने व्याख्यानों और अपनी किताब, *द वर्ल्ड ऑफ कुचिपुड़ी डांस*, शुभि पब्लिकेशंस, 2005
6. देखें, *नर्तनम*, खंड IX, संख्या 2, मई-जुलाई 2009 में प्रकाशित नागभूषण शर्मा का लेख भी।
7. ऊपर जिस लेख का जिक्र हुआ है, उसी में नाटकों की यह सूची दी हुई है।
8. कुचिपुड़ी गाँव की एक यात्रा के दौरान मुझे यक्षगान परम्परा के कुछ पुराने कलाकारों से बातचीत करने का अवसर मिला था। उद्धरण उन्हीं कलाकारों के शब्दों में हैं।
9. कुचिपुड़ी गाँव में वेदांतम सत्यनारायण शर्मा के घर के आँगन में बैठे हुए उनसे यह बातचीत हुई थी, और उन्होंने जिक्र किया था कि कैसे यातायात की सुविधा न होने पर वे मीलों पैदल चलकर पास के गाँव में संगीत सीखने जाते थे।
10. वेदांतम राघवैय्या और फिल्मों पर नर्तनम, मई-जुलाई 2009, खंड IX, संख्या-2 में प्रकाशित कात्यायनी थोटा का लेख भी देखें।
11. इस बिंदु की चर्चा एम.एन. शर्मा ने *नर्तनम* में की है।
12. नटराज रामकृष्ण ने हैदराबाद हाउस, 21 मई, 2002 में एक इंटरव्यू दिया था (जिसके अंश *नर्तनम*-2002 के खंड 2, अप्रैल-जून) में प्रकाशित हुए हैं। इसमें उन्होंने कहा था कि कुचिपुड़ी नृत्यकारों ने अभिनय के उत्तम पहलुओं को उस आदान-प्रदान से सीखा था, जो देवदासियों के साथ लक्ष्मीनारायण का हुआ था। लेकिन श्रुति 1988, 52-53 में प्रकाशित वेम्पति चिन्ना सत्यम ने वी.ए.के. रंगाराव से कहा था कि मंडापेटा में चक्करापारू चिन्ना वेंकटशास्त्री के रक्षित जगदम्बा ने 'तातैय्या' (इसी तरह तो लक्ष्मीनारायण को संबोधित किया जाता था) से सीखा था, और उसे 'तत्ताप पदानेला' के विभिन्न विवरण याद हैं, जिनमें एक प्रेमी, उससे लिपट-लिपट जाता था, उसे हर जगह से घेरते हुए। गुरु ने उसे इस प्रसंग के कई रूप दिखाए बताए थे। वेम्पति, इसे हर तरह से अश्लील मानते हैं, यहाँ तक कि देवदासी भी इन्हें करते हुए लजा रही थी।
13. श्रुति, 1988 52-53
14. वेम्पति ने लक्ष्मीनारायण की प्रशंसा करने का कोई अवसर नहीं गँवाया। उन्हें वह असाधारण मानते थे।
15. वेम्पति चिन्ना सत्यम और नागभूषण शर्मा, दोनों ही इस पर सहमत हैं।
16. विजयवाड़ा में श्री जोस्युला के घर पर किए गए इंटरव्यू के अंश, जो *नर्तनम* जून 7, 2002 में प्रकाशित हैं। जोस्युला बताते हैं कि गुरु लक्ष्मीनारायण को मानदेय के रूप में जो 50 रुपए मिलते थे, उसी से उनके हिस्से में 15 रुपए आते थे, 10 रुपए मृदंग वादक को दिए जाते थे और हारमोनियम वादक को भी तो भुगतान उसी में से किया जाता था! उन्होंने बताया कि 1939 में पहली बार उनके गुरु ने नुजविड में हारमोनियम की जगह वायलिन को तरजीह दी। वायलिन शेषैय्या ने बजाई थी, जो एक देवदासी परिवार के थे। देखें, *नर्तनम* जुलाई-अक्तूबर, 2006 एम.जी नागभूषण का लेख।
17. नव जनार्दन के प्रयोक्ता कलाकृष्ण इन तथ्यों के बारे में अकसर लिखते-बोलते हैं।
18. नृत्य पर *हिंदू* के एक विशेष संस्करण में यह बात उन्होंने कही थी।
19. कुचिपुड़ी गाँव के उनके घर में जब मैंने उनका इंटरव्यू किया था।
20. वेम्पति का एक विचार जिससे सभी परम्परावादी सहमत नहीं हैं। यहाँ तक कि चर्चित वोलेती वेंकटेश्वर की धारणा है कि कुचिपुड़ी संगीत, हालाँकि कर्नाटक है,पर राग के इस्तेमाल करने की उसकी अपनी विधियाँ हैं, उस वक्त जबकि इस नृत्य-रूप को किसी नाटकीय प्रसंग/तत्व की अपेक्षा हो, कुछ तो संभवतया ऐसी भी, जो शास्त्रीयता के व्याकरण सिद्धांतों से हटकर हैं। इसी प्रकार गायन ने इस नृत्य-रूप को विशेष पहलू और गुणवत्ता दी है।
21. श्रुति में यह बहस विवरण के साथ प्रकाशित हुई है।
22. मैंने गुरु से पूछा कि वह युवा लोगों को सिखाते क्यों नहीं हैं? उन्होंने जवाब दिया कि उन्होंने अपनी नाट्यमंडली की जगह को यक्षगान की रिहर्सलों के लिए सुरक्षित रखा है। वर्ष में एकाध बार को जब वेम्पति चिन्ना सत्यम के बेटे कुचिपुड़ी में समारोह का आयोजन करते हैं, और रिहर्सल भी नहीं होती है, तो सुना यही है कि नाट्यमंडली की जगह पर ताला जड़ा रहता है।
23. अगर मन्मथ की जमुहाई आकाश तक पहुँचकर एक व्यक्ति में बदल जाए, तो समझ लीजिए वह शूर्पणखा ही होगी, अगर मन्मथ का धनुष टूट जाने की आवाज करे और वह आवाज देह धारण कर ले, तो वह शूर्पणखा होगी, और अगर शिव के तीसरे नेत्र से भस्म होकर कोई चीज़ राख बन जाए, तो वह राख शूर्पणखा होगी।

ओडिसी: स्वतंत्रता के बाद सबसे पुराना नृत्य-रूप

आज जिस रूप में हम ओडिसी को देखते हैं, वह 1950 के बाद की घटना है। यह घटना भारत के नृत्य इतिहास की एक अभूतपूर्व कथा कहती है। इसके पहले ओडिसा के बाहर, किसी को यह भान नहीं था, जो बाद में पुरातात्विक सर्वेक्षणों के आधार पर हुआ कि ओडिसा में ई. पू. दूसरी शताब्दी से एक बहुत पुरानी नृत्य-परम्परा सक्रिय रही थी। लेकिन मंदिरों में नृत्य करने वाली महारी अज्ञात हो गई थी, और 1940 के दशक में नृत्य को इस रूप में देखा जाने लगा था मानो वह कोई 'अश्लील' और 'लज्जाहीन' काम है। गोटीपुआ (कैशोर्य से पहले, स्त्री भेष में सखी की तरह नृत्य करने के लिए पोसे और सिखाए जाने वाले बालक) ज़रूर सक्रिय थे–1940 और 50 के दशक में या जात्राओं और समारोहों में भदेस नृत्य करते थे, इनके नृत्य में कलात्मक धार बची नहीं थी, बस कुछ मनोरंजन का साधन भर थे ये। 1940 के दशक के आरंभिक वर्षों का समय था जब जीत घोष, जो उदयशंकर से प्रशिक्षित थे, और एक बंगाली बनबिहारी मैती, मिदनापुर के, कटक आए, इस इरादे से कि वे नृत्य की शिक्षा देकर अपनी जीविका अर्जित करेंगे। संगीत को नृत्य की तरह खराब नहीं माना जाता था और 1933 में स्थापित उत्कल संगीत समाज, संगीत की शिक्षा दे रहा था, हालाँकि मध्यम वर्ग के परिवारों के लिए यह अच्छा नहीं माना जाता था। सहानुभूतिवश, बनबिहारी मैती को भूखों मरने से बचाने के लिए, मोहंती लोगों ने, जो कला के संरक्षक थे, अपनी पुत्री प्रियंवदा को नृत्य सिखाने के लिए बनबिहारी को नियुक्त कर लिया। मैती ने अपनी प्रबंध कुशलता से, कुछ ऐसे आयोजन किए-कराए, जिनसे प्रियंवदा को नृत्य करने का अवसर मिलने लगा। उसके नृत्य उद्यम ने सिंहारी श्यामसुंदर कर का ध्यान आकृष्ट किया, जो संगीत विशेषज्ञ के तौर पर अधिक जाने जाते थे, और उन्होंने प्रियंवदा को नृत्य सिखाने का काम हाथ में लिया।[1]

एक और युवती मिनती मिश्रा (दास) को भी, जिनकी माँ भी कलाओं में रुचि रखती थीं, अजीत घोष के अंतर्गत नृत्य सीखने के लिए 'ओरिएंटल डांस' की कक्षाओं में भेजा जाने लगा। यह बात कुछ अचरज भरी है कि ओडिसी के लिए वर्षों तक काम करने वाले इस अग्रणी को नृत्य-इतिहासकारों ने भुला दिया है। सरकारी अनुदान से 1964 में स्थापित उत्कल संगीत महाविद्यालय की प्राचार्या बनने वाली मिनती ने, चेन्नई

सामने के पृष्ठ पर: गुरु केलुचरण महापात्र (अविनाश पसरीचा)

कविचंद्र (श्रुति)

के कलाक्षेत्र में पंडानल्लूर चोक्कालिंगम पिल्लई से वर्षों तक भरतनाट्यम की शिक्षा ली थी, और उन्होंने अपनी नाट्यशास्त्र विशारद की उपाधि भी प्राप्त की है, जिसके लिए परीक्षा लेने वालों में प्रो. शंभामूर्ति, रामास्वामी शास्त्री, सारंगपाणि अय्यंगार और चोक्कालिंगम पिल्लई जैसे गणमान्य लोग शामिल थे। आज, कोई भी मिनती के महती योगदान की चर्चा नहीं करता। उत्कल संगीत महाविद्यालय की प्राचार्या के रूप में उन्होंने वर्षों तक इस संस्था को सजाया-सँवारा। विवाह के बाद वह स्विट्जरलैंड चली गईं और वहीं बस गईं, इस दूरी के कारण शायद वह ओडिसी-कला से भी दूर कर दी गईं।

सिंहारी श्यामसुंदर कर का जन्म 1908 में पुरी के मणिकर्णिका साही इलाके के एक सिंहारी परिवार में हुआ था। यह परिवार पुरी के मंदिर में भगवान जगन्नाथ को महत्वपूर्ण संध्याओं में सजाने के अनुष्ठान से जुड़ा था। सिंहारी श्यामसुंदर कर की दिलचस्पी शुरू से संगीत में थी, और उन्होंने कई गुरुओं से संगीत सीखा था, जिनमें गादी जगन्नाथ, प्रतिहारी, कल्पतरु नायक, अंधा मनगोविंदा, चिंतामणि मिश्रा और हरिहर राजगुरु शामिल रहे हैं। उन्होंने जसोवंत मूले, पंडित रामचंद्र आदि से हिंदुस्तानी संगीत का भी प्रशिक्षण लिया।[2] वह स्वयं ऐसे गुरु बने जिनसे बहुत से लोग सीखना चाहते थे, और वह प्रायः अपने कार्यक्रम आकाशवाणी पर भी दिया करते थे। उनकी प्रशिक्षित एक महारी पारसमणि भी आकाशवाणी की कलाकार बनी। बहुत बाद में जब 1964 में उत्कल संगीत महाविद्यालय की स्थापना हुई तो वह अध्यापक बनने के सर्वथा सुपात्र बन चुके थे।

सिंहारी श्यामसुंदर कर ने दुर्लव चंद्रसिंह के साथ भी काम किया, जो एक अन्य अग्रणी कलाकार थे, और धीरेन दास के साथ भी, जिनसे मिनती मिश्रा संगीत सीख रही थीं। आज भी जो ओडिसी संगीत हम सुनते हैं, उसका अधिकतर इन्हीं तीन व्यक्तियों के शुरुआती प्रयत्नों से उपजा है।[3] सिंहारी, पुरी के हरचंदी साही की साही जात्रा में भी एक प्रमुख भूमिका निभाने वालों में रहे हैं, और परशुराम की भूमिका में वह उतरा करते थे। वह संगीत भी सिखाते थे, बैठी हुई अवस्था में, (जैसे कि दयानिधि दास भी सिखाते थे, जो मायाधर राउत जैसे गुरुओं के अनुसार, नृत्य करते नहीं थे स्वयं, पर सिखाते थे।) और उनके निर्देशों का जैसा प्रदर्शन प्रियंवदा के नृत्य में अवतरित हुआ था, वह ओडिसी के आकार लेने के प्रथम लक्षणों में से था। वह एक अच्छे पखावज वादक थे, और संभवतया ऐसा नृत्य सिखाते थे जिसमें अभिनय पक्ष नहीं होता था, बस नृत्य गतियाँ होती थीं। प्रियंवदा महारी की वेशभूषा में नृत्य करती थी, 14 गज की साड़ी पहनती थी, चेहरे पर हल्दी का लेप होता था (यह मच्छरों को दूर रखता है) और कमर के ऊपर सोने के आभूषण पहनती थी, कमर से नीचे के आभूषण चाँदी के होते थे।[4]

दूसरे मूर्धन्य थे दुर्लव चंद्र सिंह, उनके पिता अत्यंत प्रतिभाशाली व्यक्ति थे, वह अभिनय करते थे तथा मरदाल और वायलिन बजाते थे। दुर्लव, युवा दिनों में 1940 में स्वर्गीय कवि कालीचरण पटनायक की रासलीला पार्टी में काम करते थे। कालीचरण लिखित और प्रस्तुत, *जयदेव* के नाटक में उन्होंने जयदेव की भूमिका निभाई थी, जिसके बारे में पुराने दिनों के लोग अब भी चर्चा करते हैं। कालीचरण थिएटर, और अन्नपूर्णा ए ग्रुप तथा अन्नपूर्णा बी ग्रुप के मध्य काफ़ी प्रतिस्पर्धा रहती थी, और कलाकार इस या उस ग्रुप को छोड़कर किसी अन्य ग्रुप से संबंध जोड़ लेते थे। मसलन 1948 में कालीचरण और लक्ष्मी प्रिया (जो बाद में उनकी पत्नी बनी) दोनों ने अन्नपूर्णा बी ग्रुप को छोड़कर, ए ग्रुप के साथ संबंध जोड़ लिया। अन्नपूर्णा ए ग्रुप के नाटकों में, और कालीचरण लिखित नाटक *अभिजान* में जिसे दुर्लव और अद्वैत चरण मोहंती ने निर्देशित किया था, महारी हरामणी देवी को नाटक के एक दृश्य में नृत्य करने के लिए आमंत्रित किया गया था। नृत्य एक गोटीपुआ शिक्षक हरिहर पंडा सिखाते थे।[5] कबिचंद्रा और सिंहारी के साथ मिलकर दुर्लव ने हेमलता नाम की एक नर्तकी के लिए एक महारी नृत्य की संरचना की थी, जिसे उन्होंने जगन्नाथ मंदिर के *कलाघाट द्वार* की एक प्रतिकृति के समक्ष *जयदेव* नाटक में प्रस्तुत किया था।[6] बाद में दुर्लव ने केलुचरण महापात्र के साथ काम किया, और उनका योगदान महत्वपूर्ण था। बिखरी हुई नृत्य की कड़ियों के कारण क्रमवार ढंग से ओडिसी के विकास-क्रम को प्रामाणिक ढंग से दर्शा पाना कठिन है, कुछ इसलिए कि उसके विकास के दावेदार बहुत से हैं।

1940 के उत्तरार्द्ध में कई युवतियों ने नृत्य सीखना आरंभ कर दिया था। इसका श्रेय थिएटर की उन गतिविधियों को भी है जो उस समय ओडिसा में लगातार बढ़ रही थीं। कवि कालीचरण पटनायक, नाटककार और संगीत विशेषज्ञ थे। वह ओडिसा की प्रदर्शनकारी कलाओं को लेकर गर्व महसूस करते और वही थिएटर की इन गतिविधियों के अगुवा सरीखे थे। सौभाग्य से तीन बहुत प्रतिभाशाली व्यक्ति, जो ओडिसा के विभिन्न अंचलों से थे और साधारण पृष्ठभूमि वाले थे, वे अन्नपूर्णा ए और बी ग्रुप से जुड़े। इसका एक अद्भुत परिणाम हुआ। उड़िया नाटकों के लिए दर्शकों को एक बड़ी संख्या में आकर्षित करने के लिए, नृत्य शिक्षक के रूप में अन्नपूर्णा ग्रुप बी (1944-49) द्वारा नियुक्त किए गए वरिष्ठतम पंकज चरण दास ने 'बेनामी' शीर्षक नाटक के शुरू होने से पहले नृत्य की एक छोटी-सी प्रस्तुति *मोहिनी भस्मासुर* के नाम से तैयार की। इसमें गुरु केलुचरण महापात्र ने दस मात्रा ताल में शिव को अभिनीत किया, और एक युवा अभिनेत्री लक्ष्मीप्रिया जो ग्रुप बी में थी, उसने 16 मात्रा ताल में मोहिनी की भूमिका की और पंकज चरण *भस्मासुर* की भूमिका में उतरे। यह प्रयास दर्शकों को बड़ी संख्या में नाटक तक लाने में सफल रहा। 1946 में अन्नपूर्णा बी ग्रुप के लिंगराज नंदा ने गोटीपुआ के एक ख्यातिप्राप्त नृत्य शिक्षक कृष्णचंद्र महापात्र को नियुक्त किया कि वह लक्ष्मीप्रिया को दो उड़िया गीतों पर नृत्य करना सिखाएँ: गीत थे: *जानारे मो राना परम मीता* (प्रिय मित्र, यह मेरा वायदा है) *नाही की करिदेला* (अस्वीकार क्यों किया) इन गीतों पर उनका नृत्य इतना लोकप्रिय हुआ कि युवा लोगों में नृत्य सीखने की इच्छा जागी।[7] लक्ष्मीप्रिया को सिखाने का भार बाद में केलुचरण ने ले लिया, जिन्होंने उसकी शिक्षा में अपनी ओर से कुछ रचनात्मक चीजें और जोड़ीं। अन्नपूर्णा ए ग्रुप में लक्ष्मीप्रिया से पहले कुछ और नृत्यांगनाएँ थीं, जैसे कि राधारानी, हरामणी, बालमणि, सारा, रत्ना और बुद्धि।[8]

1947 में अगली प्रस्तुति थी *दशावतार*, जो *साधवा झिया* नाटक के लिए तैयार की गई थी। इसकी संरचना भी पंकज चरण दास ने की थी। उन्होंने हर अवतार के लिए नई मुद्राएँ रचीं और इसमें दुर्लव सिंह का सहयोग उन्हें मिला, जो ध्रुपद जानते थे और वाद्य संगीत पर भी उनकी पकड़ अच्छी थी। केलुचरण के नृत्य, और उनकी

सांगीतिक समझ के चलते *दशावतार* ने ओडिसी में एक नई उद्भावना की, और ध्रुपद बानी के एक अंग को ओडिसी *मरदाल* बानी में कुशलतापूर्वक समाहित कर लिया। या कहें, उसकी संगति *मरदुल* बानी के साथ बिठा ली गई। इसकी लयात्मकता ओडिसी में अब भी अनुभव की जा सकती है।[9]

1946 में भी लक्ष्मीप्रिया ने एक *देवदासी* रचना पर अश्विनी कुमार घोष के नाटक *अभिषेक* में नृत्य किया था। केलुचरण ने मरदल (मृदंग) बजाया था। चर्चा में इस बात का उल्लेख होता है कि तत्कालीन गवर्नर जनरल राजगोपालाचारी ने नाटक के प्रदर्शन की पुनरावृत्ति के दौरान इस नाट्य का परिचय जानना चाहा था, और अन्नपूर्णा के मैनेजर बौरीबंधु मोहंती ने उनसे कहा था यह '*उड़िया नट*' है।

यह बात बड़ी दिलचस्प है कि पंकज चरण दास, केलुचरण महापात्र और देबा प्रसाद दास, तीनों अपने किशोर दिनों में स्कूल से भागकर, कई-कई दिन अखाड़ों में बिताते थे, और नृत्य सीखते थे। सभी ने कभी-न-कभी रासमंडलियों से अपना संबंध जोड़ा था। एक पारंपरिक मदेली (वाद्यवृंद) परिवार में जन्मे, जो जगन्नाथ मंदिर से संबद्ध था, पंकज चरण की माँ का नाम खेत्रमणि था, दुर्भाग्यवश उनके पिता धर्मदास का देहांत उनके जन्म लेने से पहले ही हो गया था। बालक पंकज चरण और माँ को आश्रय मिला फ़कीरा महारी के घर में, जहाँ पंकज चरण को नृत्य सीखने और करने में आनंद आने लगा, और वह पूरी तल्लीनता से नृत्य करने भी लगा। धीर-धीरे अन्य महारी शिष्यों के लिए वह एक आदर्श उदाहरण बन गया।[10] इस बालक में महारी शोभा भी आ बसी और गोटीपुआ का रंगीलापन भी। उसको रंगनाथ देव गोस्वामी और भिखारी चरण दालेई से भी प्रशिक्षण मिला, ये दोनों ही रासलीला मंडलियों के गुरु थे। जब पंकज चरण मात्र 12 वर्ष के थे तो वह पुरी के हाजापुरी थिएटर में शामिल हुए, जहाँ उनका वृंदा नृत्य (गोटीपुओं का नट नृत्य) बहुत सराहा गया। उन्हें *थाली नृत्य* में भी विशेषता हासिल थी, जिसमें पीतल की थाली पर पैर रखे हुए ही नृत्य करना होता है। वह 1944 में अन्नपूर्णा थिएटर में आए और 1949 तक वहाँ रहे।

संभवतया इन सबमें सबसे अधिक प्रतिभाशाली केलुचरण महापात्र का जन्म पुरी जिले के रघुराजपुर में एक चित्रकार परिवार में हुआ था। उनके पिता खोल बजाते थे, और वाद्यवृंदों में उनकी प्रवीणता उनके पिता की ही देन थी। बलभद्र साहू अखाड़ा में वे अपने पिता की जानकारी के बिना शामिल हुए, जहाँ उन्होंने नृत्य सीखा, और उड़िया गीतों के साथ किया जाने वाला थोड़ा बहुत अभिनय भी। बाद में घर से भागकर वे सुंदरदेव गोस्वामी की रासलीला मंडली में चले गए, और वहाँ 12 वर्ष तक रहे। एक गलतफहमी की वजह से वह अखाड़ा उन्होंने सहसा छोड़ दिया, और कुछ समय के लिए उन्होंने जीविका के लिए पानपत्तों के भीट में काम किया, और फिर कालीचरण पटनायक के थिएटर ग्रुप में शामिल हुए। यहाँ उन्होंने अगाधु महाराणा से खोल बजाने का और अधिक प्रशिक्षण प्राप्त किया, तथा खेत्र मोहन कर और हरिहर राव से तबला बजाना सीखा। बाद में वह अन्नपूर्णा बी थिएटर में शामिल हुए, जहाँ पंकज चरण पहले से ही काम कर रहे थे।

इस प्रतिभाशाली त्रयी के तीसरे सदस्य देबा प्रसाद का जन्म 1932 में झंकदा के किउल सबी सुआ गाँव में हुआ था, जो अपने सारला मंदिर के लिए प्रसिद्ध है। उन्होंने अपनी माँ को जीवन के आरंभिक वर्षों में ही खो दिया था। उनके दादा बौरीबंधु दास ने उनका लालन-पालन किया था और किशोरावस्था में ही उनमें संगीत के लिए रुचि जगाई थी। पथारा अखाड़ा में उन्हें मोहन चंद्र महापात्र ने प्रशिक्षित किया था। 1944 में घर से भागकर वे न्यू थिएटर्स में शामिल हो गए, और स्त्री भूमिकाओं में महारत हासिल की। बाद में उन्होंने अन्नपूर्णा थिएटर बी

सामने के पृष्ठ पर: मिनती मिश्रा (ओडिसी एकेडेमी)

चुना (1947-48), और क्रमशः एक कामेडियन के रूप में लोकप्रियता अर्जित की।

1940 के दशक के अंतिम वर्षों में कई और युवतियों ने ओडिसी सीखना प्रारंभ कर दिया था और उत्कल संगीत समाज के अंतर्गत प्रियंवदा के नृत्य कार्यक्रम प्रायः होने लगे थे। धीरे-धीरे नृत्य को कुछ सम्मान मिलने लगा था। छोटे-मोटे अन्य नृत्य आयोजन भी शुरू हो गए थे। मसलन दयाल शरण के छात्र भी नृत्य करते थे, कुछ-कुछ उसी तरह का, जैसे कि उदय शंकर से सीखे हुए उनके अध्यापक किया करते थे, और जिसमें मणिपुरी और कथकली का भी कुछ प्रभाव झलक उठता था। लेकिन खास बात यह कि वह संभावनाशील नृत्य शिक्षकों को नृत्य संरचना के बारे में कुछ न कुछ बताते थे। कुछ स्वतंत्र रूप से सिखाने वाले नृत्य शिक्षक भी थे शहरी इलाकों में, जैसे कि काशीनाथ साहू, लक्ष्मीनारायण पत्रा, हरिहर पंडा–एक गोटीपुआ शिक्षक, और प्रत्येक कुछ ऐसा नृत्य प्रस्तुत करते थे, जो मिली-जुली शैलियों वाला होता था। जब प्रियंवदा से उसके नृत्य के बारे में पूछा गया तो उसने बताया कि बनबिहारी से जो नृत्य उसने सीखा था, वह कुछ-कुछ भरतनाट्यम जैसा था।[11]

प्रियंवदा मोहंती-हेजमादी का मानना है कि 1952 में कटक में कुमार उत्सव के नाम से जो एक बड़ा आयोजन शुरू हुआ था, उसने नृत्य और संगीत में रुचि बढ़ाने का उल्लेखनीय काम किया था। ऑल इंडिया रेडियो के सुरेंद्र मोहंती ने नृत्य-संगीत के जो कार्यक्रम प्रस्तुत किए, (संगीत के साथ नृत्य के कार्यक्रमों का तत्काल प्रसारण आकाशवाणी से होता था) मिनती दास, मिनी (जो बाद में जस्टिस रंगनाथ मिश्र की पत्नी बनी) और प्रियंवदा मुख्य नृत्यांगनाएँ थीं। सुरेंद्र महंती के निर्देशन में मिनती मिश्र ने 1952 में, बीना पती के गायन के साथ, उड़िया फ़िल्म *जयदेव* में नृत्य किया। मीनाक्षी नंदा ने *दशावतार* और *नटराज* जैसी प्रस्तुतियाँ कटक के कला विकास केंद्र में कीं, और पुरी की लड़कियाँ भी नृत्य कक्षाओं में आने लगीं। स्वर्गीय गंगाधर महापात्र की पुत्री सुचित्रा, अनुराधा मोहंती, ज्योत्स्ना दोलबेहेरा, उर्वशी जोशी उन दिनों की कुछ पुरानी नृत्यांगनाएँ हैं।

1950 के दशक में प्रदर्शनकारी कलाओं के प्रति दृष्टिकोण में भारी बदलाव देखने को मिला–विशेषकर नृत्य के क्षेत्र में। फिर 1954 में बारी आई एक ऐतिहासिक अंतर-विश्वविद्यालय युवा महोत्सव की, और प्रियंवदा को शास्त्रीय नृत्य के प्रतिनिधि के रूप में चुना कालीचरण पटनायक और रावेनशॉ कॉलेज में संगीत के अध्यापक श्यामसुंदर धीर ने। कालीचरण ने तो एक गीत की रचना ही इस अवसर पर प्रियंवदा के नृत्य के लिए कर डाली। '*गुमानी कहीं की*'। गुरु के रूप में देबा प्रसाद दास, प्रियंवदा के साथ गए। मंगलाचरण के साथ नृत्यांगना की वेशभूषा दक्खिनी शैली की थी, सीधी खड़ी मुद्रा में, अंजलि हाथों में छाती तक आई हुई, आँखें मुंदी हुई–नृत्य के लिए प्रस्तुत। "*नमो गणेश विघ्नेश गिरिजानंदन प्रभा*" की स्तुति थी। फिर एक *बट्टु* की प्रस्तुति थी, इसके बाद मुखरी राग और एकताली में *साभिनय पल्लवी*। संक्षिप्त नृत्य का समापन हुआ था *नटंगी* से। प्रस्तुति 6 से 8 मिनटों तक की थी। आरती कर का गायन था। भुवनेश्वर मिश्र की वायलिन थी और मृदंग बजा रहे थे देबा प्रसाद। बाँसुरी वादन बाद में जुड़ा था। तालकटोरा में प्रस्तुति ने एक तरंग पैदा की, प्रियंवदा को तृतीय पुरस्कार मिला। और अगले दिन *स्टेट्समैन* में चार्ल्स फाबरी ने लिखा था: "जन्मजात नृत्यांगना प्रियंवदा मोहंती का अद्भुत ओडिसी नृत्य।[12]" इसी युवा समारोह में धीरेन पटनायक ने *दशावतार* का प्रदर्शन किया और पुरुष-कोटि में दूसरा पुरस्कार जीता।

इस आयोजन में जो प्रशंसा ओडिसा के कलाकारों को मिली, उसने ओडिसा के कला-संस्कृति जगत को बहुत प्रेरित किया। इससे पहले अखिल भारतीय स्तर पर क्षेत्रीय-नृत्य को ऐसी प्रशंसा और स्वीकृति मिली ही कहाँ थी! इस आयोजन के एक वर्ष के भीतर ही नई दिल्ली के नृत्य समारोह में भी ओडिसी नृत्य हुआ। प्रियंवदा की माँ श्रीमती निशामणि देवी, उपाध्यक्ष, उत्कल नृत्य संगीत

नाट्य कला परिषद (अब संगीत नाटक अकादमी) और पंकज चरण दास तथा केलुचरण महापात्र ने *साखी गोपाल* की प्रस्तुति की–संरचना कालीचरण पटनायक की थी, जिन्होंने प्रियंवदा के लिए 1955 में एक विशेष मंगलाचरण की रचना की थी–*पदबंदे गणनाथ*। यह अब ओडिसी में प्रायः प्रस्तुत की जाने वाली गीति रचना है। संभवतया यह एक ऐसी प्रस्तुति थी, जो आकार ले रहे ओडिसी नृत्य को प्रतिबिंबित करती है। 1954 में उपेन्द्र भंज उत्सव में लक्ष्मीप्रिया बनी *लावण्यवती* और साधना बनी *ऋतुवालिका*। गुरु केलुचरण महापात्र की प्रस्तुति थी *ऋतुचित्रा*, इसमें भी गीत उपेंद्र भंज के थे। इन कुछ आयोजनों ने गुरुओं और विशेषज्ञों को 1957 में जयंतिका के बैनर तले एकत्र होने को प्रेरित किया, जिससे कि इस नृत्य-रूप को एक समेकित संरचना में ढाला जा सके, और इस क्षेत्रीय नृत्य के बिखरे-बिखरे से सूत्रों को समेटा जा सके।

ओडिसा का जैसा इतिहास रहा है, उसमें एक कला-रूप की संरचना आसान नहीं थी। भारत में नृत्य के जो नए रूप बने और विकसित हुए हैं, वे एक प्रबल राष्ट्रीय जागृति की भावना से उपजे थे। एक ऐसी राजनीतिक परिस्थिति में जहाँ राज्यों की सीमाएँ भाषा के आधार पर तय होने वाली थीं, उसमें जयदेव के *गीत गोविंद* के कारण, संस्कृत को छोड़कर चलना संभव नहीं था, और *गीत गोविंद* तो उड़िया इतिहास के साथ अभिन्न रूप से जुड़ा हुआ है। लेकिन देसी और क्षेत्रीय को भी महत्वपूर्ण होना ही था, और ओडिसा के जो संबंध दक्षिणी भागों से थे, उन्हें कम करके आँकने और दिखाने की प्रक्रिया शुरू हुई। ये कोशिशें भी स्वाभाविक रूप से आरंभ हुईं कि जो नृत्य-रूप उभर रहा है, उसमें बाहरी प्रभाव हैं ही नहीं, वह उसका बिल्कुल अपना है। इसके लिए पुरी के जगन्नाथ मंदिर से और समुद्रतटीय इलाकों से जुड़ाव होने पर अधिक जोर दिया गया। कटक और भुवनेश्वर वैष्णव क्षेत्र माने जाते हैं, जहाँ गंजाम और श्रीकाकुलम के तार जुड़े होने से *सखीनट* विकसित हुआ–वही जिसमें लड़के, लड़कियों के कपड़े पहनकर नृत्य करते हैं (और जिसे वैष्णव स्पर्श ने गोटीपुआ की परम्परा में ढाला)। ओडिसी को विकसित करने कराने की दिशा में, जितना योगदान जगन्नाथ मंदिर मूर्तिशिल्पों और अन्य ऐतिहासिक साक्ष्यों का रहा है, उतना ही रहा है वर्तमान काल में पंकज चरण दास, केलुचरण महापात्र, और राजनीतिज्ञों का, जो पुरी-तार से जुड़े जयंतिका समूह में सक्रिय थे।

जयंतिका की बैठकें लोकनाथ मिश्र के घर पर हुआ करती थीं। शुरुआती बैठकें, इससे पहले की, तेलेंगा बाज़ार, कटक के रघुनाथ मंदिर के प्रांगण में होती थीं। केलुचरण महापात्र, पंकज चरण दास, मायाधर राउत, देबा प्रसाद दास, दयानिधि दास, संजुक्ता पाणिग्रही, रघुनाथ दत्ता, बटकृष्ण जेना, राखाल मोहंती, और रमणीरंजन जेना, धीरेन्द्रनाथ पटनायक, और रसिकों का एक समूह इनमें भाग लेता था। उन बैठकों का कोई लिखित रिकार्ड अब उपलब्ध नहीं है। एक स्नातक दयानिधि दास ने जो विवरण लिखा भी था, वह उनकी असमय मृत्यु के कारण उन्हीं के साथ मिट गया। लोग उन विवरणों को लेकर कई अलग-अलग बातें बताते हैं, पर इतना तो साफ़ है कि चर्चा में जो चीजें उभरती थीं, उनको लेकर सर्वसम्मति तो नहीं ही होती थी।[13] संजुक्ता और मायाधर राउत ने कलाक्षेत्र में भरतनाट्यम का प्रशिक्षण लिया था। 'प्रजातंत्र' दैनिक की ओर से एक योजना के तहत इसके लिए उन्हें स्कॉलरशिप मिली थी। जो शिक्षा उन्हें मिली थी, वह अभिनय-पक्ष के बहुत काम आई। विशेष रूप से *मुद्राओं* और उनके *विनियोग* को–ओडिसी-नृत्य में एक रूप देने में। पंकज चरण दास के महारी-सूत्रों के कारण उन्होंने *मंगलाचरण गणपति वंदना* को *जगन्नाथ अष्टकम कालिंदी तत बिपिना* की तरह परिवर्तित कर दिया। यहाँ तक कि देबा प्रसाद ने अपने दक्षिण-ओडिसा संबंधों, और तांडव नृत्यकारी गजानन का मोह छोड़ दिया। सखीनट के बारे में मानते थे कि उसका संबंध शैव तंत्र परम्परा से है, गोटीपुआ ने इसका स्थान वैष्णव तंत्र सूत्रों को स्थापित करने के लिए ले लिया। जगन्नाथ-भक्ति

में इन दोनों ही धाराओं का सम्मिश्रण है। बैठकों में अगर कोई शैव या वैष्णव धारा की ओर अधिक झुका हुआ दिखाई पड़ता था तो भी मुख्य निर्णयों में किसी प्रकार से, एक सहमति अंततः बन जाती थी। लेकिन थाई नाट या थाई भंगी को लेकर विवाद उभर आया, जिसमें ओडिसा के मंदिर मूर्तिशिल्पों में नृत्य का जो रूप शिल्पित है, वह अपने स्वरूप में भी मूर्तिशिल्पीय ही है–नृत्य गतियों और नृत्य बिंबों के मामले में। यह गोटीपुआ के 'थेई धना नाट' का ही परिष्कृत रूप था। *बाटु* नाम का जो संबंध शैव धारा में शिव के कैशौर्य-पूर्व रूप से, यानी बटुक भैरव के साथ जोड़ा जा रहा था, वह तीव्र विवाद का कारण बना था। पुनर्रचना के रूप में जो सामने आ रहा था, वह बिखरे से सूत्रों की एक विचित्र माला का-सा रूप था, जिसमें नृत्यकार को छितरे हुए बोलों, और ढोल, वंशी, वीणा और मंजरी के साथ 'प्रकट' किया जा रहा था। इस विवाद में देबा प्रसाद दास बैठक छोड़कर बाहर चले गए थे, और बाद में जो संरचना उन्होंने तैयार की, उसे नाम दिया–स्थायी नाट। इसके बावजूद कि जगन्नाथ भक्ति में वैष्णव और शैव धाराओं को सम्मिलित माना जाता है, जगन्नाथ भक्तों ने भेदभाव भुलाकर साथ आने से इंकार कर दिया। पंकज चरण दास को लगा कि नृत्य गतियों में गोटीपुआ विधि को जो प्रमुखता दी गई, भले ही उसे परिष्कृत रूप में बरत कर, वह महारी प्रभाव को समाप्त करने के बराबर है, जो सबसे महत्वपूर्ण ऐतिहासिक तत्व है, और महारी हरिप्रिया ने भी पंकज चरण से ही सहमति व्यक्त की। एक रचना के रूप में पल्लवी को लेकर भी विवाद हुआ। *जतिस्वरम* या *तिल्लाना* की तरह की कोई सांगीतिक संरचना पहले से मौजूद न होने के कारण, पल्लवी के लिए शुरुआती उड़िया संरचनाएँ बिना भाषिक स्वरों के–बिना साहित्य और शब्द-तत्व के तैयार की गई थीं, जैसे कि राग कल्याण में, *देखिवो परा असारे* और राग बसंत में *मना ना करे मोरे*, बिलहारी में *अजमु देखिली घनश्यामकु*, और आरभि में *अजाश्री घोष्टा चंद्रमा*।[14] स्वर पल्लवी वाले इन प्रयत्नों में, पंकज चरण ने वाद्य पल्लवी

महादेव राउत (ओडिसी एकेडेमी)
सामने के पृष्ठ पर: गुरु रमणी रंजन जेना (ओडिसी एकेडेमी)

को जोडा। उन्होंने केलुचरण और देबा प्रसाद दोनों को ही प्रशिक्षित किया था, संभवतया मन में उनके यह बात उठी होगी कि शिष्य बाजी मारे लिए जा रहे हैं। धीरेंद्र पटनायक द्वारा नृत्य के केंद्रीय शैलीगत रूप के लिए सुझाया गया *चौका* भी पंकज चरण को उपयुक्त नहीं लगा था, उनका सोच था कि महारी की *स्वभाव भंगी*, जिसमें देह की अर्धभंगी, एड़ी की मदद से, एक कदम आगे को उठाई गई, अंगूठे के बल पर टिकी हुई ही नृत्य की केंद्रीय भंगी हो सकती है। महारी के *धूपा नट* में नौ तरह की *भौंरियाँ* (भ्रमरियाँ) मानी जाती है, *चक, नेत्र, हाला, कुला, जाला, कारा* और अन्य चीजें, जैसे कि *पटुआरा नृत्य, सभा नृत्य, हेरा नाट, चिंतन तरंग, अभिषेक और भेटा–पट शृंगार*। कालीचरण पटनायक ने अपनी ही एक सूची पेश की–*रंग प्रवेश, पुष्पांजलि, गणपति वंदना, सभारा अनुमति भूमि, गुरु-ओ तंत्र प्रणाम, नटराज,*

सभी नृत्य, आनंद नृत्य (झमतरी या पहापत्तन नृत्य)[16] इतनी तरह के विचारों और प्रस्तावों के कारण, एकमत पर पहुँचना कठिन था।

ताल विवाद का एक दूसरा विषय था, क्योंकि ओडिसी नृत्य की तालें, ओडिसी संगीत की तालों से भिन्न हैं। आदिताल नृत्य में 16 मात्रा की है, जबकि संगीत में 18 की, और जति ताल संगीत में 14 मात्राओं की है तो नृत्य में 7 मात्राओं की है। लेकिन विभिन्न दृष्टिकोणों के बावजूद 1959-60 में जब कटक के *नारी सेवा संघ* में होने वाले नृत्य कार्यक्रमों में ओडिसी नृत्य का स्वरूप निखरने लगा था और केलुचरण ने पल्लवी की नृत्य गतियाँ, कल्याणी और वसंत में रच डाली थीं, बालकृष्ण दास के संगीत के साथ, और एक मोहना में, जिसका संगीत था भुवनेश्वर मिश्र का। कविसूर्य बलदेव रथ के *भंगी चान्हा* जैसे उड़िया गीत, कृष्ण की तीन झुकी मुद्राओं का गुणगान करने वाले भी उड़िया नृत्य की त्रिभंगी मुद्रा को परिपुष्ट करने में सहायक हुए।

1958 में, म्यूजिक एकेडेमी, मद्रास में आयोजित सेमिनार में संजुक्ता पाणिग्रही ने, केलुचरण की नृत्य संरचना वाली अष्टपदी *ललित लवंग लता* को प्रस्तुत किया। गुरु स्वयं मृदंग बजा रहे थे। गायन बालकृष्ण दास का था। कालीचरण ने ओडिसी पर एक आलेख का पाठ किया। 1958 में दिल्ली के विज्ञान भवन में संगीत नाटक अकादमी द्वारा आयोजित नृत्य समारोह में जयंती घोष, तथा एक और छात्रा ने *चंदन जात्रा शैली*[17] वाली वेशभूषा में (वैसी ही जैसी कि छाया या नाव नृत्य प्रस्तुत करते हुए गोटीपुआ नर्तक पहनते थे) नंदिता मोहंती के साथ नृत्य किया। संगम में गुरु महादेव राव का मृदंग वादन था। ओडिसी नृत्य अब भ्रमण कर रहा था। और समाज समाचार-पत्र ने लिखा कि ओडिसी को शास्त्रीय भारतीय नृत्यों में पाँचवां स्थान प्राप्त हो गया है।

इसमें संदेह नहीं कि *जयंतिका* द्वारा *मंगलाचरण*, *बटु*, *पल्लवी*, *अभिनय* तथा *मोक्ष* का जो मार्गम निर्देशित किया गया था, उस पर सर्वसहमति नहीं बनी थी और अंतिम निर्णय केलुचरण परिकल्पित, तथा नृत्यकार एवं विद्वान धीरेंद्रनाथ पटनायक द्वारा समर्थित था–जिसमें बहुमत वाले पक्ष का पूरा सहयोग था। मायाधर राउत अपने कलाक्षेत्र वाली पृष्ठभूमि के साथ काफ़ी सहयोग कर रहे थे।

नृत्यकार राखाल मोहंती, सुनाकर साहू, रघुनाथ दत्ता, नवघाना मिश्र और बालकृष्ण भी पूरा समर्थन दे रहे थे। बहुत बाद में संगीत नाटक अकादमी द्वारा आयोजित 1975 के सेमिनार में मिनती मिश्र ने, जो तब उत्कल संगीत महाविद्यालय की प्रिंसिपल थी तथा देबा प्रसाद दास ने जो इसी संस्था के विभाग प्रमुख थे–*जयंतिका* के कुछ निर्णयों को प्रश्नांकित किया था। लेकिन तब तक केलुचरण ने इतनी गुरुता और प्रतिष्ठा अर्जित कर ली थी कि उनके किए हुए को सहज स्वीकारना ही बहुतों को प्रिय लगने लगा था।[18]

1956 के तीसरे अंतरविश्वविद्यालयी समारोह में, ओडिसी का उल्लेख एक स्वतंत्र और भिन्न नृत्य शैली के रूप में होने लगा था। कारण, प्रियंवदा को पहला पुरस्कार मिला था। प्रदर्शन के उपरांत केलुचरण को लखनऊ विश्वविद्यालय के छात्रों के एक समूह ने कंधों पर उठा लिया। उत्सव मनाया। ये सब छात्र कथक में प्रशिक्षित थे! 1959 में जयंतिका के बैनर तले कला विकास केंद्र ने ओडिसा के लोकनृत्यों पर शोध कार्य की पहल की। इसी समय केलुचरण ने क्षय रोग से ग्रस्त होकर अवकाश लिया। एक सैनीटोरियम में भर्ती हुए।

1961 में जब प्रियंवदा ने इंदरलाल संचालित लिटिल थिएटर ग्रुप के सौजन्य से सप्रू हाउस में नृत्य किया तो इंदिरा गांधी भी उपस्थित थीं। उन्होंने उड़िया गीतों पर अभिनय किया। (गीतों का अंग्रेजी में अनुवाद मायाधर मानसिंह ने किया था। नृत्य संरचना केलुचरण की थी। संगीत था बालकृष्ण दास का) यह कार्यक्रम 1962 में कटक में इंडियन साइंस कांफ्रेंस के अवसर पर फिर प्रस्तुत हुआ। इसमें हरिप्रसाद चौरसिया की बाँसुरी थी और भुवनेश्वर मिश्र का वायलिन।[19]

मायाधर मानसिंह (ओडिसी एकेडेमी)

1967 में सुप्रतिष्ठित भरतनाट्यम नृत्यांगना इंद्राणी रहमान ने चार्ल्स फ़ाबरी के सुझाव पर ओडिसा की यात्रा की। उत्कल नृत्य संगीत नाट्यालय परिषद द्वारा ओडिसी नृत्य पर आयोजित सेमिनार के अवसर पर, संजुक्ता पाणिग्रही, मायाधर राउत, और प्रियंवदा मोहंती को नृत्य प्रस्तुत करते हुए देखा। इंद्राणी रहमान की बेटी सुकन्या रहमान ने अपनी पुस्तक *डांसिंग इन द फैमिली* के *पुरी पिलग्रिमेज* अध्याय में दर्ज किया है कि उनकी माँ ने नर्तकियों की वेशभूषा के बारे में क्या कहा था : "वह गहरे रंगों वाली चमकीली थी। दक्षिण भारतीय सिल्क की चोटियाँ थीं, वेलवेट के ब्लाउज थे और कमर में बनारसी महीन कपड़ा बँधा था–इस सब पर चाँदी का काम था, ओडिसा से ही, सोने के आभूषण थे, दक्षिण भारतीय नकली मोतियों और रूबियों की भी कमी न थी। पुरी के समुद्रतट के निकट की एक कोठी में, जहाँ चाय पार्टी का आयोजन था, इंद्राणी की नज़र एक साधारण सी दिखती स्त्री पर पड़ी, जो सफेद सूती साड़ी पहने थी, बाल ढँके थे, और वह संभ्रांत लोगों के बीच बी एन आर होटल के ड्राइंग रूप के दरवाजे पर खड़ी थी, और जब उन्होंने उसे चाय पीने के लिए निमंत्रित किया तो लोग गला खखारने लगे, और उन्हें बताया गया कि वह महारी है, लेकिन कुछ समय बाद ही जब मायाधर मानसिंह, मुल्कराज आनंद और चार्ल्स फाबरी के आग्रह पर गुरु देबा प्रसाद दास ने इंद्राणी को शिष्या के रूप में स्वीकार कर लिया, तो वह इंद्राणी के साथ इन्हीं महारियों के पुरी स्थित घरों में गए, उनका नृत्य देखने के लिए। इंद्राणी को उनकी दशा देखकर तकलीफ़ हुई।[20] इंद्राणी की पुत्री के अनुसार, महारियाँ अब भी आनुष्ठानिक रूप से मंदिरों में नृत्य कर रही थीं, जो सार्वजनिक प्रदर्शन के लिए नहीं था। लेकिन इस कथन पर किसी ने मोहर नहीं लगाई, क्योंकि मंदिरों में इन स्त्रियों का नृत्य कब का बंद हो चुका था।

ओडिसी को पुनर्नवा करने की तैयारियाँ

इस नृत्य के नए रूप में प्रकटन को लेकर कुछ सुखद संयोग घटित हो रहे थे। 1948 में कटक के आकाशवाणी केंद्र की स्थापना हुई, और 1950 के आसपास पी.नी. कृष्णमूर्ति के रूप में उसे एक ऐसा निदेशक मिला जो स्वयं संगीतकार था, और जिनके परिवार के सदस्य कई रूपों, और कई विभागों में, रुक्मिणी देवी अरुंडेल के कलाक्षेत्र से संबद्ध थे। उन्होंने ओडिसा के लोक संगीत का संकलन तो किया ही, पी.वी. के. (इसी तरह लोग उन्हें प्रेम से पुकारते थे) ने कई अन्य काम भी किए। पारंपरिक ओडिसी संगीत में दीक्षित, और बड़े गुलाम अली खाँ से प्रशिक्षित बालकृष्ण दास को, और भुवनेश्वर मिश्र को, जो कर्नाटक संगीत और हिंदुस्तानी संगीत में दीक्षित थे (द्वारम वेंकटनायडू स्वामी के छात्र) तथा हरिप्रसाद चौरसिया को, जो उन्हीं के (पी.वी. के.) की खोज थे, साथ ले आए। सुरेंद्र मोहंती के रूप में उन्हें एक सक्षम पटकथा लेखक मिला। और पी.वी. के. ने गुरुओं के साथ नृत्य, संगीत, नाटक की प्रस्तुतियों को रचित कराना शुरू किया। उन्होंने 1950 में

ही केलुचरण महापात्र की प्रतिभा को पहचान लिया था, जब वह उनसे मिले थे। उन्होंने केलुचरण के साथ *साखी गोपाल* (1956), *कोणार्क जागरण*, *पंचपुष्प* (1957) *कृष्ण गाथा* (1958), *कुमार संभव* (1959), *शकुंतला* (1960), *मेघदूत* (1962) और *ब्रज लीला* (1963) जैसी प्रस्तुतियाँ तैयार करवाईं। ओडिसा में प्रदर्शनकारी कलाओं का जैसा नवोन्मेष पी.वी.के. के समय में हुआ, वह एक स्वर्णिम अध्याय की तरह देखा जाता है। उनका योगदान सचमुच अप्रतिम था।

इसी समय जयप्रकाश नारायण के एक सहयोगी बाबूलाल दोषी ने ओडिसा में समाजवादी विचारधारा का प्रसार किया, और वह ओडिसा की कलाओं के उन्नयन लिए भी अत्यंत प्रयत्नशील हो उठे। यह उन्हीं के उद्यम का फल था कि कटक कला विकास केंद्र की स्थापना हुई और ओडिसा को पहला कला-प्रशिक्षण केंद्र मिला। मुख्यमंत्री हरेकृष्ण महताब से इसके लिए भूमि मिलने के बाद बाबूलाल दोषी ने इमारत के लिए चंदा इकट्ठा करना शुरू किया। उन्होंने शपथ ली कि जब तक वह अपना सपना पूरा नहीं कर लेंगे, तब तक नंगे पैर ही चलेंगे। 1958 में भवन का शिलान्यास हुआ और 1959 में पहली मंजिल बनकर तैयार हो गई! इसके बहुत पहले ही उड़िया बाज़ार, गंगा मंदिर और बांका बाज़ार में कक्षाएँ लगनी शुरू हो गई थीं। 1953 में केलुचरण संस्था से संबद्ध हुए, और उनकी कक्षाओं ने बहुतेरे सीखने वालों को आकर्षित किया। बाद में उन्हें रघुनाथ दत्ता के रूप में एक सहयोगी नृत्य शिक्षक मिला। रघुनाथ दत्ता भी कुछ समय अन्नपूर्णा बी. के साथ रहने के बाद संस्था में आए थे। कला विकास केंद्र में केलुचरण 1965 तक रहे, और यह समय केंद्र के विकास में अत्यंत सहायक हुआ। यही वह समय था जब ओडिसा में यह केंद्र नृत्य का पर्याय बन गया था। केलुचरण की शिष्याओं ने जनप्रियता अर्जित करनी शुरू कर दी थी–जयंती, आभा, कृष्णप्रिया, बनप्रिया, मीरा, प्रतिभा, मीनाक्षी और संजुक्ता आदि ने। इनमें से संजुक्ता, गुरु के एक आरंभिक शिष्य अभिराम मिश्र की ही बेटी थी। अभिराम ने 1949 में गुरु से शिक्षा पाई थी और वह कलाक्षेत्र से भरतनाट्यम में भी प्रशिक्षित हुए थे। कुमकुम दास (अनंतर कुमकुम मोहंती) 1954 में संस्था में आईं। उनके माता-पिता गुरु केलुचरण के समर्थकों-प्रशंसकों में थे और उनके घर में केलुचरण ने कई कक्षाएँ लगाई थीं। सबकी ख़ातिरदारी का जिम्मा तब कुमकुम की माँ ही उठाती थीं। कुमकुम, केलुचरण की प्रमुख शिष्याओं में थीं, और कई मामलों में उनकी आत्मीय सहयोगी भी। जयंती, एक बंगाली शिक्षाविद की पुत्री थी, जबकि एक अन्य प्रतिभाशाली नृत्यांगना मीनाक्षी नंदा एक ब्राह्मण परिवार से थीं। एक पुलिस अफ़सर की बेटी साधना बोस भी उन्हीं की आरंभिक शिष्याओं में से एक थीं। इन सभी प्रतिभाशाली नृत्यांगनाओं ने कई पुरस्कार और सम्मान प्राप्त किए। कई प्रतियोगिताएँ जीतीं। यह भी गौर करने लायक है कि इस समय भी बनबिहारी मैती की शिष्याएँ, इन आयोजनों में हिस्सा ले रही थीं, और 'ओरिएंटल डांस' की शैली में नृत्य कर रही थीं, पर क्रमशः यह शैली ओडिसी के सामने फीकी पड़ती जा रही थी।

मायाधर राउत कला विकास केंद्र के पहले शिक्षक थे, केलुचरण के वहाँ आने से भी पहले। उन्होंने भी अन्नपूर्णा बी. के साथ काम किया था। दूसरों की तरह, और गोटीपुआ विधि में प्रशिक्षित थे। शुरुआती नृत्य-नाटकों में नायक की भूमिका निभाते थे। उस समय प्रस्तुत किए जाने वाले नृत्य में, कई नृत्य-रूपों का सम्मिलन था, ओडिसी के प्रशिक्षण के साथ मणिपुरी, भरतनाट्यम, कथक और *सर्प* तथा *मयूर नृत्य* जैसे लोकनृत्य भी उसकी परिधि में थे। कुमकुम मोहंती जब उस समय सीखे गए *रेल नृत्य* के बारे में अपनी विनोदपूर्ण शैली में बताना शुरू करती हैं, और कुछ करके दिखाती भी हैं, तो दर्शक आज भी चकित-मुग्ध हो उठते हैं।[21]

सामने के पृष्ठ पर: कुमकुम मोहंती (ओडिसी एकेडेमी)

1943 में जिस नेशनल म्यूजिक एसोसिएशन की स्थापना हुई, वह भी एक सक्रिय संस्थान था। देबा प्रसाद दास इसके ओडिसी नृत्य शिक्षक के रूप में जुड़े। इसके बाद वह भुवनेश्वर कला केंद्र में पहुँचे, और उन्हें इस बात की अनुमति मिली कि वह महीने में तीन बार दिल्ली जाकर इंद्राणी रहमान को प्रशिक्षित करें। इंद्राणी को सिखाने और फिर उनके साथ विदेश भ्रमण के अवसर तथा प्रसिद्धि मिलने के बावजूद देबा प्रसाद को एक बड़ी क्षति तो यह हुई ही कि जब ओडिसी का नवोन्मेष हो रहा था–उसका एक इतिहास रचा जा रहा था तो वह ओडिसा में मौजूद नहीं थे। और जब बाद में वह उत्कल संगीत महाविद्यालय से जुड़े भी, तो वह दौर तो जा चुका था, जिसका अंग बनकर वह निश्चय ही एक दूसरा शिखर छूते! केलुचरण ओडिसा में ही रहे, चुपचाप अपने काम में लगे रहे, और उन्होंने बहुतेरी शिष्याओं का आदर-मान प्राप्त किया।

तीनों अग्रणी गुरुओं ने ओडिसी की अपनी निजी शैलियाँ विकसित कीं। पंकज चरण की शैली में *चौका* को महत्व मिला (हालाँकि जयंतिका के दिनों में उन्होंने इसे केंद्रीय मुद्रा नहीं माना था) कलाई के कोमल घुमाव उनकी शैली का अंग बने और विशुद्ध स्त्री-सुलभ गतियों (चलियों) के लिए भी वे जाने गए और उनकी भँवरियों में घुमावदार कलाइयाँ और बाँहें, वृत्त के भीतर वृत्त बनाने वाली, भी उनकी शैली की पहचान है।[22] एक हाथ से साड़ी के आँचल को सुकुमारता से उठाए हुए, उसे इधर से उधर लहराती हुई स्त्री (नृत्यांगना) मोहक लगती थी। उसकी शैली में देह के ऊपरी भाग पर बल था, *वक्ष-संचार* को महत्व दिया जाता था। नीचे का भाग निर्दिष्ट आसनों/मुद्राओं के अधीन रहता था। *चौका* में आधी बैठी हुई नृत्यांगना के चक्कर लगाने को भी उन्होंने एक विशेषता की तरह इस्तेमाल किया, और पैरों को इतना ऊपर न उठाने के निर्देश दिए कि तलवे दिखाई पड़ जाएँ। यह *महारी* शैली का अंग था, और इसे अशोभनीय माना जाता था। आध्यात्मिक और ऐंद्रिक का एक सम्मिलन उनके दृष्टिकोण में था और उनकी शैली की गतियों में भटके नहीं होते थे। वे एक अत्यंत कल्पनाशील नृत्य संरचनाकार थे, अपनी संरचना *ग्लानि संहार* में उन्होंने सामान्यतया अग्रभागीय (फ्रंटल) ढंग से किए जाने वाले नृत्य का समेकित ढंग अपनाया। समूहन के लिए। यह उन्होंने तब किया था, जब वह मात्र 20 वर्ष के थे। आज तक किसी ने इसमें कोई फेरबदल नहीं करना चाहा। अन्य संरचनाएँ थीं *मातृ वंदना* और *ओम नमः शिवाय*। इन्हें पुरुष-देह के अनुरूप परिकल्पित किया गया था। इससे इस गुरु की दूरदर्शिता प्रकट होती है, क्योंकि ओडिसी को तो नारी-शरीर को दृष्टिगत रखते हुए रूपायित किया गया था। लेकिन या तो यह उनकी महारी पृष्ठभूमि के कारण था, जिसे लोग नापसंद करते थे, या उनके काम करने की अपनी ही एक शैली के कारण, वह कभी ऐसे प्रशिक्षार्थियों को आकर्षित नहीं कर पाए, जिन्होंने केवल उन्हीं से सीखा हो, उन्हीं के शिष्य रहे हों, और वे उनकी परम्परा को आगे बढ़ा सकें। इस अग्रणी के नाम पर, जिसे ओडिसी का *पितामह* भी कहा जाता है, आज कोई बड़ा नृत्यकार नहीं है, जबकि प्रायः सभी ओडिसी नृत्यकारों नृत्यांगनाओं ने, कभी न कभी उनकी रची हुई नृत्य संरचनाएँ सीखी हैं। उनका काम, अन्य ओडिसी शैलियों में घुलमिल सा गया है, और अब वह अपने आप में इतना दमदार नहीं रहा कि उसे उनकी ही विशिष्ट शैली के रूप में पहचाना जा सके। उनकी एक ही ऐसी शिष्या हैं रत्ना राय, जो केवल उन्हीं को अपना गुरु मानती हैं। वह अमेरिका में रहती हैं, जहाँ वह पंकज चरण शैली का ओडिसी नृत्य सिखाती हैं, एवरग्रीन स्टेट कॉलेज में, नृत्य प्रोफेसर के रूप में, एक खास अवधि में, और लिबरल आर्ट्स एंड साइंस की स्नातक डिग्री के लिए तीन वर्ष का ओडिसी पाठ्यक्रम चलाती हैं। गुरु की एक और शिष्या रीता देवी ने भी अपने जीवन का अधिकाँश भाग विदेश में बिताया है, और बावजूद अपने उत्साह, और अपनी प्रतिबद्धता के, कोई गहरी छाप नृत्य जगत पर नहीं छोड़ सकी हैं। पंकज चरण उत्कल संगीत महाविद्यालय

में 1960 के दशक में आए थे और उनकी *पल्लवियाँ*, *शंकराभरणम अरभि*, *कल्याण*, *देशाकया* की, तथा उनकी संस्कृत श्लोकों वाली *गतिविलास पल्लवी*, प्रत्येक गति और तालक्रम के अनुसार, पारंपरिक पल्लवी धुन में निबद्ध–बहुत-सी ओडिसी नृत्यांगनाओं द्वारा प्रस्तुत की जाती हैं। *राधा रानी संग नाचे*, या *नचंति श्री हरि* के अर्थ/मर्म को नृत्य द्वारा मुखरित करने वाली उड़िया गीतों की संरचनाएँ, उनकी लोकप्रिय संरचनाओं में से हैं। द्रौपदी, अहिल्या, कुंती, तारा और मंदोदरी को ले कर रची गई *पंचकन्या* शीर्षक संरचना के लिए उन्हें बेहद प्रसिद्धि मिली। *नवदुर्गा* सहित इस प्रकार की जो विषयवस्तुएँ उन्होंने चुनीं, उसके पीछे संभवतया स्त्रियों वाले घर में, महारियों के बीच बड़े होने का कोई सीधा प्रभाव था। इन पौराणिक चरित्रों की उनकी संरचना में, यहाँ तक कि *गीत गोविंद* की अष्टपदियों वाली राधा में भी, हमें एक आंतरिक बल मिलता है, कोई अश्रुपूरित दुर्बल नारियाँ नहीं। महारी के सम्मोहन और गोटीपुआ के उल्लासपूर्ण तत्वों को मिलाकर इस गुरु ने अपनी एक शैली रची। महारी नृत्य के रूप में जो कुछ उन्होंने रचा, वह बचपन की स्मृतियों और नई कल्पनाओं के सहारे रचा गया रूप ही था।

एक अंतराल के बाद महारी पर फोकस

ओडिसी के नवोन्मेष ने इन भूली-बिसरी स्त्रियों की सुधि फिर दिला दी, हालाँकि आलोचकों को यह कुछ नागवार गुजरा, क्योंकि वे मानते थे कि एक पुरानी प्रथा में यह दिलचस्पी पुनरुत्थानवादी है, गैर ज़रूरी है। सामाजिक अपराध-बोध भी इस 'सुधि' का कारण हो सकता है, क्योंकि एक पेशेवर समुदाय को ही दृश्य से हटा दिया गया था, जिसकी चर्चा नृत्य के इतिहास में आज भी होती है। लेकिन बहुत बाद में जब संजुक्ता ने अपने को एक नृत्यांगना के रूप में पुरी मंदिर को समर्पित कर देने की बात कही तो इसका भारी विरोध हुआ था। इतिहास में वापस जाना आसान नहीं होता। दस्तावेजों के हिसाब से कुंदमहारी, अंतिम महारी थी, हालाँकि उनकी बेटी ने बाद में 1957 में महारियों पर बनी फ़िल्म में जो नृत्य किया, उसमें कुछ विशेष नज़र नहीं आया था। ओडिसी संगीत नाटक अकादमी के सचिव रह चुके देवदत्त समंत सिंहार 1955 के गजट का हवाला देते हैं, जिसमें नौ महारियों और ग्यारह वादकों के अस्तित्व की बात दर्ज है। हरिप्रिया और शशिमनी नाम की दो *भीतर गाओनियों* के साथ कुछ जोरदार प्रयत्न परम्परा को पुनर्जीवित करने के लिए किए गए थे। 1980 में कोकिलाप्रभा और परशुमणि ने भी एक प्रयत्न किया। इन दोनों ने श्रीमंदिर में रथ यात्रा के दौरान *यशोदा सेवा* प्रस्तुत की, पर *नचनी-गाओनी* परम्परा तो कब की समाप्त हो चुकी थी। और यह कल्पना करना कठिन है कि इस परम्परा के अभाव में पंकज चरण ने जिस महारी नृत्य को परिकल्पित किया, उसका आधार क्या था। कुछ ओडिसी नृत्यांगनाओं ने कोकिलाप्रभा और परशुमणि से थोड़ी-बहुत चीजें सीखने का यत्न किया है। लेकिन *भीतर गाओनियों* की किसी परम्परा के न बचने के बाद बहुतेरे लोग यही मानते हैं कि इन स्त्रियों के पास नृत्य के नाम पर जो कुछ है, वह गोटीपुओं से ही लिया गया है। अब नृत्यांगनाओं को महारी पुरस्कार देकर ही ऐतिहासिक स्मृति को सुरक्षित रखने की कोशिश हो रही है।

गुरु केलुचरण का जादू

गुरु केलुचरण महापात्र का स्पर्श जादुई था। वह चित्रकार परिवार के थे। उन्हें विरासत में चित्र-रचना के गुण मिले थे, और सूक्ष्मता के साथ चीजों को देखने के भी। ओडिसा के मंदिरों की नृत्यमुद्राओं की उनकी एचिंग्स (अम्लांकन) यह बताने के लिए काफ़ी हैं कि वे कितनी अच्छी तरह शरीर के अंगों-उपांगों को रेखाओं में उतार सकते थे, और मुद्राओं को भी उनके मर्म के साथ समझ सकते थे। यही सूक्ष्म-दृष्टि उनकी नृत्य-संरचनाओं में भी थी। वे एक अच्छे वादक भी थे और खोल/पखावज के उनके सुमधुर वादन ने पी.वी.के. को भी मंत्रमुग्ध

गुरु केलुचरण महापात्र (अविनाश पसरीचा)

सुजाता महापात्र (अविनाश पसरीचा)

सामने के पृष्ठ पर: संजुक्ता पाणिग्रही (अविनाश पसरीचा)

किया था और इसकी पूरी संभावना थी कि एक वादन विशेषज्ञ के रूप में वे ऑल इंडिया रेडियो के हो जाते। लेकिन कालीचरण पटनायक ने निदेशक से कहा कि अगर ऐसा हुआ तो केलुचरण की विलक्षण प्रतिभा को क्षति पहुँचेगी। सौंदर्यप्रियता केलुचरण में भरपूर थी, और घर बनाने से लेकर नृत्य करने, यहाँ तक कि पान का बीड़ा बनाने में, उनकी यह सौंदर्यप्रियता झलक उठती थी। वे अत्यंत परिश्रमी थे और 1970 और 80 के दशक में वह घूम-घूम कर नृत्य के प्रशिक्षार्थियों को शिक्षा दे रहे थे–दिल्ली के गंधर्व महाविद्यालय में, कोलकाता के पदातिक सेंटर में और बंबई (अब मुंबई) के नेशनल सेंटर फॉर परफार्मिंग आर्ट्स में। नृत्य-संरचना में उनकी चित्र-दृष्टि, और वादन में उनकी कुशलता ने *जयंतिका* के दिनों में उन्हें ओडिसी के मुख्य रचयिता का दर्जा दे दिया था। धारी खिता धी और थेई थेई तथा *त्रिखंडी प्रणाम* के बोल, जो *मंगलाचरण* का आधार बने, वे उन्होंने बहुत पहले 1948 में रचे थे, और *वैदेहिसा विलास* में लक्ष्मीप्रिया ने कलावती की भूमिका निभाई थी। यह उपेंद्र भंज का नृत्य-नाटक था। जब उन्होंने कला विकास केंद्र से अपने को जोड़ा तो उनका वेतन मात्र बीस रुपए मासिक था। उनकी शिष्या संजुक्ता का नृत्य 1958 में मद्रास की म्यूजिक एकेडेमी में हुआ था, 1961 में पी.वी.के. के सहयोग से *तपस्विनी* की प्रस्तुति चार मंचों पर हुई, जिनमें से दो मंच घूमने वाले थे। इसकी परिकल्पना मायाधर राउत की थी, सहयोगी थे केलुचरण महापात्र।

केलुचरण महापात्र की तकनीक की प्रमुख बात यह थी कि उसमें *त्रिभंग* की मुद्रा में नितंबों के झुकाव या

विक्षेपण का निषेध था, और सिर्फ़ वक्ष के इस ओर या उस ओर झुकाव से ही यह मुद्रा साधी जानी थी। गुरु की बताई वक्ष/धड़ गतियों में बहुत गरिमा थी। देह की केंद्रीय रैखिक गति को बनाए रखने पर जोर था। उनकी विधि में लय का भी मानो एक गणितीय उपयोग था। यह एक बहुत बड़ी सुविधा थी कि उनके और भुवनेश्वर मिश्र के बीच गहरा तालमेल था, एक नृत्य गतियों को ध्यान में रखते हुए संगीत-रचना करता था, दूसरा, गीति को गतियों के ज़रिए अनुप्राणित करता था। मोहनम, शंकराभरणम, सावेरी, अरभि, हंसध्वनि, खमाज, बिहाग और बिलाहरी की पल्लवियाँ इस बात का प्रमाण हैं कि संगीतकार और नृत्य-गुरु के बीच का संबंध कितना रचनाशील था। 1964 में पी.वी.के. की पहल पर मुंबई में, केलुचरण के सहयोग से, एक तीन दिवसीय आयोजन हुआ, जिसमें ओडिसा से सौ से अधिक कलाकारों ने भाग लिया। नृत्य-नाट्यों के कलाकारों के अतिरिक्त इसमें ओडिसी, छऊ और लोकनृत्यों का प्रतिनिधित्व था। 1967 में संगीत नाटक अकादमी के गीत गोविंद सेमिनार के लिए केलुचरण ने *सखी हे* और *धीर समीरे...* की रचना की, नृत्यांगना थीं—कुमकुम मोहंती। इसके पहले ओडिसी में उनकी *गीत गोविंद* की अष्टपदियों की प्रस्तुति मसलन *ललित लवंग लता* 1958 में तैयार की गई थी। *दशावतार* 1959 में। *निंदति छंदना* भी 1959 में ही तैयार हुई थी। *याहि माधव* 1961 में, *पश्यति दिशि दिशि* 1962 में, और *हरिरिहमुग्धा वधु* 1963 में तैयार की गई थी। इनकी रचना संजुक्ता पाणिग्रही, प्रियंवदा मोहंती और कुमकुम मोहंती के लिए की गई थी। ये बहुत प्रशंसित हुईं और जिस प्रकार काव्य पंक्तियाँ अभिनय और नृत्य गतियों में लयात्मक ढंग से ढाली गईं, उसकी बेहद सराहना हुई। जब मायाधर मानसिंह ने गुरु केलुचरण से 1967 में आग्रह किया कि उनकी पुत्रवधू सोनल मानसिंह के लिए वे *कुरु यदुनंदन* की संरचना करें, तो गुरु आरंभ में कुछ दुविधा में थे। ऐसे कामोद्दीपक अंशों को नृत्य का आधार बनाने में संकोच कर रहे थे। पर जब मायाधर जी ने उन्हें लताड़ा कि "क्या तुम विवाहित नहीं हो?"[23] तो केलुचरण इसकी संरचना में लग गए क्योंकि डॉ. मायाधर अत्यंत प्रतिष्ठित व्यक्ति थे और ओडिसी के प्रबल पक्षधर और संरक्षक भी थे। ओडिसी अब प्रतिष्ठा पा रही थी और वे दिन कुछ पीछे रह गए थे, जब महारी को नीची नज़रों से देखे जाने के कारण स्वयं नृत्य को अच्छा नहीं माना जाने लगा था।

गुरु केलुचरण महापात्र ने जिन 21 अष्टपदियों के लिए नृत्य संरचनाएँ की थीं, उनके अतिरिक्त भी बहुतेरे उड़िया गीतों की उन्होंने नृत्य प्रस्तुतियाँ तैयार की थीं। उड़िया कविता में अत्यंत महत्व रखने वाले *चम्पुओं* और राधा-कृष्ण प्रेम का उत्सव मनाने वाले गीतों जैसे *लीला निधि हे*, *नुआ नट*, *जानी ची* मुइते, जानना जैसे *अहे नील शैला* और अन्य कई संरचनाएँ, जैसे कि तोलगी *गोपा डंडा*, *बटा छड़ि दे*, *हे बनगिरि*, *श्यामकु जुहार* और दइने *ना डाकिबू* भी रचीं, प्रियंवदा के लिए। साथ ही लगभग चालीस नृत्य-नाटकों की भी सर्जना की। निस्संदेह वे ओडिसा के ऐसे सर्जक रहे हैं, जिनके काम की सूक्ष्मता, सुकुमारता, और बुद्धि वैभव की प्रखरता हर तरह से सराहनीय रही है। कुमकुम मोहंती की माँ को पान के लिए सुपारी काटते हुए देखना, और एक नायिका को उसी कुशलता, और लयपूर्ण ढंग से नृत्य करते हुए देखने में, उनकी सूक्ष्मदृष्टि ही तो काम करती थी। गुरु केलुचरण मेकअप करने में भी माहिर थे और उन्होंने ही ओडिसी की वेशभूषा में *बेंगापटिआ* (कमरबंद) तथा *ताहिया* (पीठ से बनी हुई मुकुट जैसी सिर-सज्जा) की शुरुआत की थी। वह ओडिसी के व्याकरण को लेकर बहुत सख़्त थे, और बड़े खरे ढंग से अपनी नाराज़गी किन्हीं प्रिय शिष्याओं पर भी प्रकट कर सकते थे। जैसी कि इलिआना सिटारेस्टी से उनके छऊ कक्षाओं में जाने को लेकर जाहिर की थी, लेकिन 1998 में, प्रफुल्ल कर के संगीत के साथ, इलिआना के लिए *एकलव्य* की संरचना उन्होंने की थी, और आदिवासी चरित्र के अनुरूप जब वैसी ज़रूरत महसूस हुई तो उसी छऊ की

गतियों का इस्तेमाल भी उन्होंने किया, क्योंकि उसी से धनुष संचालन को कुछ प्रभावशाली ढंग से दिखाया जा सकता था। वर्षों बाद, वाशिंगटन में आयोजित दूसरे अंतरराष्ट्रीय ओडिसी समारोह से लौटते हुए हवाई जहाज में मुझसे उन्होंने आत्मीय बातचीत में कहा था, "अगर मैं घोड़े की लगाम को मजबूती से पकड़े नहीं रहूँगा, तो वह बेकाबू हो जाएगा... और मैं नहीं चाहता कि ओडिसी के साथ ऐसा हो।"

वृद्धावस्था की ओर बढ़ने तक केलुचरण की माँग सिर्फ़ गुरु के रूप में ही नहीं, नृत्यकार के रूप में भी बढ़ती ही गई थी। उनमें यह क्षमता थी कि वह *गीत गोविंद* की राधा को भी अपने नृत्य में विश्वसनीय रूप से साध सकते थे। दर्शक यह भूल जाते थे कि उनके सामने लगभग सिर से गंजी हो चुकी एक पुरुष आकृति है, जिसके मुस्कराने पर उसके पानसिक्त दाँत दिखते हैं, वे तो उनमें बस उस राधा को ही निहारते रह जाते थे जो अपने लहराते केशों के साथ, कृष्ण की प्रेयसी बनी प्रेमलीला में डूबी हुई थी।

गुरु केलुचरण का मृदंग वादन बिल्कुल अपनी तरह का था। उनकी उंगलियों में जादू था, और जब वह पखावज बजाते थे तो लगता था कि पखावज नाच-गा रहा है–यही तो उनके शिष्य शिष्याएँ बताते रहे हैं। उस वादन की लय गजब की ही तो हुआ करती थी। और हथेली के बीच की जगह की ओर इशारा करते हुए गुरु कहते थे कि, "हाथ का यही हिस्सा है जो बजाने में मधुरता पैदा करता है, कुल हाथ नहीं।" यानी वह हिस्सा जो कोमल है। यह कलात्मकता कुछ हद तक उनके बेटे रतिकांत महापात्र को विरासत में मिली है। वह भी अद्भुत पखावज वादक है।

केलुचरण ने एक बड़ी संख्या में प्रथम पंक्ति की नृत्यांगनाएँ तैयार की हैं: संजुक्ता पाणिग्रही, सोनल मानसिंह, कुमकुम मोहंती तो हैं ही, अपनी पुत्रवधू सुजाता महापात्र, माधवी मुद्गल और शर्मिला विश्वास को भी प्रेरित-प्रशिक्षित करने का श्रेय उन्हीं को है, जो आज की प्रशंसित नृत्यांगनाओं में हैं। जिन पुरुष नृत्यकारों को उन्होंने तैयार किया है, और अब जो स्वयं शिक्षक हैं, उनमें रमणी रंजन जेना, नटवर महापात्र, शंकर, माधव, लिंगराज, निरंजन, मुरली, गंगाधर, बीरकिशोर, गिरिधारी, ध्रुव और सुधाकर शामिल हैं। और उनके बेटे रतिकांत महापात्र भी तो, जो अब केलुचरण द्वारा स्थापित संस्था सृजन की देख-रेख कर रहे हैं।

यों तो केलुचरण ने कई अग्रणी नृत्यकारों को प्रशिक्षित किया, लेकिन संजुक्ता पाणिग्रही उनकी पहली शिष्या थी, और पहली ऐसी लड़की भी, जिसमें बचपन से ही नृत्य के प्रति ललक थी और जिसने ओडिसी को ही अपना जीवन अंततः समर्पित भी कर दिया। वह निश्चय ही विलक्षण प्रतिभा की धनी थी। वह मात्र 16 वर्ष की थीं जब रघुनाथ पाणिग्रही से प्रेम करने लगीं और उन्हीं से विवाह किया। रघुनाथ 1976 से संजुक्ता के न रहने तक (1997) उनके संगीतकार रहे। संजुक्ता का आह्लादमय, नृत्य बेहद रचनाशील था, और उसकी परिपूर्णता बहुतों को आकर्षित करती थी, जिनमें विश्वप्रसिद्ध नृतत्व शास्त्री एबरहार्ड फिशर और नाट्य निर्देशक यूजीनिओ बार्बा शामिल रहे हैं। पश्चिम में उनके कई नृत्य-प्रदर्शन संग्रहालयों में आयोजित हुए। यूजीनिओ बार्बा द्वारा स्थापित इंटरनेशनल स्कूल ऑफ थिएटर एंथ्रोपोलॉजी (आई एस टी ए) में उनकी भागीदारी ने उन्हें विश्वप्रसिद्ध कर दिया। समीक्षकों को यह प्रतीत हुआ कि उनके नृत्य और उनके द्वारा दिए गए व्याख्यानों ने पश्चिम में बहुतेरे नृत्य प्रेमियों और कलाकारों की आँखें खोल दीं, और पारंपरिक भारतीय रूपाकारों और कला-रूपों को समझने-सराहने की दिशा में खासा योगदान किया।

दुनिया के प्रसिद्ध रंगकर्मियों के साथ काम करते हुए, उन्होंने ऊर्जा, तनाव, गति की भंगिमाओं, स्वतःस्फूर्ति पर विचार-मंथन किया और ओडिसी की दशा-दिशा को लेकर भी बहुत कुछ सोचा-विचारा। सहज ही, स्वतःस्फूर्त ढंग से कुछ नया कर डालने की क्षमता, उनमें भरपूर थी। जुइला बारले ने अपने संस्मरणों में दर्ज किया

माधवी मुद्गल (ओडिसी एकेडेमी)

शर्मिला विश्वास (ओडिसी एकेडेमी)

है कि सिर्फ़ संजुक्ता ही 'परम्परा की रक्षक और स्थापक' की उपाधि की अधिकारिणी हैं।[24] हालाँकि इंद्राणी रहमान ने ही पहले पहल अपने नृत्य-प्रदर्शन से दुनिया को ओडिसी के प्रति सजग किया था, लेकिन संजुक्ता ही थी जिनकी सर्जनशील प्रतिभा और सतत निष्ठा ने ओडिसी को जीवंत और प्रभावशाली बनाए रखा। जब वह *मोक्ष* की प्रस्तुति करती थी तो ऐसा लगता था जैसे वह भाव-समाधि की अवस्था में हों, इतनी तन्मय कि किसी और चीज़ का होश ही न हो। नृत्यकार का यह विरल गुण उनमें था कि तल्लीन और तन्मय होकर नृत्य करने में, दर्शकों की उपस्थिति का भान उनमें क्षीण हो जाता था–बस नृत्य, और नृत्य ही सर्वोपरि हो जाता था। ऐसी विलक्षण प्रतिभा को कैंसर ने छीन लिया, जब वह आयु के पाँचवें दशक में ही थी। ओडिसी की तो यह ऐसी क्षति थी, जिसकी पूर्ति फिर हो ही नहीं सकती थी।

केलुचरण को शिष्य भी बहुत अच्छे मिले। कुमकुम मोहंती भी उनकी शुरू दिनों की ही शिष्या हैं। उनका परिवार केलुचरण का शुभचिंतक और समर्थक था, और कुमकुम भी पूरी लगन और निष्ठा के साथ उनसे सीखती रहीं। सौंदर्यमयी, बुद्धिमती और अभिव्यक्ति की प्रबल क्षमता वाली कुमकुम, गुरु के सानिध्य में लंबे अरसे तक रहीं। सरकार द्वारा 1986 में स्थापित[25] एक स्वायत्त संस्था 'ओडिसी रिसर्च सेंटर' की कुमकुम 2004 तक प्रमुख रहीं, और इस तरह भी ओडिसी की प्रगति और विकास में एक अग्रणी भूमिका अदा करती रहीं। 2004 में उन्होंने अवकाश प्राप्त किया। केलुचरण महापात्र, बालकृष्ण दास और भुवनेश्वर मिश्र जैसे सर्जनाशील व्यक्तित्वों से इसने अपने को जोड़े रखा, जो विशेषज्ञ की हैसियत से अपना योगदान देते रहे, और रचनात्मक गतिविधियों के प्रेरणास्रोत बने रहे। केलुचरण के लिए बढ़ती आयु में यह

देबा प्रसाद दास (ओडिसी एकेडेमी)

संस्था एक आधार-भूमि बनी रही, तब तक जब तक कि सरकारी दखलंदाजी से परेशान होकर उन्होंने त्यागपत्र नहीं दे दिया। और फिर अपनी संस्था शुरू की 'सृजन'।

देबा प्रसाद दास

ओडिसी जगत में विपुल योगदान करने वाले दूसरे नृत्यकार थे देबा प्रसाद दास। वह गोटीपुआ गुरु मोहन महापात्र के प्रधान शिष्यों में थे। बाद में उन्होंने पद्मनाव दास से, और चन्द्रशेखर पटनायक से भी सीखा। न्यू थिएटर्स, जहाँ वह काम करते थे, वहाँ से उन्हें राशि बहुत कम मिलती थी। खर्च चलाने के लिए दिन में वह एक प्रिंटिंग प्रेस में काम करते थे। स्वतंत्र व्यक्तित्व के, अपनी ही राह चलने वाले देबा प्रसाद, प्रमुख ओडिसी परिदृश्य से कुछ बाहर ही रहे। वह इस पर अड़े रहे कि *थाई नाट*, जो उनकी संरचनाओं में स्थायी कहलाता था, वह कभी बट्ट नहीं हो सकता। वह शैक्षिक जगत वाले विद्वान तो नहीं थे, पर उनके पास ज्ञान था, विद्वता की अंतर्धारा थी, और उनकी ओडिसी शैली में लोक और गोटीपुआ की प्रेरणाएँ थीं। ओडिसी के प्रति उनके दृष्टिकोण में तांत्रिक प्रभाव था जिसे हम *ध्यान श्लोक* और *सावेरी पल्लवी* में देख सकते हैं, जहाँ नायिका-रागिनी, की परिकल्पना एक काली सुंदरी के रूप में की गई है, जो लक्षणों और गुणों से आदिवासी है। बुद्धकालीन प्राचीन *चर्या* गीत और जगन्नाथ भी अपने आरंभिक प्रकटन में, सावेरा आदिवासियों द्वारा *नीलमाधव* के रूप में पूजे जाते हैं। ओडिसी अस्मिता में यह धारा घुलमिल गई है। गुरुजी ने *देसी* या *लोकधर्मी* को कभी कम करके नहीं आँका, और 'शैली' के नीचे उन्हें दबा देने के पक्ष में कभी नहीं रहे। उनकी तेजस्वी शैली में माटी की महक थी। पश्चिमी ओडिसा में वह विशेष रूप से संबलपुर गए और संबलपुरी नृत्य में शिव तांडव का आत्मीय अध्ययन किया। यह नृत्य अब भी कुंभाहारी[26] में देखा जा सकता है। अब इसे स्त्रियाँ करती

हैं, पहले पुरुषों का ही इस पर अधिकार था। इस नृत्य के कई ऊर्जावान गतिरूपों ने उनकी ओडिसी नृत्य-संरचना को प्रभावित किया है। उसका 'शब्द-स्वर-पाठ' वाला दृष्टिकोण, जिसमें शब्द, संगीत, लयात्मक शब्दांशों का 'संगम' होता है (भरतनाट्यम के *काउत्वम* की तरह) और संस्कृत श्लोक का पाठ भी–शब्द[27] और 'उक्कुता', *सितु* में, उस सबने उनके नृत्य को एक नाटकीय तीव्रता दी, और उनकी तांडव शैली ने ओडिसी में अपने रंग भरे। वह हमेशा पुरी मंदिर के गरुड़ स्तंभ के निकट के *काम रथ* का उदाहरण दिया करते थे, जिसमें कई गोपियाँ एक-दूसरी में गुँथी सी कलाबाजी वाली मुद्राओं में दिखाई पड़ती हैं। यह उदाहरण वह *बंदा नृत्य* को ओडिसी के एक पारंपरिक रूप की तरह बचाए रखने के पक्ष में देते थे और नाट्यशास्त्र के करणों के साथ तुलना भी करते थे, जो कलाबाजी या नट-नटनियों के करतबों के अलावा भला और क्या थे! एक दमदार *चौका* और *भ्रमरी*, जो आधी बैठी हुई मुद्रा में सीधी और विपरीत दिशा में चक्कर खा सकती हो, घड़ी की सुइयों की तरह, *एक पदा* और *द्विपदा*, वह उनकी शैली की विशिष्ट पहचान रही है। वह मानते थे कि ज्यादा *संचारी*, स्थायी भाव को क्षीण कर देते हैं। नृत्यांगना के लिए बदन को ढंकती हुई साड़ी ही उनकी पहली पसंद थी, अन्य प्रकार की नई वेशभूषा से वह दूर रहे, इसलिए ओडिसा में कई गुरुओं के बीच वह 'पुराने जमाने' के माने जाते रहे। वह एक निराश व्यक्ति की तरह मरे, न तो उनको, न उनके शिष्यों को वे अवसर मिले, जिसके कि वे अधिकारी थे, हालाँकि उनके निधन के बाद ओडिसी की उनकी शैली उनके शिष्यों के ज़रिए दुनिया भर में फैल गई है। उनकी एक अग्रणी शिष्या बिजयलक्ष्मी, दुर्भाग्यपूर्ण पारिवारिक कारणों से ओझल ही हो गईं। सुविधाएँ और अवसर न मिलने के कारण उनका रचनाशील जीवन आधा-अधूरा ही रहा। उनकी एक अन्य शिष्या सुजाता मिश्र को भी समय रहते अवसर नहीं मिले। तांडव के प्रति अपने रुझान के कारण देबा प्रसाद ने कई पुरुष नृत्यकारों को भी प्रशिक्षित किया, और इस मामले में वे अन्य गुरुओं से आगे थे। उनके शिष्य दुर्गाचरण रणबीर, आज ओडिसा के उन गुरुओं में से हैं, जिनसे बहुतेरे लोग सीखना चाहते हैं। इस शैली को अपने योगदान से समृद्ध करने वालों में से कुछ नाम ये हैं: दुर्गाचरण रणबीर, गजेन्द्र पंडा और मलेशिया के रामली इब्राहिम।

देबा प्रसाद ने ज्यादा *पल्लवियाँ* नहीं रचीं। उनकी *कलावती पल्लवी* ही काफ़ी प्रसिद्ध है। उन्होंने *कल्याणी* और *बसंत पल्लवियों* के लिए भी नृत्य-रचना की। उनका *स्थाई, तोम थेई धा कितटक ता हमता हट तत ता* के इर्द-गिर्द रचा गया, की काफ़ी माँग रहती है। और गुरु की यह सबसे अच्छी रचना भी है, हालाँकि राहुल आचार्य और कुछ अन्य युवा कलाकार ही इसके साथ न्याय कर पाते हैं, और इसे उस तरह प्रस्तुत कर पाते हैं, जिस तरह से इसे किया जाना चाहिए। देबा प्रसाद संगीत को जातीय गुणों के आधार पर रचने के आग्रही थे और *ओड़िया छंदों* और *चौकी* पर ही नृत्य को आधारित करते थे। अजा श्री गोष्ठ चंद्रमा जैसे गोपालकृष्ण के उड़िया गीत भी बहुत लोकप्रिय थे। देबा प्रसाद के संगीत का अपना ही एक अनुशासन था, वह लोकप्रियता की ओर कभी नहीं झुकता था, यह भी एक कारण है कि उनको वह लोकप्रियता नहीं मिली जो कुछ अन्य गुरुओं को मिली। जब रामली इब्राहिम से पूछा गया कि ओडिसी के प्रशिक्षण में भरतनाट्यम के अदवु की तरह गति-निर्धारण का सुनिश्चित रूप-क्रम क्यों नहीं है, तो उन्होंने इसका एक दिलचस्प जवाब यह कहकर दिया था कि नृत्य, भगवान जगन्नाथ की तरह है, जिनकी भक्ति के कई रूप हो सकते हैं। कोई भी भक्त एक ही तरह से उनकी अर्चना करने के लिए बाध्य नहीं है। 'देबू' (यही कहकर तो लोग उन्हें प्रेम से बुलाते थे) पारंपरिक विधियों से बँधे थे, पर हर चीज को किसी निश्चित पैमाने पर ढालने के पक्ष में नहीं थे। उनकी 'जात्रा' पृष्ठभूमि, उन्हें लोक और आदिवासी तत्वों की ओर खींचती रही, मसलन *चादेया* और *डंडानट* की ओर। उनका यह विश्वास था कि

सभी शास्त्रीय कला-रूपों की शैली अंततः लोक और आदिवासी परम्पराओं से ही तो विकसित होती रही है। उनकी ओडिसी सिर्फ महारी और पर केंद्रित नहीं थी, वह तो एक बड़े क्षेत्रीय भू-भाग और संस्कृति को अपना आधार बनाती रही थी। दयाल शर्मा और अन्य व्यक्तियों से उन्होंने शिक्षा प्राप्त की थी, और शुरुआती दौर में *जीवना जुआ, मानिकी जोरी* जैसी कुछ मिश्रित नृत्य प्रस्तुतियाँ सिखाया करते थे। लेकिन नेशनल म्यूजियम एसोसिएशन के साथ काम करते हुए देबा प्रसाद ने एक नृत्य नाटक *मानिनी*, (संभवतया सबसे पहले के नृत्य-नाटकों में से एक) प्रस्तुत किया 1957 में, नई दिल्ली के सप्रू हाउस में। 1958-1959 में मिली एक सरकारी छात्रवृत्ति के अंतर्गत देबा प्रसाद ने अपने गुरु मोहनचंद्र महापात्र से और अधिक लगकर नृत्य सीखा। उन्होंने प्रियंवदा मोहंती हेज़मादी को, कालीचरण पटनायक की देखरेख में, नृत्य सिखाया, और जब 1954 में दिल्ली में, ओडिसा के नृत्य का एक नया अध्याय शुरू हुआ तो देबा प्रसाद ने ही उस ऐतिहासिक अवसर पर पखावज बजाया था। हालाँकि 1959-60 में देबा प्रसाद इंद्राणी रहमान के नृत्य-शिक्षक बनकर देश-विदेश का भ्रमण कर चुके थे, वह एक शिक्षक के रूप में अत्यंत सरल-सादे व्यक्ति का जीवन, कुछ संघर्षमय ढंग से ही बिता रहे थे। 1964 से 1986 के बीच उत्कल संगीत महाविद्यालय में उन्हें कुल 250 रुपए मासिक वेतन मिलता था। बहुत पहले, 1954 में, सप्रू हाउस में आयोजित एक कांफ्रेंस में, देबा प्रसाद ने *ललित लवंगलता और देखों सखी रहिबा श्रीकृष्ण* का प्रदर्शन ओडिसी में किया था। उस वक़्त दर्शकों में कई हस्तियाँ उपस्थित थीं: मसलन बालासरस्वती, दमयंती जोशी, कल्याण राव, पद्मिनी, रागिणी और प्रोजेश बनर्जी आदि। तांत्रिक परम्परा में, स्त्री रूपा शक्ति के इर्द-गिर्द बुनी गई, काली, तारा, भुवनेश्वरी, षोडशी, बागला, छिन्नमस्ता, भैरवी, कमला, मातंगी और धूमावती की *दस महाविद्या* की उनकी प्रस्तुति और *नवरस* जो *रामायण* के प्रसंगों पर रची गई थी, विभिन्न भाव स्थितियों वाली, इस गुरु की नृत्य-संरचना शैली की विशिष्ट उपलब्धियाँ रही हैं। जब देबा प्रसाद का निधन हुआ तो वह मात्र 54 वर्ष के थे।

उनके शिष्यों में श्रीनाथ राउत भी थे, जो गुरु के रूप में कुछ समय तक दिल्ली में नृत्य सिखाते रहे, पर एक दुर्घटना में, दुर्भाग्यवश उनकी भी मृत्यु हो गई।

सुरेन्द्रनाथ जेना

ओडिसी के उन्नयन में गुरु सुरेन्द्रनाथ जेना का भी योगदान रहा, जिन्होंने अपना रचनात्मक जीवन एक नृत्य शिक्षक के रूप में, और जात्रा में अभिनेता के रूप में शुरू किया था। बाद में वह कला विकास केंद्र से दीक्षित होकर निकले, और दिल्ली चले आए, जहाँ वह संस्कृति कर्मी सुंदरी श्रीधरणी द्वारा संचालित त्रिवेणी कला संगम में नृत्य सिखाने लगे। इस गुरु ने अन्य गुरुओं की अपेक्षा अपनी ही एक शैली रची और विकसित की। उनकी नृत्य कला में ओडिसा के मंदिरों में शिल्पित आकृतियों का गहरा प्रभाव था। *त्रिभंगी* का सौंदर्यमय, किंचित तना हुआ दृष्टिकोण उनके नृत्य-शिक्षण में था। नृत्य में मुद्रा के बाद एक और मुद्रा का क्रम तह बनाते थे। उनकी संरचना *छाया झटक* (सूर्य की पत्नी की सुंदरता) 13वीं शती के कोणार्क के सूर्य मंदिर रथ-चक्र की 33 बैठी हुई आकृतियों से प्रेरित थी। कभी-कभी उनकी प्रस्तुतियों में झटके से लगते हैं। वहाँ ओडिसी का स्वाभाविक प्रवाह उतना नहीं दिखता। नृत्य संरचना एक स्थिर प्रसंग के बाद दूसरे स्थिर अंश की ओर बढ़ जाती है। वह उन गुरुओं में से थे, जिनका मानना था कि शास्त्रीय नृत्य का सब समय सुंदर और सम्मोहक होना ज़रूरी नहीं है, और कुछ तांत्रिक परम्परा की देवियों की उनकी परिकल्पना और उनकी मुखाकृति के भाव, कई बार भयंकर से लगते थे। पर उनकी यही दृष्टि आधुनिक भी लगती थी, जो नृत्य के आदर्शीकृत रूपों से अलग थी। वह कहते थे, जब हमारे मंदिर मूर्तिशिल्पों में, ग्रंथों में, देवी-देवताओं को कभी-कभी भयावह या डरावने रूपों में भी चित्रित किया

रामली इब्राहिम (ओडिसी एकेडेमी)

गया है, तो उन्हीं भाव-स्थितियों को आज के नृत्य का अंग क्यों नहीं बनाया जा सकता? सुरेन्द्रनाथ जेना की शैली को आगे बढ़ाने वालों में स्वयं उनकी पुत्री प्रतिभा जेना हैं।

मायाधर राउत

पंकज चरण, केलुचरण और देबा प्रसाद जैसे मूर्धन्यों के साथ ओडिसी को विकसित करने वालों में मायाधर राउत की भी गिनती की जाती है। कलाक्षेत्र में उनकी शिक्षा कथकली और भरतनाट्यम में हुई थी, और इस शिक्षा के साथ उन्हें नृत्य-विवेचना और विद्वता की जो धार मिली थी, वह ओडिसी के रूपायन में उनके काम आई। अभिनय के विस्तार में उनकी गहरी समझ ने उन्हें ओडिसी के अभिनय पक्ष को समृद्ध करने में विशेष भूमिका निभाई। वह मात्र आठ वर्ष के थे जब वह भागवती थिएटर से जुड़े, और युवा नृत्यकार के रूप में उन्होंने कई नृत्य-गुरुओं से नृत्य-विधियाँ सीखीं। युधिष्ठिर महापात्र से उन्होंने दक्खिनी नृत्य की शिक्षा भी प्राप्त की। उनके अभिनय गुरु थे मोहन सुंदरदेव गोस्वामी। मायाधर को, पंकज चरण से सीखने का मौका तब मिला, जब 1947 में उन्होंने अन्नपूर्णा थिएटर में प्रवेश किया। उनका गोटीपुआ प्रशिक्षण हरिहर राउत, दुर्लव सिंह, और मोहन महापात्र के अंतर्गत हुआ। उन्होंने रामगोपाल मिश्र से कुछ कथक, और दयाल शरण से कुछ आधुनिक नृत्य भी सीखा। 1960 में गुरु हरेकृष्ण बेहरा के उकसाने पर वे दिल्ली आए, जहाँ उन्होंने कई संस्थाओं के साथ काम किया। अंततः वह श्रीराम भारतीय कला केंद्र से ओडिसी गुरु के रूप में जुड़े, और वहाँ कई वर्षों तक रहे। स्वयं उनके अनुसार उनका नृत्य *भावप्रधान* है।[28] उनका कहना है कि मुद्रा विनियोग और ताल-गणित उनके नृत्य के मुख्य गुण हैं, और उनसे यह सब सीखने के लिए कई प्रशिक्षार्थी कला विकास केंद्र में आते थे, जहाँ उन्होंने प्रथम शिक्षक के रूप में 1952 में प्रवेश किया था। वह तांडव शैली वाली ओडिसी के पक्ष में नहीं थे। जब अन्य विधाओं में अग्रणी दिल्ली स्थित कलाकारों को ओडिसी सीखने की इच्छा होती थी तो वह मायाधर राउत के पास ही जाते थे। यामिनी कृष्णमूर्ति, राजा रेड्डी, सोनल मानसिंह, वनश्री राव, और यामिनी मोबाई, सभी ने उनसे ओडिसी का प्रशिक्षण लिया। उनकी शिष्याओं में आज किरण सैगल उनकी शैली की एक श्रेष्ठ कलाकार हैं। ओडिसी नृत्यांगना रंजना गौहर भी उनकी शिष्या रही हैं, और आलोका पणिक्कर भी, जिन्होंने लंबे अरसे तक भारतीय कला केंद्र में काम किया।

गुरु गंगाधर प्रधान

पहली पीढ़ी के गुरुओं ने जो आधारभूमि बनाई, उसी पर आगे बढ़कर बाद के कलाकारों ने अपना लक्ष्य प्राप्त किया, इसलिए उन गुरुओं का योगदान महत्वपूर्ण है। 1970 के दशक के बाद जिन गुरुओं ने फिर ओडिसी-जगत में महत्वपूर्ण भूमिका अदा की, उन्हीं में से एक थे गुरु गंगाधर प्रधान, जो अपने आकस्मिक निधन के पहले तक ओडिसी के उन्नयन में लगे रहे। उनकी संस्था ओडिसा डांस एकेडेमी एंड कोणार्क नाट्य मंडप ने कई नृत्यकार तैयार किए। वह मात्र 6 वर्ष के थे जब उन्हें दिमिरसेन मंदिर में भेज दिया गया था, जहाँ उन्हें पंडित चंद्रशेखर पटनायक, बनछन्निधि प्रधान, महादेव राउत और गुरु बीरबर साहू से गोटीपुआ की कठोर शिक्षा मिली। बाद में गंगाधर प्रधान ने सभी तीन गुरुओं, पंकज चरण दास, देबा प्रसाद दास और केलुचरण महापात्र से, तथा मिनती मिश्र से भी ओडिसी की शिक्षा प्राप्त की। उन्होंने सिंहारी श्याम सुंदर कर और गुरु बनमाली महाराणा से वाद्य वादन भी सीखा, और गुरु केलुचरण के बाद वही दूसरे विशिष्ट मृदंग वादक के रूप में जाने जाते हैं। यह 1973 की बात है कि जब उनकी अत्यंत प्रतिभाशाली नृत्यांगना अरुणा मोहंती ने कस्तूरबा नारीमंडल में नृत्य किया। और घनश्याम पंडा ने गायन में उनकी संगत की। नृत्य के दौरान संजुक्ता भी उपस्थित थी। मीडिया ने अरुणा की खूब प्रशंसा की, और गुरु प्रधान की भी। अब वे एक प्रसिद्ध व्यक्ति थे। जो संस्था, नाट्यकला नाम से उन्होंने शुरू की थी, बाद में सुनति के नाम से जानी गई और 1975 में यह ओडिसी एकेडेमी के नाम से काफ़ी प्रसिद्ध हुई। शुरू में यह विभिन्न शिष्यों के घरों से संचालित होती रही। पर जब पत्रकार बी.के. कानूनगो ने *प्रजातंत्र* के प्रतिनिधि के रूप में जर्नलिस्ट्स एसोसिएशन के अंतर्गत एक कांफ्रेंस हॉल का प्रबंध किया, जिसमें सप्ताह में तीन दिनों तक ओडिसी प्रशिक्षार्थियों की कक्षाएँ लग सकें; तो शिक्षक के रूप में गंगाधर प्रधान को निश्चय ही बड़ी राहत महसूस हुई। 1978 में अरुणा मोहंती ने जर्मनी और बेल्जियम में, इंडिया फेस्टिवल में नृत्य प्रस्तुतियाँ कीं। संजुक्ता पाणिग्रही के साथ यात्रा करते हुए, गुरु गंगाधर प्रधान को जर्मनी, डेनमार्क, नार्वे, स्वीडन और इटली में प्रशिक्षार्थी मिलने लगे, जिससे कि उन्हें डेनमार्क के इंटरनेशनल स्कूल ऑफ थिएटर एंथ्रोपोलॉजी प्रोग्राम के अंतर्गत प्रशिक्षित किया जा सके। कई बाधाओं के बाद उन्हें भुवनेश्वर में थोड़ी-सी जमीन मिली, जो प्रशिक्षार्थियों की कक्षाएँ लगाने के लिए अपर्याप्त थी। अरुणा के अलावा उनकी अन्य संभावनाशील शिष्याएँ थीं, मीनाक्षी बेहरा और नंदिता पटनायक जैसी। उनसे सीखकर बिचित्रनंद स्वाईं और मनोरंजन प्रधान स्वयं शिक्षक बने। गंगाधर प्रधान हर चीज़ को अच्छी तरह संपन्न करने में विश्वास करते थे, उनके शिष्यों को भी परिपूर्ण शिक्षा उनसे मिली और उनके कई नृत्य-नाटक बहुचर्चित और बहुप्रशंसित हुए। कोणार्क में लीज पर जमीन प्राप्त करने के बाद उन्होंने कोणार्क नाट्य मंडप और उनकी विहार की स्थापना की–ओडिसा डांस एकेडेमी की सहयोगी संस्था थी यह। दोनों ही संस्थाओं में गुरुकुल पद्धति से शिक्षा मिलती थी, और स्वयं इन्हें कोणार्क फेस्टिवल के आयोजन के लिए भी ख्याति मिली। 1986 में गुरु ने अपने परिसर में इनकी पहल की थी, मंदिर मूर्तिशिल्पी और वास्तुशिल्प से प्रेरित एक स्थायी मंच भी बनाया गया। पहले भुवनेश्वर के रवींद्र मंडप में पाँच दिवसीय समारोह को प्रारंभ किया गया। फिर यह निखरता गया और गुरु, समारोहों के आयोजन के कुशल परिकल्पक के रूप में भी उभरे। 1992 में पुरी के चंद्रशेखर कला मंदिर में आयोजित कलिंग कला उत्सव को हमेशा इस गुरु का सहयोग-समर्थन प्राप्त रहा। और 2003 में शुरू हुआ धौली महोत्सव भी इन्हीं की सर्जना थी। ओडिसा की प्रदर्शनकारी कलाओं के क्षेत्र में इनका योगदान विपुल ही कहलाएगा।[29]

1998 में उन्होंने ओडिसा के बाहर, कमानी ऑडिटोरियम दिल्ली में 'ओडिसी संध्या' नाम से दो दिवसीय आयोजन का शुभारंभ किया। ओडिसी एकेडेमी

गुरु बनमाली महाराणा (ओडिसी एकेडेमी)

भी अब अरुणा मोहंती की देख-रेख में फल-फूल रही है। एकेडेमी से संबंद्ध संस्थाएँ भी अमेरिका, कनाडा आदि देशों में, और भारत के विभिन्न अंचलों में अच्छा काम कर रही हैं। गंगाधर ने समूची दुनिया की यात्रा की, कार्यशालाओं और परिसंवादों में तथा मृदंग बजाने में उनकी बड़ी माँग रही है। उन्होंने ओडिसी और गोटीपुआ के बीच जो अंतर हैं, उन्हें दर्शाने में विशेषज्ञता हासिल की। यह काम वह बड़ी स्पष्टता से करते रहे हैं। और प्राय: दोनों में प्रस्तुत होने वाली किसी चीज़ को आधार बनाकर, उनके बीच के अंतर को समझाते रहे हैं। लगभग साल भर वह विभिन्न आयोजनों में संलग्न रहते थे, और कई लोगों को यह लगता था कि इसमें उनकी बहुत सारी ऊर्जा चली जाती है (वह ओडिसा संगीत नाटक एकेडेमी के मनोनीत अध्यक्ष थे)। वह ऐसा कर पाए थे तो इसीलिए कि उन्होंने सहयोगियों और कार्यकर्ताओं की एक फौज तैयार की थी, जिसमें उनके शिष्य/शिष्याएँ शामिल थे, जैसे अरुणा, बिचित्रनंद स्वाईं, लिंगराज स्वाईं, मधुस्मिता मोहंती, रमेश चंद्र जेना, जाह्नवी बेहरा, और बिजयिनी सत्पथी–इनमें से अंतिम शिष्या ने प्रोतिमा बेदी से नृत्यग्राम में प्रशिक्षण लिया, और एक नृत्य तारिका की तरह चमकी, और पश्चिम में भी प्रदर्शनकारी कलाओं की मुख्य धारा में जानी-मानी गईं। गुरु के पुत्र और परिवार के बीच दरारें उभरीं, कि उनकी धरोहर का वारिस कौन बनेगा? पुत्र प्रशिक्षित नृत्यकार नहीं था, इसलिए एक नाजुक-सी स्थिति बनी, और अंततः बोर्ड के सदस्यों ने तय किया कि भुवनेश्वर एकेडेमी की बागडोर अरुणा मोहंती के हाथों में सौंप दी जाए। जबकि परिवार ने कोणार्क नाट्य मंडप की सारी

जिम्मेवारी अपने ऊपर ले ली। वर्षों तक साथ काम करने के बाद विभाजन की स्थिति दुखदायी तो थी ही। ओडिसी को एक दमक से भरने वाले गुरु सहसा चल बसे, कोणार्क नाट्य मंडप और ओडिसी नृत्य जगत को उनके हाल पर छोड़कर। हालाँकि गंगाधर प्रधान बहुत पढ़े-लिखे नहीं थे, न उनके पास कोई डिग्री थी, पर एक नृत्यकार, नृत्य संरचनाकार, शिक्षक के रूप में उनका ओडिसी को जो योगदान था, उसे देखते हुए उनको ओडिसा संगीत नाटक एकेडेमी का सर्वोच्च पद सौंपा गया।

राजधानी दिल्ली में पहले आने वाले हरे कृष्ण बेहरा की तरह कई शिक्षक थे, मायाधर राउत, श्रीनाथ राउत (जिनका असमय निधन हुआ), रमणी रंजन जेना, सुरेंद्रनाथ जेना और केलुचरण महापात्र की 'उपस्थिति' तो थी ही, जिनके कई शिष्य गंधर्व महाविद्यालय में सक्रिय भूमिका निभा रहे थे—नृत्य के उन्नयन में। और वहाँ लगभग पच्चीस वर्षों तक रहे। नृत्य में धीरे-धीरे परिवर्तन आने शुरू हुए, पहले कुछ संकोची से, फिर अपनी छाप छोड़ते हुए। नृत्य के लिए संगीत की विभिन्न शैलियाँ प्रयुक्त होने लगीं। ओडिसी में संगीत-धारा के अपने संघर्ष रहे हैं। ओडिसा ऐसा राज्य है, जिस पर उत्तर और दक्षिण दोनों के प्रभाव रहे हैं, और इस नाते उसने कर्नाटक और हिंदुस्तानी दोनों धाराओं से सीखा है, और अपनी क्षेत्रीय पहचान में उन दोनों को जगह देकर, अपनी अस्मिता रची है। दक्खिनी प्रभाव आज भी *प्रह्लाद नाटक* जैसी परम्परा में देखा जा सकता है। जब ओडिसी का प्रादुर्भाव एक नृत्य शैली के रूप में हुआ, तब कविसूर्य बलदेव रथ (1780-1845), गोपालकृष्ण (1784-1861) और बनमाली (1720 के आगे) की काव्य रचनाओं पर आधारित क्षेत्रीय संगीत की कई धाराएँ अस्तित्व में थीं। लेकिन शुद्ध तकनीक का सहारा लेने वाली प्रस्तुतियों के लिए राग के विस्तार के साथ, और सरगम अंशों के मनोधर्म गायन की खातिर, अमूर्त संरचनाएँ नहीं थीं। जैसा कि उल्लेख हो चुका है कि शुरुआती पल्लवियाँ पारंपरिक ढंग की थीं, उनको कोई साहित्यिक संस्पर्श नहीं मिला था। लेकिन इस विधा की बाद की संरचनाएँ, विशेष रूप से भुवनेश्वर मिश्र की सिरजी हुई, जिनको कर्नाटिक वायलिन वादक द्वारम वेंकटस्वामी नायडू से प्रशिक्षण मिला था, और बालकृष्ण दास की भी संरचनाएँ, जिनको बनारस में हिंदुस्तानी संगीत की शिक्षा मिली थी, यह दर्शा सकीं कि किस प्रकार इन पर निजी स्तर पर पड़े प्रभावों ने, नई दिशाएँ खोलीं। आज, रामहरि जैसे गायक भी जिनको ओडिसी संगीत का प्रशिक्षण मिला है, वे भी हिंदुस्तानी रागों में नई संरचनाओं की संभावना तलाश रहे हैं, और उनकी सृजित चीजें उत्कल संगीत महाविद्यालय के पाठ्यक्रम में शामिल हैं। स्पष्टतया केलुचरण महापात्र जैसे गुरु भी, जो संगीत विशेषज्ञ नहीं थे, ओडिसी की गतियों के अनुसार, नृत्य-संभवा, संगीत संरचनाओं से अनुप्राणित होते थे, न कि रागों के परम्परा या इतिहास-सम्मत उपयोगों से। माधवी मुद्गल जैसी शिष्या के रहते, गंधर्व महाविद्यालय के हिंदुस्तानी प्रभाव की छाप पड़नी ही थी। अपनी बहन माधवी मुद्गल के लिए हिंदुस्तानी राग में रची मधुप मुद्गल की पल्लवी हो, या प्रोतिमा बेदी के लिए जसराज पल्लवी हो, या रघुनाथ पाणिग्रही की संजुक्ता के लिए रची गई संरचना हो, ये सब गुरु के उत्कर्ष के द्योतक के रूप में ली जाती थीं। जब ओडिसी के संगीत को शास्त्रीय संगीत के रूप में स्वीकृति देने की बात उठी तो यह बहस शुरू हो गई कि वह *भावप्रधान* संगीत है या शास्त्रीय? ओडिसी का स्त्री-गायन इतना कर्णभेदी और उच्च स्वर वाला है कि वह शास्त्रीय होने के दावे को पूरा नहीं करता। मृदंग, जो सुरसप्तक की श्रुति वाला है, उसका साथ देने के लिए इसे उच्च स्वर का होना ही पड़ता है, यह कहना है विशेषज्ञों का। इस सवाल पर विचार करने के तरीकों के बारे में किसी ने सोचा ही नहीं था, और यह बहस चलती रही है। संगीतकार इसे लेकर एकमत हो ही नहीं सके। ओडिसी को मूर्धन्य गुरु तो कई मिले, पर ऐसा कोई संगीत-गुरु नहीं मिला, जिसका कद इतना ऊँचा हो कि सभी उसकी बात सहजता से मान लें।

गोटीपुआ प्रस्तुतियाँ (दोनों छायाचित्र : आर. श्रीनिवासन)
सामने के पृष्ठ पर: अरुणा मोहंती (ओडिसी एकेडेमी)

समारोह

ओडिसी के समारोह अब दुनिया भर में आयोजित होते हैं, और यह अवसर देते हैं कि उसके विविध पक्षों पर चर्चा हो सके, और एक ही मंच पर कई नृत्यांगनाओं को देखकर उससे संबंधित कई चीजें समझी भी जा सकें। इससे सिलसिले में जो पहला बड़ा आयोजन दिल्ली में 1985 में 7 मार्च से 10 मार्च तक अंगहार समारोह के नाम से हुआ, उसे गंधर्व महाविद्यालय ने तान्या, ओडिसा सरकार, अभिज्ञान, संगीत नाटक अकादमी, संस्कृति विभाग और साहित्य कला परिषद के साथ मिलकर किया था। इसमें सभी शैलियों का प्रतिनिधित्व था–पंकज चरण दास, देबा प्रसाद दास, केलुचरण महापात्र, गंगाधर प्रधान, रमणी रंजन जेना, मायाधर राउत, और त्रिनाथ महाराणा के शिष्यों ने इसमें भाग लिया, मागुनी दास का ट्रुप भी शामिल था। डुंगरी महारी हरिप्रिया दासी जैसी महरियाँ थीं। सोनल मानसिंह, और प्रियंवदा मोहंती, मिनती मिश्र, संजुक्ता पाणिग्रही, माधवी मुद्गल, कुमकुम मोहंती, आलोका पणिक्कर, किरण सैगल, और अन्य नृत्यांगनाओं की एकल प्रस्तुतियाँ थीं। सुबह के सत्र में परिसंवाद और कार्यशालाओं का आयोजन हुआ था, जिसे संचालित करने वाले मूर्धन्य, और पारखी लोग थे–कपिला वात्स्यायन, धीरेन्द्रनाथ पटनायक और जीवन पाणी। ओडिसी के सभी पक्षों को लेकर एक सुंदर स्मारिका का प्रकाशन भी हुआ था। ओडिसी के प्रादुर्भाव, और उसकी नई-नई संरचना के बाद, यह पहला मौका था,

जब उसे इतना बड़ा मंच मिला था, सबके देखने और सराहने के लिए।

ओडिसा में जो पवित्र और सौंदर्यपूर्ण स्थल हैं, मंच की तरह भी इस्तेमाल किए जाने के लिए, उनका लाभ उठाते हुए ओडिसा में अब कई वार्षिक समारोह होने लगे हैं, अलग-अलग तारीखों में–मुक्तेश्वर, कोणार्क और श्रीक्षेत्र (पुरी) जैसी जगहों में। और अमेरिका, कनाडा और मलेशिया में महत्वपूर्ण अंतरराष्ट्रीय समारोह ओडिसी की प्रस्तुतियों के होने लगे हैं। एक उड़िया व्यक्ति प्रताप दास ने, जो अब अमेरिका में बस गए हैं, एक अंतरराष्ट्रीय ओडिसी समारोह के अंतर्गत दुनिया भर के ओडिसी कलाकारों को एक ही स्थान पर एकत्रित करने का काम किया है। ऐसा पहला समारोह, संजुक्ता पाणिग्रही की स्मृति में 2000 में, वाशिंगटन डी सी में रिचर्ड अर्न्सट कल्चरल कम्युनिटी सेंटर, अन्नाडेल वीए में आयोजित हुआ था। दूसरा पंकज चरण दास की स्मृति में, 2003 में ही आयोजित किया गया था। तीसरा अंतरराष्ट्रीय समारोह भुवनेश्वर में हुआ।

कुआलालम्पुर में सूत्र फाउंडेशन द्वारा एक बड़ा उत्सव *स्टिरिंग ओडिसी* नाम से हुआ, जिसकी परिकल्पना ओडिसी को कई रूपों में समर्पित रामली इब्राहिम ने की थी। 2008 में संगीत नाटक अकादमी के व्यापक सहयोग से आयोजित हुए इस उत्सव में, दुनिया भर से आई प्रस्तुतियों के माध्यम से, और नृत्यकारों, समीक्षकों, नृत्यप्रेमियों के आपसी और खुले संवाद से तथा प्रदर्शनियों आदि से, ओडिसी की जो तसवीर उभरी, वह यही बता रही थी कि इसमें न जाने कितनी धाराओं-अंतरधाराओं की उपस्थित हो चुकी है।

मैंने अंगराग में जो लेख 2008 के एक अंक में लिखा था, मलेशिया में आयोजित प्रदर्शनी के बारे में, जिसे मलेशिया के शिवराज नटराजन और दीनानाथ पाथी ने क्यूरेट किया था, उसका एक अंश यहाँ प्रस्तुत कर रही हूँ-

याओ जिंग लेंग की कैनवास पर एक्रिलिक रंगों से बनाई गई कृति '*एराइज अप्सरा फ्रॉम द चर्निंग*' में मलेशियाई आकृतियों के साथ गोपियों के नृत्य में रस तथा आत्मबोध का चित्रण था, सूक्ष्म तरीके का। इससे भिन्न थी दीपानाथ पाथी की कृति, जिसमें पैंटधारी एक ओडिसी नृत्यांगना एक विंटेज कार के बोनेट पर नृत्य कर रही थी–यह भूमंडलीकरण की विडंबनाओं की ओर एक संकेत ही तो था! इसका शीर्षक था–*रिथिंकिंग इन ओडिसी इन द यूएसए डेस्टिनी लैब!* वी. इलांगों की सशक्त रेखाएँ, उतोमो रैड्जकिन के चारकोल रेखांकन, मिरर आफ जेस्चर में लू फोह सानो द्वारा निरूपित पूर्व-पश्चिम की प्रेरणाओं के स्रोत, ओडिसा के रामहरि जेना की आकृतिमूलक चित्रकृति, और जगन्नाथ रामचंद्रन का *दशावतार* शीर्षक चित्र, मिथकीय स्वरूप वाला, जिसके रंग प्रगाढ़ थे, साथ ही सुजान ली, चू ली, एरिक पेरिस, निर्मला करुपय्या, शिवराज नटराजन, कार्तिक *वेंकटरमण*, और इक़बाल सिंह सग्गू समेत, अन्य छायाकारों के छायाचित्रों से, यह प्रदर्शनी विविधतापूर्ण हो उठी थी।"

किसी दूसरी शास्त्रीय विधा ने शायद इतनी बड़ी मात्रा में विदेशी चित्रकारों और अन्य कलाकारों को रचनात्मक रूप से इतना प्रेरित नहीं किया जितना कि ओडिसी ने किया है। इसका एक कारण तो रामली इब्राहिम भी हैं। वे अंतरराष्ट्रीय स्तर पर बैले और भारत के अन्य नृत्यरूपों से भलीभाँति परिचित रहे हैं, जितना ओडिसी से उतना ही भरतनाट्यम से भी। उनके नृत्यकार, योग में, आधुनिक नृत्य में, और ओडिसी में दीक्षित हैं। जब मलेशिया की प्रदर्शनी में मलेशियाई आकृतियों में ओडिसी के बिंब और चित्र दिखाई पड़े, तो उन्हें देखना एक नई तरह का अनुभव था। ओडिसी की नई सर्जना ने मलेशिया की भूमि में भी अपनी जड़ें जमाई हैं, अपना एक विस्तार किया है, और दर्शकों के बीच भी लोकप्रिय हुई है। रामली की प्रस्तुति रास अनमास्क्ड (रस बिना पर्दे के) में परम्परा और आधुनिक सौंदर्यबोध का मेल हुआ है, और इससे इस नृत्य रूप में लोगों की रुचि और भागीदारी बढ़ी है, जो सचमुच अंतरराष्ट्रीय

बिजयिनी सतपथी (नृत्यग्राम)

स्तर की ही तो है। मिथक और अनुष्ठान उनके यहाँ नई अवधारणा में हैं, जो एक आध्यात्मिक प्रतीति कराते हैं, किसी एक ही धर्म से जुड़े हुए नहीं लगते। उनकी प्रस्तुति *दस महाविद्या* में स्त्रीशक्ति कई रूप धारण करती है। पूर्व और पश्चिम के संगीत उनके नृत्य की प्रेरक ऊर्जा बनते हैं। इन सभी ऊर्जाओं के साथ रामली के *सूत्र* ने कई बेहतरीन नृत्यकारों को प्रशिक्षित किया है, उनकी सोच के केंद्र में ओडिसी ही रहती है, पर वे उसे एक व्यापक परिप्रेक्ष्य में देखते हैं–एक ग्लोबल नृत्य भाषा के रूप में।

ओडिसी के पुरुष कलाकार

अपनी लयात्मकता के कारण, नृत्यांगनाएँ स्वाभाविक रूप से ओडिसी को चुनती रही हैं। पर आज ओडिसी के परिदृश्य में पुरुष नृत्यकारों की भी अच्छी खासी संख्या है। केलुचरण महापात्र से भी अधिक, पंकज चरण दास और बाद में देबा प्रसाद ने ओडिसी में पुरुष कलाकारों पर ध्यान दिया। हालाँकि केलुचरण महापात्र स्वयं एक श्रेष्ठ कलाकार थे, और उनके बेटे रतिकांत भी नृत्य करते हैं, और रतिकांत तो एक अच्छे ढोलवादक के रूप में भी जाने जाते हैं, अपने पिता की ही तरह। केलुचरण ने जिनको सिखाया, उनमें से उनकी शिष्याओं ने ही नाम कमाया। देबा प्रसाद की तांडव शैली ने कई पुरुष कलाकारों को आकर्षित किया, जैसे कि दुर्गाचरण रणबीर और गजेंद्र कुमार पंडा को। नब किशोर मिश्र, जिन्होंने उत्कल संगीत विद्यालय से नृत्य सीखा था और जो गीतकार भी हैं, उन्हें पंकज चरण, देबा प्रसाद दास, संजुक्ता पाणिग्रही और गंगाधर प्रधान से भी नृत्य की शिक्षा मिली, वह एक ओजस्वी नृत्यकार हैं। दुर्गाचरण रणबीर के छात्र राहुल

रामली इब्राहिम, अपनी शिष्याओं के साथ (ओडिसी एकेडेमी)

आचार्य को संगीत नाटक अकादमी का बिस्मिल्ला खाँ पुरस्कार मिला है। गुरु बिचित्रानंद के रुद्राक्ष ओडिसी फाउंडेशन के प्रमुख नृत्यकार लिंगराज प्रधान भी अच्छे नृत्यकार हैं, जिन्हें उत्कल संगीत महाविद्यालय से भी शिक्षा मिली है। गंगाधर प्रधान की ओडिसा डांस एकेडेमी से प्रशिक्षित मनोरंजन प्रधान ने अपने कला जीवन का अधिकतर समय कनाडा, मैक्सिको और अमेरिका में बिताया है, वर्तमान में गुरु गंगाधर प्रधान फाउंडेशन में प्रिंसिपल हैं, और उत्कल संगीत महाविद्यालय में नृत्य सिखाते हैं। इसके अतिरिक्त कई नृत्य-नाटकों के निर्माता हैं। बिचित्रानंद स्वाईं की संरचनाओं में एक विशेष ऊर्जा और लय है, जैसे कि *ताल माधुर्य* में, जो उन्होंने वाशिंगटन डी सी में 2003 में प्रताप दास द्वारा आयोजित द्वितीय ओडिसी अंतरराष्ट्रीय उत्सव में प्रस्तुत किया था, और जिसमें पाँच पुरुष नृत्यकारों ने ही भाव और ओजपूर्ण नृत्य किया था। यह सुखद है कि ओडिसा डांस कंपनी में कई अच्छे पुरुष नृत्यकार तैयार हो रहे हैं। अष्टपदी के अपने अभिनय से केलुचरण महापात्र ने राधा की भूमिका में नए कीर्तिमान स्थापित किए थे। उनके शिष्य विष्णु दास भी जब *स्वाधीनपतिका* को *लीला हे निधि* में भावमय ढंग से प्रस्तुत करते हैं तो दर्शक यह भूल जाते हैं कि वह स्त्री कलाकार नहीं, पुरुष कलाकार हैं।

जब 1980 के दशक में माधवी मुद्गल ने अपनी पहली नवाचारी प्रस्तुति *सोहमास्मि* तीन नृत्यकारों के

साथ तैयार की, और उसमें नृत्य-संरचना कुछ इस रूप में परिकल्पित की कि नृत्यकार सीधे दर्शकों की ओर देखते हुए नृत्य न करें, बल्कि उनकी दृष्टि को अपने साथ मंच के उन भागों में ले जाएँ, जहाँ वह दिशा बदलते हुए, सहसा घूम जाते हों, तो दर्शकों ने इसे बहुत पसंद किया। इसी नृत्यांगना ने अपनी प्रस्तुति '*फ्रॉम गंगा टु मेकांग*' में बुद्ध-विचार के प्रसार की कथा दर्शायी तो वह भी एक अद्भुत प्रस्तुति सिद्ध हुई। माधवी मुद्गल ने उड़िया लोककथा पर आधारित *ता पोई* की प्रस्तुति से भी कई संभावनाओं के द्वार खोले। यह कथा थी समुद्री व्यापार के समय सात भाइयों की पत्नियों की। इसमें कई प्रकार के समूहन थे, कथा को गति देते हुए। उनकी पल्लवी संरचनाओं में, जो समूहन में तथा युगल और एकल प्रस्तुतियों में संपन्न होती हैं, एक सौंदर्यमयी गरिमा होती है, और लयों की एक प्रवाही प्रतीति। उन्होंने ओडिसा के ताल वाद्यों को लेकर नृत्यलय की एक समूहन-प्रस्तुति भी तैयार की है।

सोनल मानसिंह ने अपना रचना-भंडार कुछ साहसिक और प्रयोगशील संरचनाओं से निर्मित किया है। इसमें उनको स्वर्गीय जीवन पाणी जैसे उड़िया कवि, अनुसंधानकर्ता और विद्वान से मदद मिली। यह 1974 के बाद से इस सुप्रसिद्ध नृत्यांगना को जो भी सहयोग दिया करते थे, वह अत्यंत महत्वपूर्ण हो गया था, क्योंकि नृत्यांगना के गुरु केलुचरण महापात्र का हठात देहांत हो गया था। उन्होंने ओडिसी की कथा परम्पराओं जैसे कि पाला से, तथा बौद्ध चर्या काव्य और *कलुरी बेंता* जैसी लोककथाओं से प्रेरणा ली है, और उनके संस्कृत ज्ञान ने भी उनके रचनात्मक जीवन में काफ़ी मदद की है। ओडिसी की परम्परा को लेकर काफ़ी चर्चा हुई है, विचार हुआ है कि ओडिसी का आरंभ किस तारीख से गिना जाए। यह चर्चा तब शुरू हुई, जब उन्होंने अपने प्रयोगशील काम को प्रदर्शित किया–*सु नयना* और *सु कुंतला* में। यह पाला काव्य से प्रेरित था।

सुमति मुटाटकर और काशीनाथ पंडा जैसे संगीतकारों के साथ सोनल मानसिंह ने ओडिसी संगीत को लेकर सवाल खड़े किए, और कहा कि हिंदुस्तानी / कर्नाटक के मिश्रण से ओडिसी संगीत अपनी निजता खो रहा है। क्या कोई त्यागराज या मुत्तुस्वामी दीक्षितार की रचनाओं को किसी ऐसे राग में गाने का साहस करेगा, जो निर्दिष्ट नहीं किया गया हो! तो फिर जयदेव की अष्टपदियाँ इतने विभिन्न तरीकों से क्यों गाई जा रही हैं, उन रागों की उपेक्षा करते हुए जिन्हें कवि ने स्वयं निर्दिष्ट किया है! पुरानी मोरछना पद्धति से गाए जाने वाले रागों को आज की पद्धति में किस हद तक अंगीकार किया जा सकता है, कहना कठिन है! लेकिन जीवन पाणी की मदद से, सोनल के प्रतिभाशाली संगीतकार बंकिम सेठी ने वरडी और गुर्जरी जैसे रागों में काम किया। पर कौन निश्चयपूर्वक कह सकता है कि ये राग 12 वीं सदी में गाए जाने वाले रागों में भी थे। सीताकांत महापात्र की कविता जरा पर आधारित अपने काम में सोनल मानसिंह ने छऊ और ओडिसी दोनों का उपयोग किया। अपनी व्यक्तिगत दृष्टि के साथ, सोनल की ओडिसी ने अपनी यात्रा की राह अपनी तरह से बनाई है।

केलुचरण महापात्र की एक अत्यंत प्रखर शिष्या शर्मिला बिश्वारा कोलकाता में हैं, और ऐसी नृत्यांगना हैं जो हमेशा नई प्रेरणाओं, नई कल्पनाओं और नए विचारों के प्रति उत्सुक लगती हैं। सबसे पहले उन्होंने शूर्पणखा की प्रस्तुति की। गुरु इससे प्रसन्न नहीं हुए। बेहरामपुर के मृदंग विशेषज्ञ धनुर्धर रेड्डी के साथ काम करते हुए, उन्होंने कुछ मौलिक नृत्य-रचनाएँ कीं। ताल वाद्यों के कल्पनाशील प्रयोग के कारण, जिसमें साहित्य और लयात्मकता के संयोग से *कावुत्वम* की तरह कुछ रूपक्रम पिरोए गए थे–यह प्रस्तुति उल्लेखनीय बनी थी। लेकिन इसे गुरु की स्वीकृति नहीं मिली। ध्रुव ताल (14 मात्राएँ), एक अरसा, एक आदातलाई क्रम और एक कवित्त शैली में जैया कालिका, देवी दुर्गा के ऊपर, और एक तिसरागती क्रम, सभी ओडिसी की गतियों में पिरोए हुए, ओजपूर्ण–दर्शकों के बीच सराहे गए। जब तालवाद्य, जो नृत्य की परम्परा में अगुवाई करता रहा

गुरु केलुचरण महापात्र (अविनाश पसरीचा)

हो, बदल दिया जाता है, और पारंपरिक गतियों की आक्षरिक माला, नई लयात्मक संरचना के अनुसार कर दी जाती है, तो परम्परागत ढंग से मिलने वाले आस्वाद की जगह, एक नया आस्वाद मिलेगा ही। शर्मिला अपना काम करती रहीं, और गुरु-शिष्या के बीच का तनाव बना रहा। दरअसल, *जयंतिका* में ओडिसी को गढ़ने का जो संघर्ष गुरुओं ने किया था, उससे कोई अलग धारा, उन्हें परेशान कर सकती थी–यह बात समझी जा सकती है। हालाँकि गंजाम का यह वाद्य दखिनिया (दक्षिणी) नाम से जाना जाता था, पर चैतन्य महाप्रभु द्वारा एक नया रूप दिए जाने पर, धारणा यह बनी कि यह बलराम, कृष्ण और राधा का प्रतीक है, और यह सप्त-स्वर गुंजा सकता है–*ता, थी, थो, दे, ता, का, ना*। यह देखना दिलचस्प था कि केलुचरण, शर्मिला के काम का विरोध यह कहकर कर रहे थे कि जयंतिका ने ओडिसी का जो रूप तैयार किया था, शर्मिला का काम[30] उस विधि में नहीं था, जबकि स्वयं उन्होंने खोल की ध्वनियाँ, मरदल (मृदंग) में उपयोग के अनुसार ले ली थीं। जो गुंजायमान *रेला*, ओडिसी में मंगलाचरण के पहले प्रस्तुत किया जाता है, वह खोल आलाप से ही लिया गया है। और केलुचरण की नृत्य संरचना में, खोल की लय के प्रभाव को लक्ष्य किया जा सकता है, जो एक सांस्कृतिक स्मृति के रूप में उनके भीतर बचपन से ही बसी रही थी–हालाँकि इसे उन्होंने एक विशेष गीतिमयता दी, मरदल और ओडिसी के धर्म और बानी के अनुसार। अगर एक कर्नाटक राग, शंकराभरणम ओडिसी के संगीत के लिए इस्तेमाल किया जा सकता है, और अगर कीरवानी, कर्नाटक से लेकर एक अद्भुत राग में ढाला जा सकता है, तो फिर मृदंगम क्यों नहीं, जो आखिरकार ओडिसा के गंजाम का ही है, यह पूछा गया गुरु से।

प्रियंवदा मोहंती–हेज़मादी ने यह सवाल उठाया था कि जब शरीर की कोई कोशिका दस वर्षों से अधिक जीवित नहीं रहती, तो यह मानना कि नृत्य में कोई बदलाव होगा ही नहीं,अव्यावहारिक है। रूढ़िवादियों और परम्परावादियों को कुछ संशय हो सकता है, पर परिवर्तन तो सभी कलाओं में, फिर वे चाहे नई हों या पुरानी, होता ही है। जब ओडिसी की पुनर्रचना हो रही थी, तो उसकी शैलीबद्ध चाल के लिए, एक लयात्मक अंश, 1950 के दशक की एक लोकप्रिय रंगविधा गीतिनाट्य से लिया गया था: "ता धिन धिन ता धिन धिन धिनतक धिन।' इस परम्परा ने, जो शब्दाडंबरपूर्ण थी और वाद्यों के तामझाम से सज्जित थी, ओडिसी को कई रूपों में प्रभावित किया है। केलुचरण महापात्र कहते थे ओडिसी की पुनर्रचना में जो भी प्रभाव, और तत्व लक्षित किए जाते हैं, वे सभी गुरुओं की सांस्कृतिक स्मृतियों से ही फलित हुए हैं। किसी गुरु ने जानबूझकर इस या उस प्रभाव को ग्रहण नहीं किया

था, लेकिन, ओडिसी में *गीत गोविंद* की स्थापना या पुनर्स्थापना के बारे में क्या कहेंगे, जो आज उसके धर्मग्रंथ की तरह है? जगन्नाथ मंदिर से प्राप्त प्रतापरुद्रदेव के अभिलेख (जुलाई, 1499 ई.) में यह इंगित किया गया था कि *गीत गोविंद* की अष्टपदियों को छोड़कर भगवान के सामने किसी अन्य चीज़ का न तो पाठ किया जाएगा, न गाया जाएगा। पर यह परम्परा बिखर गई थी। और श्रुतकमल कुचमंडला जिसमें दशावतारों का वर्णन है, तथा वसंत *ललित लवंगलता* के अलावा महारियाँ जो भी गीत गाती थीं, वे उड़िया गीत ही होते थे। लेकिन ओडिसी की पुनर्रचना के साथ देसी/क्षेत्रीय चीज़ों की ओर नए सिरे से ध्यान गया। संगीत नाटक अकादमी के *गीत गोविंद* पर आयोजित परिसंवाद के चलते, और मायाधर मानसिंह तथा कालीचरण पटनायक की रुचि और उत्साह ने गीत गोविंद को मानो ओडिसी के साथ जोड़ दिया। गुरु केलुचरण ने तो उसे एक बड़ा आधार ही बना लिया और 1957 के दशावतार के बाद नृत्य संरचनाओं के लिए कुल 24 में से 21 अष्टपदियों का उपयोग किया! ओडिसा में कई संगीतकारों ने *गीत गोविंद* को संगीतबद्ध किया है, जिनमें बालकृष्ण दास, भुवनेश्वर मिश्र और रघुनाथ पाणिग्राही जैसे संगीतकार शामिल हैं। हाल में सुबास पाणी के प्रयत्न भी सामने आए हैं। इन सबने मिलकर, जयदेव के *गीत गोविंद* को ओडिसी के माध्यम से, एक नई प्रतीति दी है। आज केवल *गीत गोविंद* को लेकर कार्यक्रम होने लगे हैं, और एक के बाद एक पुस्तकें भी इस अमर रचना को लेकर सामने आई हैं। लेकिन ओडिसा की अन्य परम्पराओं से ओडिसी के लिए गीति-तत्व ढूँढ़ने के सचेत प्रयत्नों को गुरुओं की शाबाशी नहीं मिलती।

ओडिसी, ओडिसा की अन्य परम्पराओं को बदल रही है। माटी की महक वाला गोटीपुआ खोता जा रहा है। और जिसने ओडिसी के ढाँचे को खड़ा करने में, उसकी तकनीक और नृत्त पक्ष को साक्षात करने में मदद की थी, वह परिष्कृत होता जा रहा है। इसके प्रयोगकर्ता ओडिसी से काफ़ी प्रभावित होते गए हैं। यानी जिसने पहले एक चीज़ को बनाया-बदला, अब वही उसे बना और बदल रही है। जब मिनती मिश्र की ओडिसी में साठवीं वर्षगाँठ मनाई जा रही थी मार्च 2011, में भुवनेश्वर में, तो साठ से ऊपर के गोटीपुआ कलाकार को गरिमापूर्ण, सूक्ष्म-नृत्य करते हुए देखना मानो एक विलक्षण अनुभव था। यह सोचकर अचरज होता था कि अभिनय की ऐसी धरोहर *बँधा नृत्य* के नट-नटनियों वाले संजाल में कहीं खो गई थी!

छऊ, अपनी सामरिक कला (मार्शल आर्ट्स) वाली पृष्ठभूमि के साथ ओडिसी का सहायक बन गया है। और शुरू की दुविधा के बाद गुरु केलुचरण ने अर्धनारीश्वर की अपनी नृत्य-संरचना में इसका प्रयोग किया था। इलिआना सितारिस्टी के मायादर्पण को शुद्धतावादियों की तीखी आलोचना झेलनी पड़ी है। लेकिन स्वयं नृत्यकारों को तांडव, लास्य वाले छऊ, ओडिसी में कलाकार के लिए संभावनाएँ दिखाई पड़ी हैं।

भूमंडलीकरण के साथ अन्य संस्कृतियों में ओडिसी को कुछ परिवर्तनों सहित जगह मिली है। यह कुछ-कुछ वैसा ही है, जैसे बौद्ध धर्म की जो यात्रा भारत से शुरू हुई, उसमें उसे विभिन्न संस्कृतियों में एक रूप परिवर्तन तो मिला, पर वह उन संस्कृतियों का एक अंग बन गया। ओडिसा की अपनी संरक्षित परम्परा को अंतरराष्ट्रीय आवाजाही और आदान-प्रदान से, जो नए संस्करण मिल रहे हैं, उन्हें लेकर ओडिसा के लोगों में अभी आशंका मिश्रित विस्मय सा है। अन्य नृत्य-परम्पराओं को, जो अभी अपनी ही चौखट में हैं, उन्हें ऐसी स्वीकृति और बाँहें फैलाकर स्वागत की इंगिति, नहीं मिली है। 2006 में जब रामली के कलाकार बिना दुपट्टे, और थोड़ी नई वेशभूषा में मिले तो एक तूफ़ान-सा आ गया था और यह गुहार उठी थी कि मलेशियाई कलाकारों को ओडिसा की धरती पर भविष्य में नृत्य न करने दिया जाए। यह बात कुछ भुला-सी दी गई है कि रामली के कलाकार ओडिसी तकनीक में ही रचे-बसे हैं, और एक मुस्लिम बहुल देश में उन्होंने ओडिसी के लिए जो जगह बनाई है,

शाही जत्रा (ओडिसी एकेडेमी)
सामने के पृष्ठ पर: माधवी मुद्गल (ओडिसी एकेडेमी)

वह अपने आप में गौर करने लायक है। कम ही लोग इस पर ध्यान देते हैं कि स्वयं महारी नृत्य एक समकालीन नृत्य-विधा है, जो महारी काल के ऐतिहासिक साक्ष्यों पर परिकल्पित की गई है। एक लंबे अंतराल के बाद पुरी की शाही यात्रा परम्परा फिर से शुरू की गई है, इसके पीछे भी भूमंडलीकरण के जमाने में पुरानी चीज़ों से आज की अस्मिता को जोड़ने की एक ललक दिखाई पड़ती है।

किसी भी नृत्य-रूप में उसमें व्यवहृत की जाने वाली भाषा अहम होती है, और ओडिसा के बाहर के कलाकारों को तो प्रायः उड़िया भाषा का ककहरा भी ज्ञात नहीं होता है। और ओडिसी का प्रशिक्षण देने वाली संस्थाएँ, प्रायः उड़िया भाषा और साहित्य की कक्षाओं पर जोर नहीं देती हैं, जैसा कि कलाक्षेत्र जैसी संस्था भरतनाट्यम सीखने वालों के लिए तमिल, तेलुगु और संस्कृत की कक्षाएँ लगाती हैं। संस्कृत, नृत्य के लिए अनिवार्य भी है, और *गीत गोविंद* विशेष रूप से उसकी गीति-परकता का अंग बन गया है। पर यह एक ऐसा विषय है, जिसे लेकर दीनानाथ पाथी जैसे लेखक ने अपनी पुस्तक *रिथिंकिंग ओडिसी* में सवाल खड़े किए हैं।[31]

आजकल समूह-नृत्य की ओर रुझान है। इसमें संभावनाएँ भी काफी हैं, पर इसकी परिकल्पना और प्रदर्शन तभी संभव हैं जब किसी कलाकार ने नृत्य में महारत हासिल कर ली हो। अधपके नृत्यकारों द्वारा समूह-नृत्य में हाथ आजमाने से स्तर में गिरावट आई

है। फिर भी ओडिसी आज के सभी नृत्य-रूपों के बीच कुछ ऐसे रचनात्मक दिमाग वाले कलाकारों से संपन्न है, जो समूह नृत्य में बहुत अच्छा काम कर रहे हैं। शर्मिला और माधवी मुद्गल तो हैं ही, अरुणा मोहंती ने ओडिसी एकेडेमी में अपने स्त्री-पुरुष कलाकारों के साथ कुछ बहुत अच्छी समूह प्रस्तुतियाँ तैयार की हैं, मसलन रस पर, रामायण के प्रसंगों को लेकर, और जगन्नाथ से संबंधित मिथकों और उड़िया गीतों को रचनात्मक ढंग से बरत कर। रतिकांत महापात्र ने एक अच्छे शिक्षक और नृत्य-प्रदर्शनों, दोनों को लेकर नाम कमाया है। गुरु केलुचरण महापात्र की पुत्रवधू सुजाता महापात्र संभवतया आज की सबसे प्रखर नृत्यांगना हैं। मायाधर राउत की वरिष्ठ शिष्या किरण सैगल ने भी कुछ समूहन रचे हैं, जैसे *तालांगिका*, पर ओडिसा के लोगों के लिए सहज-सरल काम दिखने वाले, आरंभिक चरण वाले माने जाते हैं।

ऊपरः यामिनी कृष्णमूर्ति (नृत्यांगना के सौजन्य से)
सामने के पृष्ठ पर: सोनल मानसिंह, अलस नायिका की मुद्रा में (सौजन्यः नृत्यांगना)

कर्नाटक के नृत्यग्राम ने एकल, युगल और समूह-नृत्य में अंतरराष्ट्रीय सत्र के कुछ नए कीर्तिमान स्थापित किए हैं। लिन फर्नांडिज की आलोक परिकल्पना सहित, सूक्ष्म विवरणों पर पर्याप्त ध्यान देने के कारण, सुरूपा सेन और बिजयिनी सत्पथी की अगुवाई वाले ग्रुप ने, दुनिया भर में सराहना बटोरी है, और समीक्षकों से भरपूर प्रशंसा। प्रोतिमा बेदी ने अपना जीवन फ़िल्मों से शुरू किया था और नृत्य-जगत में उनका प्रवेश कुछ देर से ही हुआ था, जब वह तीस पार कर चुकी थीं, पर न केवल उन्होंने अपने नृत्य से लोगों को चकित किया, बल्कि एक नए नृत्य-ग्राम की परिकल्पना कर डाली–हेस्सारगेट्टा के जंगलों में, कर्नाटक में–बेंगलुरु के भीड़ भरे परिवेश से दूर। पहले योजना यह थी कि गुरुकुल की गुरु-शिष्य परम्परा की तरह सभी नृत्य विधाओं के गुरु-शिष्य, नृत्यग्राम में एक साथ रहा करेंगे। पर यह कई कारणों से संभव न जानकर इसे ओडिसी के गुरुकुल के रूप में विकसित किया गया। दुबली-पतली काया की, लेकिन ऊर्जा से भरपूर यहाँ की नृत्यकार, जो त्रिभंग से लेकर चौका की मुद्राओं को गजब के संतुलन में सँभाल सकती हैं, उसको लेकर इन्हें कुछ तिरस्कृत भाव से देखा गया है। पर निकट से देखने पर यह बोध होता है कि इन गतियों-गतिविधियों से वे ओडिसी के व्याकरण को भंग नहीं कर रही होतीं, बल्कि नृत्यग्राम की ये नृत्यांगनाएँ ओडिसी की भाषा में नई संभावनाएँ जोड़ रही हैं।[32] सच तो यह है कि नृत्यग्राम की प्रशिक्षित नृत्यांगनाएँ शरीर का जैसा उपयोग नृत्य के लिए कर पा रही हैं, वैसा कर पाना कई अन्य ओडिसी नृत्यांगनाओं के लिए कठिन है। "शरीर का इस्तेमाल ज्यादा, गीतितत्व का कम।" अकसर इनके बारे में यही टिप्पणी की गई है। लेकिन

सुरूपा और बिजयिनी द्वारा एक अष्टपदी की प्रस्तुति को देखते हुए ये बातें सही नहीं लगतीं और संगीत के साथ उनकी गतियाँ, वाद्यों के साथ उनका ताल-मेल, उन सारे गुणों को उभार देते हैं, जो इनमें हैं। रघुनाथ पाणिग्रही का तो यह भी कहना है कि संजुक्ता के बाद यही नृत्यांगनाएँ हैं, जिनके लिए संगीत-रचना करना उन्हें भाता है। इन नृत्यांगनाओं के नृत्य में एक सम्मोहन है। आज प्रस्तुतियों की सौंदर्यमयी रचना, और अचूक नृत्य क्षमता के कारण नृत्यग्राम की यह नृत्य-मंडली अंतरराष्ट्रीय स्तर पर अपनी जगह बना सकी है।

सोनल मानसिंह, शर्मिला विश्वास, सुरूपा सेन, और बिजयिनी सत्पथी ऐसी नृत्यांगनाएँ हैं, जिन्हें ओडिसी की पारंपरिक ढंग की मंच प्रस्तुतियाँ, चुनौतीपूर्ण नहीं लगतीं। वे अपने ही ढंग से कुछ करना चाहती हैं। पर उनके काम में परम्परा से छूट कर कुछ करने का अंश कितना है, और सहज-स्वाभाविक रूप से उसमें जो कुछ होता जाता है, उसका अंश कितना, यह तय करना कठिन है। संभवतया उनके काम में इन दोनों के ही तत्व हैं। जो भी हो, एक बिल्कुल ही अलग रास्ता, क्षेत्रीय तत्वों को स्वीकार ही नहीं होगा। लेकिन परम्परा को भी नया करने की ज़रूरत होती ही है, और इसके लिए नए विचारों की भी।

ओडिसी-जगत में अंतरराष्ट्रीय स्तर पर क्या हो रहा है, इसकी खोज-खबर सरकार-संचालित ओडिसी रिसर्च सेंटर से मिलती रह सकती है। ओडिसा में सरकार यों तो बहुत सी चीजें ओडिसी के लिए प्रायोजित करती है, पर उसे यह सूझा नहीं है कि दुनियाभर में फैली ओडिसी कलाकार बिरादरी को एक मंच पर लाने का, परिसंवाद आयोजित करने की दिशा में, वह अपनी संस्था को सक्रिय करे। और ओडिसा में ओडिसी गतिविधियों का एक जीता-जागता मंच बने। क्षमतावान नृत्यकार अपनी ही संस्थाएँ चलाने में विश्वास करते हैं। और कई नृत्यकारों ने रिसर्च सेंटर का प्रमुख प्रबंधक बनने से इंकार कर दिया है। आज की ज़रूरत यह है कि ओडिसा की कला-विधाओं के विशेषज्ञों का एक सक्रिय बोर्ड हो, प्रशिक्षण के लिए एक सोचा-विचारा पाठ्यक्रम हो, और संस्था को नई गति मिले। संगीत नाटक अकादमी से इसका प्रबंध सँभालने का जो प्रस्ताव किया गया था, उसका कोई ठोस नतीजा नहीं निकला। कुमकुम मोहंती के अवकाश प्राप्त करने के बाद सेंटर का कामकाज थम सा गया है। और वह अगुवाई करने की भूमिका में न होकर एक सहायक की भूमिका में आ गया है। अन्य संस्थाएँ जो आयोजन करती हैं, देश-विदेश में मसलन इंटरनेशनल ओडिसी फेस्टिवल जैसा एक आयोजन, उसमें यह मददगार भर होता है। इसकी वास्तविक सक्रियता के अभाव में एक शून्य सा पैदा हो गया है। जो कुछ कर रहे हैं, वह व्यक्ति या व्यक्तिगत संस्थान ही कर रहे हैं। लेकिन प्रखर विचारों वाले व्यक्तियों और कलाकारों के चलते, ओडिसी नृत्य फल-फूल रहा है।

पाद टिप्पणियाँ

1. इसका उल्लेख प्रियंवदा मोहंती–हेज़मादी और अहल्या हेज़मादी की कृति *ओडिसी: एन इंटरनेशनल क्लासिकल डांस* आर्यन बुक्स इंटरनेशनल, 2007, में हुआ है।
2. देखें, पृष्ठ–88-92
3. बातचीत में इसका जिक्र प्रियंवदा मोहंती हेजमादी और मिनती मिश्रा ने अकसर किया है। हालाँकि ओडिसा में कोई भी दो व्यक्ति किसी ऐतिहासिक विवरण पर एकमत नहीं होते।
4. ये सभी तथ्य ओडिसी: *एन इंडियन क्लासिकल-डांस* में हैं।
5. ये ऐतिहासिक तथ्य ओडिसा में भी मुश्किल से मिलते हैं। देखें: *द मेकिंग ऑफ अ गुरु: केलुचरण महापात्र* मनोहर, 2001, पृष्ठ 69
6. देखें, ओडिसी: *एन इंडियन क्लासिकल डांस*, पृष्ठ 93, दुर्लव सिंह पर।
7. संगीत नाटक अकादमी के लिए लक्ष्मीप्रिया का एक इंटरव्यू इस लेखिका ने लिया था जिसमें लक्ष्मीप्रिया ने *नाही की करि देला* का प्रदर्शन करके बताया था, और इतने वर्षों बाद, जब वह नृत्य करना बंद कर चुकी थीं, उनका अद्भुत अभिनय कोई भी सराह सकता था।

8. देखें: *द मेकिंग ऑफ अ गुरु: केलुचरण महापात्र*, पृष्ठ 67
9. देखें, प्रदक्षिणा दिल्ली में केलुचरण के 75वें जन्मदिवस के समारोह के अवसर की पुस्तिका। उनके योगदान और उनके जीवन की प्रमुख घटनाओं के लिए।
10. देखें, *ओडिसी एन इंडियन क्लासिकल डांस*, पृष्ठ 94
11. निजी बातचीत में उन्होंने मुझे बताया।
12. जाने हुए तथ्य जिनका उल्लेख *ओडिसी: एन इंडियन क्लासिकल डांस* में भी हुआ है।
13. इस पक्ष पर कुछ विस्तार से दीनानाथ पाथी की पुस्तक *रिथिंकिंग ओडिसी* में चर्चा है। हरमन पब्लिशिंग हाउस, 2007, सितंबर 2014 में एक अलमारी में मिले जयंतिका संबंधी कागज़ात, जिनकी जाँच-परख अब विद्वान कर रहे हैं।
14. देखें, *ओडिसी: एन इंडियन क्लासिकल डांस* भी, पृष्ठ 112
15. देखें, *द मेकिंग ऑफ अ गुरु: केलुचरण महापात्र*, पृष्ठ 99, और *रिथिंकिंग ओडिसी* दोनों ही इस पक्ष का जिक्र करते हैं, और इलियाना इसका उल्लेख धीरेंद्रनाथ के सुझाव के रूप में करती है, बैठी हुई अवस्था में जगन्नाथ की ओर संकेत। इस पर सभी सहमत हैं।
16. *रिथिंकिंग ओडिसी* में जयंतिका पर अध्याय को देखें, जिसमें असहमति के स्वरों का उल्लेख है।
17. देखें, *द मेकिंग ऑफ अ गुरु: केलुचरण महापात्र*, पृष्ठ 102
18. देखें, रिथिंकिंग ओडिसी, पृष्ठ 49
19. इसका उल्लेख ओडिसी की *पुनर्रचना वाले अध्याय में, ओडिसी: एन इंडियन क्लासिकल डांस* में, उपलब्ध है।
20. देबदत्त सामंतसिंहार ओडिसा वाले हिस्से में से संगीत नाटक अकादमी के पुरी के मंदिर में महारी परम्परा, संबंधी प्रकाशन में देखें।
21. उनकी नकल उतारने की कला, और उन आरंभिक दिनों के वर्णन से, ओडिसा में बहुतों को मनोरंजन प्रदान किया है।
22. उनकी शिष्या रत्ना राव ने, जो अमेरिका में बस गई हैं, अपने गुरु की तकनीक को कई लेक्चर-डिमांस्ट्रेशंस में दर्शाया है।
23. सोनल मानसिंह ने कई अवसरों पर और लेक्चर डिमांस्ट्रेशंस के दौरान इस पक्ष की चर्चा की है।
24. देखें, अंगराग संस्करण 3।
25. उस वक्त जानकी वल्लभ पटनायक ओडिसा के मुख्यमंत्री थे। कई लोग मानते हैं कि ओडिसी रिसर्च सेंटर का विचार इसलिए भी उभरा था क्योंकि कुमकुम मोहंती, जो हमेशा ओडिसी की प्रमुख नृत्यांगना और गुरु केलुचरण महापात्र की वरिष्ठ शिष्या मानी जाती रही हैं, को ओडिसा में वापस लाना था। तब वह डाक विभाग में नौकरी करती थीं और दिल्ली में नियुक्त थीं।
26. यह पश्चिमी ओडिसा के बरगढ़ जिले का एक गाँव है, जहाँ ब्रजेश्वरी का एक छोटा-सा मंदिर है, यह एक मिथकीय चरित्र माना जाता है, जिसने कृष्ण को गोद लिया था, और अनंतर गोपियों का प्रेम उन्हें दिलाने में मदद की थी। यहाँ एक पांडुलिपि मिली है, जिसमें शब्द-स्वर पाठ का विवरण है *रासलीला* के लिए। गाँव के नृत्यकारों को ब्रजेश्वरी मंदिर से जुड़े *नट मंडप* में प्रशिक्षण मिलने का भी एक इतिहास है।
27. गणेश, शिव और दुर्गा से संबंधित शब्द मूलरूप से शैव और तांत्रिक परम्पराओं के हैं। दुर्भाग्यवश, देबा प्रसाद दास के बाद किसी ने भी कुंभारी के इस पक्ष पर शोध नहीं किया है।
28. इस लेखिका ने श्रुति में एक लेख लिखने से पहले उनसे लंबी बातचीत की थी।
29. सरकार के सहयोग से अब यह धौली कलिंग महोत्सव के नाम से आयोजित किया जाता है। और अरुणा मोहंती की देखरेख में इसका भार ओडिसी एकेडेमी के ऊपर है।
30. जब इस लेखिका ने एक स्थापित नृत्य पर गुरु की नाराजगी का कारण जानना चाहा तो यही लगा कि डर इस बात का था कि ओडिसी नृत्य से उसकी विशेषताएँ कहीं छीन न ली जाएँ।
31. देखें, *रिथिंकिंग ओडिसी*, '*संस्कृत बनाम उड़िया*', पृष्ठ 97
32. नृत्यग्राम में रहकर इस लेखिका ने देखा है कि नृत्यकारों को कई चीजों का कितना कठोर प्रशिक्षण दिया जाता है, जिसमें नाट्यशास्त्र के अनुसार गतियों का अभ्यास, योग आदि का प्रशिक्षण दिया जाता है, और मार्शल आर्ट सहित उन चीज़ों का शारीरिक अभ्यास तो कराया ही जाता है, जो ओडिसी के लिए ज़रूरी हैं।

शिक्षक छात्र संबंधों के परिवर्तित होते समय में संप्रेषण

जनक खेंद्री, जो भरतनाट्यम नृत्यकार हैं और अब कनाडा में बस गए हैं, बताया करते थे कि कैसे गुरु मुत्तुकुमार पिल्लई तिरुवालुर मंदिर के खुले प्रांगण में नृत्य सिखाते थे, क्योंकि कक्षाओं की कोई व्यवस्था नहीं थी। वह छात्रों को मंदिर के कुंड की परिक्रमा करते हुए भी वैसे ही कदम उठाने को कहते थे, जैसे मंदिर के प्रांगण में। वह इस बात का जिक्र भी करते थे कि गुरु का कहा हुआ ही ब्रह्मवाक्य होता था और गुरु के प्रति पूर्ण आदर भाव तो रहता ही था। अगर कोई गलती हो जाती थी तो गुरु का तत्तुकाझी हवा में लहराता हुआ आता था, और उनके (जनक खेंद्री) घुटनों में लग जाता था।[1] अब न वैसे गुरु रहे हैं, न वैसे शिष्य।

आज, नृत्य विद्यालय बढ़ रहे हैं, जिन्हें नृत्यकार ही संचालित करते हैं। नृत्यकारों को कार्यक्रम बहुत अधिक न मिलने की स्थिति में, विद्यालय चलाना उनके लिए लाभदायी जो है। चाहे अमेरिका हो या भारत, अगर एक विद्यालय किसी गैराज में भी खोल दिया जाए, तो इतने छात्र मिल जाते हैं कि घर का खर्च उठाया जा सके। अब शिक्षा देना, ज्ञान को हस्तांतरित करना तो है नहीं, वह उतना भावना भरा भी नहीं है, इसलिए शिक्षा मध्यम दर्जे की ही हो पाती है, और कलाकार भी वैसे ही उभरते हैं। एक निजी बातचीत में यूनेस्को के एक अधिकारी ने इस बात पर चिंता प्रकट की थी कि अब प्रशिक्षण का स्तर, एशियाई देशों, विशेषकर भारत में गिर रहा है, फिर भी प्रदर्शनकारी कलाओं में जो कुछ देखने को मिल जाए, वह स्वीकार कर लिया जाता है। गुरु-शिष्य परम्परा की तो ख़ास बात यही है कि सीखने वाला और सिखाने वाला, दोनों में ही लगन और निष्ठा हो, और वह एक ही धरातल पर चीजों को समझ और समझा रहे हों। कुडिअट्टम गुरु मणि माधव चाक्यार एक बार दुखी होकर कह रहे थे, कि उन्हें ऐसा कोई छात्र मिला ही नहीं, जो वह सब ले लेना चाहे जो वह देना चाहते थे। मदावूर वासुदेवन नायर, कपलिंगदान थेक्कन कलरी के मूर्धन्य का कहना था कि गुरु से अधिक तो यह ज्ञान लेने वाले पर निर्भर करता है कि वह कितना ले सकता है। अगर गुरु को हीरा मिले, तभी वह उसको चमका सकता है।

मूर्धन्य नृत्यकारों की ओर देखें तो पाते हैं कि कई तो अब हमारे बीच हैं ही नहीं, जैसे कि शांता राव, यू.एस. कृष्ण राव, जो अपनी पत्नी चंद्रभागा के साथ नृत्य करते

सामने पृष्ठ पर: आनंदा शंकर जयंत, कलाक्षेत्र में कक्षाएँ लेती हुई (जी. मुरलीधर)

थे, रामगोपाल के साथ भी। अब मृणालिनी साराभाई भी नहीं हैं। ये सभी कलाकार ख्यातिनाम गुरु मीनाक्षी सुंदरम पिल्लई की देखरेख में प्रशिक्षित हुए, उन्हीं के अंतर्गत, पर इनमें गुरु की नकल नहीं है, जो बचा है वह गुरु का समर्पण भाव ही है, चीजों को ठीक से करने का ढंग। अन्यथा इन सबका नृत्य अपनी तरह से फला-फूला है, विकसित हुआ है। आज तो यह देखकर अचरज होता है कि ठसाठस भरी हुई कक्षाओं में, हर एक छात्र पर अलग से ध्यान देने की स्थिति ही नहीं होती, और सब एक ही साँचे में ढले हुए बाहर निकलते हैं। इससे समूह नृत्य का कुछ काम भले ही चल जाए, पर नृत्यकार का अपना व्यक्तित्व तो नहीं बन पाता।

शैलियाँ भी तो काफी हद तक बदल रही हैं, या लुप्त होती जा रही हैं। जैसा कि सी.वी. चंद्रशेखर ने एक बातचीत में कहा है: "के.जे. सरसा, वझूवूर के शिक्षक, अकसर ही बताते थे कि 'तत ताई तहा' गतिरूप, जो कलाक्षेत्र के शिष्य किया करते थे, वह इतना सुंदर होता था कि उन्होंने (सरसा) ने भी वझूवूर शैली के लिए अपना लिया था।"

भरतनाट्यम में मुत्तुस्वामी के व्यक्तिगत प्रयोग अब व्यवहार में आ गए हैं। मसलन नर्तकी नटराज जैसे कुछ कलाकारों ने किसी विशेष गुरु की *बानी* को अपना रखा है। इन के मामले में वे गुरु हैं किट्टप्पा पिल्लई। नृत्यकार का कहना है, "मुझे इस बात के लिए भुगतना पड़ा है कि मैंने गुरु की शैली से रत्ती भर हटने की चेष्टा नहीं की। यही कारण है कि मुझे कम छात्र मिलते हैं। पर मैं अपने गुरु किट्टप्पा पिल्लई से पंद्रह वर्षों[2] तक मिली शिक्षा, उनसे मिले आशीर्वाद को भला कैसे भूल सकता हूँ, कैसे भूल सकता हूँ उस गुरुकुल के संस्कारों को? जो कुछ उनसे मुझे मिला है, उसे मैं कभी नहीं बदलूँगा। आज छात्र कई गुरुओं के अंतर्गत शिक्षा प्राप्त कर रहे हैं, और कई बार कथक के घरानों में से कोई न कोई कह उठता है किसी एक टुकड़े या गत को, कि वह तो बस उस शैली का ही है जिसके कि वह हैं।

अधिकतर शिक्षा तो बस जैसे-तैसे नृत्य-प्रस्तुति की बन गई है, क्योंकि अभिभावक चाहे वह चेन्नई के हों या शिकागो के, बस यही चाहते हैं कि जल्दी से जल्दी उनकी संतान मंच पर कुछ करके दिखा दे। होता यह है कि नृत्य के जो अन्य अंग हैं, मसलन संगीत, लय, भाषा और साहित्य, और नृत्य शैली का कुल व्याकरण–से सीखने वाले ठीक से सीख ही नहीं पाते हैं। कलाक्षेत्र, कथक केंद्र, मणिपुर एकेडेमी या गंधर्व महाविद्यालय को छोड़कर ऐसी संस्थाएँ या विद्यालय कम ही हैं, जहाँ नृत्य की शिक्षा परिपूर्ण ढंग से दी जाती हो। पीढ़ियों के साथ परम्पराओं में मिश्रण बढ़ रहा है, और ऐसा लग रहा है कि कुछ मूल तत्व ही बचे रहेंगे, गहराई न होगी। भरतनाट्यम का *मार्गम* छात्र/छात्रा से अपेक्षा करता है कि कई चरणों में वह विधिवत उसके विभिन्न अंगों या विभागों की सम्यक जानकारी प्राप्त करे, मसलन अलारिप्पु की शुद्ध ज्यामिति की जतिस्वरम की गतियों से संगीत की बारीकियों की, शब्दम में शब्द-तत्व की, और इन सबके प्रस्फुटन को वरनम में समझे, और पदम और जावली में सबको छा लेती लय की आत्मीय ढंग से आत्मसात करे, और अंत में तिल्लाना के अमूर्तन में तल्लीन होने का अनुभव प्राप्त करें! तो *मार्गम* से नृत्यकार अपने आत्म को पा सकता है, जो बहुत ज़रूरी है, ऐसा कहना है लीला सैमसन का। माया राव अकसर बताती हैं कि शंभू महाराज कोई रचना या आइटम नहीं सिखाते थे, वह सिखाते थे कि ईंट पर ईंट रखकर कैसे महल खड़ा किया जाता है।

पारम्परिक शिक्षा पद्धति में एक ही चीज कई बार दुहराने के लिए कही जाती थी, जिससे कि वह मन और शरीर में अच्छी तरह बैठ जाए। धीरे-धीरे उसको लेकर एक समझ बनती जाती थी और समझ में गहराई भी आती थी। फिर गुरु को कुछ करते हुए देखना भी सहज ही सीखना बन जाता था। आज की संस्थागत पद्धति में एक पाठ्यक्रम तैयार किया जाता है, और प्रयत्न यह होता है कि गुरु-शिष्य वाली पद्धति में से चुनकर जो सबसे

अच्छा है, उसे संप्रेषित किया जाए। पर यह एक चुनौती है गुरु/शिक्षक के लिए कि कैसे वह सिखाया जाए जो व्यक्तिगत स्तर पर भी, हर प्रशिक्षार्थी तक पहुँचे, उसे लगे कि यह उसके लिए ही है, किसी और के लिए नहीं। हमारे शास्त्रीय नृत्य-रूपों में रूपाकारों की जो देहगत अवस्था है, उसका मिलन, आत्म से या अध्यात्म के स्तर पर भी ज़रूरी है, और यहीं आकर शिक्षण पद्धति जटिल या संश्लिष्ट हो उठती है। और यह शिक्षण पद्धति पर भी निर्भर करता है कि किसी कलाकार को वह किस तरह, और किस हद तक उसके विकास में मदद करती है, कर सकती है–समय के साथ।

जैसा कि लीला सैमसन ने एक इंटरव्यू में कहा है, "अराइमंडी ठीक से की जा रही है या नहीं, सवाल इसका नहीं है। गति में देह, धीरे-धीरे गति पकड़े, यह ज़रूरी है। उसकी एक प्रक्रिया होती है, वह दिखनी चाहिए। देखना, सुनना, और एक आंतरिक लय, यह आज खो गए लगते हैं। जीवन आज बहुत भटकाने वाला हो गया है। उस पर जैसे चौतरफा प्रहार हो रहे हैं। ऐसी स्थिति में क्या हम आज एक बच्चे के मन-मस्तिष्क में प्रवेश कर सकते हैं? उसके साथ सीखने-सिखाने का एक अर्थपूर्ण संबंध बना सकते हैं? यही असली चुनौती है। जब बच्चों को सिखा रहे हों, तो उनके द्वारा पूंछे गए सवालों की प्रकृति के अनुसार, उनके स्वभाव और उनकी समझ के अनुसार हम इन्हें प्रकृति से जोड़ें, सौंदर्य से जोड़ें, यह भी बताएँ कि वे क्या खाएँ, पिएँ, उन्हें सहनशील बनाएँ। हम अंततः एक विनम्र-संस्कृति की चर्चा कर रहे हैं।[3]

"लीला मानती हैं कि "उनकी शिक्षा के दिन और तरह के थे। अगर अट्टाई (रुक्मिणी देवी) हमारे कंधे पर हाथ रख देती थी, तो लगता था बिल्ली ने अपनी मूँछें चुभा दी हैं। हमें सवाल पूछने की इजाजत नहीं थी। आज हमें छात्र की बुद्धिमता को स्पर्श करना है, वह आपसे ईमानदारी भरे व्यवहार की अपेक्षा रखता/रखती है। परम्परा की दुहाई देना, उसे हस्तांतरित करने की बात करना काफी नहीं है। कलाक्षेत्र में एम. बी. ए. कर चुके एक छात्र ने प्रवेश के लिए आवेदन किया है। उस जैसे व्यक्ति को अगर आप हर समय कुछ विचारपूर्ण सामग्री नहीं देते रहते, उसे उत्सुक नहीं बनाए रखते, तो वह बहुत जल्दी ऊब जाएगा। इसलिए संगीत वीविंग, पॉटरी, चित्रकला, भाषा–ये सब सिखाए जाने ज़रूरी हैं, जिससे कि एक समग्र दृष्टिकोण बने।" जैसे कि कथक में 'सम' को समझना ज़रूरी है, जिससे कि एक चरमावस्था का बोध हो, एक परिणति का, उस प्रक्रिया का, जिससे कि 'सम' तक पहुँचा गया है। डॉ. सक्सेना ने अपनी किताब *स्विंगिंग सिलेबल्स : द एस्थेटिक्स ऑफ़ कथक डांस* में इन्हीं चीज़ों पर तो जोर दिया है। जब बोल गतियों में बदलते हैं, वे भी जो किसी गतिविधि से उपजते हैं, जैसा कि कुएँ से पानी खींचना, या भरे हुए घड़े को सिर पर रख कर चलना, तो भी उनमें केवल ऐसा करने की नकल नहीं होनी चाहिए। लेकिन आज की कक्षाओं में बस कुशल तरीके से कुछ करने पर जोर दिया जाता है, इस पर नहीं कि किसी चीज़ को आत्मसात कर लो, और फिर उसे पूरे आंतरिक भाव के साथ व्यक्त करो। तकनीक और उस पर अधिकार मदद करते हैं ज़रूर, लेकिन कोई नृत्यरूप किस तरह पनपा है, उसकी ऐतिहासिक सांस्कृतिक पृष्ठभूमि क्या रही है, यह भी जानना तो आवश्यक है। बिना एक पुख्ता नींव के अभिव्यक्ति, नवाचार और प्रयोगशीलता नहीं फल-फूल सकते। यह अकारण नहीं है कि कलाक्षेत्र ने अपने यहाँ वेद अध्ययन, कला इतिहास, तमिल साहित्य, पुराने ग्रंथों से पाठ, संस्कृति आदि विषय रखे हैं, जिससे कि एक बड़ा परिप्रेक्ष्य सोचने-समझने के लिए मिले। यह सब ज़रूरी है, भले ही आसन चंदू पणिक्कर के इस कथन को आज संभव करने की ज़रूरत न हो। कलाक्षेत्र में उन्होंने वर्षों तक कथकली की शिक्षा दी, और कहा करते थे कि "*कुलम, गोत्रम, वर्णम*, और *चरित्र* की प्रकृति (*देव/मनुष्य*) को जान लेना चाहिए, कथकली में उसके *मनोधर्म* को अभिनीत करने से पहले।"[4]

आज संप्रेषण की समस्या शुरू दिन से शुरू हो जाती है, एक वातावरण ऐसा बन गया है कि कला को भी एक

वस्तु मान लिया गया है, और शास्त्रीय नृत्य भी इस तरह देखा जाने लगा है, जैसे वह कुछ बता भर रहा हो, कुछ उपजा न रहा हो।

बहुत कम शिक्षक आज ऐसे हैं जो यह समझना चाहते हैं कि नृत्य करते हुए देह पर क्या बीतती है? रुक्मिणी देवी जोर देकर कहती थीं कि देह एक अद्भुत वरदान है, और नृत्य के लिए उसे संवेदना से समझना चाहिए, अगर तकनीक पर अधिकार करके, देह के भी पार जाने का लक्ष्य हो तो। गुरु अड्यार लक्ष्मणन की शिष्या चंद्रभागा का कहना है कि अधिकतर नृत्यांगनाओं में भक्ति, एक नाटकीयता भर लगती है, सौंदर्य का तत्व प्रायः गायब रहता है। मार्गम के माध्यम से पाठ/गायन की कल्पना कुछ इस तरह की गई है कि एक से दूसरे चरण के क्रम में 'दैहिकता' को भुला दिया जाए। इसके ठीक विपरीत चंद्रलेखा का विचार था, जिन्होंने देह पर फोकस किया। उनके अनुसार, देह अपने आप में पूर्ण है। हमारे पारम्परिक गुरुओं में से सब देह पर, या उसके ऊर्जा केंद्रों पर अतिरिक्त ज़ोर नहीं देते थे, बहुतेरे गुरु केलुचरण महापात्र की तरह इसका एक सहज संज्ञान लेते थे। केलुचरण ओडिसी में देह की गतिशीलता को, स्वाभाविक रूप से नृत्य-गतियों से जोड़ देते थे। और यही संदेश वे अपने शिष्य-शिष्याओं तक सहज ही पहुँचा देते थे। यह भी एक कारण है कि माधवी मुद्गल और शर्मिला विश्वास ने जिन युवा नृत्यकारों को प्रशिक्षित किया है, और कर रही हैं, उस प्रशिक्षण में देह के ऊर्जा-केंद्रों पर कोई अतिरिक्त जोर न देकर, सहज भाव से देह को मर्मभरी गतियों से जोड़ने को कह रही हैं। रुक्मिणी इस पर जोर देती थीं कि पुरुष नृत्यकारों को कथकली का प्रशिक्षण लेना चाहिए, जिससे उनकी देह में पुरुषोचित शक्ति का संचार दिखाई पड़े। चंद्रलेखा ने अपनी यात्रा में भरतनाट्यम का संबंध कलरी और योग से जोड़ा था, हालाँकि भरतनाट्यम-जगत में इसका विरोध भी संकीर्ण जनों की ओर से हुआ था, पर अब स्थिति बदल गई है, और कई शास्त्रीय नृत्य-रूपों से जुड़ी नृत्यांगनाएँ देह को नपा-तुला रखने के लिए, ऐसी ही कुछ चीज़ों का इस्तेमाल कर रही हैं।

जब दर्शक एक उपभोक्ता की तरह नृत्य देखने के लिए आते हैं, अपने को नृत्य में डुबा देने के लिए नहीं, तो नृत्यकार भी इस मोह में पड़ जाता/जाती है कि कुछ चमत्कारिक-सी चीजें दिखाकर, तालियाँ बटोर लो। ऐसे में शैली बिना शैली वाली हो जाती है।

कितने शिक्षक ऐसे हैं जो अपने छात्रों के साथ स्पेस और गतियों संबंधी चर्चा करते हों? कुमुदिनी लाखिया अकसर कहती हैं स्पेस और प्रस्तुति की समझ उन्हें रामगोपाल के ट्रुप के साथ काम करने से मिली। शंभू महाराज की कक्षा में, वे इस तथ्य के प्रति बेहद जागरूक हुईं कि कथक में नृत्यकार का आंतरिक जगत, उसकी गतियों को निर्धारित करता है। लेकिन बाह्य स्पेस और नृत्य-संरचना के प्रति फिर भी समझ का अभाव बना रहा। इस पक्ष पर सैद्धांतिक चर्चा करने की बजाए, केलुचरण जैसे गुरुओं ने प्रशिक्षार्थियों तक अपनी बात मानो स्वाभाविक रूप से सीखने-सिखाने के क्रम में पहुँचा दी। नृत्य में तो वास्तविक स्पेस की जगह, हलकी-सी कोई मुखाभिव्यक्ति एक स्पेस रच दे सकती है।

अप्पुकुट्टन नायर अकसर 'कथकली में अवधारणात्मक स्पेस' की बात करते थे। कुडिअट्टम में समूचा स्पेस आँखों द्वारा संकेतित कर दिया जाता है–धीरे से पुतली को ऊपर उठाने से, या नीचे की ओर करने से क्रमशः शिखरों, आसमानों की ओर गहरी घाटियों की सघन प्रतीति कराई जा सकती है। मंच पर बना दी गई एक छोटी-सी दीवार पर बैठा हुआ नृत्यकार, दूर देखती आँखों से दर्शकों के भीतर खुले विस्तार की सृष्टि कर सकता है। मणिपुरी नृत्यकारों ने मुझे बताया है कि जलाशयों और पहाड़ियों के निकट किए जाने वाले लाई हरोबा के प्रदर्शन किस प्रकार नृत्यकार को ऐसी प्रतीति से भर देते थे कि उसके अंतरतम में भी उसी प्रकार का स्पेस घटित होने लगता था–अंदर-बाहर जैसे मिल जाते थे। इसी से तो जन्मी है वहाँ की नृत्य कला की परम्परा की गतियाँ।

पंडित बिरजू महाराज और कुमुदिनी लाखिया जैसे कुछ अपवाद हैं ज़रूर, नहीं तो आज के शिक्षकों के पास, आमतौर पर, ऐसी गहराइयों को समझने और शिष्य-शिष्याओं को ऐसी किसी चर्चा में संलग्न करने का समय है ही कहाँ!

भारत में कक्षाओं में स्पेस और 'स्केल' आदि को लेकर वीडियो दिखाए जाने की वैसी परम्परा नहीं है, जैसी पश्चिम में है। उदाहरण के लिए जब भरतनाट्यम की सुघड़ ज्यामिति किसी रॉक गार्डेन में प्रदर्शित की जाती है, जैसी लीला सैमसन के नृत्य को लेकर बनाई गई अपनी फ़िल्म में अरुण कोपेकर करते हैं, परस्पर कुछ तुलनाएँ करके, भरतनाट्यम के संतुलन को उभारने की![5] नृत्य के छायांकनों के माध्यम से भी स्पेस में गतियों की ज्यामिति को समझने-समझाने की चेष्टा की जा सकती है। वास्तुशिल्प, चित्रकला और नृत्य का परस्पर क्या संबंध है, इसे भी कई प्रकार से प्रदर्शित किया जा सकता है।[6]

पश्चिम में नृत्य सिखाने के लिए टेक्नोलॉजी के उपकरणों का भी इस्तेमाल किया जाता है, और उन सबको पर्याप्त शोध के बाद अपनाया गया है, यह नहीं कि बस वीडियो बना दिए, उनमें प्रशिक्षण की कुछ चीजें भर दीं, और छुट्टी हुई। हमारे यहाँ भरतनाट्यम को सीखने-सिखाने के वीडियो सबसे अधिक उपलब्ध हैं, पर इससे भला बात कैसे बन सकती है? इनसे सीखने वाले तो बस अनुकरण करना भर सीख सकते हैं।

गतियों की बारीकियों को समझने-समझाने के लिए तो अनुभवी व्यक्ति ही चाहिए। ग्रुप की नृत्य-संरचना बताने के लिए, कुमुदिनी लाखिया ने पहले तो पूरी प्रक्रिया पर ही ध्यान दिया है। संजुक्ता पाणिग्रही, जिनका असमय ही निधन हुआ, बताती थीं कि यूरोप में यूजीनिओ बार्बा की वर्कशॉप में ही वह गतियों के सूक्ष्मतम विवरणों को देख और समझ पाईं। स्वयं विदेशियों को वह ओडिसी की गतियों के बारे में बता सकें, इसके लिए एकाग्र भाव से, उन्होंने गतियों की प्रक्रिया को सीखा-समझा, जिससे कि वह स्वतःस्फूर्ति को, ऊर्जा को, क्रिया-व्यापार को, और तनाव को व्यक्त कर सकें। धीरे-धीरे वह यह भी समझ सकीं कि कोमल और प्रबल गतियाँ परस्पर किस तरह काम करती हैं।

मिथकों और पुरा-कथाओं को नए सिरे से आविष्कृत करने, उनसे कुछ पाने के लिए, आज उनकी तहों में जाना ज़रूरी है। जो गुरु/शिक्षक इस काम को अच्छी तरह कर सकता है, वही उनके पीछे के दर्शन और जीवन-मर्म का ज्ञान प्रशिक्षार्थी को दे सकता है।

कुछ ही नृत्यकारों ने इसमें विशेषज्ञता हासिल की है कि गतियों का कार्य-व्यापार किस प्रकार देह को प्रभावित करता है। किसी अंग के अधिक उपयोग या कम उपयोग से ही शैलियाँ जन्म लेती हैं। वर्षों तक भरतनाट्यम करने से नितम्बों की चौड़ाई बढ़ जाती है। अर्धमंडली की मुद्रा में लगातार रहने से घुटने की समस्या अधिक हो जाती है। इन सब चीजों को निमंत्रित करने के लिए शरीर को कई तरह के अभ्यासों और संतुलन में ढालना पड़ता है।

नृत्य में देह के साथ क्या घटित होता है, इस सिलसिले में, प्रोफ़ेसर एल. रामचंद्रन की पुत्रवधू कनका सुधाकर का शोधकार्य उल्लेखनीय है। उन्होंने विभिन्न चरणों में भरतनाट्यम की गतियों, मुद्राओं आदि का अध्ययन किया है, और स्वास्थ्य के लिए लाभकारी उन तत्वों को रेखांकित किया है, जो इन गतियों-मुद्राओं से जन्म लेते हैं।[7] लेकिन उनका अध्ययन कुछ एकांगी भी है, क्योंकि वर्षों तक नृत्य करने से, और गतियों-मुद्राओं के लिए कुछ अंगों के लगातार उपयोग से, शरीर पर हानिकारक प्रभाव भी पड़ता ही है।

सांस्कृतिक कार्यक्रमों के एक उद्योग में परिवर्तित हो जाने से, और नृत्य के भी केवल मनोरंजन की दिशा में मुड़ जाने से, प्रशिक्षार्थियों को मानो उस पर लिखने, और शोध करने की सुधि ही नहीं आती। शास्त्रीय नृत्य क्रमशः एक हुनर की तरह देखा जाने लगा है–उसके सौंदर्यपक्ष

की, आध्यात्मिक स्तर की चिंता बहुत थोड़े लोगों को रह गई है।

विभिन्न नृत्य-रूपों में गतियों का जो अनुशासन और व्याकरण है, उसे लेकर युवा प्रशिक्षार्थियों के साथ अच्छी चर्चा और विचार-विमर्श की बात बहुत कम शिक्षकों के ध्यान में आती है। बच्चे पाँच-छह वर्ष की आयु में ही नृत्य-कक्षाओं में प्रवेश करते हैं, इसलिए ऐसी विधियाँ अपनाई जानी चाहिए, जिससे वे गतियों को सीखने का आनंद उठा सकें। यह एक चुनौतीपूर्ण काम है। दंडायुधपाणि पिल्लई ने ज़रूर पहली बार युवतर छात्र-छात्राओं के लिए, कुछ चीजें तैयार कीं जिससे वे नृत्य की विशेषताएँ सीखें, और सीखते हुए आनंद भी उठाएँ। वर्षों पहले भरतनाट्यम की शिक्षिका के रूप में जमुना कृष्णन ने भी कुछ ऐसी प्रस्तुतियाँ तैयार कीं, जो बड़ों के शृंगार-पक्ष वाली प्रस्तुतियों से अलग थीं, और छोटी आयु के बच्चों के लिए विशेष रूप से रची गई थीं।

परम्परा को समय के साथ पुनर्नवा करने की बजाए, ठहराव की स्थिति में ला दिया गया है। युवतर प्रशिक्षार्थियों की नृत्य रुचि को बरकरार-रखने, विकसित करने के लिए, सामूहिक प्रयत्न की ज़रूरत है। वर्षों पहले ममता नियोगी नकरा ने जो मांट्रियल में कला भारती की प्रमुख हैं, गायकों, संगीतकारों और लेखकों के सहयोग से एक ऐसा ही प्रयत्न किया था और ओ.एस. अरुण, वी.ए. के. रंगा, डॉ. बी.पी. श्रीनिवास, घटम कार्तिक, नृत्यकार एन. श्रीकांत और कई अन्य लोगों के सहयोग से, बच्चों की दुनिया से जुड़ी हुई चीजें तैयार कराई थीं। इनमें मार्गम पद्धति को तिलांजलि नहीं दी गई थी, हाँ, सरसता का ध्यान रखा गया था और प्रदर्शन-पक्ष को मजबूत ही रखा गया था, ढीला नहीं। फ्रांसीसी संगीतकार सेंट साएंस की एक संगीत-रचना le carnaval des animaux को सुनते हुए, जो रेडियो कनाडा में रोज ही प्रातः को प्रसारित होती थी, ममता को यह सूझा था कि कुछ नया किया जाए, जिससे भरतनाट्यम सीखने वाले युवाओं में, भागने-उछलने-कूदने की, जो गतियाँ आनंद के क्षणों में सहज ही उभरती हैं, उनको अत्यंत-सुसंस्कृत परिधि से बाहर निकाला जाए, *अलारिप्पु*, *तिल्लाना मार्गम* वाली परिधि से; और एक अलग तरह से पेश किया जाए। 1980 से *शिशु साधना* में यह चीज 'दुनिया की ओर खुलने वाली खिड़की' शीर्षक से, मांट्रियल के प्राथमिक और माध्यमिक स्कूलों में नियमित रूप से उपयोग में लाई जा रही है, और किशोर-किशोरियों में भरतनाट्यम के माध्यम से एक आनंद का संचार कर रही है। *वंदना* मंच पर एक सहज-सरल प्रवेश-विधि है, हंसध्वनि राग में निबद्ध, और सा,रे, गा को बड़ी सुगमता से व्यवहार में लाती हुई, यह गुरु के प्रति प्रणति है। इसके बाद *जतिस्वरम* हिंडोलम राग में पांच मिनट की एक अमूर्त रचना है। *शब्दम* को कई रागों में बाँधा गया है, जिसमें कोई लड़का/लड़की गेंद के साथ खेल-खेल में यह सोचते हुए सामने आता/आती है कि क्या वह भी कृष्ण की तरह नाग के मस्तक पर नाच कर सकता/सकती है?

नटकुरंजी में *वरनम*, जो एक सरल संस्कृत पाठ पर आधारित है, में एक बच्चा, एक सोते हुए दैत्य को कई प्रकार से जगाने का यत्न करता है, और मार्गम पद्धति में *पदम* है, जिसमें एक बच्ची अपनी गुड़िया को कपड़े पहनाते हुए सभी नौ रसों को व्यक्त करती जाती है, बिना शृंगारिकता पर जोर देते हुए, *आमार पुतुल* शीर्षक से यह बांग्ला में है, और यह बागेश्वरी और आदि तालम तिसरा नदाई में निबद्ध है, और आखिरी बोल हैं, '*नाचिबे की दुलाई आय आय आय*,' एक और प्रस्तुति हिन्दी में है *मेरी चिट्ठी* कलावती में है, इसमें बच्चा नटराज को चिट्ठी लिखता है, और पूछता है, "मैं तुम्हें किस नाम से पुकारूँ? जब तुम नाच नहीं रहे होते हो तो क्या करते हो? क्या कैलाश पर्वत पर बहुत सर्दी होती है? क्या बाघ की खाल से सर्दी मिट जाती है? तुम हाथों का क्या इस्तेमाल करते हो? तुमने एक बहुत अच्छी नृत्य-मुद्रा तैयार की है? वह मुझे बहुत अच्छी लगती है।" बिहाग तिल्लाना में लयपूर्ण गतियाँ हैं, जिनसे मयूर, हाथी, बंदर, मछली, सर्प और हिरण की गतिविधियाँ दर्शाई जाती हैं! उनका

अनुकरण करके। इस अभ्यास की सबसे अच्छी बात यह है कि यह कई भाषाओं में है, जो भारतीय परिस्थितियों के अनुकूल है, और सरस ढंग से सभी भारतीय नृत्यरूपों को बच्चों तक पहुँचाने की अचूक विधि है।[8]

सबसे बढ़कर तो यह कि दूसरे नृत्यकारों को नृत्य करते हुए देखकर नृत्य सीखना सबसे अच्छा है। इससे यह परख आसान हो जाती है कि क्या ठीक है, और क्या नहीं! कूपमंडूक की तरह अपनी ही सीमा में रहने से बहुत से नृत्यकारों में एक प्रकार की जड़ता-सी आ गई है। दस साल पहले तक चेन्नई में किसी नृत्य प्रस्तुति के समय पहली पंक्ति में, सी.वी. चंद्रशेखर, के.जे. सरसा, कलानिधि नारायणन, नरसिंहाचारी, कृष्णा कुमारी नरेन्द्रन की उपस्थिति, यही तो बताती थी, कि इन बुजुर्गों में नए से नए को देखने और उनसे भी कुछ पाने की कैसी ललक थी।

अभिनय–एक खोती हुई कला

शास्त्रीय नृत्य के प्रशिक्षण में आज जो पक्ष सबसे अधिक उपेक्षित है, वह है भावों की अभिव्यक्ति का। शास्त्रीय नृत्य का रचना-भंडार किसी न किसी अंचल विशेष से गहरे में संपृक्त है, जो भिन्न प्रकार की प्रतिक्रियाओं को जन्म देता है। जो पहलू ठीक से व्यक्त या संप्रेषित नहीं हो पाता, उसे लोग कुछ विचित्र-सा मान लेते हैं। लेकिन जब जानकार दर्शकों का संबंध नृत्य से आत्मीय ढंग से जुड़ता है, तो वे यह अनुभव करते हैं कि जो कुछ वे देख रहे हैं, वह उस जीवन का अंग है, जिससे साधारणतया रोजमर्रा की जिंदगी में पाना कठिन होता है। लेकिन आज स्थिति बदल चुकी है, और दर्शक कई बार बहुत उखड़े-उखड़े ढंग से नृत्य को सराहते हैं। एडिनबरा में बाला सरस्वती के नृत्य के बाद, *मार्निंग पोस्ट* ने स्वीकार किया था कि– "कुल प्रभाव विस्मय का था, उत्प्रेरणा का नहीं," रुक्मिणी देवी को, जिन्होंने कुछ समय के लिए मीनाक्षी सुंदरम पिल्लई जैसे गुरु से भी प्रशिक्षण प्राप्त किया था, यह अनुभव हुआ था देवदासी की अभिव्यक्ति-क्षमता, एक विशेष जीवनशैली की देन थी, जिसे एक मध्यवर्गीय ब्राह्मण परिवार से आने वाला व्यक्ति, प्रदर्शित नहीं कर सकता था। गौरी अम्माल को देखकर, जिन्होंने कलाक्षेत्र में कुछ समय प्रशिक्षण दिया था, रुक्मिणी देवी ने कहा था... "देह की एक विशेष भंगिमा, गति की गरिमा और चेहरे की अभिव्यक्ति-क्षमता, जिसमें सहसा भी कुछ प्रदर्शित कर सकना संभव था....शायद यह सब जन्मजात ही होता है, जो सबको सुलभ नहीं होता। रुक्मिणी देवी जैसे कलाकारों ने, अपनी आंतरिक शक्ति के बावजूद, अभिनय का जो पक्ष प्रस्तुत किया, उसे अलग होना ही था। संस्कृति ही 'दिल और दिमाग़ के बीच के संतुलन' को दुरुस्त रख सकती है, ऐसा उनका मानना था।

नृत्य शिक्षण में देहभाषा और तकनीक की प्रमुखता हो जाने के बाद, कविता और साहित्य तथा संगीत, नृत्यकार के अपने रुझानों के अधीन हो गए हैं।[9] इन अनुशासनों के अपेक्षित ज्ञान के बिना अभिनय का कमज़ोर रह जाना स्वाभाविक है। यह कई लोगों का मानना है कि अभिनय सिखाया नहीं जा सकता। लेकिन अभिनय कैसा हो, किस तरह से हो, और जिस साहित्य पर नृत्य करना हो, उसे कैसे पढ़ा समझा जाए, यह तो बताया ही जा सकता है। अभिनय भावों को जागृत करने का काम करता है, और यह केवल कार्यकलाप भर नहीं है। जब कोई *मंची दिनायु नीरे, महाराजुगा रम्मानवी* जैसी पंक्ति को अभिनीत करता है तो कितना *अच्छा दिन* (*मंचीदिनायु*) है, इसे दर्शाने के लिए किन्हीं प्रतीकों की ज़रूरत नहीं होती। अभिनय में तो दिन के प्रति नायिका के भावों को ही दर्शाना होता है, और प्रिय तक इस बात को पहुँचाना कि मिलन का समय आ गया है, इसमें कोई बाधा नहीं है।[10] यहाँ 'महाराजुगा' शब्द किसी राजा को संबोधित नहीं है, यह तो नायिका की चाहना है जो वह एक राजसी भाव से ही अपने घर में नायक को प्रवेश करने के लिए कह रही है, अभिनय, हाथों का मूक भाव से हिलना भर नहीं है, वह तो संकेतों-मुद्राओं

और चेहरे के भावों से, भावनाओं को संप्रेषित करने का काम करता है। कितना-क्या दिखाना-बताना है और अनकहा छोड़ देना है, इस संतुलन का नाम भी अभिनय है। पश्चिम के एक पत्रकार ने इसी तथ्य को व्यक्त किया था कलानिधि नारायणन का अभिनय देखकर, "मैंने उस हर शब्द को सुना जो उन्होंने बोला नहीं था।" शृंगार पक्ष को लेकर कई प्रकार की बहसें होती रही हैं। भारतीय नृत्य का इतिहास स्त्री-देह पर केंद्रित रहा है, और इससे भी कई प्रकार के संभ्रम हुए हैं। बालासरस्वती ने कहा था, "मुझे जितना ज्ञात है, उसके अनुसार भरतनाट्यम भक्ति है।" और शृंगार "वह केवल दैहिक नहीं है, नहीं, कभी नहीं।"[11] दरअसल भक्ति और शृंगार दोनों ही एक ही यथार्थ के दो पहलू रहे हैं, और किसी ने यह तय नहीं किया कि इन दोनों के बीच का संतुलन क्या होना चाहिए, क्योंकि यह तो प्रत्येक कलाकार के अपने दृष्टिकोण पर निर्भर करता है। एक के बिना दूसरे की कल्पना करना हास्यास्पद है, क्योंकि काम भावना का विरोध करके नहीं, उसे ऐंद्रिक में बदलकर ही भक्ति की ओर जाया जा सकता है। ऐंद्रियता न तो देह में स्थित होती है, न पदम और जावली के संगीत पाठ में, वह तो नृत्यकार की आंतरिक अभिव्यक्ति से ही संभव होती है। वेदांतम सत्यम के कुचिपुड़ी में नायिका का यह निमंत्रण–*यदुवंश सुधामबुदी चंदु स्वामी रा रा*–भक्ति की पराकाष्ठा का द्योतक हो सकता है, जबकि यामिनी कृष्णमूर्ति के नृत्य में यह काम भावना का प्रतीक बन जा सकता है। सच तो यह है कि बिना किसी रचना या पाठ के भी काम भावना की अभिव्यक्ति की जा सकती है। नायिका कोई हीरोइन नहीं होती, जैसा कि आमतौर पर माना जाता है। वह तो एक अवधारणा को एक भावना को व्यक्त करती है, जो किसी भी को छू ले सकती है, क्योंकि वह भावना उसकी निजी नहीं होती, समूचे विश्व के मर्म को समेटते हुए चलती है। हाँ, आज यह विषम स्थिति उत्पन्न हुई है कि नृत्यकार, नृत्य से बड़ा हो गया है। ऐंद्रियता को व्यक्त करने के लिए अहम को विसर्जित करना पड़ता है। मंच पर अपने उत्कृष्टतम को देना होता है।

रुक्मिणी देवी ने भारतीय नृत्य के आध्यात्मिक पक्ष पर एक दिलचस्प टिप्पणी की है, "नृत्यकला तो लगभग विलुप्त हो गई थी क्योंकि वह देह को भुलाने की जगह, उसे याद रखने लगी थी। लेकिन जिन्हें दुनिया गिरा हुआ मानती थी, उन्होंने पूरी ईमानदारी से कला की भक्ति की और अपने को उसी कला को समर्पित कर दिया, जिससे प्रेम करती थी। कला ही उनकी जीवनशैली थी, उसी की साधना में उन्होंने अपने को हर तरह से लगा दिया ओर अपनी देह को भी उसी कला को माँजने के लिए अर्पित कर दिया।" उन्होंने यह भी कहा कि, "आज परिष्कृत कामोद्दीपन ने अपरिष्कृत कामवासना की सहज अभिव्यक्ति की जगह ले ली है।"[12]

कविता को भी शाब्दिक अर्थ के पार देखना होता है। उदाहरण के लिए जब *गीत गोविंद* की अष्टपदी में राधा कृष्ण से कहती है *याहि माधव* (चले जाओ कृष्ण) तो वह उस स्त्री की पीड़ा की बात करती है, जो ठगी गई है, और अब उस सबको भुला देना चाहती है जो घटा था। वह कृष्ण को कोई आदेश नहीं दे रही होती, जैसी कि कई नृत्यांगनाएँ आमतौर पर मान लेती हैं। किसी साहित्यिक रचना के विभिन्न स्तरों के अर्थगामी पाठ को ही जानना-समझना ज़रूरी नहीं होता, ज़रूरी यह भी होता है कि किसी वाक्य के शब्दों को उनके उचित वजन में समझा जाए। आलोचक और तेलुगु विशेषज्ञ वी.ए.के. रंगा राव इस सिलसिले में एक उदाहरण प्रस्तुत करते हैं, कि कैसे पदम *दारी जुछ्छ छुन्नादी* में नृत्यांगनाएँ प्रायः शंकराभरणम में *नीदु प्रिए* (प्रिय) का विस्तार करती हैं, जो अधूरा होता है। दरअसल, पूरी उक्ति है, "तुमहारी उत्सुक/अधीर आँखों वाली युवा प्रिया"।[13] अगर किसी को गीति-रचना के बारे में ठीक-ठीक जानकारी न हो तो भाषा समस्या पैदा कर सकती है। पहले तो दर्शक श्रोता एक विशेष भाषा-समाज के हुआ करते थे, और सभी किसी रचना का भाव समझ लेते थे। यह बात

कलाकारों को प्रेरित करती रहती थी। पर अब दर्शक-श्रोता वर्ग में विभिन्न भाषाओं के लोग रहते हैं। इसीलिए बहुतेरी नृत्यांगनाएँ अब कथा-वर्णन को पसंद करने लगी हैं, क्योंकि उसमें समझने-समझाने की उतनी बारीकियाँ नहीं होतीं, और नृत्य 'कथा' के आधार पर प्रस्तुत करना होता है। लेकिन ऐसा करना क्या दर्शक-श्रोता को कम करके आँकना नहीं है! अगर ऐसा ही है तो फिर शांता राव शंकराभरणम में *दारी जुछु छुन्नादी नीदु प्रिए तरलशियागु चिन्नादी* को पच्चीस मिनटों तक प्रस्तुत करके न्यूयार्क के दर्शक-श्रोता वर्ग की लंबी करतलध्वनि कैसे बटोर लेती है! चाहे कोई जापानी हो या अमेरिकी, जिसे भरतनाट्यम के बारे में कुछ भी पता नहीं था, वह भला बालासरस्वती के अभिनय को देखकर अपनी सीट पर चिपका क्यों रह जाता था! वे भले सारी बारीकियाँ न समझ पा रहे हों, पर उन तक जो भी पहुँचता था वह निस्संदेह एक अद्भुत कला-यात्रा का गहरा अनुभव ही तो होता था। बालासरस्वती मानती थीं कि अगर आप अपनी बात नहीं पहुँचा पाते, तो इसमें किसी और का दोष नहीं होता।

उमा शर्मा, शंभू महाराज के 'उपज-अभिनय'[14] के बारे में बातें करते हुए थकती नहीं हैं। यह कथक का ऐसा कला-पहलू था, जो आज खो गया है। उमा शर्मा स्वयं तुलसी भजन, उर्दू ग़ज़ल, ठुमरी, ब्रज भाषा और सूफ़ी शायरी, ग़ालिब की शायरी आदि को लेकर नृत्य करती रही हैं, और उससे एक *मधुरा भक्ति* का सृजन होता रहा है, और मनुष्य के अभ्यंतर का प्रकटन भी।

एक दूसरा विरोधाभास भी है। 1930-40 के भरतनाट्यम को परिवर्तित करके जो नया रूप बना और जिसमें कामुक मानी गई चीज़ों को हटा दिया गया, उसमें भी शृंगार की कई स्थितियों को लेकर एक विरोध और बहस जारी है। लीला सैमसन ने इस पर अचरज प्रकट किया है कि पदम और जावली, जिनमें जीवन की घृणा, क्रोध, प्रेम, भय, पछतावा, चिढ़ आदि को जीवन की ओर खुलने वाली एक खिड़की के रूप में देखा जाना चाहिए, उन्हें आज अप्रासंगिक करार दिया जा रहा है।[15]

नायिका वहाँ एक तटस्थ भूमि पर कुछ खोजती हुई-सी है, और जब आप उसे क्षण भर को छू लेते हैं तो आप आनंदित होते हैं... पदम जीवन से उठाया गया वैसा ही एक क्षण है, सुंदर, काव्यमय, संगीत और सूक्ष्मताओं से भरा हुआ, और इसे प्रस्तुत करना नृत्यकार के लिए चुनौतीपूर्ण हो सकता है। वे स्वच्छंद हैं पूर्णतया, अपने नियमों में बँधे होने के बावजूद। वहाँ मानो एक पूरा जगत है, खोजने के लिए। अल्लारमेल वल्ली ने एक वार्तालाप के दौरान कहा, आप आधुनिक हैं, इस कारण आपका स्त्री होना बंद नहीं हो जाता और ये गीति रचनाएँ जो हमारे भंडार में हैं, वे आज भी प्रासंगिक हैं। संगम काव्य को ही लीजिए, उसमें एक समकालीन व्याप्ति है। शहद के छत्ते के इर्द-गिर्द मधुमक्खियों का बिंब हो या लताओं का, या भागते हुए हिरण का, या आँधी का, या मंदिर उत्सव का–भला कब से ये जीवन का हिस्सा होना बंद हो गए?

जब से बड़े प्रदर्शनों के लिए बड़े सभागार बनाए जाने लगे हैं, तब से आत्मीय सभाओं में किए जाने वाले अभिनय को नई चुनौतियों का सामना करना पड़ रहा है। चौथी-पाँचवीं कतार में बैठे लोगों के बाद अभिनय की बारीकियाँ दिखाई ही कहाँ पड़ती हैं। अभिव्यक्ति प्रधान नृत्य का प्रस्तुतिकरण अब मशीनी-सा हो रहा है। *पदम* हमेशा से इस रूप में कुछ स्वच्छंद होता था कि नृत्यकार तत्काल स्व-प्रेरणा से भी कुछ रच देता था। आज प्रदर्शन की तय समयावधि के भीतर नृत्यांगना का साथ देने वाले संगीतकार कम ही हैं, क्योंकि नृत्यांगना 'मनोधर्म'[16] के अनुसार किसी एक ही सांगीतिक पंक्ति के विस्तार में अपना समय लगा सकती है। 'पदम' के अभिनय में समय को बरतने का जो स्वच्छंद भाव हुआ करता था, वह आज खो गया है। आज स्वप्नसुंदरी ही वह नृत्यांगना है जो विलासिनी नाट्यम में किए गए अपने शोध के बल पर पदम प्रस्तुत करते हुए हर सांगीतिक पंक्ति का विस्तार

ऊपर से नीचे की ओर: गीता चंद्रन (आर. श्रीनिवासन)
स्पिकमैके की एक कक्षा (आर. श्रीनिवासन)
मालविका सरुक्काई–स्पिकमैके (आर. श्रीनिवासन)

करती हैं, उसका आनंद उठाती हैं, और भावाभिव्यक्ति का पूरा ध्यान भी रखती हैं। लेकिन इसमें साथ देने वाले उतने ही सक्षम गायक का मिलना आज मुश्किल है। पदम की प्रस्तुति में समय के बंधन के कारण, उसकी 'पूर्णता' को संप्रेषित कर पाने वाली अभिव्यक्ति आज कठिन ही तो है।

जिन गीतों में नायिका का अपने अभिनय द्वारा प्रिय से मिलने की व्यग्रता का भाव है, उसे प्रदर्शित करने में आज स्वतंत्र चेता स्त्री को हेठी-सी मालूम देती है बहुतों को, और वे पदम में इन गीतों की प्रस्तुति के विरोधी सरीखे हैं। बालासरस्वती के प्रिय पदम *एत्तानाई सोनालुम* के सिखाए जाने पर छात्राओं ने काफ़ी आपत्ति की थी। इसमें पार्वती की मां, पार्वती को इसलिए डॉटती हैं कि वह शिव से क्यों झगड़ बैठी हैं, और क्यों माता-पिता के घर में आकर रहना चाहती हैं? अब तो उसकी जगह पति का घर ही है। इस पर क्रोधित होकर एक छात्रा ने कहा था, "भला कौन ऐसे गीत पर नृत्य करना चाहेगा जिसमें यह कहा जा रहा हो कि एक स्त्री को हर हाल में पति की अनुगामिनी बनकर रहना है? हम किस शताब्दी में रह रहे हैं? मैंने उस गुरु को छोड़ दिया जब उन्होंने ऐसे गीत सिखाने शुरू किए।"[17]

अंततः तो नृत्यकार को ही अपना अंदाज गढ़ना है, जिसमें अभ्यंतर का सच भी हो; तकनीक और रचनाएँ तो मानो साँस लेने की वे जगहें हैं, जहाँ कुछ प्रेरणाएँ उसके काम आती हैं। और किसी भी नृत्यकार को इसके लिए मजबूर नहीं होना चाहिए कि जो उसे रास नहीं आ रहा हो, उसे वह प्रस्तुत करे।

पुरुष नृत्यकार, स्त्री-केंद्रित विषयों/प्रस्तुतियों पर एक भिन्न प्रकार की प्रतिक्रिया देते हैं। जो *स्त्रीवेशम* में निष्णात हैं, जैसे कि भरतनाट्यम और भगवतमेला नाटकम के कलाकार, एन. श्रीकांत हैं; वे इतना स्त्री-सुलभ नृत्य करते हैं कि उन्हें देखकर लोग यह भूल जाते हैं कि वे स्त्री नहीं, पुरुष हैं। हालाँकि स्त्री देह इतिहास-सम्मत मनोरंजन का साधन मानी जाती (रही) है, लेकिन वह पुरुष देह ही है, जो स्त्री या पुरुष, दोनों

सोनल मानसिंह की एक कक्षा (ओडिसी एकेडेमी)

भूमिकाओं में सहजता से उतर लेती है। पुरुष भूमिकाएँ करने वाली स्त्री-कलाकारों के उदाहरण कम हैं। ई. कृष्ण आय्यर जैसे कलाकार भरतनाट्यम स्त्री की वेशभूषा में ही प्रस्तुत करते थे। लेकिन भरतनाट्यम, ओडिसी और कथक नृत्य करने वाले आज के थोड़े-से पुरुष कलाकार ही स्त्री-भूमिकाओं को सफलतापूर्वक निभा पाते हैं। ऐसे ही एक कलाकार गुरु केलुचरण महापात्र थे। लेकिन *पदम* और *जावलियों* के शृंगार-पक्ष को निबाहते हुए अधिकतर नृत्यकार बहुत असहज हो जाते हैं।

सी.वी. चंद्रशेखर जैसे कुछ गुरुओं ने नट्टकुरंजी में वरनम जैसी कुछ प्रस्तुतियाँ पुरुष छात्रों के लिए रची हैं, जिसे उनके शिष्य प्रवीण बहुत अच्छी तरह करते हैं। प्रेम-प्रसंगों की कुछ रचनाएँ ऐसी हैं जिनका उपयोग पुरुष नृत्यकार करते हैं। जयदेव की अष्टपदी *प्रिए चारुशीले* एक ऐसी ही रचना है। मूर्धन्य मुत्तुस्वामी पिल्लई ने अपनी फ्रांसीसी शिष्या डोमिनिक डेलोरम के लिए एक विशेष *वरनम* की रचना की, जिसे उसने विशेष भावपूर्ण ढंग से प्रस्तुत किया। यह सच है कि नृत्यांगनाएँ ही पहली पसंद हैं, और आज के कारपोरेट प्रायोजनों में भी एकल नृत्य करने वाले पुरुष कलाकारों को बहुत कम कार्यक्रम मिलते हैं। कई पुरुष नृत्यकार प्रसिद्धि के कगार पर हैं, लेकिन वे अब भी दूसरी पसंद हैं, पहली नहीं। यहाँ तक कि कुचिपुड़ी में, जो 1940 तक पुरुष-परम्परा का ही नृत्य था, और इसके बाद ही इसमें स्त्रियों को प्रवेश मिला था, उसमें अब नृत्यांगनाओं को ही अधिक कार्यक्रम मिलते हैं, पुरुषों को उतने नहीं।

गंधर्व महाविद्यालय, नई दिल्ली में अगस्त, 1979 में गुरु केलुचरण महापात्र की एक कक्षा (सौजन्य इलियाना सितारिस्ती) दाएँ, गुरु केलुचरण महापात्र, इलियाना सितारिस्ती को जुलाई, 1998 में एकलव्य की मुद्राएँ सिखाते हुए। (सौजन्य: इलियाना सितारिस्ती छायाचित्र: कार्लो लिज्जातो)

स्त्री-पुरुष वाले युगल संवादी नृत्य अधिक लोकप्रिय हैं। राजा-राधा रेड्डी से लेकर, धनंजयन युगल जोड़ी, और शीजित नांबियार तथा पार्वती की जोड़ी ने श्रृंगार प्रस्तुतियों में नए आयाम जोड़े हैं, जो दर्शकों को प्रीतिकर लगते हैं। सूरदास की रचना *बूझत श्याम तू कौन हो गोरी* में कृष्ण और राधा के साक्षात्कार को शीजिथ और पार्वती ने जो रूप दिया है, वह नाट्य-तत्वों से रसभरा है, और उसमें कलात्मक संयमन भी है।

अतीत के गुरुओं का काम केवल सिखाना था, पर, आज के गुरुओं की होड़ अपने शिष्यों के साथ भी रहती है–दोनों ही कार्यक्रमों की श्रृंखला में प्रतियोगी होते हैं। अब गुरु को कार्यक्रम भी देने हैं, और सिखाना भी है, ऐसे में सिखाने का काम कुछ तो पिछड़ता ही है। वरिष्ठ नृत्यकार जब कहीं भ्रमण पर जाते हैं तो कक्षाओं के संचालन का भार कुछ छात्रों पर छोड़ देते हैं, और उनकी यह अनुपस्थिति छात्रों के अभिभावकों को अच्छी नहीं लगती है, क्योंकि वे मानते हैं कि इससे छात्र-छात्राओं का नुकसान होता है, उन्हें जैसी शिक्षा मिलनी चाहिए, नहीं मिलती है। प्रशिक्षण वैसे भी एक चुनौतीपूर्ण काम है, और शिक्षक अपने नृत्य-कार्यक्रम के बीच किसी तरह से तालमेल बिठाने में व्यस्त रहते हैं। दूसरी बड़ी समस्या यह है कि पिछले तीन दशकों में संस्थाओं की शिक्षण विधि में नई चीजें घटित नहीं हुई हैं।

आज नृत्य में समूह-नृत्य कार्यक्रमों को प्राथमिकता दी जा रही है। यहाँ तक कि भरतनाट्यम, ओडिसी, मोहिनीअट्टम और कथक के एकल नृत्य भी, अब समूह का ही हिस्सा बन रहे हैं। दूसरी ओर मणिपुरी और कुचिपुड़ी, यहाँ तक कि कथकली की समूहन वाली नृत्य परम्परा, अब एकल के रूप में प्रस्तुत की जा रही है। समूहन में वे नृत्यकार भी खप जाते हैं, जिनमें एकल नृत्य की क्षमता नहीं होती है। बिरजू महाराज कहते हैं, "मैं उन लोगों के सख़्त खिलाफ़ हूँ जो समूहन-नृत्य को एक सुविधा की तरह इस्तेमाल करते हुए मीडियाक्रिटी को बढ़ावा देते हैं। एकल नृत्य में अच्छी तरह अपने को ढालना श्रेयस्कर है, और समूह-नृत्य में भी जब ऐसे कलाकार भागीदार होंगे जिनमें एकल की क्षमता होगी तभी हम परम्परा को भी बचा पाएँगे।"[18]

एक बात और। समूह नृत्य प्रायः एकल नृत्यों का पुंज बन जाते हैं, जबकि समूह-नृत्य की अपनी विशेष माँगें और अपेक्षाएँ होती हैं। कुमुदिनी लाखिया जैसे कुछ लोगों ने ही यह समझा है कि समूह-नृत्य की बुनावट-बनावट कैसी होनी चाहिए। भरतनाट्यम में चंद्रलेखा भी

ऐसी ही थीं। ओडिसी में नृत्यग्राम ग्रुप भी अच्छा काम कर रहा है, ऐसी ही कुछ अन्य मंडलियाँ भी हैं।

अब नृत्यांगनाएँ/नृत्यकार देश भर में उभर रहे हैं, काम कर रहे हैं, यहाँ तक कि विदेशों में भी। पर अब भी वे अंचल ही हैं, जहाँ से मिलने वाली खुराक, और उच्च शिक्षा ही किसी परम्परा विशेष के नृत्य के काम की हैं। इसीलिए भरतनाट्यम के प्रशिक्षण के लिए नृत्यकार सुप्रसिद्ध चेन्नई के शिक्षकों के पास जाते हैं। और ओडिसी की उच्च-शिक्षा के लिए ओडिसा। मणिपुरी शिक्षण की व्यवस्था अब कोलकाता में भी है, पर बहुतों की इच्छा यही रहती है कि मणिपुरी नृत्य सीखने के लिए इंफाल जाना ही अच्छा है। इसी तरह केरल ही कथकली प्रशिक्षण के लिए उत्तम माना जाता है।

पारंपरिक गुरुओं की संतानें अब नृत्य न करके और कुछ करना चाह रही हैं। ऐसे में 'घरानेदार' शिक्षकों की संख्या बहुत कम हो जाने वाली है। यह यथार्थ है। पर भरतनाट्यम, ओडिसी, कुचिपुड़ी में शिक्षक और संस्थाएँ, अब कुछ ऐसे कुशल छात्र तैयार करने में सफल हुए हैं, जो भविष्य के लिए अच्छा संकेत है। परख करने की क्षमता रखने वाले ऐसे दर्शक भी कम हो रहे हैं, जो उत्कृष्टता को ही बढ़ावा दें, और 'श्रेष्ठता' की माँग को बनाए रखें। ऐसे में दिखाई यही पड़ रहा है कि नृत्य का परिदृश्य कहीं उत्तम कहीं मध्यम, और कहीं अत्यंत साधारण कोटि का बना रहने वाला है।

पाद टिप्पणियाँ

1. दो साल पहले चेन्नई के घर में एक इंटरव्यू के दौरान सी.वी. चंद्रशेखर ने यह बात मुझसे कही थी।
2. नर्तकी को इस वर्ष संगीत नाटक अकादमी पुरस्कार मिला है।
3. लीला सैमसन ने यह बात कला क्षेत्र में निदेशक के कमरे में कही थी। वह मार्गम की अतिशय समर्थक हैं।
4. धनंजय ने यह तब कहा था जब वह श्रीकृष्ण गणसभा में नाट्यकला कांफ्रेंस के लिए सुबह के व्याख्यान दे रहे थे।
5. सभागार में दिखाई जा रही फ़िल्म के दौरान मैंने यह महसूस किया था कि फ़िल्म के माध्यम से शिक्षण तो संभव है, और वे संस्थाएँ जिनके पास साधन हैं, इस पद्धति के लिए मना क्यों करती हैं!
6. कई बार कुछ नृत्य कार्यक्रमों को देखते हुए लगता है कि वीडियो का अनुकरण किस हद तक किया गया है।
7. देखें: कनक सुधाकर की किताब '*इंडियन क्लासिकल डांसिंग: द थिरोपेटिक अड्वांटेजेज*' स्टॉसिअस आईएनसी/एडवेंट बुक्स डिवीजन (1992)
8. देखें: ममता नियोगी-नकरा की पुस्तक *शिशु साधना*, कला भारती, 2005
9. नृत्य के बिना भी बालाम्मा की सांगीतिक क्षमता ने उन्हें संगीत कलानिधि की उपाधि दिलाई।
10. सी.वी. चंद्रशेखर ने मेरे साथ इस बिंदु पर चर्चा की, और बताया कि कला क्षेत्र में पदम इसी तरह सिखाया जाता था।
11. डगलस नाइट ने अपनी पुस्तक *बालासरस्वती- हर आर्ट एंड लाइफ* (वेसलियान, 2010) में बताया है कि उनके नृत्य में यह किस प्रकार संभव होता था।
12. जो नृत्यांगनाएँ कला क्षेत्र से सीखकर निकली हैं, वे यही बताती हैं कि रुक्मिणी देवी, देवदासी के विरुद्ध नहीं थीं। उनका लेखन भी यही बताता है, जिसे लीला सैमसन ने अपनी पुस्तक *रुक्मिणी देवी: ए लाइफ़* में विस्तार से उद्धृत भी किया है।
13. वी.ए.के. रंगाराव ने इन बिंदुओं पर समय-समय पर काफ़ी कुछ कहा और लिखा है।
14. वह अभिनय जो मौके पर स्वतःस्फूर्त होता है, रिहर्सल किया हुआ नहीं।
15. उनके कार्यालय में चर्चा के दौरान।
16. मौके पर कल्पनाशीलता के अनुसार।
17. महिला (जो अज्ञात रहना चाहती हैं) दिल्ली में एक पारम्परिक घराने के गुरु से भरतनाट्यम सीख रही थीं।
18. दूरदर्शन के एक कार्यक्रम के लिए जब मैंने उनसे उनकी संक्षिप्त सटीक टिप्पणी की माँग की तो गुरु ने इस बिंदु पर जोर दिया था।

शास्त्रीय नृत्य
संरक्षण और प्रायोजन

सामंती भारत में, यहाँ तक कि ब्रिटिश राज के जमाने में, कलाकार और संरक्षक के बीच एक घनिष्ठ संबंध था। उदाहरण के लिए कथकली की कलात्मक परंपराएँ संरक्षकों के साथ सीधे ही संबंध रखती थीं। कथकली में अभिनेता/नृत्यकार ज्यादातर नायर समुदाय से आते थे। जमीन पर मालिकाना हकों से लेकर, रिहायशी इमारतों तक की स्थितियाँ बहुत बदल गई हैं। रियासतें और जमींदारी रही नहीं। सामाजिक संरचना ही कुल मिलाकर बहुत भिन्न हो गई है। और इसी के साथ संरक्षकों के बीच के समीकरण भी बदल गए हैं। संरक्षक पहले समर्थक, प्रेरक, और अभिभावक जैसा था। सत्ता के लाभ पहुँचा सकता था। वह संरक्षक भी था और ग्राहक भी। अब संरक्षक एक इकाई वाला नहीं रहा। वह कई रूपों में परिवर्तित हो गया है। आज़ादी से पहले मंदिर, राजा-राजकुमार, नवाब और धनी-मानी ही विशेष संरक्षक हुआ करते थे। वह मानो एक संस्कृति का प्रतिनिधित्व करते थे। और उन मूल्यों का भी जो, कलाओं से ही निकले थे। सामाजिक आचार-विचार से भी। फिर कला के समर्थक होने से इन लोगों को एक पहचान भी मिलती थी। वाहवाही भी। ऐसे समर्थक सचमुच कला और कलाकारों के लिए अनुकूल वातावरण बनाने के भी हिमायती थे, जिससे कि कलाएं फल-फूल सकें। इस तरह कला विधाएँ, और उनके नियम और सिद्धांत आदि भी संचरित होते थे, और कथकली के विभिन्न *संप्रदाय*[1] भी सुरक्षित रहते थे। संरक्षक को कला रूप का, उसके परिष्कार का, उसकी बारीकियों आदि का पूरा ज्ञान होता था और वह मूर्धन्य कलाकारों को ऐसी प्रतिष्ठा देता था कि वे निर्विघ्न अपना काम कर सकें। कथकली को इसी से पोषण मिला। पर फिर यह *यजमान* पद्धति समाप्त हो गई, संरक्षक और कलाकार के बीच का आत्मीय और घनिष्ठ संबंध टूट गया, क्योंकि निर्णय करने की क्षमता वाले नए राजनीतिक सत्ता प्रतिष्ठान उभर आए। नई संस्थाएँ बनीं, जिम्मेवारियाँ सामूहिक हुईं, और विभिन्न प्रकार के दबावों के कारण *संप्रदाय* अब कम सुरक्षित और पोषित हैं। सरकारी प्रतिष्ठानों में नियुक्तियाँ अब राजनीतिक मनोकांक्षाओं द्वारा निर्धारित होने लगी हैं। उदाहरण के लिए केरल कलामंडलम में शिक्षक/प्रशिक्षक अब औपचारिक और कुछ दूर का हो गया है, और प्रायोजकों द्वारा कुछ को कम, और कुछ को

सामने के पृष्ठ पर: रवीन्द्र भवन, दिल्ली, जहाँ संगीत नाटक अकादमी, साहित्य अकादमी और ललित कला अकादमी स्थित हैं।

अधिक प्रोत्साहित करने के कारण, कुछ कलाकार दूसरों की बनिस्पत अधिक लोकप्रिय हो गए हैं। कलामंडलम में कथकली की परख रखने वाले दर्शकों के बीच जो चीज़ प्रस्तुत की जाती है, वह उससे भिन्न होगी, जो अन्य शहरों में मिश्रित दर्शकों के सामने परोसी जाती है।

उदाहरण के लिए कोट्टुकल की पी.एस.वी. नाट्यसंगम जैसी संस्था ने सोच-विचार कर ऐसे नाटकों का चयन किया है, जो एक बड़े दर्शक वर्ग को भा सकते हैं। ग़ैर-केरलाई दर्शकों के लिए ऐसे लेक्चर-डिमांस्ट्रेशन वाले कार्यक्रम भी हैं, जो एक बड़े वर्ग का मनोरंजन कर सकते हैं। परम्परा की मूल चीजें नहीं बदलीं, लेकिन ऐसे परिवर्तन किए गए हैं जो दर्शकों को तत्काल पसंद आ जाएँ। यहाँ तक कि गुरु गोपीनाथ, जो कलामंडलम में बहुत प्रतिष्ठित रहे हैं, और 1936-1945 के बीच दरबार के नृत्यकार रहे हैं, ने हथियारों के साथ युद्ध के दृश्यों की रचना की है। ये पश्चिमी नृत्य शैली से प्रभावित हैं। आज के संरक्षक कला को आर्थिक हानि-लाभ वाले तराजू पर तौलते हैं, और कला के बारे में उनकी समझ के स्तर बहुत अलग हैं।

आजादी के कुछ वर्षों पहले जब मद्रास प्रेसिडेंसी के पेशेवर नृत्य-परिवारों के सदस्यों की माली हालत खराब हो चली थी तो जलतरंग रामन्या चेट्टी जैसे व्यक्तियों ने एक सकारात्मक भूमिका निभाई थी और धनाम्माल कुनबे के कलाकारों को प्रायोजित किया था, जिससे कि उनकी आर्थिक स्थिति में सुधार हो। उनके चेन्नई के थाथा मुटिअप्पा स्ट्रीट वाले घर की छत पर होने वाले रामनवमी के उत्सव प्रसिद्ध थे, और कला इतिहासकारों ने इनके बारे में लिखा भी है। इनमें कांचीपुरम धनाकोडी कुनबे के पेशेवर कलाकार अपनी कला का प्रदर्शन करते थे, जो संगीतप्रेमी श्रोताओं को अपनी ओर खींचती थी। चेट्टी हिंदुस्तानी संगीतकारों को भी आमंत्रित करते थे, मसलन प्यारे साहेब और मनोहर बर्वे को। 'उत्सवम' आयोजित होते थे और इनसे जो राशि प्राप्त होती थी, वह पुस्तकों को छापने के काम में लगाई जाती थी। 1920 में गोपाल चेट्टी नाम के एक सज्जन ने गौहर जान की चेन्नई यात्रा की व्यवस्था की थी।[2] उस समय ग्रामोफ़ोन के उद्योग का प्रसार होना शुरू हुआ था, और चेट्टी की सांस्कृतिक गतिविधियों के कारण इसे भी बहुत लाभ हुआ था। चेट्टी ने चेन्नई में एक सभागार के निर्माण की पहल भी की थी। जार्ज टाउन के बेरी चेट्टिज़ और गोविंद नाइकेन स्ट्रीट, जार्ज टाउन, के षण्मुखम चेट्टी ने भी संगीतप्रेमी चेट्टियों का सहयोग किया था। राजा अन्नामलाई चेट्टीयार और त्रावणकोर के महाराजा पोषक के रूप में मनोनीत किए गए थे। तेलुगु भाषी कोमुट्टी भी कलाओं के माने हुए संरक्षक थे। चेन्नई की पुरानी कला-संस्कृति के शोधकर्ता वी. श्रीराम उल्लेख करते हैं कि संरक्षक गणों की बैठकें सौंदर्य महल (जिसे 1990 में गिरा दिया गया) में हुआ करती थीं, जहाँ के एक छोटे सभागृह और बरामदे में कोई 300 लोग बैठ सकते थे, और इस जगह की काफी माँग कला-कार्यक्रमों के लिए रहती थी–खासतौर पर तब, जब आरमेनियम स्ट्रीट के गोखले हॉल में देवदासियों के नृत्य करने पर प्रतिबंध लग गया था। उच्चस्तरीय चर्चाएँ और बहसें हुआ करती थीं और 7 जून, 1926 की एक ऐसी ही बैठक में डॉ. वी.रामा राव, डॉ. मारगरेट ई. कजिंस (जो थियोसॉफिकल आंदोलन के एक प्रमुख सदस्य थे), वी. दोराईस्वामी अय्यंगार (एक संगीत प्रेमी) और आर. कृष्णराव भोंसले सहित अन्य लोग मौजूद थे।[3]

इसी जगह पर इंडियन फाइन आर्ट्स सोसायटी ने 1926 से काम करना शुरू किया। इसी के साथ-साथ 1940 के दशक में चेन्नई में तमिल आंदोलन भी जोर पकड़ने लगा था, इस आंदोलन के अंतर्गत तेलुगु की पक्षधर सभाओं पर आक्रमण किया जाता था। इससे बचने के लिए सभा ने म्यूजिक एकेडेमी के साथ मिलकर 1940-43 के बीच वार्षिक एकेडेमी सम्मेलनों की शुरुआत की।

कला का प्रबंधन अलग से पेशेवर ढंग से तो पहले होता नहीं था। कलाप्रेमी परिवार ही कला को संरक्षण

दिया करते थे। शांति निकेतन में 1917 से ही टैगोर के प्रयत्नों से नृत्य और संगीत को एक प्रमुखता मिलने लगी थी, पर यह प्रमुखता मानो वहीं तक सीमित थी। सच तो यह है कि अन्ना पावलोवा 1929 में जब भारत आईं तो वह यही सोचती हुई लौटीं कि भारतीयों को अपनी नृत्य-शैलियों में कोई रुचि नहीं है।

1927 में भारतीय राष्ट्रीय कांग्रेस ने चेन्नई में अपना वार्षिक अधिवेशन करना तय किया, और नृत्य भी क्रमशः 'राष्ट्रीयता बोध' का एक हिस्सा बनना शुरू हुआ, उसके ज़रिए भी राष्ट्रीय अस्मिता की 'वास्तविक' खोज होनी शुरू हुई। चेन्नई में म्यूजिक एकेडेमी की स्थापना हुई, और इसका मुख्य उद्देश्य बना संगीत का उन्नयन, पर इसी के साथ-साथ थोड़ा-बहुत प्रश्रय नृत्य की गतिविधियों को भी मिलने लगा, 1931 में कल्याणी बहनों के कार्यक्रम हुए, फिर 1932 में गौरी अम्माल के। इन अवसरों पर कम ही दर्शक एकत्र हुए, पर अगले साल कल्याणी बहनों के कार्यक्रम के लिए भीड़ जुटी।

1938 में कलकत्ता में ही अंतर्राष्ट्रीय साइंस कांग्रेस में, गुरु अमुबी सिंह का कार्यक्रम हुआ। एकमात्र गैर शास्त्रीय नृत्य के प्रतिनिधि के रूप में शांति वर्धन की भागीदारी रही, जो उदय शंकर की मंडली इंडिया कल्चर सेंटर में एक सदस्य के रूप में शामिल थे। जब शास्त्रीय नृत्य के लिए चेन्नई में कला क्षेत्र की, और केरल में कलामंडलम की स्थापना दक्षिण भारत में हुई, तभी उदयशंकर सेंटर, अल्मोड़ा में, और इंडियन पीपुल्स थिएटर उत्तर में सक्रिय हुए, जिनमें गैर शास्त्रीय, प्रयोगशील नृत्यों को प्रोत्साहन मिला। ये संस्थाएँ निजी संसाधनों से, और लोगों से मिलने वाले अनुदानों के बल पर चल रही थीं। उदयशंकर और शांति वर्धन की कल्पनाशील, प्रयोगशील नृत्य भाषा को सक्रियता से, पश्चिम की निगाहें भी भारत के इन प्रयत्नों की ओर उठीं और वहाँ भारतीय नृत्य को गंभीरतापूर्वक लिया जाने लगा।

संस्थाओं द्वारा अपनी ओर से पोषित कुछ प्रयत्नों को भी सरकारी सहयोग मिला। हारेन घोष जैसे कला आयोजकों ने, शांतिवर्धन के तिप्पेरा तकनीक[4] पर आधारित कार्यक्रम देश भर में आयोजित करने का बीड़ा उठाया। यह जानना दिलचस्प है कि घोष ने कई देवदासियों के भ्रमण-कार्यक्रमों का प्रबंध भी विभिन्न जगहों पर किया, जैसे कि वी. लक्ष्मीकांतम के कार्यक्रमों का। बैले भी अस्तित्व में आ चुका था, और शांति वर्धन के द *स्पिरिट ऑफ इंडिया*, *इंडिया इमार्टल* और *डिस्कवरी ऑफ इंडिया* को कई प्रायोजक-प्रबंधक मिले। जोहरा सैगल जैसे समकालीन कलाकारों को भी मंच मिले। गैर शास्त्रीय नृत्यों की यह कहानी अपनी जगह है, उल्लेखनीय यह है कि इससे जो एक रचनात्मक उभार आया, उसने अंतरराष्ट्रीय स्तर पर प्रामाणिक भारतीय नृत्य के प्रति जागरूकता बढ़ाई। यह सब तब हुआ था, जब रूथ सेंट डेनिस जैसे आधुनिक नृत्यकारों का भारत में आना नहीं हुआ था।

नाचघर नाम से हारेन घोष ने एक साप्ताहिक पत्र तो निकाला ही, उन्होंने चार वार्षिकांक भी निकाले, मोटे सफेद कागज पर छपे हुए, जिनकी कीमत थी चार रुपए। उन्होंने 'हिंदुस्तानी दिलखुश सभा' नाम से संगीतकारों की एक टोली भी गठित की, जिसने घूम-घूम कर द्वितीय विश्वयुद्ध के सिपाहियों का मनोरंजन किया।

दिल्ली

उत्तर और दक्षिण की कहानी थोड़ी देर के लिए यहीं छोड़कर, दिल्ली की ओर चलें, और देखें कि जो दिल्ली अब एक सांस्कृतिक केंद्र के रूप में उभरी है, और जहाँ प्रमुख सरकारी संस्थाएँ स्थित हैं, वहाँ उस समय क्या हो रहा था। प्रायोजकों और संरक्षकों का कोई भी लेखा-जोखा, बिना यह इतिहास जाने पूरा नहीं हो सकता कि सांस्कृतिक चेतना को अग्रसर करने में दिल्ली का योगदान क्या रहा है। उन दिनों की दिल्ली की एक प्रामाणिक तसवीर कपिला वात्स्यायन के उस आलेख से मिली थी, जिसे उन्होंने पर्याप्त शोध के साथ पहले पंडित विनयचंद्र मौदगल्य स्मारक व्याख्यानमाला (23 अप्रैल, 1997) में

प्रस्तुत किया था। तब कई दिल्लियाँ थीं[5] और 1920 के दशक के प्रारंभ में यहाँ एक 'कंपोजिट कल्चर' मौजूद थी, जिसमें 'एक मुस्लिम छाप थी और थी एक परिष्कृत उर्दू संवेदना', 'इसकी सड़कों और गलियों में गालिब, मीर, जौक, जाक़ी, हाली से लेकर बिस्मिल्ला, जोश मलीहाबादी की शेरो-शायरी की गूँज थी।' महावीर जयंती से लेकर क्रिसमस तक के त्योहार धूमधाम से मनाए जाते थे, और सभी धर्मों की पूजा-अर्चना की एक पूरी शृंखला थी–गौरी मंदिर, क्राइस्ट चर्च, गुरुद्वारा, घंटाघर, सब एक-दूसरे के आसपास थे पुरानी दिल्ली में, और सभी में एक रौनक रहती थी। दिल्ली के साथ लोग हिंदुस्तानी शास्त्रीय संगीत के दिल्ली-आगरा घराने को जोड़कर देखते थे, उसके वारिसों को, बुंदू ख़ाँ की *मियाँ की मल्हार* को, उनकी सारंगी-संगत को–ऐसी थी उन दिनों की दिल्ली की छवि। "गलियों से मोतिया और जैस्मीन की खुशबू उठती थी, जब हम चावड़ी बाजार से होते हुए बसों में स्कूल जाते थे और सजी-धजी स्त्रियों को बरामदों में बैठी देखते थे, नहीं मालूम पड़ता था कि वे इतनी सजी-धजी क्यों हैं!"[6] हर साल रामलीला होती थी। उस समय दिल्ली की आबादी में थे कायस्थ, बनिए, मुसलमान, और पंजाब से आकर बसे कुछ लोग। "वह दिल्ली तब सामंती नगरी थी।"[7] उसमें थी–*ठुमरी, तवायफ़ें, बैठकें, कोठे* और घरानों की *तालीम*।

मध्ययुगीन और उपनिवेशवादी संस्कृति मानो कंधे से कंधा भिड़ाए थीं। यही वह समय था जब एनी बेसेंट के संदेश, 1928 के नमक सत्याग्रह और असहयोग आंदोलन ने इन गलियों के जीवन में एक नई हलचल पैदा कर दी, राष्ट्रीय एजेंडे ने *शकुंतला, कुमार संभव* और टैगोर के *नटीर पूजा* तथा *विसर्जन* को स्कूलों में मंचित किए जाने के लिए प्रेरित कर दिया। 1938 में तीन संस्थाओं–ललित कला और संगीत महाविद्यालय, गंधर्व महाविद्यालय, और शारदा उकील स्कूल ऑफ आर्ट–की स्थापना नई दिल्ली में, कनाट प्लेस और क्वींसवे (जनपथ) के इर्द-गिर्द हुई। जैसा कि डॉ. कपिला वात्स्यायन ने उल्लेख किया है, इन सांस्कृतिक गतिविधियों में न तो सामंती दिल्ली की भागीदारी थी, न स्थानीय लोगों और अभिजात वर्ग की। इसकी प्रेरणा के पीछे थे बंगाल, पंजाब और महाराष्ट्र जैसे प्रदेश, और पहला नृत्य-नाटक जो मंचित हुआ वह था *कुमार संभवम,* तब ऐसी गतिविधियों के लिए एक ही जगह उपलब्ध थी रीडिंग रोड पर, साउथ इंडियन एसोसिएशन का मंच, और वहीं यह मंचित हुआ था। दर्शकों में अधिकतर लोग राष्ट्रीय-विचारधारा वाले थे। रामजस कालेज में लेखकों की एक ऐतिहासिक सभा जैनेन्द्र जी और कपिला जी की माँ सत्यवती मलिक ने आयोजित की थी, और इसमें कपिला मलिक ने *स्नानम* शीर्षक से एक पूजा नृत्य प्रस्तुत किया था, जिसे तब 'ओरियंटल डांस' की संज्ञा दी गई थी–यह एक क्रांतिकारी कदम था क्योंकि तब नृत्य 'भले लोगों' की चीज़ नहीं माना जाता था। संगीत ही दिल्ली की धारा में था, जिसमें मुश्ताक हुसैन ख़ाँ, और बुंदू महाराज जैसे मूर्धन्य थे, और रामपुर के नवाब तथा शिवराज बहादुर और उनका परिवार, दिल्ली घराना के वास्तविक संरक्षक थे। *ठुमरी* में केसर बाई और रसूलन बाई सुप्रसिद्ध नाम थे। उद्योगपति लाला श्रीराम ने कथक के उस्ताद अच्छन महाराज की मेहमाननवाजी की थी, जब निर्मला जोशी ने स्कूली छात्रों द्वारा प्रस्तुत किए गए एक कार्यक्रम को देखने के लिए उन्हें रायपुर से आमंत्रित किया था। और जल्द ही हिंदुस्तानी संगीत और नृत्य का स्कूल प्रारंभ हुआ था, जिसके गुरुओं में थे हाफिज अली ख़ाँ, अच्छन महाराज और मुश्ताक हुसैन ख़ाँ, इस समय तक पुराने अभिजात वर्ग का संरक्षण कम होना शुरू हो गया था। क्रमशः सेन बहनों, मंजुश्री और मालाश्री, रेबा विद्यार्थी, शरन रानी माथुर[8] और कपिला मलिक ने स्कूल में दाखिला लिया। सांस्कृतिक/राजनीतिक गतिविधियाँ अभिजात वर्गों और अधिकारियों के दखल से मुक्त हो रही थीं। 1942-45 के बीच नृत्य के कार्यक्रम कुछ चुने हुए दर्शकों के बीच ही प्रस्तुत किए जा रहे थे। इसी के आसपास उदयशंकर का अल्मोड़ा सेंटर भंग हो गया था

और उसके कुछ सदस्यों–प्रभात गांगुली, देवेंद्र शंकर और सिमकी ने दिल्ली को अपना घर बना लिया था। 1945 में पहला अखिल-भारतीय नृत्य महोत्सव आयोजित हुआ और इसी में कथकली में *दक्ष यज्ञ* की प्रस्तुति दिल्ली में हुई। दर्शकों की इसकी विचित्र वेशभूषा और मेकअप ने बिल्कुल चौंका सा दिया। कथक नृत्यांगना तारा चौधरी ने एक परिष्कृत प्रस्तुति दी, और अच्छन महाराज ने *कुमार संभवम* और *ब्रजलीला* नृत्य-नाटकों की संरचना की।

भरतनाट्यम में रामगोपाल के सधे नृत्य ने दर्शकों को मुग्ध किया, और दिल्ली में तेजी से नई कला संवेदना का संचार होना शुरू हुआ। भारतीय नृत्य की सचमुच की एक यात्रा प्रारंभ हुई। 1947 में विभाजन के साथ भयंकर दंगे हुए, जिन्होंने शहर को हिलाकर रख दिया, कुछ ही समय बाद महात्मा गाँधी की हत्या हुई। शहर के हर कोने से *वैष्णव जन तो* और रामधुन की गूँज सुनाई पड़ने लगी। इस समय का संत्रास नाटकों की प्रस्तुतियों में, चित्रकला और साहित्य में प्रतिध्वनित हुआ। इप्टा आंदोलन में विभक्त राष्ट्र की पीड़ा अभिव्यक्त हुई, शांतिवर्धन और प्रभात गांगुली तथा अन्य कलाकारों के स्वच्छंद नृत्य के माध्यम से। प्रथम एशियाई संबंधों के सम्मेलन में लाल किले के दीवाने खास में एक ऐतिहासिक नृत्य कार्यक्रम का आयोजन हुआ। 1950 में पहली रिपब्लिक डे परेड में लोगों को भारत के विभिन्न अंचलों की लोक झाँकियाँ देखने को मिलीं, और दिल्ली इस तथ्य की सुधि लेने लगी कि इस देश में प्रदर्शनकारी कलाओं का कितना बड़ा भंडार है। इस सांस्कृतिक संपन्नता के बीच सांप्रदायिक तनाव, और भूख तथा गरीबी की समस्याएँ भी थीं। अब उर्दू/हिंदी की मिली जुली हिंदुस्तानी, और संस्कृतनिष्ठ भाषा की एक नई भंगिमा उभर रही थी। और गलियों–सँकरी गलियों की बोली-बानी लुप्तप्राय हो रही थी। अपने-अपने क्षेत्र के कई मूर्धन्य राज्य सभा में मनोनीत हुए थे, जैसे मैथिलीशरण गुप्त, रामधारी सिंह दिनकर, पुरुषोत्तम दास टंडन, पृथ्वीराज कपूर और रुक्मिणी देवी अरुंडेल।

1949 में राष्ट्रपति भवन में राष्ट्रीय संग्रहालय की छोटी-सी शुरुआत हुई। 1953 से 1959 के बीच उन संस्थाओं का शुभारंभ हुआ जो सांस्कृतिक नीतियों और गतिविधियों के दिशा-निर्देश में महत्वपूर्ण भूमिकाएँ निभाने वाली थीं: तीनों अकादमियाँ, राष्ट्रीय आधुनिक कला संग्रहालय, बाल भवन, और राष्ट्रीय नाट्य विद्यालय। अनुदानों, पुरस्कारों और कलाओं के प्रशिक्षार्थियों के लिए स्कॉलरशिप आदि को भी सक्रिय किया गया। विभिन्न नृत्य विधाओं के शिक्षकों/गुरुओं ने दिल्ली को अपनी कार्यस्थली बनाया: मसलन ललिता शास्त्री ने (कलाक्षेत्र) और बाद में कलाकार के रूप में यामिनी कृष्णमूर्ति ने। गुरु अमुबी सिंह आए मणिपुर से, बाद में आए सिंहजीत सिंह, जिन्होंने त्रिवेणी कला संगम के मणिपुरी विभाग को सँभाला, ओडिसी सीखकर आई नृत्यांगना इंद्राणी रहमान। लेकिन इन सारी गतिविधियों के बीच सभी नृत्यरूपों की गतिशीलता कहीं कम भी हो रही थी क्योंकि अंतरराष्ट्रीय स्तर पर सफलता की चाह बलवती हो रही थी। नृत्य को 'बेचना' ज्यादा महत्वपूर्ण हो उठा था, बनिस्पत हर शैली की मूलभूत चीज़ों को संरक्षित करने के। जबकि भरतनाट्यम जैसी शैली बालासरस्वती के संग अंतरराष्ट्रीय मंचों पर पहचानी जाने लगी थी, विकास, राजनीति, संस्कृति और शिक्षा सब अलग-अलग रास्तों पर चल रहे थे, जबकि इंडियन काउंसिल फॉर हिस्टॉरिकल रिसर्च, नेशनल बुक ट्रस्ट, संस्कृति संस्थान और अन्य कलाओं के प्रसार के लिए काम कर रही थीं, उनका इतिहास बना रही थीं। फिर भी कलाओं और संस्कृति को शिक्षा संस्थानों के भीतर लाने की ज़रूरत बनी हुई थी।

पुरानी मद्रास प्रेसीडेंसी की ओर लौटें तो वहीं पर देवदासी प्रथा के तीव्र विरोध में लोग लगे हुए थे। द एगमोर फाइन आर्ट्स क्लब ने, जो शुरू के ग्रुप्स में एक था, एक वार्षिक सम्मेलन करना शुरू किया था, जिसमें सुबह के सत्रों में गुरुओं की भागीदारी होती थी और वह सव्याख्या अपनी कला की झलकियाँ प्रदर्शित करते थे।

कभी-कभी विवादास्पद टिप्पणियाँ गूँजने लगती थीं, यहाँ तक कि 1943-44 में भारतम नाटेश आय्यर ने एक अवसर पर यह वक्तव्य दे डाला कि नट्टुवान्नरों को उन सैद्धांतिक पक्षों का ज्ञान बहुत कम है, जिनकी चर्चा ग्रंथों में है, और वे केवल व्यावहारिक पक्ष से ही वास्ता रखते हैं। जब कुछ समय बाद एक नट्टुवान्नर ने उन्हें चुनौती दे डाली तो उन्होंने अपने वक्तव्य का स्पष्टीकरण यह कहकर दिया कि वह कुछ ही गुरुओं के बारे में यह कह रहे थे, सबके बारे में नहीं।[9]

मध्यम वर्ग, विशेष रूप से दक्षिण में, शास्त्रीय नृत्य के समर्थन में आगे आ रहा था, और यह बात सभा-संस्कृति के विस्तार में प्रकट भी हो रही थी। 1944 में स्वर्ण सरस्वती में तारा चौधरी, जो लोकनृत्य और कथक करती थीं, तथा कुमारी कमला और गोपीनाथ तंगामणि को प्रस्तुत किया गया था। पर ये संगठन सदस्यों के चंदे पर ही निर्भर थे, और 1960 के दशक में ऐसे बहुत से संगठन उभरना शुरू हो गए थे। जगहें बदलती रहती थीं और कार्यक्रम प्रायः दिसंबर में आयोजित होते थे। चेन्नई में 1969 तक भी नृत्य की गतिविधियाँ उतनी नहीं थीं जितनी कि संगीत की। माइलापुर फ़ाइन आर्ट्स जैसी सभा प्रति माह संगीत और नृत्य का एक कार्यक्रम आयोजित करती थी। थिएटर और संगीत के कार्यक्रमों में दर्शक उमड़ते थे, पर नृत्य के कार्यक्रम तो मानो एक आनी-जानी चीज थे। कारपोरेट की ओर से कोई प्रायोजन हो सकता है, यह चीज़ तो अकल्पनीय थी, और जो मानदेय संगीतकारों और नृत्यकारों को मिलता था, वह अल्प ही होता था। सुजाता विजयराघवन, जो एक संगीतकार एवं विदुषी हैं, और आज संगीत-नृत्य की कई प्रतिष्ठित समितियों की सदस्य हैं, याद करती हैं कि उन दिनों कैसे उन्हें एक संगीत कार्यक्रम के लिए छह सौ रुपए मिले थे (जो उस समय के हिसाब से एक बड़ी राशि थी) और उनकी बेटियों को एक नृत्य कार्यक्रम के लिए मिले थे सात सौ पचास रुपए। सभाओं के पास चंदे के अलावा और कोई राशि नहीं होती थी, और वह कम ही होती थी; ऐसे में स्मारिकाएँ विशेष अवसरों पर ही प्रकाशित की जाती थीं, और जिन नृत्यकारों के कार्यक्रम होते थे, उनसे कहा जाता था कि वे अपनी ओर से कुछ विज्ञापनों का प्रबंध भी कर दें। जो पार्टी विज्ञापन देने का आश्वासन देती थी, बिल उसके पास भेज दिया जाता था, और राशि कार्यक्रम के बाद वसूल ली जाती थी। इसने सभा के लिए मुश्किलें पैदा कीं क्योंकि बीस प्रतिशत की ओर से वायदा पूरा नहीं किया जाता था। इसलिए सभा ने यह करना बंद कर दिया, और नृत्यकारों से सीधे ही मंच प्रदान करने के लिए राशि वसूलनी शुरू कर दी। इस तरह जिस नृत्यकार को मंच प्रदान किया जाता था, उसे कोई मानदेय तो मिलता नहीं था, उलटा उसे कुछ राशि मिले, इसके लिए स्वयं प्रयत्न करना पड़ता था। इस तरह उनके लिए मंच मिलना सुलभ हो गया जिनके पास साधन थे, पर उनके लिए कुछ दुर्लव, जिनकी आर्थिक स्थिति साधारण होती थी। जब एक सभा के सदस्य ने इस बात का विरोध किया कि संगीतकार के लिए जो नियम है वही नृत्यकार के लिए क्यों नहीं है[10] तो सभा के सचिव ने कहा कि यह बिल्कुल ठीक है, नहीं तो लाइट-साउंड और दूसरे खर्चों की भरपाई कैसे होगी! दुर्भाग्यवश यह चीज़ अभी तक चली आ रही है कि नृत्यकार अपने कार्यक्रम का खर्च खुद उठाएँ, और नृत्यकारों की लंबी होती गई कतार से सभाओं को फ़ायदा ही हो रहा है, और उनकी आर्थिक स्थिति में पर्याप्त सुधार हुआ है, पर नियम नहीं बदला है। सभाओं के कर्ता-धर्ता कहीं अपने बैनर तले कार्यक्रम करने से मना ही न कर दें, यही भय नृत्यकारों को सताता है, और वे इस नियम के खिलाफ़ अपना मुँह नहीं खोल पाते हैं।

1996 की बात है जब नारद गण सभा[11] ने जिसकी ज्ञानानंद ट्रस्ट, और उसके अनुदानकर्ताओं से एक स्थायी आमदनी है, एक पहल की ओर सुब्रह्मण्यम,चारुकेशी और सुजाता विजयराघवन की मदद से नृत्य कार्यक्रमों के लिए नाट्यरंगम विभाग बनाया। गहरे अनुशासन के साथ, इसने बड़े कार्यक्रमों की जगह, अपेक्षाकृत छोटे

कार्यक्रमों को तरजीह दी, जिससे बजट नियंत्रण में रहे, यही कारण है कि नृत्यकारों को भी कुछ मानदेय मिलने लगा, भले ही अधिक नहीं। विशेष विषयवस्तुओं को लेकर कई कार्यक्रम सोचे गए हैं, और चेन्नई के बाहरी इलाकों में स्थित तेनांगुर में प्रतिवर्ष इसके वार्षिक संग्राहम नृत्य शिविर में विभिन्न विधाओं के विशेषज्ञ भाग लेते हैं, और नृत्यकारों के साथ संवाद करते हैं। इस आयोजन ने बहुतों को अपनी ओर खींचा है। आपदाग्रस्त इलाकों में, जैसे कि सुनामी वाले क्षेत्रों में, कई अनौपचारिक कार्यक्रम आयोजित किए गए हैं, जिससे कि लोगों में एक राहत संदेश पहुँचा है।

यह गौर करने लायक है कि कई सभाओं ने, जैसे कि श्रीकृष्ण गण सभा ने, जो सुप्रसिद्ध नाट्यकला कांफ्रेंस का प्रतिवर्ष आयोजन करती है, तथा कार्तिक फ़ाइन आर्ट्स जैसी संस्थाओं ने, निस्संदेह चेन्नई में नाट्य गतिविधियों को एक ऊर्जा प्रदान की है।

चेन्नई में प्रतिवर्ष गहमागहमी से भरे दिसंबर-जनवरी के 'सीजन' को स्वयं वहाँ के कला प्रेमियों ने जीवंत बना रखा है। यह ज्यादातर उन्हीं पर निर्भर भी है, न कि सरकारी या कारपोरेट जगत की सहायता पर। हाँ, यह अब अस्सी से अधिक सभाओं द्वारा रोज ही कार्यक्रम करने से ज़रूरत से ज्यादा भीड़ भरा हो गया है, और संख्या बहुलता ने गुणवत्ता को कम कर दिया है। नृत्य के लिए दर्शक, अन्य अनुशासनों की अपेक्षा कभी काफी बड़ी संख्या में तो होते नहीं, और जब बहुत से कार्यक्रम हों, तो हर कार्यक्रम के हिस्से में वे और भी कम हो जाते हैं। एक के ऊपर एक कार्यक्रम होने से प्रकाश व्यवस्था, मंच सज्जा आदि पर भी प्रभाव पड़ता है। ग्रीन रूम बहुत साफ़-सुथरे नहीं रह पाते। कलाकारों को हर चीज़ भाग-भाग कर करनी पड़ती है। ऐसी स्थिति में प्रभावी और परिष्कृत कार्यक्रमों को, सामान्य कार्यक्रमों के साथ बहुत-सी चीज़ों का साझा करना पड़ता है। नृत्यकार इस बात से अपने महत्व को मापने लगता/लगती है कि कितनी सभाओं ने उसके कितने कार्यक्रम आयोजित किए। तमिलनाडु में सभा-संस्कृति ने अब अपनी जगह बना ली है, जिसके लाभ भी हैं, और वह क्षति भी कर ही रही है। सभा के पदाधिकारी कई बार मनमानी भी करते हैं, और इससे वास्तविक रूप में प्रतिभाशाली कलाकारों को उनका प्राप्य नहीं मिल पाता। ज्यादातर सभाएँ सदस्यों से मिलने वाली राशि पर ही निर्भर हैं, पर ज्यादा जानी वाली सभाओं को धनी-मानी व्यापारी चंदा भी देते हैं, ज़ाहिर है समाज में इससे उनकी प्रतिष्ठा कुछ और बढ़ जाती है। यह अलग बात है कि इनमें से कुछ ही की वास्तविक रुचि कला-संस्कृति में होती है। श्रीकृष्ण गणसभा का सभागार पहले टीन छप्पर वाला था, पर अब उसका एक सौंदर्यशील सभागार है, और यह संभव हुआ है नेल्ली कुप्पुस्वामी चेट्टी की बदौलत। इसी तरह स्वर्गीय ओबुल रेड्डी जैसे व्यक्ति भी काफ़ी मददगार रहे हैं, और अब उनके बेटे भी चेन्नई में अपना योगदान कर रहे हैं, एक सभागार बनाने से लेकर संगीत और नृत्य के लिए सुविधाएँ जुटाने में। चेन्नई सीजन में, चेन्नई की ही म्यूजिक एकेडेमी द्वारा आयोजित किए जाने वाले नृत्य समारोह को, अमेरिका में बसे एक व्यापारी डॉ. श्रीधर पोताराजू, काफी राशि प्रदान करते हैं, जिससे इस आयोजन को एक अलग ही प्रतिष्ठा प्राप्त हुई है।[12]

स्वतंत्र भारत में कलाओं को राज्यों की सरकारों और केंद्रीय सरकार से ही सर्वाधिक मदद मिलती रही है। केंद्रीय संगीत नाटक अकादमी, इंडियन काउंसिल फार कल्चरल रिलेशंस, और राज्यों की संगीत नाटक अकादमियों के अलावा इंदिरा गाँधी नेशनल सेंटर फार द आर्ट्स की ओर से साल भर आयोजन होते ही रहते हैं। ये सब स्वायत्त, लेकिन सरकारी अनुदान से चलने वाली संस्थाएँ ही हैं। नृत्य को सरकारी प्रायोजनों ने ही गति प्रदान की है, और केरल के कुडिअट्टम और मयूरभंज, सरायकेला और पुरुलिया छऊ जैसी नृत्य परंपराओं को तो सरकारी संरक्षण ने ही बचाया है। लेकिन किन्हीं भी विभागों में बैठे हुए लोग ही तो कार्यक्रमों को चलाते और दिशा-निर्देश देते हैं, इस दृष्टि से देखें तो सभी सरकारी

अधिकारी कलाओं के संरक्षण या उन्नयन में तो रुचि लेते नहीं हैं। देश में कला-प्रबंधन अभी को लेकर बहुत ज्यादा सोचा-विचारा ही कहाँ गया है!

स्वात्रंत्योत्तर भारत ने कई अत्यंत सुयोग्य और सक्षम प्रबंधक देखे ज़रूर हैं, जैसे कि कमला देवी चट्टोपाध्याय, निर्मला जोशी, कोमल कोठारी और डॉ. कपिला वात्स्यायन। इनमें से कपिला जी तो संस्कृति मंत्रालय के अपने लंबे कार्यकाल के दौरान प्रदर्शनकारी कलाओं को संबल और दिशा देने में महत्वपूर्ण भूमिका निभाती रही हैं, और इंदिरा गाँधी नेशनल सेंटर फार आर्ट्स की निर्मिति में तो उनका महत्वपूर्ण योगदान रहा ही है। लेकिन तत्काल ज़रूरत तो ऐसे संवेदनशील प्रबंधकों की है, जो कलाओं के प्रबंधन में गहरी रुचि लें, और उनकी ज़रूरतों को ठीक से समझें। दिल्ली स्थित कुछ नृत्यांगनाएँ/नृत्यकार अपनी संपर्क और प्रबंध क्षमता के बल पर अधिकारियों को अधिक प्रभावित कर पाती हैं, और ऐसा मालूम देता है कि उनको जो कुछ प्राप्त होता है, वैसा दूसरों को नहीं होता। दिल्ली से बाहर के नृत्य-जगत में ऐसा अनुभव किया जाता है कि दिल्ली वाले ही अपने प्रभाव से वह सब जुटा लेते हैं, जिसके लिए दिल्ली से बाहर वाले तरसते रहते हैं। कई तो खुलकर कहते हैं कि 'जो सामने रहते हैं, उन्हीं को सब मिल जाता है,' दूर वाले तो अधिकारियों को दिखाई ही कहाँ पड़ते हैं!

निश्चय ही सरकार को काफ़ी संतुलित ढंग से ही अपने द्वारा संचालित कार्यक्रमों, अनुदानों आदि को चलाना है, जिससे कि ऐसी प्रतिक्रियाएँ न होने पाएँ।

संगीत नाटक अकादमी ने आजादी के बाद नृत्य और संगीत परम्पराओं के दस्तावेजीकरण में महत्वपूर्ण भूमिका निभाई है। उसने युवा प्रतिभाओं को भी प्रोत्साहित किया है। राष्ट्रीय-अंतरराष्ट्रीय स्तर के सेमिनार भी आयोजित किए हैं, और कुछ तो किसी नृत्य-विशेष पर ही, मसलन कुचिपुड़ी, कथकली या कुडिअट्टम पर। इनके अलावा उसने कथक, मणिपुरी, सत्रिय जैसे विभिन्न नृत्य-रूपों के उन्नयन के लिए विशेष केंद्र बनाए हैं। त्रिशूर में कुडिअट्टम सेंटर, बारीपदा, राईरंगपुर और सरायकेला में छऊ सेंटर की स्थापना की है, और इन सबसे नृत्यरूपों को काफ़ी मदद मिली है। लेकिन इस सारे कामकाज के बीच, कला गतिविधियों को बौद्धिक खुराक देने का, शोध और विवेचना का, जितना काम होना चाहिए था, वह कहीं पीछे रह गया है। पुरस्कारों को लेकर विवाद उठे हैं, और कार्यकारिणी के सदस्यों के कामकाज में समय-समय पर पारदर्शिता की कमी पाई गई है, पक्षपात के भी उदाहरण गिनाए गए हैं।

एक ओर लोकतंत्र में सबको समान अवसर मिलने का दिशा-निर्देश है, पर सवाल उत्कृष्टता का भी बना ही रहता है। आखिरकार बिरजू महाराज, बिरजू महाराज हैं, उनकी जगह और कोई ले सकता है क्या?

शास्त्रीय नृत्य को प्रोसीनियम मंच से जोड़कर किस तरह देखा जाए, यह एक बड़ा सवाल है। जब बालासरस्वती देश-प्रदेशों में अपनी कला का जादू बिखेर रही थीं, तो उनकी 'उपस्थिति' ही काफ़ी मानी जाती थी, यह नहीं कि वह कोमलांगी-छरहरी हैं या नहीं। सच तो यह है कि जब जापान के श्रेष्ठ कला-आयोजक/प्रबंधक सोल हुरोक ने बाला के चयन को लेकर यह आपत्ति की थी कि जापान में चालीस वर्ष से अधिक की नृत्यांगना को भेजना ठीक न होगा, तब कपिला वात्स्यायन[13] ने उनकी आशंका को दूर करते हुए बाला को ही जापान भेजा था। और तब स्वयं हुरोक ने बालासरस्वती के नृत्य को देखकर अपनी भूल स्वीकार की थी, और कहा था, अगर वह यह नृत्य न देखते, तो जीवन के कुछ अद्भुत क्षणों को गँवा देते। लेकिन अब स्थितियाँ बदल गई हैं। और अब काफ़ी हद तक आयु और देह-दृष्टि को ध्यान में रखकर अंतरराष्ट्रीय मंचों के लिए कलाकारों का चयन होने लगा है। शास्त्रीय नृत्य का ऐसा मूल्यांकन अचरज में डालता है, फिर भी हम 'नृत्य में आध्यात्मिकता' की बात करते हुए थकते नहीं

हैं। भरतनाट्यम के एक श्रेष्ठ गुरु और कलाकार सत्तर पार के सी.वी. चंद्रशेखर ने अकसर इस ओर इंगित किया है कि आई.सी.सी. आर. जैसी संस्था ने उन्हें विदेशों में व्याख्यान देने के लिए ही भेजा है, एकल नृत्य के लिए नहीं। सरकार काफी कुछ करने-देने का बीड़ा उठाए हुए है, ऐसे में नृत्यकार भी कई 'निर्णयों' के लिए, फिर वे चाहे सही हों या ग़लत, अपनी आवाज़ कम ही बुलंद करते हैं। *श्रुति* पत्रिका ने तीस नृत्यकारों के पास एक प्रश्नावली भेजकर यह पूछा था कि उनकी दृष्टि में, सरकार चयन प्रक्रिया को कैसे अर्थपूर्ण बनाए कि नृत्य-जगत को यह महसूस हो कि सचमुच गुणों के आधार पर ही चयन किया जा रहा है! पर ऐसा लगता है कि तीस में से किसी ने इसका जवाब नहीं दिया।[14]

आई.सी.सी.आर. की अपनी एक विधिवत कलाकार सूची है। हाँ, कभी-कभी राजनीतिक या आधिकारिक हलकों से भी कुछ नाम आ जाते हैं। वहाँ के अधिकारी विदेश सेवा वाले ही होते हैं, और उनकी सुविधा के लिए प्रतिवर्ष विशेषज्ञों की समिति द्वारा यह कलाकारों की सूची ताजा की जाती है। वीडियो प्रविष्टियों के ज़रिए विशेषज्ञों की समिति यह तय करती है कि किस कलाकार को कैसा मौका दिया जाए। यहाँ भी समितियों के सदस्य, जिनमें नृत्यकार और गुरु होते हैं, अपनी-अपनी पसंद का आग्रह कर सकते हैं, करते हैं–ज़रूरी नहीं कि उनके अनुमोदन सब समय गुणवत्ता के आधार पर ही हों, और तटस्थ रहकर किए गए हैं। गुरुओं के अपने बहुतेरे शिष्य-शिष्याओं के आवेदन सामने होते हैं, इसलिए समितियों के अन्य सदस्यों के लिए एक ऊहापोह वाली स्थिति बनती है कि उन आवेदनों के पक्ष या विपक्ष में वह अपनी राय कैसे ज़ाहिर करें? 'अति उत्तम' कलाकारों की सूची पर एक नज़र डालने से यह देखकर अचंभा होता है कि बिरजू महाराज जैसे विलक्षण कलाकार के साथ वे नाम भी शामिल हैं जिनके कामकाज में कोई दम नहीं है, और उन्हें मिले सम्मानों और पुरस्कारों के कारण ही वे सब भी इस सूची में शामिल हैं। कुछ नृत्यकार एवं नृत्यांगनाएँ अपने राजनीतिक संपर्कों के कारण तो कई बार विदेश यात्राओं पर चली जाती हैं, पर जिन्हें सचमुच अवसर मिलना चाहिए, वे प्रतीक्षा ही करती रह जाती हैं।

विदेशों के कार्यक्रम आई.सी.सी.आर. के अंतर्गत आते हैं, और देश के भीतर वाले कार्यक्रम अधिकतर संगीत नाटक अकादमी के। इधर आई.सी.सी.आर ने अपने परिसर में भी 'होराइजन सीरीज' से कार्यक्रमों की शृंखला शुरू कर रखी है, जिसमें सांध्यकालीन नृत्य-संगीत सभाएँ होती हैं। ये कार्यक्रम प्रायः आजाद भवन ऑडिटोरियम, नई दिल्ली में होते हैं, और यह संगीत-नृत्य की विविध शैलियों/विधाओं के कलाकारों को एक सुअवसर प्रदान करते हैं। लेकिन दफ़्तर में दिन भर के कामकाज के बाद, अकादमी के अधिकारी और कर्मचारी इन कार्यक्रमों में उपस्थित रहने को, ठीक ही, एक बोझ-सा मानते हैं। और मैंने अपवादस्वरूप ही वरिष्ठ अधिकारियों को उपस्थित होते हुए देखा है–और वे भी तभी उपस्थित पाए जाते हैं, जबकि प्रसिद्ध कलाकार कार्यक्रम दे रहा हो। संस्था के नियमों के अनुसार, किसी कलाकार को चार-पाँच वर्ष में ही विदेश यात्रा का मौका मिल पाता है, पर कभी-कभी राजनीतिक पहुँच वाले कलाकारों के लिए नियम-बाधा में ढील भी दे दी जाती है, या तब भी जब विदेश में आयोजित किसी समारोह-विशेष में कलाकारों को भेजा जाना हो।

आई.आई.सी.आर. के एक महानिदेशक, अनुमोदित कलाकारों की बहुत लंबी अनुमोदित सूची देखकर इतना चकित हुए कि उन्होंने सूची को छोटी करने के लिए कहा, पर ऐसा हो न सका। जैसा कि एक निजी बातचीत में भरतनाट्यम के पुरोधा कलाकार कलानिधि नारायणन ने कहा भी, "एक बार जब कोई कलाकार कुछ नाम कमा लेता है, मान-सम्मान भी पा जाता है, तो यह स्वाभाविक हो जाता है कि वह इसकी अपेक्षा करे, माँग भी करे, कि उसे भी मौका दिया जाए, भले ही उसमें वह बात अब न रह गई हो, जो पहले थी।"

यह एक ऐसी समस्या है, जिससे निपटने में दिक्कत तो होती ही है। सरकार के अच्छे उद्देश्यों के बावजूद, चयन-प्रक्रिया में पूरी पारदर्शिता न होने से भी बहुतों के मन में आशंकाएँ बनी रह जाती हैं। और युवा कलाकार तो इस स्थिति से त्रस्त होते ही हैं।

कारपोरेट जगत के प्रायोजन

अब कारपोरेट जगत द्वारा प्रायोजित होने वाले कार्यक्रमों ने प्रदर्शनकारी कलाओं की दुनिया में एक खास तरह का महत्व ग्रहण कर लिया है। पब्लिक सेक्टर ने, बैंकों ने भी, इस दिशा में पहल की है। यहाँ फिर ललित कलाओं को ही अधिक सहयोग मिलता है। आई.टी.सी. जैसी कुछ कंपनियों ने अपने संवेदनशील कर्ता-धर्ताओं के कारण ही कलाओं को समर्थन देने की नीति बनाई है। यह अलग बात है कि कई आलोचक यह कहते-मानते हैं कि टुबैको बनाने वाली एक कंपनी के नाते, यह कंपनी कलाओं को समर्थन देने के उपयुक्त नहीं है। कोलकाता में यह कंपनी सफलतापूर्वक संगीत के प्रशिक्षण का एक केंद्र चला रही है, और उसने हिंदुस्तानी शास्त्रीय संगीत के उन्नयन में अच्छा योगदान किया है। यह विशेषज्ञों के दिशा-निर्देश में काम करती है जो गुरुओं को ऐसी सुविधाएँ प्रदान करते हैं, जिससे कि वे युवा प्रतिभाओं को उचित ढंग से प्रशिक्षित कर सके। विविध शहरी इलाकों में यह संगीत सम्मेलनों का आयोजन भी करती है, और इस तरह इसकी सेवाएँ उल्लेखनीय हैं। संगीत सम्मेलनों में शास्त्रीय नृत्य को थोड़ी-सी ही जगह मिलती है। नृत्य को पूरी तरह समर्पित एक समारोह, जो दिल्ली के पाँच सितारा होटल में आयोजित था और जिसकी कुछ 'धूमधाम' वाली वार्षिक कड़ियाँ शुरू भी हुईं, पर सफल नहीं हो सकीं, और इस योजना को अधबीच में ही छोड़ दिया गया।

रचनाशील कलाकारों की जमात सामान्यतया कारपोरेट सहयोग के प्रति एक भोली धारणा रखती है। इस बात को भुला देना ही अच्छा होगा कि इस सहयोग से रचनाशीलता को कोई मूलभूत खुराक देने की मंशा होती है, दरअसल यह तो एक व्यापारिक गणित है, और यह भी एक कारण है कि प्रायः उन्हीं कलाकारों को अधिक अवसर प्रदान किए जाते हैं जिनके व्यक्तित्व की अपनी एक आभा होती है, और नृत्य करने की क्षमता भी।

आजादी के बाद निजी तौर पर कलाप्रेमी व्यक्तियों ने अपने उद्यम से, व्यक्तिगत स्तर पर, कलाओं को प्रोत्साहित करने का काम किया है। इस बात का एक अच्छा उदाहरण दिल्ली में ओमप्रकाश जैन का संस्कृति फाउंडेशन है, जो नृत्य को ही नहीं, सभी कलाओं के लिए काम करता है। बड़ी सुघड़ता से बनाए गए आनंदग्राम में उनका टेक्सटाइल और टेराकोटा का निजी संग्रह प्रदर्शित है। यहाँ होने वाले संगीत और नृत्य के विशिष्ट कार्यक्रमों के अलावा, विभिन्न विधाओं के कलाकारों और शोधार्थियों के ठहरने-रहने की भी सुरुचिपूर्ण व्यवस्था है। यह मूल्यवान धरोहरों वाले संग्रहालयों की रचना-पुनर्रचना में सहयोगी है, और प्रतिवर्ष युवा प्रतिभाओं को पारदर्शी चयन-प्रक्रिया के साथ पुरस्कृत करता है। ऐसे ही और प्रयास भी हुए हैं, पर संगीत के लिए अधिक, नृत्य के लिए कम। कुल मिलाकर कारपोरेट जगत की ओर से जो सहायता कला संस्थाओं और कलाकारों को मिलती है, वह तटस्थ भाव से ही मिलती है, उसमें आंतरिक जुड़ाव का अंश कम ही होता है।

शिव नादर फाउंडेशन के नीति निर्धारक, वरिष्ठ सलाहकार सौरव अधिकारी ने नृत्य-कार्यक्रमों के लिए प्रायोजन के सवाल पर विश्व नृत्य दिवस, 2012 के अवसर इंडिया इंटरनेशनल सेंटर में आयोजित परिचर्चा में यह बात स्वीकार की थी कि "हमारा उद्देश्य तो पैसा कमाना है" और सामाजिक जिम्मेवारी के स्तर पर हम जो भी सहायता-सहयोग कार्यक्रमों और संस्थाओं के साथ करते हैं, उसमें नृत्य का नंबर बहुत बाद में आता है–शिक्षा, स्वास्थ्य, पर्यावरण, खेलकूद आदि की ओर हमारा ध्यान पहले जाता है। कारपोरेट प्रमुख यह भी

स्वीकार करते हैं कि कारपोरेट आयोजनों में, मनोरंजन के स्तर पर, शास्त्रीय नृत्य को कम ही जगह मिलती है।

कलाओं के बारे में कारपोरेट जगत को सजग करने में, और उनकी कला-समझ को बढ़ाने में, कलाकारों के समुदाय को सोचना होगा, और इसके लिए गंभीरतापूर्वक कुछ करना भी होगा। साल में एक बार किसी समारोह या गतिविधि को मिलने वाली सहायता से बढ़कर मदद तो कारपोरेट जगत की ओर से यह होगी कि वह कलाओं, कलाकारों, संस्थाओं के सतत संपर्क में रहे, उनकी समस्याओं और ज़रूरतों को समझे, और तब उनके अनुरूप कुछ कदम उठाए, सहायता और सहयोग के–ऐसा मानना है नृत्यांगना गीता चंद्रन का।[15] नृत्यकारों को भी अपनी कला की गुणवत्ता की रक्षा करनी होगी– सिर्फ़ कार्यक्रमों की सुविधा, और उन्हें जैसे-तैसे निपटाने से तो काम चलने वाला नहीं।

जो भी हो, नृत्य और नृत्यकारों को प्रोत्साहन की ज़रूरत हर हाल में है, क्योंकि अन्य कला-विधाओं की तुलना में नृत्यकारों को पर्याप्त मानदेय नहीं मिलता है। बहुत से नृत्यकारों ने इस स्थिति से समझौता कर लिया है कि भले ही दर्शक कम मिलें, और मानदेय भी कम मिलें, पर कार्यक्रम मिलते रहें, यही बहुत है, क्योंकि इसी से उनकी कुछ पहचान बनती है। लेकिन नृत्यकारों को भी यह सोचना होगा कि दर्शक मिलें, और कलात्मकता से किसी छेड़छाड़ के बिना मिलें। बस प्रदर्शन के अवसर मिलते रहें, इस सोच के कारण कई कलाकारों ने सस्ती दरों पर अपने को बेचना शुरू कर दिया है। शहरों में कार्यक्रम प्रायः बिना टिकट वाले होते हैं, इस कारण दर्शकों के मन में यह बात कहीं बैठ सी गई है कि शास्त्रीय नृत्य का क्या, उसे तो जब चाहे देख लो। कुचिपुड़ी नृत्यांगना वनश्री राव[16] का कहना है कि सरकारी एजेंसियों, कारपोरेट जगत और नृत्यकारों को सम्मिलित रूप से, मिश्रित दर्शक वर्ग के अनुरूप कार्यक्रमों की बात सोचनी चाहिए, बिना गुणवत्ता से कोई समझौता किए। निश्चय ही यह एक कठिन प्रस्ताव है क्योंकि सरकार हो, या कारपोरेट या स्वयं नृत्य जगत–ऐसी बातों पर सोचने और काम करने की फ़ुरसत ही अब किसे है!

सरकार ही प्रोत्साहन और सहयोग का काम अब तक प्रमुख रूप से करती आई है, और यह भी एक कारण है कि व्यक्ति और निजी संस्थाएँ, संरक्षण के क्षेत्र में कम ही पनपे हैं। हालाँकि कुछ 'इवेंट मैनेजमेंट' वाली कंपनियाँ सक्रिय ज़रूर हैं। हारेन घोष जैसे सुबुद्ध और सहृदय कला-प्रबंधक कम ही हैं, और नौकरशाही को इस दिशा में कुछ और सम्यक प्रयत्न करने की बात सूझी नहीं है। दिल्ली के संजीव भार्गव, जो इवेंट मैनेजमेंट वाली कंपनी सेहर के मुख्य प्रबंधक हैं, संगीत-नृत्य के कुछ प्रभावी कार्यक्रम पुराना किला, और नेहरू पार्क में क्रमशः अनन्य नृत्य समारोह और भक्ति उत्सव के नाम से करते रहे हैं। इसमें किसी को कोई संदेह नहीं होगा कि ये कार्यक्रम उच्च-स्तर के रहे हैं। दिल्ली सरकार के सहयोग समर्थन से होने वाले इन कार्यक्रमों को एक बहुत बड़ा दर्शक वर्ग मिलता रहा है। लेकिन अब सरकार ने इसे अपने ही संस्कृति विभाग को सौंप दिया है। नतीजा यह हुआ है कि दर्शकों की संख्या घटी है, और ऐसी शिकायतें बढ़ी हैं कि 'स्तर गिर गया है'। इस पर संजीव की प्रतिक्रिया है कि यह तो होना ही था, जब हम उन कार्यक्रमों का संचालन कर रहे थे तो ऐसी अफवाहें उड़नी शुरू हुईं कि हम लाइट और साउंड पर अनाप-शनाप खर्च कर रहे हैं। वास्तविकता यह थी कि हम उच्च-स्तर वाली सेवाएँ ही ले रहे थे, हर मामले में, और अगर आप स्तर का ध्यान रखेंगे तो उसके अनुरूप आपको साधन भी लगाने पड़ेंगे। मेरा तो जमा-खर्च, सारे ऑडिट किए हुए एकाउंट, सरकार जब चाहे देख सकती है। हमने वर्षों तक कठिन परिश्रम से इन कार्यक्रमों की साख बनाई थी।"

संजीव भार्गव अकसर इस बात का जिक्र करते हैं कि बरसों पहले जब नृत्य के कार्यक्रमों के लिए कारपोरेट जगत की ओर से कोई मदद नहीं मिल रही थी, तब मैं चित्रकला संबंधी कार्यक्रम, कला शिविर आदि करता

था, और उनसे जो आय होती थी, उसे नृत्य कार्यक्रमों के लिए लगाता था।

हाल ही में वरिष्ठ और प्रतिष्ठाप्राप्त नृत्यकारों ने अपनी संस्थाओं की ओर से धूमधाम वाले समारोह करने शुरू किए हैं, और कला-प्रबंधकों की भूमिका अपना ली है। इनके लिए संस्कृति मंत्रालय, आई.सी.सी.आर. और संगीत नाटक अकादमी की ओर से, बड़ी उदारता के साथ, अनुदान भी मिलने लगा है। इस तरह के समारोह नृत्यांगनाओं/नृत्यकारों और उनकी संस्थाओं को कला-जगत में एक अतिरिक्त ताकत और 'प्रभामंडल' भी प्रदान करने लगे हैं। एक ऐसा नेटवर्क तैयार हो रहा है जिसमें ये नृत्यकार/संस्थाएँ, जिन नृत्यकारों का चयन करती हैं, वे ही फिर अपनी संस्थाओं की मदद से इन्हें भी प्रायोजित करती हैं। यह परस्पर के आदान-प्रदान का मामला बन गया है। इनके प्रबंध में श्रम-शक्ति तो लगती है, पर ये समारोह कमाऊ भी कम नहीं होते।

जानी-मानी नृत्यांगनाएँ/नृत्यकार आज कई भूमिकाओं में हैं। वे अपनी कला का प्रदर्शन करती/करते हैं, सिखाने की जिम्मेवारी भी रहती ही है, बड़े समारोह आयोजित करने, संगीत नाटक अकादमी और आई.आई.सी.आर. की समितियों में रहने के साथ ही सांस्कृतिक संस्थाओं की छात्रवृत्तियाँ प्रदान करने के या ऐसे ही अन्य कामों से उन्हें जुड़ना होता है, या कहें अब यह सब उनके कामकाज में शुमार हो गया है। इस सारे उद्यम के लिए उन्हें सराहा भी जा सकता है, फिर नृत्य-जगत के बहुतेरे कामकाज अब उनके कंधे ही उठाते हैं, पर इससे एक तरह की सीमित-सी दुनिया बनती है, जहाँ कुछ ही नृत्यकार/नृत्यांगनाएँ निर्णायक की भूमिका में दिखते हैं।

लेकिन चाहे किसी को नृत्य करने के जितने भी अवसर/कार्यक्रम मिल जाएँ, संगीत नाटक अकादमी और आई. सी. सी. आर. जैसी संस्थाओं से; या कारपोरेट जगत के प्रायोजनों से भी, सच्चाई यही है कि केवल कुछ ही नृत्यांगनाएँ/नृत्यकार कार्यक्रमों के बल पर रह सकते हैं। संगीतकार अपनी फीस बढ़ाते जा रहे हैं, वे ही फायदे में हैं; जबकि नृत्यकारों को संगीतकारों समेत अन्य बहुतों पर निर्भर रहना पड़ता है। उन सहयोगियों पर, जो नृत्य के लिए विषयवस्तु सुझाते हैं, उन पर कुछ शोध करते हैं, और उन पर भी जो उनके लिए अन्य ज़रूरी उद्यम करते हैं। दिल्ली में हैबिटैट सेंटर और आई आई सी जैसी संस्थाओं में कार्यक्रम प्रतिष्ठा की बात मानी जाती है, पर ये संस्थाएँ जो मानदेय देती हैं वह बहुत ज्यादा तो होता नहीं है। हाँ, युवा नृत्यकारों के बीच ये इसलिए ज़रूर लोकप्रिय हैं कि अगर यहाँ नृत्य करने को मिल जाए तो वही बहुत है, उनकी पहचान बनाने की दिशा में। ऐसी स्थिति में सिखाने का काम ही जीविका के लिए एक विकल्प का काम करता है।

कभी-कभी ग्रामीण क्षेत्रों के काम आने वाली जगहों में शास्त्रीय नृत्य प्रवेश कर जा सकता है, और करता भी है। ग्रामीण क्षेत्रों से काफ़ी लोग शहरों में आकर बस रहे हैं, और लोक-परम्पराओं का विस्थापन दिखाई पड़ रहा है। पहले 'मेलों' में लोक कलाकारों को अपना काम प्रदर्शित करने के मौके मिलते थे, वे कम हो रहे हैं, और उनकी कला को अब वैसा संरक्षण प्राप्त नहीं है। जोनल कल्चरल सेंटर्स की स्थापना प्रमुखतया इसलिए भी की गई थी कि वे कलाओं को ग्रामीण मेलों में भी ले जाएँगे। यह अजीब बात है कि शास्त्रीय नृत्य इन सेंटर्स के आयोजनों में बड़ी जगह घेरने लगा है, और उन क्षेत्रों में उसका दखल हो गया है, जहाँ ग्रामीण क्षेत्रों की परम्पराओं को जगह मिलनी थी।

बिना समझदार श्रोता वर्ग के कोई भी शास्त्रीय कला जीवित नहीं रह सकती है, और आज शास्त्रीय नृत्य भी दर्शकों के अभाव, और अपने को बचाने के संघर्ष में, आंतरिक ऊर्जा खो रहा है। इन्हीं परिस्थितियों के बीच एक इंजीनियरिंग कॉलेज के प्रोफेसर डॉ. किरन सेठ कलाओं के क्षितिज पर उभरे, और स्पिक मैके (सोसायटी फॉर द प्रमोशन ऑफ इंडियन क्लासिकल म्यूजिक एंड कल्चर अमंग्स्ट यूथ) जैसी संस्था की स्थापना की, जो पिछले

वर्षों से स्कूलों-कॉलेजों के युवाओं के बीच कलाओं को ले जाने, और उनके प्रति सजगता बढ़ाने के महती कार्य में लगी हुई है। इस संस्था के बीज उनके मन में तब पड़े थे, जब वह अमेरिका में स्वयं शिक्षा प्राप्त कर रहे थे, और उन्होंने एक साप्ताहिक पत्र *विलेज वॉयस* में ध्रुपद विशेषज्ञों, उस्ताद नसीर अमीनुद्दीन डागर और उस्ताद जिया फरीदुद्दीन डागर के कार्यक्रम के बारे में पढ़ा था, जो एशिया सोसायटी की ओर से ब्रुकलिन एकेडेमी ऑफ़ म्यूजिक, न्यूयॉर्क में आयोजित होने वाला था। "तानसेन तो तभी पैदा होंगे जब पहले 'कानसेन'[17] पैदा हों, नहीं तो परम्पराएँ भला कैसे चल पाएँगी," यह विचार धीरे-धीरे उनके मन में गहरा होता गया, और यही उनके काम का मूलमंत्र बना। उनके प्रयत्नों से ही देशभर के 200 शहरों के स्कूलों-कॉलेजों में संस्था ने अपनी गतिविधियाँ बढ़ाईं और प्रतिवर्ष यह 1,500 हजार आयोजन करने लगी। इस आंदोलन ने अपने कार्यक्रमों में हुनर और शिल्पों से लेकर योग को भी शामिल किया है, जिसकी ओर कलाओं के प्रशिक्षण के संदर्भ में, लोगों का ध्यान गया ही नहीं था। इन कार्यक्रमों में फिल्म, साहित्य आदि के ज़रिए ज्वलंत सवालों पर भी ध्यान दिलाने की पेशकश हुई है। साहित्य, संगीत, चित्रकला, मूर्तिशिल्प और नृत्य, इन सबमें कैसा अंतर्संबंध है और कलाओं की अंतर्निर्भरता पर सजगता बढ़ाने के लिए कार्यशिविरों और चर्चाओं का भी सहारा लिया गया है।

स्पिक मैके की भविष्य की योजना यही है कि और भी हजारों संस्थाओं तक शास्त्रीय कलाएँ पहुँचाई जाएँ। इस सबका श्रेय उन संगीतकारों और नृत्यकारों को भी जाता है, जिन्होंने मामूली पारिश्रमिक पर भी स्पिक मैके के साथ सहयोग करना शुरू किया था। इनमें पंडित बिरजू महाराज, विदुषी सोनल मानसिंह, पंडित जसराज, डागर बंधु, डॉ. टी.एन.कृष्णन, लालगुडी जयरामन, पंडित हरिप्रसाद चौरसिया, पंडित शिव कुमार शर्मा, उस्ताद अमजद अली खाँ जैसे कलाकार शामिल हैं। स्पिक मैके का समर्थन स्थापित नृत्यांगनाएँ भी कर रही हैं, और कई बार कई प्रकार की कठिनाइयाँ झेलते हुए वे सप्ताह या महीने भर के भ्रमण कार्यक्रमों में जाकर विभिन्न संस्थाओं में अपनी कला का प्रदर्शन कर रही हैं। इस बात को अब सभी समझ रहे हैं कि अगर युवा कलाओं में पर्याप्त दिलचस्पी लेने के लिए प्रशिक्षित नहीं किए जाएँगे, तो एक ऐसा शून्य पैदा होगा जिसकी भरपाई नहीं की जा सकेगी।

यह जान पाना तो कठिन है कि स्पिक मैके के प्रयत्नों से, जिन्हें अब सरकार की ओर से भी आर्थिक सहायता मिलती है, युवाओं में संगीत-नृत्य के प्रति कितनी सजगता, कितनी जागरुकता बढ़ी है? यह कल्पना भी नहीं की जा सकती कि दिन भर की पढ़ाई और परीक्षाओं आदि की तैयारी के बाद वे शाम को नृत्य-संगीत के कार्यक्रमों को देखने के लिए जाएँगे। लेकिन शास्त्रीय गुरुओं से नृत्य-संगीत की शिक्षा चाहने वाले छात्र-छात्राओं की संख्या में बहुत बढ़ोतरी तो हुई है। सभागारों में प्रस्तुतियाँ देखने वाले अभी भी बुजुर्ग और प्रौढ़ लोग ही अधिक होते हैं, और ऐसे संकेत मिल नहीं रहे हैं कि स्पिक मैके के उद्यमों का कैसा और कितना असर हुआ है। पर बीज बोए जा चुके हैं, और वे कुछ तो पनप रहे हैं, यह इसी से जाहिर है कि जिन युवाओं ने अपने छात्र जीवन में स्पिक मैके के कार्यक्रम सुने-देखे हैं, वे अब संस्था के कामकाज से स्वयंसेवकों की तरह जुड़ रहे हैं। यह बात अलग है कि यह प्रतिशत अभी बहुत कम है। कुछ और समय तो चीज़ों के फलित होने में लगेगा ही। और स्वयं डॉ. किरन सेठ, जो पर्याप्त धुनी व्यक्ति हैं, किसी चमत्कार की अपेक्षा कर भी नहीं रहे हैं। हाँ, इसमें संदेह नहीं है कि आजादी के बाद संस्कृति और कलाओं के प्रति युवाओं को उत्सुक और प्रशिक्षित करने का यह सबसे बड़ा आंदोलन है।

आजादी के बाद नृत्य की गतिविधियाँ कई स्तरों वाली हैं, और सभी ने अपनी तरह से जीवित रहने के उपाय ढूँढ़े हैं। श्रेष्ठ और सामान्य स्तर के कार्यक्रम साथ-साथ चल रहे हैं, और उनकी अपनी-अपनी जगह भी बनी है। लगता है दुनिया अब मध्यम दर्जे की गतिविधियों

को अधिक जगह देने पर उतारू है। समकालीन जर्मन नृत्यांगना सुसाना लिंक के साथ बातचीत करते हुए यह अनुभव हुआ कि वह भी यही मानती हैं कि अब युवा पीढ़ियाँ वर्षों तक किसी गुरु से कोई चीज़ सीखते रहने के मूड में नहीं हैं, त्वरित समाधानों और कम्प्यूटर के इस युग में, सब कुछ जल्दी-जल्दी हासिल कर लेने की प्रवृत्ति बढ़ रही है। यूरोप में भी नृत्यकारों में शीघ्रता से ही सब कुछ पा लेने की चाह है, और लगन तथा निपुणता का आग्रह अब नहीं रहा, इससे सुसाना निराश नज़र आईं। फिर भी, अगर हम कुछ श्रेष्ठ नृत्यकार तैयार कर पाएँ तो यह उदाहरण तो बचा रहेगा कि नृत्य में किन ऊँचाइयों तक पहुँचा जा सकता है!

पाद टिप्पणियाँ

1. कुछ परिवारों और समूहों में प्रदर्शन के कुछ मूल और मानकों की जो स्थापना हुई, वह पीढ़ी-दर-पीढ़ी अपना काम करती आई है।
2. देखिए गोविंदप्पा नाइकेन स्ट्रीट भी। *श्रुति* संख्या 298 / वी. श्रीराम।
3. चेन्नई के संगीतमय चेट्टी, *श्रुति* संख्या. 278
4. यह एक तकनीक है जिस पर शांतिवर्धन का पूरा अधिकार था, लोक और शास्त्रीय रूपों को मिलाकर या संयुक्त करके वह अपनी कला का प्रदर्शन करते थे। त्रिपुरा की लोक शैलियों का तिप्पेरा पर काफ़ी प्रभाव है, और शांति वर्धन इसी से प्रेरित-प्रभावित हुए थे, *चतुरंग* और *खड़ाऊँ* शांति वर्धन की दो प्रस्तुतियाँ, ऐसी प्रस्तुतियाँ हैं, जिनमें तिप्पेरा तकनीक का ही उपयोग किया गया था।
5. 'डेलहीज कल्चरल सीन': विनय चंद्र मौदगल्य स्मृति व्याख्यान में 23 अप्रैल, 1997 को पढ़ा गया कपिला वात्स्यायन का आलेख।
6. डॉ. कपिला वात्स्यायन के लेख से उद्धरण।
7. उपर्युक्त।
8. अनंतर शरद रानी सरोदवादक के रूप में ख्यात हुईं।
9. यह संवाद कई पुराने गुरुओं और विद्वानों द्वारा उल्लिखित हुआ है, और *श्रुति* में दर्ज है।
10. मैंने संबंधित व्यक्ति से लंबी बातचीत की थी।
11. सुजाता विजयराघवन ने मुझसे अपनी व्यक्तिगत प्रतिबद्धता की चर्चा की, और कहा कि वह हमेशा नृत्यकारों के हित को ही ध्यान में रखती रहीं। उन्होंने यह भी बताया कि नारद गण सभा के श्रीकृष्ण स्वामी, नाट्यरंगम की गतिविधियों को हमेशा अपना समर्थन-सहयोग देते रहे।
12. अकादमी और श्रीधर तब से एक-दूसरे से अलग हो गए हैं।
13. वह उस समय संस्कृति मंत्रालय की एक प्रमुख अधिकारी थी और बाला के जापान कार्यक्रम को स्वीकृति दिलाने में उनकी अहम भूमिका थी।
14. *श्रुति* के संपादक पट्टाभिरामन ने मुझसे कहा कि उन्हें इस बात से काफ़ी नाराज़गी है कि नृत्यांगनाएँ बहुतेरी शिकायतें तो करती रहती हैं, पर खुलकर नहीं बोलती हैं, और अपनी शिकायतों को लिखकर दर्ज नहीं करातीं।
15. *न्यू इंडियन एक्सप्रेस*, *संडे स्टैंडर्ड* (16 अक्तूबर, 2011) में प्रकाशित लेख।
16. वनश्री राव भी सेमिनार की एक वक्ता थीं।
17. संगीत पर कान देने वाले श्रोताओं (संगीत का रसास्वादन करने वाले) के संदर्भ में प्रयुक्त शब्द।

समकालीन और शास्त्रीय का द्वंद्व

'पारंपरिक' और 'समकालीन' जैसे शब्दों का इस्तेमाल भारत में नृत्य संबंधी चर्चा के दौरान भी बहुत बार होता है, और इनके कई प्रकार के अर्थ और आशय खुलकर सामने आते हैं। शास्त्रीय नृत्य का उत्स बहुत पुराना होते हुए देवदासी प्रथा से जुड़ता है, और वहीं से इसका उद्गम ठीक-ठीक समझ में आता है। भरतनाट्यम को ही उदाहरण के लिए लें तो नृत्यकार नवजोत सिंह जोहर, जो वर्षों से योग सीखते-करते रहे हैं, और जो समकालीन नृत्य के प्रति भी एक उत्साही कलाकार हैं, वे भरतनाट्यम की ज्यामितिक संरचना का तो अत्यंत सधा हुआ इस्तेमाल करते ही हैं, उसके संगीत का भी। और "भरतनाट्यम का एक संबंध तो तंत्र से भी माना जाता रहा है।"[1] तो नृत्यरूप एक अनुष्ठान भी है, जो किसी स्पेस की ऊर्जा को परिवर्तित कर सकता है, और जो एक सौंदर्यशील शिल्प है, एक वक्तव्य भी।

समय-समय पर शास्त्रीय नृत्य को भी अपने को नई तरह से परिभाषित और परिवर्तित करना पड़ा है। हम पिछले अध्यायों में इसकी चर्चा कर चुके हैं कि जब बीसवीं सदी में इसे नई तरह से व्याख्यायित और सँवारा जा रहा था तो स्वयं गुरुओं ने मानो इसे एक नई दृष्टि से देखा और सोचा।

पर यह सवाल फिर भी बचा रह जाता है कि क्या शास्त्रीय नृत्य इस बात की छूट देता है कि उसे जब चाहे स्वतंत्र रूप से या कहें इच्छानुरूप बरता जा सके? स्त्री नृत्यकार को कभी देवत्व से जोड़ा गया, कभी स्वयं नृत्यमात्र को अश्लील ठहरा दिया गया, और फिर राष्ट्रीय अस्मिता के लिए राष्ट्रीय स्वतंत्रता आंदोलन के समय– उसे एक नई भूमिका मिली। उसे 'शुद्धता' का प्रतीक माना गया और भारतीयता का भी। तो इतने रूपों में शास्त्रीय नृत्य को हम देख चुके हैं। वह अपने कई संदर्भ बनाता गया है, और हर संदर्भ को 'प्रामाणिक' के रूप में ही देखने का आग्रह रहा है। दर्शकों को लुभाने के लिए उसका अपने को 'नए रूप' में प्रकट करना भी हमने देखा है, और उसे 'विक्रय' की वस्तु बनते हुए भी देखा ही है। समय के साथ शास्त्रीय नृत्य को नई तरह से परिकल्पित संयोजित किया गया है। शास्त्रीयता के व्याकरण के भीतर बहुतों ने उसे मुक्त रूप से बरतने का स्वाद चखा है, तो 'आधुनिकता' को लेकर कई शंकाएँ-आशंकाएँ भी व्यक्त की गई हैं। विशेष रूप से स्त्री-नृत्यकार इतिहास का बोझ भी उठाती है, और पुरुष-दृष्टि चाहती है कि वह 'शास्त्रीयता' का ही पालन

सामने के पृष्ठ पर: अदिति मंगलदास (नृत्यांगना के सौजन्य से)

करती रहे, यह एक प्रकार की जकड़न ही तो है। सोचने की बात यही है कि क्या आज भारत में, जो उपनिवेशवादी दौर को पीछे छोड़ आया है, की नृत्यकार इतिहास द्वारा निर्मित अकेली, और अजनबी-सी स्थितियों के भीतर रहकर रचनारत हो सकती है!

समकालीन नृत्यांगना और विदुषी आशा कूर्लावाला ने *श्रुति* में प्रकाशित अपने एक लेख में लिखा है कि परम्परा को एक प्रस्थान-बिंदु मानते हुए, परम्परा से मुक्ति की भी बात करना कितना हास्यास्पद है। वह ठीक ही एक विरोधाभास की बात कर रही हैं। जो लोग यह मानते हैं कि जिसे हम शास्त्रीय नृत्य कहते हैं, उसका बदलना ज़रूरी है तो इसके पीछे का तर्क यही है कि 'संस्कृतनिष्ठता' ने इन्हें इनके वास्तविक संदर्भ से, और स्थानीय/देशज कलाकारों से दूर कर दिया था। और अब जो कलाकार शहरी परिस्थितियों में प्रोसीनियम सभागारों में नृत्य कर रही हैं/रहे हैं, वह तो समृद्ध समुदायों के लिए किए जाने वाला नृत्य है, जिसमें राष्ट्रवाद और परम्परा की बातें बुन दी गई हैं, और वह धार्मिक तत्वों/सांस्कृतिक प्रेरणाओं वाला नृत्य नहीं है, जैसा कि अकसर मान लिया जाता है।

जो बात पूरी तरह नहीं समझी जाती, वह यह है कि एक शैलीबद्ध कला-रूप का इतिहास और उसका व्याकरण, शास्त्रीयता के अंग होते हैं, 'शास्त्रीय' कभी भी समय में अवरुद्ध नहीं होता, उसमें भी सम्यक परिवर्तन घटित होते हैं। परम्परा भी समय के साथ बदलती है, पर उसका मूल तत्व वही रहता है। अगर कोई नदी के प्रवाह में किसी जगह अपने पैर डुबोता है, और दो दिन बाद, फिर उसी जगह, तो वह वही जल तो नहीं होता, जिसमें दो दिन पहले उसने अपने पैर डुबोए थे, पर नदी का प्रवाह वही होता है। शास्त्रीय कला के संदर्भ में दिया जाने वाला यह उदाहरण बहुत उपयुक्त है।

नृत्य प्रस्तुतियों के लिए शोध और व्यावहारिक ढंग से उस पर नृत्य-प्रस्तुति का एक सिलसिला भी बना है, और जैसा कि पद्मा सुब्रह्मण्यम जैसी विदुषी का कहना है, एक रूप वह भी है जब नृत्य-रचना के लिए–उसके पाठ (टेक्स्ट) के साथ नृत्य करते हुए जो कुछ उभरता है, उसी को टेक्स्ट की तरह निर्मित कर लिया जाता है। यानी 'नृत्य' करते हुए जो 'अनुभव' होता है, जो कुछ विन्यस्त होता जाता है, वही नृत्य-प्रस्तुति का अंतिम पाठ-आधार बनता है। तो क्या पाठ आधारित जो शोध किया जाता है, और नृत्य-प्रदर्शन के लिए उस पर जो काम किया जाता है, उसके ज़रिए 'पाठ' में कुछ नए अर्थ भरे जाते हैं? इस पर पद्मा सुब्रह्मण्यम की टिप्पणी है कि *नाट्यशास्त्र* के करणों पर आधारित उनका जो 'भरतनृत्यम' है उसमें मूर्तिशिल्पों, शिलालेखों के अध्ययन का उपयोग है, जिससे कि नृत्य अधिक ऊर्जास्वित हो। स्वप्नसुंदरी अपने *कलातंतुलु* अनुभव के बारे में बताते हुए अकसर कहती हैं, कि जब वे आंध्र की देवदासी परंपरा के माने हुए गुरुओं के पास गईं तो उनके पास मुझे सिखाने के लिए कुछ न कुछ अवश्य था। बाद में जब कई गुरुओं से सीखी हुई चीज़ों को उन्होंने एक शैली में पिरोना चाहा तो विद्वान/कवि अरुद्र ने उनके साथ सहयोग किया, और इस बात को ऊपर रखा कि 'इस समग्र' को रेखांकित करने के लिए एक सघन शास्त्रीय आधार का होना ज़रूरी है। उन्होंने स्वप्नसुंदरी की मदद करते हुए उन्हें *नृत्त रत्नावली* के अध्ययन के लिए प्रेरित किया, जिसमें आंध्र प्रदेश की मंदिर-देवदासी परम्परा को सैद्धांतिक रूप दिया गया है, जबकि उनका स्वयं का शास्त्रीय संज्ञान कुचिपुड़ी और भरतनाट्यम से निर्मित हुआ था। देवदासियों से जो कुछ उन्हें मिला था, उसके पहलुओं को वे इस ग्रंथ के माध्यम से और समृद्ध कर सकीं। और इससे जो सूत्र उन्हें मिले, वे स्वयं उनके दैहिक मानसिक अनुभवों से जुड़कर और अधिक निखरे होंगे। इस 'नृत्य शोध' को किस प्रकार देखा, समझा और मूल्यांकित किया जाए? इस अद्भुत सैद्धांतिक और

सामने के पृष्ठ पर: गीता चंद्रन, कैकेयी की प्रस्तुति में (नृत्यांगना के सौजन्य से)

व्यावहारिक के मिलने से निश्चय ही समय-समय पर बहुत कुछ अर्जित किया गया है। परम्पराएँ सचमुच पुनर्नवा ही तो होती हैं, और अभिनव गुप्त ने 10वीं शती की अपनी व्याख्या में रचना-निर्मिति के जो तत्व गिनाए हैं, और जिनके द्वारा उन्होंने रचने की निष्ठा और लगन को दर्शाते हुए यह कहा है कि रचना अपने पल्लवन में काल-स्थान से 'तटस्थ' हो जाती है, वह व्यक्तिगत या व्यवहार जनित प्रकरणों के पार चली जाती है, वह रचयिता में प्रस्फुटित होती है और दर्शक में पूरी तरह खिल उठती है। यह प्रक्रिया समय के भीतर यात्रा करती हुई, कई चरणों से गुजरी है।[2] इतिहास में अविच्छिन्न या 'निर्बाध' परम्परा कभी रही ही नहीं है। उसमें बराबर ही नई कोंपलें फूटी हैं, और वे कोंपलें फूट सकें, इसके लिए हस्तक्षेप हुए हैं।

आज कुछ लोग सोचते हैं कि 'जड़ परम्परा' का प्रतिरोध ही उन्मुक्त भाव से काम किया जा सकता है। लेकिन रचना-क्षेत्र ऐसे ध्रुवीकरणों में या दो ध्रुवों में स्थित नहीं होते। परम्परा शब्द को ही प्रायः मूल समझा जाता है, और यह मान लिया जाता है कि वह कोई ऐसी चीज है जो अपरिवर्तित रूप में प्रवाहित रहती है। युवा नृत्यकार, ऐसा सोच बैठते हैं कि आधुनिकता पर पूरा अधिकार पश्चिम को ही है। उनके लिए हमारे नृत्य भी "सँपेरों, हाथियों और नटों वाले भारत के ही अंग हैं।"[3]

नृत्य भी सांस्कृतिक विशेषता का एक हिस्सा है। भारतीय नृत्य भी धरती के गुरुत्वाकर्षण को स्वीकार करता है, जिसमें देह भार को पैर साधे रखते हैं, दूसरी ओर पश्चिम के बैले में देह को उछाल दिया जाता है– ज़ाहिर है ये भिन्न या दो अलग सौंदर्यशास्त्रीय दृष्टिकोण हैं, और दो भिन्न सांस्कृतिक क्षेत्रों से संबंध रखते हैं। हमारे कई शास्त्रीय नृत्यों में तालबद्ध पदाघात की जो विधि है, उसको आज कुछ नृत्यकार उपेक्षणीय मानते हैं, और संगीत के साथ नृत्य करते हुए ताल-मात्राओं के अनुसार नृत्य नहीं करते हैं, बल्कि उस विधि का अनुकरण करते हैं, जो पश्चिम में बैले तथा आधुनिक नृत्यों की है, और आज वैश्विक स्तर पर प्रमुख हो चली है। अगर नृत्यकार सिर्फ़ भारतीय सौंदर्यशास्त्र के अस्वीकार स्वरूप ऐसा करते एवं करती हैं, तो उन्हें यह समझना चाहिए कि यह अपने शरीर एवं मन को एक प्रकार के उपनिवेशवाद के हवाले करना ही तो है।

अधैर्यवान नृत्यकार शायद यह जल्दी से नहीं समझना चाहता/चाहती कि अपनी नृत्य-संस्कृति की तकनीक को स्वायत्त करना, कितना मुक्तिदायी हो सकता है–और नृत्य विधियों और व्याकरण पर अधिकार की क्षमता ही उसे नए विचारों और नई दिशाओं की ओर ले जा सकती है। आखिरकार रुक्मिणी देवी, चंद्रलेखा और कुमुदिनी लाखिया को अपनी 'आधुनिकता' उन शास्त्रीय नृत्यों की अच्छी तरह सीखने-समझने से ही तो मिल सकी थी। शुरू में चंद्रलेखा का कामकाज भरतनाट्यम की, और योग तथा कलरिपयट्टु की विधियों की, एक कड़ी बनाकर ही तो उभरा था। तथ्य यह भी है कि उदय शंकर के समकालीन नृत्य की भाषा भी भरतनाट्यम, कथकली और मणिपुरी की आधारभूमि से ही रची गई थी।

एक नई विधा के रूप में 'समकालीन' भारतीय नृत्य की कहानी वैसे इस पुस्तक की परिधि से बाहर की चीज़ है। यहाँ हम जिस चीज की चर्चा करने बैठे हैं, वह यह है कि शास्त्रीय में समकालीन क्या है, वह कौन-सी कोटि है, जिसको लेकर संभ्रम बना हुआ है और यह संभ्रम संगीत नाटक अकादमी के उन पुरस्कारों को लेकर भी है जो शास्त्रीय नृत्य में 'रचनात्मक' काम के लिए प्रदान किए जाते है। नृत्यकारों को जब 'प्रयोगशील' रचनात्मक कार्य के लिए पुरस्कार दिए जाने की पेशकश हुई तो कुछ नृत्यकारों ने यह कहकर पुरस्कार लौटा दिया था कि 'प्रयोगशील' के खाते में उन्हें डालकर उनके शास्त्रीय रूप वाले नृत्य की उपेक्षा की जा रही है। मृणालिनी साराभाई का यह मानना रहा है कि रचनात्मक गतिविधियाँ मनुष्य के आंतरिक और सघन अनुभवों की ही अभिव्यक्ति होती हैं, और आदमी जिस समाज में रहता है, उसके ज्वलंत

सवालों से भला अछूता कैसे रह सकता है! इसीलिए कलात्मक कार्यों में भी उन सवालों को तिलांजलि नहीं दी जा सकती। ये सवाल शास्त्रीय नृत्य में भी उभरेंगे ही उभरेंगे। वृत्त की मूलभूत ज्यामिति, जिसके बीच में *बिंदु* है, और जो सृष्टि के एक केंद्र के रूप में इंगित है, उसके प्रति उनमें एक 'आस्था' थी क्योंकि यही तो रही है भारतीय चिंतन दृष्टि, जिसमें 'ईश्वरीय शक्ति' केंद्र की तरह अवस्थित है, और उसी से संचालित है ब्रह्मांड! उन्होंने सामाजिक समस्याओं को तो नृत्य-रचनाओं में जगह दी ही, स्वयं जीवन के गहरे प्रश्नों से भी मुखातिब हुईं। वह इसके प्रति भी सचेत थीं कि परम्परा अपने को पुनर्नवा करती है, नई और संक्रमणशील परिस्थितियों से ही। भरतनाट्यम और कथकली में (गुरु कुंजु कुरूप के अंतर्गत) प्रशिक्षित होकर, और कथकली में एक सहयोगी के रूप में सशक्त कथकली नृत्यकार चातुन्नी पणिक्कर को पाकर, मृणालिनी ने दोनों नृत्य-रूपों में अपने विचारों को ढाला, और इसके लिए इनकी नृत्य-गतियों का सर्जनापूर्ण उपयोग किया। कथकली को उन्होंने बिना आहार्य के बोझ के बरता, और वेशभूषा और रंगलेप के नीचे छिपी उसकी ऊर्जा को उभारा, अपनी प्रस्तुति गगुष्य में! इसमें उन्होंने मनुष्य के जन्म से लेकर उसकी मृत्यु तक के प्रसंग दर्शाए और रेखांकित किए, यही बताने के लिए देह मरती है, आत्मा नहीं। और मृत्यु के बाद जब चिता सजाई जाती है, और देह का विसर्जन होता है, तो देह की क्षणभंगुरता का आभास होता है, और मृत्यु में एक प्रकार की शांति पर्यवसित होती है। 1961 में *ताशेर देश* की जो प्रस्तुति मृणालिनी ने की उसमें कथकली की गतियाँ मुक्ति के प्रतीक के रूप में प्रकट हुईं। इसमें मृणालिनी ने जीवन की झूठी मान्यताओं, और दुराग्रहों पर एक प्रहार-सा किया। एक और प्रस्तुति *मत्स्य कन्या*, जो एक राजकुमार की मत्स्य कन्या से प्रेम-कथा है, में गतियों की अपूर्व लयात्मकता देखने को मिली। वाद्य संगीत ने गतियों को अच्छा सहारा दिया। शुद्ध नृत्य ने अपनी अमूर्त-सी संरचना में कथा को आगे बढ़ाया। एक नया अनुभव हुआ। उन्होंने दार्शनिक विषयवस्तुओं को भी नृत्य के लिए चुना—यह मार्गम संदर्भ से बिल्कुल अलग था। तत् त्वं असि में एक साधु जिस देवी की वर्षों आराधना करता है, वही देवी उससे कहती है कि सादगी और यौगिक क्रियाओं के माध्यम से नहीं, प्रेम और जीवन के रहस्य समझ में आते हैं जीवन की विशिष्ट शैली से। आत्मानुभव से। अपनी काव्यमय प्रस्तुति *'सांग ऑफ क्रिएशन'* के ज़रिए मृणालिनी ने 'आज और अभी' के साथ-साथ जीवन और मृत्यु के पार, और परे, देखने की चेष्टा की है—बहुतों को यह प्रस्तुति गूढ़ लग सकती है, पर यह अपनी विचारशीलता में नितांत समकालीन है। समय के बारे में उनकी उक्ति भी: "वह विश्वास की झूठी छाया है" और नृत्य-रत देह के बारे में कहती थी : "वह बालुका कणों में सनातन लय जैसी है।" धरती की ध्वनियाँ उनके लिए ग्रहों का संगीत थीं। ये उक्तियाँ यही बताती हैं कि उनकी सोच कितनी कवित्वमय थी।

कालिदास की अमर कृति *शकुंतला* की प्रस्तुति (1971) में उन्होंने स्त्री के अकेलेपन को चिह्नित किया। जीवन की पीड़ा-भरी यथार्थ घटनाओं-दुर्घटनाओं की छाया उनके काम पर पड़ती थी, और *मेमरी इज अ रैगेड फ्रैगमेंट ऑफ एटरनिटी* में उन्होंने भरतनाट्यम की स्मृतिशील आक्षरिक संपदा का इस्तेमाल किया, और उसके माध्यम से घृणा, लोभ, ईर्ष्या, निराशा और दुख आदि को दर्शाया। मीरा में उन्होंने जीवन के द्वैत को लिया और दो मीराओं की सृष्टि की, जो ऊपरी तौर पर राजसी ठाटबाट वाली हैं, लेकिन अपनी अंतरात्मा में कृष्ण को समर्पित हैं। अंततः युवा मीरा कृष्ण में लीन है, और दोनों मीराएँ एक में संयुक्त हो जाती हैं। *चंडालिका* में शब्दों का उपयोग नहीं था, सिर्फ़ गतियाँ और लयात्मकता थीं, और उन्हीं के जरिए परित्यक्तता और एकांतिकता के भाव को साधा गया था—मृणालिनी के लिए यह छूत भाव को वर्षों तक आंतरिक स्तर पर जीने जैसा था।

1979 में *ऐस्पीरेंशंस* और 1985 में *गंगा* की प्रस्तुतियों में पर्यावरणीय चिंताएँ थीं। पारम्परिक गुरु राजरत्नम पिल्लई ने सुब्रह्मण्यन भारती के गीतों की

समुद्र तट पर अपनी शिष्याओं की 'नमस्कार मुद्रा' का अवलोकन करते हुए नृत्यांगना चंद्रलेखा। (सदानंद मेनन)
सामने के पृष्ठ पर: गीता चंद्रन, गांधी पर अपनी प्रस्तुति में।

एक माला वरनम के ढाँचे में पिरोई थी, *कन्नन मना निलाइयाई*, और अनंतर इसके बारे में उनका मानना था कि यह काफ़ी परिवर्तनकारी थी। 'परिवर्तनकारी' किसे मानें, यह इसी पर निर्भर करता है कि रचनाकार और दर्शक उसे किस कारण से ऐसा मानते हैं। जब गुरु वझुवूर रामैय्या पिल्लई ने आनंदी और राधा को उनके अरंगेत्रम में भारती की रचना *वेरी एत्तु दिक्कुम एट्टा कोतु मुरासे* पर नृत्य करवाया तो इसे परिवर्तनकारी और साहसिक माना गया था, क्योंकि स्वतंत्रता तब कुछ दूर थी, पर इसमें उसका जयगान किया गया था। सामाजिक चेतना से लैस एक और कलाकार थी चंद्रलेखा, जिनकी नृत्य के प्रति एक सघन समकालीन दृष्टि थी। गुरु इल्लप्पा के अंतर्गत हुई अपनी ट्रेनिंग को दरकिनार किए बगैर, उन्होंने मार्गम के रचना भंडार को खारिज़ कर दिया, और माना कि आज के भारत के लिए वह अप्रासंगिक है, और बड़े साहस के साथ उन्होंने नृत्य के, उसके 'पवित्र' और आध्यात्मिक इतिहास का परित्याग कर दिया। इस नृत्य-संरचनाकार ने शास्त्रीय नृत्यकार की देह को एक नई तरह से देखने-दिखाने की शुरुआत की, जैसी कि भरतनाट्यम वाले अध्याय में चर्चा की जा चुकी है, और नृत्य-गतियों की तकनीक का और विस्तार करते हुए उसे मार्शल आर्ट्स से जोड़ा। उनकी प्रस्तुतियाँ, शरीर, नीलावती, प्राण, श्रीयंत्र और महाकाल–सभी में एक उच्चस्तरीय समकालीन संवेदना देखने को मिली। और यह काम उन्होंने पश्चिम की नृत्य-गतियों या पश्चिमी सौंदर्यशास्त्र को ध्यान में न रखते हुए, बिल्कुल अपनी

मल्लिका साराभाई, सोनल सोलंकी और पूजा पुरोहित के साथ 'मेमरी इज़ अ रैगेड फ्रैगमेंट ऑफ एटर्निटी', 2011 (यादवन चंद्रन)

तरह से किया।[4] तब से अब तक शास्त्रीय नृत्य-रूपों को, नृत्यांगनाओं/नृत्यकारों ने स्वतंत्र भाव से बरतने में रुचि दिखाई है, और कई तरह के प्रयोग किए भी हैं।

मालविका सरुक्काई ने भरतनाट्यम की तकनीक को पूरी प्रवीणता के साथ बरतते हुए, पर्यावरणीय प्रश्नों पर समकालीन बोध की संरचनाएँ प्रस्तुत की हैं। उल्लेखनीय यह भी कि उनके काम में नृत्यमात्र का आंतरिक आध्यात्मिक पहलू भी हमेशा मौजूद रहा है।

कुमुदिनी लाखिया ने अपने काम से, जिसकी चर्चा कथक-अध्याय में की जा चुकी है, अपने शिष्यों को कुछ नया करने के लिए प्रेरित किया है, और अदिति मंगलदास ने अपने प्रशिक्षण से समकालीन बोध वाली संरचनाएँ तैयार करने का सूत्र प्राप्त किया है। *अनचार्टर्ड सीज* जैसी प्रस्तुति में कथक की नृत्यभाषा का प्रयोग करते हुए नृत्यांगना ने मनुष्य की उस इच्छा को प्रकट किया है, जो अदृश्य और अमूर्त की खोज से संबंध रखती है। भारतेंदु हरिश्चंद्र, जलालुद्दीन रूमी, कबीर, मीराबाई की काव्य रचनाओं, और जे. कृष्णमूर्ति के दर्शन का उपयोग करते हुए नृत्यांगना ने यह दर्शाया कि किस तरह एक अमूर्त मुहावरे *धा ता का थुंगा* के ज़रिए भी भावनाएँ और स्थितियाँ प्रकट की जा सकती हैं, भले ही यह मुहावरा परंपरागत कथक की दक्षतामात्र का अंग हों। *फुटप्रिंट्स ऑन वाटर* एंड *चेंजिंग लैंडस्केप्स* व्यक्ति पर पड़ने वाले उस प्रभाव से संबंधित प्रस्तुतियाँ थीं, जो ऋतु परिवर्तन से घटित होता है। *टाइमलेस* दिक् और काल से जुड़ी हुई प्रस्तुति थी।

कथक में काफी दिलचस्प काम रिझोजाइनक डांस कंपनी के अंतर्गत हो रहा है। जहाँ कथक को पश्चिमी नृत्यों–जैज़ और फ्लेमेंको से संयुक्त करके प्रस्तुतियाँ हो रही हैं। शास्त्रीय जैज़ एकमात्र ऐसा शास्त्रीय नृत्य-रूप है जो कथक से मिलता-जुलता है। भारत में जैज़ का प्रयोग करने वाली चौथी पीढ़ी के रोनी शंबीक घोष और डॉ. मितुल सेनगुप्ता ने कथक को जैज़ से संबद्ध करके एक विलक्षण गति-पद्धति की रचना की है। कान डांस फेस्टिवल में निमंत्रित हो चुकी, और अपने नए प्रकार के कामकाज को लेकर व्याख्यान देने के लिए ऑफजैज डांस एकेडेमी और नाइस यूनिवर्सिटी, फ्रांस में बुलाई जा चुकी मितुल, शंबीक के साथ, *स्वान लेक-रिविजिटेड* में जैज़ विशेषज्ञ गिआनिन लॉरिंगेट का सहयोग भी कर चुकी हैं। इस शक्तिशाली रचना में मितुल ने *राजकुमारी ओडेट* के लिए शुद्ध कथक और ओडील के लिए फ्लेमेंको का इस्तेमाल किया है। एक और रोमैंटिक *स्वान लेक* में प्रेम, घृणा, आवेग, प्रसन्नता और जीवन की धीरता, जैसे ये सब, आज के जीवन में प्रतिबिंबित हैं, एक रूपक की तरह उभरते हैं: जैज़ और कथक के उस 'मिलन' में जो मितुल और शंबीक ने इसके लिए संभव किया है। और इस प्रकार कथक के लिए नई संभावनाओं के द्वार खोले हैं।

कथक की चर्चा के दौरान जो चीज़ वैसे सबसे अधिक समकालीन लगती है, वह है प्रताप पवार के शिष्य अकरम खाँ की अपनी प्रस्तुति *पोलैरॉयड फीट* (नृत्य संरचना गौरी शर्मा त्रिपाठी की है) में संभव कर दिखाया है या फिर शिव वंदना का टुकड़ा या तराना में संभव किया है। यह सब उन्होंने अत्यंत कल्पनाशीलता के सहारे, शास्त्रीय पद्धति से अलग हटकर भी करने की चेष्टा की है।

इस तरह के पूर्व/पश्चिम वाले 'संगम' नए नहीं हैं। मॉरिस बेजार्ट ने सावित्री नायर के साथ मिलकर अलारिप्पु के एक बैले संस्करण 'भक्ति' की रचना की थी, जो यूरोप और अमेरिका के कई प्रमुख कला केंद्रों में प्रस्तुत हुई थी। नल नाजन ने, भरतनाट्यम शैली में एक नृत्य-संरचना के लिए विवाल्दी के संगीत का इस्तेमाल किया था। कलाकार थीं, तीन नृत्यांगनाएँ और इसे ला मैरी ने मंचित किया था। उन्होंने स्वयं *स्वान लेक* में 1944 में न्यूयॉर्क में भरतनाट्यम और कथकली शैलियों में नृत्य किया था। हंसा रानी ने रानी की भूमिका की थी, रामकृष्ण, राजकुमार बने थे और राक्षस थे जादूगर हंस।

कथक नृत्य को और 'रचनात्मक नृत्य' के अंतर्गत कथक आधारित प्रस्तुति को अलग-अलग पुरस्कृत किए जाने के सवाल पर, कथक केंद्र, दिल्ली में कथक सिखाने वाली नृत्यांगना प्रेरणा श्रीमाली का कहना है; "जब एक कथक नृत्यकार बिना किसी पूर्व रिहर्सल के, बिना तबला वादक की संगत के, नाचेगा/नाचेगी, तभी मैं उसे कथक के शास्त्रीय नृत्य के सुयोग्य मानूँगी। दूसरे, कथक माध्यम का उपयोग करते हुए प्रयोगशील काम कर सकते हैं, पर मैं उन्हें एक अन्य कोटि के कलाकारों में रखूँगी, वे वैसे कलाकार तो नहीं होंगे, जिन्हें मैं 'पारम्परिक' कथक के कलाकार कह सकूँ।

भारतीय मिथकों की ओर वापसी

हर शास्त्रीय नृत्य के पास ऐसे कलाकार होते ही हैं, जो अपने कामकाज की ज़रूरत के मुताबिक प्रयोगशील काम करते हैं, या फिर ऐसा वे सामाजिक समस्याओं को उठाने के लिए करते हैं। भरतनाट्यम नृत्यांगना गीता चंद्रन ने विभिन्न प्रकार के संगीत के साथ काम किया है, और उनकी प्रस्तुति *रिविजिटिंग इंडियन माइथोलॉजी* एक ऐसी सामूहिक प्रस्तुति थी, दुर्भाग्यवश जिसका एक ही शो हो सका था। प्रस्तुति में विभाजित मानसिकता वाले उन लोगों के सोच की विडम्बना को दर्शाया गया था, जो देवी की पूजा-उपासना बड़ी धूमधाम से करते हैं, पर कन्या भ्रूणहत्या की ओर आँखें मूँदे रखते हैं। लोग जब किसी देवी मंदिर की नींव के लिए, जमीन की खुदाई करते हैं तो वे यह देखकर भयंकर *अचरज* में पड़ जाते हैं कि वहाँ तो न जाने कितनी कन्या-भ्रूणों के अवशेष दबे पड़े हैं। समकालीन कलाकार अपर्णा कौर के चित्रों से प्रेरित उनकी प्रस्तुति *एक्सप्लोरेशंस* में भारत में नए

प्रकार से उभरी महिलाओं की उद्यम क्षमता का उत्सव सरीखा था। सामाजिक प्रतिबंधों, और घर-गृहस्थी में ही फँसी रहने वाली स्त्री किस प्रकार अपनी निजी अस्मिता की खोज करती है, और हर तरह से समर्थ बनती है, यही इस प्रस्तुति में दर्शाया गया है। इसी तरह गांधी जी पर जो प्रस्तुति उन्होंने तैयार की, उसके लिए काफ़ी शोध की ज़रूरत थी, जो उन्होंने पूरी की, और भरतनाट्यम की धुरी पर ही ब्रह्मचर्य, खादी और असहयोग आंदोलन जैसी विषयवस्तुओं को संप्रेषणीय बनाने की चेष्टा की।

नृत्यकार/नृत्यांगनाएँ अपने को समकालीन किस प्रकार बता सकते हैं? वे अब भी मिथकों की ओर क्यों जाते हैं? ये सवाल उन लोगों द्वारा खड़े किए जाते हैं, जो यह नहीं समझते-मानते कि जातीय स्मृति के रूप में मिथक, किसी संस्कृति विशेष में स्थित रहते हैं। प्रमाणों के अभाव में तथ्यात्मक स्तर पर उनकी सत्यता दुविधाग्रस्त लग सकती है, लेकिन मनुष्य के अस्तित्व के मूलभूत प्रश्न पीढ़ी-दर-पीढ़ी उनके माध्यम से उठाए जा सकते हैं, और उनकी प्रासंगिकता मुखरित की जा सकती है। यह अकारण नहीं था कि फ्रिटजॉक काप्रा ने अपनी कृति *ताओ ऑफ फिजिक्स* में नटराज की अवधारणा को शक्तिशाली अणुओं और तत्वों की ऊर्जा में लक्ष्य किया है। इसी तरह अर्धनारीश्वर की भी अवधारणा/प्रतिमा है, जिसमें मानव जाति की सामूहिक चेतना निहित है–स्त्री और पुरुष की। यहाँ नाटककार गिरीश कर्नाड के इस कथन को याद कर सकते हैं, जिसे वे विभिन्न अवसरों पर दुहराते रहे हैं, कि हिंदू मस्तिष्क दोहरे रूप से चीजों को ग्रहण करता है। दो विपरीत चीज़ों के आधार पर। दरअसल जीवन में दो विपरीत चीजें ही दो आधार की तरह स्थित हैं: क्योंकि बिना प्रकाश के अंधेरे का अस्तित्व नहीं है, और मृत्यु का भी अर्थ तभी है, जब जीवन है। अस्तित्व का हर रूप अपने 'विपरीत' के बरअक्स ही तो संभव होता है। मिथकों के कई अर्थ-आशय, व्याख्या के लिए 'खुले' रहते हैं, और किसी नए अर्थ-आशय के लिए उनके पास हमेशा जाया जा सकता है। यहाँ तक कि मिथकों के हाशिए वाले चरित्र, जैसे एकलव्य, शबरी, हिडिम्बा, सात्यकि (कंस की दाई) और कुब्जा भी सामाजिक विषमताओं को रेखांकित करने के उदाहरण बनते, और बने जा सकते हैं। हमारे मिथकों की नायिकाएँ भी कुछ ऐसी हैं कि उन्हें विभिन्न कोणों से देखा जा सकता है। समाज ने उन्हें किस दृष्टि से देखा, इसके नए परिप्रेक्ष्य रचे जा सकते हैं। दलित, आदिवासी, धार्मिक और जनजातीय अल्पसंख्यक पात्र, नाटककारों के लिए अच्छी रचना सामग्री साबित होते रहे हैं। हमारे समकालीन नृत्यकारों/नृत्यांगनाओं ने भी मिथकों का अच्छा समकालीन उपयोग किया है।

सोनल मानसिंह की एकल प्रस्तुति *द्रौपदी* में, द्रौपदी को घेरे हुए पुरुष आकृतियों के पुतले थे (पश्चिमी पुरुष आकृतियों से मेल खाते हुए जिससे कि एक 'समकालीन' बोध भी हो) और इसमें एक दृढ़ इच्छाशक्ति वाली स्त्री की छवि उभारी गई थी, जो पुरुष-प्रधान समाज में अपने लिए स्वतंत्र चेता राह ढूँढ़ती और बनाती है। यही द्रौपदी गीता चंद्रन की प्रस्तुति *हर वॉयस* में भी उभरती है, नृत्य और कठपुतलियों के साथ, जो कुरुक्षेत्र में अपने अपमान का बदला लेना चाहती है, पर जो कुछ कुरुक्षेत्र की रक्तरंजित भूमि पर घटित होता है, उसमें मानो द्रौपदी अपनी संतानों सहित, उस प्रत्येक को वस्तु खो देती है, जो उसे प्रिय थी। और फिर वह युद्धमात्र के विरोध में खड़ी दिखाई देती है, इस तरह कि वह सामाजिक चेतना का, युद्धविरोधी घोष का अंततः एक प्रतीक बन जाती है। गीता ने ही द्रौपदी की भूमिका निभाई थी, और थीं प्रायः मूक कठपुतलियाँ, जो मूकदर्शकों का मान कराती थीं। अहंकार का प्रतीक भी थीं। यही निर्जीव कठपुतलियाँ क्रमशः जीवंत होने का आभास देने लगीं, और युद्धोन्मुख दुनिया के बीच विवेक के चेहरे के रूप में परिणत हो गईं। शांति की कामना वाले विवेक की।

गीता ने *कैकेयी* में रंगकर्मियों के साथ भी काम किया, और इस रानी को एक स्वाभिमानी और प्रीतिपूर्ण

रानी के रूप में दर्शाया, केवल दुष्टा की तरह नहीं, जिसके क्रियाकलाप मानो परिस्थितियों की देन थे, और उसके पुत्रप्रेम के सचमुच परिचायक थे। कई नृत्यांगनाएँ मानती हैं कि अगर बिना अपने को कुछ विशेष जताते हुए, किसी सूझबूझ वाले रंगकर्मी के साथ काम करने की इच्छा हो तो इस उद्यम के बहुत अच्छे नतीजे निकल सकते हैं, क्योंकि अपनी संवेदनशील समकालीनता में थिएटर, नृत्य को नई दृष्टि से ऊर्जस्वित कर सकता है। लेकिन रंगकर्मियों का कहना है कि शास्त्रीय नृत्यांगनाओं के साथ काम करने की उलझनें ये हैं कि वे पुरानी अवधारणाओं में भी कहीं बहुत अटकी हुई हैं, और समकालीन चीजों के प्रति बहुत खुली हुई नहीं हैं।

भरतनाट्यम नृत्यांगना प्रतिभा प्रह्लाद द्वारा प्रस्तुत *द अदर सीता* में भारत के विभिन्न क्षेत्रों के कवियों की चुनी हुई रचनाएँ थीं, और इसमें सीता, एक कमजोर स्त्री की तरह चित्रित नहीं थी। सीता की एक और सशक्त प्रस्तुति कुडिअट्टम कलाकार कपिला वेणु की थी। जब लक्ष्मण अपने भाई के निर्देश पर सीता को वन में छोड़ने के लिए जाते हैं, तो वह लक्ष्मण से कहती है : "जाओ, अपने भाई से जाकर कह दो कि मुझे इसमें संदेह है कि वे राजवंश के हैं, और उनको अच्छे संस्कार मिले हैं; क्योंकि कोई भी सुसंस्कृत और गरिमावान व्यक्ति अपनी समर्पित भाव वाली, कर्त्तव्यपरायण स्त्री को, जो उसकी संतान की माँ भी बनने वाली हो, इस तरह छोड़ नहीं देगा।" कपिला ने यह भूमिका बड़े विश्वसनीय ढंग से निभाई थी।

गौरी रामनारायण, प्रतिभाशाली लेखक, पत्रकार, संगीतकार, और समीक्षक हैं। *यशोधरा, सर्पसूत्र* जैसी कई प्रस्तुतियों में उन्होंने रंगमंच, संगीत और भरतनाट्यम को एक सूत्र में पिरोया है। विभिन्न कलाओं का सुमेल कराने वाली इस विधि में भविष्य में भी अनेक संभावनाएँ हैं, और महानगरीय दर्शक ऐसी प्रस्तुतियों का उत्साह के साथ स्वागत करते हैं। मात्र गतियों और लय के साथ कुछ नई प्रस्तुतियाँ संभव हुई हैं, इनमें प्रमुख हैं बिरजू महाराज संरचित *हॉकी*, और *फिल्म एडिटिंग* तथा *लोहे की आत्मकथा*। लीला सैमसन ने अपने ग्रुप *स्पंद* में, भरतनाट्यम शैली में *क्षरिष्णु* जैसी मौलिक प्रस्तुति तैयार की है। समूह-गतियों में उन्होंने गतियों को अग्रसर करके, और पीछे की ओर 'खींचकर', समूह के कलाकारों के 'वजन' को संतुलित किया है। अनीता रत्नम भी कुछ नई सूझ वाली प्रस्तुतियाँ तैयार करती हैं। उनकी गतियाँ, भरतनाट्यम के परे भी जाती हैं, पर, उनका आधार अंततः भरतनाट्यम ही होता है। उनका अपना कथन है : धरोहर के रूप में ऐसी कला मिली जो आज वैश्विक स्तर पर यात्रा कर रही है, और उसकी खपत भी है, ऐसे में उत्तर-आधुनिक भारत में एक बेचैन स्त्री के लिए वह बड़ी चुनौतियाँ पेश करती है। मेरी नृत्य-यात्रा जेम्स कैमेरान की फ़िल्म से अधिक बहुरूपिणी रही है—उल्लसित, मूर्खतापूर्ण, भयंकर, बेढंगी, जादुई, लज्जाजनक, और हर तरह से शानदार।"[5]

किसी कला-रूप की शुद्धता के बारे में ही सोचते रहना बेमानी होगा, क्योंकि जो कुछ अतीत हमें सौंपता है, वह एक दिन समकालीन भी बनता है, और यह तो हर काल में, हर समय वैश्विक स्तर पर घटित होता रहता है। और नई दृष्टि से, नई गतियों से रूपाकारों का उभरना, अवश्यंभावी सा है। चीजें आपस में घुलती-मिलती हैं, चुनी जाती हैं, रूप ग्रहण करती हैं।

नृत्यग्राम की ओडिसी नृत्यांगना सुरूपा सेन, बिजयिनी सतपथी और पवित्रा रेड्डी को संहार जैसी प्रस्तुति में देखना, एक अद्भुत अनुभव है। इसमें ओडिसी नृत्य, श्रीलंका की कंड्यान डांस (जिसके कलाकार चित्रसेन डांस कंपनी के नृत्यकार थे) से 'बतियाता' है, और सुरूपा सेन की नृत्य-संरचना में मूर्त होकर, एक अनोखी प्रस्तुति का प्रभाव छोड़ता है। इसकी नृत्य-संरचना कई सप्ताह के शोध से सुरूपा सेन ने तैयार की थी और कंड्यान नृत्य की लयात्मक गतियों को आत्मसात किया था। दो बिल्कुल भिन्न परम्पराओं का सुमेल इस प्रस्तुति में प्रकट हुआ।

एक ओर ऐसे दर्शक थे जो नृत्यकारों के काम का पूरी तरह आनंद ले रहे थे, दूसरी ओर वे दर्शक भी थे जो इससे बिल्कुल प्रभावित नहीं थे, और मान रहे थे कि 'यह पारंपरिक ओडिसी' नहीं है। यह प्रतिक्रिया तब थी जब इसमें ओडिसा के रघुनाथ पाणिग्रही का संगीत था, मर्दल के उकुत्तस धनेश्वर स्वाईं द्वारा परिकल्पित थे, जो कि ओडिसी नृत्यकारों की तकनीक अपने चौका और त्रिभंगी में बिल्कुल परिष्कृत थी और शास्त्रीय ओडिसी की गतियों के अनुकूल थी। जो बात उनको (दर्शकों को) पच नहीं रही थी वह यह थी कि ओडिसी नृत्यकार, इसमें कंड्यान नृत्यकारों के साथ मंच साझा कर रही थीं, और इसकी वर्णना का ढंग, दो शैलियों के मेल के लिए 'अलग से' रचा गया था।

अनुषा लाल, जो स्वयं प्रशिक्षित भरतनाट्यम नृत्यांगना हैं, और भरतनाट्यम-विधि में नया काम कर रही हैं, साफ-साफ कहती हैं: "जब देह की गतियाँ पहले से निर्धारित होती हैं (जैसे कि भरतनाट्यम में हैं), तो इसकी विधि नृत्यकार के लिए कुछ विशेष हो उठती है। इसे पुनरावृत्ति से, गतियों के चढ़ाव साफ-साफ दिखाई पड़ते हैं, और उनका पुनरावर्तन, समांतर अनुभव को ग्राह्य बना देता है। इस अनुभव में गतिक, ऐंद्रिय, प्रेक्ष्य, और स्मृति रूप शामिल हो जाते हैं।" वह अपने अनुभव के आधार पर यह मानती हैं कि "जब भी कोई शारीरिक स्थिति नृत्य करते हुए ज़रा सा भी बदल जाती है–फिर चाहे वह सिर का थोड़ा सा किसी ओर झुक जाना हो, या कुहनी के कोण का बदलना हो, या ऐसी ही कोई चीज़ और, जो नज़र में आ जाए–तो मानो एक विच्छिन्नता आ जाती है, जिसे नृत्यकार को सँवारना पड़ता है–यानी 'पूर्व परिचित' गति में जो नया घटित हो जाता है, उससे ताल-मेल बिठाना पड़ता है।" नृत्य के अनुभव में, 'रूपाकार' और कल्पना के बीच जो कुछ घटित होता है, उसे लेकर कई सवाल उभरते हैं। "क्या वह संभव है कि रूपाकार को, फार्म को भंग करके, फिर से रूपाकार की कल्पना करके, उसे वापस 'बुला' लिया जाए? नृत्य के दौरान ऐसे कुछ क्षण, खोने-पाने के, बड़े विस्मयकर और उत्तेजक हो सकते हैं, और इनके माध्यम से मानो एक अभियान ही तो छिड़ जाता है, या छेड़ दिया जा सकता है।"[6]

प्रदर्शन स्थल

नृत्य में परिवर्तन प्रदर्शन स्थलों के कारण भी घटित होते हैं। अनुष्ठान के रूप में मंदिर का अंग न रह जाने के बाद, नृत्य में मंदिर मूर्तिशिल्प को पार्श्व भूमि (बैकड्रॉप) की तरह बरतने से शास्त्रीय नृत्य को मानो एक नई तरह का मंच मिला है। इसकी शुरुआत खजुराहो नृत्य समारोह से हुई थी, फिर महाबलिपुरम से लेकर ओडिसा के मुक्तेश्वर तक में इसकी एक परम्परा-सी बन गई। और ओडिसा के ही राजारानी, कोणार्क और धौली के ओडिसी समारोहों से लगाकर महाराष्ट्र के एलोरा के नृत्य समारोह तक इसकी व्याप्ति अब है। मंदिरों के मूर्तिशिल्पों ने शास्त्रीय नृत्य-रूपों को एक आकर्षक छटा प्रदान की है। लेकिन यह मानना कि इससे कोई भक्तिमयी गहरी सघनता भी नृत्य-रूपों को मिली है, एक भ्रांति होगी। और अगर ऐसा कुछ हुआ भी होगा तो बहुत कम नृत्यकारों के साथ ही हुआ होगा। केवल पृष्ठभूमि मंदिरों जैसी हो जाने से, पुराने 'इतिहास' को या मंदिर और नृत्य के पुराने संबंध को, पुनर्जीवित नहीं किया जा सकता। मंदिर इन नृत्य को अधिक मोहक ज़रूर बनाते हैं। हाँ, मूर्तिशिल्प नृत्यकारों को कुछ अधिक ऊर्जा तो प्रदान करते हैं, और उन्हें संभवतया वह सब याद भी दिलाते हैं, जिसे बालासरस्वती ने अपने शब्दों में, कुछ इस तरह प्रकट किया था: "भरतनाट्यम की आध्यात्मिक प्रतीति, ऐंद्रिय को, शृंगार को, हटाकर नहीं प्राप्त की जा सकती है, वह तो प्राप्त की जा सकती है, शृंगारिक के भीतर से ही, उसकी मात्रा को कम करते जाने से।"[7]

लाल किला और पुराना किला की पृष्ठभूमि का उपयोग भी किया गया है नृत्य के लिए। वार्षिक अनन्या समारोह पुराना किला के परिसर में ही हुआ करता था। 1990 के दशक में प्रारंभ शास्त्रीय नृत्य का एक समारोह

कोलकाता के विक्टोरिया मेमोरियल हॉल के भीतर आयोजित किया गया था। लंबे बरामदे की ओर जाती हुई सीढ़ियों का बड़ा सुंदर इस्तेमाल, लीला सैमसन और माधवी मुद्गल जैसी नृत्यांगनाओं ने एक जुगलबंदी के लिए किया था। *गीत गोविंद* पर आधारित, कृष्ण, राधा, सखी सहित एक नृत्य-नाटक को, विभिन्न नृत्य-रूपों में निष्णात नृत्यकारों/नृत्यांगनाओं ने समारोह के समापन पर प्रस्तुत किया था और इसे बहुत सराहा गया था। अगर नृत्य-संरचना की भी बात इस संदर्भ में करें तो वह भी–उसे स्थल विशेष की नृत्य-संरचना नहीं कह सकते।

आज की युवा पीढ़ी में से कुछ चाहते हैं कि नृत्य-गतियों को, निजी अभिव्यक्तियों को, संप्रेषित करने के लिए अपनी ओर मोड़ा जाए, उन्हें बस सीखकर, दुहराकर 'नियमानुसार' न बरता जाए। नृत्यकारों की तीन कोटियाँ हमेशा ही रहेंगी–एक तो वह जो गुरुओं से प्राप्त ज्ञान को ही सर्वोपरि मानेगी, दूसरी वह जो अपनी नृत्य-यात्रा की सार्थकता इसमें देखेगी कि वह उनको कैसे दीप्त करती है भीतर से, तीसरी वह जो माध्यम का उपयोग परिवर्तन के लिए करना चाहेगी और सामाजिक प्रश्नों को, तथा अपने अन्य सरोकारों को वाणी देगी, और एक वह समूह रहेगा ही, जो दोनों की ओर झुकेगा।

शास्त्रीय रूपों के लिए यह चुनौतीपूर्ण समय है, जिसमें अपने माध्यम के प्रति आस्थावान रहते हुए, उसके व्याकरण का भी पालन करते हुए, नृत्यकार महानगरीय दर्शकों की अपेक्षाओं को समझना चाह रहे हैं, और संप्रेषण के लिए नई पहल कर रहे हैं। बढ़ती हुई हिंसा, और कई तरह के बदलावों के बीच, शास्त्रीय नृत्य संभवतया अलग-थलग पड़ गया है। लेकिन एक सौंदर्यपूर्ण या सौंदर्यशील अनुभव को जगाने में, शास्त्रीय नृत्य और संगीत हमेशा अपनी प्रासंगिक भूमिका निभाते रहेंगे–जैसा कि टी.एम. कृष्णा कहते हैं, एक प्रकार की 'माया' रचकर, कोई धोखा खड़ा करके नहीं।[8] बहुत से प्रतिबद्ध नृत्यकारों के लिए यह चुनौती बनी रहने वाली है कि समाज के लिए शास्त्रीय नृत्य कैसे एक भरोसेमंद माध्यम बने, जिसमें आज के हाहाकारी समय में वह राहत और अर्थ प्रदान करे। दूसरी ओर, वे लोग भी हैं ही, जो यह मानते हैं कि शास्त्रीय कला को भी आज के जीवन-प्रश्नों से जूझना चाहिए, दर्शक के मन में एक हलचल पैदा करने की सीमा तक जाकर। भारत के शास्त्रीय नृत्य, अभिव्यक्ति की कई (और नई) दिशाएँ खोलते रहेंगे, और उनकी अभिव्यक्तियाँ इतनी बहुमुखी भी होंगी कि उन्हें आसानी से इस या उस कोटि में बाँधा नहीं जा सकेगा।

पाद टिप्पणियाँ

1. देखें, '*ट्रैवर्सिंग ट्रैडिशन: सेलिब्रेटिंग डांस इन इंडिया:*' संपादक, उर्मिमाला सरकार मुंशी और स्टेफैनी बर्टिज की पुस्तक में 'आर्टिस्ट्स वॉयसेज' शीर्षक अध्याय।
2. देखें, डॉ. कपिला वात्स्यायन की पुस्तक '*एस्थेटिक्स ऑफ इंडियन डांस*', खंड 23-24 । वह यह भी कहती हैं कि "जब तक 'आत्म' का विस्तार इतना, और ऐसा नहीं हो जाता, जहाँ वह 'विश्वात्मा' की ऊँचाई भी प्राप्त कर ले, तब तक कलात्मक अनुभव को अधूरा ही माना जाएगा।" अपने प्रचार-प्रसार में लगी आज की नृत्यांगना/नृत्यकार से यह लक्ष्य कितना दूर मालूम पड़ता है।
3. 1998 में नाट्य कला कांफ्रेंस में लीला सैमसन का वक्तव्य।
4. कलानिधि का लेख: " कंटेम्परेरी कोरियोग्राफ़ी इन इंडियन डांस।'
5. 'आर्टिस्ट्स वायसेज': *ट्रैवर्सिंग ट्रैडिशन: सेलिब्रेटिंग डांस इन इंडिया*।
6. उपर्युक्त
7. भरतनाट्यम पर बाला की एक वार्ता: 1991
8. "ह्वेन पैरेलेल्स मीट' (जब समांतर मिलते हैं) विषय पर नाट्यकला कांफ्रेंस में बोलते हुए टी.एम. कृष्णा का कथन:" एक कलात्मक अनुभव के लिए अमूर्तन की प्रासंगिकता पर प्रश्न उठाना स्वयं अप्रासंगिक है।"

अदिति मंगलदास और उनकी मंडली के कलाकार (नृत्यांगना के सौजन्य से)

पारिभाषिक शब्दावली

अभिनयः नृत्य का वह अभिव्यंजक भाग जिसमें किसी नृत्य विशेष को, मुद्रा एवं हस्त क्रियाओं के द्वारा, किसी गीत के बोलों तथा उसके सांगीतिक पक्ष को प्रस्तुत किया जाए।

अदावुः भरतनाट्यम नृत्य का वह भाग जिसमें एक विशेष प्रकार से हस्त एवं पद चालन होता है।

आहार्यः रूप-सज्जा, आभूषण एवं वेशभूषा।

आंदोलिकाः कंपन्न / आंदोलित क्रिया जो कि मुख्य रूप से संगीत के आंदोलित स्वर के सौंदर्य के लिए प्रयुक्त होती है।

अंगः देह

आंगिक: अंग संबंधी

आंगिकाभिनयः शारीरिक क्रियाओं एवं विशेष भंगिमाओं द्वारा नृत्य एवं उसके भावों की अभिव्यक्ति।

आराधनाः साधना करना।

आसनः गुरु के लिए मलयालम भाषा में प्रयुक्त शब्द।

अस्थाना विद्वान: संगीतकारों की महफ़िल।

बाईजी: तवायफों की श्रेणी से संबंधित महिलाएँ, जो कि गायन व नृत्य व्यावसायिक रूप से करती हों।

बंदिशः नृत्य में प्रयुक्त होने वाली सांगीतिक स्वरलिपियाँ।

वीभत्सः शास्त्रीय नृत्य के नौ भावों में से एक भाव। घृणा का गठन।

चक्करः कथक में घूमकर चक्कर लगाना।

चौकाः घुटनों के बल पर आधे बैठे वर्गाकार आसन जिसमें पैरों का अलग तरह से प्रयोग किया गया हो।

दलईः असम के मंदिर में मुख्य पुजारी।

ध्वनि काव्यः नृत्य के प्रस्तुतिकरण में प्रतिध्वनि और कविता के सुझाव, शाब्दिक अभ्यावेदनों से अधिक महत्वपूर्ण होते हैं।

एडेक्काः एक छोटी सी घंटी और अवनद्ध वाद्य जिसका प्रयोग कथकली एवं मोहिनीअट्टम में होता है। यह कंधे से लटका हुआ होता है, जिसे वादक द्वारा कड़ा या ढीला किया जा सकता हो–ध्वनि की सांगीतिक शृंखला का निर्माण करता है। यह सामान्यतया कथकली में महिला चरित्रों के साथ संगत में प्रयुक्त होता है तथा इसका सबसे अधिक प्रयोग मोहिनीअट्टम में होता है।

एकार्था एवं प्रिथागर्थाः इन्हें अभिनय के विपरीत दृष्टिकोण बताया गया है। जहाँ एकार्था का केवल एक अर्थ है कि *अभिनय* में अग्रणी फैशन से अवगत कराना, जबकि *प्रिथागर्था* में कई विचार एक विचार के चारों ओर बुने जाते हों।

फरमानः शाही प्राधिकारी द्वारा जारी किए गए आदेश या जनादेश।

गत भावः अभिव्यक्ति, एक लघु कहानी चित्रण के साथ गत की प्रस्तुति।

गतः कथक की एक ऐसी विधा जिसमें किसी भी गीत के बिना सुंदर भंगिमाओं के माध्यम से जीवन मर्म को प्रकट किया जाए, जो कि एक ताल चक्र में बार-बार दोहराया जाता है।

ग़ज़लः मुख्य रूप से उर्दू तथा फारसी भाषा में रचित प्रेम कविताओं पर आधारित एक विशेष गीत की शैली तथा अकसर जिसके मात्र पाठ से भी आनंद प्राप्त किया जाता हो। यह एक विशिष्ट रूप में उपशास्त्रीय संगीत की शैली में गाई जाती है, तथा ग़ज़ल उत्तर भारत की सबसे लोकप्रिय गीत शैलियों में से एक है।

गिनती तिहाईः ताल के व्याकरण के बजाय केवल संख्याओं जैसे–एक, दो, तीन का उपयोग करके एक तिहाई संरचित करना।

गुलाल हाथीः यह जयपुर घराने के गुरु सुन्दरप्रसाद की मुख्य विशेषता थी जिसमें पद-पेटों पर रंग लगाकर पदचालन और क्रियाएँ मुलायम कपड़े या कैनवास पर करते थे। और पदचालक क्रियाओं द्वारा एक हाथी की आकृति छोड़ देते थे। इसी प्रकार कुचिपुड़ी में सिंहन्दना ताल में भी एक शेर की आकृति छोड़ी जाती है।

जतिः संबंधित मापदण्डों या ताल के समय की इकाइयाँ हैं। यह समय की इकाइयाँ कर्नाटक संगीत 3 (तिस्र), 4 (चतुश्रा), 5 (कांडा), 7 (मिश्र), और 9 (संकीर्ण) के विभिन्न रूप में व्यवस्थित हो सकती हैं।

जावलीः भरतनाट्यम नर्तकों द्वारा प्रस्तुत प्रेमगीत। पदम की अपेक्षा इसके गीत के बोल प्रस्तुति में अधिक मंचित कर सकते हैं।

करनः नृत्य प्रक्रिया की एक इकाई जो कि नाट्यशास्त्र में सैद्धांतिक है।

कारिंबुः खुशामद (तमिल में कारुंबु)।

कतलनः हंटर, कथकली नाट्य में सबसे विशेष चरित्रों में से एक।

कवित्तः कथक में प्रयुक्त कविता जिसे लय में बद्ध किया गया हो।

लचकः एक अनुग्रह जो भावमय हो।

लास्यंगः शरीर का सुंदर चालन।

लीनमः सोपानम संगीत की सुंदरता को व्याख्यायित करता हुआ एक पद जिसमें एक धीमा बढ़ स्वर अन्य स्वरों के साथ घुल जाए।

लोकधर्मीः अभिनय को प्रस्तुत करने के दो तरीकों में से एक, यथार्थवादी विधा के संदर्भ में स्टाइलाइज़्ड शैली (नाट्यधर्मी) के विपरीत, जिसे शास्त्रीय संगीत में किया जाता है।

मंदा मारुतमः सुंदर हवा के लिए प्रयोग किया जाने वाला संस्कृत शब्द, जो कि आकाश में नक्षत्र स्वाति पर भी लागू होता है।

मंडपमः सामाजिक-आर्थिक उद्देश्य के मंडल या हॉल।

मनोधर्माः तात्कालिक अभिनय करना।

मार्गमः भरतनाट्यम का पारंपरिक रूप से निर्धारित समारोह का प्रारूप जिसमें अलारिप्पु, जतिस्वर, शब्दम, वर्णम, पद्म, जावली और तिल्लाना क्रमानुसार शामिल हों।

महफिलः एक हॉल या मण्डप जिसमें नृत्य या संगीत के लिए लोग एकत्र होते हैं।

मेलमः तमिलनाडु में प्रदर्शनकर्ता समूह को मेलम कहा जाता था–*पेरिया मेलम* (बड़ा मेलम) संगीत दल के लिए *चिन्ना मेलम* (छोटा मेलम) नृत्य के लिए।

मेजुवानीः मेजबान शब्द, लघु स्थानों में चैंबर में आयोजित समारोह से लिया गया है। जहाँ आंध्र देवदासियाँ, जमींदारों द्वारा आमंत्रित पर्यटकों के समक्ष प्रस्तुतियाँ देती थीं। अभिनय की उच्च गुणवत्ता इस तरह के प्रदर्शन का एक प्रमुख हिस्सा होता था।

मिनुक्का कथकली के चरित्रों के प्रकारों में से एक जिसमें संत और ऋषि तथा महिला पात्रों जैसे शांत प्रवृत्ति वाले चित्रों का जिक्र हो, जिनमें मेकअप यथार्थवादी हो, जो अन्य पुरुष पात्रों में देखे गए गाढ़े रंगों में से कोई भी नहीं हो।

मुजराः बाईजी द्वारा प्रस्तुत नृत्य की एक शैली, जो एक उच्च कोटि का होता था, जो बड़े पैमाने पर पुरुषों के समूह के समक्ष प्रस्तुत किया जाता था।

मुखाभिनयः चेहरे के माध्यम से विविध भावों को अभिव्यक्त करना।

नाचुनीः ओडिसा में, पर्ल में स्थित महारी मंदिर के अंदर की नर्तकियों को *नाचुनी* कहा जाता था। जबकि गॉनीरु गायक थे।

नट्टुवान्नरः *नट्टुवान्नर*, नृत्य गुरु का एक प्राचीन तमिल शब्द है तथा यह प्रत्यय किसी व्यक्ति अथवा गुरु को सम्मानित करने के संदर्भ में प्रयुक्त होता है।

नट्टुवांगमः नृत्य को आयोजित करने का एक विशेष अनुशासन जिसमें शुद्ध लयबद्ध भाग का पाठन हस्तक्रियाएँ तथा पद चालन, भरतनाट्यम के नर्तकों द्वारा प्रस्तुत किया जाता हो।

नायिका भेदः एक विशिष्ट प्रकार के नायक अथवा अभिनेता।

नजाकतः सुंदरता/कोमलता।

नृत्य हस्तः अभिनय के किसी भी तत्व का प्रयोग न करते हुए केवल हाथों के द्वारा नृत्य भंगिमाएँ प्रस्तुत करना।

नृत्तः बिना किसी अभिव्यक्ति के तत्व के माध्यम द्वारा क्रिया की तकनीक को शुद्धता से प्रस्तुत करना।

पदमः ऐसे प्रेमगीत जो अधिकतर मुख्य रूप से नृत्य में मुख तथा हस्तमुद्राओं के माध्यम से अभिव्यक्त होते हैं।

पनाः यह एक नाटकीय शैली है जो कि केरल के मंदिरों के संस्कार से संबंधित है, जिसमें भगवती माँ की पूजा होती है। जहाँ मंदिर की स्त्रियाँ, जिन्हें अंबालावासिन कहा जाता है, वह एक तीव्र गति में घेरा बनाकर विविध भंगिमाओं के साथ नृत्य प्रस्तुत करती हैं।

परंपराः नृत्य प्रस्तुतियों में सफल कुछ विशेष परिवार समूह/घरानों की कला जो कि पीढ़ी-दर-पीढ़ी संचरित होती है।

परनः पखावज के बोलों पर आधारित लयबद्ध बंदिशें।

परंगः मणिपुरी नृत्य की एक इकाई, जिसमें किसी ताल में व्यवस्थित लयबद्ध श्रृंखला के तहत, चालित संयुक्त डंडियों पर नृत्य हो।

पढ़ंतः नर्तक की नृत्य प्रस्तुति के समय नृत्य के बोलों को पढ़कर बोलना, यह एकल कथक प्रस्तुति का एक बहुत ही विशेष भाग होता है।

पेझुप्पुः शाब्दिक अर्थ पका हुआ है और पीला रंग भी है। यह सुनहरे नारंगी रंग का मेकअप भी दर्शाता है, जो कि शिव जैसे चरित्र की श्रेणी के लिए धारण किया जाता है।

पूर्वरंगमः नृत्य प्रदर्शन के लिए पर्दा उठाने वाला, जो कि विभिन्न नृत्य शैलियों में कई रूप धारण कर सकता हो–एक नवाचार, प्रस्तावना या एक प्रदर्शन की शुरुआत या प्रदर्शन, जहाँ प्रदर्शन स्थान पवित्र है। और प्रार्थना की दिव्य शक्तियों के प्रदर्शन में सफलता के लिए संबोधित किया जाता हो। प्रोसीनियम प्रस्तुति आज का संक्षिप्त संस्करण है, जो कि पहले विस्तृत रूप से प्रयोग होता था।

कायदाः तबले पर बजाया जाने वाला एक लयबद्ध क्रम जो कि अब कथक में नर्तकियों द्वारा पदचालन के माध्यम से प्रस्तुत किया जाता है। यह धीमी गति से प्रारंभ होता है और विविध भ्रमर से गतिमान होते-होते चरम सीमा तक पहुँचता है।

रौद्रः शास्त्रीय संगीत में वर्णित नौ भावों में से एक, जो कि क्रोध के भाव का सूचक है।

रेशमीः एक सोने का आभूषण जो मोहिनीअट्टम के नर्तक सिर पर सर्पाकार सा पहनते हैं।

ऋषिः एक महापुरुष या संत।

शब्दमः एक कथा नृत्य जो कि किसी पौराणिक अथवा ऐतिहासिक कथा पर आधारित हो जिसकी बंदिश के शब्द छंदबद्ध हों तथा देवता को संबोधित होते हों।

समः ताल की पहली मात्रा।

समाधिः एक संत या साधु का स्मारक।

संभोगः संघ और एकजुटता में अप्रतिबंधित प्रेम के संदर्भ में इस्तेमाल किया जाता हो। यह व्यक्तिगत प्रेम के विपरीत होता है।

संतः शास्त्रीय नृत्य से उत्पन्न होने वाले भावों में से शांति का भाव।

सत्व, रजस एवं तमसः तीन विशेषताएँ और गुण। सत्व, अधिकतर उच्चगुणों वाले दैवीय चरित्रों में पाया जाता है। रजस, जो गुण गतिविधि के रूप में मुख्य रूप से पुरुषों में पाया जाता है। तमस अधिकतर राक्षसी चरित्रों में पाया जाता है।

सेवाः गुरु या देवता जैसे उच्च व्यक्तियों की सामान्य रूप से सेवा करना।

सोपानमः केरल का एक पारंपरिक संगीत है। यह कर्नाटक संगीत की एक विशिष्ट शैली में उभरता है, जिसमें प्रयुक्त राग उसके अपने कुछ खास राग होते हैं। यह मंदिरों में संस्मरित पीढ़ी-दर-पीढ़ी संचरित, वर्तमान समय में प्रयोग की जा रही शैली है। कथकली शैली में सोपानम शैली का प्रयोग होता है।

श्रृंगारः खुद को सुसज्जित करना, यह नौ भावों में से एक भाव है जो कि प्रेम का सूचक है, जो कि स्त्री-पुरुष संबंधों के सौंदर्य को दर्शाता है। लेकिन *वात्सल्य श्रृंगार* प्रति बच्चों के प्रेम का सूचक है।

सूत्रधारः किसी नाट्य का मुख्य कथावाचक जो कि नृत्य और नाटक की मुख्य कड़ी को प्रदर्शन में बनाता है।

तालः लय की एक श्रृंखला।

ततकारः कथक पदचालन, जिसमें नर्तक अपने लय की प्रवीणता को प्रकट कर सकें, ताल की प्रथम मात्रा अर्थात सम पर जोर देते हैं ताल चक्र के विविध प्रकारों और लयों-लयकारियों में विचरते हुए, ताल के सही वजन को पूर्ण कुशलता के साथ प्रस्तुत कर सकें।

तवायफ़ः नृत्य और संगीत में कुशल महिलाओं की ऐसी श्रेणी, जिनका पुरुष के साथ बिना विवाह के संबंध हो, बाद में इनके लिए अपमानजनक शब्द प्रयुक्त होने लगा।

तीरमानमः भरतनाट्यम में एक लयबद्ध रचना की बंदिश जो किसी तान विशेष में बद्ध हो। इसमें ताल के बोलों का प्रयोग हो और इसकी तिहाई के रूप में पुनरावृत्ति हो, जिस प्रकार कथक में होती है।

ठुमरीः यह प्रेमगीत की एक विशेष शैली है जिसका बहुत उत्कृष्ट प्रदर्शन होता है। यह गीत कथक शैली के भावात्मक नृत्य पर मूल रूप से आधारित होती है।

टुकड़ाः कथक नृत्य के अंतर्गत एक शैली जिसे *तोड़ा* भी कहते हैं जिसका शाब्दिक अर्थ *टुकड़ा* है, जिसमें नृत्य के सार को छोटे-छोटे टुकड़ों में प्रस्तुत किया जाता है।

अक्कुटाः ओडिसी नृत्य में पखावज के बोलों की एक लयबद्ध इकाई, जिसे वादक नर्तक हेतु उसका पाठन करता है।

उपज अंगः कथक में किसी ताल विशेष का विकसित भाग जिसमें लय के विविध बनाव शामिल होते हैं, जो कि बहुत महत्वपूर्ण होता है।

वाचिकाभिनयः अभिनय का एक प्रकार जिसमें वार्ता और पाठ नियोजित होते हैं।

वल्लरीः मोहिनीअट्टम में ताल के बोलों का उच्चारण।

वरनमः यह सांगीतिक शैली भरतनाट्यम की प्रस्तुति का केन्द्रबिन्दु है, प्रेम के प्रसंग के आसपास बुना होता है, तथा यह नृत्य को लय के साथ विस्तारित करता है। इसके तीन भाग हैं–भामा पल्लवी, अनुपल्लवी तथा अंत में वरनम, जिसके अंतर्गत सांगीतिक संरचना तीव्र गति में बद्ध होती है।

विलंबित लय गतः धीमी लय में गत।

विप्रलंभाः वियोग-प्रेम।

वीरः वीरता की विशेषता से संदर्भित तथा नौ आधार भावों में से एक भाव जिसे शास्त्रीय नर्तक अपनी कला में प्रस्तुत करते हैं।

विरुत्तमः बिना किसी लय के गायन।

जनाना एवं मर्दानाः उनकी सुंदर या तांडव गुणवत्ता के अनुसार, महिला या पुरुष के रूप में पारंपरिक रूप से वर्गीकृत किए जाते हैं। एक बड़े परिसर या महल के वे दो भाग जो क्रमशः स्त्रियों और पुरुषों के लिए निर्धारित होते हैं: एक स्त्रियों का, दूसरा पुरुषों का, कथक में शोभा/सुंदरता वाली कोटि स्त्री-कोटि (जनाना) वाली हो जाती है, और तांडव वाली कोटि हो जाती है मर्दाना।

अनुक्रमणिका

ख

ग

ह